AF559046

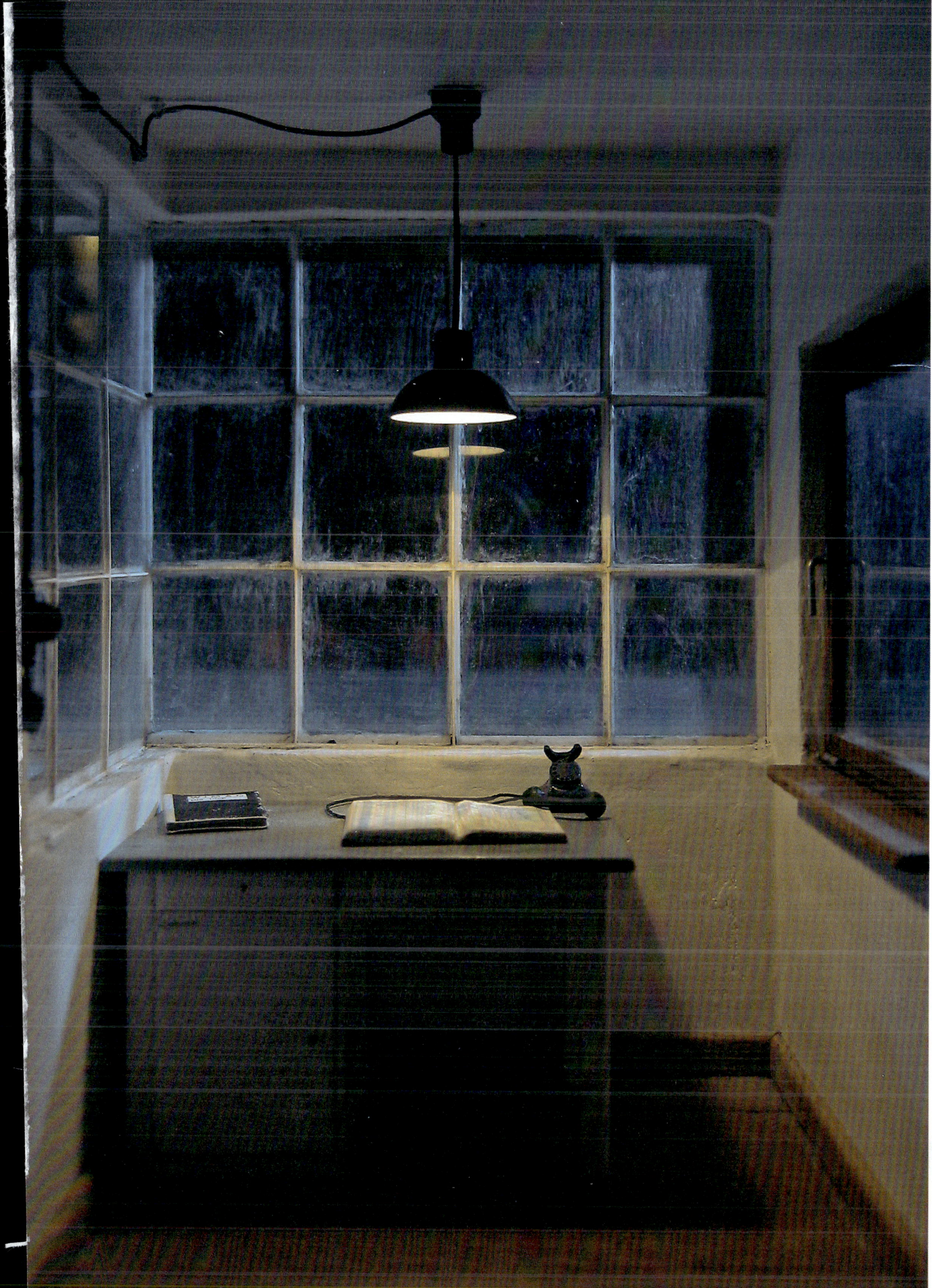

Vollendete Baukunst

IMPRESSUM

Autor: Volker Gerisch
Modellbau & Fotografie: Volker Gerisch
Titelbild: Volker Gerisch

Alle Aufnahmen vom Autor, soweit nicht anders angegeben.

Verantwortlich: Andreas Ritz
Redaktion & Lektorat: Stefan Alkofer
Satz & Layout: Kathleen Baumann
Covergestaltung: Kathleen Baumann
Repro: LUDWIG:media
Druck: Printed in Slovakia by Neografia

Unser komplettes Programm finden Sie unter 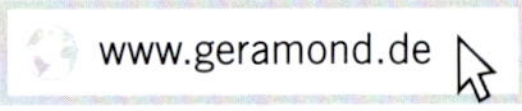

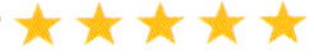

Sind Sie mit diesem Titel zufrieden? Dann würden wir uns über Ihre Weiterempfehlung freuen.
Erzählen Sie es im Freundeskreis, berichten Sie Ihrem Buchhändler oder bewerten Sie bei Ihrem nächsten Onlinekauf.
Und wenn Sie Kritik, Korrekturen oder Aktualisierungen haben, freuen wir uns über Ihre Nachricht an GeraMond Media GmbH, Postfach 40 02 09, D-80702 München oder per E-Mail an lektorat@verlagshaus.de.

In diesem Buch wird aus Gründen der besseren Lesbarkeit das generische Maskulinum verwendet. Weibliche und anderweitige Geschlechteridentitäten werden dabei ausdrücklich mitgemeint, soweit es für die Aussage erforderlich ist.

Die Deutsche Nationalbibliothek verzeichnet diese Publikation in der Deutschen Nationalbibliografie; detaillierte bibliografische Daten sind im Internet über http://dnb.de abrufbar.

ISBN 978-3-96453-296-1

Volker Gerisch

Vollendete Baukunst

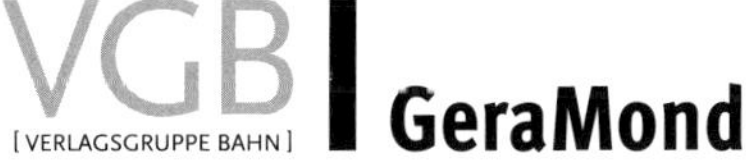

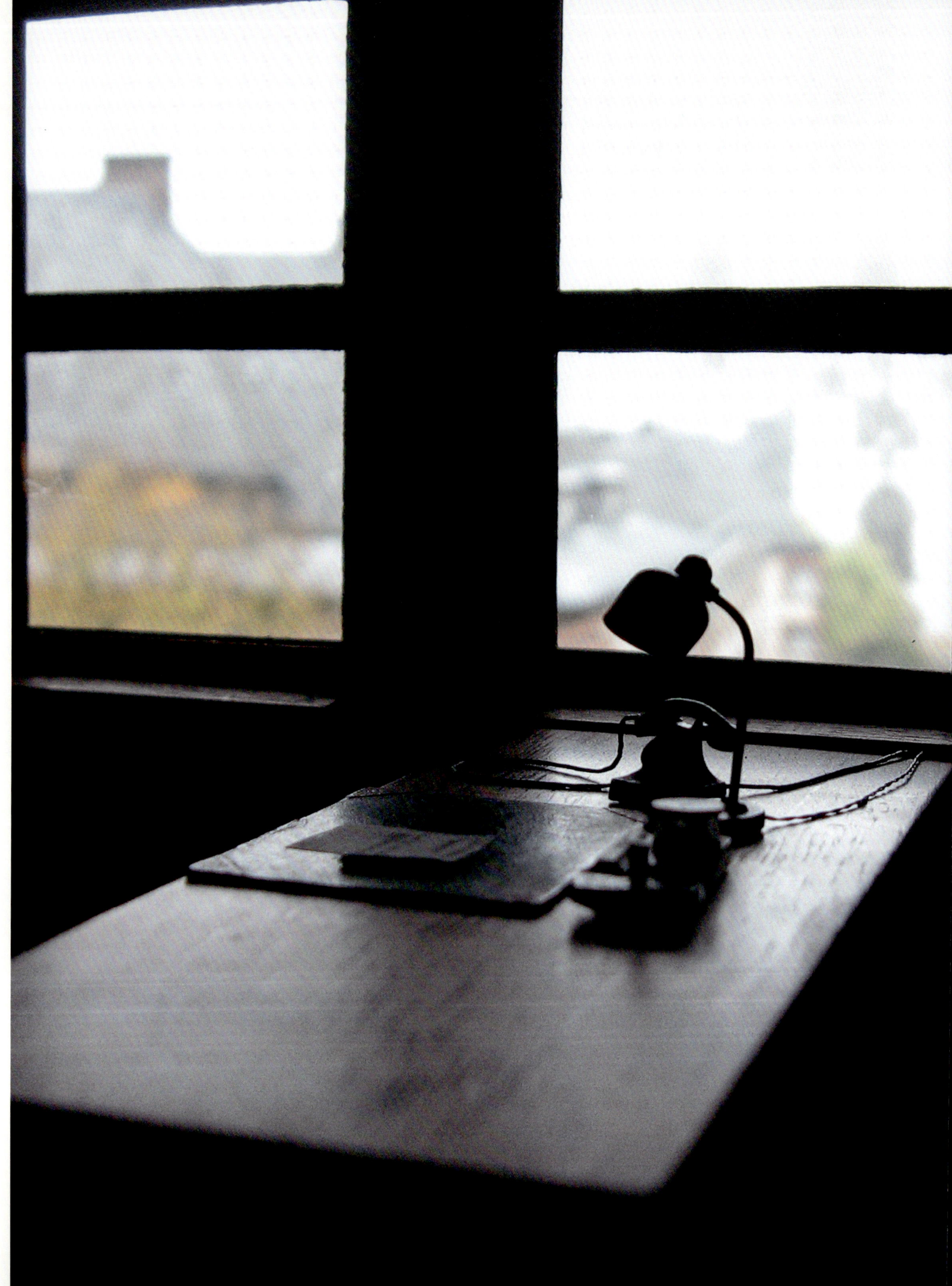

Inhalt

Vorwort

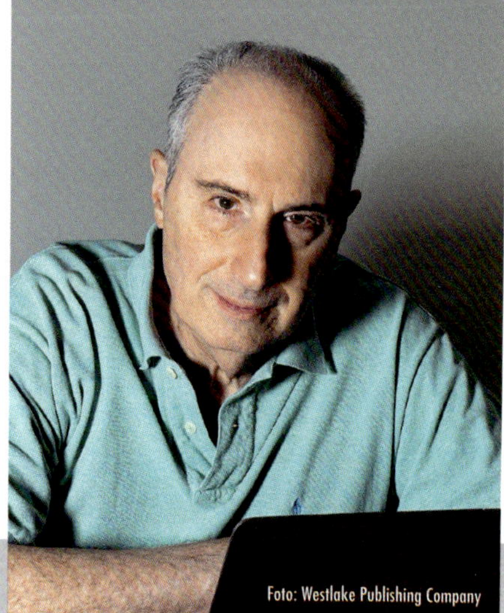

Foto: Westlake Publishing Company

Russ Reinberg, Verleger, Musiker und Modellbauer, Los Angeles, USA

In 2013 I was preparing a new ‚modeler's annual' book about model building. My magazines and books mostly featured work by the cream of railroad modeling talent but that year a friend and top modeler, Marc Reusser, encouraged me to expand my focus. He suggested the articles include more international model builders and techniques from military modelers and diorama specialists. Marc was active in some exclusive Internet groups and contacted half a dozen top craftsmen on my behalf.

All contributed wonderful articles and excellent photographs but a man from Germany named Volker Gerisch particularly caught my attention. Each author clearly had mastered a specialty. Volker, on the other hand, had mastered all of them! I devoted more pages of the new book to his work than I had devoted to anyone else in twenty-five years of publishing.

Volker Gerisch is one of the the world's most accomplished and versatile modelers but, to this day, he remains almost unknown in the United States and probably to most of the rest of the world. Had I continued to publish, I might have been able to introduce more people to his work but the hobby market was in decline and Westlake Publishing Company's Winter 2014 Modelers' Annual was the farewell edition.

After a lifetime of experience in model building I concluded that, if we had to divide modeling into only two schools, they would be realism and impressionism. Volker's work falls into the school of realism, but in every sense he is an artist. He earns his living as a graphic designer and is an excellent photographer.

The article Volker sent me explained how he created many components of an extensive scene but I still had no idea of the full extent of his skills. When he joined my online Modelers' Forum (www.finescalerr.com). He impressed some of the most talented hobbyists in the world with his mastery of every modeling material, whether metal, plastic, wood, paper, plaster, or the detritus we use to create scenery. He is as comfortable and skillful with a hobby knife, soldering iron, and paintbrush as he is with laser cutters, machine tools, Photoshop, 3-D CAD, and 3-D printing.

Soon after Volker joined the Modelers' Forum he and I became friends. Sometimes we talked on Skype for an hour or more. That is when he told me he had been working on the projects he describes in this book for over ten years.

He approaches each step of creation almost as a sculptor. Each scene begins as a vision, then gradually comes to life. First is the basic landscape; then the earth, rock, and foliage; then streets, ties, ballast, and rail; and finally structures, fully detailed inside and out. As you will see as you study the photos, Volker has created a miniature world as perfect as our full size world. He devotes countless hours to replicating the most subtle signs of use or weathering. He overlooks no detail and has the ability to reproduce each in miniature. It could be a rust stain, an oil drip, a pile of dead leaves, anything at all. Quiet Earth is a three dimensional masterpiece analogous to a painting like Rembrandt's Night Watch.

I have been building models since I was seven years old. I've studied modeling for decades. I know many superb modelers including some whose creations transcend fine craftsmanship to become three dimensional art. But none has attempted a project of the size and level of detail of Volker's and none already has required over a decade of labor.

Most of the world dismisses such skill and artistry as Volker's as intimidating, as a waste of time, as something requiring more patience than they think is normal, or as something cute to show children. Of course most of the world also considers the music of Mozart, Beethoven, or Brahms boring; oil paintings by the masters dull; classic motion pictures old fashioned.

If you are reading these words you are in a different category. So when you read what Volker has written, study his photos of finished scenes, and see how he created such exquisite realism and detail you will gain a sense of the tremendous talent, creativity, and artistry it takes to create such a perfect miniature expression of reality. When nothing in a photo suggests you are looking at a 1:22.5 scale replica, you ultimately will conclude Volker Gerisch is more than a craftsman and has created more than a model. His concept, talent, and skill have produced the ultimate human expression.

It is what we call art.

Russ Reinberg

Im Jahr 2013 bereitete ich einen neuen Band des „The Modelers' Annual" über Modellbau vor. Meine Magazine und Bücher präsentierten bisher überwiegend die Arbeiten der Top-(US-)Eisenbahnmodellbauer, aber in diesem Jahr ermutigte mich ein Freund und Spitzenmodellbauer, Marc Reusser, meinen Fokus zu erweitern. Er schlug vor, mehr internationale Modellbauer und Techniken von Militärmodellbauern und Diorama-Spezialisten unter den Beiträgen aufzunehmen. Marc war damals in einigen exklusiven Internet-Foren aktiv und kontaktierte in meinem Auftrag ein halbes Dutzend Spitzenmodellbauer.

Alle steuerten wunderbare Artikel und hervorragende Fotos bei, aber ein Mann aus Deutschland, Volker Gerisch, erregte meine besondere Aufmerksamkeit. Jeder der Autoren beherrschte eindeutig ein Spezialgebiet. Volker hingegen beherrschte sie alle! Ich widmete seiner Arbeit im neuen Buch mehr Seiten als je einer anderen in 25 Jahren zuvor.

Volker Gerisch ist einer der weltweit vielseitigsten und vollkommensten Modellbauer und dennoch bis heute in den Vereinigten Staaten und wahrscheinlich auch in den meisten anderen Ländern der Welt nahezu unbekannt. Hätte ich damals weiter publizieren können, ware es mir vielleicht gelungen, mehr Menschen seine Arbeit vorstellen zu können. Der Hobbymarkt befand sich jedoch seinerzeit im Niedergang und die Winterausgabe 2014 des „Modelers' Annual" war die Abschiedsausgabe.

Müsste man den Modellbau in nur zwei Schulen einteilen, käme ich nach meiner lebenslangen Erfahrung im Modellbau heute zu dem Schluss, dass es Realismus und Impressionismus wären. Volkers Arbeit fällt in die Schule des Realismus, aber dennoch ist er in jeder Hinsicht ein Künstler. Seinen Lebensunterhalt verdient er als Grafikdesigner und ist zudem ein ausgezeichneter Fotograf.

Im Artikel, den Volker mir schickte, wurde erklärt, wie er viele Komponenten einer umfangreichen Szenerie schuf, aber ich hatte noch keine Ahnung vom vollen Umfang seiner Fähigkeiten. Als er sich meinem Online-Modellbau-Forum (www.finescalerr.com) anschloss, beeindruckte er einige der talentiertesten Hobbyisten der Welt mit seiner Meisterschaft in allen Modellbaumaterialien, ob Metall, Kunststoff, Holz, Papier, Gips oder Naturmaterialien, die wir zum Bau von Szenerien verwenden. Er kann mit einem Hobbymesser, einem Lötkolben und einem Pinsel ebenso gut umgehen wie mit Laserschneidern, Werkzeugmaschinen, Photoshop, 3D-CAD und 3D-Druck.

Kurz nachdem Volker dem Modelers' Forum beigetreten war, wurden er und ich Freunde. Manchmal unterhielten wir uns eine Stunde oder länger über Skype. Dabei erzählte er mir, dass er seit über zehn Jahren an den Projekten arbeitet, die er in diesem Buch beschreibt.

Er geht an jeden Schritt seiner Schöpfung fast wie ein Bildhauer heran. Jede Szene beginnt als Vision und erwacht dann allmählich zum Leben. Zuerst kommt die grundlegende Landschaft, dann Erde, Felsen und Laub, dann Straßen, Schwellen, Schotter und Schienen und schließlich die Bauwerke, die innen und außen vollständig ausgearbeitet sind. Wie Sie beim Betrachten der Fotos sehen werden, schuf Volker eine Miniaturwelt, die genauso perfekt ist wie unsere Welt in Originalgröße. Er verbrachte zahlreiche Stunden damit, die feinsten Gebrauchs- und Verwitterungsspuren nachzubilden. Er übersieht kein Detail und ist in der Lage, jedes in Miniatur wiederzugeben. Das kann ein Rostfleck sein, ein Öltropfen, ein Haufen toter Blätter, einfach alles. »Quiet earth« ist ein dreidimensionales Meisterwerk, vergleichbar mit einem Gemälde wie Rembrandts Nachtwache.

Ich baue Modelle, seitdem ich sieben Jahre alt bin. Ich beschäftige mich seit Jahrzehnten mit Modellbau. Ich kenne viele hervorragende Modellbauer, darunter einige, deren Kreationen über ausgezeichnetes Handwerk hinausgehen und zu dreidimensionaler Kunst werden. Aber keiner von ihnen nahm ein Projekt von der Größe und Detailgenauigkeit von Volkers Modell in Angriff, und keines erforderte bereits mehr als ein Jahrzehnt Arbeit.

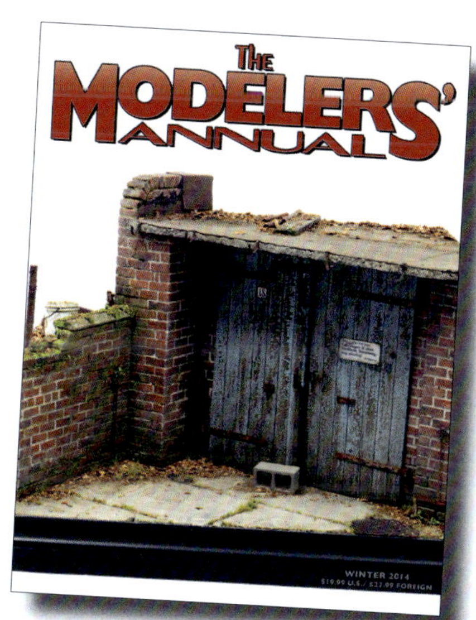

Die meisten Menschen der Welt halten das Können und die Kunstfertigkeiten wie sie Volker zeigt für einschüchternd, für Zeitverschwendung, für etwas, das mehr Geduld erfordert, als sie für normal erachten, oder für etwas Niedliches, das man Kindern zeigen kann. Natürlich hält der Großteil der Welt auch die Musik von Mozart, Beethoven oder Brahms für langweilig, die Ölgemälde der Meister für öde und die klassischen Spielfilme für altmodisch.

Wenn Sie diese Worte lesen, gehören Sie zu einer anderen Kategorie. Wenn Sie also lesen, was Volker geschrieben hat, seine Fotos von fertigen Szenen studieren und sehen, wie er solch exquisiten Realismus und Detailreichtum schuf, werden Sie ein Gefühl für das enorme Talent, die Kreativität und die Kunstfertigkeit bekommen, die notig sind, um ein solch perfektes Miniaturabbild der Realität zu erschaffen. Wenn nichts auf einem Foto darauf hindeutet, dass Sie eine Nachbildung im Maßstab 1:22,5 betrachten, werden Sie letztendlich zu dem Schluss kommen, dass Volker Gerisch mehr als nur ein Handwerker ist und mehr als nur ein Modell schuf. Seine Vorstellung, sein Talent und sein Können haben den ultimativen menschlichen Ausdruck hervorgebracht.

Das ist, was wir Kunst nennen.

Russ Reinberg

Portrait
Volker Gerisch

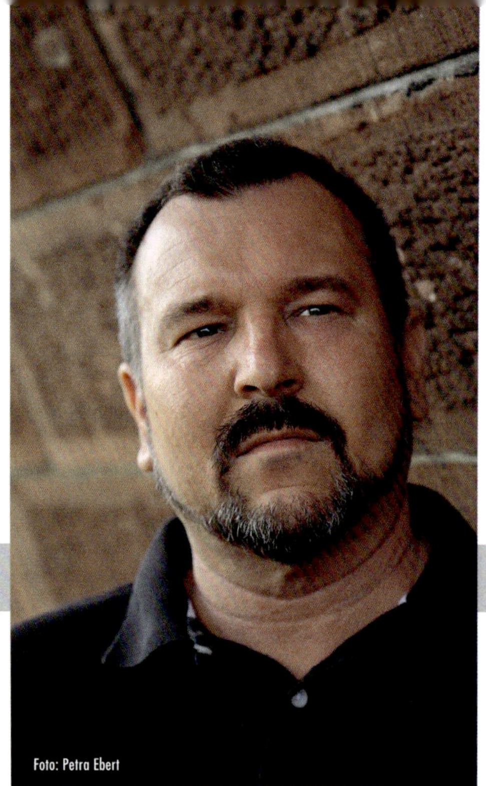
Foto: Petra Ebert

In meiner 23-jährigen Karriere als Redakteur der Zeitschrift MODELLEISENBAHNER begegnete ich wahrscheinlich jeder Schattierung von Eisenbahn- und Modellbahnfreunden.

Die Vielfalt innerhalb dieses Menschenschlags ist groß: Es gibt den Spaß- und Spielbahner, der sich an allem erfreut, was sich auf zwei Schienen bewegt. Man findet die Vorbild-Fanatiker, für die das Wichtigste die möglichst akribische Verkleinerung des Vorbilds ist und jene, die auf ihrer Anlage eine konkrete Vorbildsituation in einem bestimmten Zeitfenster nachbauen, wo sich nur Fahrzeuge bewegen dürfen, die dort auch vorgekommen sein könnten. Eine andere bedeutende Gruppe sind die Sammler, deren Modellbahn in Vitrinen an der Wand aufbewahrt wird.

Die meisten machten in ihrer Kindheit erste Erfahrungen mit der Modelleisenbahn, häufig gemeinsam mit Vater oder Großvater. Viele legten in der Jugend oder im jungen Erwachsenenleben eine Pause ein, um, im Berufsleben angekommen, das Hobby wieder zu entdecken. Die wenigsten machen dann dort weiter, wo sie in der Jugend aufhörten. Das gilt auch für Volker Gerisch, aber während der Großteil der erwachsenen Modellbahner doch von einer Anlage im Keller, auf dem Dachboden oder im freigewordenen ehemaligen Kinderzimmer träumt, hat er die Modellbahn für sich neu erfunden, befreite sich vom gewöhnlichen konfektionierten Modellbau à la Märklin und Faller.

Gerisch gehört einer speziellen Gruppe an, die Grenzen überschreitet, die versucht, das Unmögliche darzustellen. Auch in Volker Gerischs Kinderzimmer fuhren einst Fleischmann-Lokomotiven im Kreis. Im Erwachsenenalter kehrte er jedoch nicht sofort zur Modellbahn zurück, sondern legte vielmehr ein modellbahnerisches Sabbatical bei der echten Bahn ein, wenn auch in ihrer kleinsten Ausprägung: der Feldbahn.

Volker Gerisch beteiligte sich ab den späten 1990er-Jahren an der Reaktivierung der ehemaligen Moorbahn im Kurpark Bad Schwalbachs. Er war an der Konzeptionierung, Entwicklung und Gestaltung von Personenwagen beteiligt ebenso wie am in den frühen 2000er-Jahren wieder aufgenommenen Betrieb der inzwischen als Ausflugsbahn betriebenen Bad Schwalbacher Kurbahn mit regelmäßigen Fahrten an den Wochenenden des Sommerhalbjahrs. In dieser Phase erarbeitete er sich zudem den Status eines Sachverständigen für Feld- und Parkbahnen.

Neben seiner Zeit als Feldbahner schloss er sein Lehramtsstudium an der Johannes Gutenberg-Universität in Mainz mit dem Hauptfach Bildende Kunst sowie den Studienschwerpunkten Metallplastik, Film und Umweltgestaltung und dem Nebenfach Deutsche Philologie ab.

Dem Lehramtsstudium ließ er noch einen Diplomstudiengang folgen: Freie Bildende Kunst im Fachgebiet Umweltgestaltung. Bemerkenswert ist, dass Gerisch im Fachgebiet Umweltgestaltung den Schwerpunkt auf Industriekultur und Eisenbahn legte. Seine umfangreichen praktischen Erfahrungen und Kenntnisse als Betriebsleiter bei der Bad Schwalbacher Kurbahn waren sicherlich hilfreich. Seit den frühen 2000er-Jahren arbeitet Volker Gerisch als freier Grafiker mit dem Schwerpunkt Druckgrafik.

Besucht man den im August 1969 in Mainz geborenen außergewöhnlichen Modellbauer in seiner geschmackvollen Altbauwohnung über den Dächern von Wiesbaden,

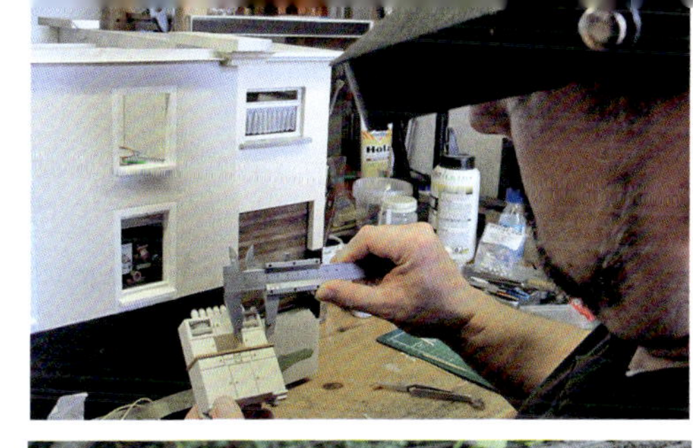

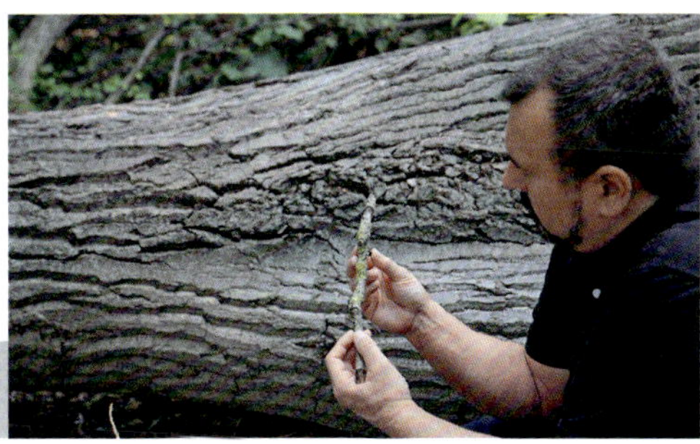

Am Anfang steht ein Eindruck. Manchmal. Eher ein Gefühl. Oder eine Idee.

bemerkt man zunächst nichts von der Eisenbahn. Kein Signalflügel an einer Wand und keine Vitrine mit Lokomotiven. Erst im Wohnzimmer, wo »Quiet earth« eigens für den Besuch aufgebaut wurde, weil es der einzige Raum ist, in dem dieser Ausschnitt einer verkleinerten Welt in voller Länge passt, treffe ich auf die Eisenbahn.

Das ist es also: ein schmales langes Segment mit einem angeschnittenen Haus, ein paar Mauern und viel gepflasterter Straße im Maßstab 1:22,5. Dafür all die Handgriffe, die vielen Arbeitsstunden, in denen auch eine zwei mal vier Meter große H0-Anlage mit zweigleisiger Haupt- und eingleisiger Nebenstrecke sowie Schattenbahnhof hätte entstehen können, voll digitalisiert und mit ausgestalteter hübscher Fachwerkhäuschen-Landschaft?

Dennoch spüre ich sofort, vor etwas Besonderem zu stehen. »Quiet earth« fängt mich ein, als ich das Ensemble zum ersten Mal aus der Nähe sehe. Ich suche, die Ausschnitte, die ich bisher nur von Fotografien kannte und sehe erstmals die legendären Zeichentische im Konstruktionsbüro, das Direktorenzimmer und die Pförtnerloge. Man ist versucht, das Schaustück zu berühren, die Plastizität zu spüren. Jetzt fallen mir auch die großformatigen Aufnahmen auf, die im Wohnzimmer hängen und die unglaublich eindrucksvolle Aufnahmen von »Quiet earth« zeigen. Wüsste man es nicht bereits und stünde das Modell nicht in einem Meter Entfernung, die Frage Vorbild oder Modell wäre auf den Fotografien ein Ratespiel.

Spätestens jetzt begreife ich, dass dies etwas Einzigartiges ist, weil es nicht nur um den möglichst originalgetreuen Nachbau der Wirklichkeit geht, sondern um mehr. Es ist ein Kunstprojekt. »Quiet earth« ist eine Kulisse, Mittel zum

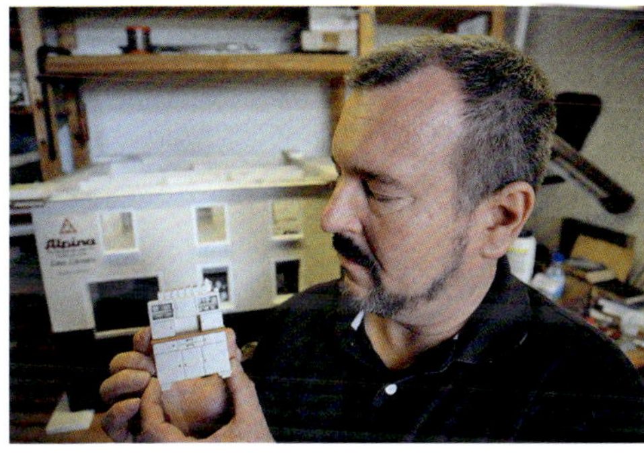

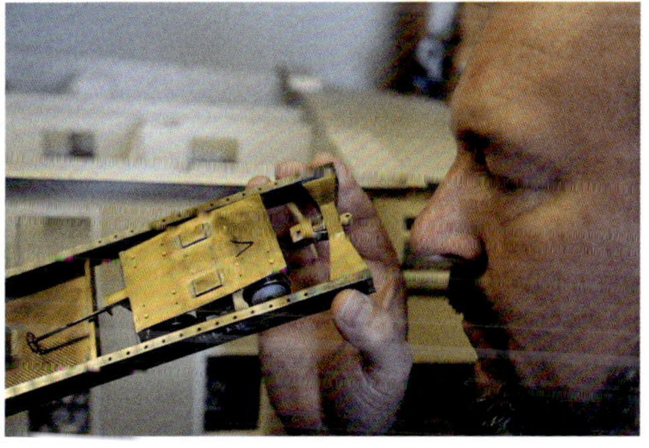

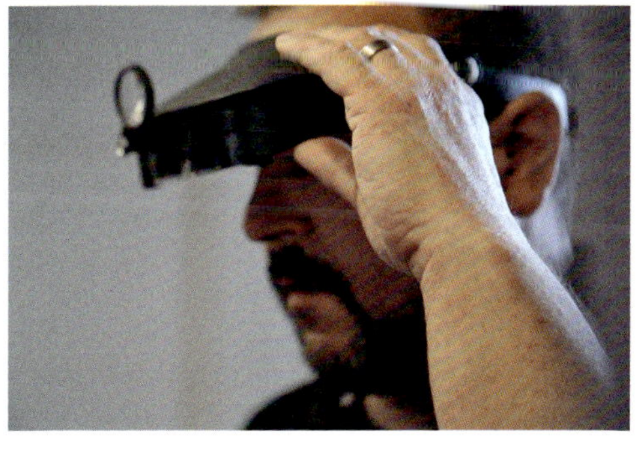

Portrait
Volker Gerisch

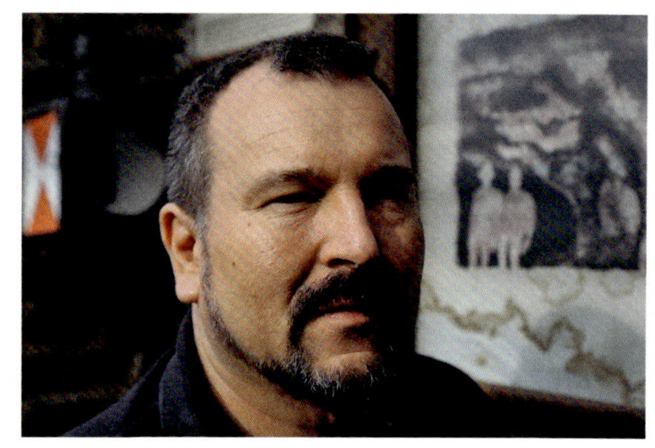

| 30000 Handgriffe | 2000 Stunden | 1 Foto

Zweck für Fotografien, bei denen der Betrachter sich nicht mehr sicher sein kann, ob er ein Modell sieht oder die Wirklichkeit. Bis er zu diesem Punkt gelangte, legte Volker Gerisch einen ereignisreichen Weg zurück und Kunst war anfangs nicht das Thema, als er aus einem Stück LGB-Gleis, genaugenommen einer Weiche, etwas gestalten wollte, das einem maßstäblichen Modell des Vorbilds möglichst nahe kommt. Im Hinterkopf hatte Gerisch die berühmte Plettenberger Kleinbahn, die, obwohl bereits in den frühen 60er-Jahren stillgelegt, bis heute weit über ihre regionalen Grenzen bekannt ist, vor allem wegen der Streckenführung innerhalb der Stadt und der einzigartigen Kastendampfloks.

Anfangs ging es darum, etwas auszuprobieren, Möglichkeiten des Modellbaus auszuloten. Von der ursprünglichen LGB-Weiche blieb am Ende nicht mehr viel und unter der Pflasterung von »Quiet earth« ist noch weniger von ihr zu sehen. Nur das messingfarbene Gleis erinnert noch daran, auch als ewige Erinnerung an die Anfänge. Wer den Gleisbau rund um das Haus Lohmann betrachtet, sieht die großartigen Entwicklungsfortschritte, die Volker Gerisch in einem guten Jahrzehnt machte. Dieses LGB-Probestück war dennoch der glückliche Einstieg in eine neue Welt des Modellbaus, die alles andere als alltäglich ist.

Während man dieses Buch durchblättert, das weitgehend chronologisch die Entstehung der Werkstücke zeigt, kann man den gewaltigen Erfahrungszuwachs des Modellbauers miterleben. Was in den späten 2000er-Jahren noch mit gewöhnlichen Techniken begann, der Verarbeitung von Gips, Hartschaum und geätzten Teilen mit im Modellbau üblichen Fertigkeiten wie Löten und Feilen, genügte bald nicht mehr. Volker Gerisch musste sich, um seinen eigenen Ansprüchen zu genügen, mit CAD-Konstruktion beschäftigen und er erkannte schnell, dass die seit einem guten Jahrzehnt immer populärere und sich ständig verbessernde 3D-Drucktechnik für viele seiner Vorhaben geeignet ist.

Der Künstler Volker Gerisch erhielt in seinem Studium eine gute Vorschulung, kann Dimensionen abschätzen und Perspektiven beurteilen, weiß mit Materialien und Farben umzugehen, aber für seine Verkleinerung vieler Dinge, musste er oftmals erfinderisch werden. Gerisch ist ein guter Beobachter der Natur. Ein Merkmal, das die meisten außergewöhnlichen Modellbauer kennzeichnet, die in beinahe jedem alltäglichen Gegenstand das Potenzial für den Modellbau entdecken, seien es die Teebeutel zur Darstellung von Stoff oder die sinnvoll wiederverwertete Spitze einer ausgebrannten Silvester-Rakete.

Aber all diese Beobachtungsgabe und die intellektuelle Qualifikation reichen nicht aus, wenn das handwerkliche Können fehlt. Um diese feinsten Bauteile zu bearbeiten, zu montieren, zu verlöten, sind unglaubliches Geschick und ein großes Maß an Geduld erforderlich. Auch Volker Gerisch gelang nicht alles auf Anhieb; er ging Wege, auf denen er umkehren und warten musste, bis sich ihm eine andere Lösung aufzeigte.

Sein Arbeitsplatz sind ein alter Schreibtisch und ein wenig die ganze Wohnung, darunter ebenso der Balkon, der unter anderem als Fotostudio für Bauschritt-Aufnahmen unter natürlichem Licht diente, über den Dächern der hessischen Landeshauptstadt unweit seines Geburtsorts auf der anderen Rheinseite. Selbst ein begnadeter Modellbauer wie Volker Gerisch kann nicht alles selbst machen, manches nur entwerfen. Seine Fertigungsmöglichkeiten in der Wohnung, in der schließlich auch seine Familie lebt, sind mitunter beschränkt, einen großen Maschinenpark besitzt er nicht.

»Große Beharrlichkeit, absolute Perfektion verbunden mit handwerklichem Geschick und kreativen Lösungsfindungen – dafür steht für mich in Sachen Modellbau ein Name: Volker Gerisch!«

– Marcel Ackle –

Hilfreich ist, dass Modellbauer in der Regel, und diese spezielle Gruppe ganz besonders, gut vernetzt und oftmals befreundet sind. Man hilft sich gegenseitig. Befreundete Modellbau-Kollegen erledigten Fräsarbeiten und beteiligten sich an seinen Überlegungen, gaben hilfreiche Tipps. Ätz- und 3D-Druck-Werkstücke ebenso wie Messingguss-Teile, ließ er von Profis anfertigen, nachdem er diese auf dem Computer entworfen hatte.

War die WIMAG des Projekts »Quiet earth« noch ein Objekt nach dem Motto »So hätte es sein können«, so ist das »Haus Lohmann« des Ensembles »A snapshot in time« die Wiedergeburt eines Ortes, der schon lange verloren ging und nun eine Wiederauferstehung im Maßstab 1:22,5 feiert. Das Haus Lohmann war einer der spannendsten Orte im Netz der ehemaligen Plettenberger Kleinbahn, eingezwängt in eine Verzweigung der Meterspur-Gleise, am Flüsschen Oester gelegen mit einer Brücke, die unmittelbar am Haus vorbeiführte. Betrachtet man Bilder aus damaliger Zeit, hört man innerlich geradezu das Rumpeln und Knarzen des Stahlblechs, wenn eine der Kastendampfloks über die Oester-Brücke schnaufte. Volker Gerisch suchte sich diesen einzigartigen Ort aus und belebt ihn anhand alter Fotografien und einer akribischen Detailrecherche erneut im Maßstab 1:22,5.

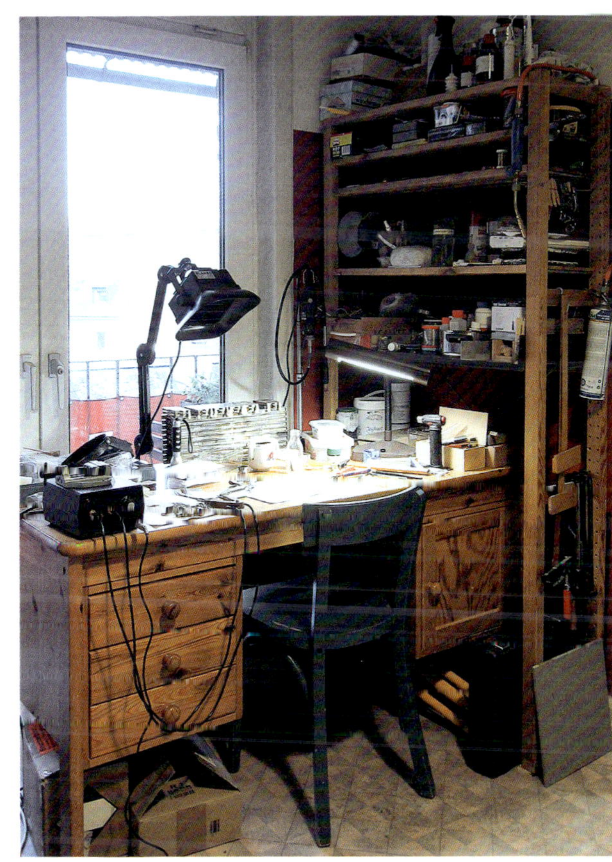

Es ist unglaublich spannend, ihm zuzuhören, wenn er von den vielen Entwicklungsschritten erzählt, die er auf seinem Weg zurücklegte. Auch wenn es dem Künstler inzwischen mehr um das Modell als Kulisse für seine Fotografien geht, steht der staunende Betrachter vor dem realen Schaustück und fragt sich meist nur: Wie hat er das gemacht? Volker Gerisch verrät es in diesem Buch.

Stefan Alkofer

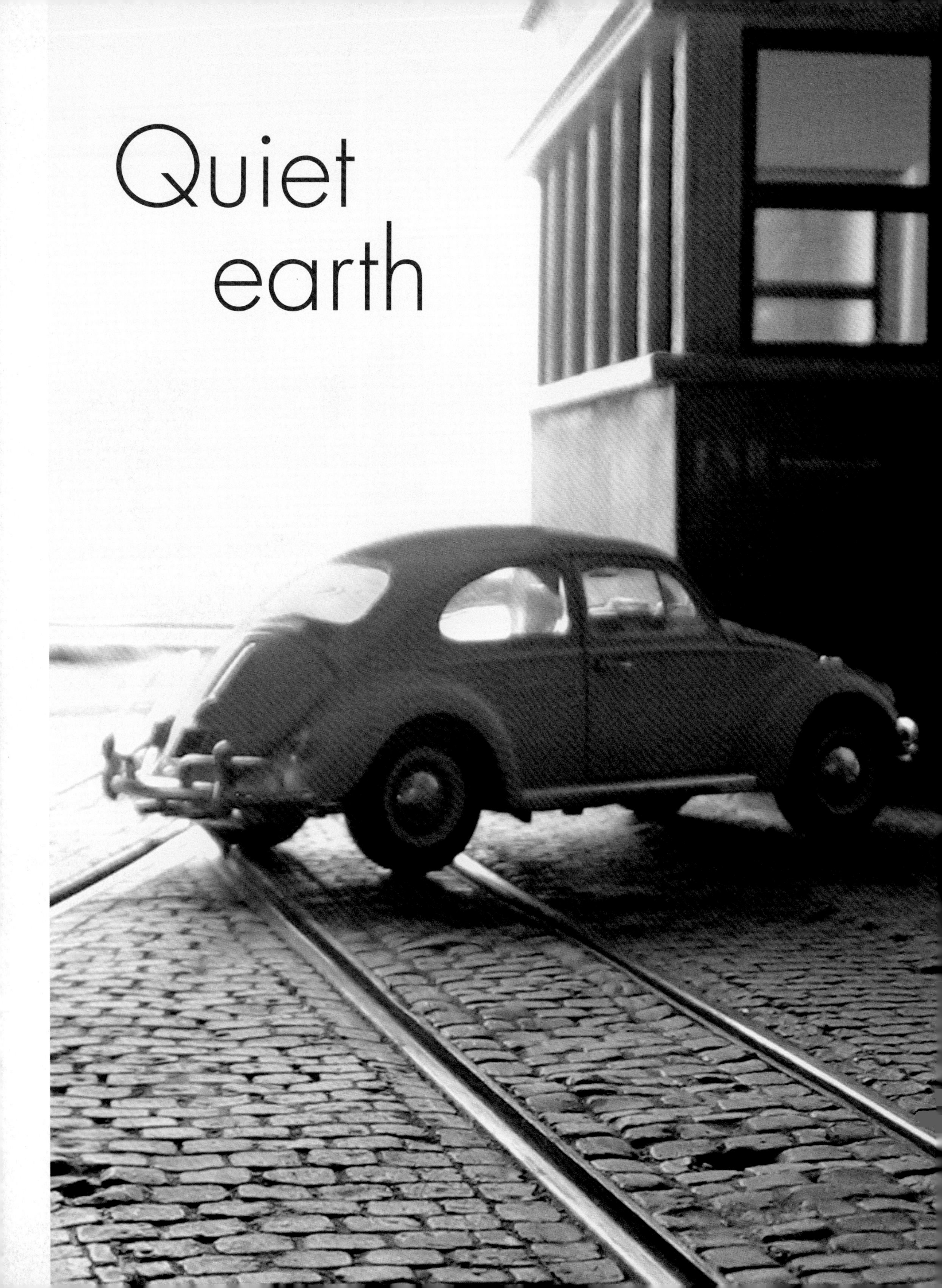
Quiet
earth

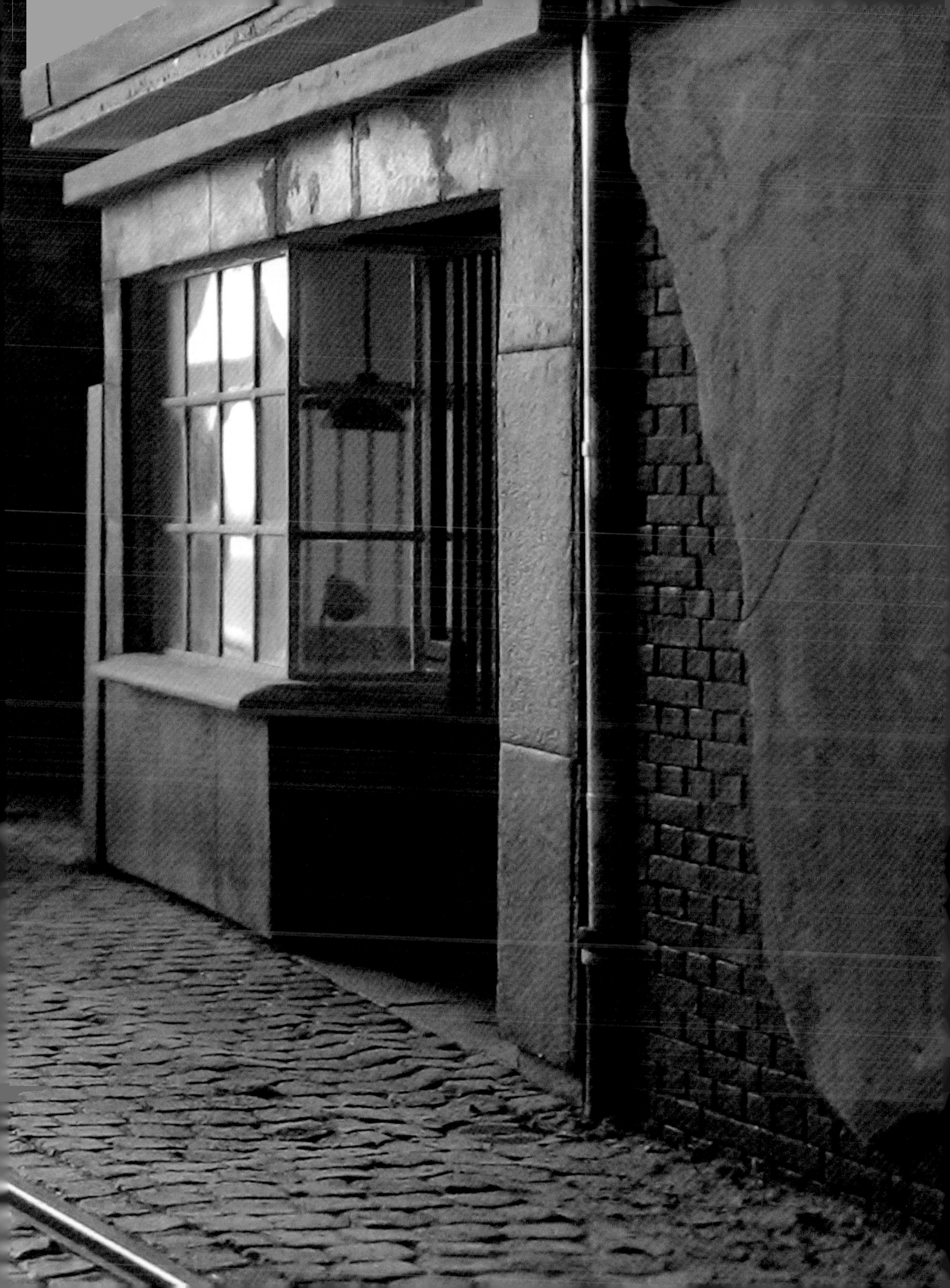

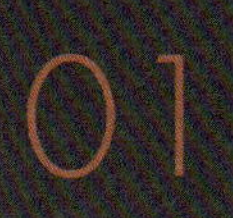

Straßenbereich: Pflastern | Gleisbau 1.0

An keiner anderen Stelle als im städtischen Umfeld kommen Eisenbahnen näher an eine Fülle an Lebens- und Arbeitswelten heran und werden als deren untrennbarer Teil sichtbar. Die Faszination, die von gemischten Transportwegen ausgeht, nimmt zu, je älter und abgenutzter sie sind: Ausgefahrene Straßen und verschlissene Gleise erzählen von Jahrzehnten gelebter Geschichte.

Gleisanlagen haben mich schon immer sehr stark angesprochen, fast noch mehr als die Eisenbahnfahrzeuge selbst. Waren es in meiner Kindheit und Jugend vor allem die eleganten Schwünge von Weichen und Gleisführungen in der Landschaft oder die geometrischen Formen der Weichenvorfelder in den Bahnhöfen, sind es seit dem Anfang der 90er-Jahre des vorigen Jahrhunderts viel mehr die Details und Nutzungsspuren von Gleis und Weichen, nachdem ich mich einige Jahre museal mit echten Eisenbahnen beschäftigt hatte. Diese Fokusänderung vom Großen auf das Kleine spiegelt sich auch in der Entwicklung meines Modellbaus wider.

Gleisanlagen sind der selbst von Eisenbahnfreunden kaum wahrgenommene Teil des Rad-Schiene-Systems, obwohl sie ständig als feste Bestandteile der Landschaft im Gegensatz zu Zügen anzutreffen und sichtbar sind. Mir fällt es schwer, mich der Begeisterung über heutige Museumszüge anzuschließen, die auf Schienen fahren, deren Erscheinungsbild nicht mehr dem entspricht, das sie im ursprünglichen Betriebszeitraum der dargestellten Zugzusammenstellung hatten – ganz abgesehen vom restlichen Kontext. Ich möchte das nicht als Kritik an Musealisierung oder den klugen Ansätzen von Museumsbahnen verstanden wissen, Fahrzeuge im und durch den Betrieb zu erhalten. Ich bedaure aber, dass die Ästhetik eines in Sandbettung verlegten Stahlschwellengleises mit gelaschten Schienen Form 5 auf Haarmannschen Hakenplatten als nicht erhaltenswert verstanden wird – im Gegensatz zur Dampflok der Gattung T3, die darauf fuhr.

Kein Wunder also, dass der Ausgangspunkt nicht nur von Quiet earth, sondern auch aller folgenden Arbeiten etwas mit Gleisen zu tun hatte. Zehn Jahre nach Beginn der Arbeiten daran sehe ich das Modell vor allem als Dokument einer Entwicklung: Eher aus einer spontanen Eingebung heraus entstand damals die Idee, eine Gartenbahnweiche zu einer solchen mit vorbildgerechteren Radien umzubauen, allerdings noch ohne besonderen thematischen Bezug. Zu Beginn hatte ich keine Vorstellung davon, in welche Richtung dieser lapidare Sebstbauversuch einer damals als vorbildgerecht empfundenen Weiche verlaufen würde.

Hier soll es um den Weg gehen, den ich damals beschritten habe, auch wenn ich heute etliche Dinge anders angehen oder umsetzen würde: Das gilt ganz besonders für das völlig unmaßstäbliche Gleisprofil Code 332 der LGB-Gleise mit ihrer für meine Zwecke ebenso unbrauchbaren Messingfarbe, aber auch für die vorbild- und detailfreie Weichengestaltung. Tatsächlich habe ich einige Jahre damit gehadert, dass die Gleisanlagen von Quiet earth in keiner Weise mehr dem Anspruch entsprachen, den ich bereits wenig später bei der Weiterarbeit am Modell entwickelt hatte. Glücklicherweise habe ich aber der Versuchung widerstanden, die Gleise herauszureißen und zu erneuern: Alles hat seine Zeit.

Auch die Verwendung von Hartschaum und Gips für ein Objekt, das durch häufige Ortswechsel für Ausstellungen trotz aller Vorsicht doch jedes Mal erheblichen Beanspruchungen ausgesetzt ist und leidet, sehe ich heute in anderem Licht. Bereits eine Entgleisung der mitunter mehrere Kilogramm schweren Kleinstserienfahrzeuge oder individuellen Einzelanfertigungen im Maßstab 1:22,5 beschädigt die Pflasteroberfläche erheblich. Das Reinigen der Gleise ist nur mit speziellen Werkzeugen, die ausschließlich die Schienenoberfläche in Schienenkopfbreite bearbeiten, und mit großer Sorgfalt möglich, ohne das angrenzende Pflaster oder die Farbe der Rillen zu beschädigen.

Leider habe ich auf Ausstellungen auch immer wieder die Erfahrung machen müssen, dass es Besuchern schwerfällt, der Bitte, das Objekt nicht zu berühren, zu entsprechen. Ich bin mir des haptischen Reizes, der vom Modell ausgeht, ebenso wie der Herausforderung, ihm zu widerstehen, durchaus bewusst. Leider hinterlässt jede Berührung Fingerspuren, die meine weitere fotografische Arbeit schwierig bis unmöglich machen. So hat die Straßenoberfläche infolge des wiederholten Ausstellungsbetriebs ihren ursprünglichen Gesamteindruck durch die wiederholt notwendigen Nacharbeiten stark verändert.

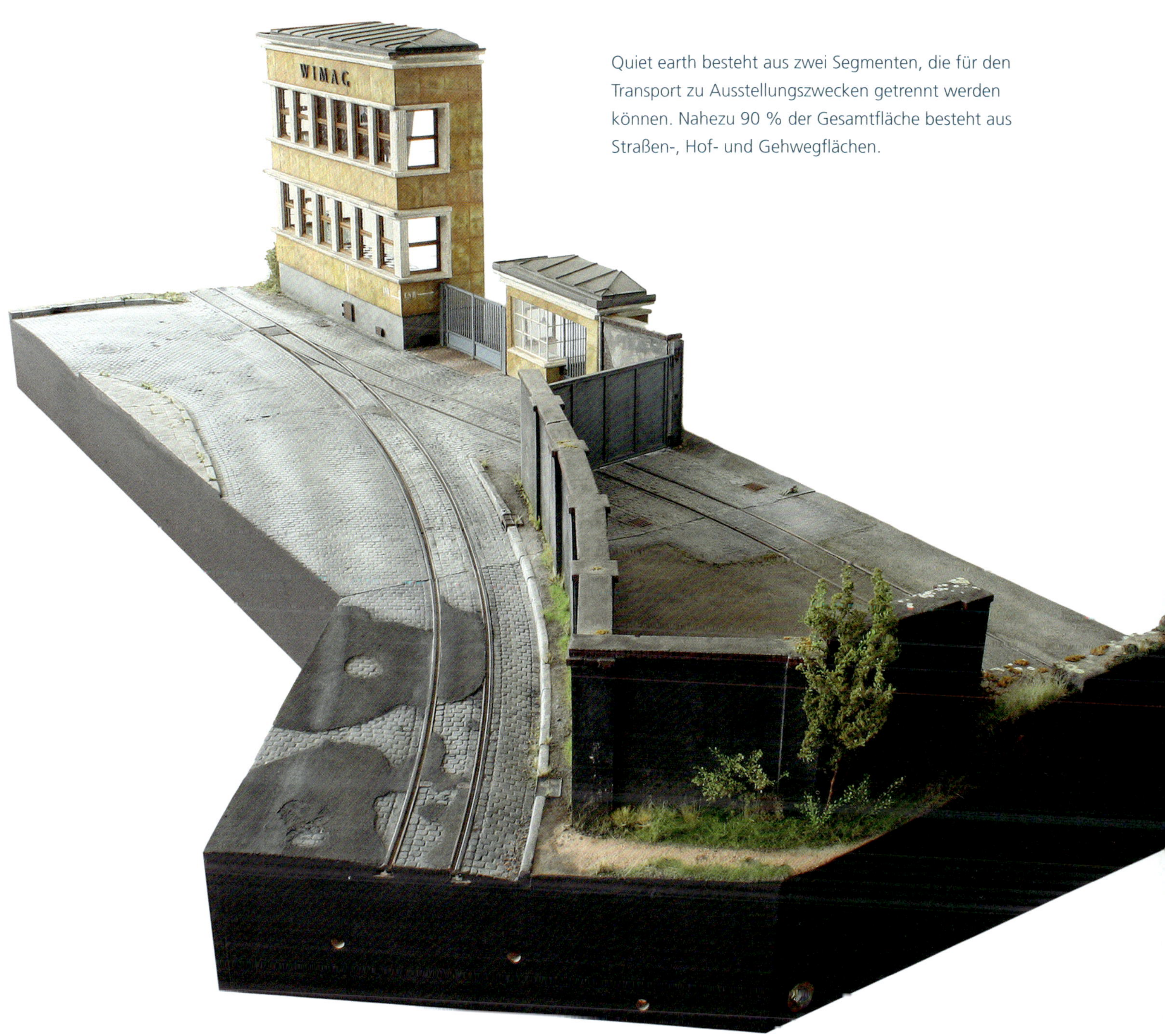

Quiet earth besteht aus zwei Segmenten, die für den Transport zu Ausstellungszwecken getrennt werden können. Nahezu 90 % der Gesamtfläche besteht aus Straßen-, Hof- und Gehwegflächen.

Übungsmodul zur Plettenberger Kleinbahn

Quiet earth – unter diesem Namen ist die Arbeit, um die es im ersten Teil dieses Buches geht, auf Ausstellungen und in Foren bekannt. Die mehrerere Jahre andauernde begleitende Forenberichterstattung und -diskussion zum Bau des Modells lief ursprünglich allerdings unter dem damals keineswegs ironisch gemeinten Titel »Übungsmodul zur Plettenberger Kleinbahn«, denn tatsächlich sollte mir das Projekt zeigen, was mit den vorhandenen Dispositionen, Möglichkeiten und Mitteln zu realisieren wäre, bevor es an eine ganze Anlage nach Motiven der Plettenberger Kleinbahn gehen sollte. Dieses Vorbild mit seinen engen Gleisradien herunter bis zu 15 Metern sollte trotz des gewählten Maßstabs 1:22,5 eine maßstäbliche Annäherung selbst auf kleinstem Raum zulassen. Durch die experimentelle Herangehensweise konnte ich zahlreiche modellbauerische Techniken kennenlernen, mir ist aber auch bewusst geworden, dass die genaue Beobachtung der eigenen Lebenswirklichkeit, die Bewusstmachung von im Alltag lediglich beiläufig wahrgenommenen Strukturen, Texturen und Kontexten mindestens genauso wichtig ist wie das Beherrschen von Techniken. Viele Ideen entstanden in meinem Wohnumfeld: die altertümlichen Straßeneinläufe mit den einmal längs- und einmal quergerippten Abdeckungen ebenso wie flechtenbedeckte Mauern oder von jahrzehntelanger Nutzung verformte Pflasterstraßen.

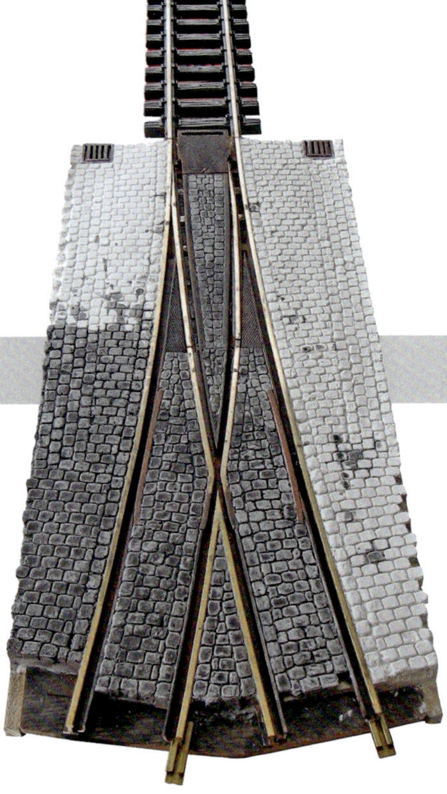

Von der Spenderweiche wurden lediglich Zungen und Backenschienen übernommen und die damit erzielbaren größtmöglichen Radien durch Ausprobieren ermittelt. Schienenstücke für das Herzstück fanden sich in der Restekiste. Ich habe sie am Schleifbock entsprechend angeschrägt und auf eine Messingplatte aufgelötet. 2 mm starke schwellenförmige Holzstreifen gleichen den Höhenunterschied zur Messingplatte aus. Die Schienen sind mit kleinen Schwellennägeln aus dem H0-Bereich durch die Holzstreifen hindurch auf der Sperrholzplatte befestigt.

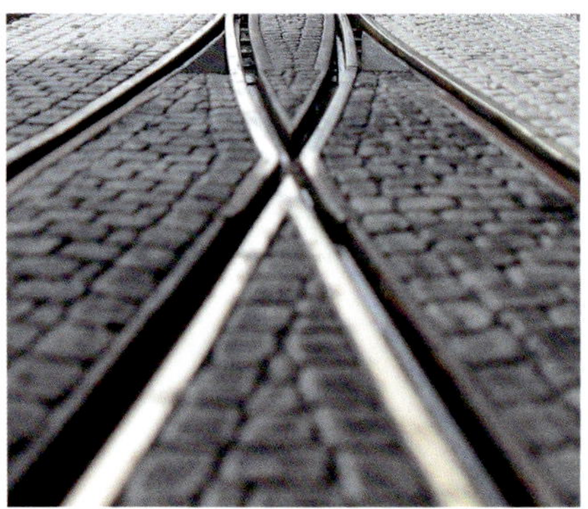

Die ursprüngliche Idee, einen Anleger einer Inselbahn darzustellen, habe ich aufgegeben und die »Schwellen« verschwanden unter einer Pflasterung.

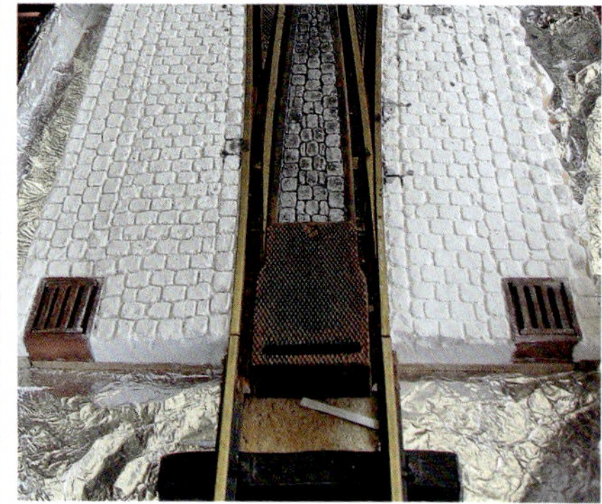

Die Schaltmimik der handbetätigten Weiche fand gerade noch zwischen den Zungen Platz und lässt sich über den quer zum Gleis laufenden Schlitz mit einem Schraubendreher betätigen.

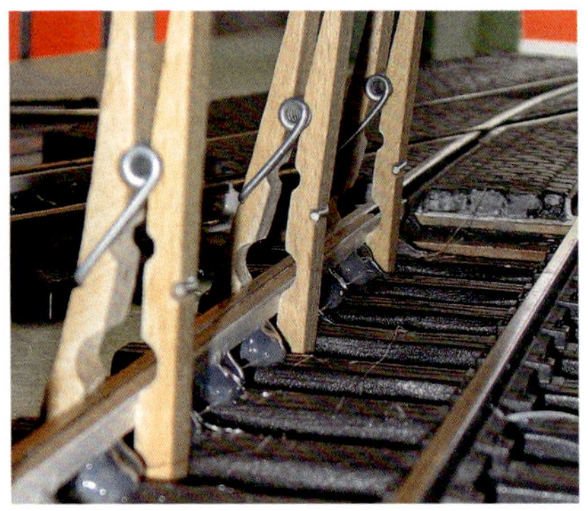

Die Gleise habe ich mit Heißkleber auf der in den Grundrahmen eingeklebten Hartschaumplatte befestigt, die Weichenplatte mit Weißleim.
Da die Hartschaumplatte keine Feuchtigkeit durchlässt, sind die Trockenzeiten bei allen wasserbasierten Klebstoffen recht lang. Die Rillenschienen entstanden aus eingelegten Winkelprofilen von etwa 4 x 4 x 1 mm, die ich aus Kabelschächten entlang eines angelegten Distanzstückes entsprechender Breite mit dem Cutter geschnitten habe.

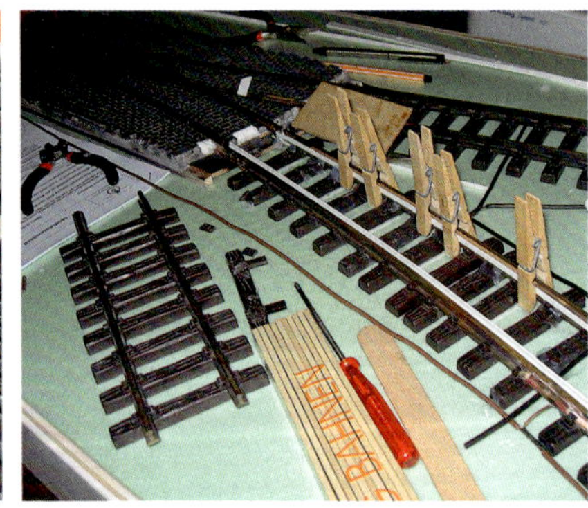

Die Rillenweite von hier 3 mm ließ sich bei der Montage problemlos durch ein während des Klebens eingelegtes Holzprofil einhalten. Die Wäscheklammern fixieren den Kunststoffwinkel mit dem eingelegten Holzstab während des Heißklebevorgangs.

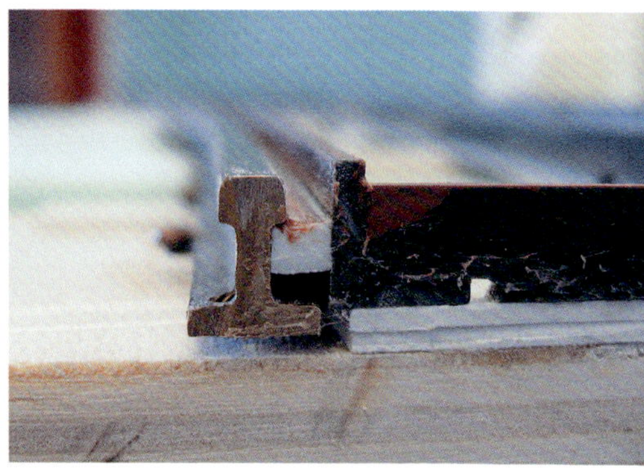

Bei dem kurzen zweiten Segment von Quiet earth entstanden die Rillenschienen aus Kunststoffvollprofil 2 x 3 mm und Winkeln 8 x 8 mm, die mit 1 mm starken Zwischenlagen unterfüttert sind. Die Winkel sind dadurch etwas höher als der Schienenkopf, was gut zu verschlissenen Gleisen passt. Dort, wo es mir zu hoch erschien, ließ sich der Überstand mit der Kante einer abgebrochenen Feile problemlos abschaben.

Die Keimzelle von Quiet earth: Eine auf einem rund 40 x 20 cm großen Sperrholzstück aufgebaute Y-Weiche, die aus einer alten R1-Weiche von LGB entstand.

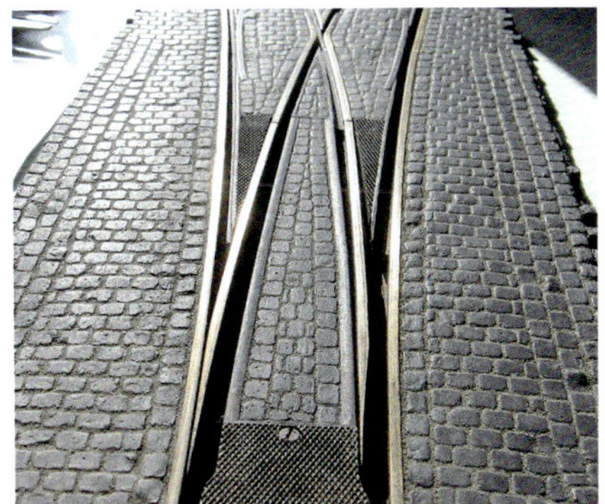

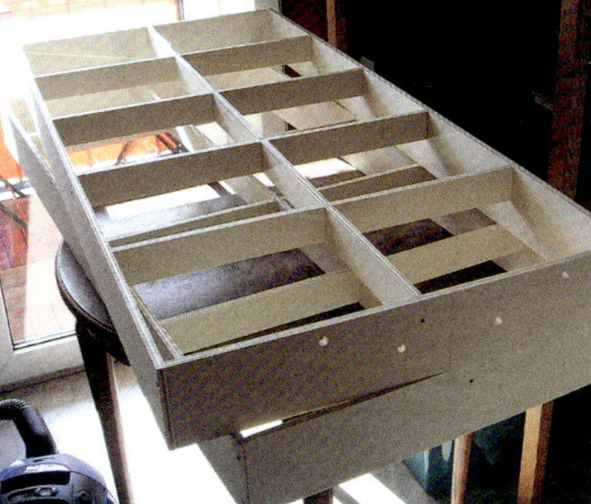

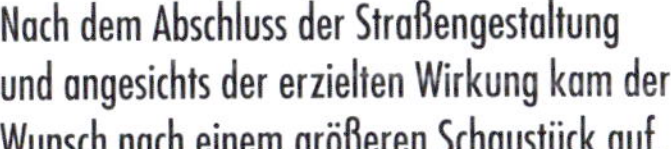

Nach dem Abschluss der Straßengestaltung und angesichts der erzielten Wirkung kam der Wunsch nach einem größeren Schaustück auf.

Dazu entstand ein gleichermaßen verwindungssteifer wie leichter Grundrahmen mit den Maßen 127 x 57 cm aus 10 mm starkem Birkensperrholz, das ich im Baumarkt hatte zusägen lassen. Die Seitenwände haben eine Höhe von 100 mm, die inneren Streben von 50 mm. Alle Teile sind verleimt und der innere Gitterrahmen zusätzlich mit dem Außenrahmen und dieser in sich verschraubt – so lässt sich auch ohne Schraubzwingen eine sichere Verklebung herstellen. Die Modulübergänge entsprechen den Vorgaben der IG Spur II.

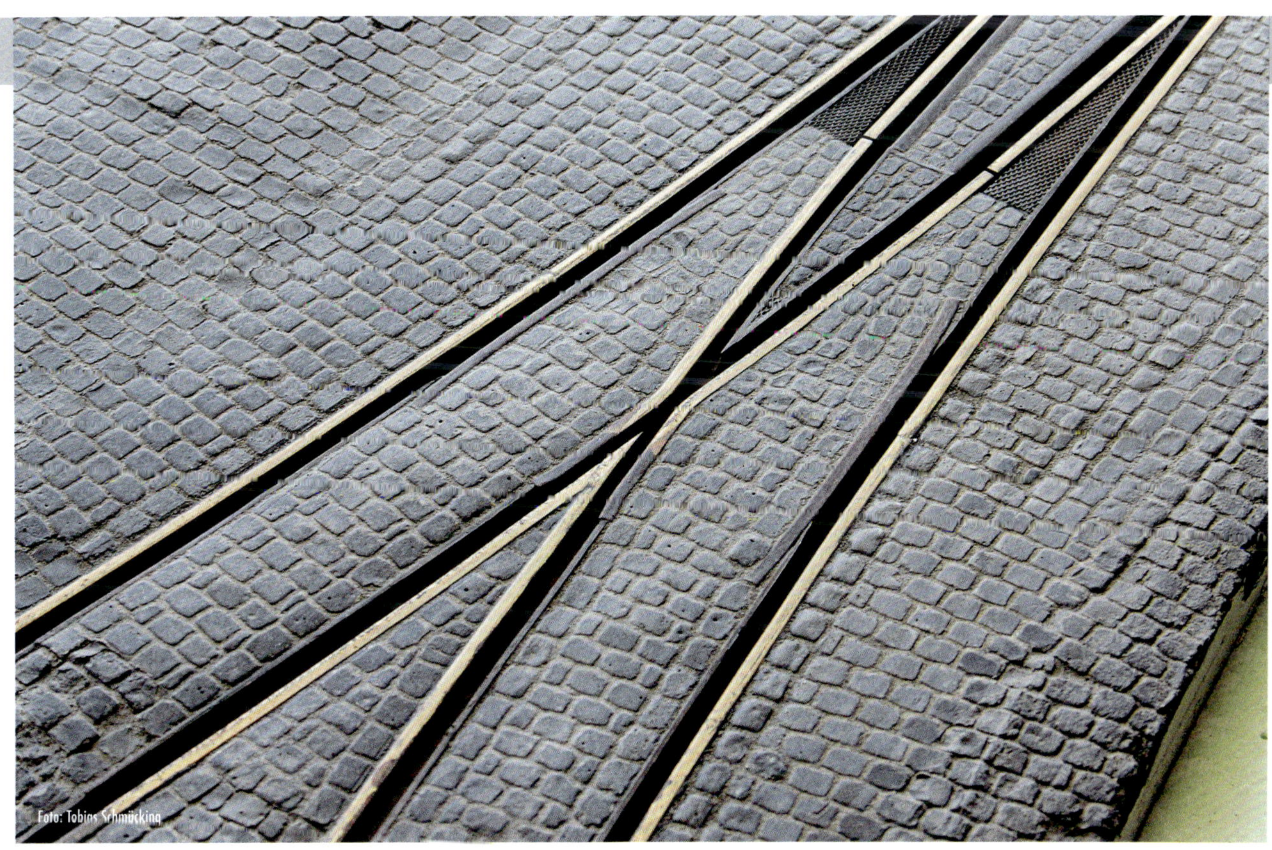

Foto: Tobias Schmücking

| Bordsteine und Gullideckel im Selbstbau

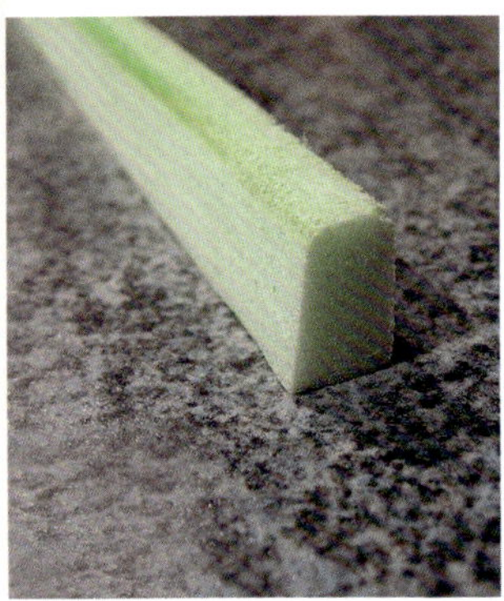

Die Bordsteine bestehen aus entsprechend den Originalmaßen zugeschnittenen und mit Sandpapier verrundeten Abfallstücken der Hartschaumplatte.

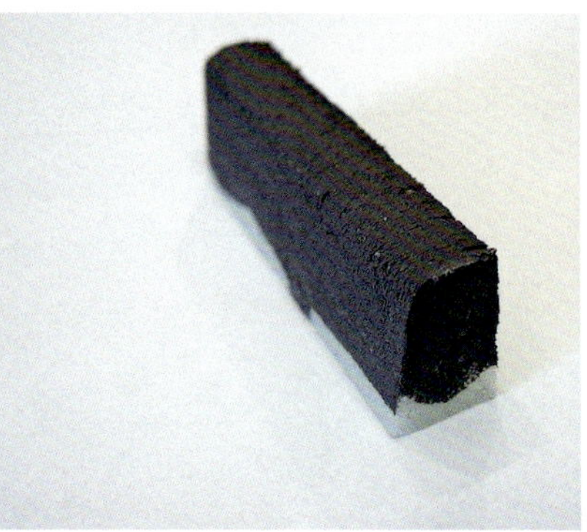

Sie erhielten einen deckenden Anstrich aus mit Deckweiß dunkelgrau angemischter schwarzer Abtönfarbe. Die Farbe darf nicht zu dickflüssig sein, damit sie in die Poren des Hartschaums einfließen kann. Hierbei hilft auch ein Tropfen Spülmittel – und wiederholtes Nachpinseln, bis kein Kunststoff mehr durchschimmert. Nach dem Einbau habe ich sie moch einmal mit stark verdünntem Deckweiß aufgehellt, das gegenüber normaler weißer Wandfarbe extrem stark pigmentiert ist. Die Pigmente setzen sich in den Poren ab und verleihen der Oberfläche eine steinähnliche Textur.

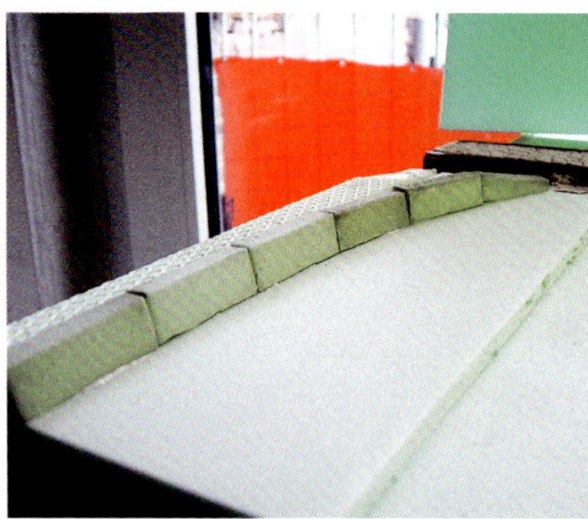

Nachdem die Gleisanlage fertig war, habe ich zunächst die Bordsteine bis zu den Modulkanten montiert, mit denen sie bündig abschließen. Das ist für die später folgenden Gipsarbeiten für den Straßenbelag entscheidend.

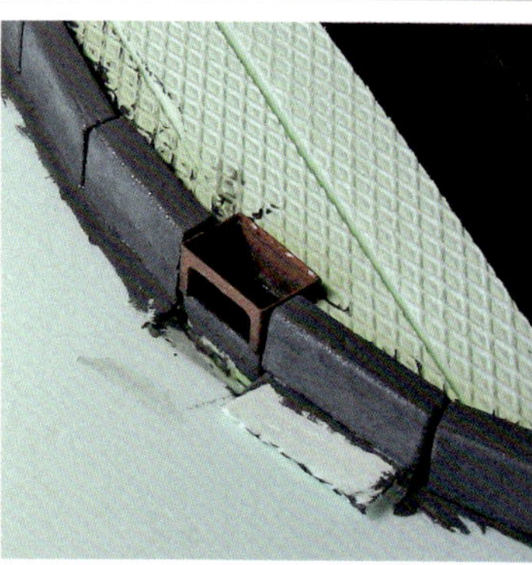

Die Straßeneinläufe wurden über schwarz angestrichene Vertiefungen in der Hartschaumplatte montiert, die den Abflüssen beim Original entsprechen und deren Ende durch die Öffnungen in den Einläufen später nicht zu sehen sein würden. Mir war es wichtig, dass die Gullis nicht aufgesetzt wirken, sondern eine Tiefenwirkung bekommen.

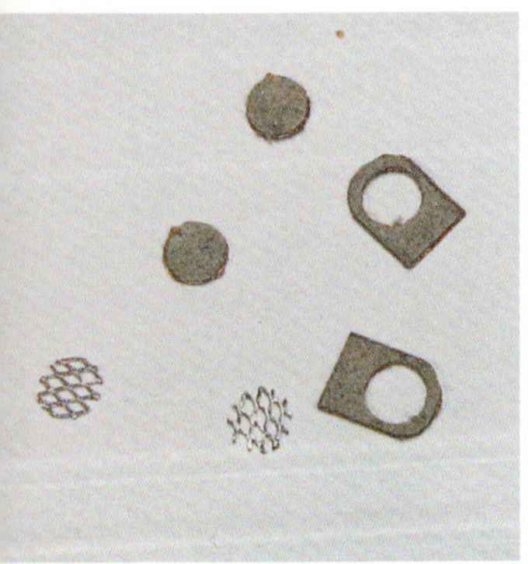

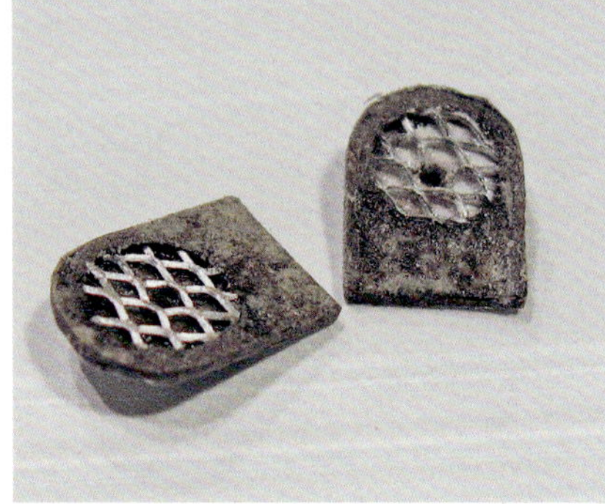

Die Rillenschienenentwässerungen bestehen ebenfalls aus Pappe. Dazu habe ich mit dem Locher ein Loch gestanzt und anschließend die Kontur ausgeschnitten. Aus einem Aluminium-Spritzsieb wurden ebenfalls mit dem Locher Stanzstücke gleichen Durchmessers gewonnen und dann in die Pappteile eingeklebt. Eine weitere Lage Pappe schließt die Teile nach unten ab. Sind sie mit Sekundenkleber getränkt, lassen sie sich sehr gut mit einer Sandpapierfeile bearbeiten und glätten.

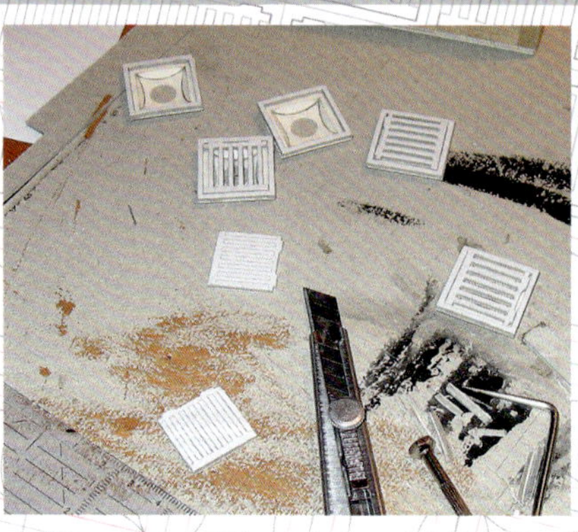

Für die Straßeneinläufe habe ich mir maßstäbliche Zeichnungen in Adobe Illustrator, einem Grafikprogramm, angelegt, sie auf selbstklebendem Papier ausgedruckt, die Ausdrucke auf 2 mm starke Graupappe geklebt und mit dem Cutter sowie einem feinen Schraubenzieher als Stechwerkzeug ausgeschnitten.

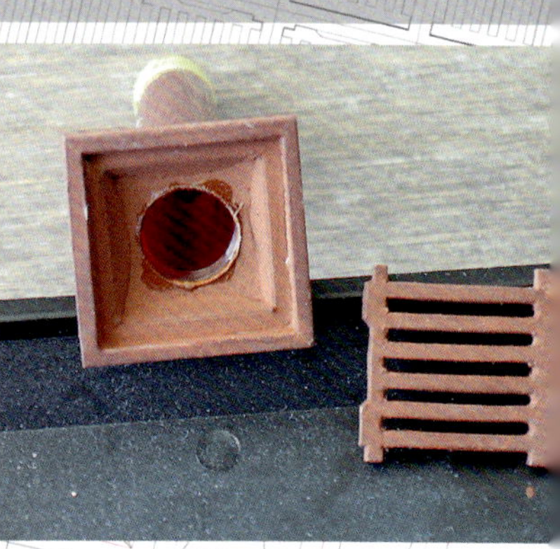

Die Rahmen sind auf gewölbte, an das Vorbild lediglich angelehnte »Abflussteine« aus 0,5 mm starker Pappe aufgeklebt, die wiederum in Röhren münden, für die ich alte Tuschestifthalter verwendet habe.

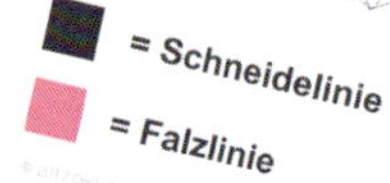

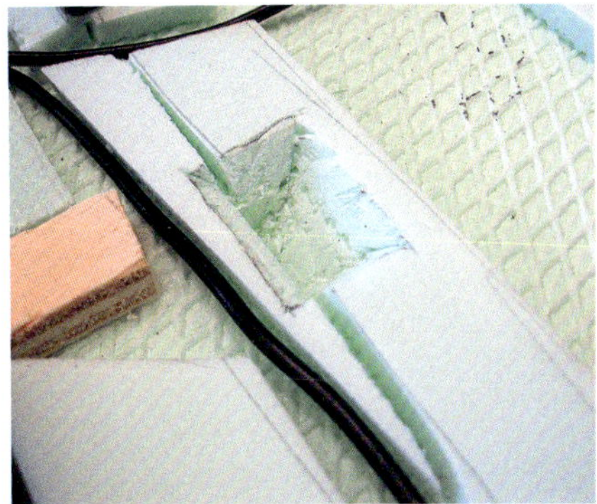

Hartschaum ist ein sehr dankbares Material für Nacharbeiten an Ort und Stelle. Hier wurde die Vertiefung geschnitten, die den Abfluss andeutet.

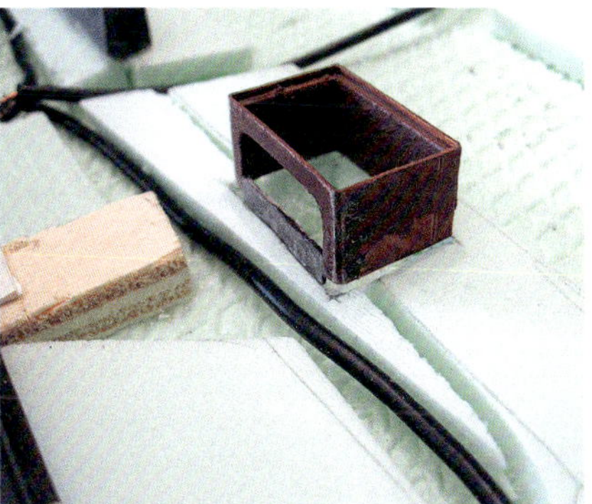

Der Gusskasten,aus mehreren Lagen unterschiedlich starker Graupappe, die mit dünnflüssigem Sekundenkleber verklebt und getränkt wurden, ist über der Öffnung eingesetzt.

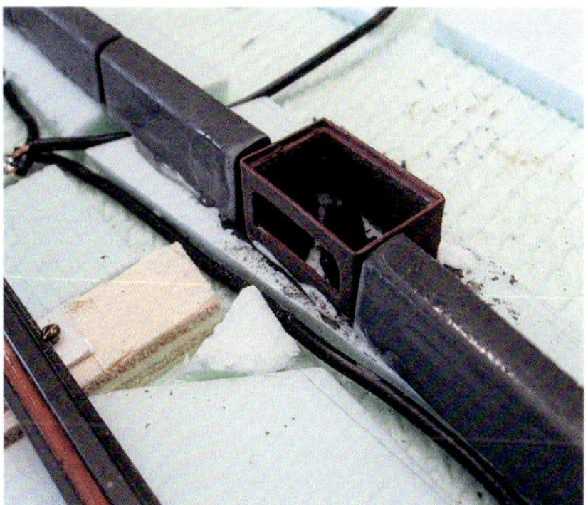

Die endgültige Höhe ergibt sich durch die anschließenden Bordsteine.

Wenn man sich mit dem Straßenbau beim Vorbild beschäftigt, kann man die Lage von Randsteinen, Rinnenpflasterung, Straßeneinläufen, Schienenentwässerungen, Revisionsschächten und auch die erforderlichen Oberflächenneigungen (Straßenquerschnitt) bestimmen, bevor man mit der Gestaltung der Straßenoberfläche beginnt.

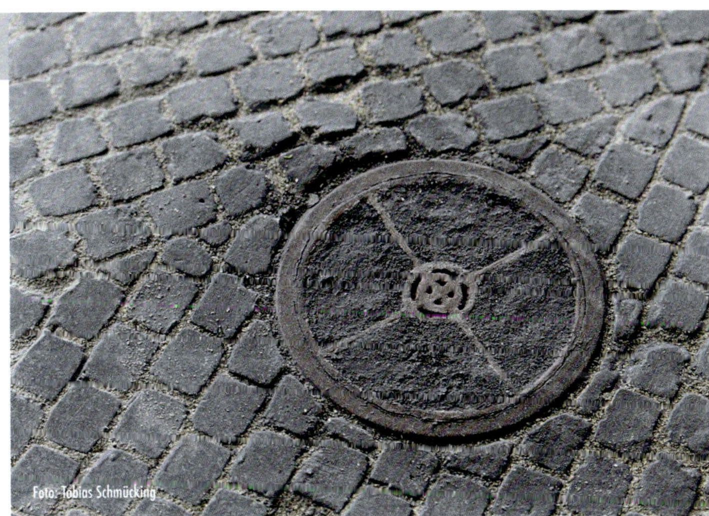

Foto: Tobias Schmücking

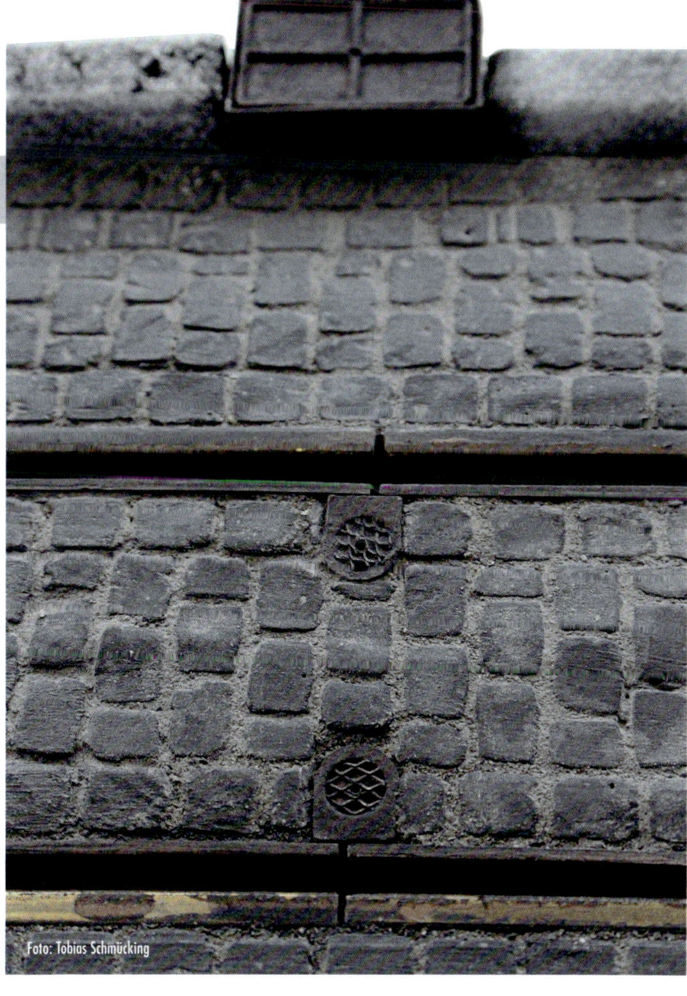

Foto: Tobias Schmücking

Die feinen Rippen auf der rechteckigen Straßeneinlaufabdeckung und dem großen runden Kanaldeckel sind aus ca. 0,5 mm starker Pappe entstanden. Bei den Rillenschienenentwässerungen wurden auch die Öffnungen in der Rille nicht vergessen.

| Meditativ und kontemplativ: Pflaster prägen

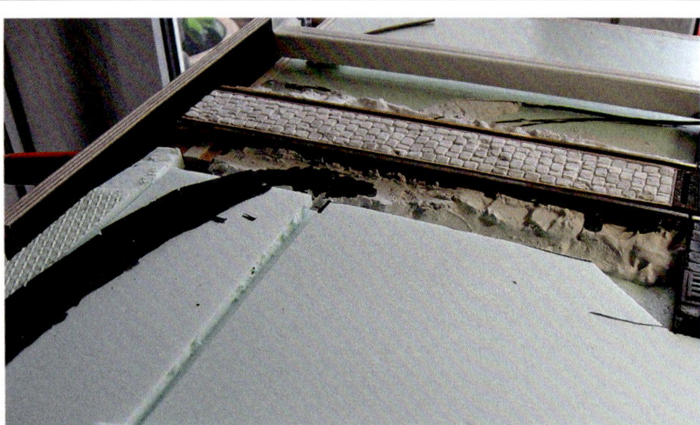

Vor dem Eingipsen der Straße wurden alle an die Straßenoberfläche anschließenden oder von ihr später umschlossenen Elemente montiert. Die Randsteine sind deutlich höher als später sichtbar: Abgesehen von der notwendigen Schichtdicke für den Gips bietet das auch die Möglichkeit, die Rinnen mit Gefälle zu den Einläufen hin anzulegen, die jeweils den tiefsten Punkt bilden. Das ist auch der Zeitpunkt, zu dem man den späteren Gesamteindruck des Straßenzustands mitbestimmt. Bei alten, lange Zeit befahrenen Straßen setzen sich auch die Rinnsteine ungleichmäßig oder haben stellenweise abgeschlagene Kanten.

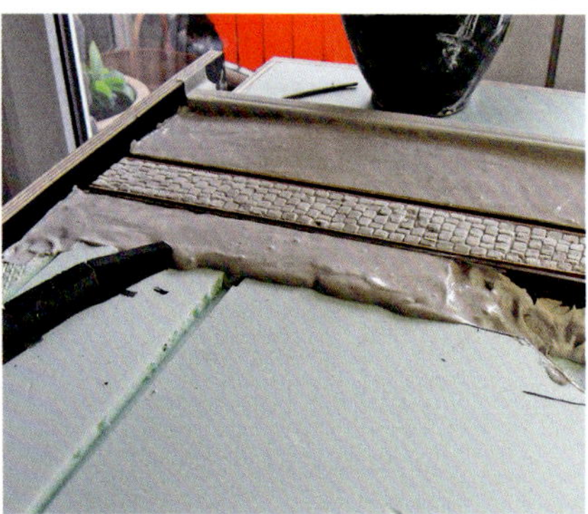

Für die Straßengestaltung habe ich flüssig angerührten Gips verwendet. Die Stellen, die nicht durch Bordsteine oder Schienen begrenzt sind, mussten deshalb abgedichtet werden – am Modulrand zum Beispiel mit der glatten Seite einer Siebdruckplatte. Auf diese Weise erhält man nebenbei eine scharfe Modultrennkante. Zur Herstellung von Straßenwölbungen darf der Gips nicht zu flüssig sein, so dass er sich noch modellieren lässt.

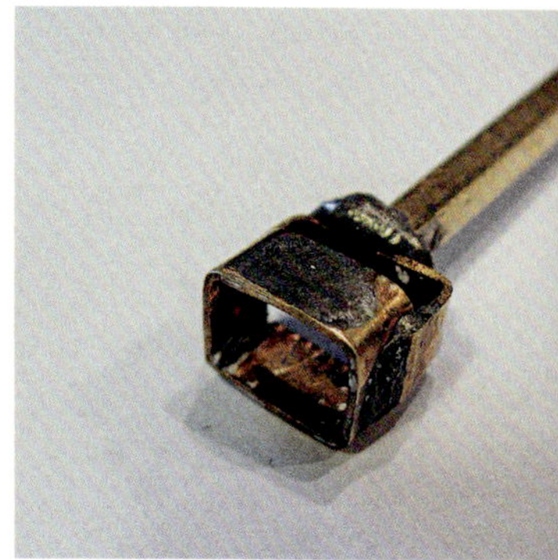

Für die Pflasterdarstellung habe ich einen Stempel aus Messingresten gelötet. Die 5 mm hohen und 0,5 mm starken Seitenwangen sind mit einer Rundzange gebogen, um scharfe Knickkanten zu vermeiden und eine leichte Wölbung zu erreichen. Die Schneiden müssen unbedingt nach oben offen sein – ich habe das durch einen angelöteten Bügel gelöst – da sich der Stempel leicht zusetzt und man ihn so gut reinigen kann.

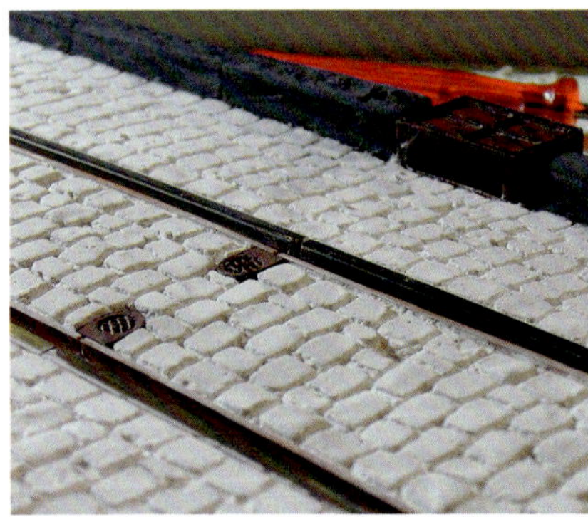

Anschließend habe ich die Fugen wechselweise mit einer Nadel und einem nicht zu harten Borstenpinsel mit viel Gefühl – und manchmal auch etwas Wasser – bearbeitet. Dabei entstand die typische Rundung des Pflasters sowie die gewünschte Rillentiefe von etwa 2 mm.

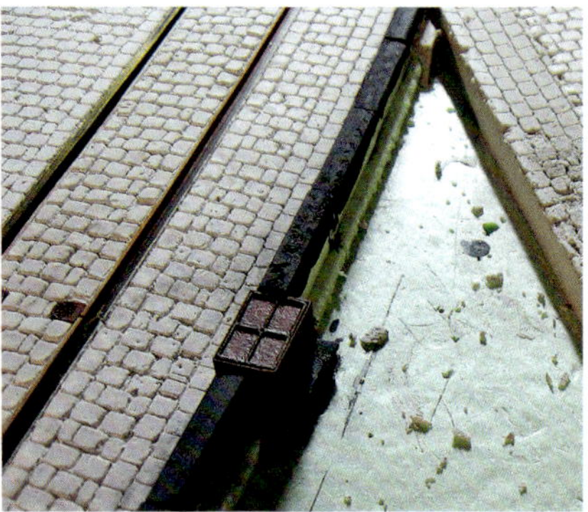

Die Bemalung der Bordsteine muss nach dem Gipsen wiederholt werden, da sie meistens mit Gips verschmutzt sind. Hier gefiel mir ein beim Schneiden zufällig entstandener Oberflächenschaden, den man – inzwischen nur noch sehr selten – als Panzerkettenspuren aus der Kriegszeit in alten Straßenzügen finden kann.

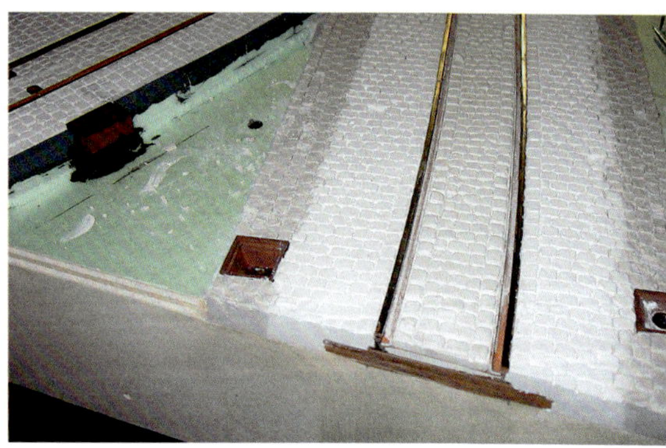

Die Gullideckel wurden an Ort und Stelle mit eingegossen und die Pflasterung von den Ansatzstellen ausgehend entlang der Abflussrinnen geprägt.

Bei der Arbeit in abbindendem Gips lassen sich immer nur Abschnitte von höchstens 30 x 30 cm auf einmal herstellen – sofern man nicht vollständig auf Schlaf und andere lebenserhaltende Maßnahmen zu verzichten in der Lage ist.

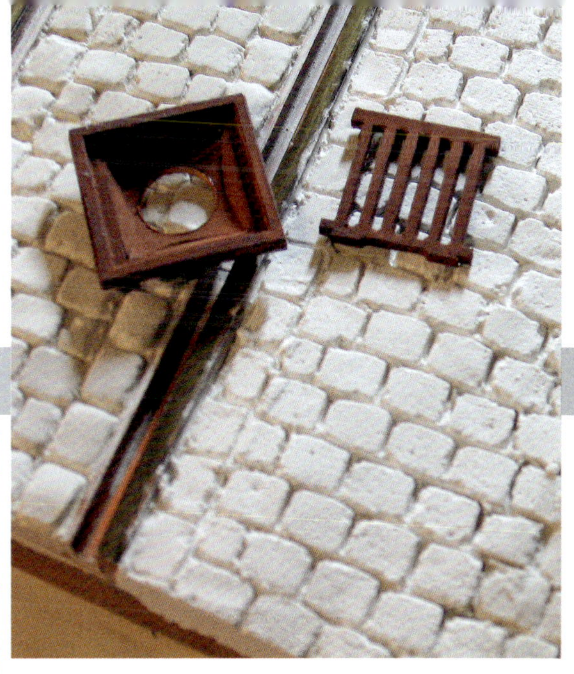

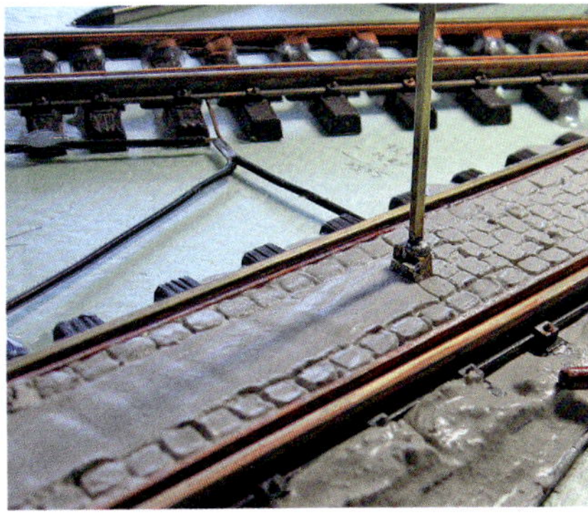

Den Stempel habe ich vorsichtig in den gerade abbindenden Gips gedrückt. Man sollte ihn ständig in klarem Wasser ausspülen, da sich sonst zu viel Gips an den Schneiden ansetzt.

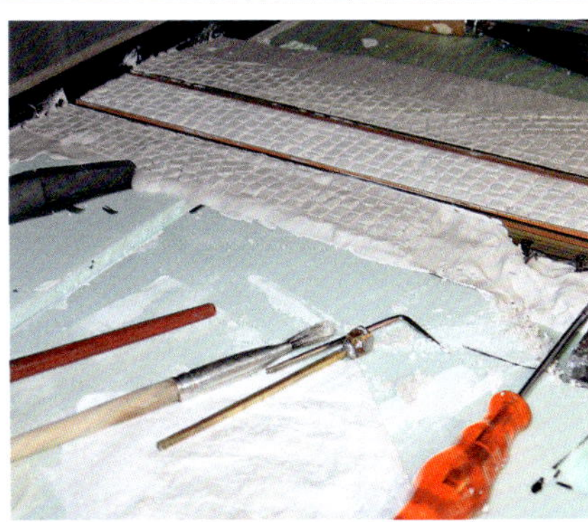

Wenn der Gips abgebunden war, habe ich im noch feuchten Zustand die Rillen mit einer Reißnadel oder einem feinen Schraubenzieher nachgeritzt.

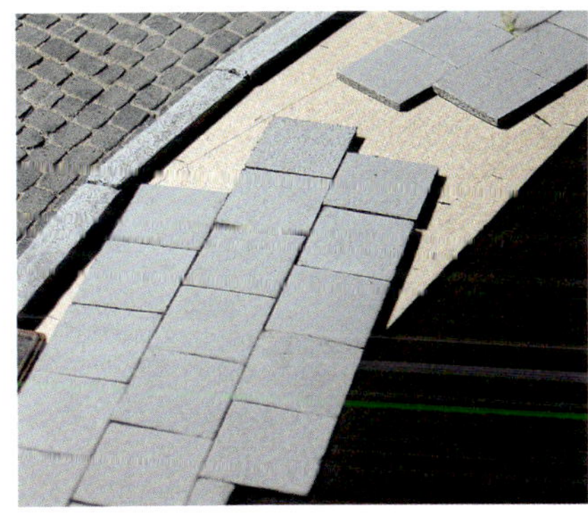

Die Gehwegplatten sind einzeln aus 2 mm starker Hartschaum-Trittschalldämmung ausgeschnitten. Die Oberflächen von Vorder- und Rückseite des Materials unterscheiden sich etwas in ihrer Struktur, was etwas Abwechslung in das Gesamtbild bringt. Die Platten habe ich in einem eher helleren Betongrau mit der bereits bei den Randsteinen bewährten Mischung aus Abtönfarbe und Deckweiß vorgestrichen und nach dem vollständigen Abtrocknen auf dem vorbereiteten Untergrund, hier einer mit Gefälle zur Straße hin gewölbten Pappe, mit Weißleim verklebt.

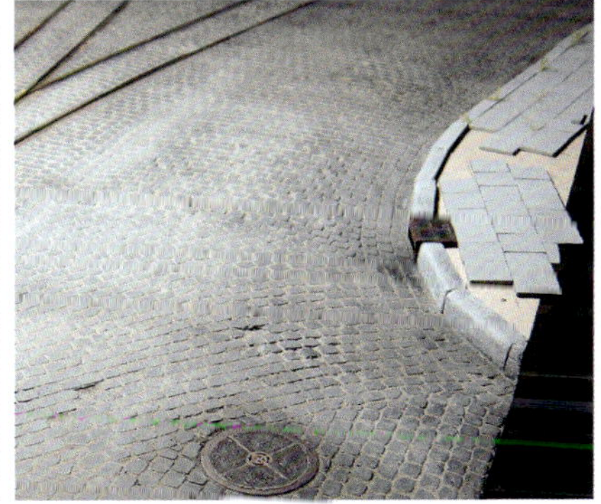

Beim Verlegebild habe ich mich an Wegen aus meiner Umgebung orientiert. Zur Darstellung gebrochener Platten kann man die Plättchen vor dem Verkleben knicken und die Knickstellen mit dem Cutter nachschneiden oder auch nur mit dem Cutter feine Risse andeuten. Ein paar Stellen reichen aus, um die Wegfläche verschlissen wirken zu lassen. Die Ansatzstellen sind aus zugeschnittenen Platten und dort, wo auch im Original die Zuschnitte zu klein wären, aus kleinen Pflastersteinen entstanden: Bruchstücke aus dem Gipsabguß einer Spörle-H0-Form für Ladestraßen.

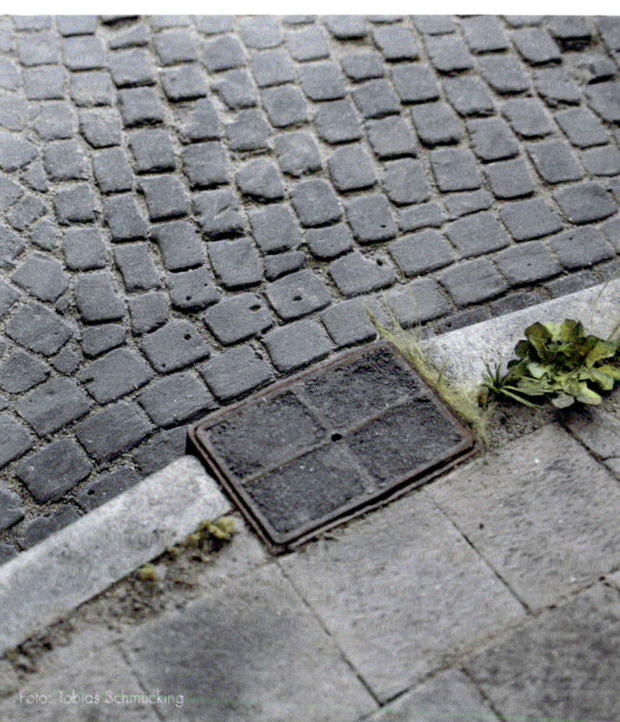

Die Farbgestaltung erfolgte mit sehr stark verdünnter Wasserfarbe, deren Pigmente sich in den Poren und Rillen ablagern. Dass die Farbe dabei auf den wasserundurchlässigen Platten stehen bleibt und zum Rand hin einen Wulst bildet, kann man sich zu Nutze machen. Beim Plätteln habe ich auch ein paar Faserbüschel eingebaut. Die überzeugend grasartigen Teile stammen allerdings von getrockneten, mit Glycerin und Farbe behandelten Distelblütenständen. Für den Löwenzahn habe ich Fotos herunterskaliert und die ausgedruckte, ausgeschnittene und montierte Pflanze noch mit Wasserfarbe bis zu einem natürlicheren Ton lasiert. Dazu kam noch etwas Flockenmaterial von Woodland für moosige Stellen. Die Fugen sind mit Melaphyrstaub gefüllt und mit Ponalwasser verklebt.

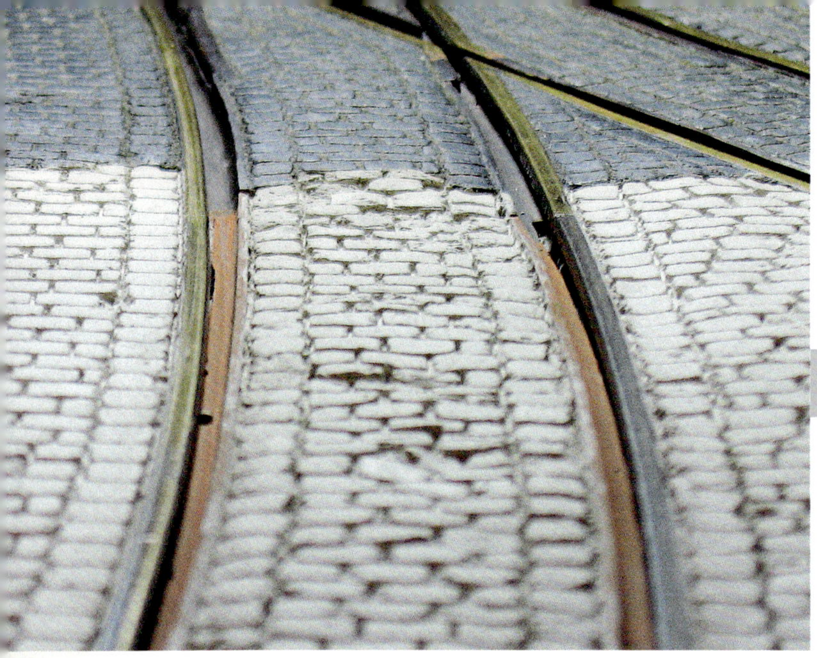

Manchmal bleibt beim Herausziehen des Stempels eine Ecke oder auch ein ganzer Stein hängen. Genau das ergibt das Bild einer verschlissenen Pflasterstraße. Ich ließ mich dabei selbst überraschen und steuerte nur gegen, wenn mir der Effekt zu übertrieben vorkam und unglaubwürdig wurde.

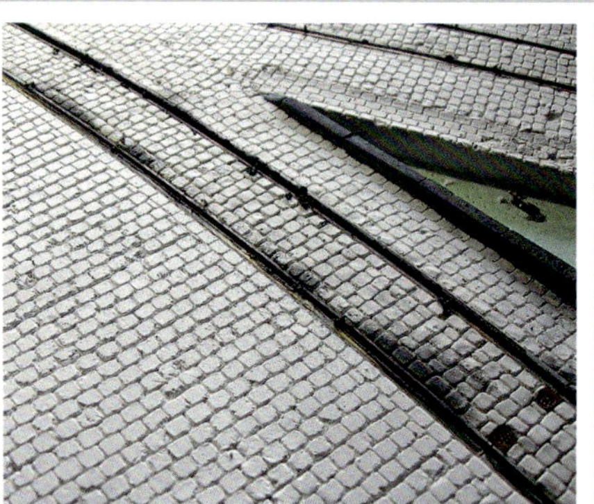

Nach Fertigstellung der gesamten Straßenoberfläche wurden die Rillen in einem rostorangenen Ton mit Humbrolfarben eingefärbt und anschließend mit einem Gemisch aus Gips, schwarzer Farbe und Weißleim ausgestrichen und so die sichtbare Kante zwischen Kunststoffprofil und Schiene verspachtelt, um der Rille eine homogene Form zu geben.

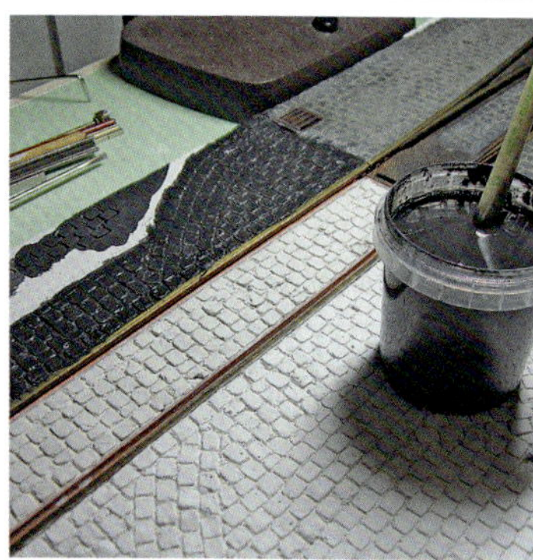

Da ich ein Basaltpflaster darstellen wollte, habe ich bei der Farbgebung dem aus Abtönfarbe angemischten Grauton blaue Wasserfarbe beigemischt.

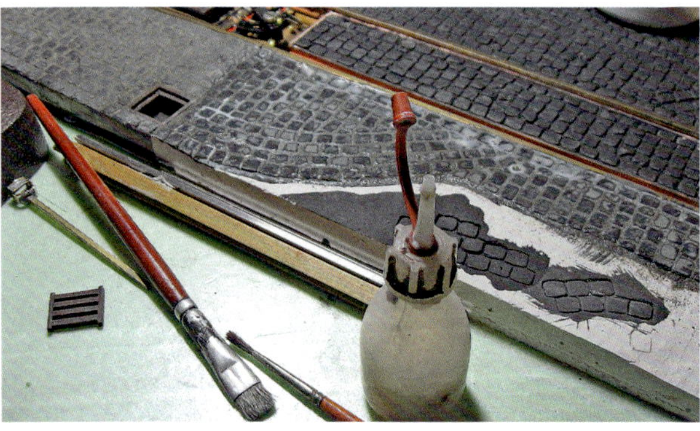

In die Fugen, teilweise auch über die Steine, lasse ich dann Weißleim-Wasser-Gemisch tröpfeln. Eine Laborflasche eigent sich dazu deutlich besser als eine Spritze, da sich die Tropfen sehr fein dosieren und ohne Druck absetzen lassen.

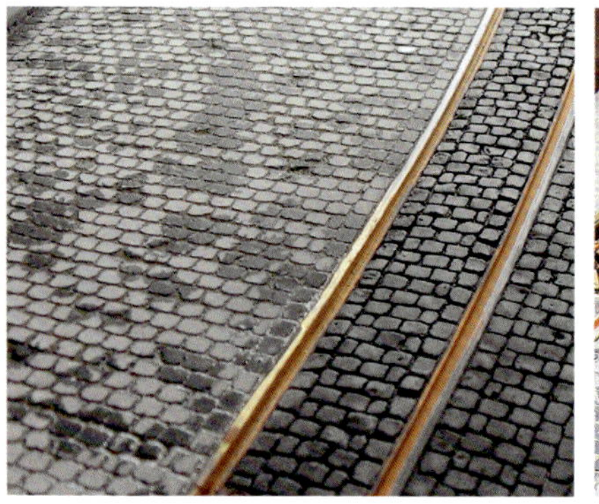

Dabei entsteht ein sehr interessantes Bild von abtrocknendem Pflaster, das hier nicht gewollt war, aber für andere Situationen brauchbar sein kann.

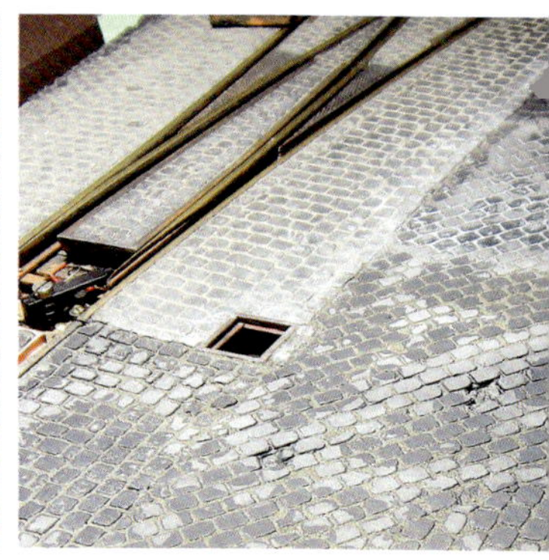

Das Finish folgte widerum nach dem vollständigen Trocknen mit pigmentfeinem Schiefermehl, diversen Körnungen des Melaphyrs und Wasserfarben. Die Bordsteine habe ich zuletzt mit Borstenpinsel und fast trockenem Deckweiß noch einmal überbürstet.

»Zur Darstellung von Spuren vergehender Zeit gibt es keine schnellen Ergebnisse.«

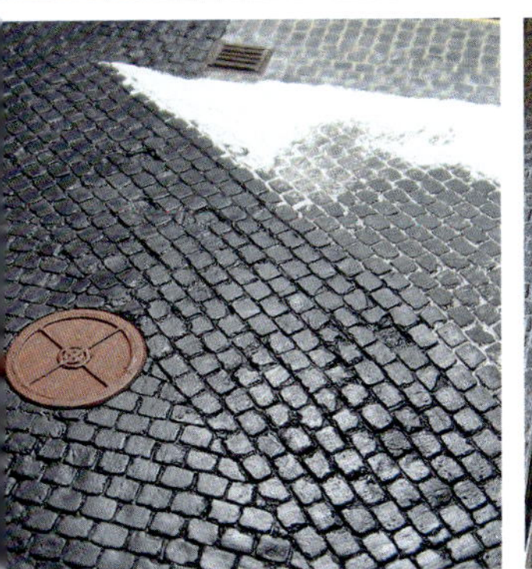

Davon sollte man sich die gesamte benötigte Menge anmischen, da spätere Ansatzstellen sonst nahezu nicht zu kaschieren sind.

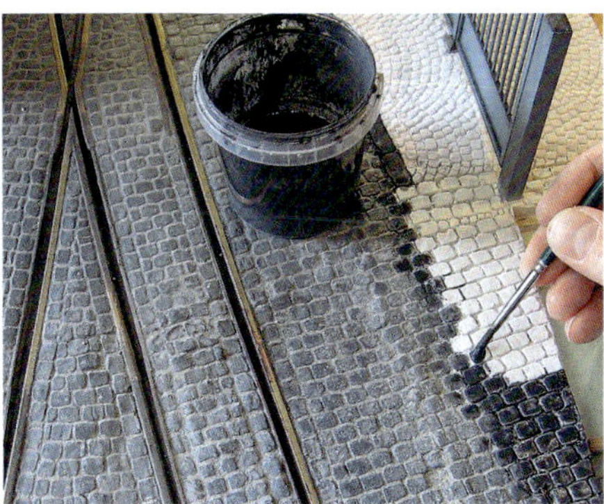

Die Farbe muss deckend, aber dünnflüssig genug sein, dass sie in den Gips einziehen kann und dabei keine Details verdeckt.

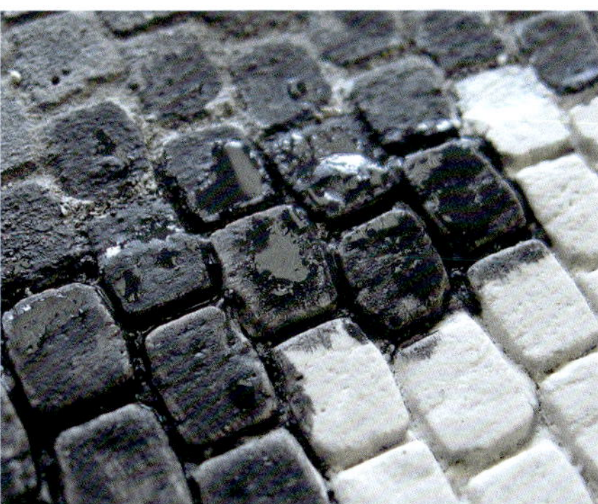

Durch die Arbeit mit dem Pinsel lässt sich der Farbauftrag gut steuern.

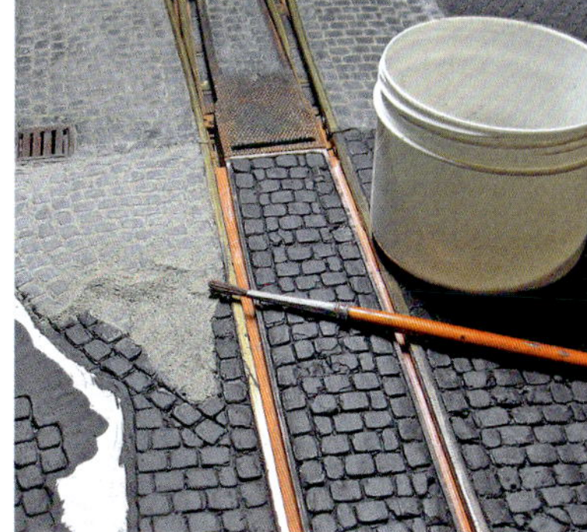

Nach dem vollständigen Durchtrocknen wurden die Fugen eingesandet. Dazu habe ich feinen und feinsten Melaphyrbruch und -staub verwendet. Die pigmentfeinen Bestandteile bleiben auf den Oberflächen zurück, die gröberen Bestandteile füllen die Rinnen. Mit einem weichen Pinsel lässt sich das Gesteinsmehl gut verteilen.

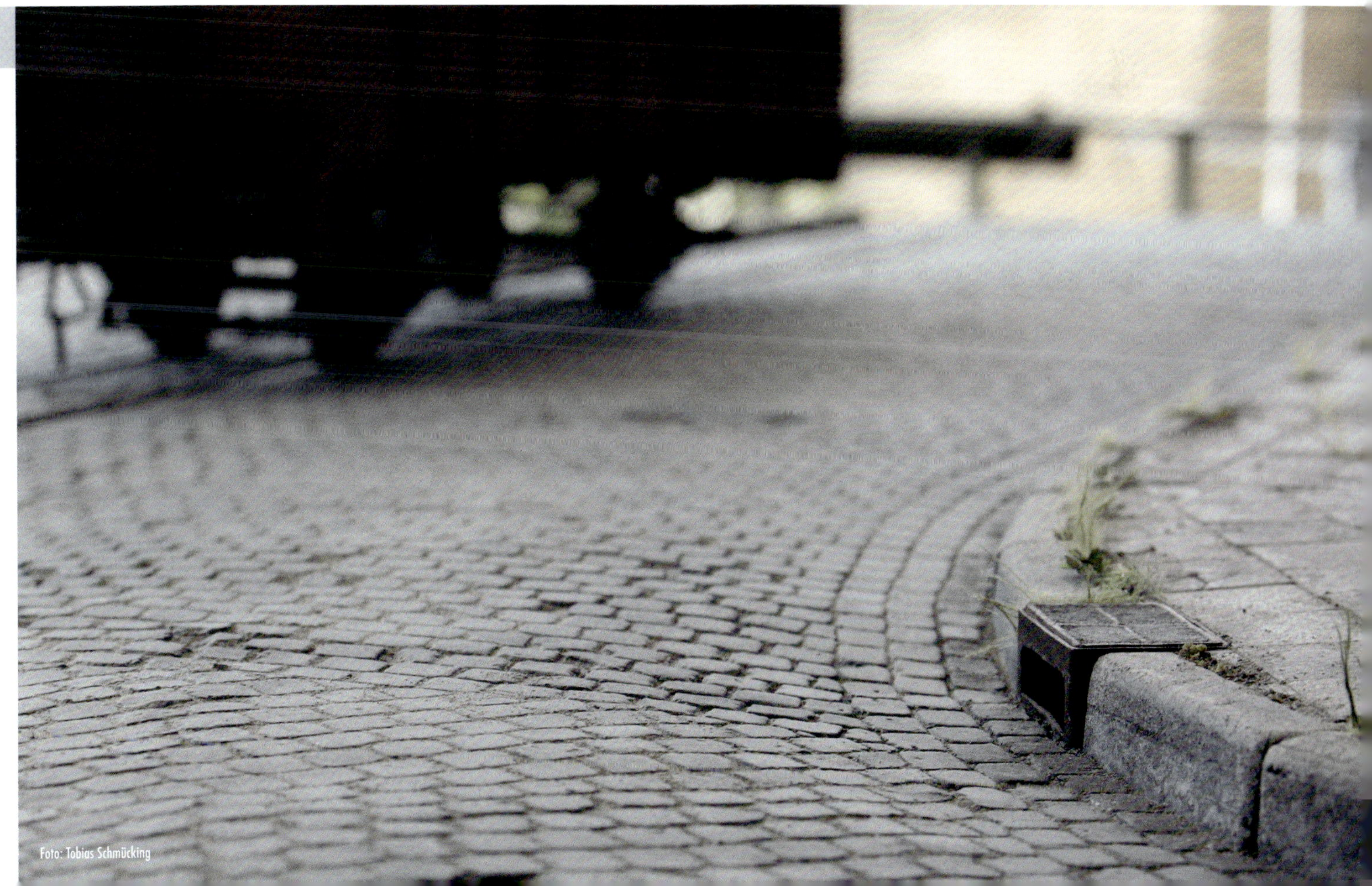

Foto: Tobias Schmücking

Segmentbogenpflaster

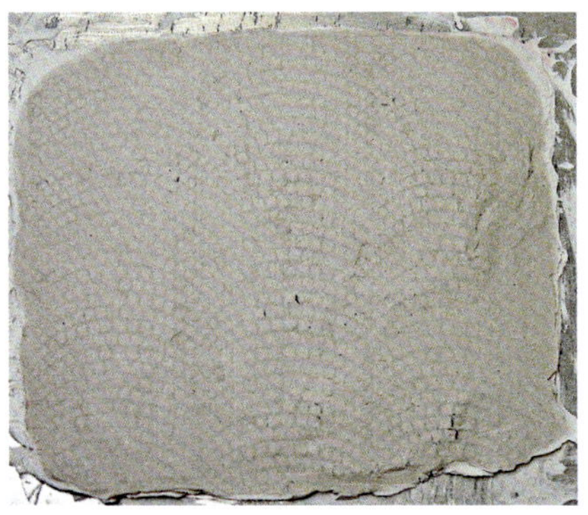

Auf einem Stück Aluminiumblech habe ich die leicht gewölbte Straßenoberfläche aus Gips modelliert, der an den Seiten mindestens 5 mm stark sein sollte, und abbinden lassen. Den Ausdruck habe ich dann mit der bedruckten Seite nach unten auf den feuchten Gips gelegt und mit den Fingern und etwas Spiritus angerieben, bis der Toner in den Gips auszubluten begann: Der Ausdruck darf dabei nicht bewegt werden. Das Ergebnis ist nicht sehr deutlich, aber doch so, dass die Fugenlinien gerade noch erkennbar sind.

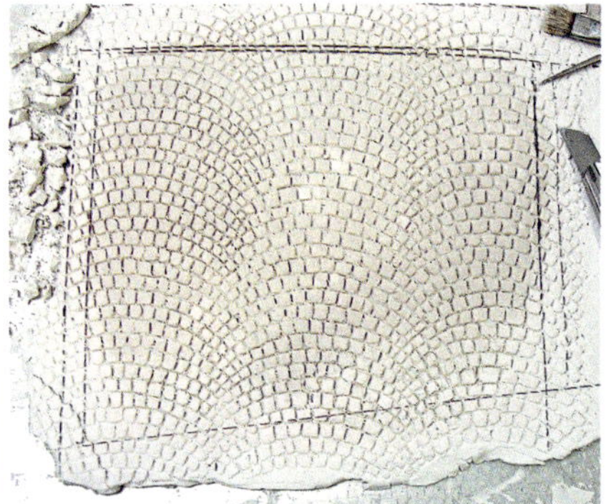

In den noch immer feuchten Gips habe ich mit einer Reißnadel dann die Fugen mit etwa 2 mm Tiefe eingraviert.

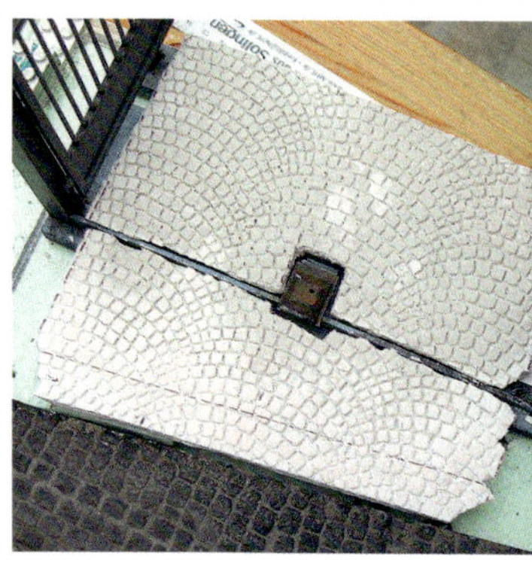

Die durchgetrocknete Pflasterplatte ließ sich nun für die Einbausituation zuschneiden und mit Weißleim verkleben: Hier musste Platz für die Auflauffalle des Tores geschaffen und die Platte geteilt werden, da von der Torkonstruktion ein Winkel hochstand, den ich nicht entfernen konnte.

Bei dieser Pflasterverlegeart haben die Steine individuelle Größen und Formen und sind einem Verlegemuster folgend in den namensgebenden Segmentbögen verlegt. Das ist unter Zeitdruck beim Abbinden des Gipses nicht mit Stempeln umsetzbar, die dazu auch noch unterschiedliche Größen haben müssten. Ich habe mir daher Verlegeanleitungen aus dem Internet im Grafikprogramm entsprechend skaliert, in der benötigten Fläche aneinandermontiert und spiegelverkehrt mit einem Tintenstrahldrucker ausgedruckt.

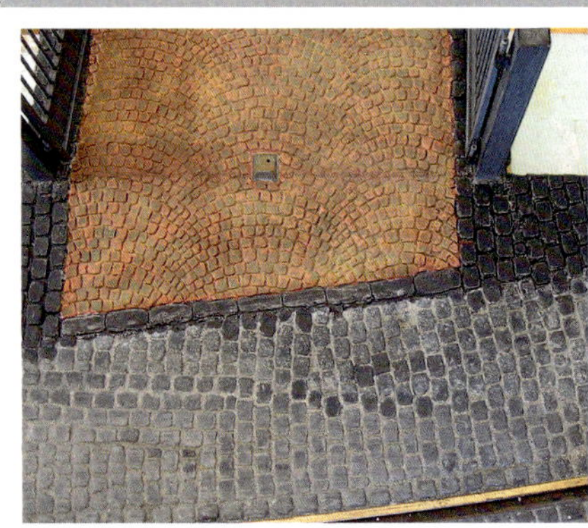

Für den rötlichen Stein habe ich eine Mischung aus brauner, roter und etwas weißer Abtönfarbe verwendet, der nach dem Trocknen ein lasierender Farbauftrag aus umbrafarbener Wasserfarbe und etwas ockerfarbenen Kreidepigmenten folgte. Manche Steine habe ich nahezu deckend eingefärbt, andere bekamen nur einen Farbschimmer.

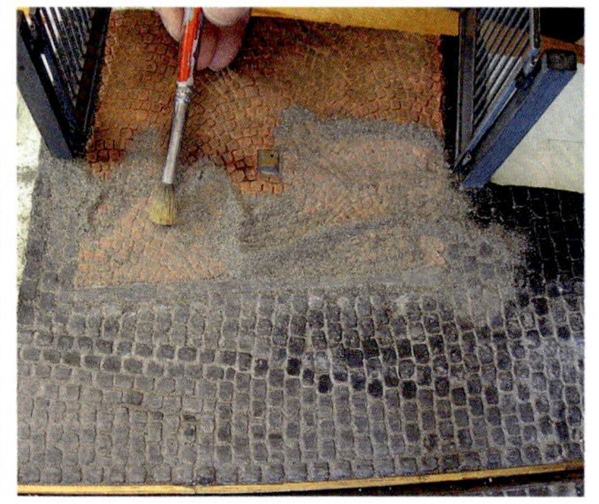

Nach dem Durchtrocknen kam wieder die bereits bekannte Mischung aus Melaphyrstaub und etwas Schiefermehl beim Fugenverfüllen zum Einsatz.

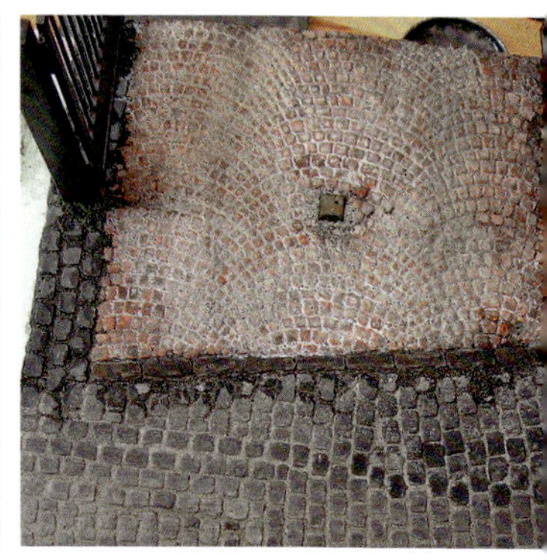

Mit Hilfe des Laborfläschchens wurde Weißleimwasser (Mischung im Verhältnis 1 zu 5) in den Fugen verteilt. Dabei muss man darauf achten, dass die Gesteinskörnchen nicht auf die Steinoberfläche aufschwimmen.

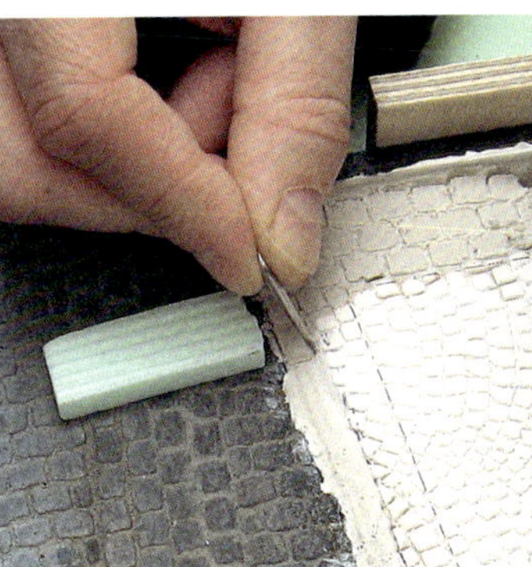

Die Fehlstellen sowie die Übergänge zum Straßenpflaster und die seitlichen Rinnen habe ich mit Gips aufgefüllt und in der beschriebenen Methode graviert. Etwas größere Naturrandsteine trennen Segmentbogenpflaster und Straßenpflaster gegeneinander ab.

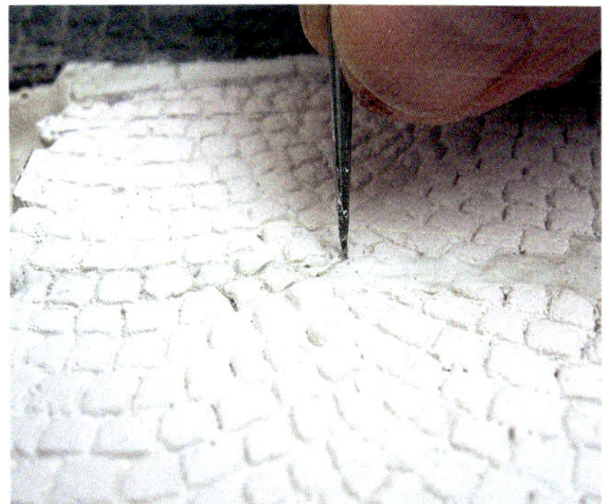

Beim Gravieren bleiben Reste von aufgeworfenem Gips zurück. Sie lassen sich mit einem halbharten Borstenpinsel entfernen.

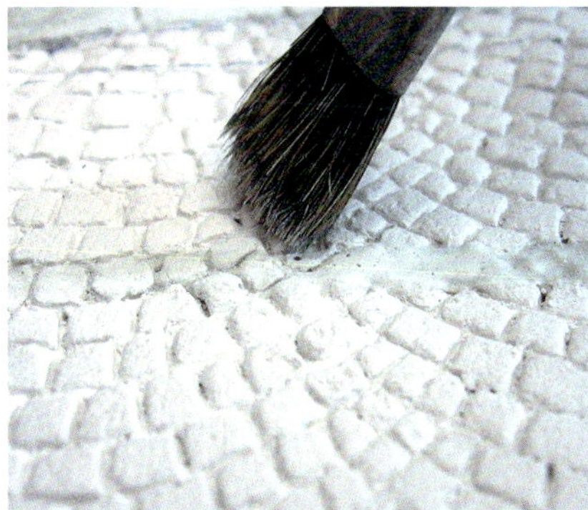

Zugleich werden damit die Steinkanten noch etwas gebrochen und homogenisiert. Je nach Trocknungszustand ist dazu etwas Wasserzugabe nötig, es darf aber nicht zum Verschmieren des Gipses kommen, denn dann setzen sich die Fugen wieder zu.

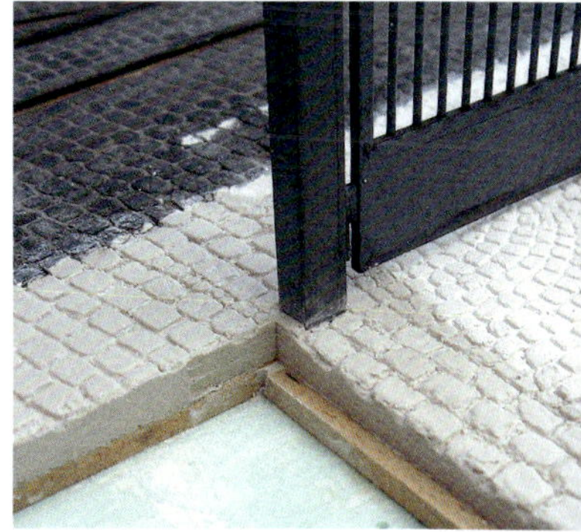

So wuchs das Stück nach und nach mit der Umgebungsstruktur zusammen und konnte an Ort und Stelle trocknen.

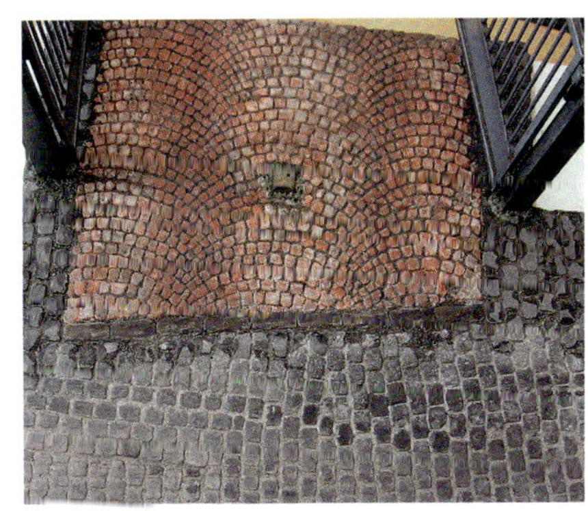

Beim Trocknen dunkeln die Steine etwas nach. Zur Nachbildung der Reifenspuren wurden die Areale, an denen keine oder selten Reifen laufen, mit sehr stark verdünntem Deckweiß aufgehellt. Abschließend wurde die gesamte Fläche noch einmal mit Schiefermehl und Melaphyrstaub mit einem sehr weichen Pinsel aus dem Kosmetikbereich überarbeitet, was Fugen und Steine wieder etwas aufhellte.

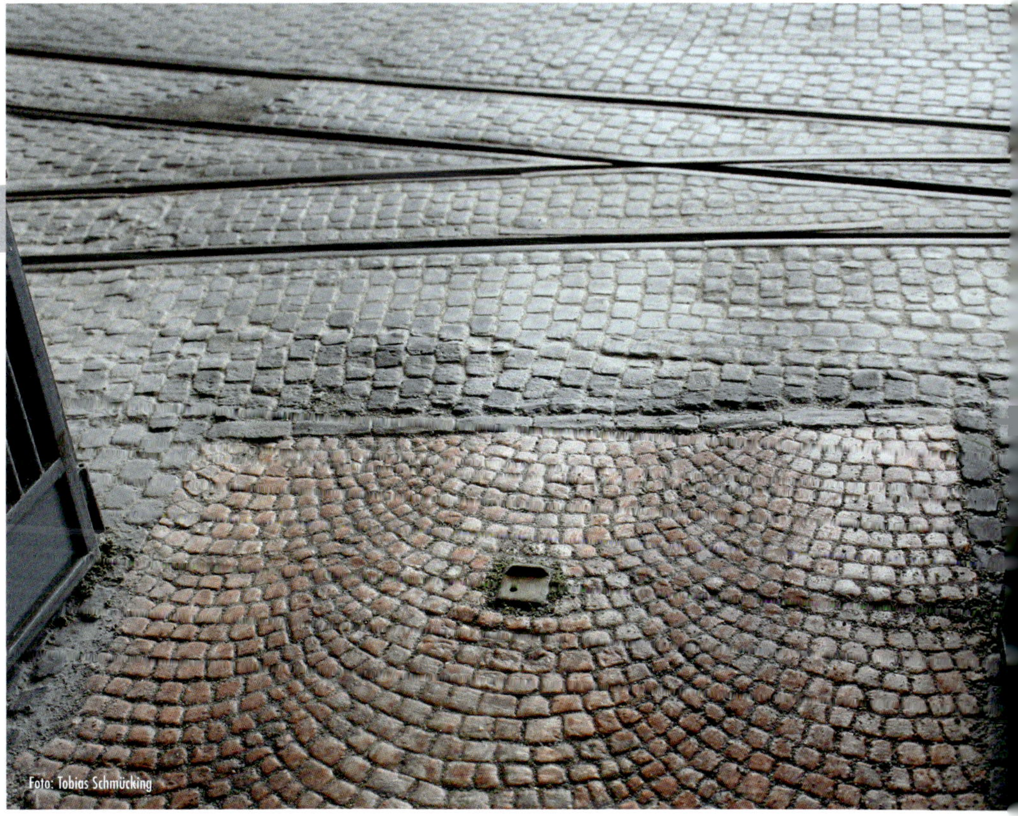

Foto: Tobias Schmücking

Die sichtbare Kante im Pflasterbereich der Auflauffalle wirkt wie die Setzung an einem Fundamentstreifen.

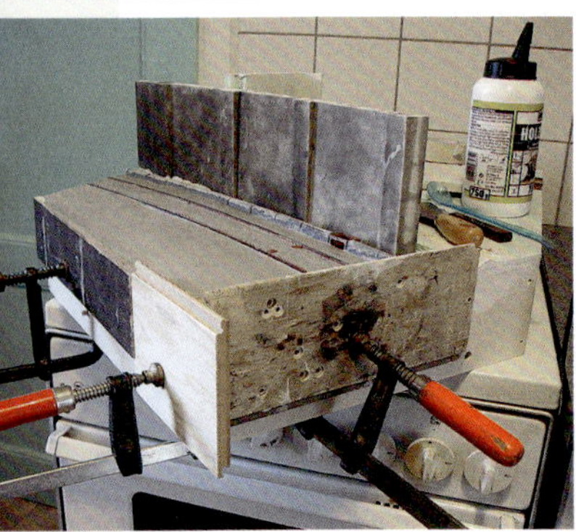

Beim Bau des kleineren Segments habe ich etwas Neues ausprobiert. Dieses Mal habe ich den Gips zum Pflastern mit Abtönfarbe grau eingefärbt, damit etwaige Abplatzungen später nicht so sehr auffallen. Die Abtönfarbe hat den Nebeneffekt, dass der Gips auch nach dem Abbinden etwas weicher bleibt. Die mit Zwingen befestigten Bretter sorgen für einen scharfkantigen und dichten Abschluss beim Gipsen.

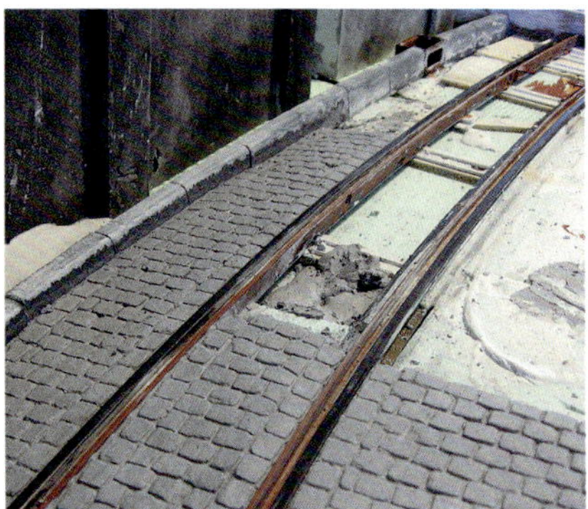

Die Schichtdicke des Gipses entspricht hier einer Schienenhöhe.

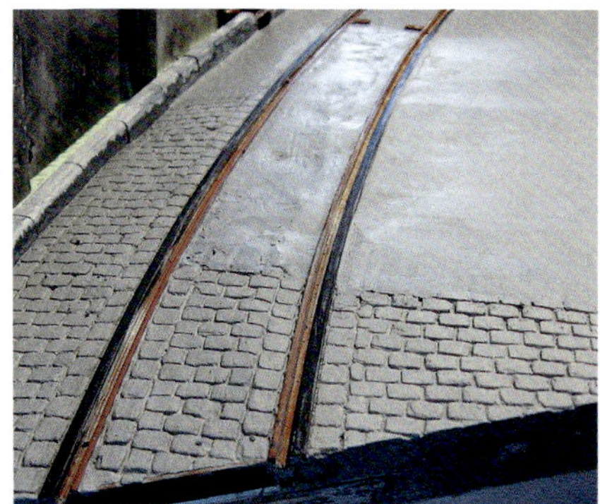

Da ich auch einen größeren Bereich mit überteerten Stellen darstellen wollte, habe ich nur die später sichtbaren Teile des Pflasters und zwei bis drei Steinreihen darüber hinaus geprägt und die Teerflächen unbehandelt gelassen.

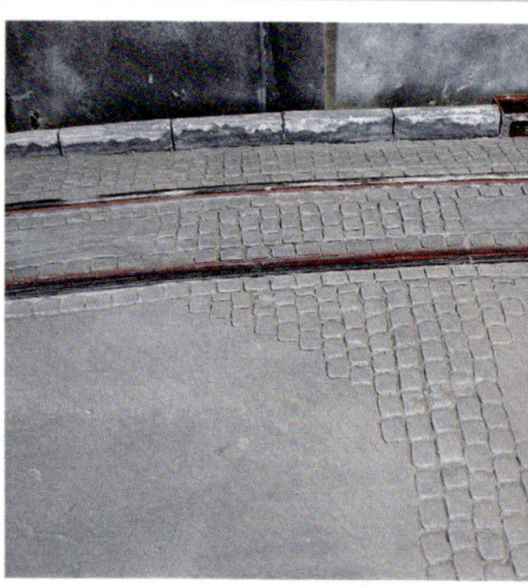

Für ein ungleichmäßiges, beliebig wirkendes Gesamtbild der Teerflicken ist die vorgesehene Teerfläche immer wieder mit Pflasterarealen durchbrochen.

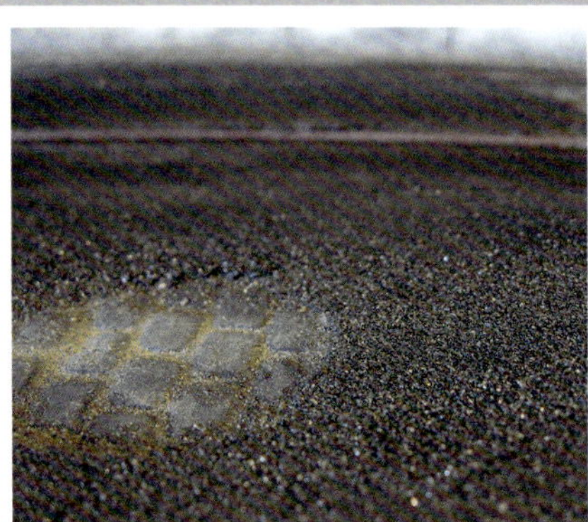

Die insgesamt immer noch zu grobe Körnung und das Glitzern des Siliziumkarbids störten mich aber.

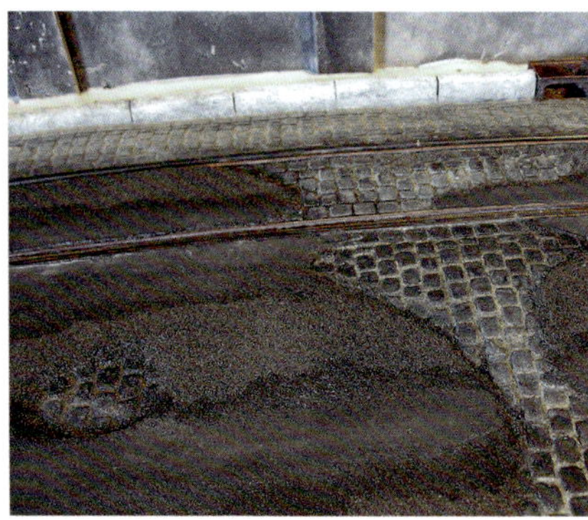

Deswegen habe ich die Gesamtfläche noch einmal mit Basaltkorn und Melaphyrstaub eingekehrt und verleimt. Nach dem Trocknen wurden die beim Vorbild oftmals regelrecht glatt gefahrenen und mit Teer durchtränkten Abrollflächen noch einmal zusätzlich mit in Ponalwasser gelöstem Schiefermehl eingestrichen und zu den Seiten mit Wasser bis gegen Null verdünnt.

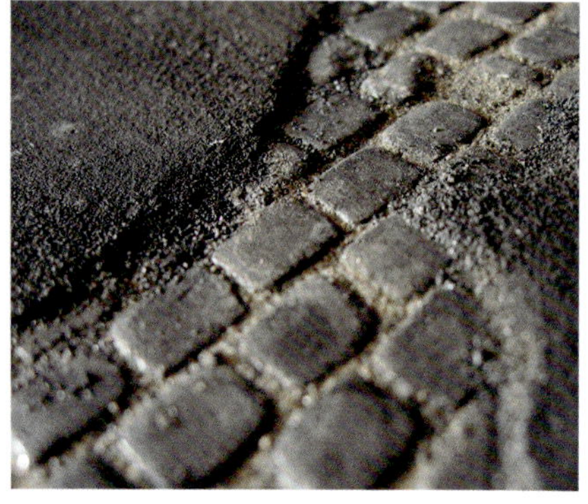

Nach dem Abtrocknen sah die Oberflächentextur glaubwürdig aus, die Farbgebung aber noch nicht. Deshalb habe ich die Straße noch mit schwarzer Gouache behandelt, die ich auf den Reifenabrollflächen nahezu deckend und sonst nur sehr dünn aufgetragen habe. Nach dem Trocknen habe ich nochmals Melaphyrstaub darübergefegt und das Ganze dann mit Modellbaukleber von KS Modelleisenbahnen fixiert.

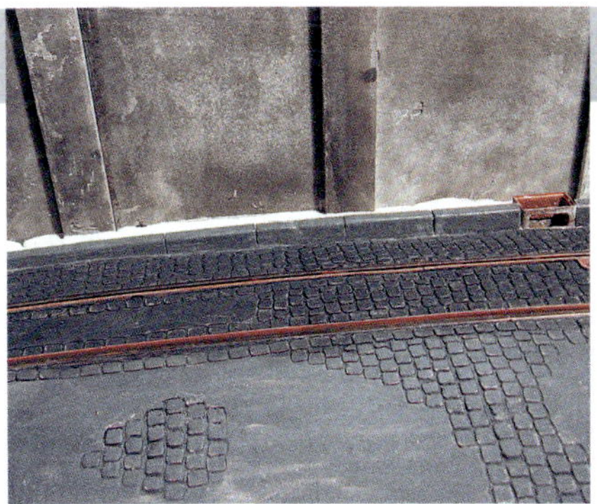

Trotz der Einfärbung des Gipses musste ich die Fläche im ausreichend angemischten Basaltton einfärben, da der getrocknete Gips viel zu hell bleibt.

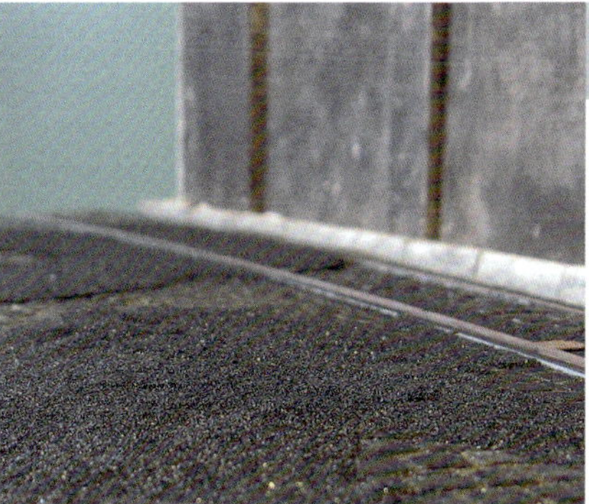

Nach dem Einsanden und Verkleben des Fugenmaterials habe ich mit der Asphaltdarstellung begonnen. Dazu wurde Siliziumkarbid mit der Körnung F60 verwendet und mit Weißleimwasser verklebt. Allerdings lässt sich das Material weder trocken noch feucht gut glattziehen. Ich habe daher eine erste Schicht gestreut, die natürlich etwas wellig ausfällt.

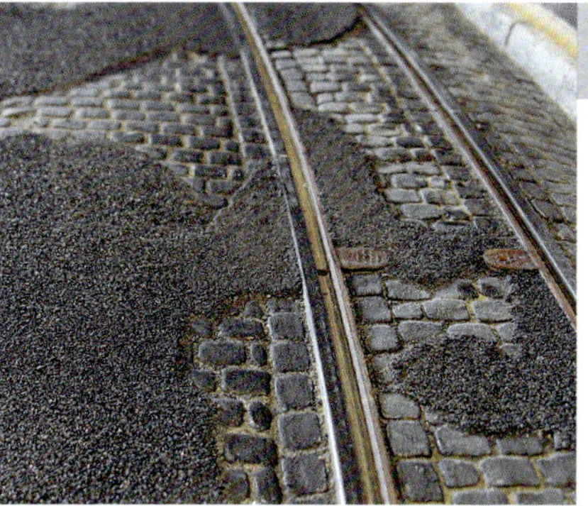

Nach dem Abtrocknen habe ich erneut etwas feineres Material F80 aufgetragen, mit einem Spachtel glattgezogen (das ist jetzt möglich, da der Spachtel vom welligen Untergrund gewissermaßen geführt wird) und mit Ponalwasser benetzt. Zusätzlich erhielten die Stellen, an denen die Reifen rollen, noch Basalt mit einer Körnung von 0,1 - 0,3 mm für eine glattere Oberfläche.

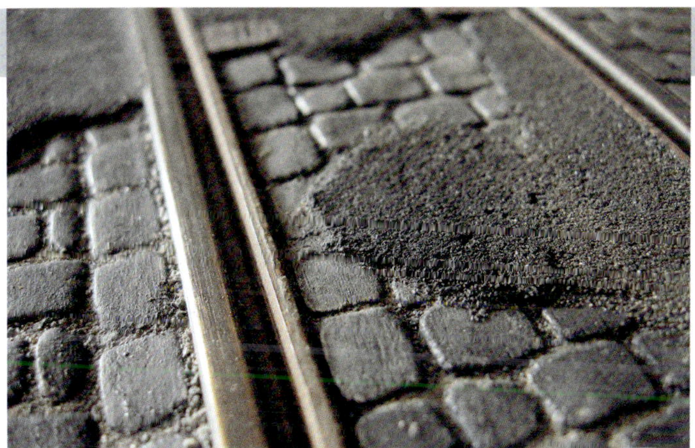

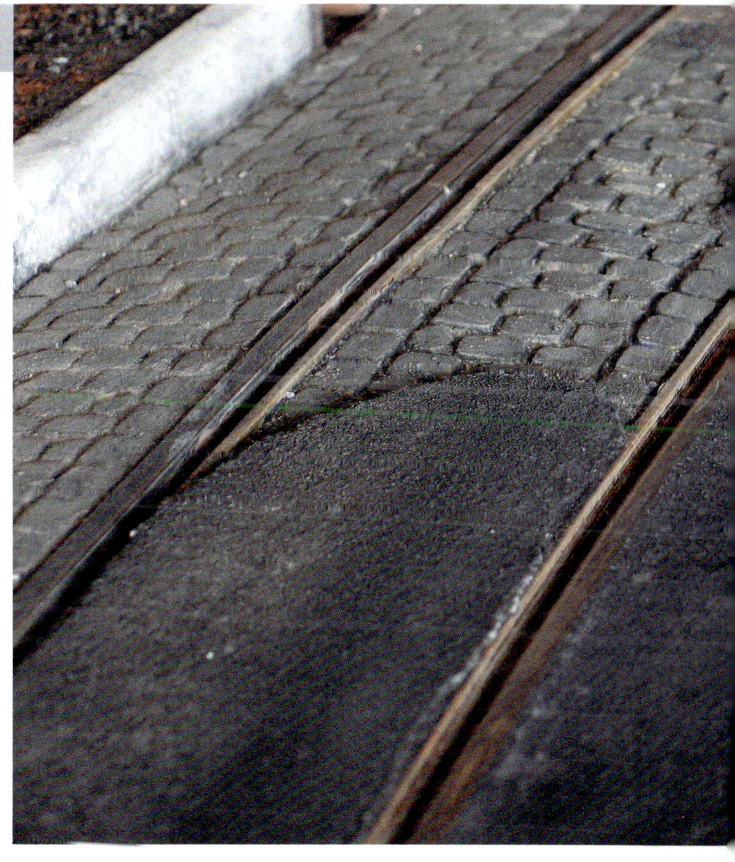

Zum Teil reichen die Teerflicken an Stellen, an denen sich Steine gesetzt haben, bis zu den Schienen, manchmal wurde zwischen den Schienen über die Schienenoberkante hinaus geteert.

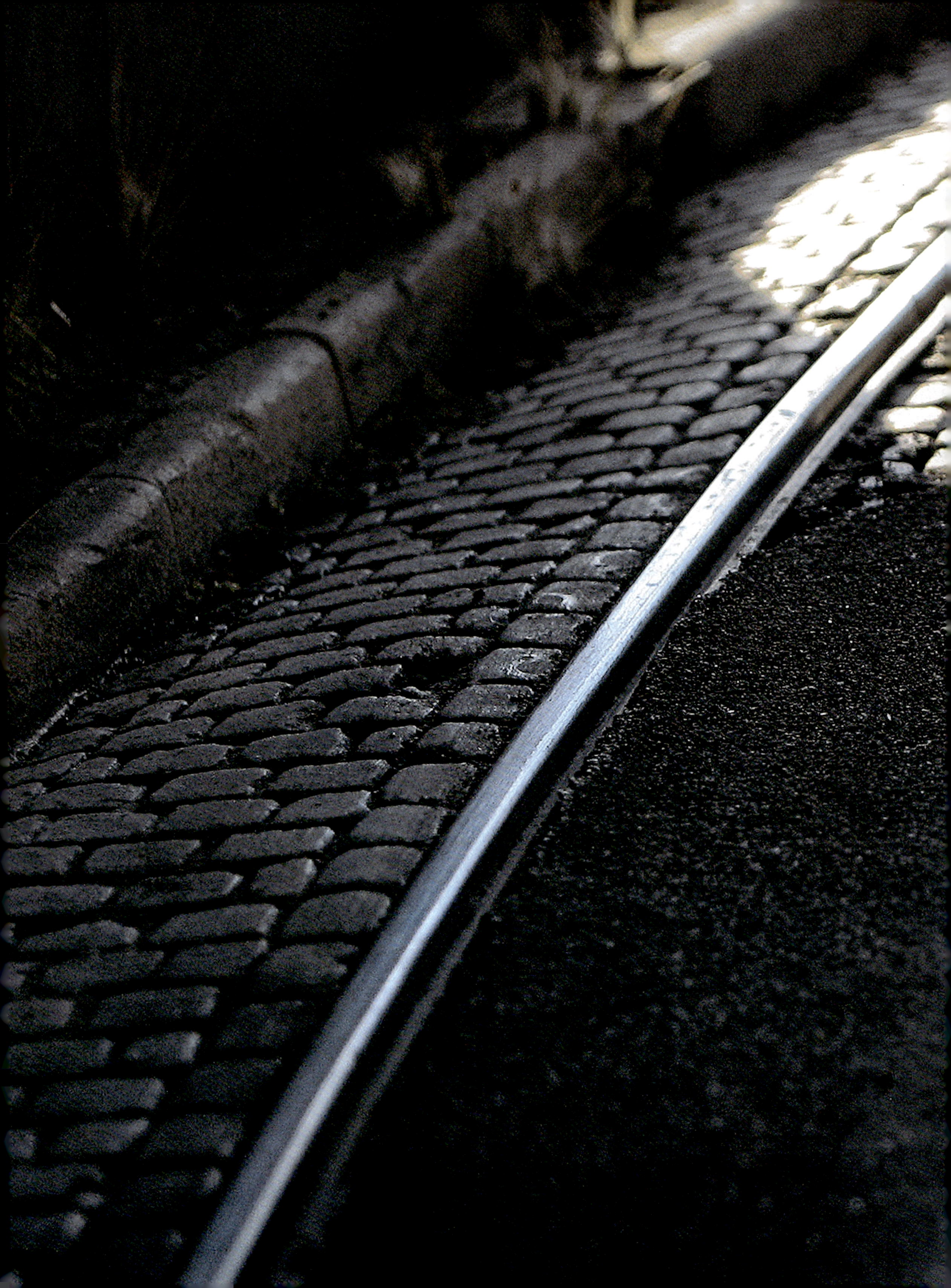

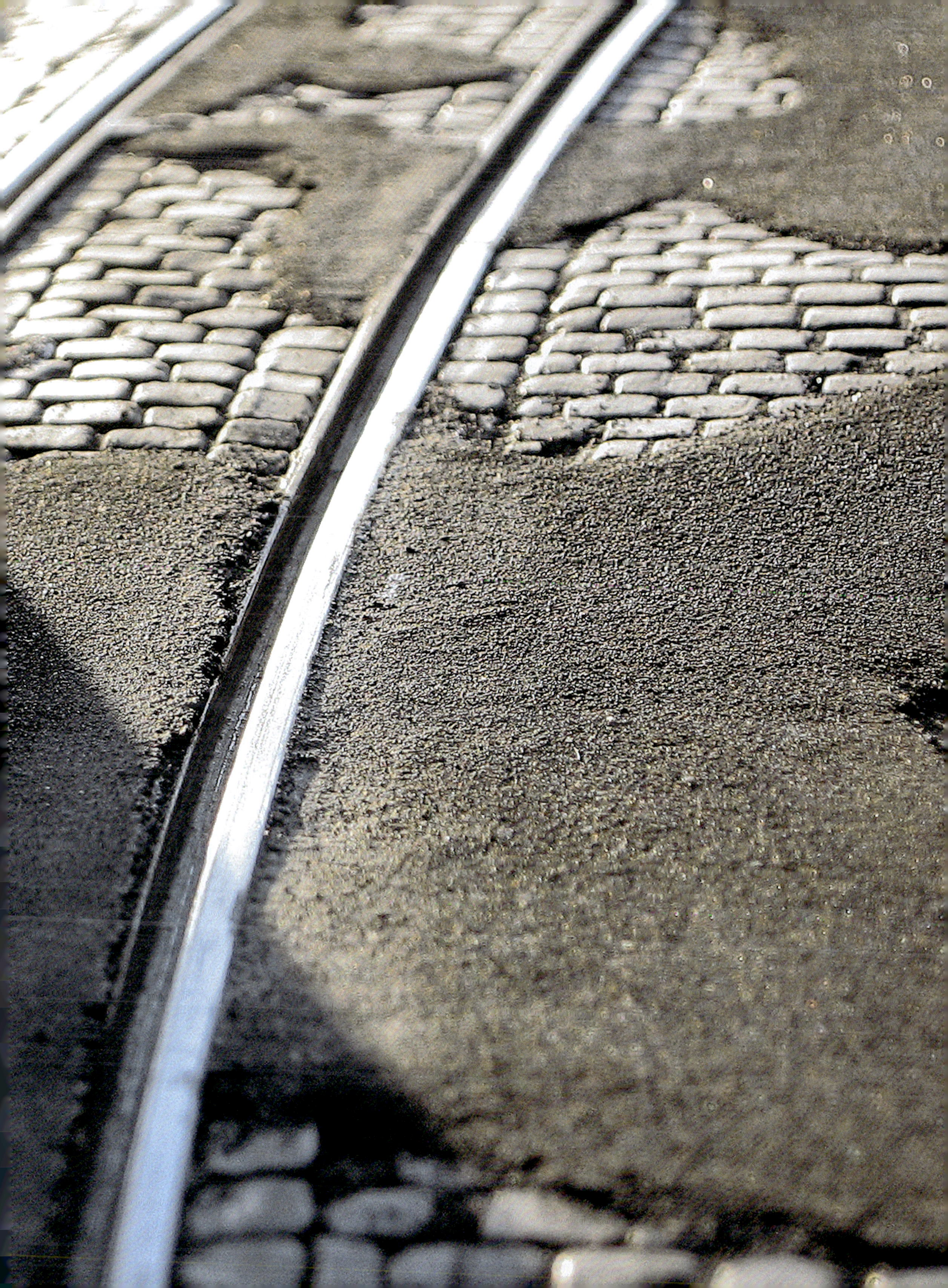

02

Mauerwerk

Die meisten Fabriken dürften in den 1950er-Jahren vollkommen eingefriedet gewesen sein. Die Mauern waren Sichtschutz und Zugangssperre zugleich, überwindbar nur an den dafür vorgesehenen Eingängen, Pforten, Toren und Türen.

Nicht nur in den industriell geprägten Gebieten des Sauerlands zeigten Fabrikmauern ein breites Spektrum vom reinen Zweckbau bis zur repräsentativen Architektur. Häufig wurden Ziegelsteine für den Aufbau der Grundstruktur verwendet, die als Sichtmauerwerk belassen oder verputzt wurden. Gerade die letztgenannte Variante zeigt oft die deutlichsten Spuren von Nutzung, Vernachlässigung und Verfall und ich wollte die Einfriedungsmauer des sichtbaren Fabrikareals in dieser Form umsetzen. Die glaubwürdige Darstellung einer Backsteinmauer im Modell verlangt einigen Aufwand, sitzen die Steine doch vor allem bei nicht repräsentativem Mauerwerk nie ganz gleichmäßig und zeigen außerdem auch stark unterschiedliche Verfallserscheinungen. Auf dem größeren, zuerst entstandenen Segment von Quiet earth hatte ich mich auf die Umsetzung zweier kurzer Mauerstücke im Bereich der Pforte und neben dem Gleistor beschränkt.

Die am Fabrikhof entlangführende Mauer entstand später. Die relativ kleinen Bereiche, in denen dort abbröckelnder Putz das Mauerwerk entblößt, reichen vollkommen aus, um die Illusion einer durchgängig verputzten Backsteinmauer zu erzeugen. Wie bei allen anderen Objekten auch, standen am Anfang Vorbildeindrücke und die Online-Recherche nach technischen Vorgaben und Regeln, wie z. B. dem regional üblichen Mauerwerksverband und Fugenstärken, deren Berücksichtigung ein Modell glaubhaft machen.

Bereits bewährt: Pappe und Gips

Es gibt echte Backsteine für den Maßstab 1:22,5 zu kaufen, ich wollte damals aber mit dem auskommen, was sich in einem Haushalt üblicherweise findet. Pappe, oder besser gesagt: Karton, lässt sich sehr vielfältig für die Darstellung ganz unterschiedlicher Materialien verwenden. Graupappe eignet sich aufgrund ihrer groben Oberflächenstruktur sehr gut für

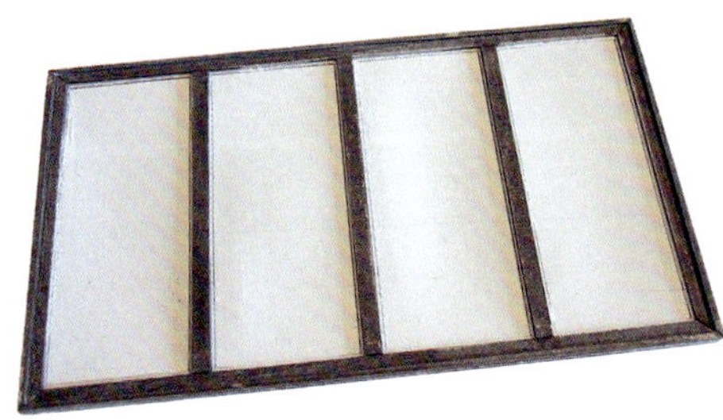

Das große Blechtor für den Gleisanschluss der Hofzufahrt entstand aus Karton und Papier. Dazu habe ich eine maßstäbliche Zeichnung angefertigt und sie dreimal auf Photo-Glossy-Papier ausgedruckt. Aus dem ersten Ausdruck wird die äußere Umrandung des Gesamttores ausgeschnitten; das ergibt später die sichtbaren Teile der Blechplatten.

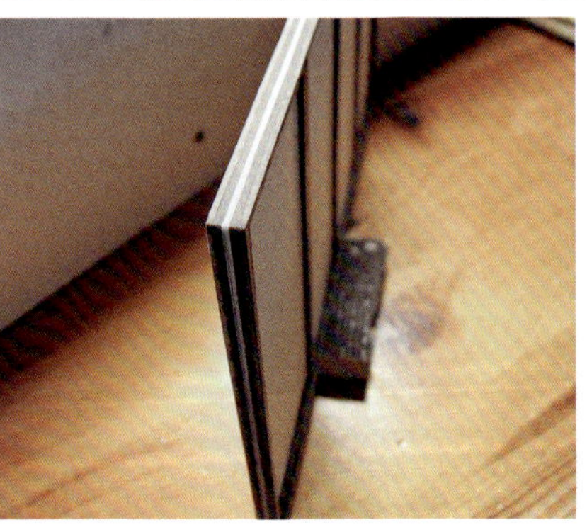

Aus dem zweiten und dritten Ausdruck werden neben dem äußeren Umriss auch die inneren Felder ausgeschnitten. Das ergibt die beidseitig aufliegenden dünnen Blechrahmen, wenn man die drei Lagen nun miteinander verklebt – am besten so, dass auf den aufgesetzten Teilen die bedruckte Seite nach außen zeigt. Streifen aus dicker Graupappe werden nun beidseitig entlang der noch sichtbaren Linien aufgeklebt und bilden den tragenden Rahmen. Nach dem Tränken mit Sekundenkleber lassen sich die Außenflächen mit Sandpapier glätten – so entstehen scharfe, metallprofilähnliche Kanten.

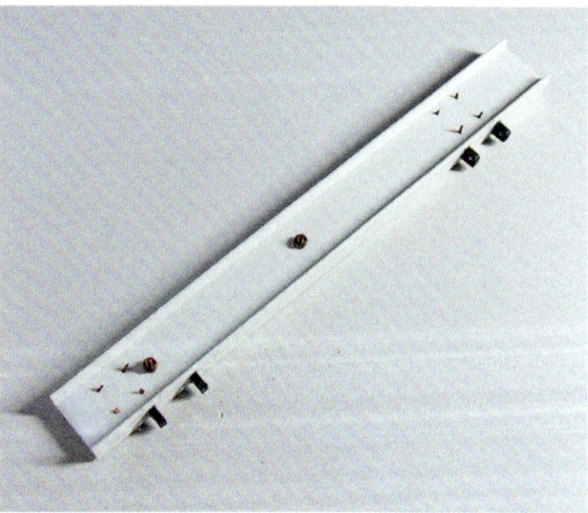

Der Torpfosten, ein massiver Doppel-T-Träger, besteht aus einem Kunststoffprofil 16 x 7 mm. Zwei Modellbauschrauben deuten Maueranker an und die verbogenen Drahtstücke lassen vermuten, dass hier einmal ein anderes Tor befestigt gewesen ist. So ergibt auch das für die 1950er-Jahre eher moderne geschweißte Blechtor in einem offensichtlich älteren Gesamtensemble Sinn. Auf der gegenüberliegenden Seite dient ein Winkelprofil 3 x 4 mm als Anschlag für das Tor.

die Darstellung von Backsteinen, lässt sich nach entsprechender Oberflächenbehandlung jedoch auch glattschleifen und wird so zum stählernen Rahmen eines großen Tores.

Ich verwende niedrigviskosen, also dünnflüssigen Sekundenkleber, um Kartonteile zu verkleben und zu tränken; eine Arbeit, die man wegen der Dämpfe im Freien oder unter einer Absaugung durchführen sollte. Bei dieser Methode werden die Teile ohne Klebstoff in der gewünschten Position fixiert und erst dann verklebt: den Sekundenkleber appliziere ich mit einer Spritzenkanüle. Man muss ein Gefühl für den Moment entwickeln, an dem der Karton vollständig getränkt ist und der Kleber beginnt, oberflächlich anzustehen. Die getrockneten Kartonteile sind hart, bedingt wasserfest und lassen sich mit Sandpapier und Feile hervorragend weiterbearbeiten. Sogar große, glatte Blechflächen kann man gut mit schwerem Photo-Glossy-Druckerpapier darstellen, bei dem allerdings nur die Rückseite behandelt wird, da die bedruckbare Vorderseite mit einer Art Kunststofffolie beschichtet ist, die den Kleber nicht aufsaugt. Statt Sekundenkleber kann man auch verdünnten Bootslack verwenden, der sich im Gegensatz zu Cyanacrylat verstreichen und glätten lässt.

| Tore, Tore, Tore ...

Karton und Papier bieten viele verschiedene Materialstärken, die man sich zunutze machen kann. Für den Zuschnitt braucht man neben einer ruhigen Hand vor allem ein sehr scharfes Bastelmesser und für kleine Teile ein Skalpell: Sobald die Klinge etwas stumpf geworden ist, reißen die Schnittkanten leicht ein und man erhält keinen sauberen Schnitt mehr.

Während sich Backsteine hervorragend mit Karton darstellen lassen, geht für die Darstellung von Putz nichts über einen mineralischen Grundstoff. Ich habe hier wie bei den Straßenoberflächen Gips verwendet, der schon eine feine mineralische Oberflächenstruktur mitbringt, sich außerdem gut weiter bearbeiten, texturieren und dazu noch hervorragend färben lässt. Dünn ausgegossene Gipsplatten lassen sich auf vorhandene Strukturen aufkleben. Zerbricht man sie vorher und setzt die Einzelteile am Objekt wieder zusammen, ergibt sich ein überzeugendes Bild von bröckelndem Putz.

Auf dem später entstandenen kleineren Segment habe ich etwas anderes ausprobiert. Aus zeitlichen Gründen – eine Ausstellung stand an – kam dort der Mauerbau mit Karton nicht in Frage und ich habe es deshalb mit Gipsabgüssen versucht. Die Form entstand aus Hartschaumplatten, deren leicht unebene Oberfläche ein etwas raues Gussstück ergibt. Etwaige Gussfehler schmälern das Ergebnis nicht, sondern sind Ausgangspunkt für die Darstellung von Unregelmäßigkeiten oder Beschädigungen im Putz. Ein und dasselbe Sujet lässt sich mit ganz unterschiedlichen Materialien überzeugend darstellen, wie die Rollschicht auf den Mauern zeigt.

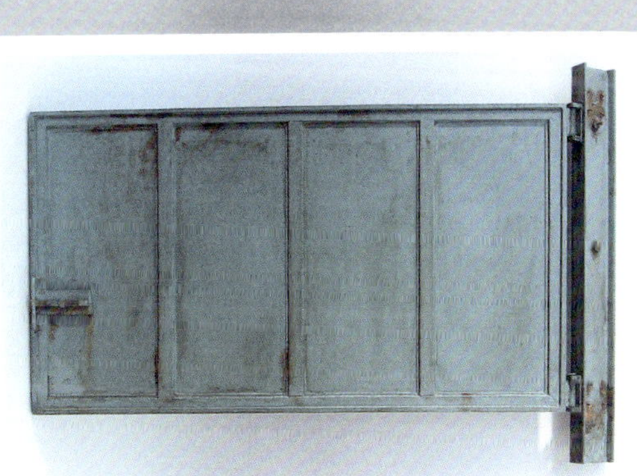

Das Tor ist mit Tamiya TS-32 Nebelgrau aus der Sprühdose gespritzt, für die Alterung habe ich sehr dünne schwarze und braune Wasserfarbe und für die Rostspuren eher trockene Orange-, Braun und Rottöne von Caran d'Ache verwendet. Die funktionsfähigen Scharniere bestehen aus Kunststoffrohren, -profilen und Steckbolzen, die aus Messingnägeln im Dremel zurechtgeschliffen sind.

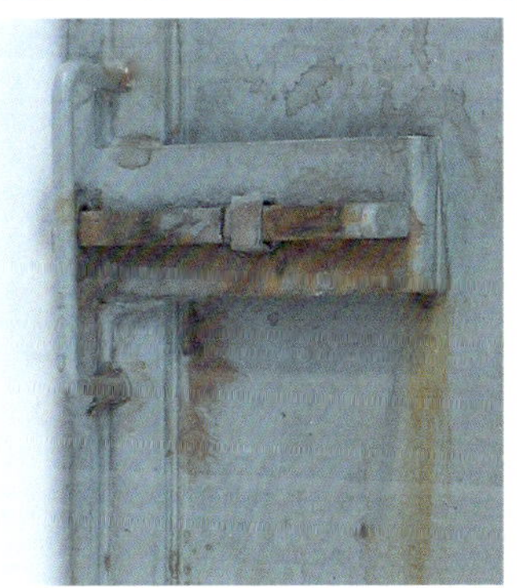

Der bewegliche Riegel entstand aus einem dünnen Messingstreifen. Die Riegelführungen sind kurze Abschnitte eines rechteckigen Messinghohlprofils, die auf eine einseitig umgekantete Blechplatte gelötet sind. Der Griff ist aus Messingdraht gebogen.

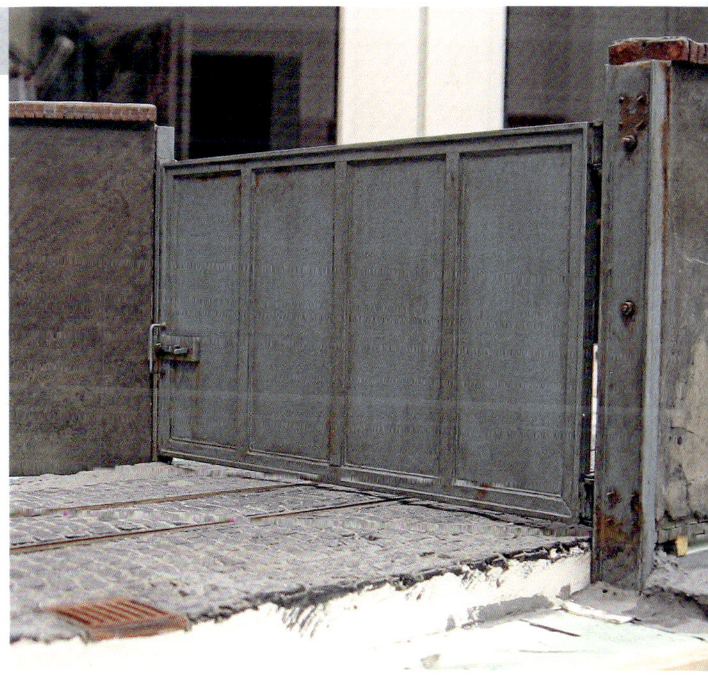

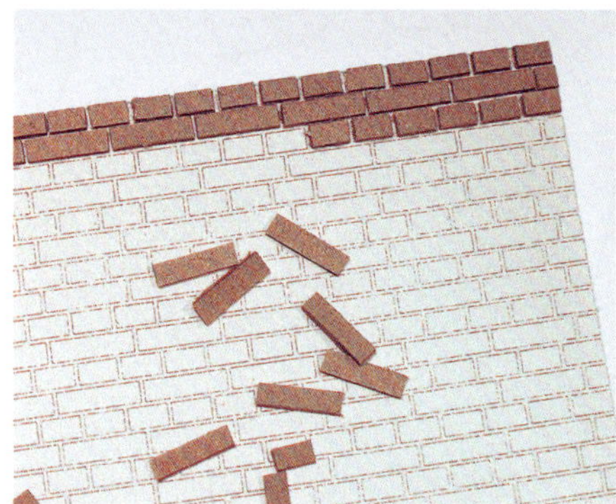

Für die sichtbaren Teile der an das Pförtnerhaus anschließenden Ziegelmauer habe ich wieder eine maßstäbliche Zeichnung erstellt. Ein Ziegelstein hat das Format 2,9 / 11,1 / 5,3 mm. Die Fugen sind 0,5 mm breit. Ich habe also aus etwa 1 mm starker Graupappe 2,9 mm breite Streifen ausgeschnitten und sie in 11,1 mm lange Stücke für ganze Steine und 5,3 mm lange für halbe Steine getrennt.
Diese Segmente wurden auf die Sichtseite der Zeichnung geklebt.

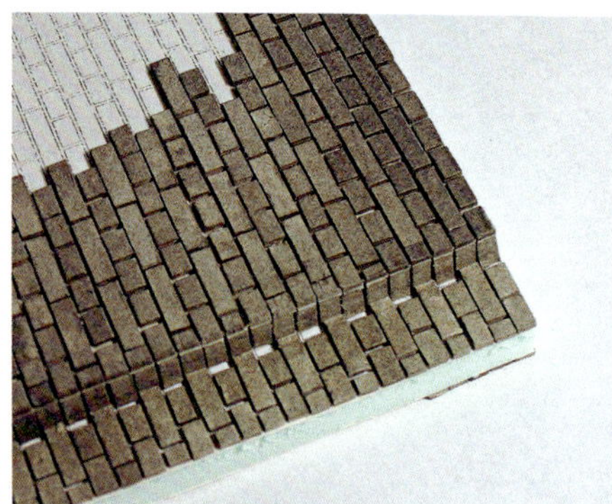

An den Ecken muss man die Steine individuell anpassen und die Stoßkanten gegebenenfalls etwas verspachteln. Die Mauer ist aus mehreren dünnen Lagen Trittschalldämmumg (Styrodur) aufgebaut; mit der Materialstärke der vorder- und rückseitig aufgeklebten Kartonziegel ergibt sich die Wandstärke von rund 16,8 mm für eine eineinhalb Ziegel starke Vorbildmauer. Für die folgenden Bearbeitungsschritte muss die Mauer etwas wasserfest sein. Dazu habe ich sie mit verdünntem WINSOR & NEWTON™ Liquin™ Ölmalmittel versiegelt. Es dauert einige Tage, bis die Teile durchgetrocknet sind.

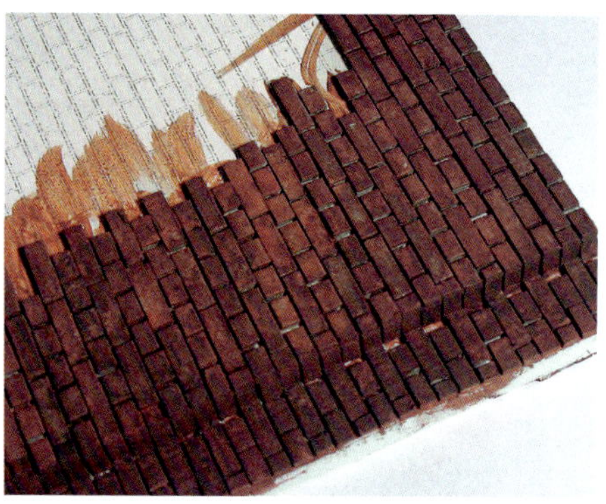

Die Steine habe ich dann mit nicht ganz deckender karminroter und brauner Wasserfarbe gestrichen. Die Farben sind auf den einzelnen Steinen individuell etwas gemischt, um einen unregelmäßigen Eindruck zu erzeugen.

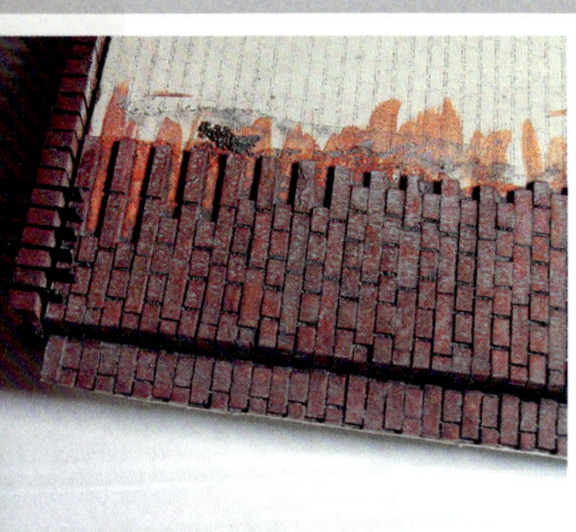

Für die Rollschicht, den oberen Abschluss der Mauer aus hochkant verlegten Steinen, benötigt man einzelne Steine. Dazu verklebt man mehrere Lagen Karton bis zur Stärke von 2,9 mm und schneidet daraus einzelne Steine 2,9 x 11,1 mm aus. Ich habe sie mit 0,5 mm starken Abstandshaltern montiert, die ich nach dem Trocknen des Weißleims entfernen konnte.

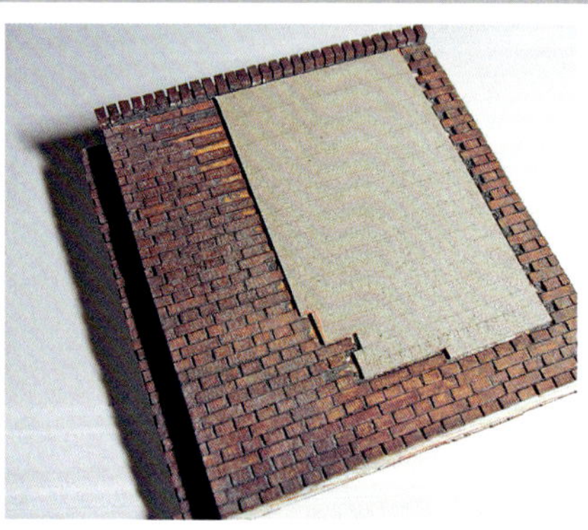

Die Fugen wurden dann mit Melaphyr-Staub gefüllt und mit Weißleimwasser verklebt.
Ich habe nur diejenigen Flächen mit Ziegelsteinen ausgelegt, die später auch sichtbar sein würden. Die angrenzenden Flächen sind mit Karton in entsprechender Stärke aufgefüllt. Zur Darstellung von bröckelndem Putz habe ich eine etwa 1 mm starke Platte aus mit etwas schwarzer Abtönfarbe gefärbtem Gips gegossen.

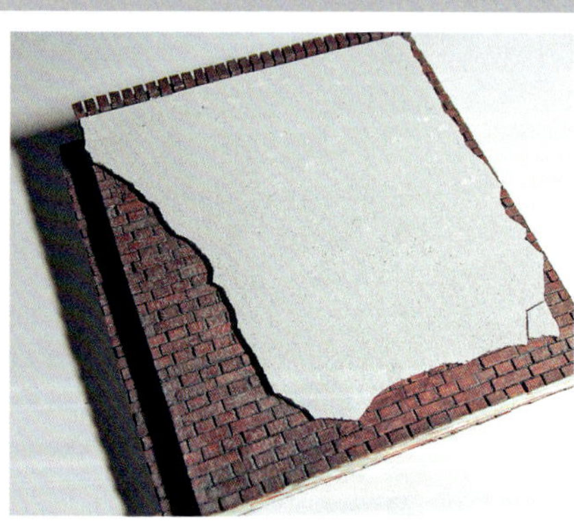

Gießt man die Masse auf einen flexiblen Untergrund – ich hatte eine 1 mm starke Aluminiumplatte verwendet – lassen sich die Platten nach dem Abbinden recht gut ablösen, indem man die Auflage vorsichtig biegt. Etwaige Blasenbildung oder Unregelmäßigkeiten an der Oberfläche stören nicht, denn die Unterseite gibt die spätere Sichtfläche ab. Die Platten lassen sich mit einem Cutter auf einer möglichst ebenen Unterlage schneiden – sonst brechen sie unkontrolliert – solange sie noch feucht sind, oder man bricht sie direkt in größere Stücke. Die durchgetrockneten Teile sind mit Weißleim auf die vorbereitete Wandfläche geklebt.

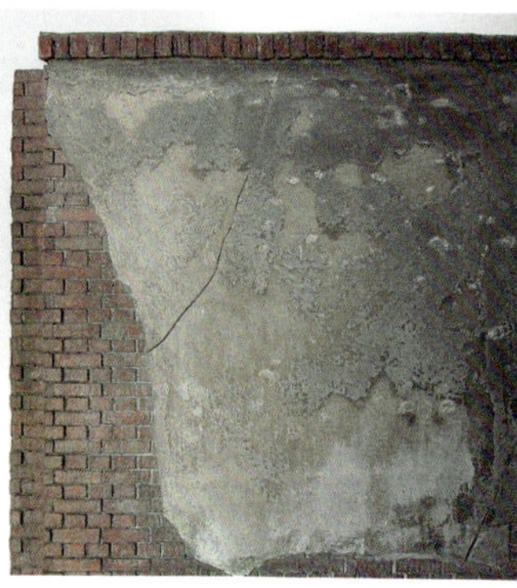

Die Platte habe ich nun mit einer dünnflüssigen Mischung aus Schieferstaub und Weißleimwasser eingestrichen und nach dem Trocknen Teile der so entstandenen harten, glatten Schicht mit feinem Schleifpapier wieder entfernt. Dem folgte ein lasierender Farbauftrag mit sehr stark verdünnter schwarzbrauner Gouache. Die angrenzenden Ziegelsteine wurden abschließend mit hellgrauen Pigmenten und etwas Grün an ständig feuchten Stellen gefärbt.

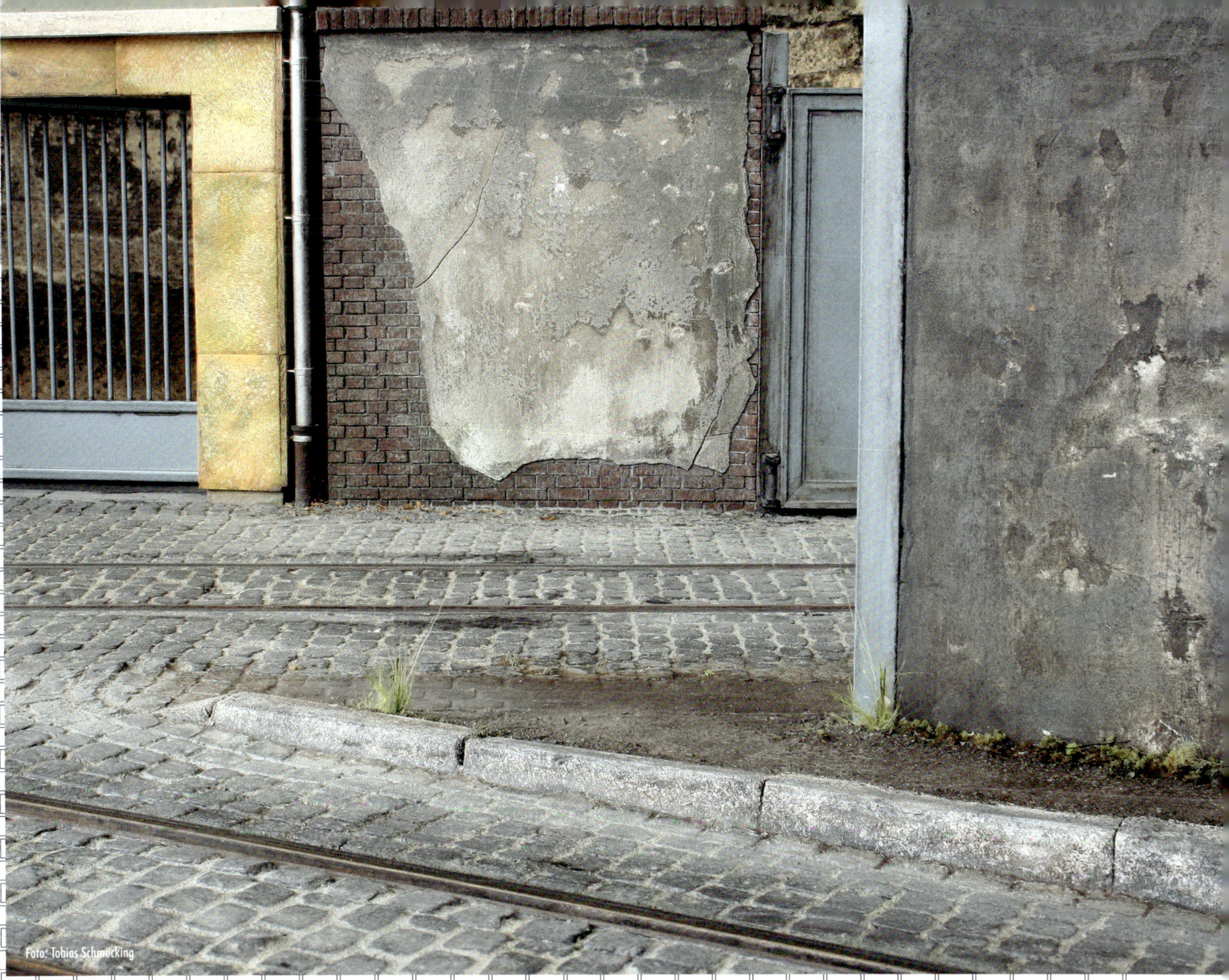

Foto: Tobias Schmücking

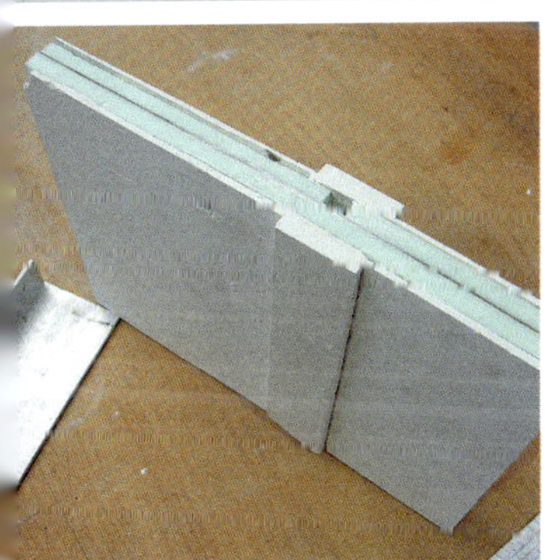

Bereits die Wand auf der gegenüberliegenden Torseite ist anders entstanden. Erneut habe ich Gipsplatten gegossen, dieses mal jedoch 2 bis 3 mm stark, und mit Weißleim auf einen Kern aus Styrodur aufgeklebt. Die Pfeiler sind Gipsstreifen von 22,7 x 5,3 mm – so ergibt sich der Überstand über die Wandfläche.

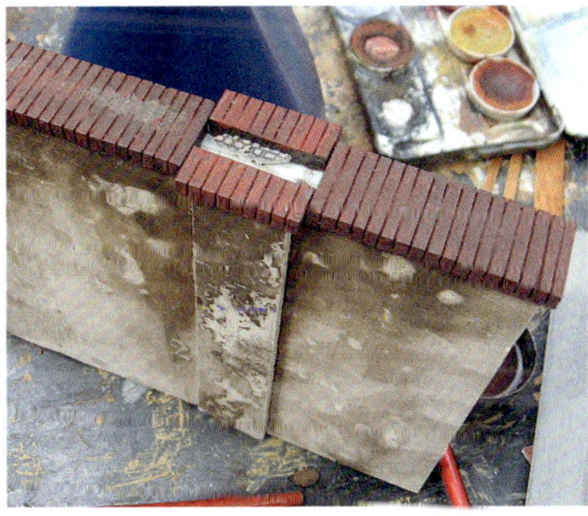

Die Flächen habe ich mit sehr stark verdünnter brauner Gouache fleckig gefärbt. Für die Rollschicht habe ich mehrere Lagen Graupappe verklebt, mit WINSOR & NEWTON™ Liquin™ Ölmalmittel versiegelt, die Fugenposition an allen Seiten angezeichnet und mit einem dünnen Sägeblatt entsprechend eingesägt.

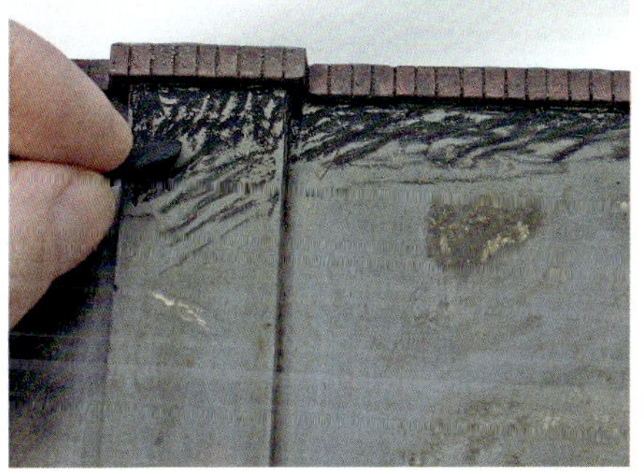

Die Farbgebung der Ziegelsteine und die Behandlung der Putzoberfläche entsprach dann im Wesentlichen den bereits vorher beschriebenen Schritten, allerdings habe ich zusätzlich ölfreie Kreide verwendet – unterhalb der Rollschicht und in den Ecken Schwarz- und auf den offenen Flächen Ocker- und Grautöne – die sich gut mit dem Finger verreiben und in die angrenzenden Flächen überblenden lässt.

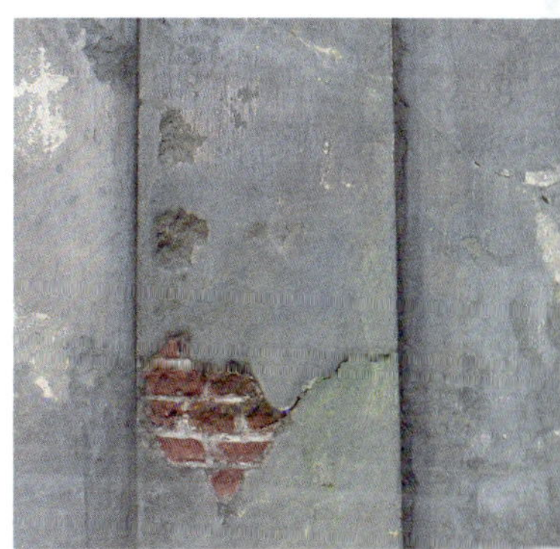

An einigen wenigen Stellen ist die Gipsoberfläche gezielt ausgebrochen. Dort habe ich Ziegelsteine und Fugen in die unebenen Bruchflächen graviert und aufgemalt.

»Verschiedene Wege führen zum gleichen Ziel.«

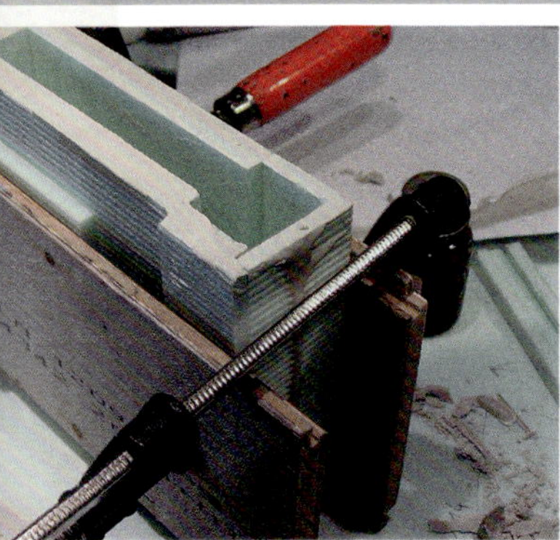

Zeitnot war der Anstoß für eine weitere Mauervariante auf dem kleineren Segment. Aus Trittschalldämmmplatten entstand eine Gussform als Negativ eines einzelnen Mauerabschnitts mit Pfeiler an einem Ende.

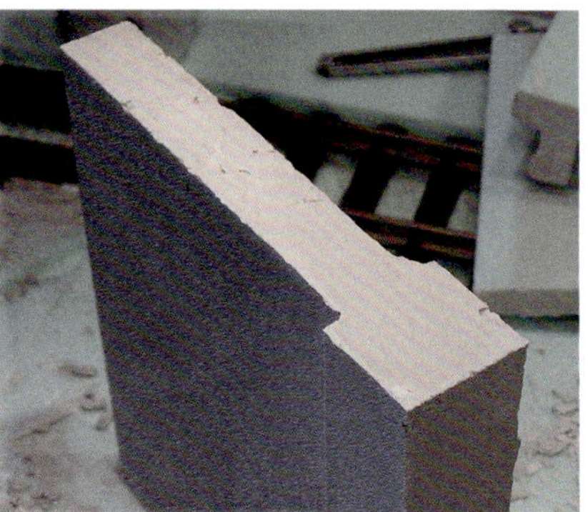

Mit dünnflüssigem Gips ausgegossen hatte ich auf diese Weise nach dem Abbinden binnen einer halben Stunde ein Mauersegment und nach ein paar Stunden alle benötigten Teile für die Gesamtmauer um den Hof herum. Die Form lässt sich sehr gut lösen und reinigen, solange der Gips noch feucht ist.

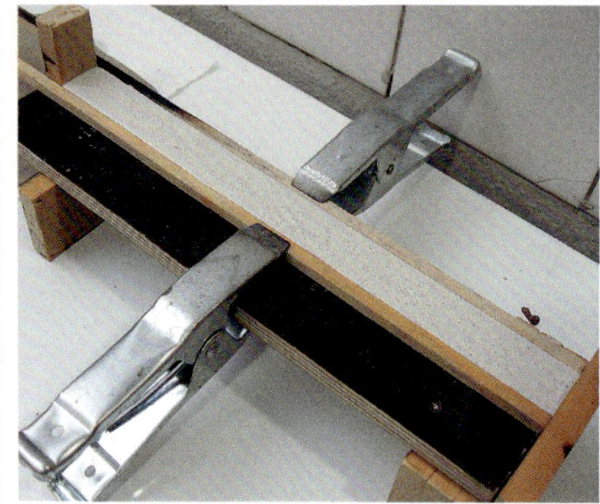

Für die Rollschicht habe ich mir dieses Mal eine Form aus Holzleisten auf einem Stück Siebdruckplatte hergestellt; von der glatten Seite dieser Platten lassen sich Güsse sehr gut lösen; Maße wieder 5,3 x 22,7 mm.

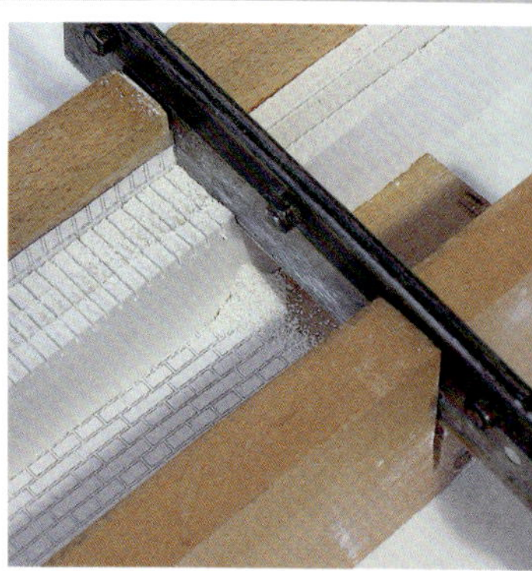

Nach der Durchtrocknung erhielt der gegossene Gipstreifen Einschnitte im Fugenbereich. Eine in die Gehrungsschneidlade eingeklebte Zeichnung erlaubt eine gleichmäßige Platzierung der Schnitte, ohne das empfindliche Gussstück anzeichnen zu müssen.

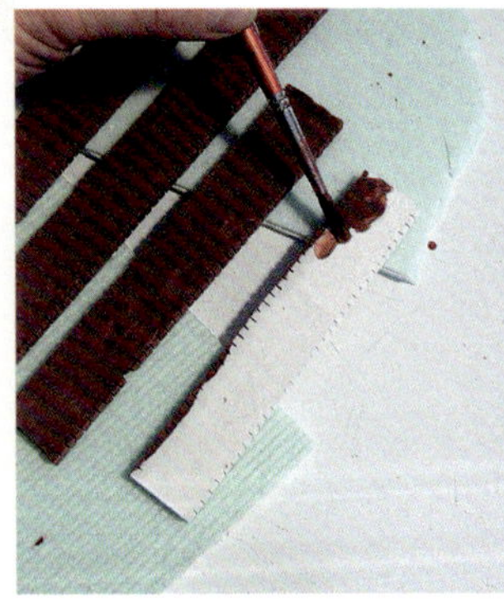

Mit roten und braunen Farbtönen lässt sich auch auf Gips der Eindruck von Backsteinen erzeugen.

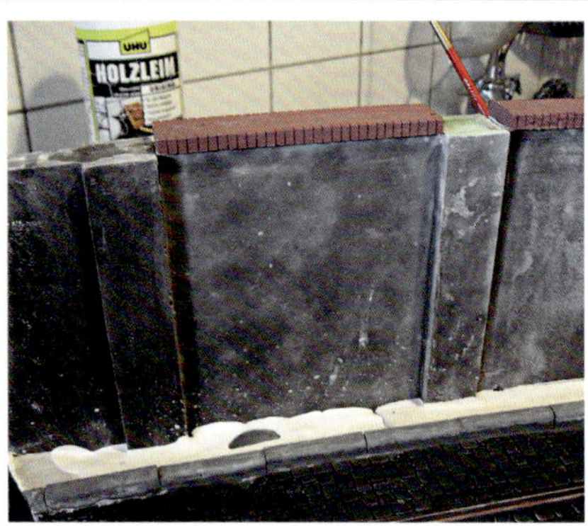

Die fertig vorbereiteten Stücke wurden mit Weißleim auf die an Ort und Stelle vormontierten Wandteile geklebt und etwaige Spalte mit Gips verschlossen.

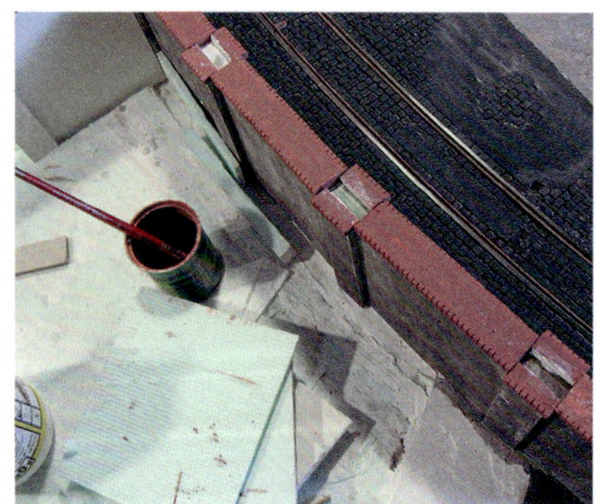

Im Bereich der Pfeiler wird die Rollschichtplatte einfach der Länge nach halbiert und versetzt verklebt. Für die weitere Farbgebung habe ich hier auf den Zwischenschritt mit Schiefermehl und Weißleimwasser verzichtet und direkt sehr dünne Wasserfarbe und Kreide aufgebracht.

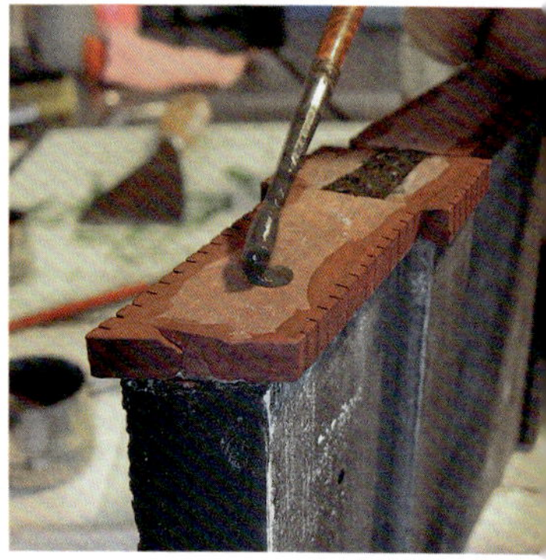

Die Rollschicht bekam zuletzt eine abschließende Mörtellage, für die ich erneut eine Mischung aus Schiefermehl, Weißleim und Wasser verwendet habe. Hierfür sollte die Konsitenz einer sämigen Soße entsprechen.

Alle drei beschriebenen Herangehensweisen führen zu spannenden Ergebnissen. Eine letzte Alterung überblendet etwaige zu starke Kontraste zwischen einzelnen Elementen. Flechten haben sich auf den Mauern an geschützten Stellen gebildet.

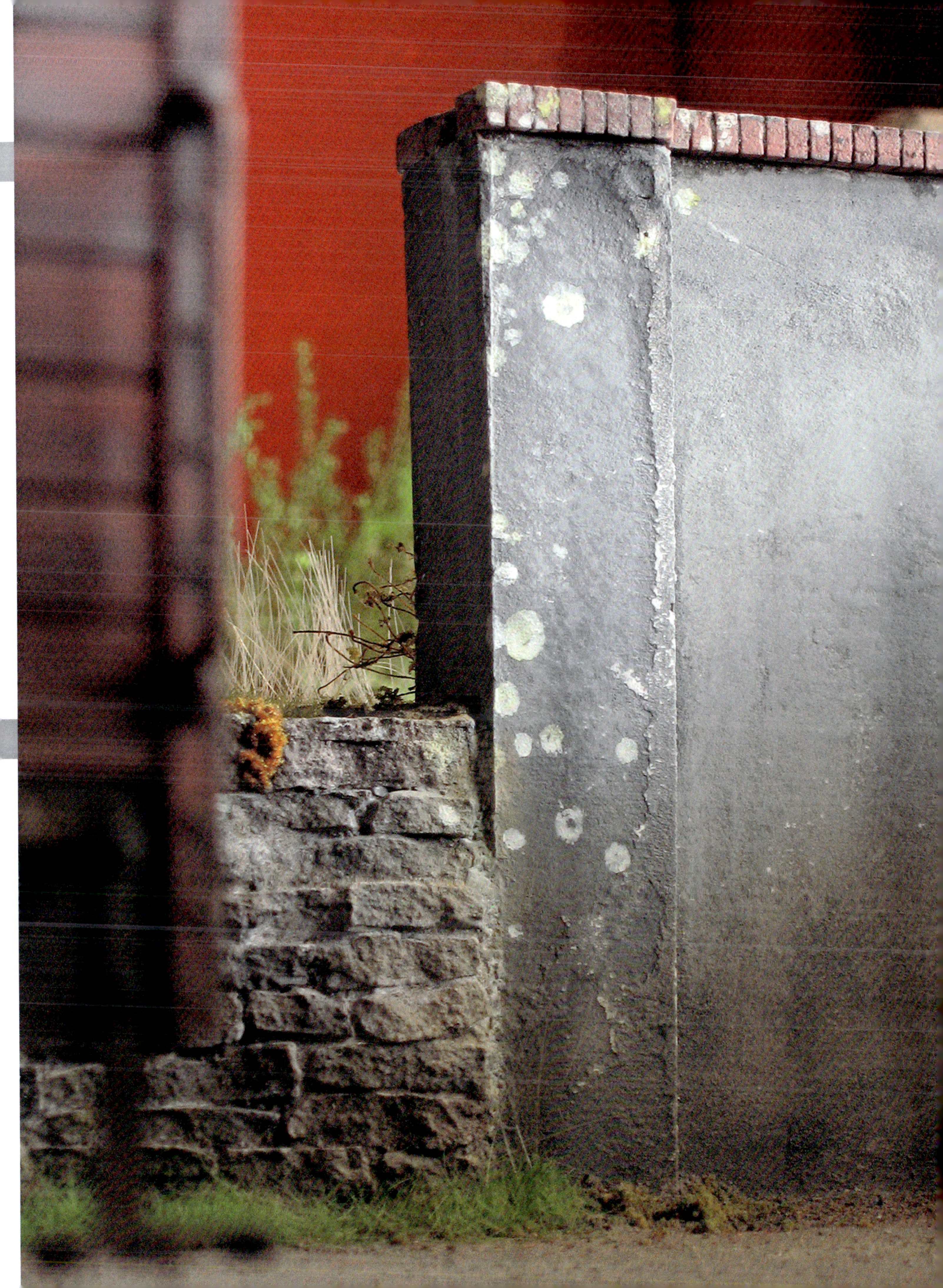

03

Verwaltungsgebäude

Die Architektur der fiktiven WIMAG ist inspiriert von dem im Mai 1932 eingeweihten Postamt auf dem Maiplatz in Plettenberg. Während einzelne architektonische Elemente wie die umlaufenden Gesimse übernommen wurden, ist die beim Original verputzte Fassade hier in Travertin gestaltet – ein Statement als repräsentatives Industriegebäude im Stadtbild.

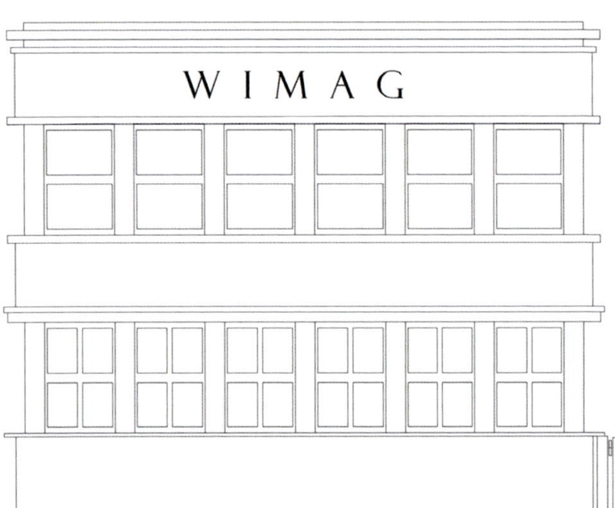

Nachdem sich Gleis- und Straßenverlauf ergeben hatten, überlegte ich mir, was eine angeschnittene Fabrikarchitektur zeigen könnte. Bewusst habe ich vermieden, auf geläufige Industriearchitektur im Sinne von Werkshallen oder Produktionsflächen – beispielsweise in Form von Backsteinbauten – zurückzugreifen, denn das wäre genau das gewesen, was man an dieser Stelle erwarten und bei den meisten Modellen zu sehen bekommen würde – es sollte aber nicht plakativ sein.

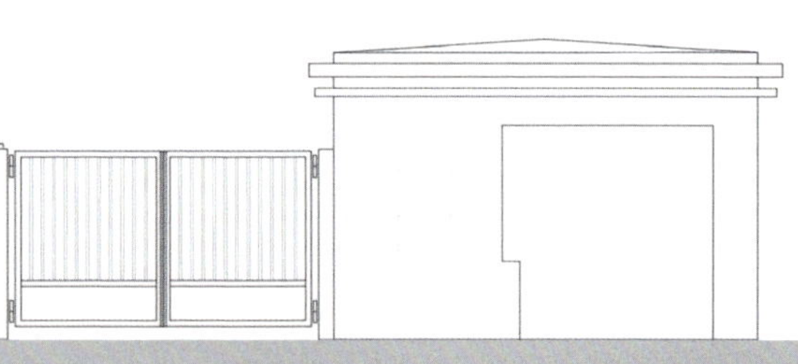

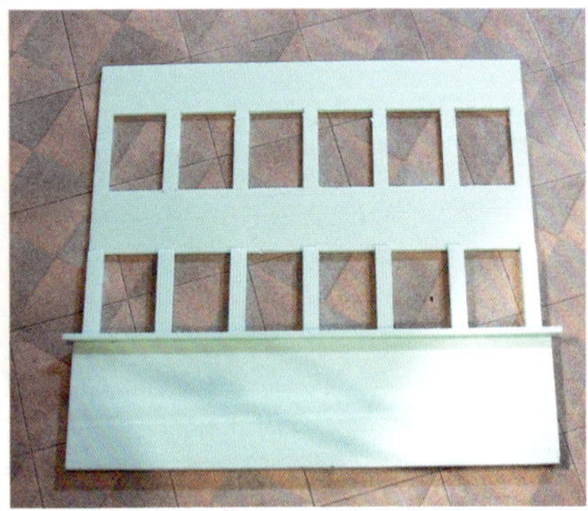

Das Gebäude besteht im Wesentlichen aus mehreren Lagen 5 mm starker Styrodur-Trittschalldämmplatten, die eine glatte und eine geriffelte Seite aufweisen. Letztere dient an den Pfeilern zwischen den Fenstern als Stuckelement. Ein Ausdruck der Frontansicht leistet gute Dienste; man kann ihn auf einer Styrodurplatte fixieren und durch den Ausdruck hindurch Umrisse und Fensteröffnungen ausschneiden.

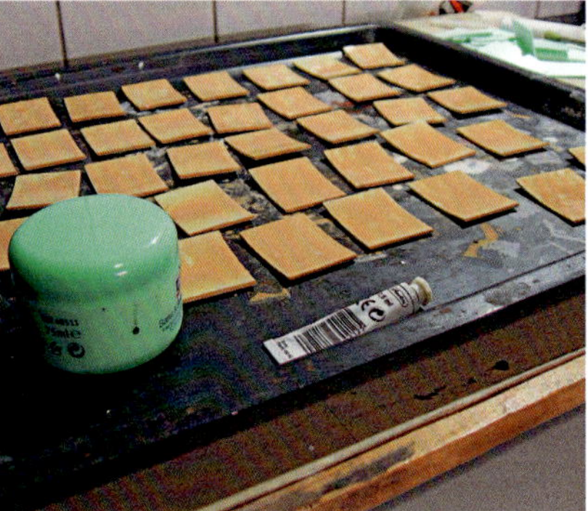

Zur Travertindarstellung habe ich dünne, 2 mm starke Trittschalldämmung verwendet und in größere Platten geschnitten. Sie erhielten einen beige-gelbbraunen Grundton aus Abtönfarbe und Deckweiß.

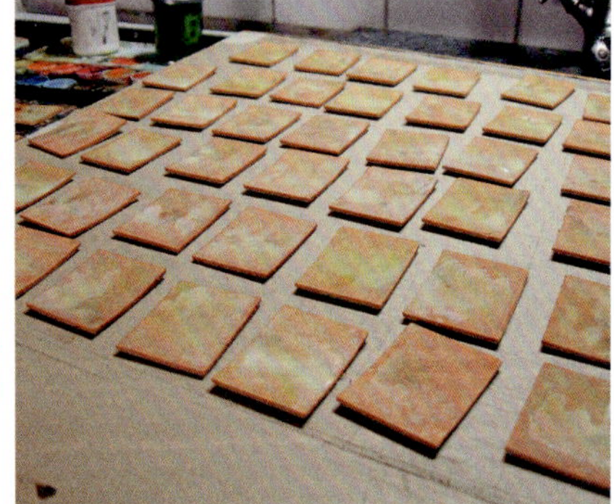

Nass in Nass habe ich sie dann mit verschiedenen Wasserfarbtönen und wiederum Deckweiß weiterbehandelt.

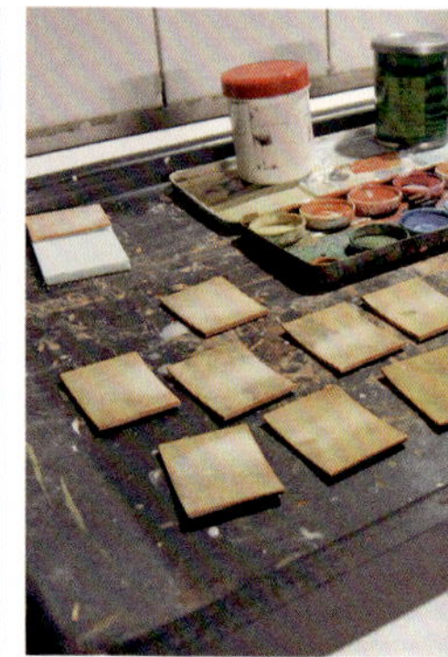

In Verbindung mit der Oberflächenstruktur ergibt sich durch die in die großen und feinen Vertiefungen fließenden Pigmente ein an Travertin erinnerndes Bild.

| Fassade

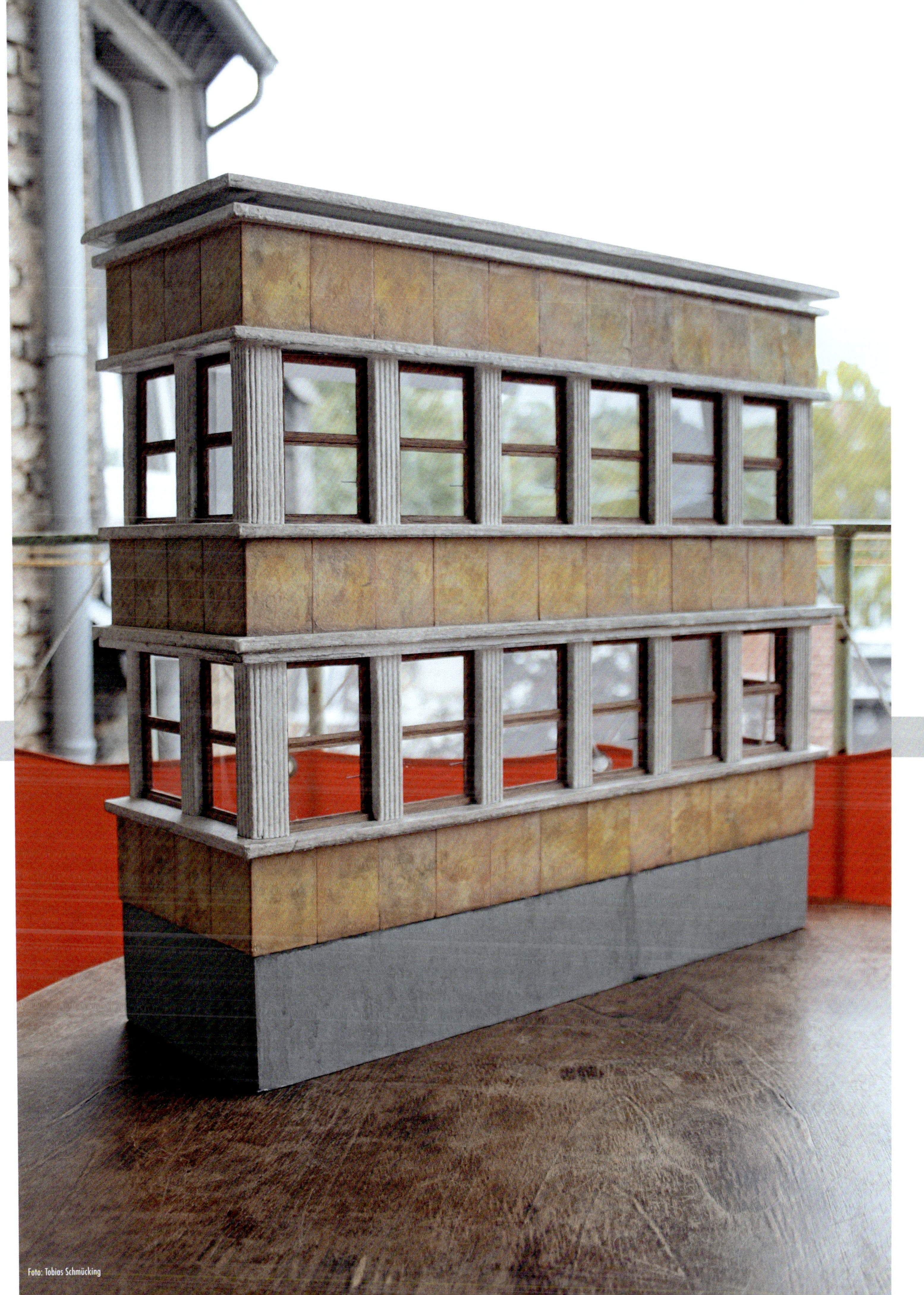

Foto: Tobias Schmücking

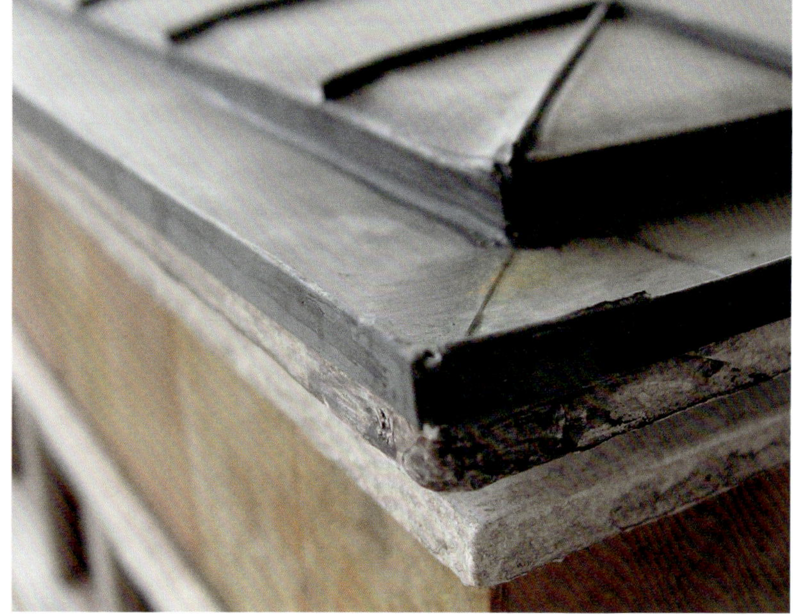

Es kommt meines Erachtens nicht auf den Wert der verwendeten Materialien an; sie müssen sich lediglich für das, was man vorhat und mit den vorhandenen Möglichkeiten umsetzen kann, eignen.

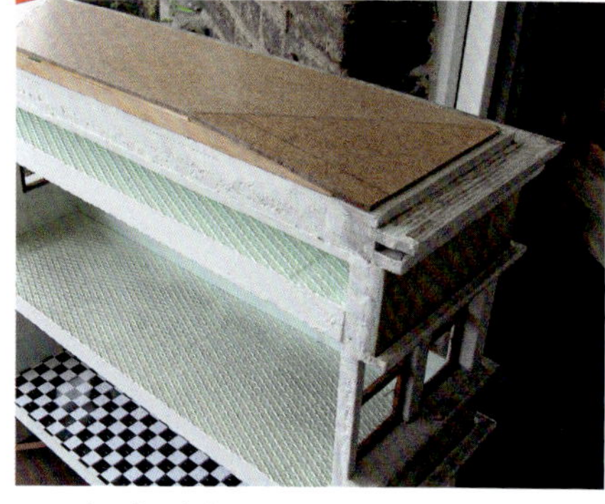

Das Gebäude erhält ein nur schwach geneigtes Blechdach. Dessen Unterkonstruktion besteht aus einer Holzfaserhartplatte. Die Winkel der schneidenden Dachflächen ergeben sich aus dem (gedachten) rechteckigen Grundriss des Gebäudes, dessen Schmalseite zur Straßenfront liegt, sowie der Dachneigung. Die Unterkonstruktion ist mit Weißleim auf dem Styrodur montiert.

Für eine Straßenfront schien mir ein Verwaltungsbau, der das dahinterliegende Werk nur als Idee andeutet, viel spannender und überzeugender. Ich hatte damals keine Ahnung, wohin mich dieser Weg führen würde, denn zum Außen einer Fassade gibt es immer auch ein Innen.

Vorbild-Freiheit und Materialien mit Stärken und Schwächen

Bei der Fassadengestaltung waren es wieder eher pragmatische Gründe, aus denen ich vom Vorbild – soweit man davon in diesem Fall überhaupt sprechen kann – abgewichen bin: Beim Zusammenbau der Wandteile hatte ich nicht bedacht, dass Stoßstellen später schlecht zu kaschieren sind,

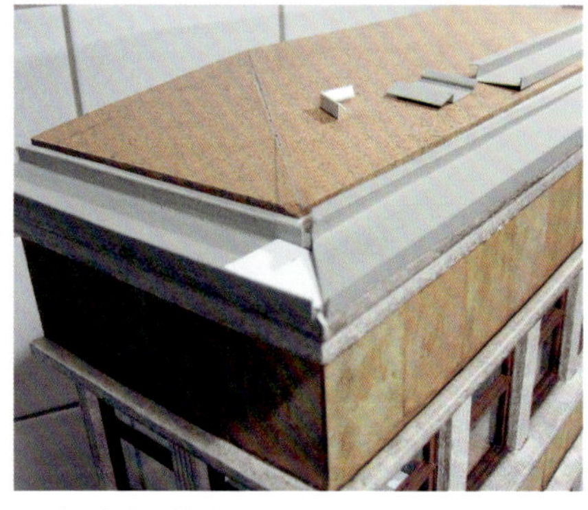

Mit der Blechverkleidung habe ich bei der untersten Lage begonnen, also dem Bereich, an dem die Dachrinne in das Regenfallrohr übergeht, denn das abfließende Regenwasser soll nicht gegen eine Stoßkante laufen. Hier ging es also mit den als breite Kanäle ausgebildeten Dachrinnen los. An den Ecken wurden zusätzliche Stoß- und Deckbleche verbaut. Die Fallrohre kämen bei der angedachten Architektur erst im nicht dargestellten Bereich und wären dort in Vertiefungen der Fassade versteckt.

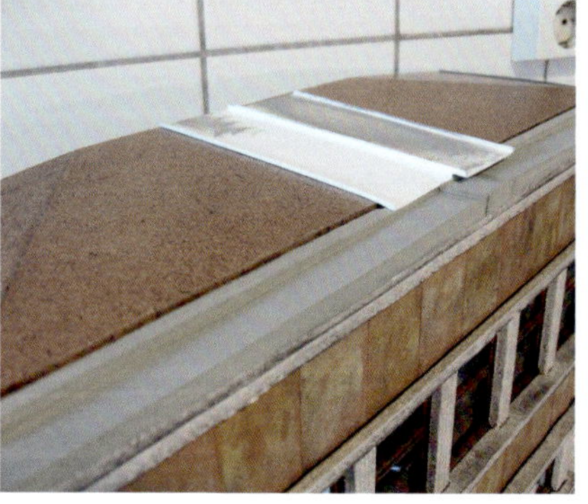

Von dort wird Schicht für Schicht bis zur Dachhaut aufgebaut. Kanäle und Dachhaut sind auf Fotopapier mit 240g/m² ausgedruckt, gefalzt und geschnitten. Der außen liegende Steg von Kanälen und Dachplatten ist mit Sekundenkleber in sich verklebt.

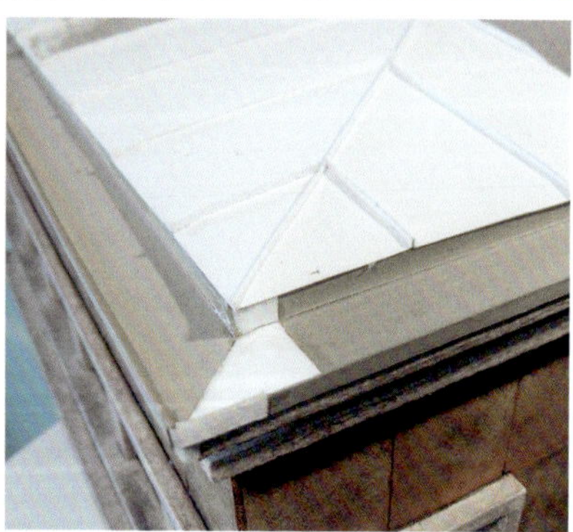

Die Stege der Dachhaut sind 2 mm hoch. Da sich das schlecht falzen lässt, habe ich beim Ausdruck zwischen den einzelnen Bahnen etwa 2 cm Platz gelassen, so dass ich zunächst einen mehr als 1 cm breiten Streifen falzen und das gefalzte Teil dann auf die gewünschten 2 mm schneiden konnte. Die flächigen Teile sind mit leicht verdünntem, schnelltrocknendem Weißleim verklebt. Die Ecken sind zusätzlich mit Sekundenkleber versiegelt. Die diagonale Trennkante besteht aus einem aufgedoppelten Papierstreifen. Etwaige Lücken zur Dachhaut lassen sich einfach mit Weißleim verschließen.

wenn man eine verputzte Oberfläche lediglich durch einen Farbauftrag umsetzen möchte, die verwendeten Trittschalldämmplatten aber leicht unterschiedliche Materialstärken aufweisen. Außerdem schien mir die im Modellbau zuvor nie bewusst wahrgenommene Verwendung von Travertin für ein repräsentatives Verwaltungsgebäude passend und reizvoll.

Das Gebäude ist aus einfachen Materialien entstanden. Neben 5 mm dicken Styrodur-Trittschalldämmplatten mit einer glatten und einer geriffelten Seite, kamen Trittschalldämmung mit 2 mm Stärke für die Travertinplatten, Dämmplatten mit 2 cm Stärke für die Zwischenböden, Furnier, Holzleisten, Karton, Photo-Glossy-Papier und Holzfaserhartplatten aus der Restekiste zum Einsatz – und viel Weißleim.

Das Hartschaummaterial eignet sich hervorragend für den schichtweisen Aufbau eines Gebäudes. Es lässt sich aber mit dem Cutter insbesondere bei dickeren Platten nur schwer exakt senkrecht, gerade und fransenfrei schneiden. Das geht mit einer Bandsäge oder einer Styroporsäge besser, die mit einem heißen Schneidfaden arbeitet.

Ein ernstzunehmendes Problem ist die Empfindlichkeit vorspringender Ecken und Kanten, bei denen die Farbe leicht abblättert oder ausbricht. Das ist mir mehrfach passiert, da ich das Gebäude für die Gestaltung der Inneneinrichtung auf die Seiten legen musste. Leider gelingt die Korrektur solcher Fehlstellen am bereits gealterten Objekt selten so, dass man davon nichts sieht. Problematisch sind auch die Abweichungen in der Materialstärke der Dämmplatten, was sich beim Stückeln unangenehm bemerkbar macht.

Bei der Dachhaut habe ich die Idee verworfen, sie auf Basis von Fotos echter Blechdächer auszudrucken. Druckerfarben verändern sich doch recht schnell und unkontrollierbar unter dem Einfluss von UV-Licht. Außerdem lassen sich nachträgliche Bearbeitungsspuren (Falze, Schnittkanten) sehr schlecht tarnen. Das absolut glatte und von der Oberfläche her metallähnliche Fotopapier hätte sich mit einer Airbrush besser grundieren lassen und dabei seinen Charakter eher behalten, mir stand damals aber keine Airbrush zur Verfügung und aus heutiger Sicht kommt die Oberfläche einem der Witterung ausgesetzten verzinkten Blechdach sehr nahe – näher als ein hochglänzender, glatter Ausdruck.

| Regen | Wasser | Dach

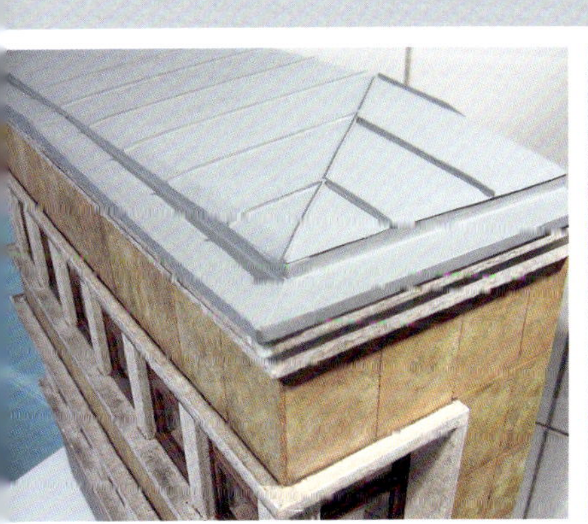

Anschließend habe ich das gesamte Dach mit einem Grundanstrich aus einer Mischung matter betongrauer Farbe von Floquil sowie mattschwarzer, aluminiumglänzender und blauglänzender Ölfarbe von Revell satt eingestrichen. Das Dach wird dadurch tatsächlich wasserdicht und letzte Fehlstellen lassen sich mit der eher dicken Farbe regelrecht verspachteln.

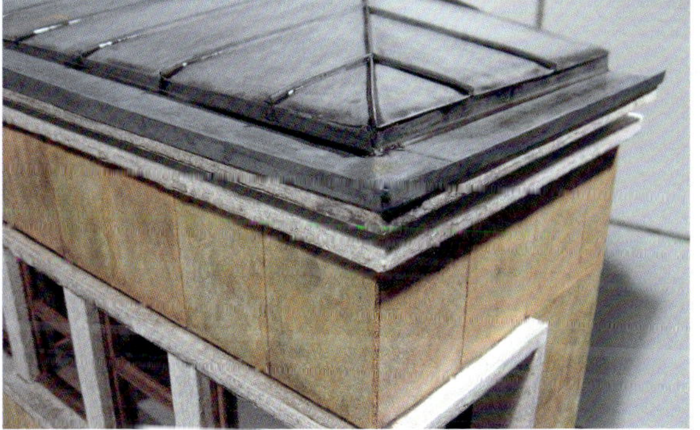

Da ich zum Altern gerne Gouache (Wasserfarbe) sehr nass in nass verwende, ist die Wasserdichtheit wichtig, damit sich die Kartonteile nicht wellen oder aufquellen. In diesem Fall floss das Wasser sogar durch die Rinnen ...

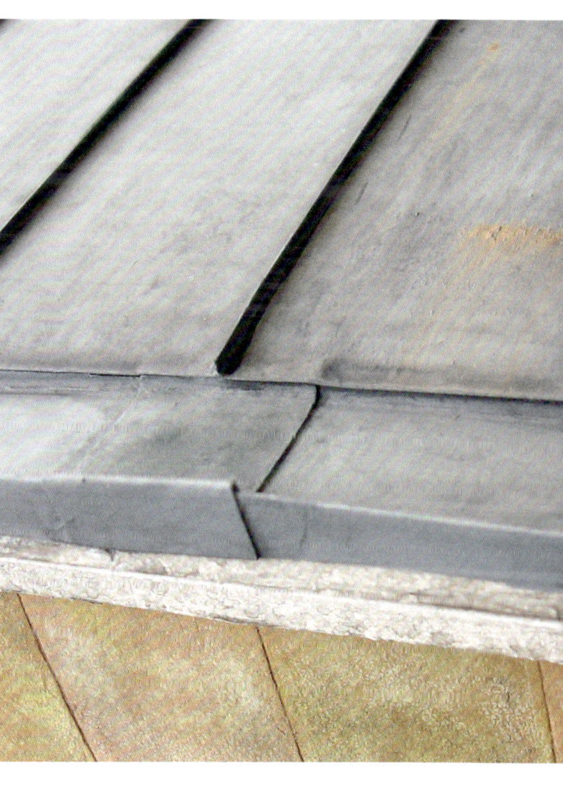

Nur an wenigen Stellen kommen dezente Beschädigungen, Roststellen und -spuren hinzu.

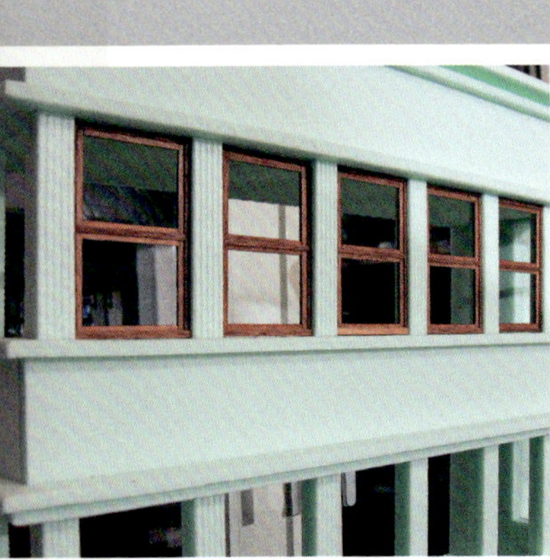

Für die Fensterrahmen werden wiederum entsprechend skalierte Ausdrucke einer Vorzeichnung benötigt.

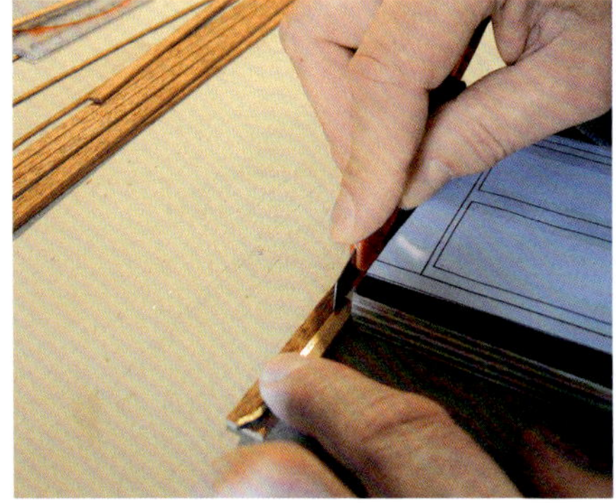

Die Leisten habe ich auf dieser Zeichnungsbasis in der benötigten Breite und Länge mit Cutter und Laubsäge zugeschnitten. Dabei dienten mir diverse Messingprofile als Parallelanschlag. Für die aus heutiger Sicht rudimentäre Fensteraußenseite hatte ich zwei übereinander liegende Leisten vorgesehen.

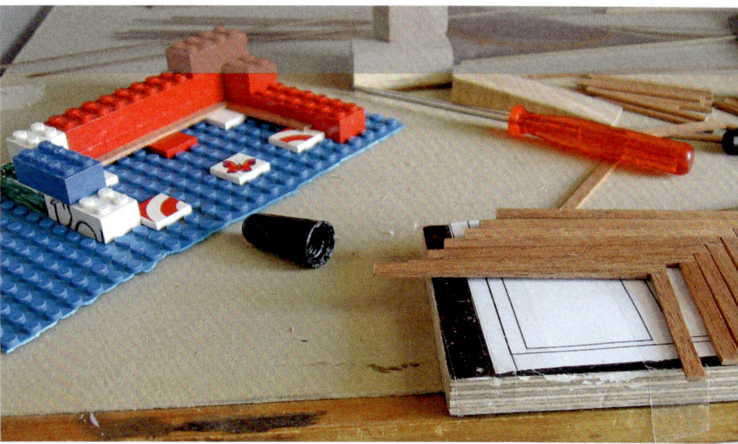

Bei der Montage der Fenster half mir eine Lehre aus Lego®-Steinen, die zwar nicht das Gesamtmaß hergab, aber den benötigten rechten Winkel.

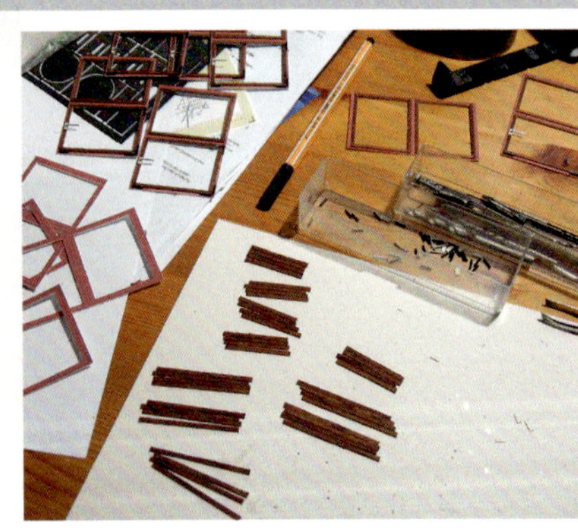

Für die Fensterinnenseite habe ich den Umriss erneut ausgedruckt, diesmal allerdings auf 0,5 mm starker Pappe, und Umriss und Innenteile ausgeschnitten.

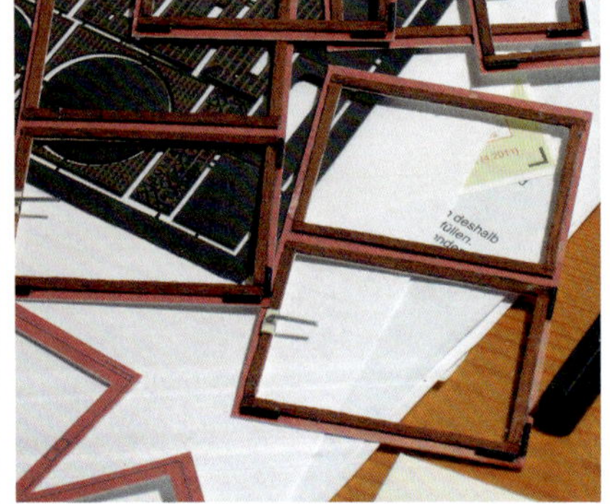

Auf die so entstandenen Kartonrahmen wurden dünne, nach innen versetzte Rahmenleisten aufgesetzt, die ich mir auf einerm Papierschneider zurechtgeschnitten habe. Fenstergriffe aus Draht und kleinen Pappstücken sowie Scharniere aus kurzen Litzenabschnitten vervollständigen das Bauteil.

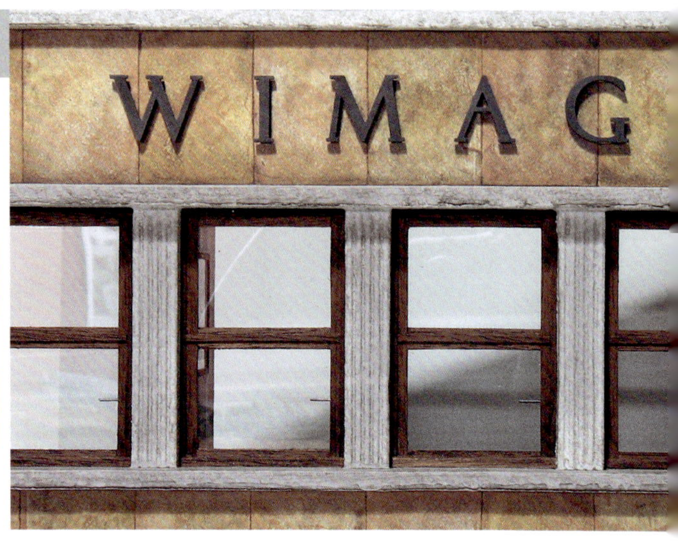

Die Fenster wollte ich – aus damaliger Sicht – vorbildgerecht gestalten. Nun stehen in meinem Elternhaus, einem Bau aus den 70er-Jahren des 20. Jahrhunderts, die Fenstergriffe bei geschlossenen Fenstern waagerecht. Das sind Aluminiumfenster, die es in dieser Form um 1930 aber noch nicht gab. Ich erwähne das, weil es gut zeigt, wie man aufgrund von Sehgewohnheiten zu falschen Annahmen kommen kann. Ein Modellbaufreund wies mich darauf hin, dass auch früher Fenster üblicherweise bei nach unten weisendem Griff verschlossen waren. Ich habe das viel später bei der weiteren Ausgetaltung der Innenräume dann noch geändert.

Kein Pfusch am Bau

Über die Forenberichterstattung habe ich einige hervorragende Modellbauer kennengelernt und es sind Freundschaften entstanden, die nicht zuletzt in gemeinsamen Projekten und gegenseitiger Hilfe mündeten. So ist es ein absoluter Glücksfall für mich gewesen, dass zwei Modellbauer aus dem engsten Freundeskreis begnadete CAD/CAM-Nutzer sind und mir bei zahlreichen Objekten geholfen haben, die ich mit meinen haushaltsüblichen Mitteln nicht meinen Ansprüchen genügend hätte umsetzen können. Ein schönes Beispiel dafür ist der von Frithjof Spangenberg aus massivem Messing gefräste WIMAG-Schriftzug am Gebäude.

Beim Einbau der Fenster ist genaues Arbeiten gefragt, da die Fensterrahmen mittig in der vorhandenen Wandstärke montiert werden. Die Rahmen sind alle mit etwas Übermaß gefertigt, so dass sie stramm im Styrodur sitzen. Fensterbänke aus 1,5 mm starkem Furnier ragen etwas in den Raum hinein.

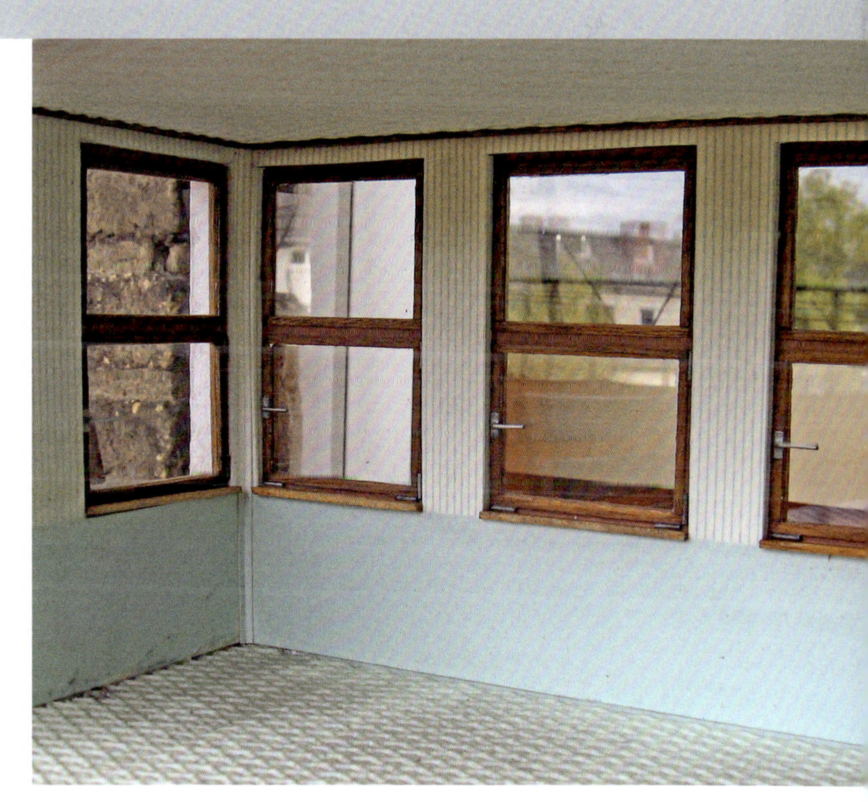

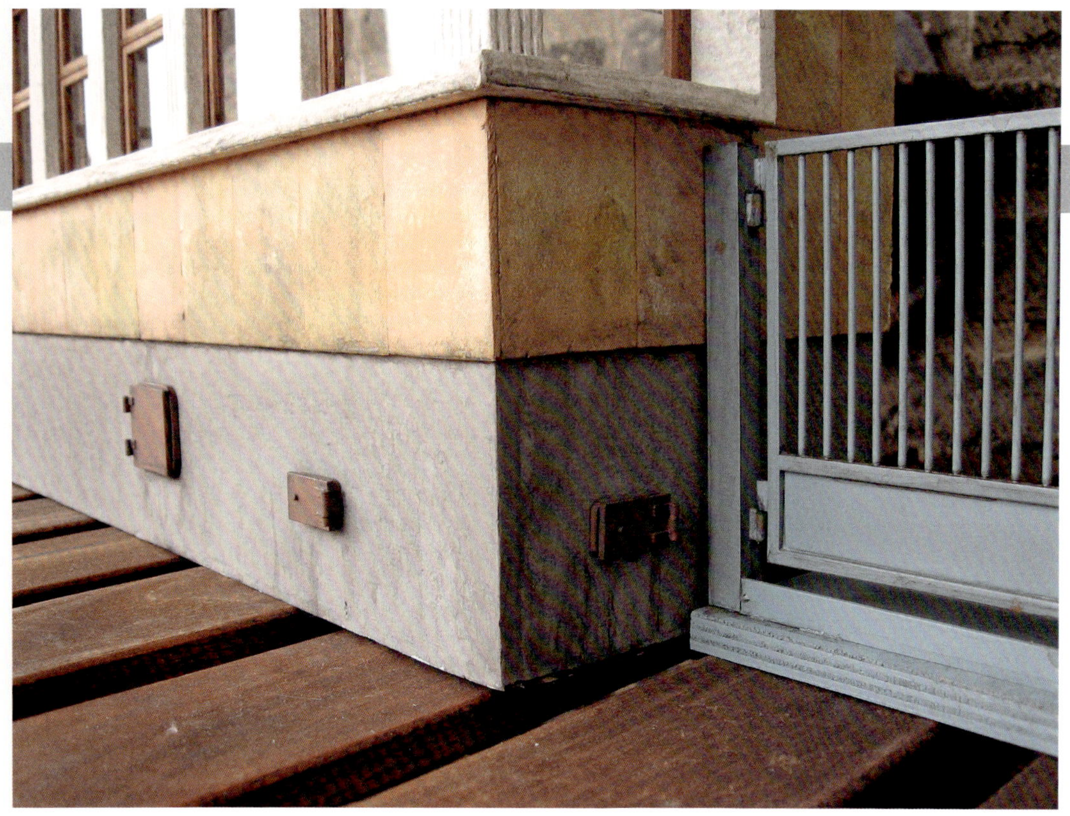

Manche Spuren zeigen auf nahezu unheimliche Art, dass auch nicht selbst erlebte Geschichte tatsächlich stattgefunden hat. Die Luftschutzklappen sortieren das Gebäude zeitlich weiter ein. Sukzessive entsteht so eine eigene Geschichte um das Objekt herum. Außerdem suggerieren sie für das Modell einen tatsächlich gar nicht vorhandenen Kellerraum.

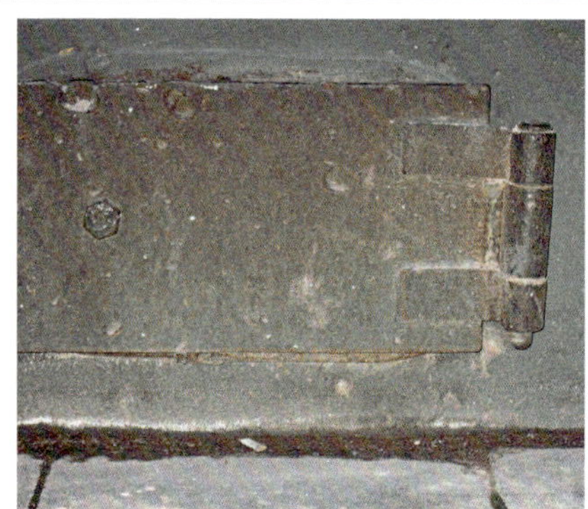

Diese Luftschutzklappen fotografierte ich 2012 an einem Gebäude in Mainz.

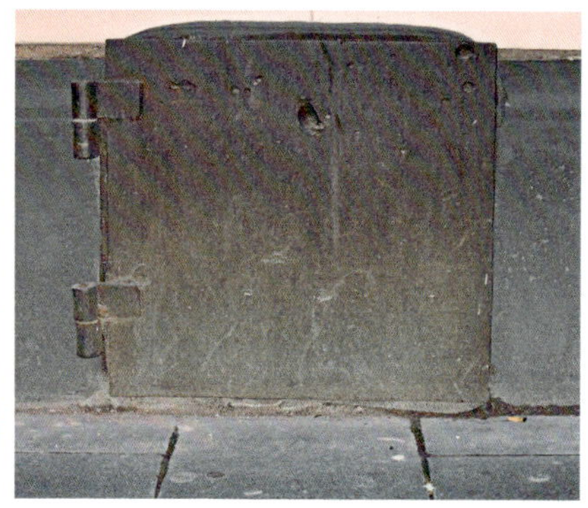

Die linke Aufnahme zeigt eine Lüftungsöffnung und die beiden anderen Bilder den Notausgang eines Luftschutzkellers.

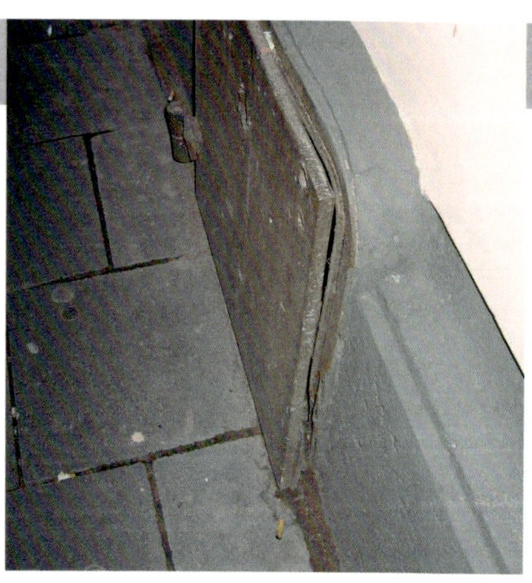

Die im Gegensatz zu den wandseitigen Rahmen grobschlächtige Ausführung der Klappen aus brenngeschnittenen Eisenplatten legt die Vermutung nahe, dass der Keller erst gegen Kriegsende eingerichtet wurde, als bereits viele Zulieferteile fehlten. Die Platten zeigen einige Einschußstellen als Zeugnis von Kriegshandlungen.

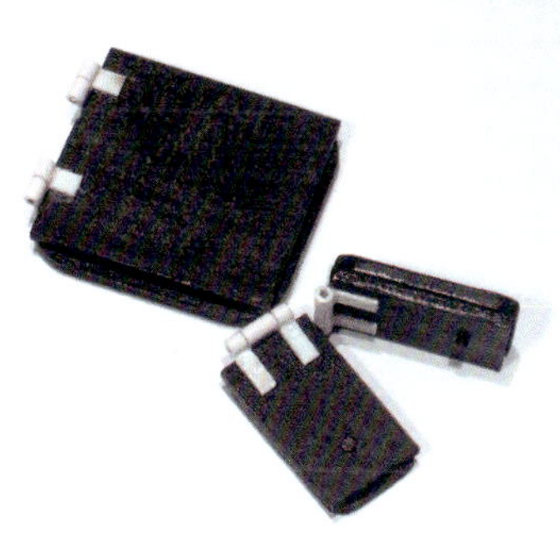

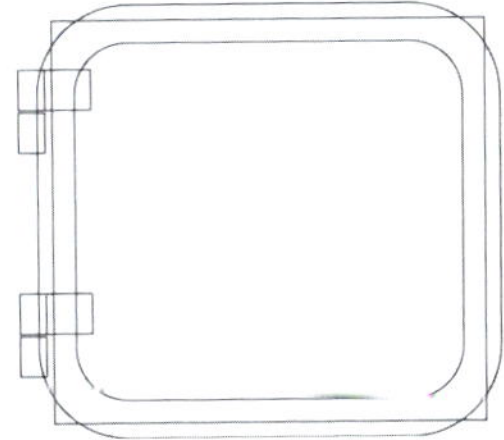

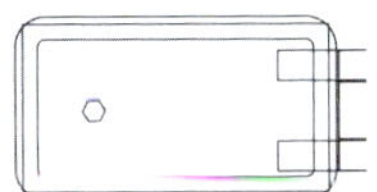

Für die Umsetzung ins Modell reichten eine Zeichnung, ein Ausdruck, 2 mm starker Karton, 0,5 mm starke Polystyrolstreifen, Kunststoffrohr mit 1,5 mm Durchmesser, etwas Draht und Sekundenkleber.

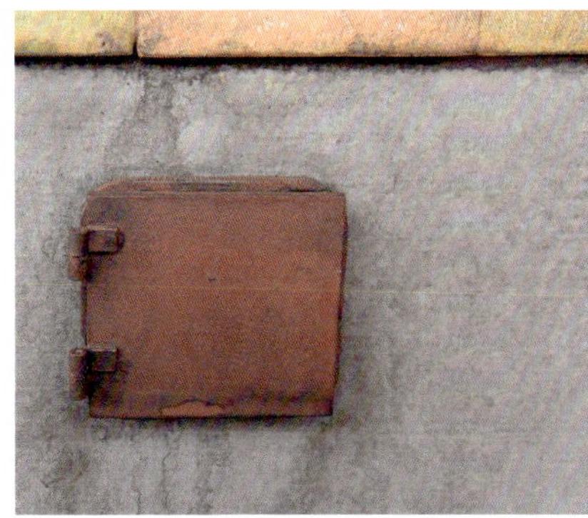

Die Teile wurden mit dem Cutter entlang der mit Fixogum™ wiederablösbar fixierten Zeichnung ausgeschnitten, nach dem Tränken mit Sekundenkleber befeilt und montiert.

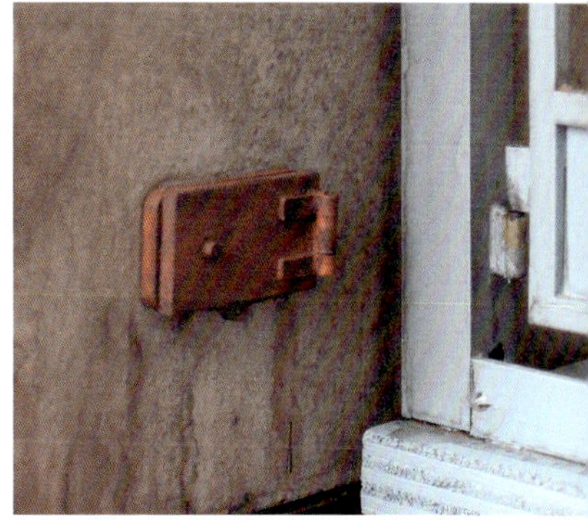

Auf die Darstellung von Einschussspurren habe ich verzichtet, da sie nicht zu einer ansonsten unbeschädigten, aber deutlich verwitterten Fassade des ersten Nachkriegsjahrzehnts gepasst hätten. Der hintere Rahmen wurde später noch etwas angeputzt, damit er seine aufgesetzte Wirkung verliert, denn beim Vorbild ist das ein eingemauerter Wanddurchgang.

| Luftschutz: Klappen & Beschriftungen

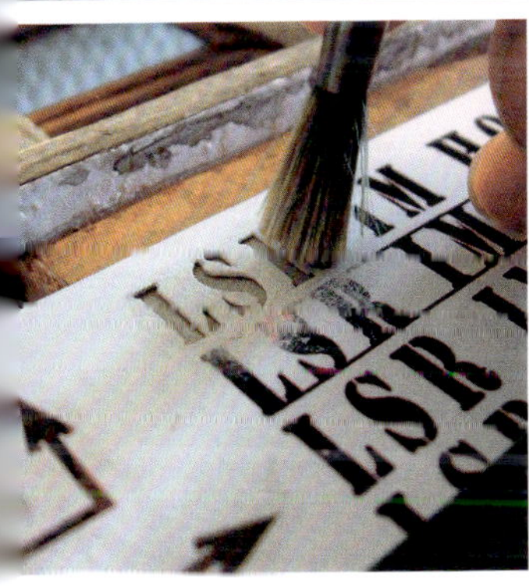

Die Luftschutzräume waren an den Fassaden markiert. Teilweise wurden diese Hinweise seinerzeit mit Schablonen, teilweise auch frei Hand mit fluoreszierender weißer Farbe aufgebracht. Diese Beschriftungen und Pfeile sind bis heute noch an manchen nach Kriegsende nicht sanierten Gebäuden sichtbar. Die benötigten Zeichen mit der entsprechenden Schrifttype und Größe wurden auf Fotopapier ausgedruckt.

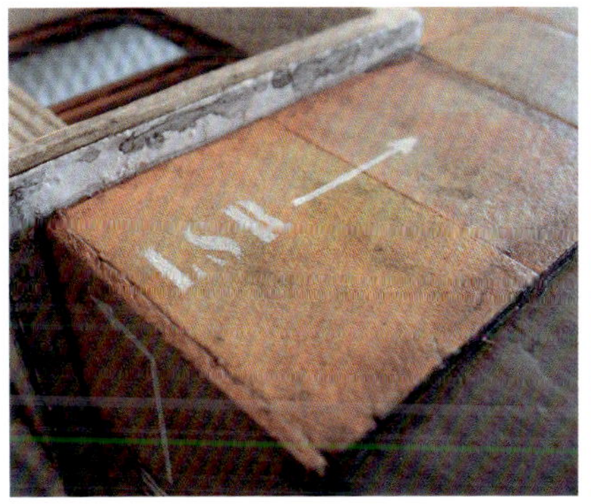

Da die einzelnen Buchstaben groß genug waren und Vorbildfotos oftmals unsaubere Schriften zeigen, konnte ich die Schablonentechnik auch im Modell verwenden und die Buchstaben mit dem Skalpell ausschneiden. Das Aufbördeln eines Schnittwulstes lässt sich bei stärkerem Papier nur mit einem Messer mit einseitig senkrechter Schneide verhindern – die gegenüberliegende Schnittkante wirft sich also trotzdem auf. Aber auch das ist kein Problem, wenn man das Papier anschließend noch mit Sekundenkleber und Schleifpapier weiterbehandelt.

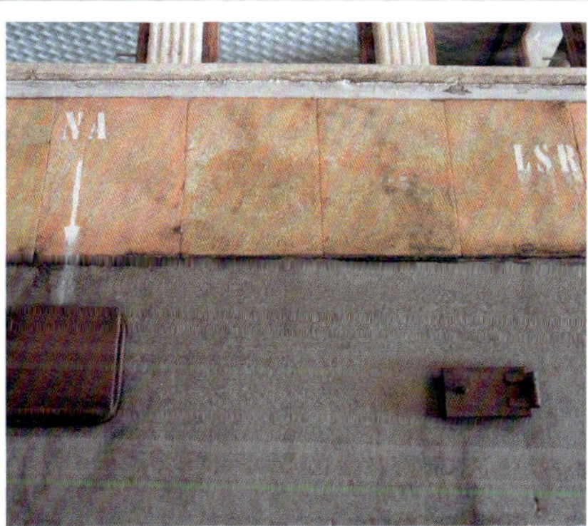

So lassen sich auch bei großen Materialstärken scharfe Kanten herstellen. Die so entstandene Schablone habe ich an der gewünschten Stelle aufgelegt und mit einem weichen, stumpfen Borstenpinsel Deckweiß in die Schablone gestupft. Dabei dürfen nur die Borstenspitzen leicht mit fast trockener Farbe benetzt sein.

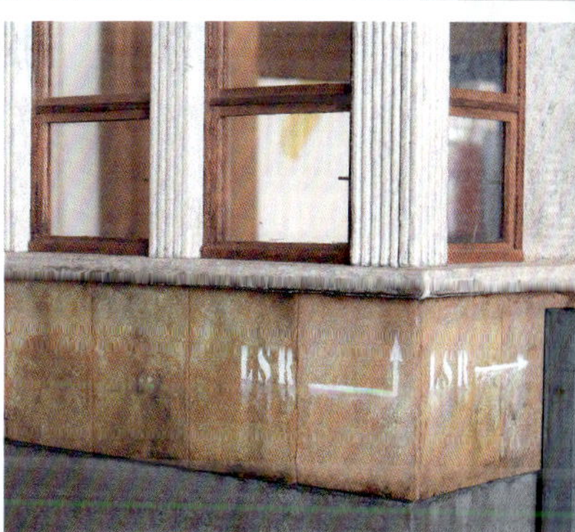

Die Beschriftung war per Verordnung geregelt. NA ist die Abkürzung für Notausstieg, LSR für Luftschutzraum.
Ganz typisch sind auch die Laufspuren der offensichtlich nicht wetterfesten Farbe.
Das lässt sich gut nachbilden, indem man mit einem weichen, feuchten Pinsel die Farbe in Laufrichtung verstreicht.

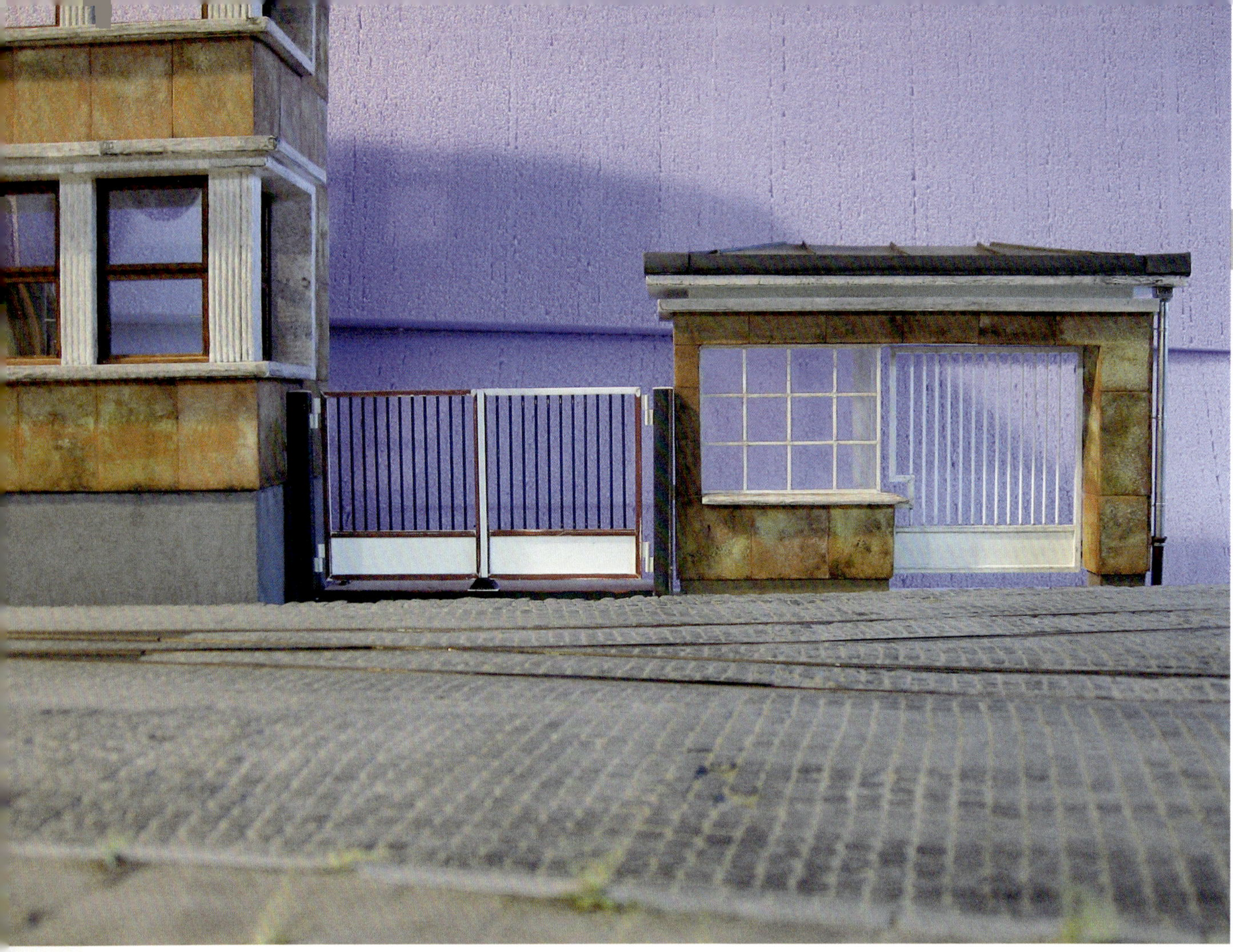

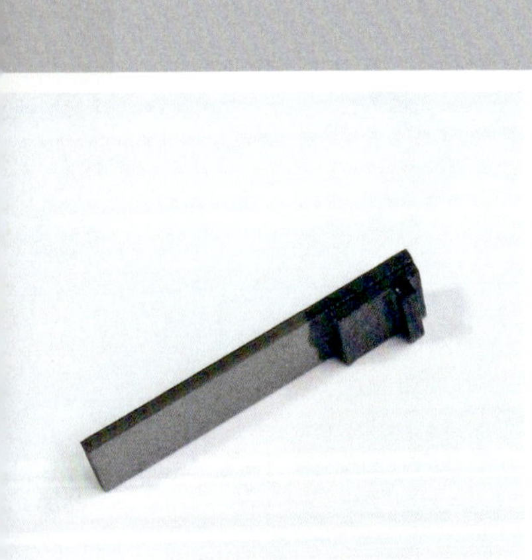

Die Auflaufstütze besteht aus mehreren Lagen grob vorgeformten 2 mm starken Kartons, die mit Sekundenkleber getränkt und anschließend befeilt und verschliffen wurden.

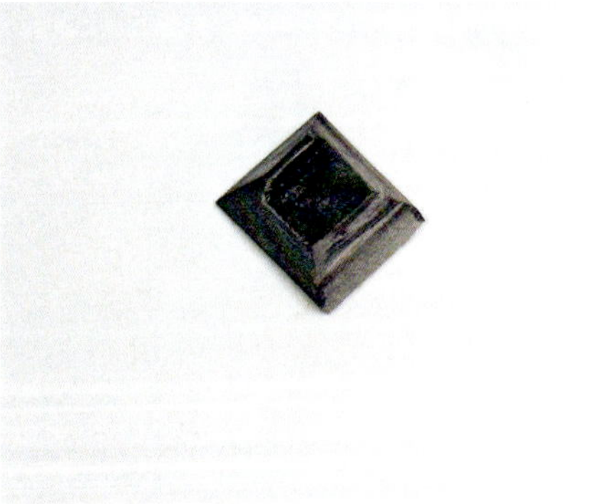

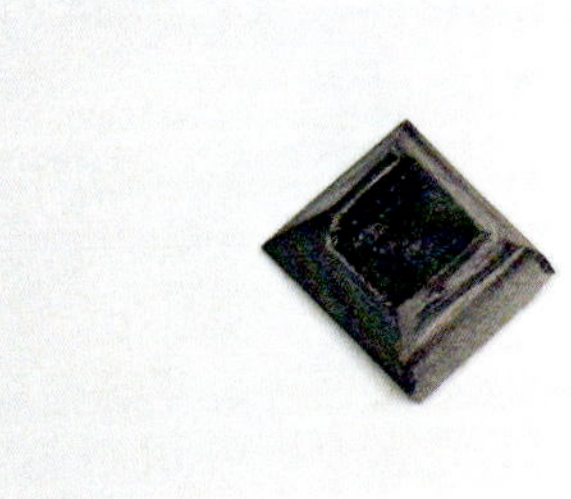

Für unkomplizierte, wenig detaillierte Teile mit überwiegend geraden Flächen ist das ein billiges und schnelles Verfahren jenseits vom 3D-Druck.

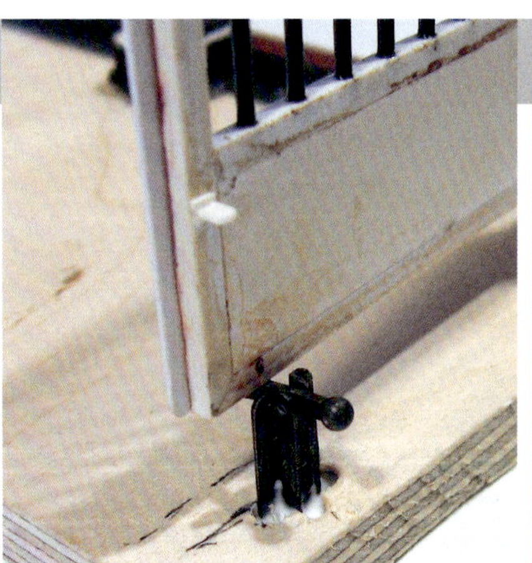

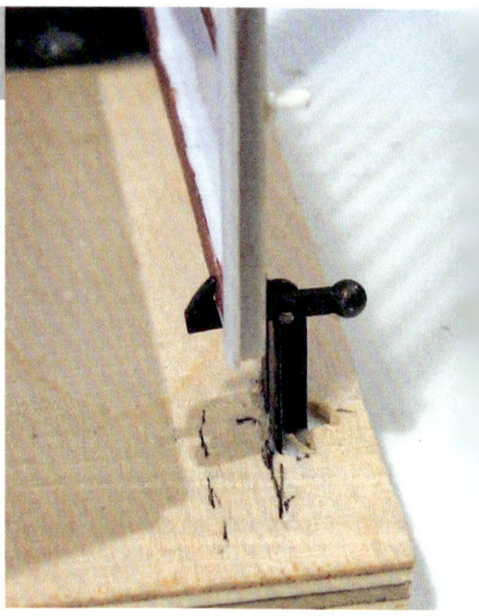

Die Hakenfalle ist aus zurechtgefeilten Messingresten, -profilen und einer Kugel hergestellt.

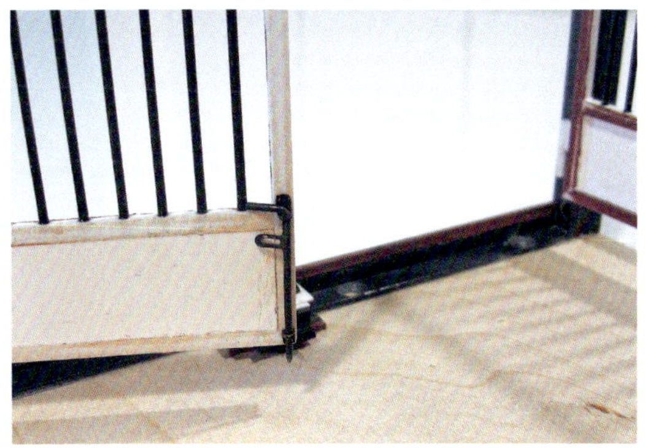

Das ebenfalls als Schweißkonstruktion ausgeführte Tor für die Straßenzufahrt zwischen Verwaltungsgebäude und Pforte ist aus Kunststoffprofilen, Karton und Messingstäben entstanden.

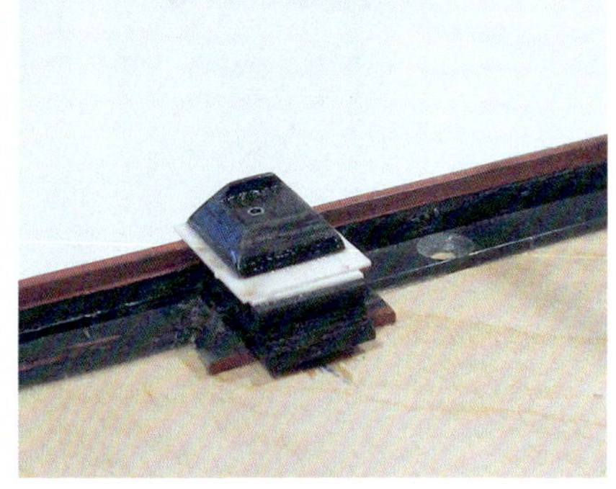

Auf der ausgedruckten Zeichnung habe ich zunächst den umlaufenden Rahmen aus Polystyrolprofil 2,5 x 3 mm verklebt. Den gleichmäßigen Lochabstand für die Gitterstäbe erhielt ich durch die Verwendung einer vorgefundenen Lochplatte mit 4 Löchern als Bohrlehre. Indem man jeweils das zuletzt gebohrte Loch als Führung für das erste Loch der Lehre verwendet, bleiben die Abstände auch auf längere Distanz gleichmäßig.

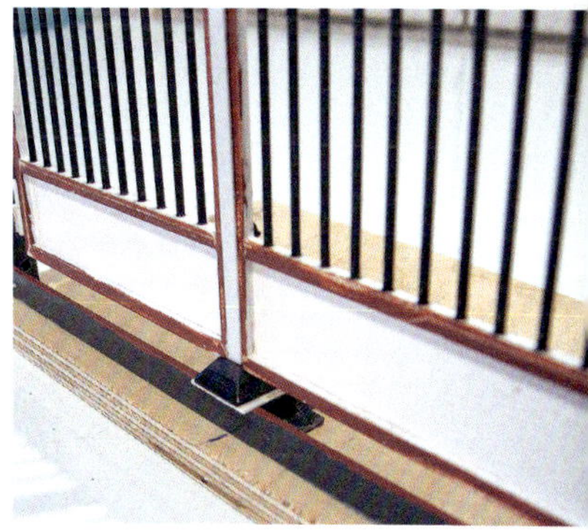

Die eingelegten Blechplatten sind aus Karton entstanden. Eine Auflaufstütze bildet den Endanschlag für das geschlossene Tor.

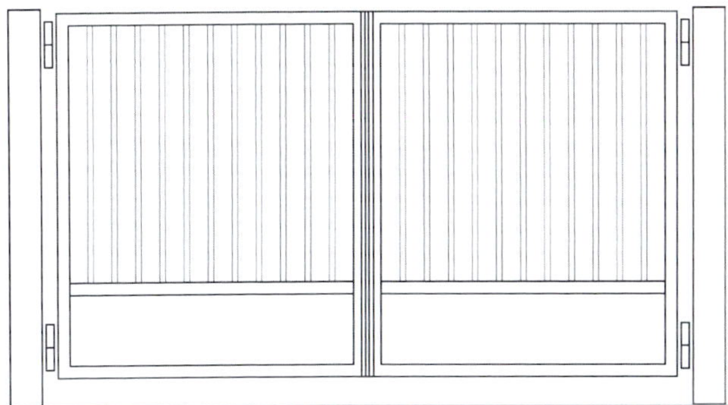

| Strassenzufahrt | Tor

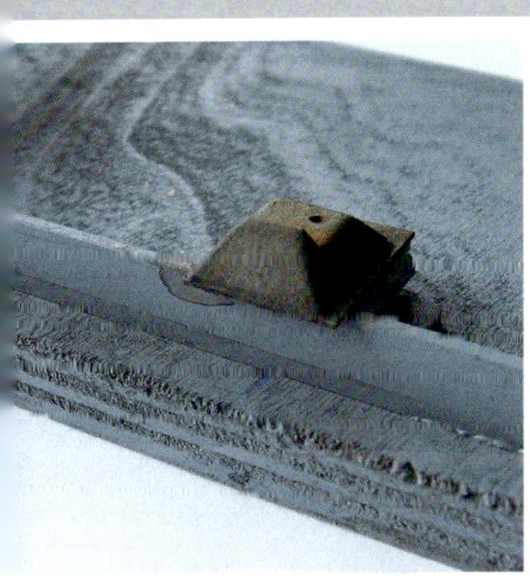

Die Torbauteile wurden mit Tamiya TS-32 Nebelgrau aus der Sprühdose gespritzt. Die leicht raue und rostporig wirkende Oberfläche der Kartonteile lässt sich gut mit Gouache altern.

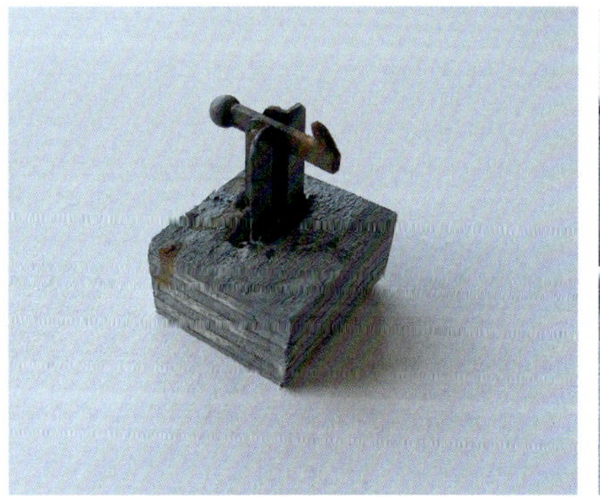

Auch die Hakenfalle zeigt deutliche Korrosionsspuren.

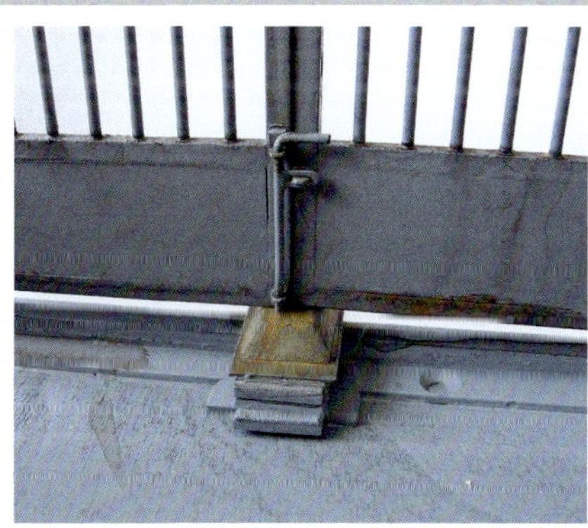

Der Riegel besteht aus Eisendraht, an den eine winzige, geschlitzte Lasche hart gelötet wurde. Die Führungen sind kurze Messingwinkelabschnitte mit einer Bohrung; die Bohrung setze ich zuerst und feile dann das Bauteil zurecht. Das ergibt beim rein manuellen Arbeiten die saubersten Ergebnisse.

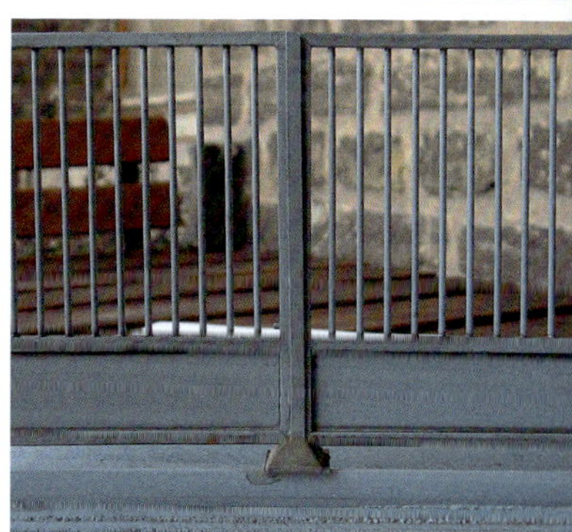

Den Karton hatte ich im unteren Torbereich nicht versiegelt; der beim Altern aufgequollene Rand wurde zur Darstellung aufblühenden Rosts genutzt. Alle Teile sind voll funktionsfähig.

Verschiedene Zeitschichten überlagern sich auf kleinstem Raum. Das harte, schräg einfallende Sonnenlicht erzeugt eine bedrohliche Gewitterstimmung.

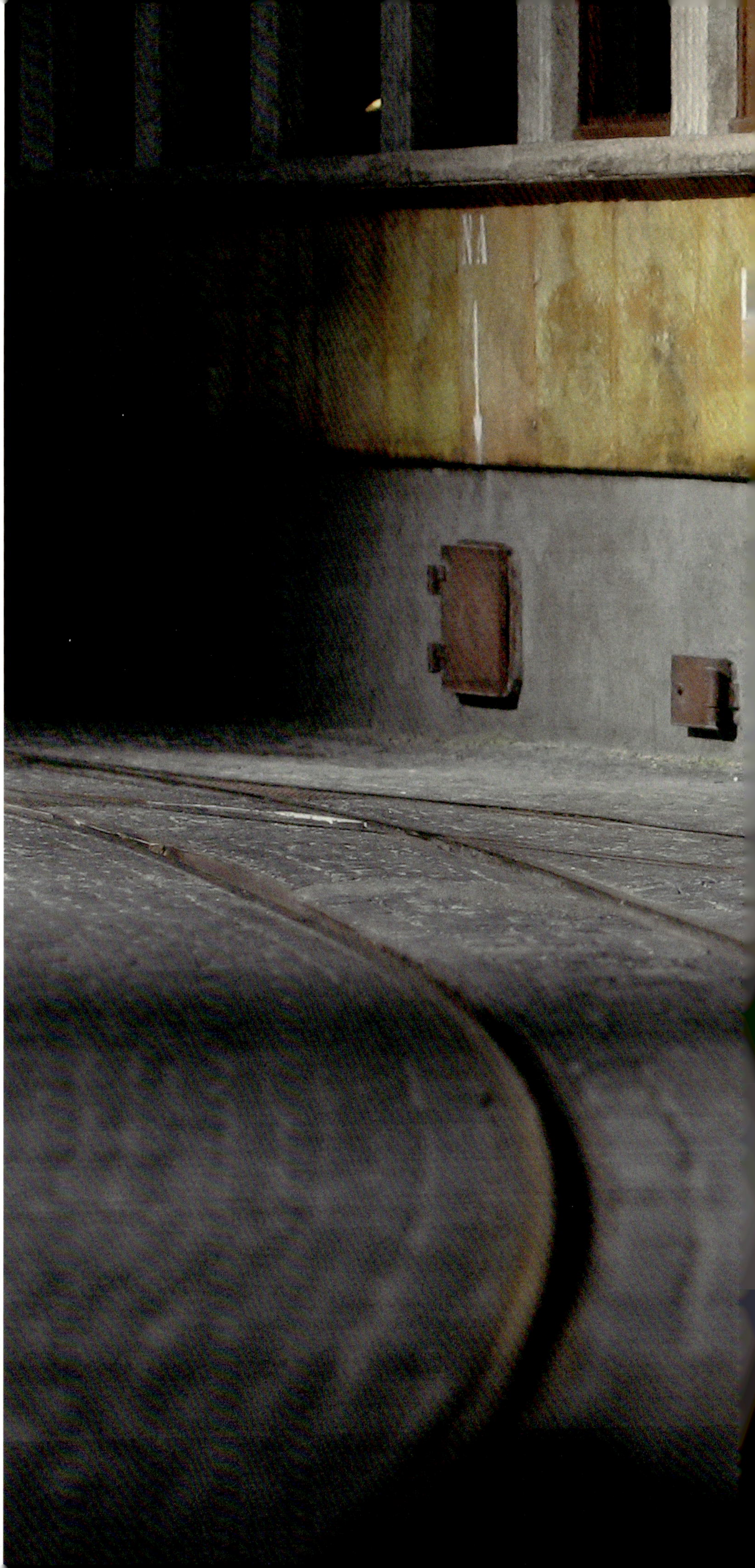

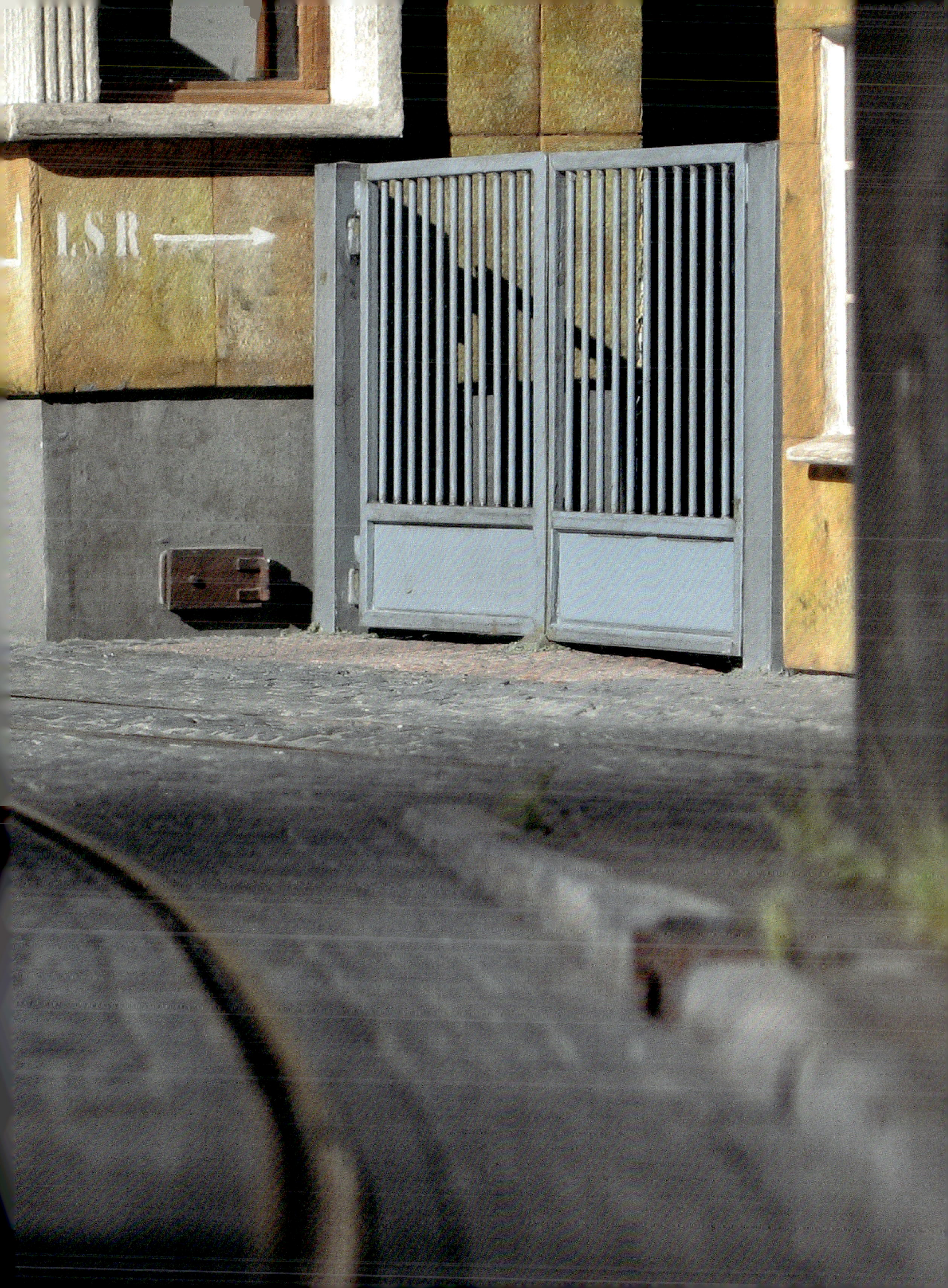
LSR

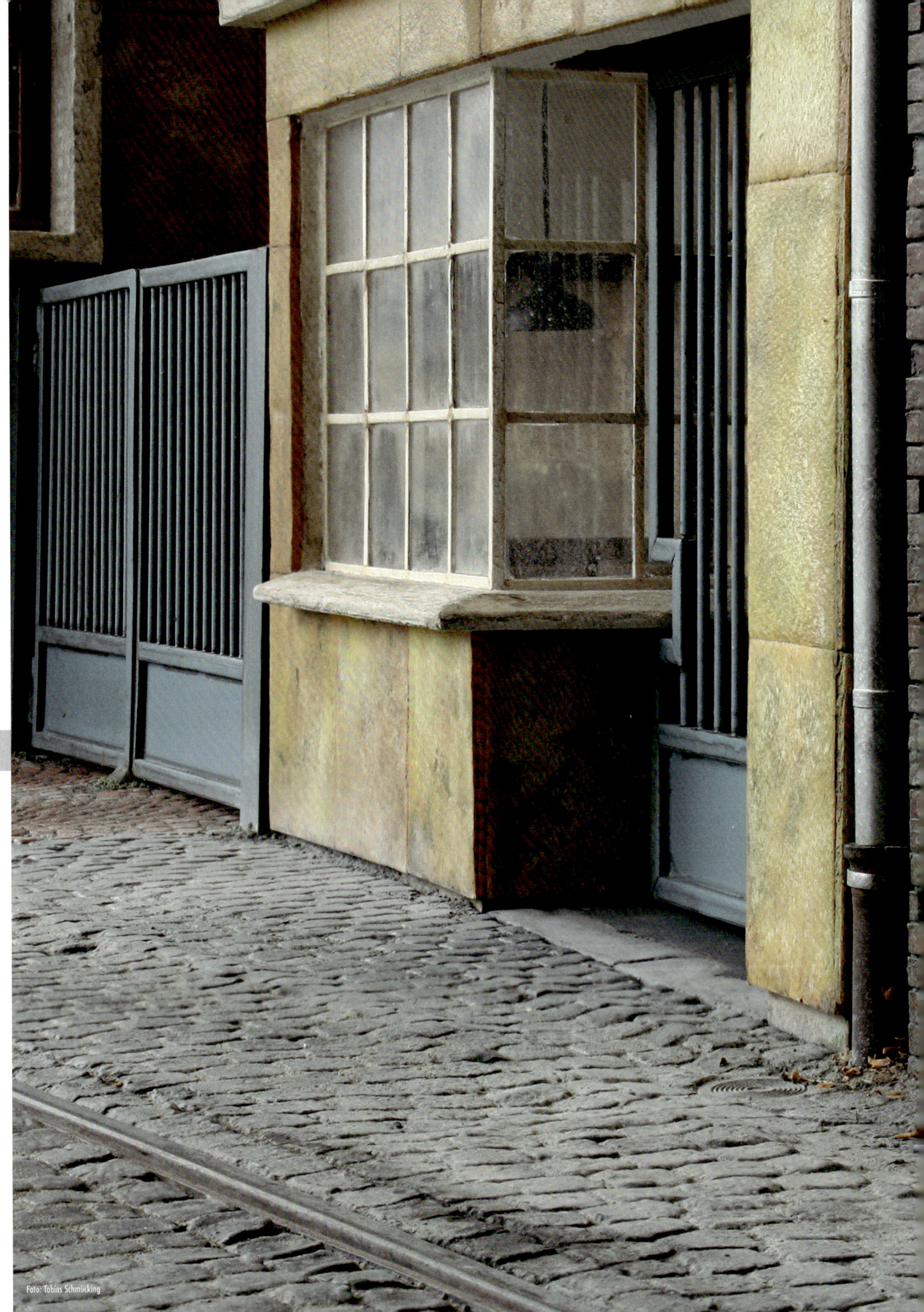
Foto: Tobias Schmücking

04 Pförtnerloge

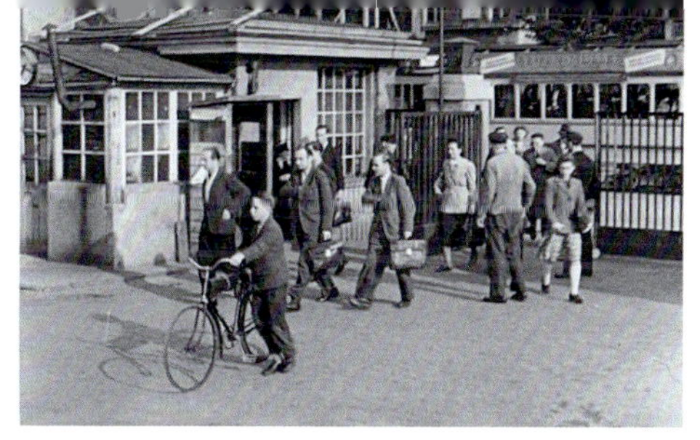

Foto: Gustav Köhler, 11. Mai 1950 Bundesarchiv, Bild 183-S96560 /

Auch für das Pförtnergebäude der WIMAG gibt es kein konkretes Vorbild. Es sollte jedoch mit dem Hauptgebäude architektonisch wie aus einem Guss wirken. Bei der Bildrecherche fand sich im Bundesarchiv eine Aufnahme, die neben viel Zeitkolorit auch architektonisch die Richtung vorgab.

Die ensemblehafte Fortsetzung der Architektur des Verwaltungsgebäudes an der Pförtnerloge betont das Selbstverständnis des Unternehmens und ordnet beide Bauten in denselben Entstehungszeitraum ein. Lediglich die anschließende Mauer, die Tore sowie einige kleinere Details erzählen von vorangegangenen, aber auch späteren Zeitschichten, die mit ihren baulichen Auswirkungen Spuren hinterlassen haben.

Fehler zulassen ...

Manchmal entsteht aus einem Missgeschick etwas Neues und durchaus Brauchbares. Das Sprossenfenster wollte ich zunächst aus Messing bauen, das Ergebnis entsprach aber qualitativ nicht meinen Vorstellungen und mir war damals noch fremd, ein fehlerbehaftetes Objekt auf dieselbe Weise noch einmal komplett fehlerfrei neu zu bauen. Ohne Fenster ging es aber nicht. Also habe ich die Sprossen noch einmal aus Polystyrol-Profilen zusammengeklebt, dieses Mal aber gegenüber der Messingausführung mit etwas stärkeren T-Profilen 1,5 x 1,5 mm.

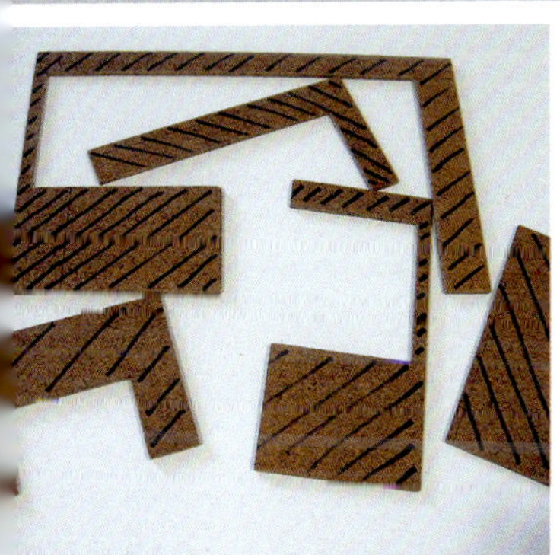

Während die Grundstruktur des Verwaltungsgebäudes ausschließlich aus Styrodur entstanden war, habe ich bei der ebenfalls im Anschnitt dargestellten Pförtnerloge einen etwas anderen Weg eingeschlagen. Aus Stabilitätsgründen gibt es hier einen Kern aus Holzfaserhartplatten, die auf der Grundlage einer wiederum vorausgehenden zeichnerischen Darstellung zugeschnitten wurden.

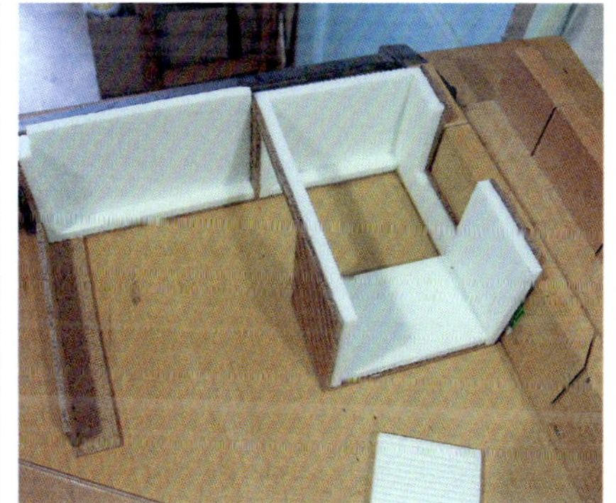

Für die notwendige Wandstärke habe ich auf diese Unterkonstruktion innen eine 5 mm starke Styrodurplatte aufgeklebt.

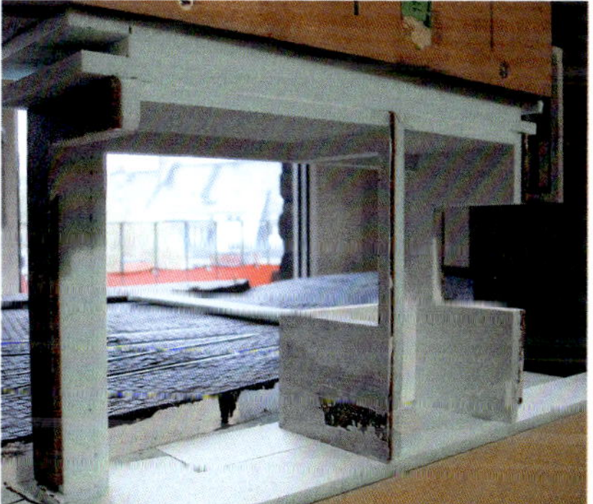

Der Deckenbereich entstand aus mehreren Lagen Styrodur.

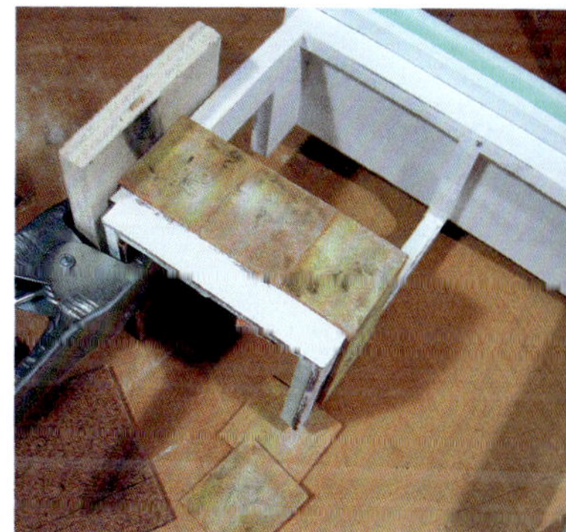

Außen wurden die bereits vorgestellten Travertin-Plättchen aufgeleimt.

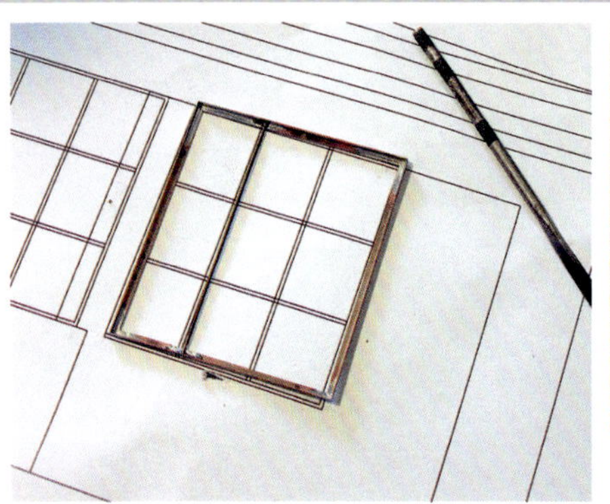

Das Pförtnergebäude sollte ein Metallsprossenfenster erhalten: zur besseren Übersicht für den Pförtner, der von seinem Sitzplatz aus sowohl den eigentlichen Zugang als auch die Werkstore für die Bahn- und Lkw-Bedienung im Blick hat.

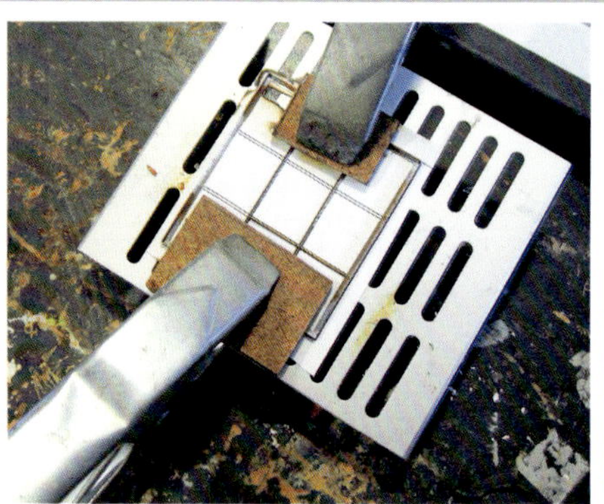

Messing-T-Profile 1 x 1 mm und Winkel 1,5 x 1,5 mm habe ich mit einem Flambierbrenner direkt auf der Zeichnung verlötet. Als Unterlage dient ein geschlitztes Aluminiumprofil, das nur wenig Wärme ableitet und sich andererseits nicht versehentlich mit verlöten lässt.

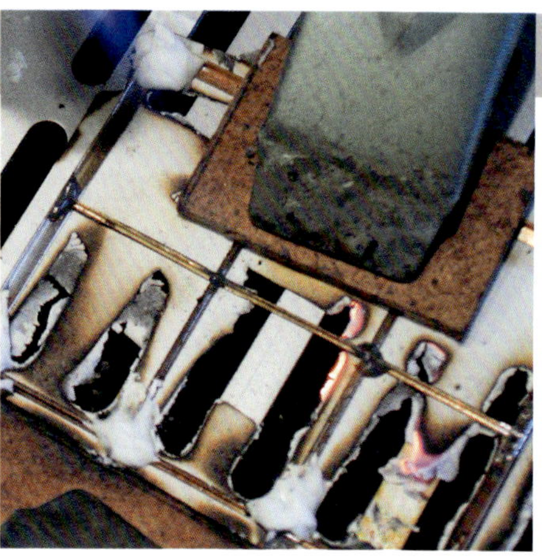

Bereits gelötete Stellen lassen sich mit Zahnpasta fixieren und kühlen. So gehen die Lötstellen nicht gleich wieder auf, wenn man in direkter Nachbarschaft weiterlötet.

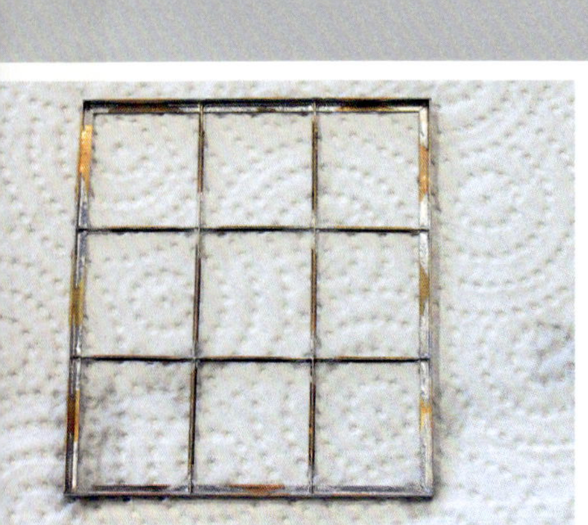

Am fertigen Objekt hat mich dann allerdings gestört, dass auf der Vorderseite teilweise recht große Lücken an den Stoßstellen zu sehen waren.

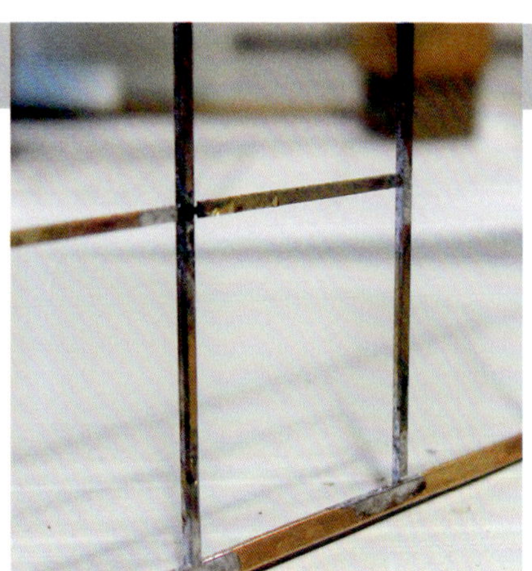

Ich hatte damals keine Modellbausäge zur Verfügung und habe alle Teile mit Laubsäge und Feile zugearbeitet – allerdings ohne die notwendige Sorgfalt. Die zu weit ausgeklinkten T-Profile sind hier gut zu erkennen.

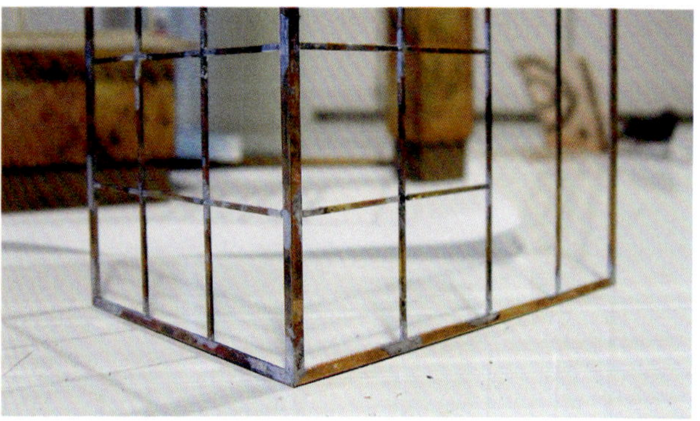

Im Modellbau ist vieles eher eine Frage des Anspruchs als des Könnens. Mir schien der Aufwand, das Fenster noch einmal aus Messing zu bauen, so unüberwindlich groß, dass es in der Restekiste verschwand, wo es nach und nach in seine Einzelteile zerfallen durfte, die dann wieder für andere Dinge Verwendung fanden.

In die mit cremeweißer seidenmatter Revell-Farbe gestrichenen Profile habe ich dann 0,5 mm starke Vivakplatten mit Plastikkleber eingeklebt. Ich kannte die Möglichkeiten des Klebens mit Aceton oder Dichlormethan noch nicht und hatte aus der Modellbahnzeit der Kindheit ungute Erinnerungen an die zähflüssigen Plastikkleber, die spätestens beim Einsetzen der Fensterscheiben in die Modellhäuschen alles verkleistern. Aber man entwickelt sich ja weiter: das Einkleben hat hier nahezu unfallfrei funktioniert, an einer Scheibe gab es dennoch einen kleinen Klebstoffrand. Wenn man solche Fehler zulässt, ergeben sich manchmal neue Ideen und Möglichkeiten: Wie ließe sich der Fehler kaschieren? Die Scheiben sollten von außen schmutzig wirken. Dazu habe ich sie mit Weißleim-Wasser-Gemisch getränkt, das nebenbei etwas zusätzliche Klebekraft in die sehr schmalen Klebestellen einbringt. Nach der Trocknung habe ich mit einem leicht feuchten Pinsel wieder etwas vom zurückgebliebenen wasserlöslichen Weißleimansatz abgetragen, den Pinsel dabei immer wieder neu befeuchtet, wieder abgetragen, bis schließlich der gewünschte Eindruck vom Regenwasser bespritzter und mit Laufspuren übersäter, abgetrockneter Scheiben entstand. Die Stoßkanten und Verdickungen der einzelnen Streben erhielten später noch kleinere aufgeblühte Roststellen – vorwiegend da, wo durch überschüssigen Kleber die Vorderseite der Profile aufgeraut war.

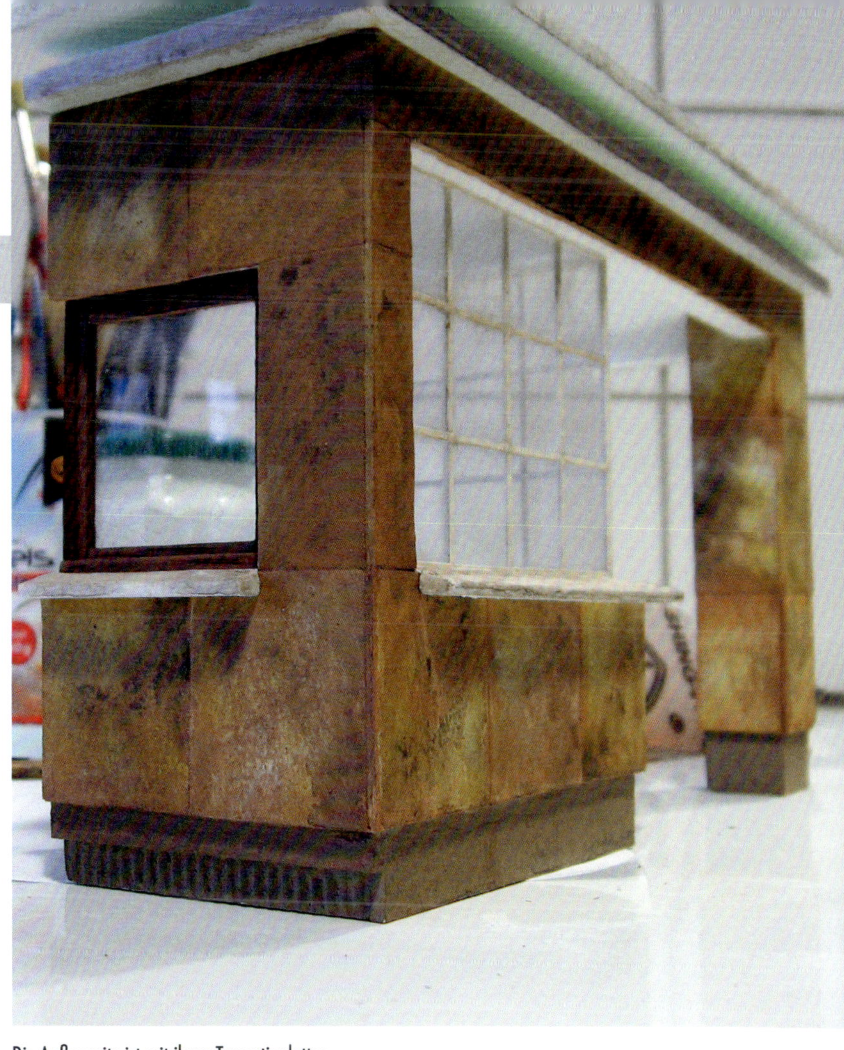

Die Außenseite ist mit ihren Travertinplatten, zusätzlich angebrachten Fensterbänken und einer ersten Alterung nahezu fertig.

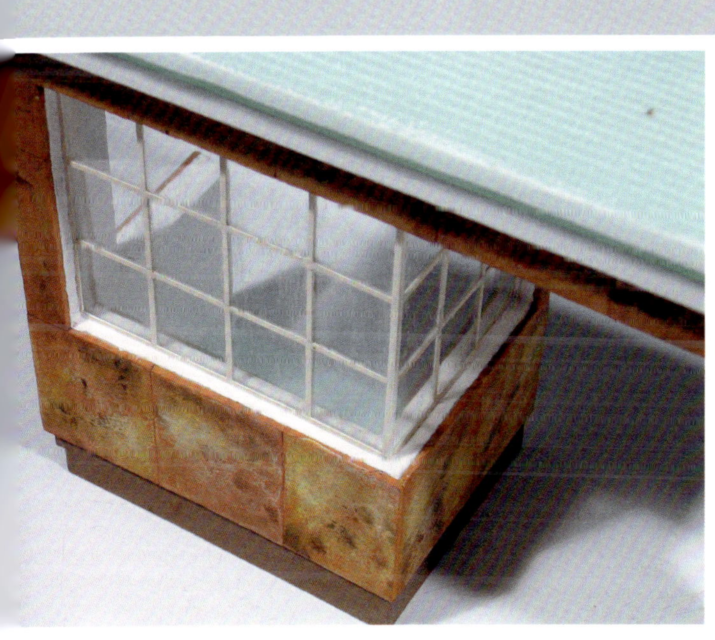

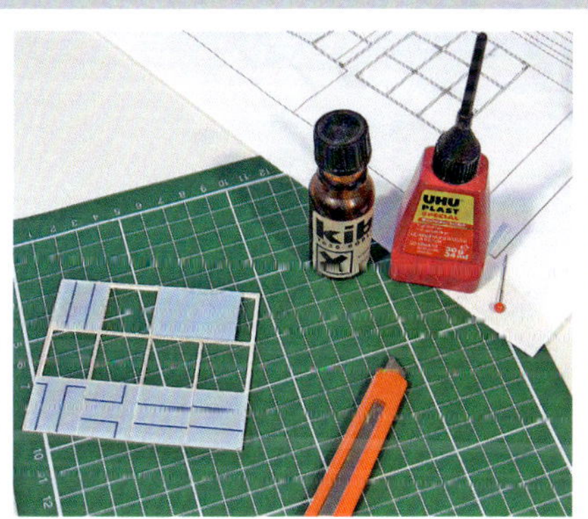

Das Fenster ist schließlich aus PS-Profilen entstanden, mit etwas stärkeren T-Profilen 1,5 x 1,5 mm, was auch dem Gesamtbild zugute kam.

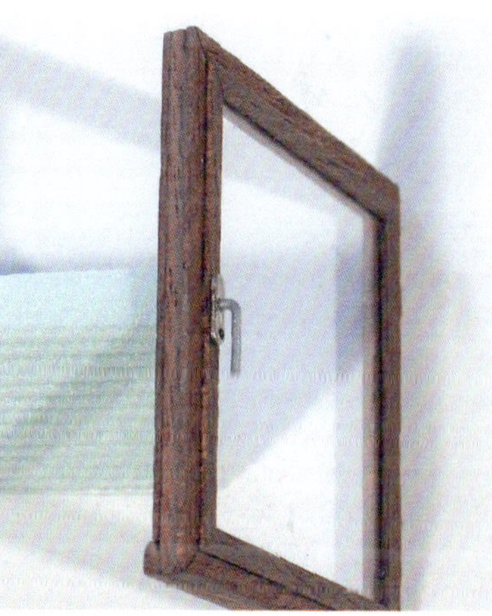

Das zur Straßenzufahrt und zum Hauptgebäude weisende Holzfenster ist aus mehreren Lagen zusammengesetzt. Deutlich zu erkennen ist die zu grobe und daher unmaßstäblich wirkende Holzmaserung.

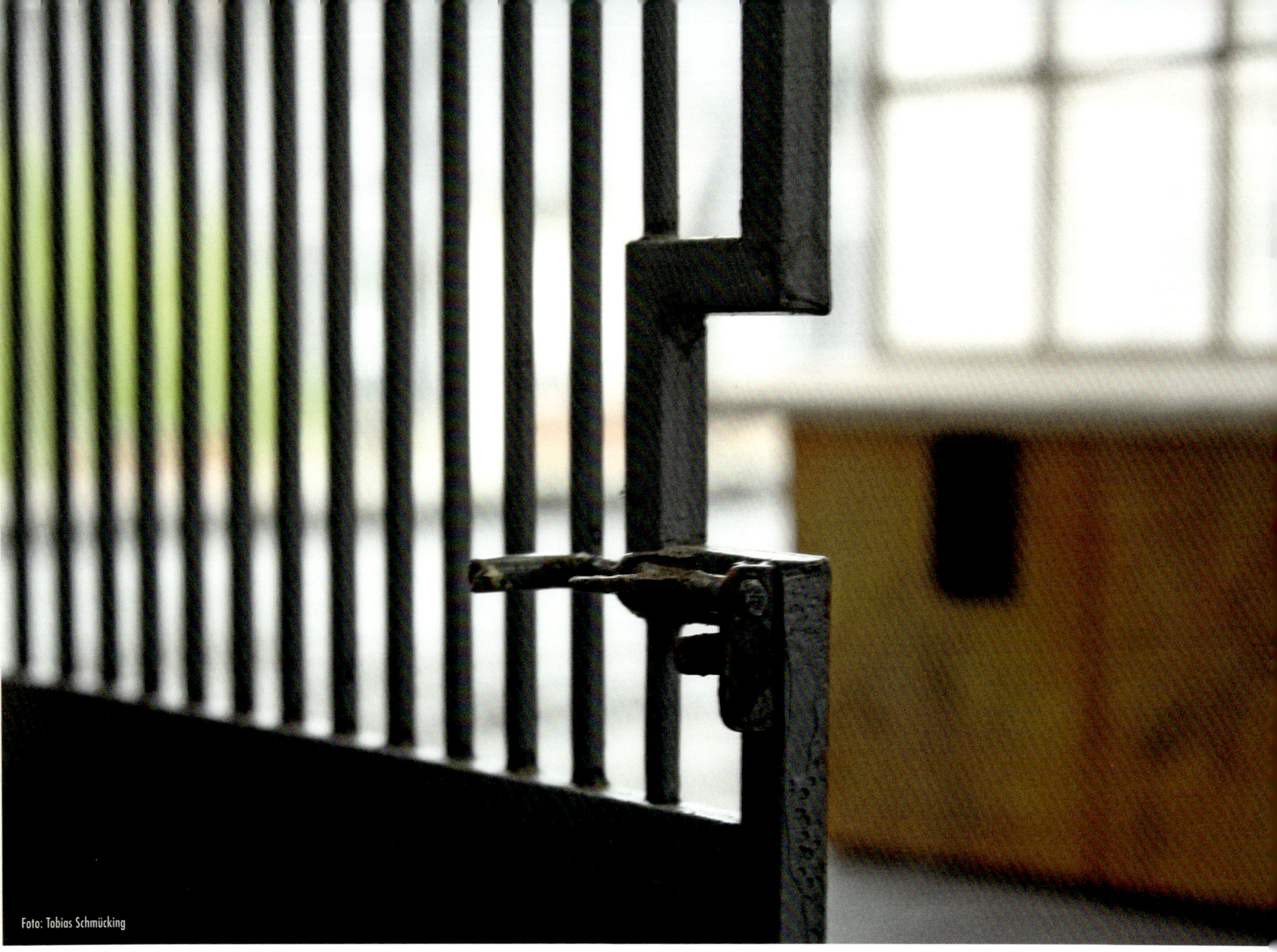

Foto: Tobias Schmücking

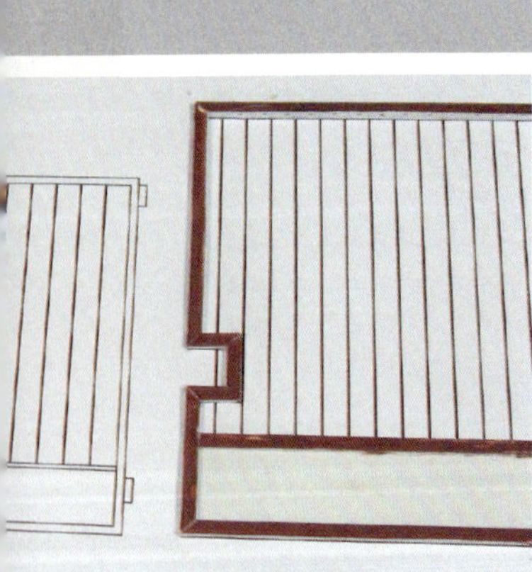

Beim Zugangstor der Pforte habe ich analog zu den beiden anderen Toren eine Schweißkonstruktion gewählt. Ausschlaggebend dafür war unter anderem, dass ich etwas anderes als die schon so oft gesehenen schmiedeeisernen Ausführungen machen wollte.

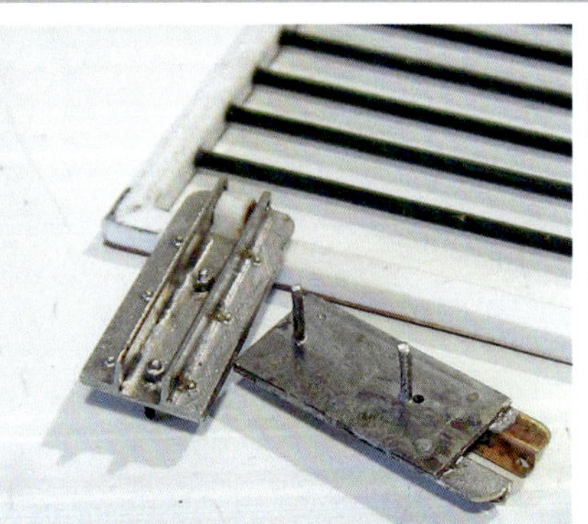

Auf einer maßstäblichen Zeichnung konnte ich den umlaufenden Rahmen aus Polystyrolprofil 2,5 x 3 mm zusammenkleben. Die Scharniere entstanden aus einem Messingplättchen, Messingwinkeln, zwei Messingschraubenimitaten sowie eingelöteten und anschließend mit dem Hohlfräser verrundeten 0,5 mm starken Drähten. Den deutlich sichtbaren Rattermarken auf den Profilen und dem zu starken Zinnauftrag habe ich damals keine Beachtung geschenkt. Sie fallen allerdings nach dem Brünieren auch nicht mehr so sehr auf.

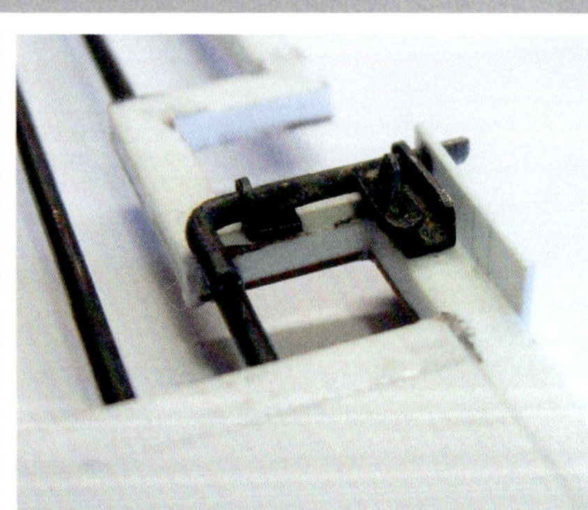

Der funktionsfähige Riegel besteht aus 1 mm Eisendraht, Neusilberresten und einem Messingwinkel. Das geschlitzte Bauteil ist mit dem Draht hart verlötet.

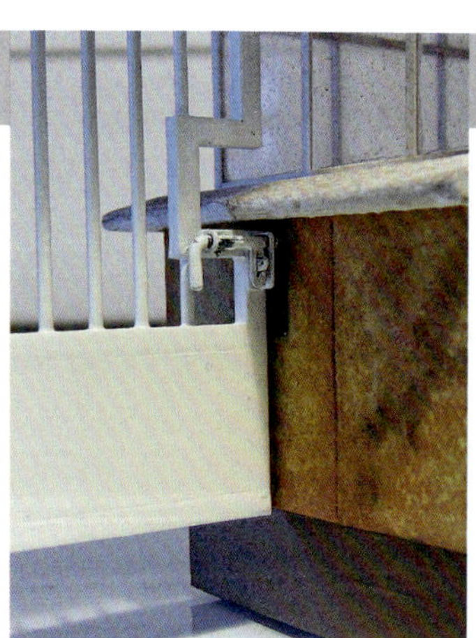

Das Tor hat inklusive des montierten Riegels eine Lackierung mit weißglänzender Farbe aus der Sprühdose bekommen.

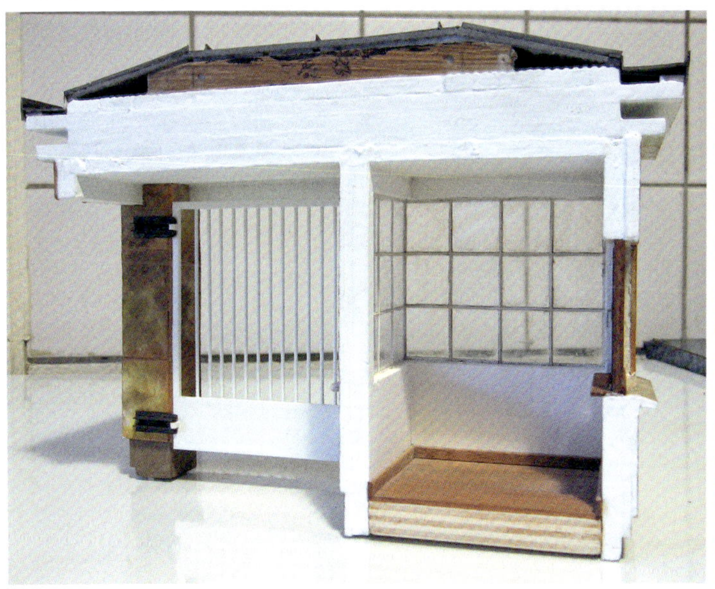

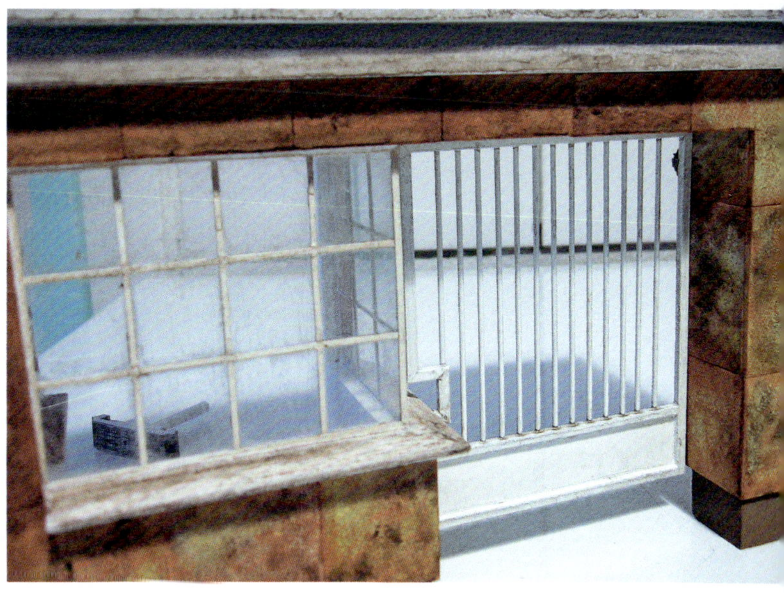

| Keine Pforte ohne Tor

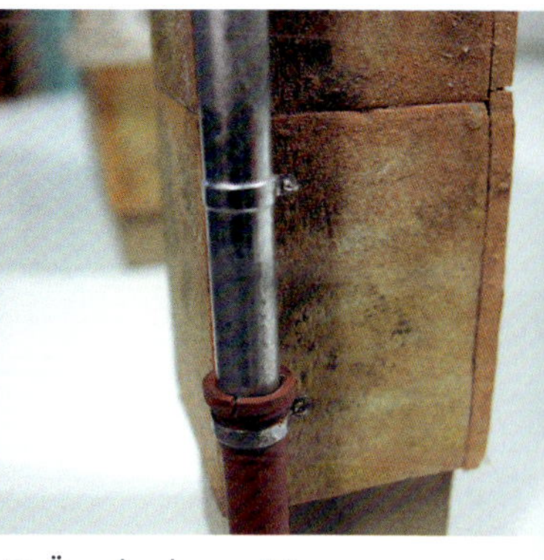

Die Ösenschrauben aus 0,3 mm starkem Federstahldraht von Schleifkohlenandruckfedern sollten vorbildgetreu ausfallen: Das geht mit einer Reißnadel, die man so in den Schraubstock einspannt, dass die Spitze ein kleines Stückchen übersteht. Dort lässt sich der Draht dann herumwickeln. Die Schellen mussten für die Ösenschrauben mit 0,3 mm durchbohrt, die überstehenden Laschen eingekürzt und verrundet, und auf der Rückseite zur Aufnahme der Wandhalter 0,8 mm große Löcher gebohrt werden. Das Ganze wurde dann im vormontierten Zustand verzinnt.

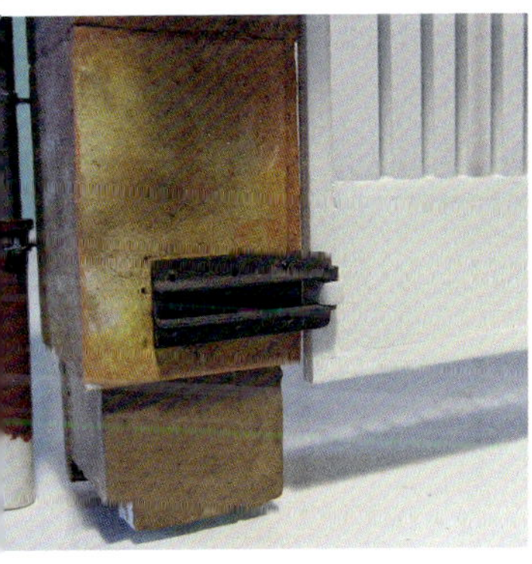

Die Scharnierträger und den Anschlag habe ich schwarz belassen. Vorher hing dort womöglich mal ein anderes, vermutlich schmiedeeisernes Tor. Aus Kunststoffresten entstand das gusseiserne Standrohr für das Regenfallrohr.

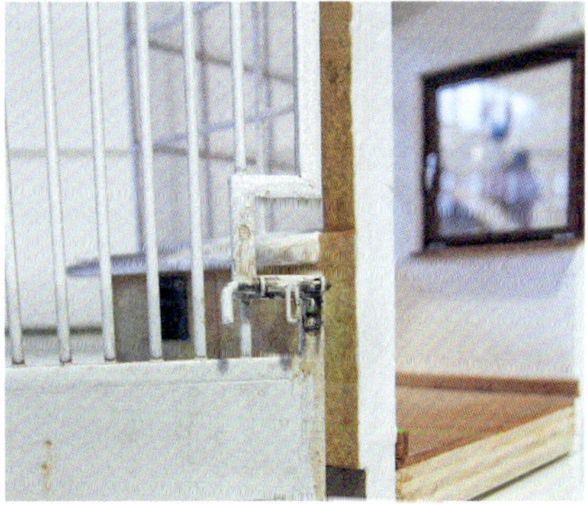

Wasserfarben liefern eine dezente Alterung an den beweglichen Teilen und wenigen Stellen mit beschädigtem Lack. Das Fußgängertor hat später dann den gleichen graublauen Farbton wie die beiden anderen Tore erhalten, da die unterschiedlichen Farbtöne unruhig wirkten.

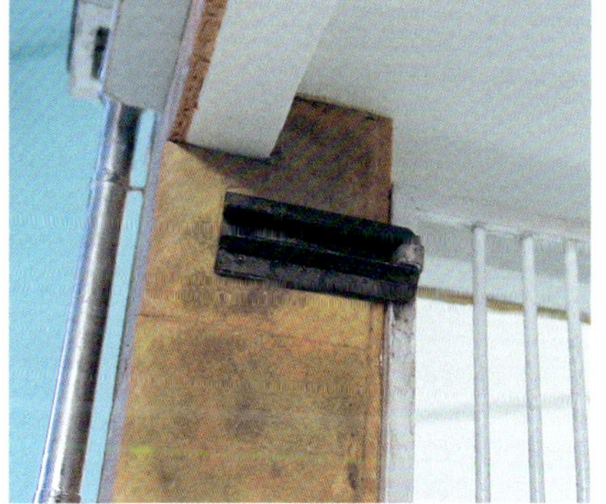

An den Pfeiler schließt später eine Mauer an. In einer Nische verläuft dann das hier noch freistehende Regenfallrohr aus verzinntem Messingrohr. Die Rohrschellen sind aus 1,5 mm starkem Messing gefräst; die Wandstärke beträgt 0,2 mm.

... oder aus ihnen lernen

Das seitliche kleine Fenster sollte ein Holzfenster wie beim Hauptgebäude werden, bei dem ich aber einige Fehler der bisherigen Ausführung vermieden habe. Es ist aus mehreren Lagen Furnierholz zusammengesetzt. Von außen nach innen betrachtet beginnt es mit einem umlaufenden schmalen Rahmen, dem fest in der Fassade eingebauten Fensterstock, dessen untere Leiste dicker und leicht abgeschrägt ausgeführt ist. Dieser Rahmen liegt auf einem weiteren nach innen breiteren Rahmen auf, der den eigentlichen Flügelrahmen darstellt. Darauf folgt eine Vivakscheibe, auf die wiederum innen der umlaufende Fensterstock aufgeklebt ist. Den inneren Flügelrahmen bildet ein dünner Furnierstreifen, der zugleich die Schnittkanten der Vivakscheiben kaschiert. Der Fenstergriff ist wieder aus Draht entstanden, die Griffblende aus einem Schienenverbinder eines Piko-H0-Hohlgleises, der auf der Steckseite bereits eine schöne Rundung aufwies.

Ein später leider noch bei anderen Gelegenheiten wiederholter Fehler war allerdings die Verwendung einer Holzart mit zu grober Maserung – das Furnier hatte ich aber in größeren Mengen liegen und ich hatte den Anspruch, weitgehend mit dem auszukommen, was da war. Bis heute störe ich mich an der zu groben Struktur des Furnierholzes. Manches lässt sich nicht kaschieren.

Selbst der vermeintlich banale Wandanstrich im Innenraum ist das Ergebnis mehrerer Farbaufträge mit verdünnter weißer Wandfarbe und einigen Schleifgängen, um zu einem auch in der fotografischen Umsetzung überzeugenden Ergebnis zu kommen.

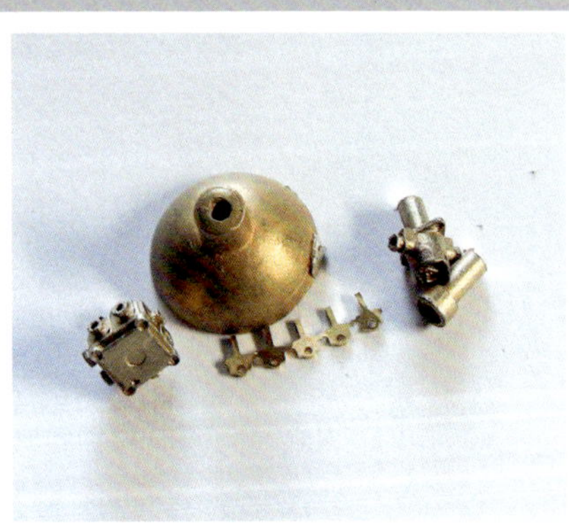

Vom Modellbauer Frithjof Spangenberg bekam ich Bauteile für Elektroinstallationen, die er – bis auf den Lampenschirm – für ein eigenes Projekt im CAD entwickelt hatte und bei einer Schmuckgießerei ausplotten und gießen ließ. Die gewählten Bakelit-Vorbilder für Schalter, Verteiler- und Steckdosen passen hervorragend in die 1950er-Jahre. Die Kabelschellen sind Frästeile.

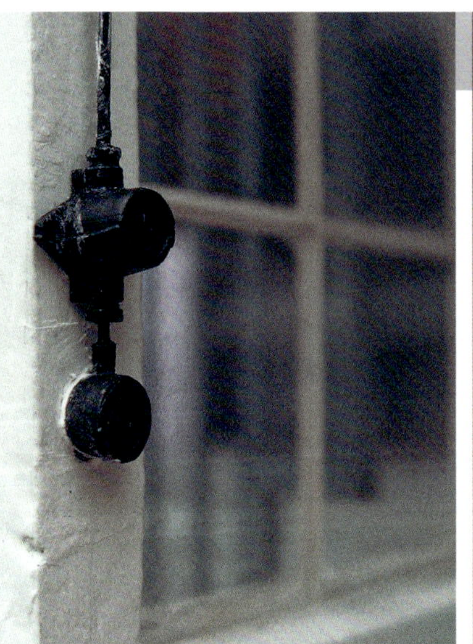

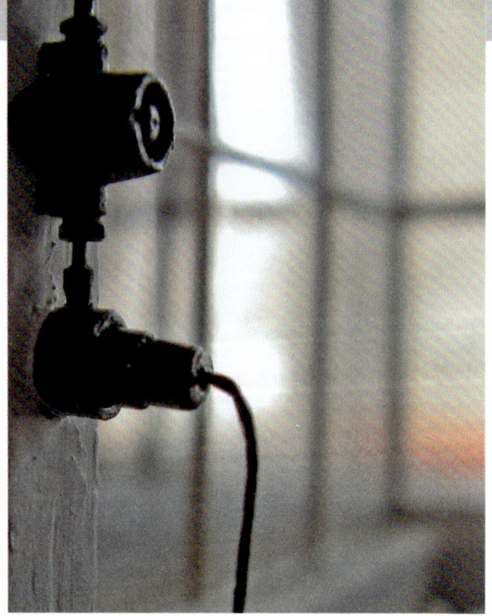

Die zunächst brünierten Teile wurden mit schwarzem Nitrolack von Weinert lackiert, der sich auch mit einem Pinsel ohne sichtbare Werkzeugspuren aufbringen lässt, indem man ihn mit Aceton wieder anlöst und vermalt, bis die Oberfläche glatt ist. Der Stecker besteht aus zurechtgefeilten Kunststoffresten.

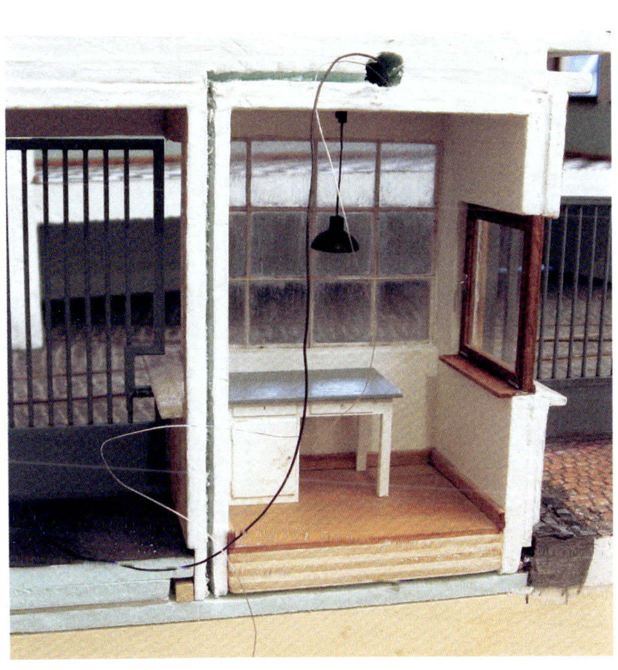

Da die Lampe auch leuchten sollte, gibt es bei der Elektroinstallation einen sichtbaren funktionslosen und einen unsichtbaren funktionellen, zweipoligen Teil, der in der Decke und weiter durch einen Schlitz zur Modellunterseite führt.

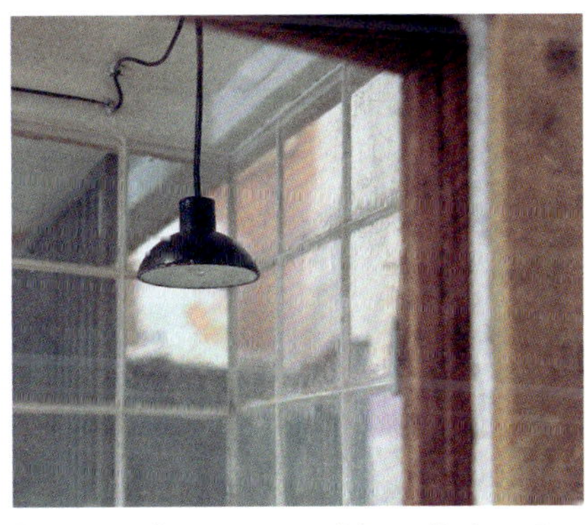

Der Lampenschirm ist innen weißglänzend lackiert. Eine Microglühbirne mit 3V sorgt für spärliches Licht.

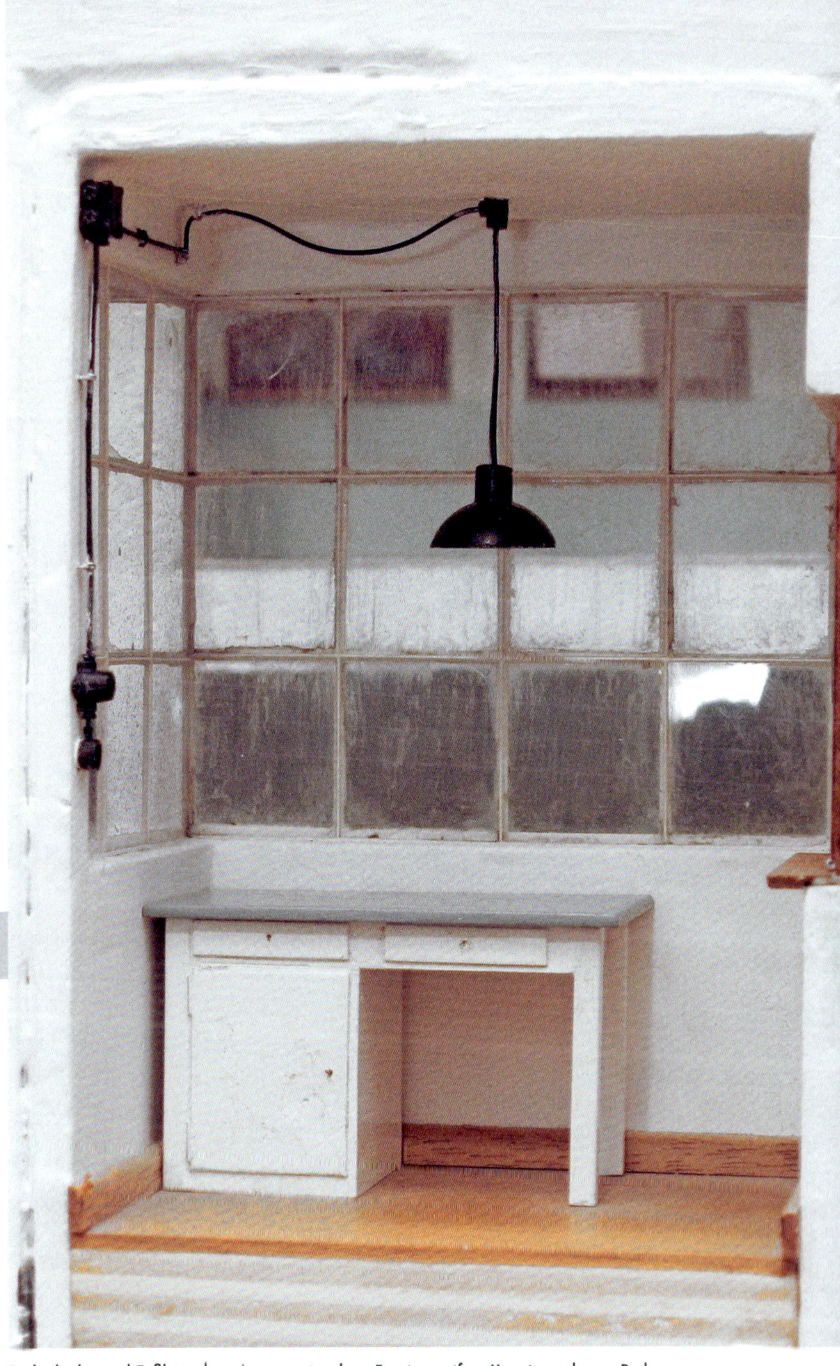

Dielenboden und Fußleiste bestehen aus einzelnen Furnierstreifen. Um einen ebenen Boden zu erhalten, wurden die Dielenstreifen außerhalb des Gebäudes auf einem Sperrholzbrett verleimt und dann als »Sandwich« in den Raum eingesetzt.

Perspektivenwechsel: Die Kulisse wird zum Thema

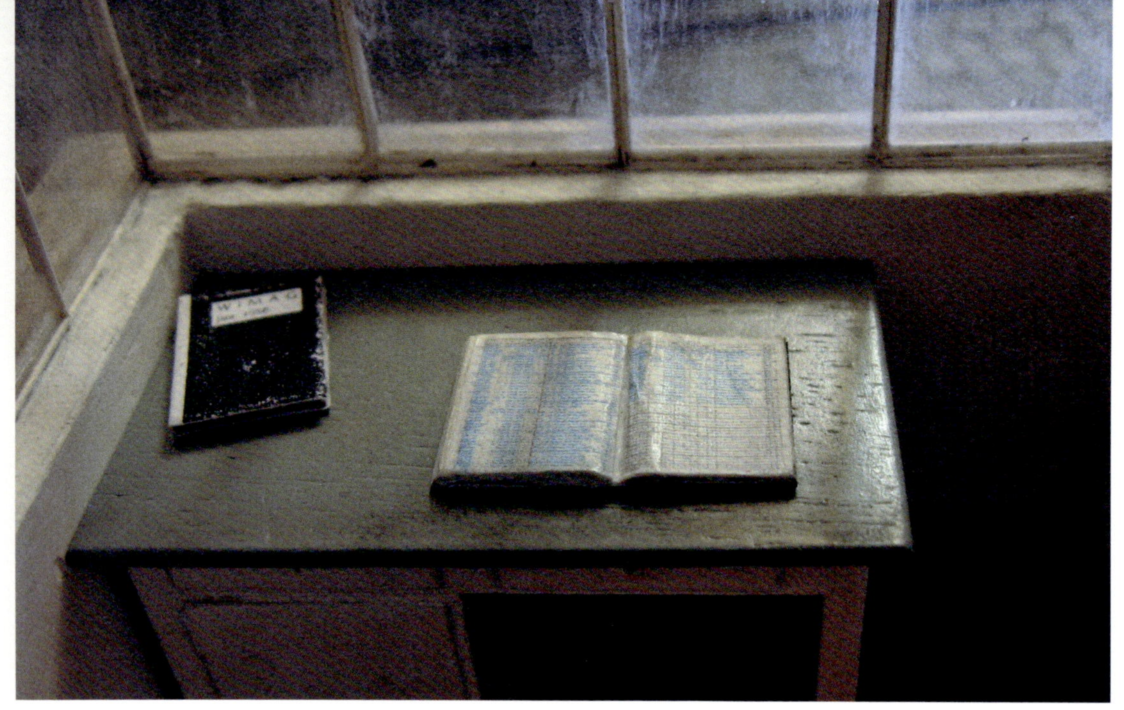

Wenn man in ein Thema eintaucht, sozusagen den Blick dessen einnimmt, der den Raum einst erlebt hat, ergeben sich immer neue Aspekte: was – exemplarisch betrachtet – befand sich in einer Pförtnerloge?

Das Bessere ist der Feind des Guten

Die Inneneinrichtung der Pforte hat mir in handwerklicher Hinsicht die Grenzen des manuell Machbaren aufgezeigt, aber auch einen anderen Blick auf Modellbau im Allgemeinen und mein gewähltes Sujet im Besonderen eröffnet. Während sich einfach geformte Möbelstücke, Lampen, Beschläge und Einrichtungsgegenstände gut aus den üblichen Werkstoffen wie Holz, Karton und Plastik rein manuell mit Handwerkzeugen herstellen lassen, wird es bei komplexeren Formen schwierig, zu überzeugenden Ergebnissen zu gelangen.

Bei der Arbeit an den Einrichtungsgegenständen habe ich die Fotografie auch als Werkzeug zu nutzen gelernt, um die Qualität meiner Objekte zu prüfen. Auch bei vermeintlich einfach umzusetzenden Objekten sind mitunter mehrere Anläufe nötig, um zu einem Ergebnis zu kommen, das auch in der Fotografie überzeugt. Die Fotografie macht sichtbar, wie deutlich eine Veränderung zu einer Verbesserung führt, die dem bloßen Auge verschlossen geblieben wäre. Nebenbei hat sich von diesem Moment an ein fotografischer Blick auf die Miniaturen entwickelt und das Foto begann, die Modelle als Ergebnis meiner Arbeit zu ergänzen.

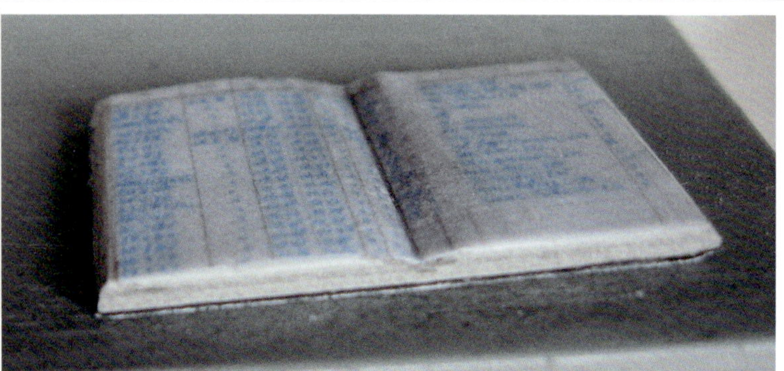

Vieles findet man mittlerweile im Internet, aber eben nicht alles. In der Pforte dürfte es mindestens ein Besucherverzeichnis und ein Warenverkehrsbuch gegeben haben – für beides fand ich keine Aufnahme einer beschriebenen Inhaltsseite. Also musste die Aufnahme irgendeines Journals herhalten, die ich hochauflösend auf Zigarettenpapier ausgedruckt habe. Das Zigarettenpapier habe ich mit Sekundenkleber auf einem Stück zurechtgefeilter Pappe verklebt, die wiederum auf einem minimal größeren Stück Papier als Einband verklebt war.

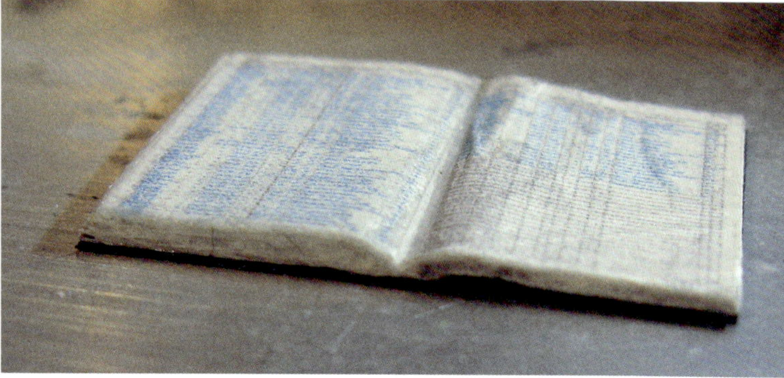

Mir haben weder die Schriftgröße gefallen, noch die unrealistisch wirkende Seitenansicht des wie aufgebügelt daliegenden Buches: Aufgeschlagene Seiten wölben sich von der Bindung aus nach oben und auch der Umschlag hat bei einem geöffnet daliegenden Buch sichtbare Knickkanten. Also habe ich die Grundstruktur noch einmal aus zwei entsprechend gebogenen Pappstücken auf dem vorgegknickten Umschlag hergestellt und darauf wieder einen Ausdruck mit Sekundenkleber befestigt. Der Kleber verleiht dem Papier ein nahezu pergamentartiges Aussehen.

CAD und 3D-Druck: eine eigene Art von Modellbau

Ein Telefon lag unter den zuvor beschriebenen Maßgaben jenseits der Grenzen des für mich manuell Machbaren – aber es gehörte definitiv in die Pförtnerloge. An der Umsetzung im CAD führte kein Weg vorbei. CAD (computer-aided design) bezeichnet die digitale Unterstützung von konstruktiven Aufgaben zur Herstellung eines Objekts. So entstand als eines der ersten digital selbst modellierten Objekte ein Bakelit-Telefonapparat W 38, der sich im Original bei einer Freundin fand und mir einige Zeit Modell stand.

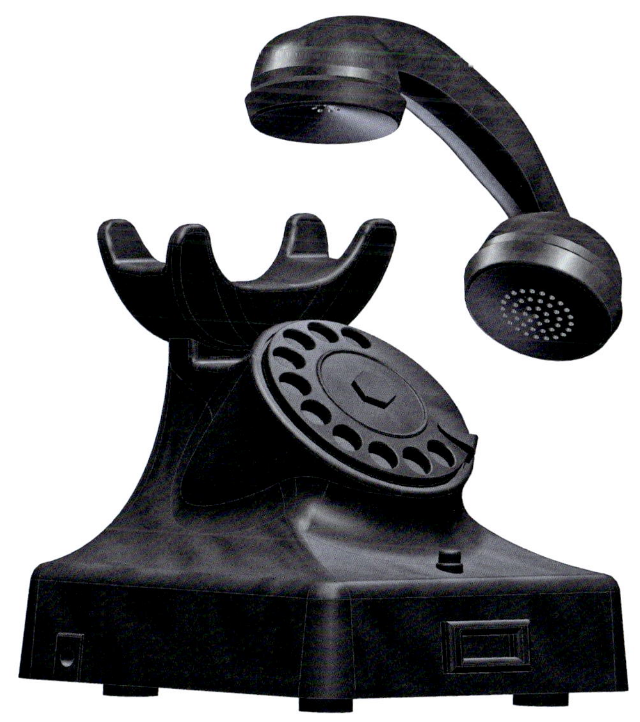

Wer noch nie mit CAD gearbeitet hat, sollte den Zeitaufwand nicht unterschätzen, den einerseits das Erlernen eines entsprechenden Programms und andererseits die Umsetzung komplexer Formen innerhalb des Programms mit sich bringen. Ich habe die Stunden nicht gezählt, für mein Empfinden bedeutet die Anwendung dieser Modellbautechnik aber auf keinen Fall eine Zeitersparnis: es ist lediglich ein Modellbauverfahren, ein Werkzeug wie andere auch, mit dem man manches – insbesondere identische Objekte oder feine komplexe Details, aber auch Symmetrien folgende, »organische« technische Formen wie bei dem Telefonapparat – besser umsetzen kann als mit anderen Mitteln, aber eben auch nicht alles. Ganz unabhängig davon findet auf der digitalen Ebene bereits eine eigenständige Art von modellierender Gestaltung statt.

Unterschätzt habe ich damals, wie weit der Weg von einer 3D-Zeichnung hin zu einem brauchbaren Modell ist. »Brauchbar« bedeutet im Zusammenhang mit den zuvor geschilderten Einsichten und Entwicklungen für mich, dass das Objekt auch der fotografischen Umsetzung standhält.

Wie ernüchternd war das mit großer Spannung erwartete Druckergebnis des Telefons aus vergleichsweise erschwinglichem Kunststoff. Nicht alles, was sich im CAD zeichnerisch makellos darstellen lässt, ist nämlich in den folgenden Verfahren, hier dem 3D-Druck, umsetzbar. Das betrifft Wandstärken und vor allem Oberflächen. Insbesondere bei Wölbungen sind die aus den Schichtstärken des Druckers resultierenden Stufen ein Problem.

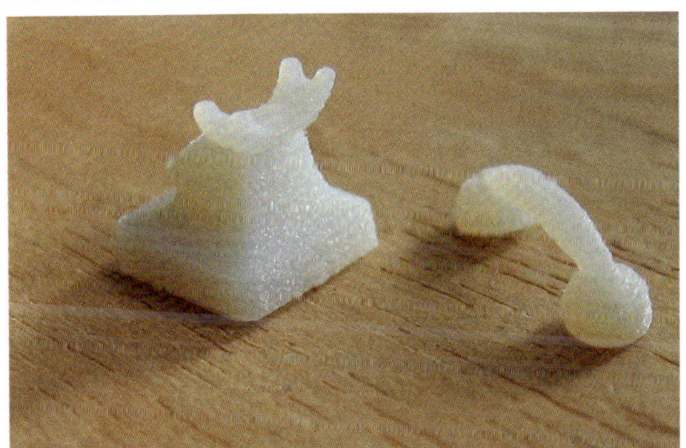

Das Telefon war im Jahr 2013 eines meiner ersten selbstkonstruierten CAD-Objekte. Entsprechend gespannt sah ich dem Ausdruck als Kunststoffobjekt bei einem lokalen Anbieter entgegen. Was mit bloßem Auge noch Begeisterung auslöste, ließ in der Makroaufnahme schnell Ernüchterung folgen.

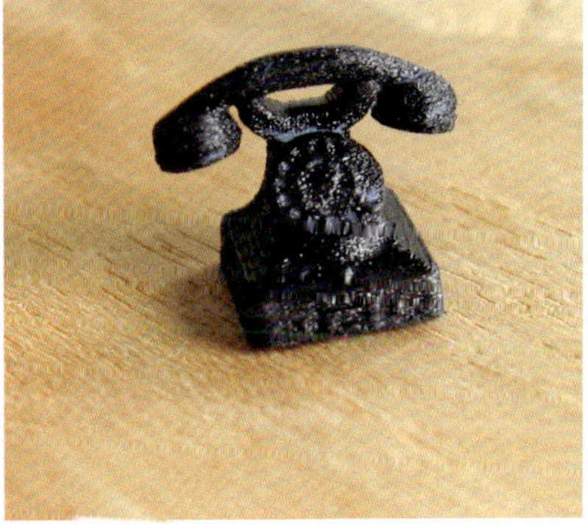

Nach dem Einfärben mit einem Edding wirkte das Telefon wie ein mit flüssigem Roheisen bespritztes Bakelittelefon – absolut inakzeptabel.

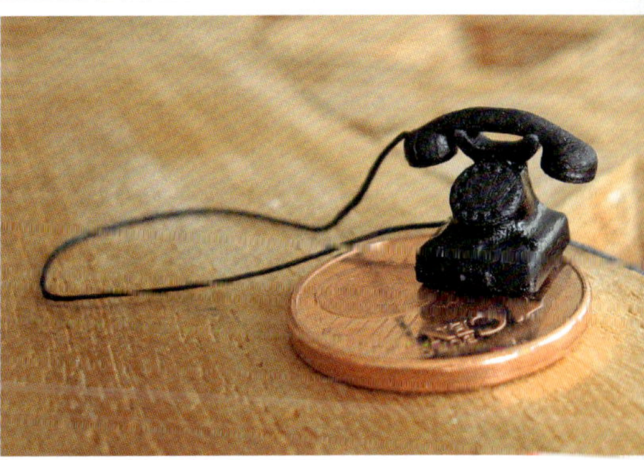

Etwas Schleifarbeit und ein Überzug aus acetonlöslicher Weinert-Farbe reduzierte die grobe Oberfläche zwar deutlich, das Ergebnis war aber immer noch weit von dem entfernt, was ich erreichen wollte.

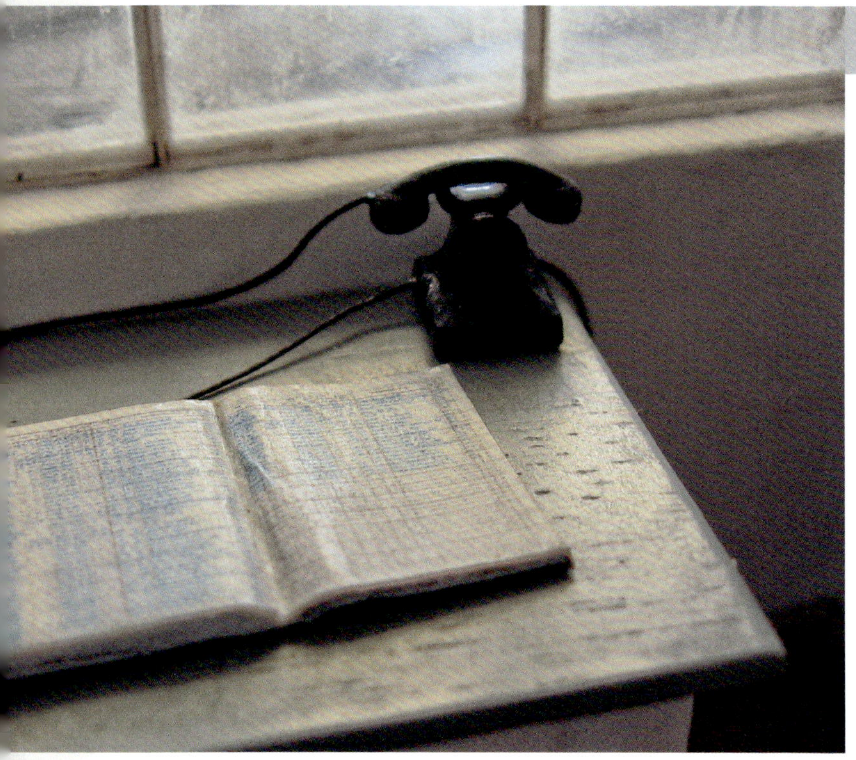

Mit lediglich einer weiteren Zutat – hier noch der Ursprungsversion des Telefons – wirkt der Raum bereits ausgestattet und vollständig.

In der Schmuckindustrie wurde 2013, dem Entstehungsjahr »meines« Telefons, bereits seit einigen Jahren mit hochauflösenden Wachsplots als Vorprodukt für das Ausschmelzen und Umgießen in Metall gearbeitet, ein Wachsplot ist aber nicht dauerhaft formstabil. Immer noch aus der Vorstellung heraus, nur ein einzelnes Objekt zu benötigen, habe ich nach längerer Recherche schließlich einen Anbieter gefunden, der für den Plot an Stelle von Wachs einen formstabilen keramikgefüllten Kunststoff verwendete: Gruenberg & Wolter Modelltechnik, die unter dem Label TIN WIZARD auch Modellautos in Handarbeit vorwiegend im Maßstab 1:43 fertigen, war für mich ein Glückstreffer, nicht nur, da das Unternehmen auch hochwertige Weißmetallgüsse herstellt, sondern vor allem, weil man dort ein offenes Ohr für meine Ideen hatte und bereit war, sich auch auf Projekte einzulassen, die sich im Grenzbereich des gießereitechnisch und somit schnell auch wirtschaftlich sinnvoll Machbaren bewegten.

Bereits die Plots ließen das Ergebnis des ersten Kunststoffdrucks weit hinter sich. Angesichts der Kosten für den Plot und des Umstands, dass dieser sich sowohl qualitativ als auch technisch als Urmodell zur Abformung für den Weißmetallguss eigenete, habe ich das Telefon als Kleinserienteil in den Maßstäben 1:22,5 und später auch in 1:32 aufgelegt.

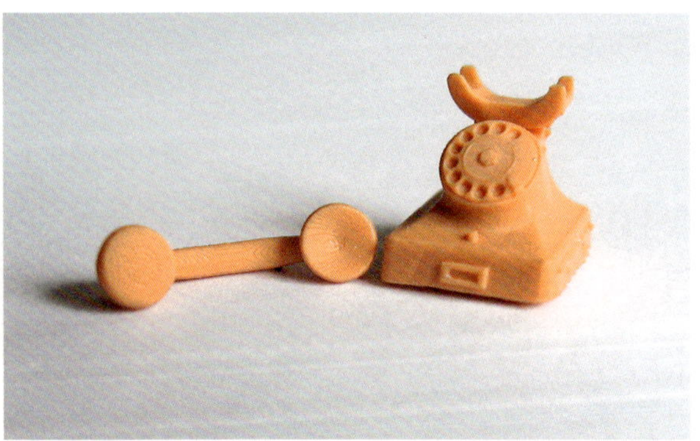

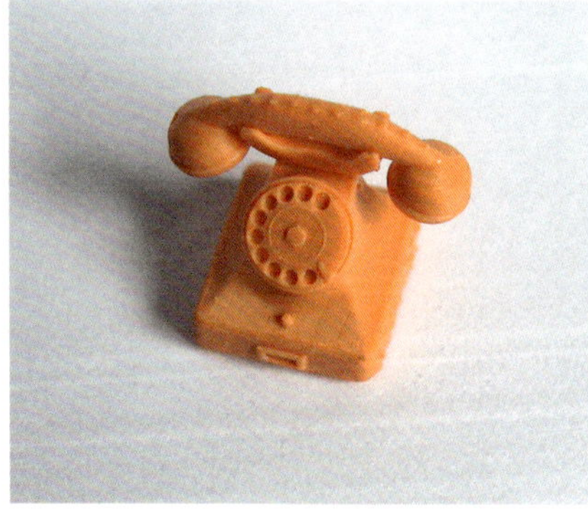

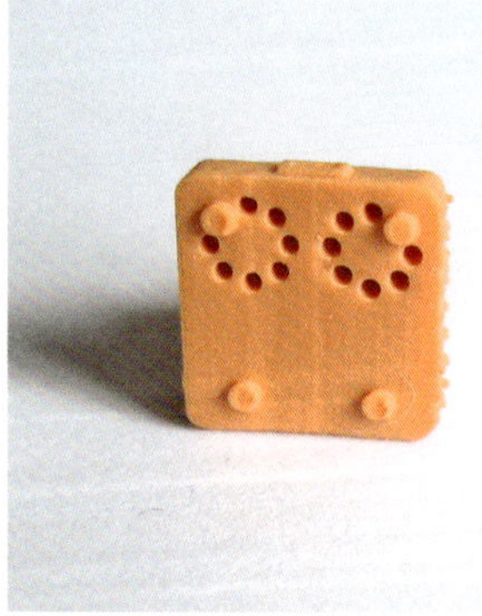

Erst der Plot in einem keramikgefüllten Kunststoff bei einem der besten Anbieter im professionellen Modellbaubereich brachte den Durchbruch. Die am Hörer sichtbaren »Pickel« stammen vom Stützmaterial und wurden noch entfernt. Das Ergebnis war derart gut, dass ich von dem Telefon eine Kleinserie im Weißmetallguss in Auftrag gegeben habe, der mittlerweile weitere folgten.

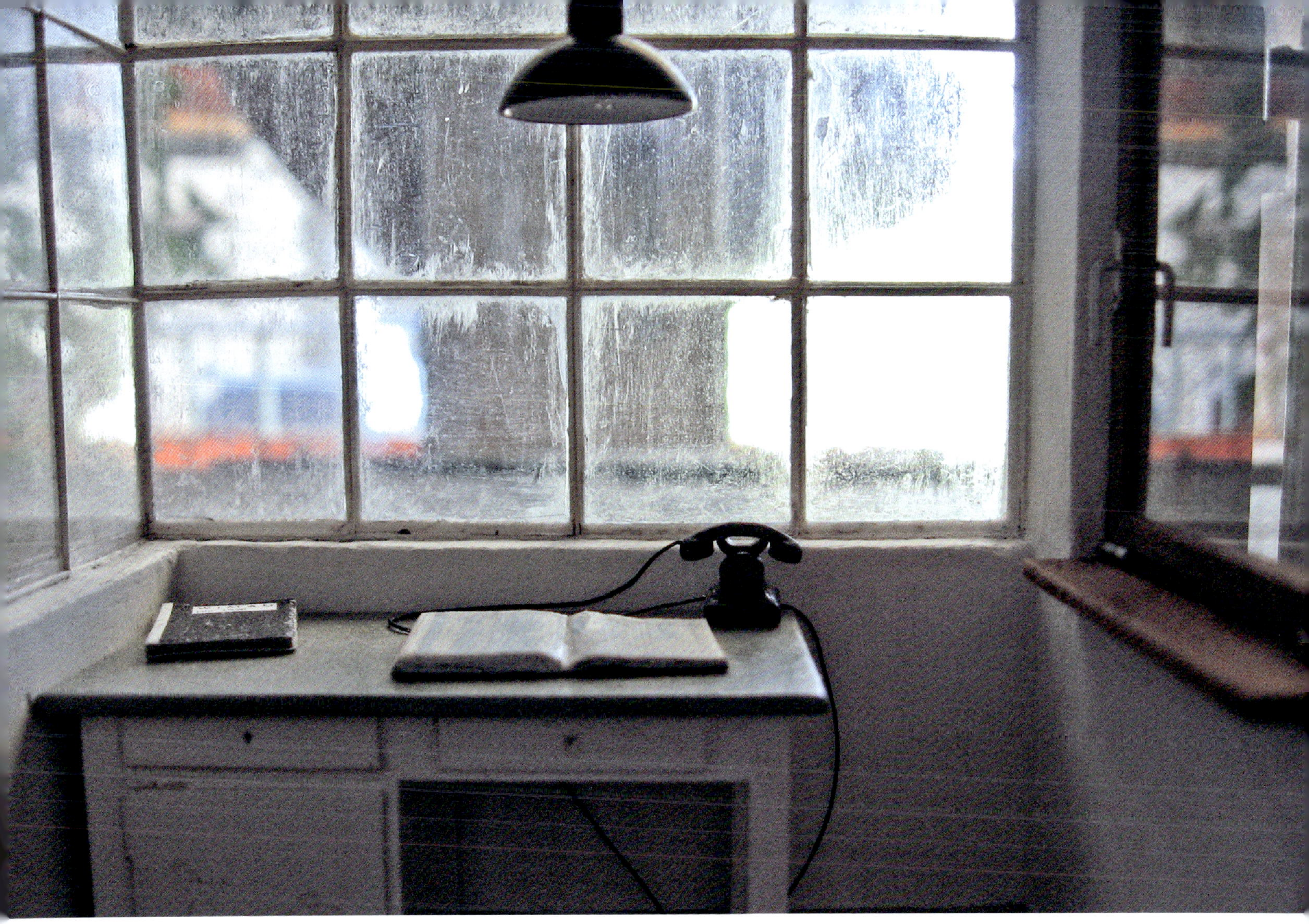

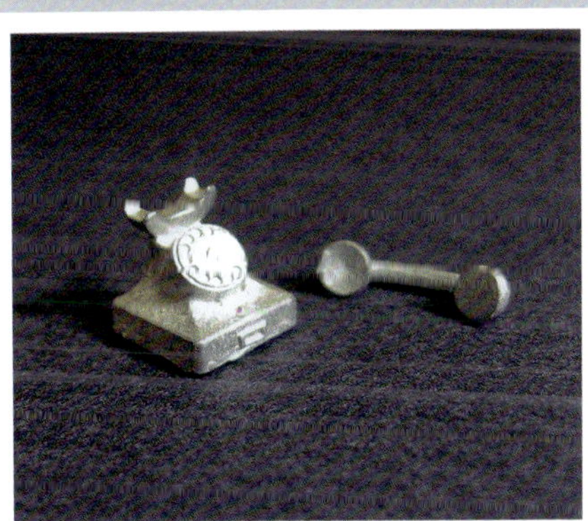

Der unbearbeitete aus der Form entnommene Rohling zeigt bereits die Qualität der Abgüsse.

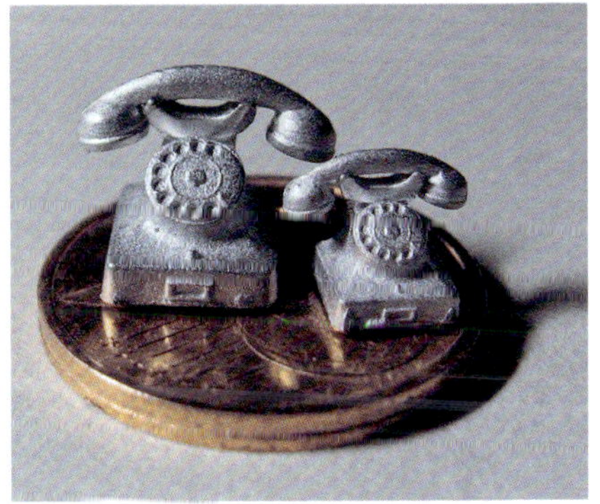

Auch dem Wunsch nach einer Auflage in 1:32 bin ich gerne nachkommen. Letztere wird über ASOA vertrieben: Zum Größenvergleich unversäuberte Rohteile auf einem 2 Cent-Stück: links 1:22,5, rechts 1:32.

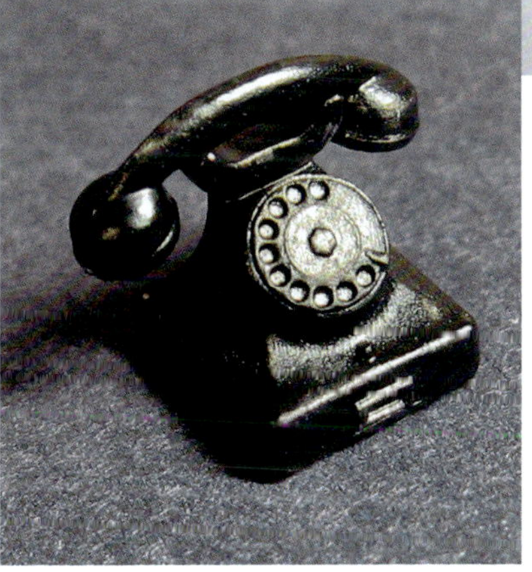

Die besten Farbgebungsergebnisse lassen sich mit einem Schwarzfärbemittel für Zinn erzielen, das es zum Beispiel im gut sortierten Tiffanybedarf gibt. Damit ergibt sich eine mattschwarze Oberfläche, die sich mit stark verdünnter Weinert-Farbe sehr gut färben lässt. Durch unterschiedlich starke und häufige Acetonzugabe kann man die Farbe nicht nur sehr gleichmäßig verteilen, sondern auch den Glanzgrad beeinflussen.

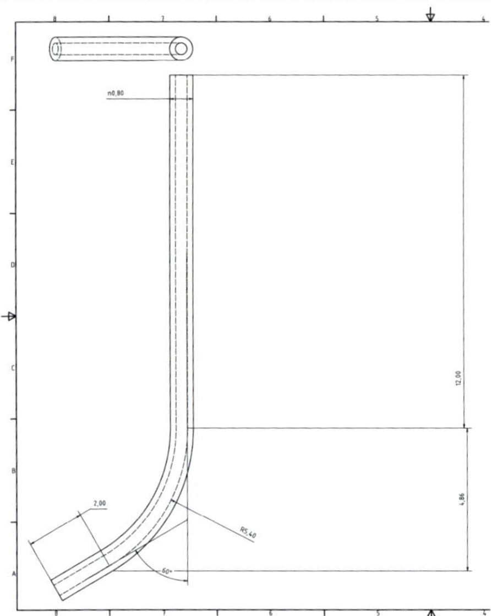

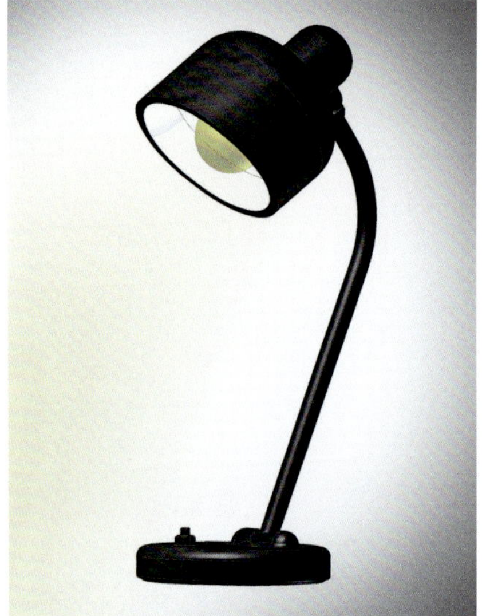

Die Schreibtischlampe ist ebenfalls als CAD-Konstruktion entstanden. Vorbild war eine zur gewählten Epoche passende Escolux-Lampe.

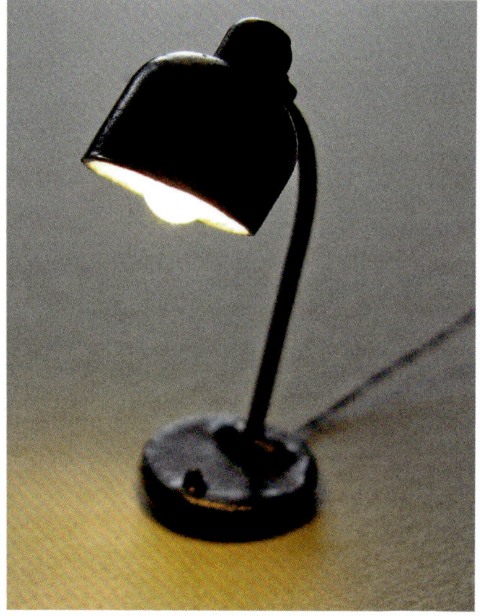

Fuß und Lampenschirm sind auch wieder in der bewährten Weise aus keramikgefülltem Kunststoff gedruckt und in Weißmetall vervielfältigt worden. Dem Gießer ist es gelungen, den auf lediglich 0,2 mm Wandstärke auslaufenden Rand des Lampenschirms sauber umzusetzen.

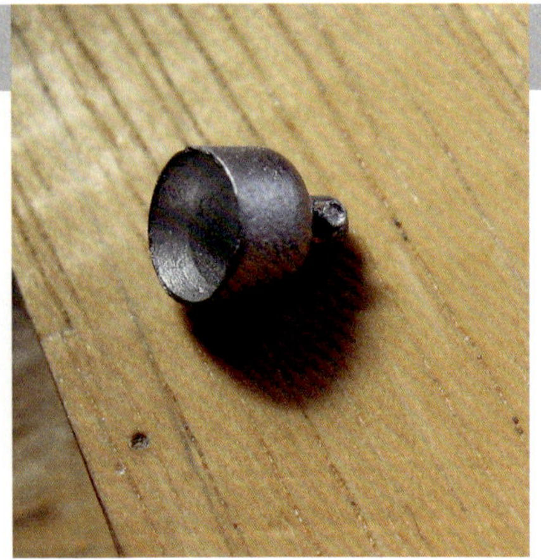

Die Lampe gibt es ebenfalls bei ASOA im Maßstab 1:32 als unbeleuchtetes Fertigmodell. Da wird es schon schwierig, die Bohrungen für den 0,6 mm starken Ständer und die Kabeldurchführung in den Schirm einzubringen.

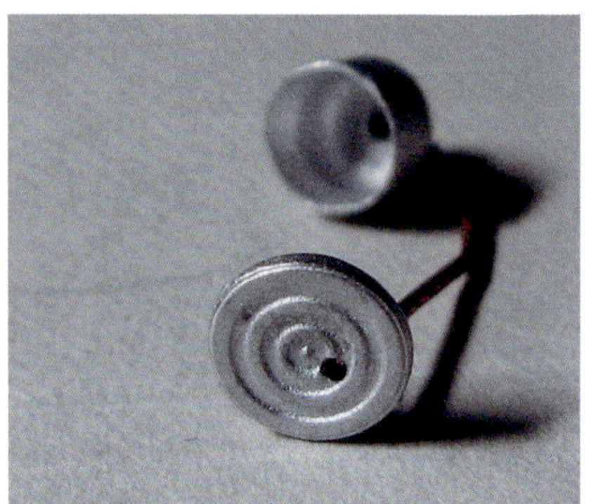

Nach dem Bohren bleibt an der dünnsten Stelle gerade mal ein Zehntel Wandstärke stehen – automatisieren lässt sich das aufgrund minimaler Abweichungen der Gussteile nicht, und so bleibt nur, die Bohrungen per Hand mit dem Stiftenklöbchen einzubringen.

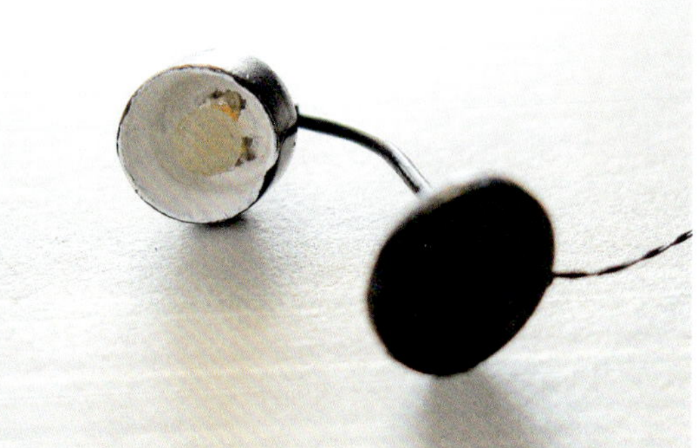

Durch den Ständer, eine in einer Lehre gebogene und abgelängte Spritzenkanüle mit 0,8 mm Durchmesser, laufen zwei 0,15 mm starke Kupferlackdrähte und versorgen eine warmweiße LED, auf die eine in klarem Resin gedruckte Glühbirnenimitation aufgeklebt ist.

Auch das ist nicht mit einem Mausklick getan: in der 3D-Konstruktion müssen die Wandstärken nach dem Herunterskalieren wieder korrigiert werden, um den Anforderungen im Guss zu entsprechen. Eine Schreibtischlampe fand dann auf dem gleichen Weg Eingang in die Pförtnerloge und ist als Kleinserie in den beiden Maßstäben erschienen.

Die Pförtnerloge ist lediglich im Anschnitt zu sehen und einige zweifellos notwendige Bauteile und Einrichtungsgegenstände von der Tür über einen Ofen, ein Schlüsselbrett bis hin zur Stechuhr darf man sich im nicht sichtbaren Bereich vorstellen. In dem kleinen dargestellten Bereich mit dem Schreibtisch fehlte nun aber noch eine Sitzgelegenheit. Auch dafür bot das Internet zahlreiche zeitgenössische Vorbilder, von denen ich eines bei einem Auktionshaus umfassend bebildert und mit ein paar wichtigen Maßangaben versehen vorfand. Allerdings war der ausgewählte Drehstuhl nicht oder zumindest nicht vollständig im 3D-Druck umsetzbar und stellte eine echte Herausforderung dar.

Aus vermeintlichen Spinnereien entstehen manchmal großartige Dinge. Mit Helmut Schmidt, der mich bereits zuvor bei der Schreibtischlampe mit einer gefrästen Biegelehre für den Ständer unterstützt hatte, führte ich einen intensiven Gedankenaustausch dazu, welche Teile des Drehstuhls man wie ins Modell umsetzen könnte. Irgendwie ging es mit uns beiden durch, denn aus der Frage nach der schlichten Umsetzung der Form wurde die Frage, ob und wie sich auch die Funktion umsetzen ließe. Allzu abseitig war die Idee nicht, hatte ich doch auch schon andere Bauteile am Modell, z. B. die Riegel an den Toren, funktionsfähig umgesetzt. Helmut Schmidt hat die Herausforderung angenommen und ihm ist das auch für mich damals schwer Vorstellbare gelungen: einen in allen Teilen funktionsfähigen Drehstuhl im Maßstab 1:22,5 zu bauen. Das war der Beginn einer spannenden Modellbauphase, in der die Frage nach der Sinnhaftigkeit des eigenen Tuns, aber auch danach, was Modellbau bedeutet, zu Gunsten ungebremster Kreativität in den Hintergrund gerückt ist und die später noch andere Blüten getrieben hat.

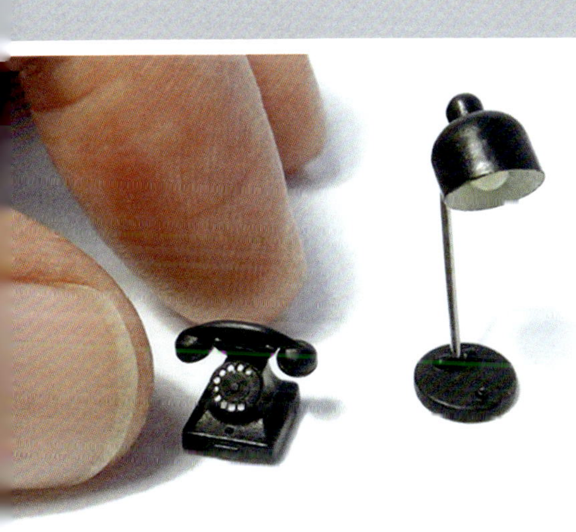

Die Wählscheibe ist nicht weiß ausgelegt: Der Effekt ergibt sich beim Brünieren von selbst, da die Öffnungen so klein sind, dass wegen der dort eingeschlossenen Luftblasen keine Brünierung eindringt.

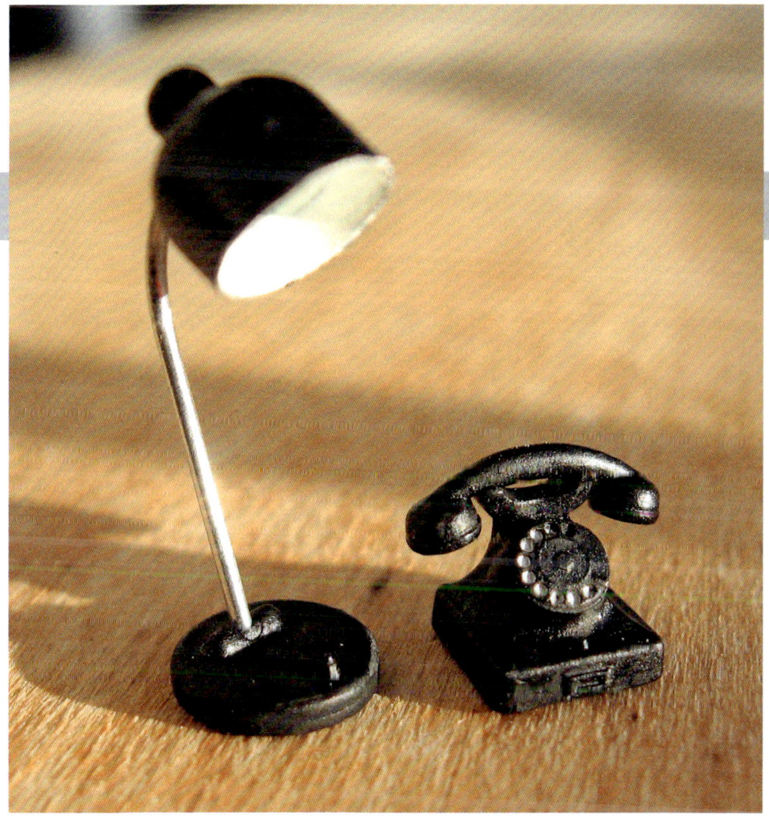

Bei der endgültigen Ausführung habe ich darauf verzichtet, den Ständer zu lackieren.

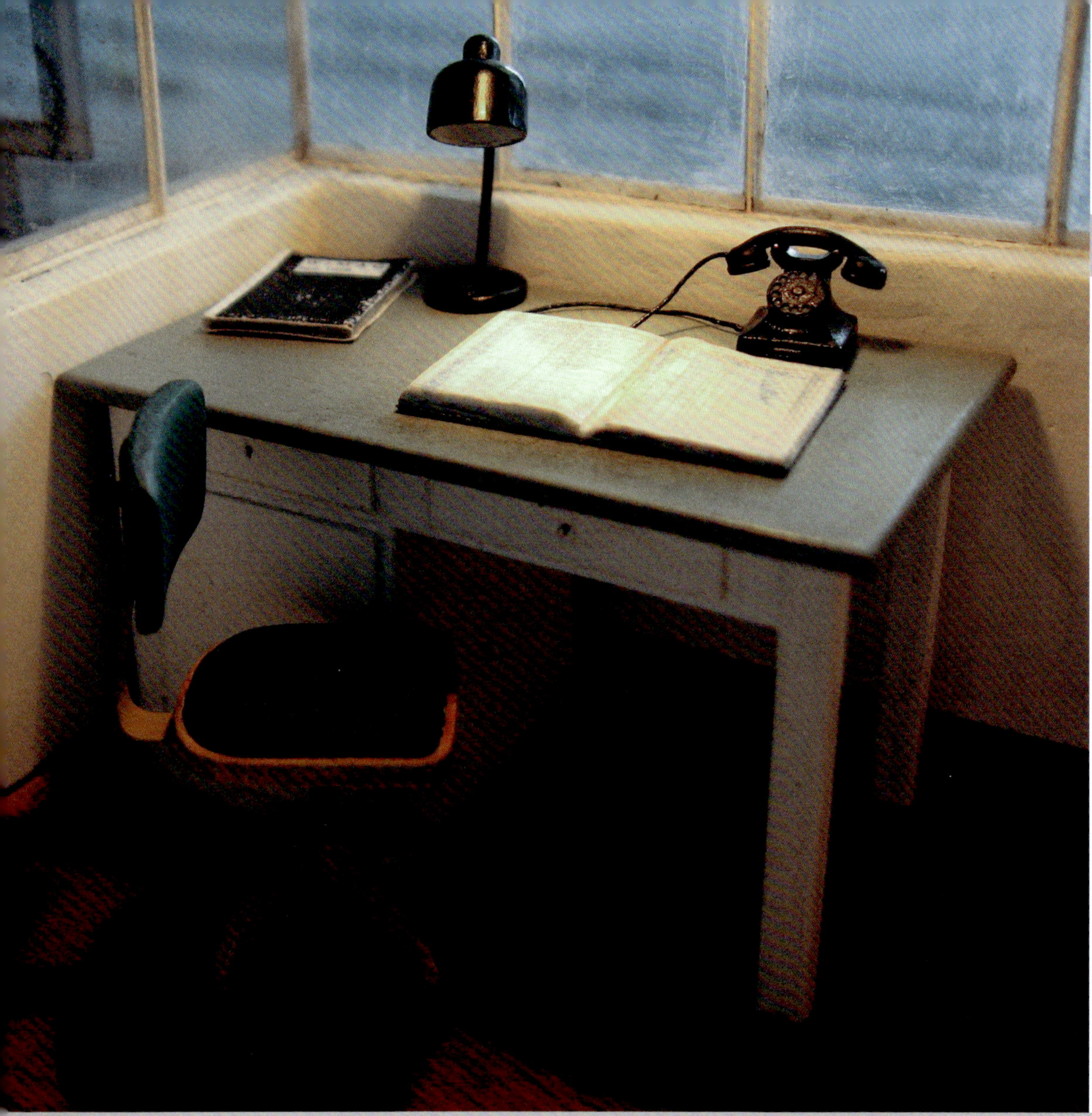

Als hätte der Pförtner nur kurz den Raum verlassen: der spröde Charme spartanischer Arbeitswelten.

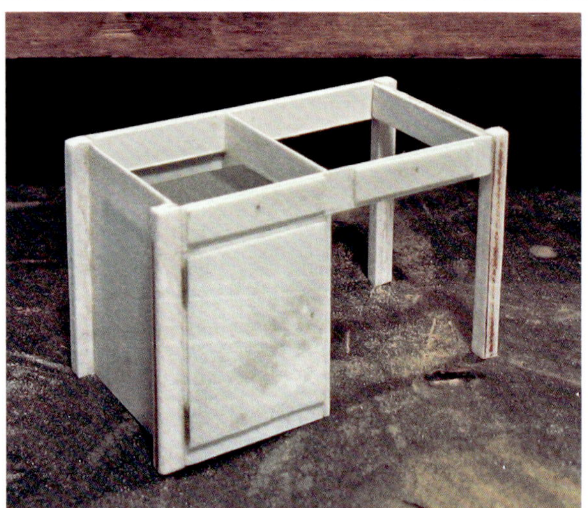

Im Gegensatz zu den anderen Einrichtungsgegenständen ist der Schreibtisch – ebenfalls nach einem im Internet gefundenen Vorbild aus der Epoche – aus Polystyrol entstanden.

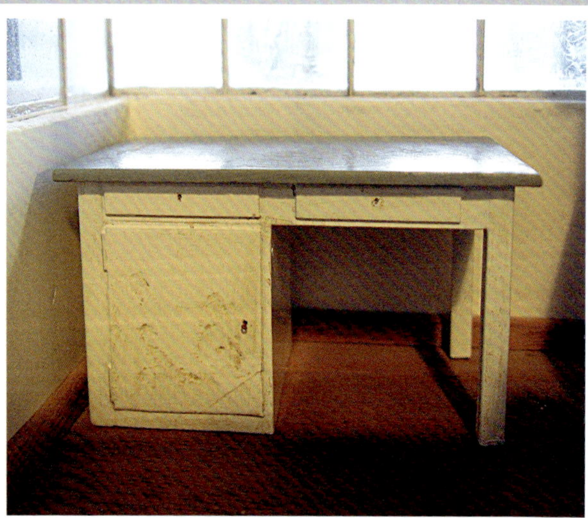

Grau lackiertes Furnierholz bildet die Tischplatte – leider auch wieder mit zu grober Maserung. Lindenholz ist dafür weit besser geeignet. Ein winziger Schlüssel aus gebogenem 0,3 mm starkem Federstahldraht steckt im Türschloss. Der Tisch zeigt bereits einige Gebrauchsspuren.

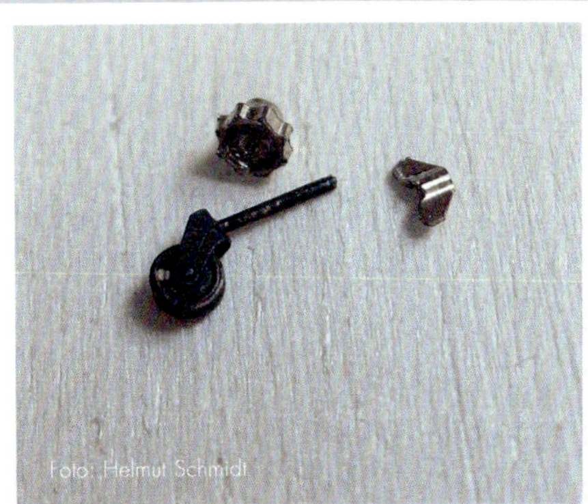

Der Drehstuhl ist das Ergebnis der Zusammenarbeit mit dem Modellbauer Helmut Schmidt, dessen Spezialität feinmechanische Funktionsmodelle sind: Stuhlrolle, Rändel- und Flügelmutter M 0,6 sind bei ihm als Fräs- und Ätzteile entstanden.

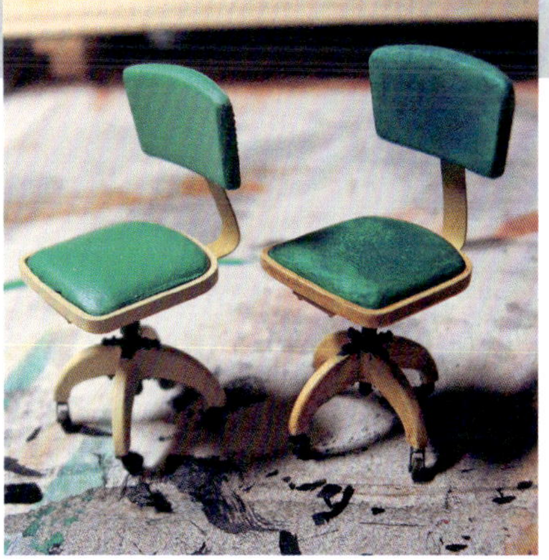

Während ich einen Teil der Konstruktion und ein paar Ideen zur Umsetzung beigesteuert habe, ist es ihm gelungen, den Stuhl in allen Teilen funktionsfähig umzusetzen.

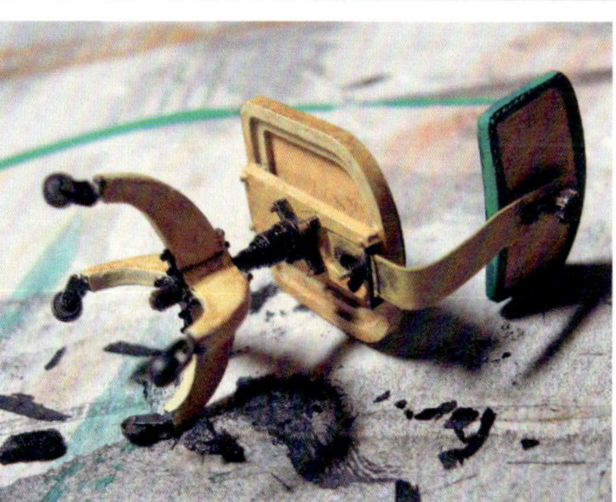

Selbst die Evolutfeder auf der Stuhlunterseite ist funktionsfähig und die Lehne lässt sich mit Rändel- und Flügelmutter einstellen.

Der 3D-Druck hat zahlreiche gestalterische Möglichkeiten eröffnet, aber er hat auch Grenzen. Der Drehstuhl ließe sich mittlerweile, also im Jahr 2022, als statisches Objekt mit Abstrichen an den Wandstärken drucken, für die Umsetzung als Funktionsmodell bedarf es zweifellos der Meisterhand.

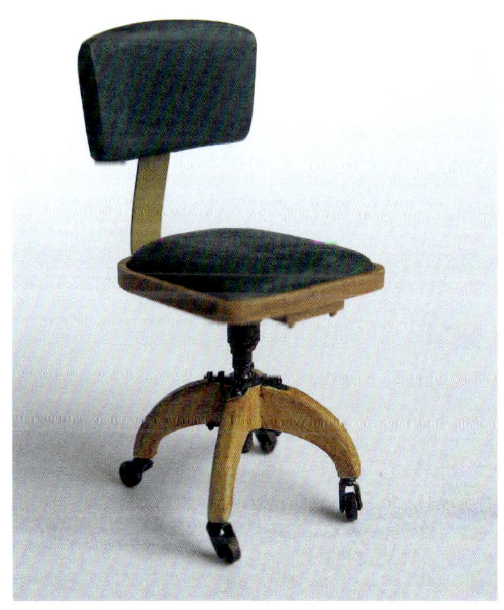

Mit Alkydfarben von WINSOR & NEWTON™ verlieh ich dem bereits lackierten Stuhl seine Holzmaserung, eine dezente Alterung sowie den typischen Kunstlederlook der Bezüge.

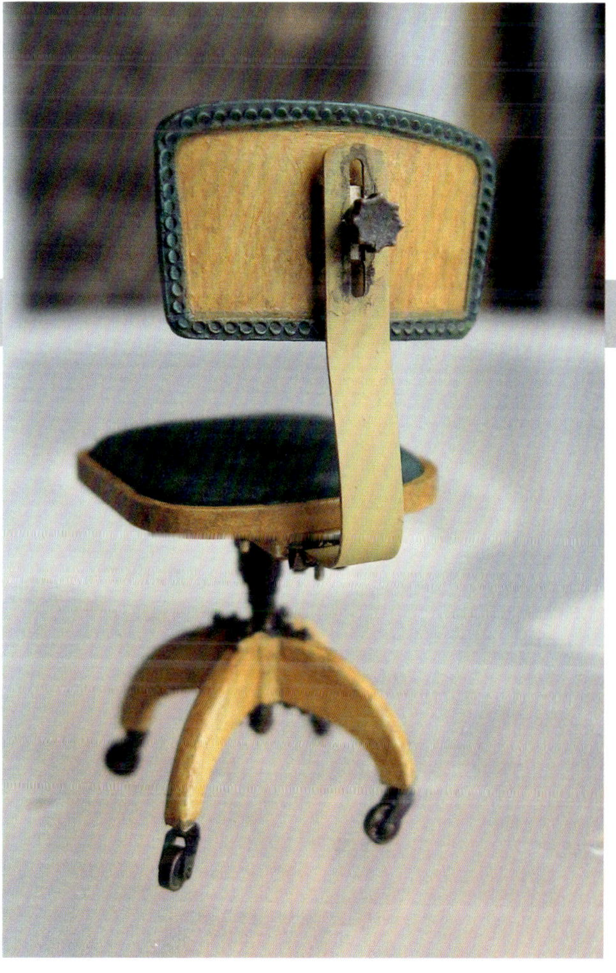

05

Direktorenzimmer

Im oberen Stockwerk des Verwaltungsgebäudes, mit freiem Blick über Straße und Fabrikhof, liegt das gediegene holzvertäfelte Direktorenzimmer mit repräsentativem Mobiliar in dunklen Brauntönen. Daneben – mit Boden- und Wandbelägen wie im Erdgeschoss – ein Flur, der zum gedachten Treppenhaus führt.

Die unter Modellbauern oft zu hörende Ansicht, dass man alles selbst gemacht haben müsse, teile ich nicht. Selbst der versierteste Messingmodellbauer greift auf vorgefertigte Halbzeuge zurück und wird in den seltensten Fällen Zink und Kupfer in einer hauseigenen Grube gewinnen, verhütten und weiterverarbeiten. Insofern schmücke ich mich gerne mit fremden Federn. Manchmal steht aber auch der Wunsch im Vordergrund, ein Objekt ohne Beteiligung Dritter und nur mit den eigenen Mitteln und Möglichkeiten herzustellen.

Zeitreise und Spielwiese

Das erhöhte Erdgeschoss erhielt als angedachtes Zeichenbüro der Maschinenfabrik eine funktionale Innenausstattung mit Tapete und Linoleum, die sich im angedeuteten Flur des Obergeschosses fortsetzt. Die abweichende Gestaltung des Direktorenzimmers bereitete mir besonderes Vergnügen, da sie Raum für die Umsetzung zeitgenössischer Befindlichkeiten bot. Sehr viel angenehm verbrachte Zeit floss in die Recherche nach Raumeindrücken und Gegenständen mit dem passenden Zeitkolorit. Ich habe mich so weit in die Rolle eines Unternehmers der 1950er-Jahre hineinversetzt, dass ich mich selbst im Portrait an einer Wand verewigt habe – nicht ohne ein ironisches Bildelement, denn die große Souveränität ausstrahlende Handhaltung ist wohl untrennbar mit dem Bild eines bekannten westdeutschen Politiker verbunden. An der gegenüberliegenden Wand sorgt ein Portrait von Theodor Heuss für die zeitliche Einordnung der Szenerie. Mit der Idee und Begrifflichkeit einer gediegenen Vorstandsetage verband ich eine braune Wandvertäfelung und dunkelbraunes Mobiliar. Furnierreste aus Palisander fanden dafür Verwendung. Auch hier gilt, was bereits in anderen Kapiteln anklang: die Maserung ist für eine glaubwürdige maßstäbliche Darstellung zu grob, es war aber das, was gerade zur Hand war und es war ja ein Teil des Vergnügens, genau damit auszukommen.

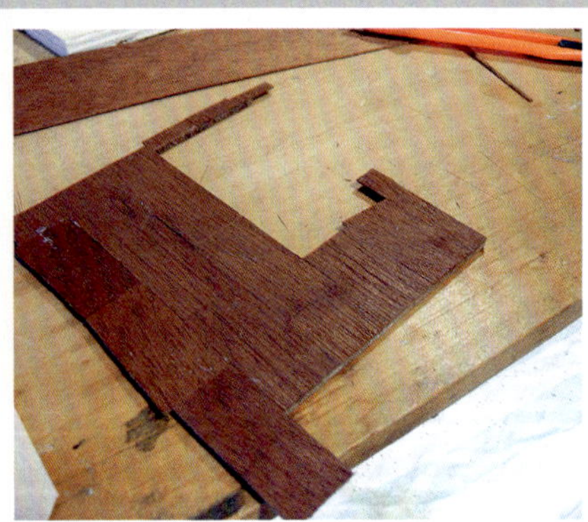

Die einzelnen Paneele der Wandverkleidung sind aus Furnierreststücken auf einem Papierschneider geschnitten. Für die Seitenwände wurden sie dann zunächst auf eine Trägerschicht aus Holzfaserhartplatten aufgeleimt.

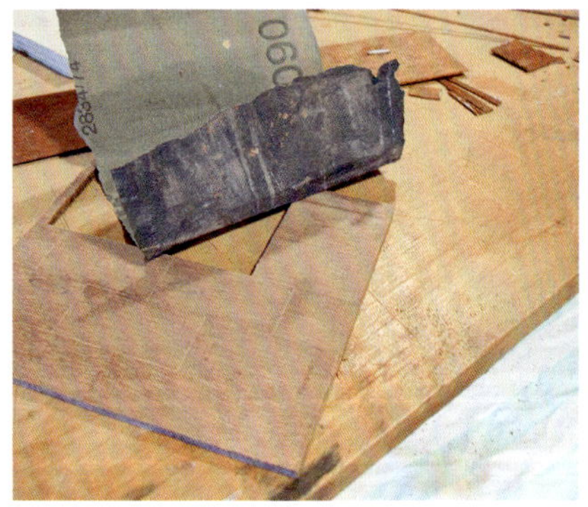

Anschließend habe ich die Oberfläche mit 600er Schleifpapier geglättet.

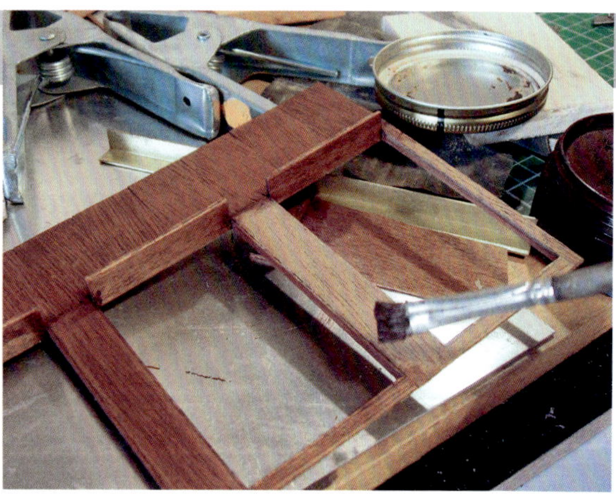

Die Fensterfront ist als ein Teil entstanden. Dazu habe ich die Paneele auf ein quer zur Maserung liegendes Furnierstück aufgeleimt, um Verzug zu vermeiden. Anschließend konnte ich die Laibungen und die Fensterbänke einkleben. Durch eine Politur mit brauner Schuhcreme bekam das Holz seine leicht glänzende Oberfläche.

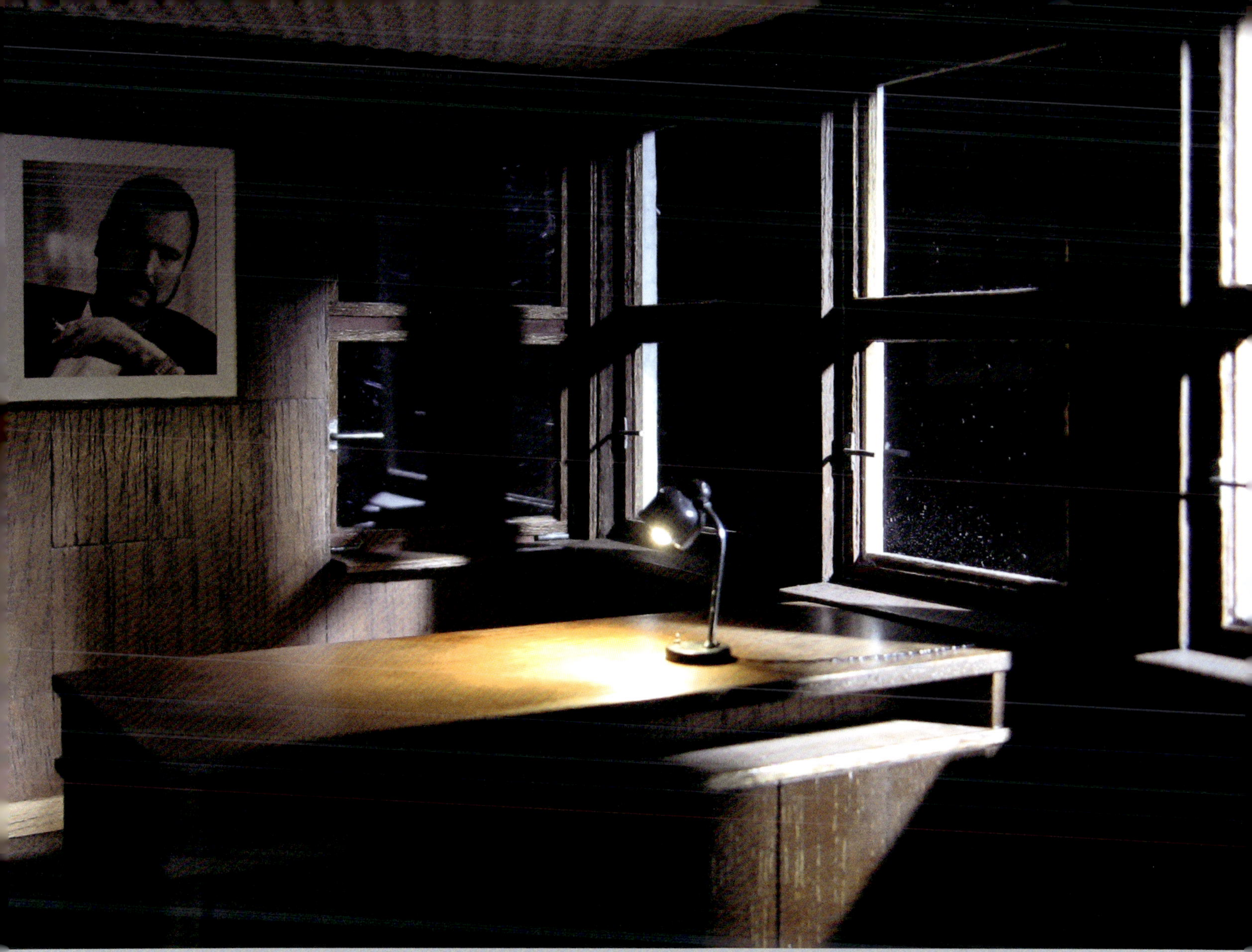

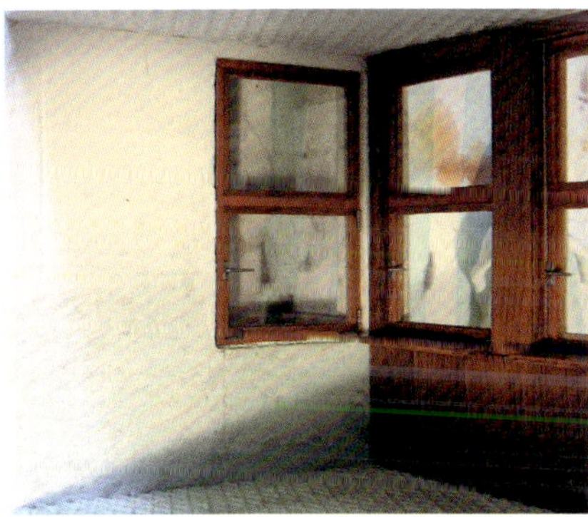

Die komplett vorgefertigte Innenseite der Fensterfront wurde dann mit Weißleim in das Gebäude eingefügt.

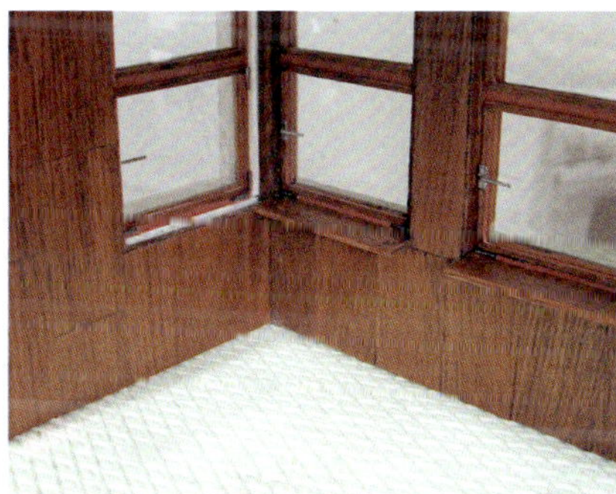

Die Seitenwände stoßen an die Fensterfront. Laibungen und Fensterbank mussten dort nachträglich eingesetzt werden, da der verbliebene Platz keinen Raum für das Einfügen eines vorgefertigten Teils ließ.

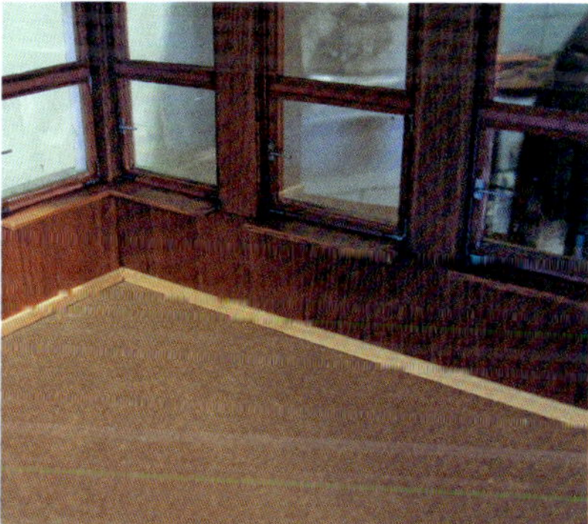

Eine Art brauner Grasmatte, die Ich im Bastelladen fand, gab einen passenden Teppich ab. Teppichleisten stellen den Übergang von der Wandvertäfelung zum Boden her.

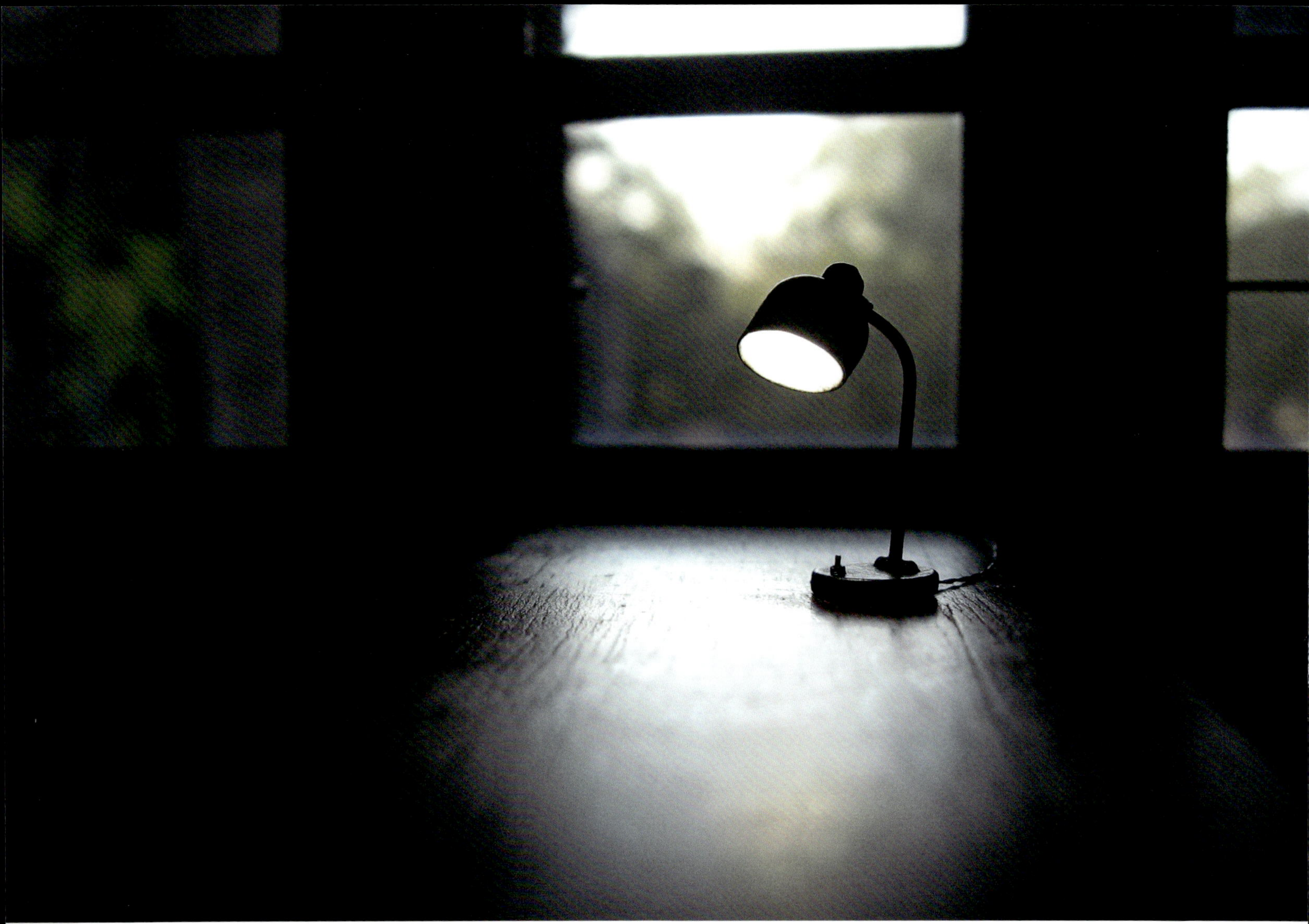

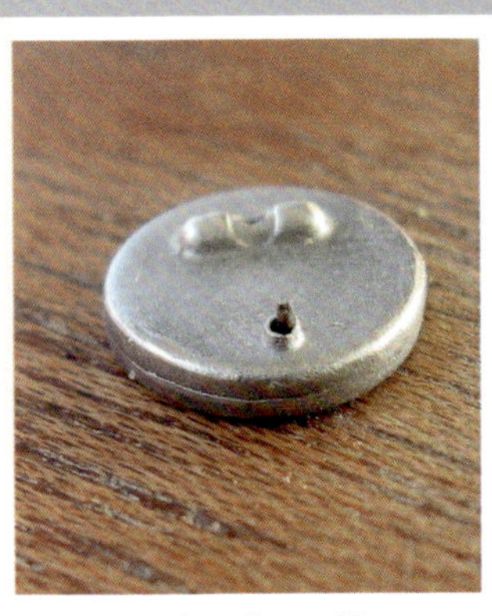

Das Weißmetallgussteil für den Lampenfuß besitzt auf der Rückseite eine Körnung, um den Schalter ausbohren zu können. Ein 0,3 mm starker Federstahlstift ragt durch die Öffnung.

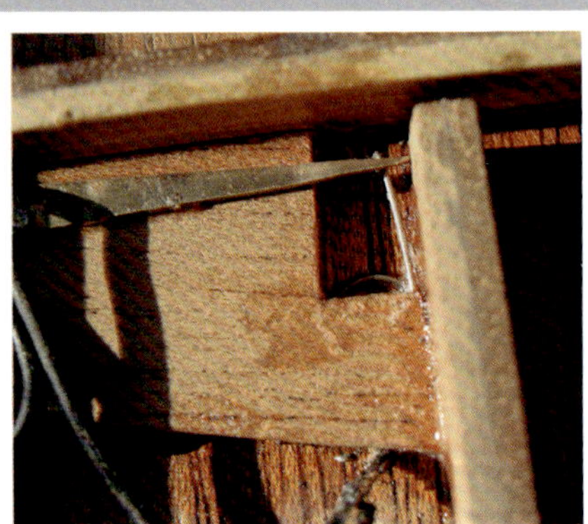

Da es keine einrastenden Mikroschalter gibt, die den geringen Bedienweg von nur 0,5 mm in Verbindung mit geringstem Kraftaufwand bieten, musste eine andere Lösung gefunden werden. Der feine Federstahlstift bohrt sich sonst in den Finger. Abhilfe sollte eine elektronische Schaltung schaffen, bei der ein initialer Kontakt für den jeweiligen Schaltwechsel ausreicht. Der Stahlstift lässt sich dazu auf der Tischunterseite federnd gegen die Messingfahne drücken.

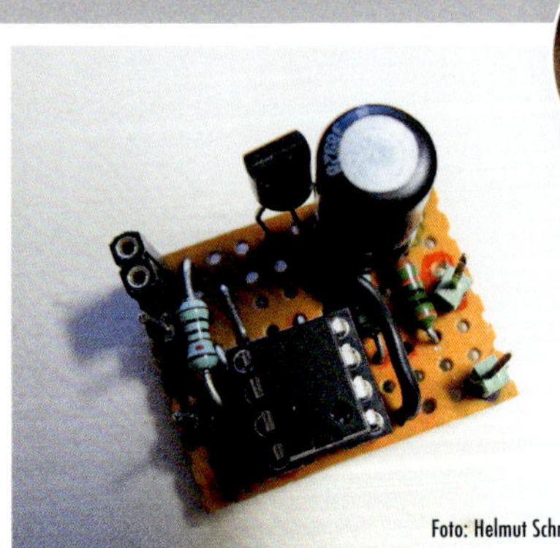

Foto: Helmut Schmidt

Helmut Schmidt hat dazu eine Flipflop-Schaltung mit Toggle-Eingang zusammengestellt, die sich im Seitenteil des Schreibtischs unterbringen ließ.

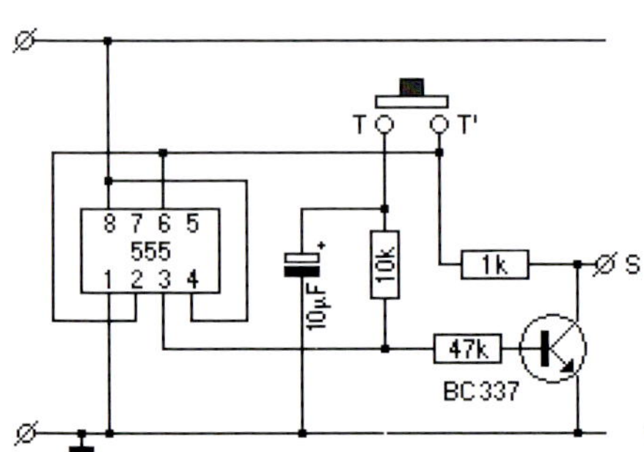

Grafik: Thomas Hey'l, www.themt.de

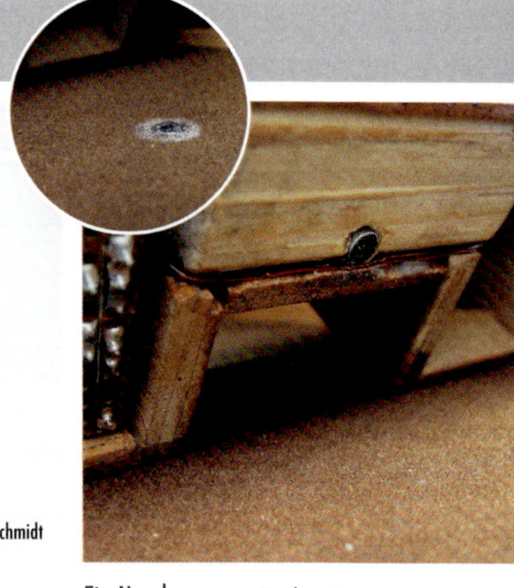

Ein Neodymmagnet mit entsprechendem Gegenstück im Fußboden macht den Schreibtisch für etwaige Reparaturen abnehmbar.

Auch Werkzeuge habe ich zweckentfremdet. So eignet sich ein Papierhebelschneider gut, um aus Furnierresten Paneele auszuschneiden. Allerdings erwies es sich als schwierig, in das fertige Gebäude nachträglich eine Inneneinrichtung einzufügen. Während die Maße für die Vertäfelung der Seitenwände noch recht einfach übertragbar waren, stellte die Fensterfront sehr hohe Ansprüche an genaues Arbeiten mit häufigem Ausprobieren, Nacharbeiten und wieder Einpassen. Um Verzug bei den dünnen Furnierstreifen zu vermeiden, wurden sie vorher auf ein Trägermaterial kaschiert. Neben Holzfaserhartplatten bei den Seitenwänden habe ich dazu auch quer zur Faserrichtung verleimtes Furnier verwendet. So ließen sich die Wandteile als Gesamtheit bearbeiten und färben und verströmten spätestens durch die abschließende Behandlung mit brauner Schucreme den Mief der 50er-Jahre.

Nicht alles muss einen vordergründigen Sinn haben

Die Schreibtischlampe aus der Pförtnerloge passte auch gut im Direktorenzimmer – man war ja sparsam und hatte sicherlich eine Sammelbestellung getätigt.

Zu dieser (modellbauerischen) Zeit hatte ich Freude daran, Dinge umzusetzen, die zunächst nicht machbar schienen, andererseits aber auch keinen Sinn ergaben. Diesem Umstand ist geschuldet, dass der Direktor eine Schreibtischlampe hat, die sich vor Ort über ihren Schalter ein- und ausschalten lässt. Und damit nicht genug: Auch die Steckdose führt Strom und ist funktionstüchtig. Während die Schaltung für die Schreibtischlampe etwas Elektronik erforderte, reichten für die Umsetzung des Steckers lediglich Stiftenklöbchen mit Bohrern und Hohlfräsern, Laubsäge, Lötkolben, Zange, Pinzette und Dremel.

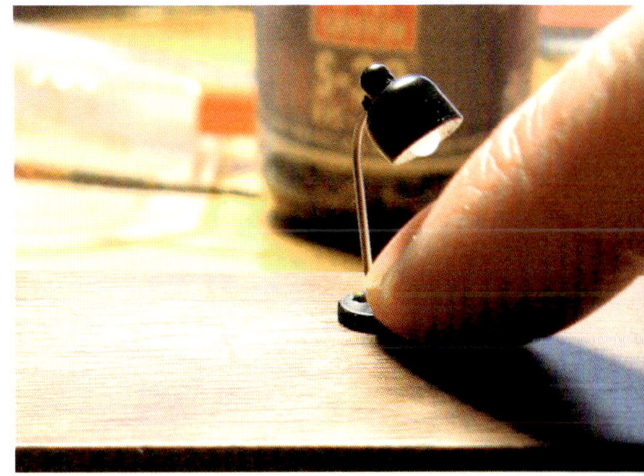

Die Betätigung des Schalters ist zugegebenermaßen mit einem gewissen Verletzungsrisiko verbunden.

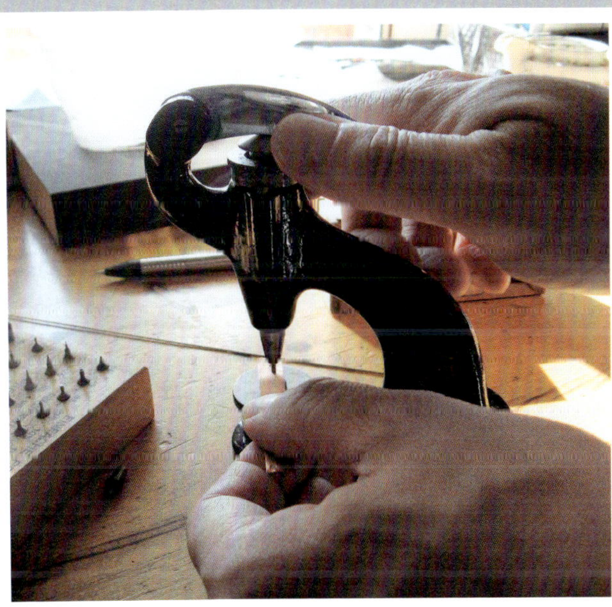

Die winzigen Schlüssellochkappen entstanden aus selbstklebender Kupferfolie: Mit einem Einpressapparat habe ich kleine Scheiben ausgestanzt und diese auf die mit 0,5 mm im Schreibtisch vorgebohrten Löcher aufgeklebt. Mit einer Reißnadel habe ich dann das obere Loch durchstoßen und unterhalb zwei weitere kleine Löcher eingedrückt und anschließend die Folie mit einem kugeligen Stahl wieder glatt gerieben und mit etwas verdünntem klaren Nagellack zusätzlich gesichert.

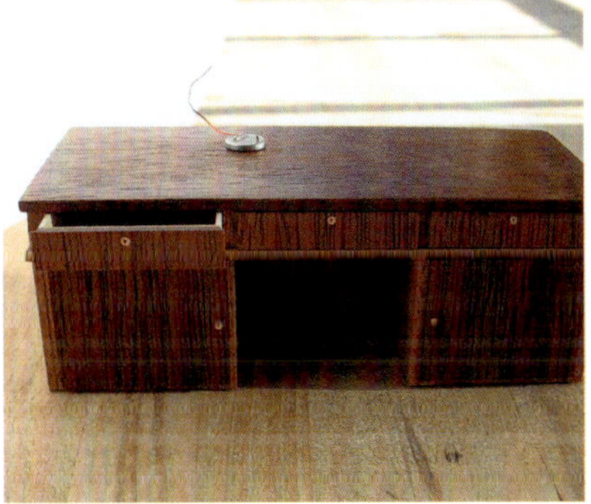

Der Schreibtisch entstand aus dem selben palisanderartigen und aus heutiger Sicht zu groben Furnier wie die Wandvertäfelungen im Direktorenzimmer. Die Vertiefungen der Maserung ließen sich nicht wegschleifen, sie wanderten mit jedem Schleifgang tiefer.

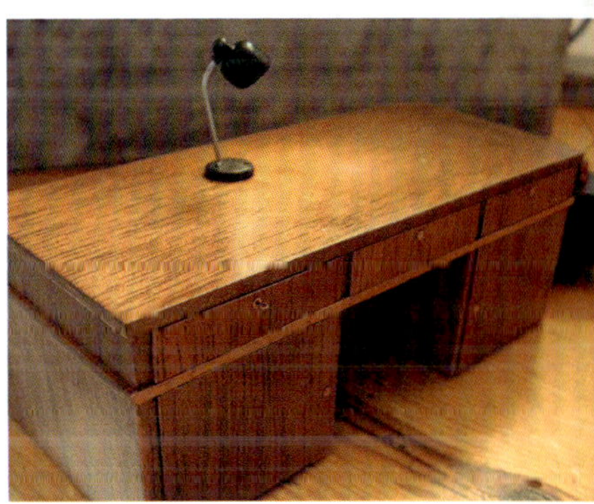

Erst das Tränken der Oberfläche mit Sekundenkleber führte zum gewünschten Ergebnis: einer glatt schleifbaren Tischplatte. Die linke Schublade lässt sich öffnen. Der Schlüssel ist allerdings funktionslos.

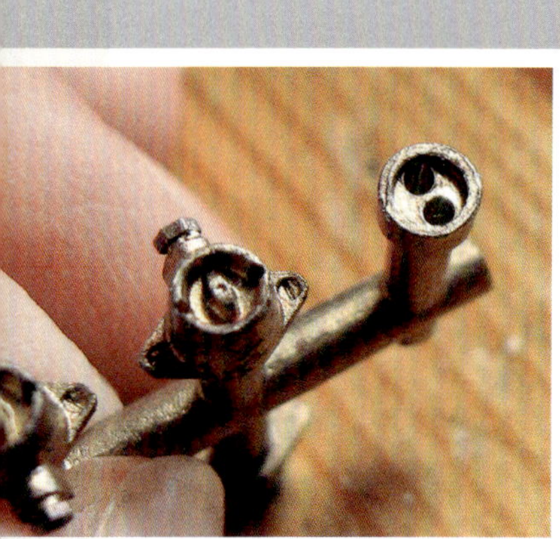

Die Stehlampe bezieht ihren Strom aus der Wandsteckdose. Beides – Stecker und Dose – funktionieren auch im Modell sowohl mechanisch als auch elektrisch. Der Außendurchmesser der Dose beträgt lediglich 3,5 mm. Grundlage für die Steckdose war ein beim Bau der Pforte übrig gebliebenes Messingfeingussteil einer Bakelitsteckdose.

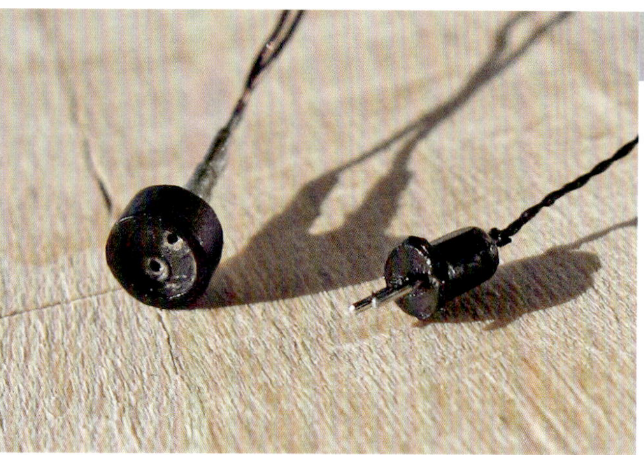

Ich habe die lediglich angedeuteten Steckerbohrungen mit 1 mm aufgebohrt und mit 0,7 mm starken Spritzenkanülen versehen: Kanülen gehen in einen zylindrischen Kunststoffmantel über, der sich im Dremel auf 1-2 Zehntel Wandstärke herunterschleifen lässt. Die entsprechend abgelängten Teile wurden in die Bohrungen gepresst und mit Sekundenkleber fixiert. In die überstehenden Kanülenenden sind Kupferlackdrähte mit 0,3 mm Durchmesser eingelötet.

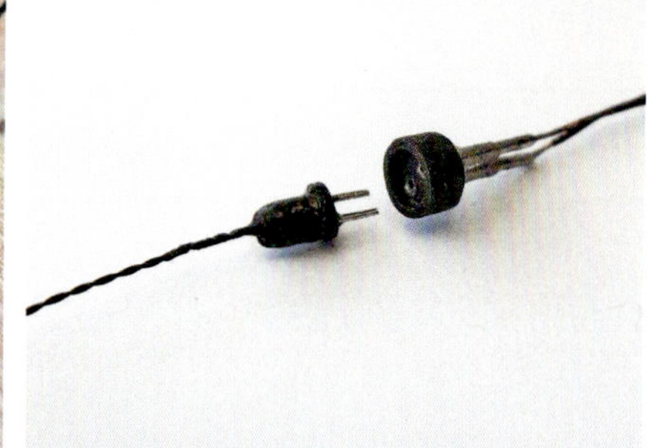

Der Stecker besteht aus einem Polystyrolplättchen, zwei 0,3 mm starken Federstahlstiften und einem verrundeten und seitlich geschlitzten Zahnstocherstück. An die Stifte sind 0,15 mm starke Kupferlackdrähte angelötet. Drähte und Stifte liegen in den seitlichen Schlitzen und laufen durch die mit entsprechenden Bohrungen versehene Polystyrolplattte.

Stecker in der Dose

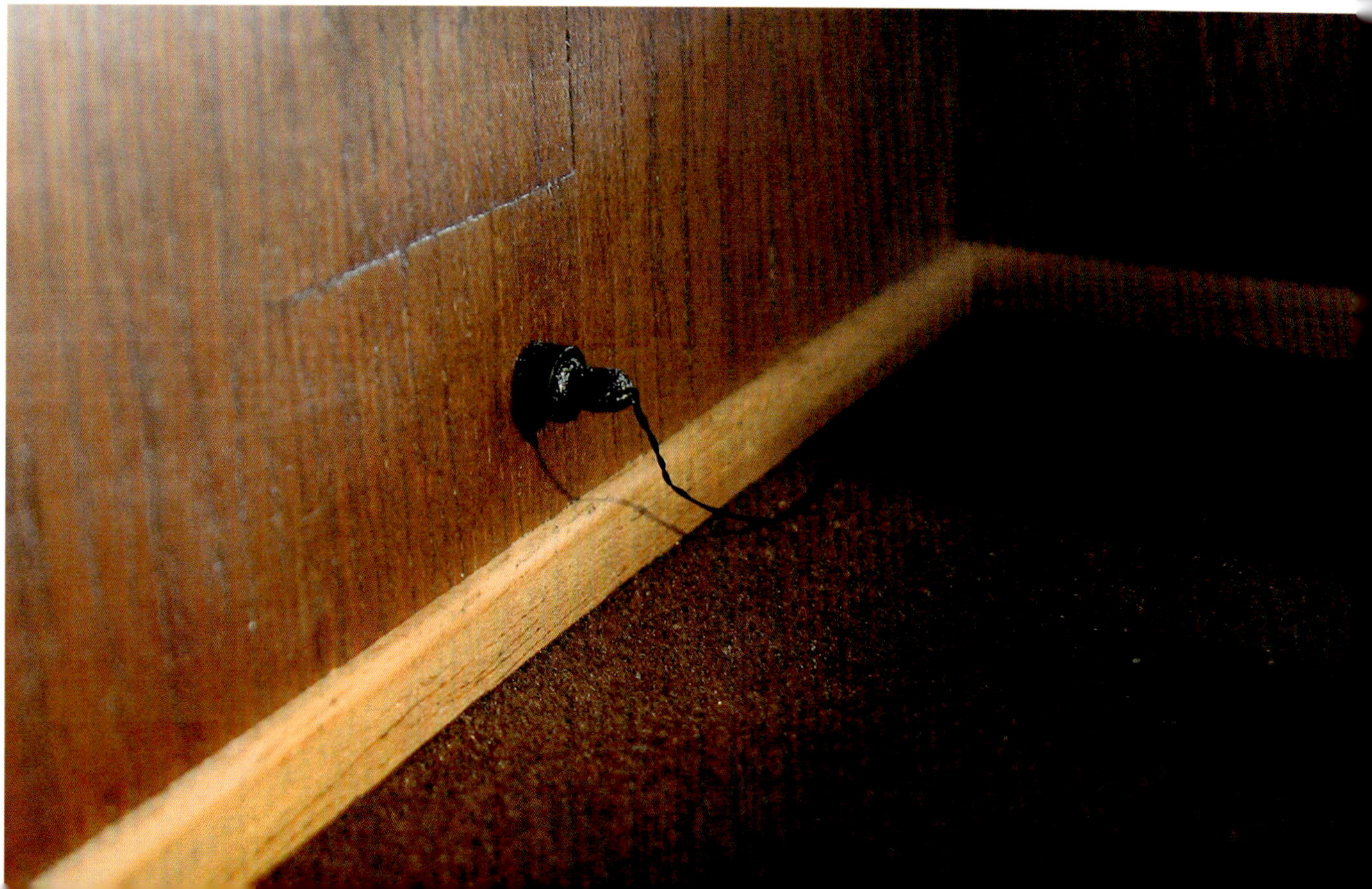

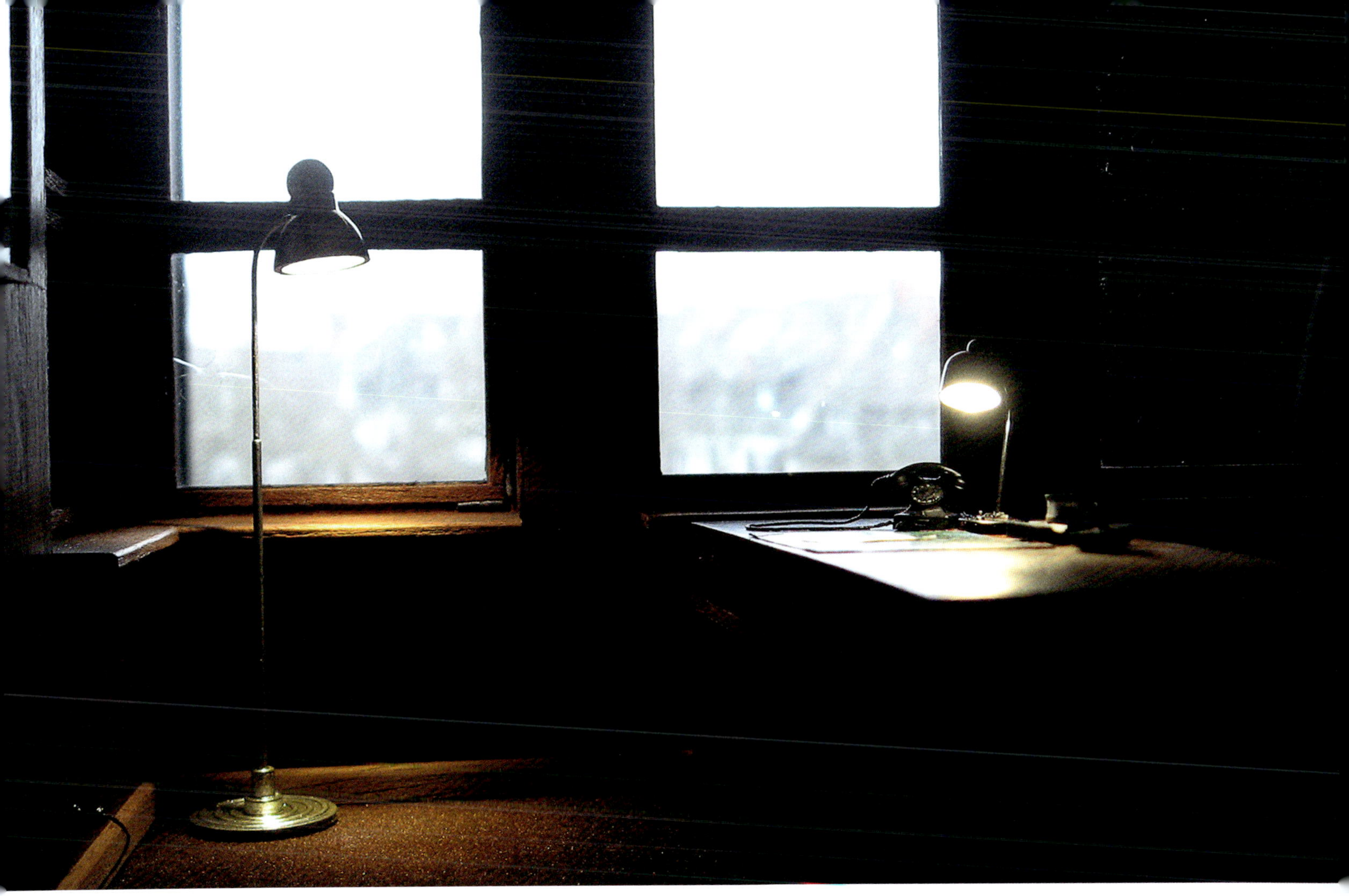

Ein Bild wie aus einem Film noir. Als käme gleich Philip Marlowe in den Raum, um die Füße auf den Tisch zu legen.

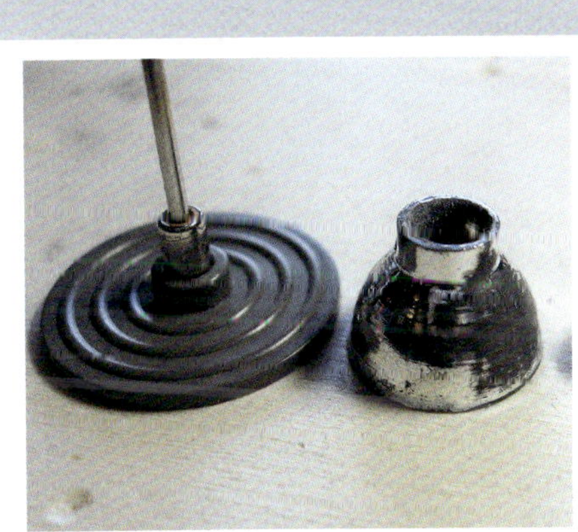

Der Lampentuß besteht aus einem alten LEGO®-Ritterschild, dessen Griff abgesägt ist. Darin steckt ein Teil eines Tuschezeichenstifts, in dem wiederum zwei Kanülen mit unterschiedlichen Durchmessern sitzen.

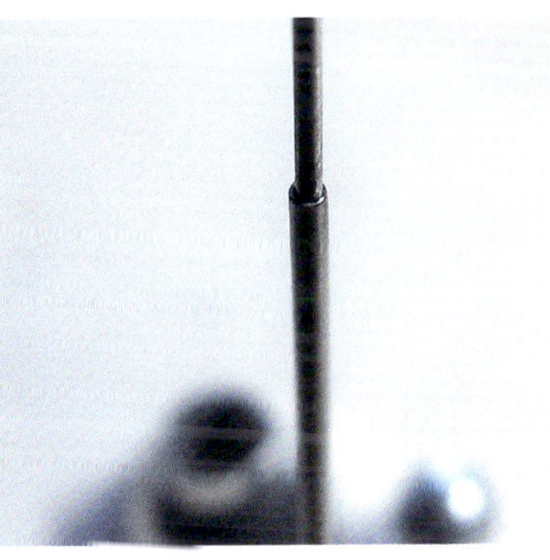

Durch die teleskopartig ineinander verlöteten Kanülen mit 1 und 0,0 mm Durchmesser laufen die 0,15 mm dicken Kupferlackdrähte zur Versorgung der LED.

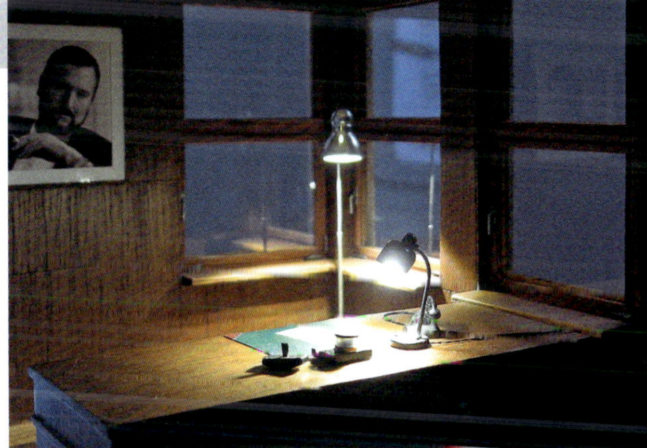

Der Schirm ist ein Reflektor einer frühen Mini-LED-Taschenlampe, auf dessen obere Öffnung eine Kugel geklebt ist.

| Direktorendrehstuhl

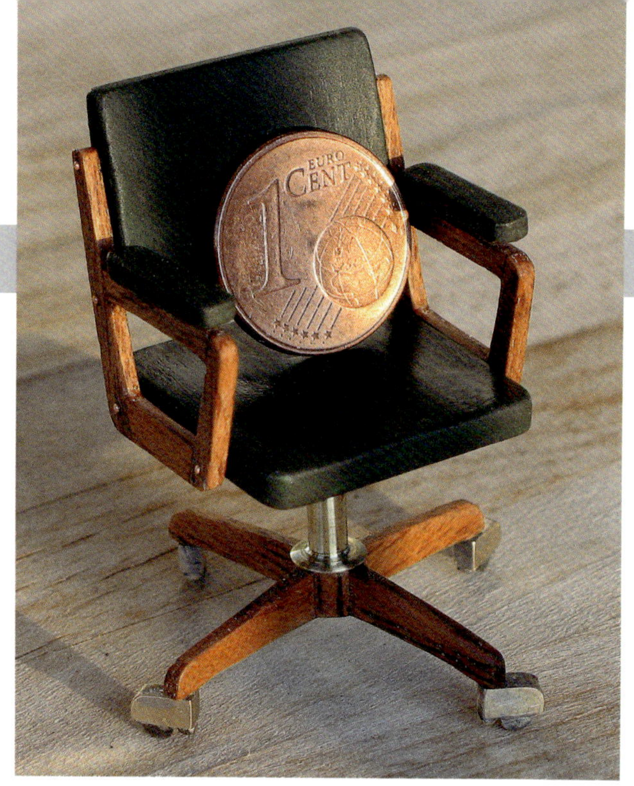

Möbel aus der Restekiste

Nach dem elaborierten Drehstuhl für die Pförtnerloge wollte ich ein charakteristisches Möbelstück ohne fremdes Zutun umsetzen: Der Direktorendrehstuhl entstand zwar zunächst als CAD-Konstruktion, nachdem ich Bilder und einige Maße eines gut in die Zeit und den Kontext passenden Vorbilds im Internet gefunden hatte, allerdings nur, um ein Gefühl für die Proportionen zu bekommen und um die für die Umsetzung benötigten zweidimensionalen Zeichnungen abzuleiten. Da ich den Stuhl rein manuell bauen wollte, habe ich mich im CAD auf die größeren Bauteile beschränkt und auf die Umsetzung feiner Details wie der sichtbaren Lehnenverschraubungsköpfe, aber auch der Stuhlrollen verzichtet.

Auch hier mag sich die Frage aufdrängen, welchen Sinn es hat, im Modellkontext nicht sichtbare Teile auf der Unterseite des Stuhles darzustellen: weil es für mich dazugehört, und weil ich nicht vorab weiß, ob der Stuhl vielleicht auch mal umgekippt auf einem Foto zu sehen sein könnte, auch wenn es nur im Rahmen einer Baubeschreibung ist – so wie hier. Ich nehme den Stuhl mit diesem Wissen anders wahr und diese Wahrnehmungsveränderung erfährt zweifellos jeder, der weiß, was vorhanden, aber möglicherweise in der späteren Einbausituation am Gebäudemodell selbst nicht sichtbar ist.

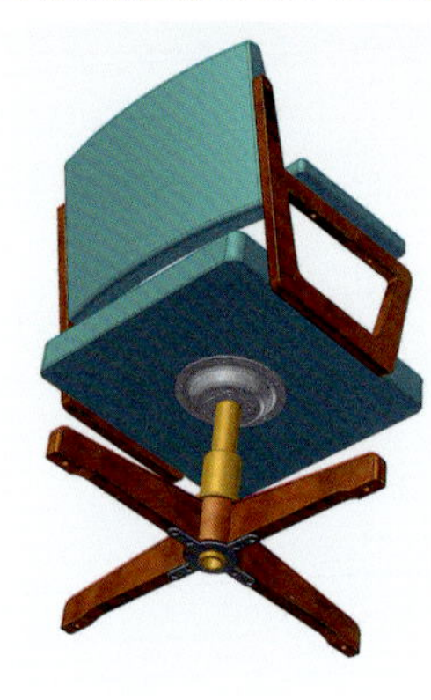

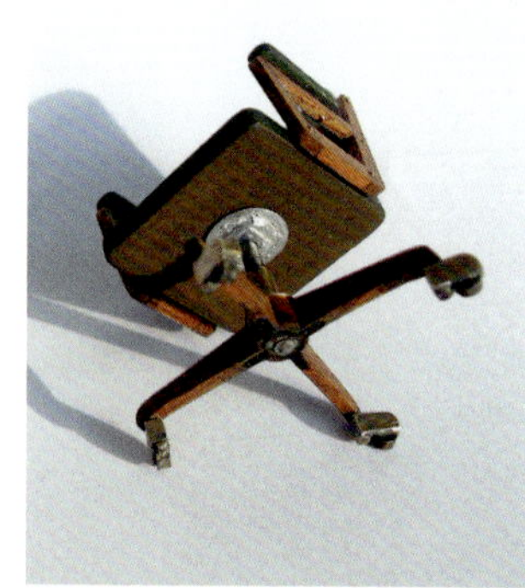

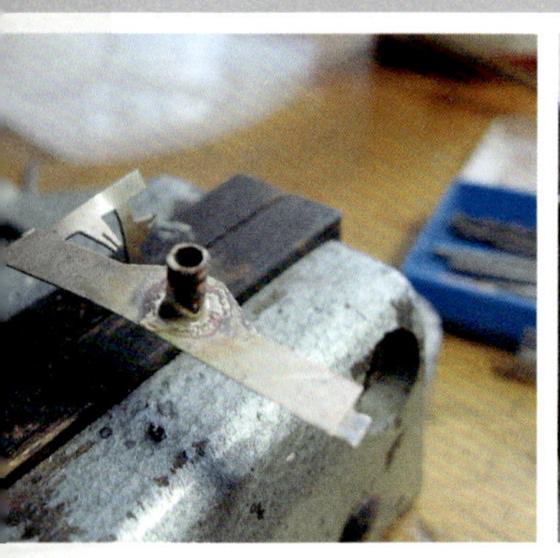

Die Messinghülse besteht aus einem Stück Rohr, das hart auf ein 0,2 mm dickes Messingreststück aufgelötet, grob mit der Schere ausgeschnitten und dann auf dem Dremel mit Hilfe einer eingesteckten Schraube verrundet wurde.

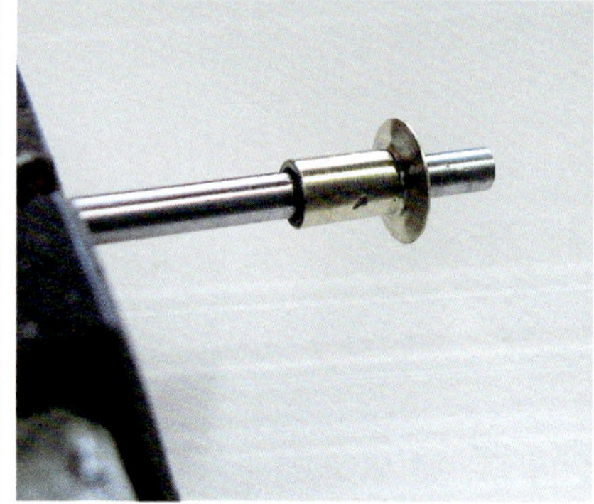

Die Platte ist am Außenrand gerade noch 0,1 mm stark. Die Drehachse ist ein 2 mm starker Stahlstift. Achse und Hülse sind weich verlötet.

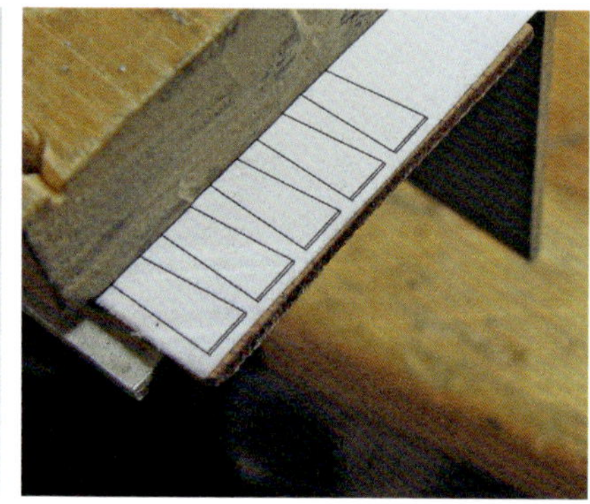

Grundmaterial für die gekreuzten hölzernen Füße war Furnierholz, das ich mit Sekundenkleber getränkt und dann abgeschliffen habe, um eine glatte Oberfläche zu erhalten.

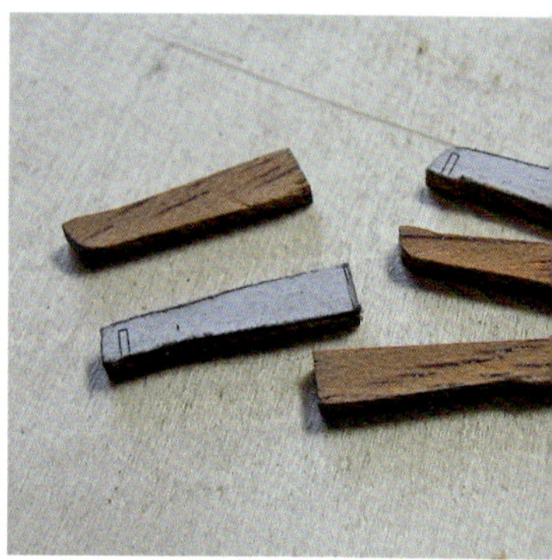

Ausdrucke der Zeichnungen auf selbstklebendem Papier dienen als Lehre für den Laubsägeschnitt.

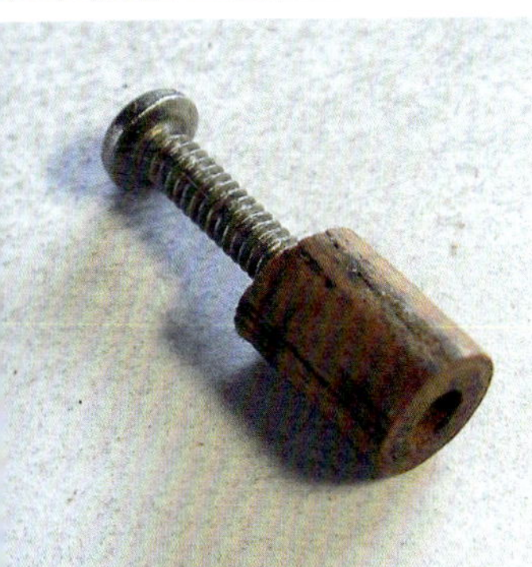

Der senkrechte Kern des Fußkreuzes besteht aus drei Lagen Furnier, die mit Sekundenkleber getränkt wurden. Das Schichten war notwendig, damit die Fasern alle in der richtigen Richtung verlaufen. In das »Sandwich« habe ich dann parallel zur Faserrichtung ein Loch mit 2 mm Durchmesser gebohrt. Mittels einer dort eingedrehten Schraube ließ sich das Paket im Dremel in Form schleifen.

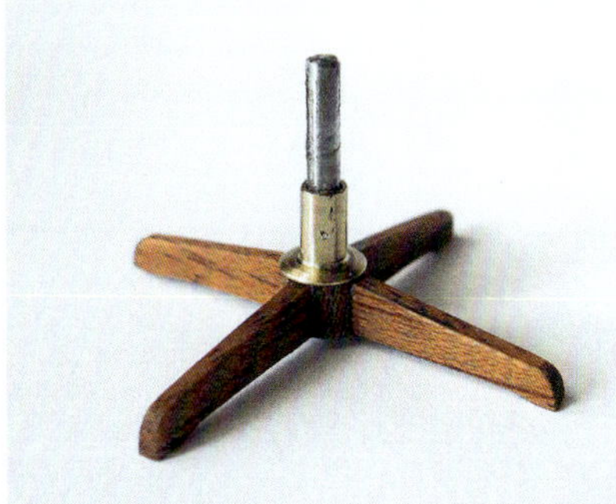

In das Kernstück habe ich eine Schraube zur Hälfte eingeschoben, deren herausragendes Ende ich dann im Schraubstock spannen und so die Schlitze für die Füße frei Hand mit einer Diamanttrennscheibe herstellen konnte. Dann konnten die Füße eingeklebt und nach dem Abbinden der Kern bündig abgeschnitten werden.

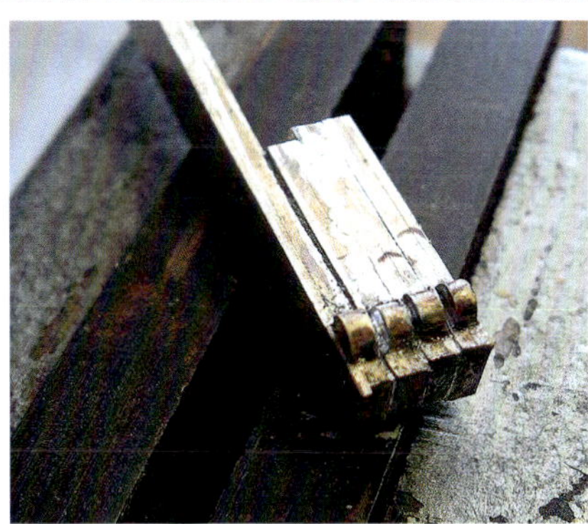

Um einigermaßen identische Stuhlrollen zu bekommen, habe ich 2 mm starke Messingstreifen mit Abstandshaltern aus Alublech verwendet, auf denen ich ein halbrundes Messingprofil hart verlötet habe. Entlang der Stöße kann man nun das Halbrundprofil durchschneiden und ein paar Zehntel schmäler als die Streifen feilen. Die Streifen wurden dann weich miteinander verlötet.

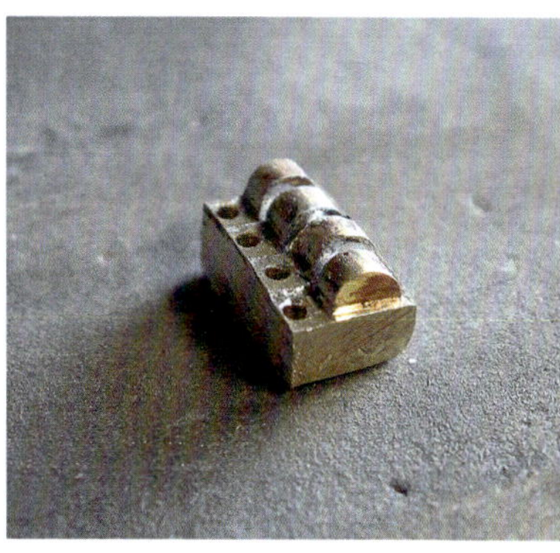

Nach dem Bohren der Löcher für die senkrechten Drehachsen, dem Ablängen und formgebenden Schleifen lassen sich die Teile wieder thermisch lösen. So erreicht man eine nahezu identische Form bei allen vier Teilen. Messingnägel dienen als senkrechte Achsen.

Die Farbgebung begann mit einer Mischung aus Revell 364 grün seidenmatt und 51 blau glänzend. Nach dem Trocknen und Anschleifen folgte eine Mischung aus LukasCryl Künstlerfarben Ultramarin und Umbra grün. Nach dem Trocknen habe ich nochmals ganz leicht mit feinem Schleifpapier angeschliffen und die Oberfläche mit der Fingerkuppe abgerieben, um den lederähnlichen Eindruck zu erzielen.

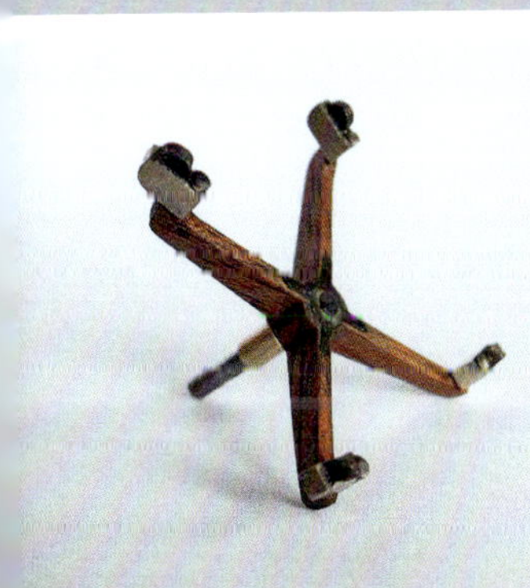

Das gekreuzte Verstärkungsblech besteht aus selbstklebender Kupferfolie, die ich mit der Nagelschere ausgeschnitten habe. Ein paar Nadelstiche deuten Schrauben an.

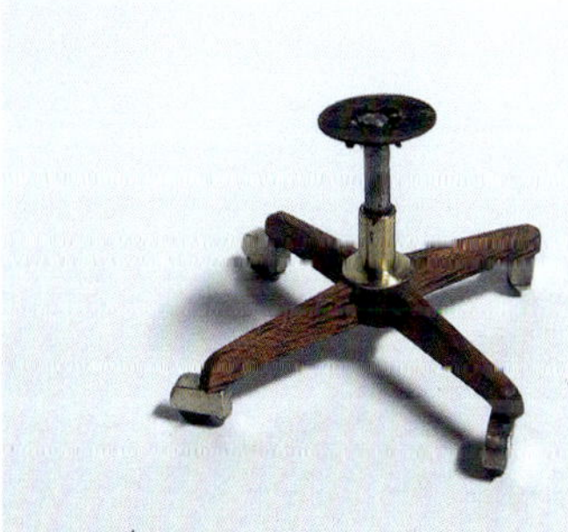

Die Sitzauflageplatte besteht aus Unterlegscheiben und einem Stückchen 0,1 mm dicken Blech, die ihre Form wiederum im Dremel erhalten haben. Die Schraubenimitationen sind 0,6 mm starke Kupferdrähte mit verrundeten Enden.

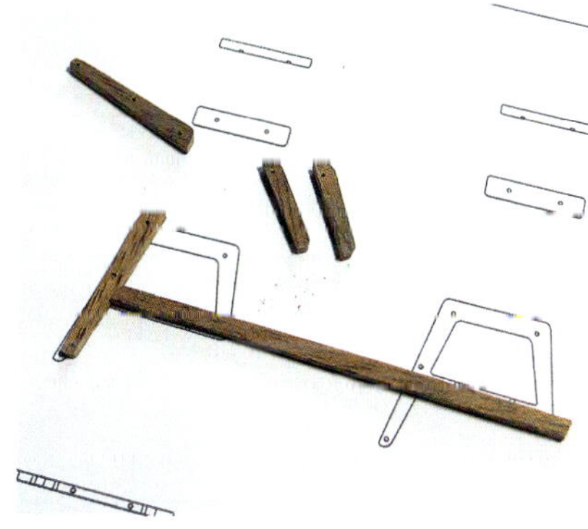

Für die Armlehnen ließen sich wiederum die ausgedruckten Lehren verwenden.

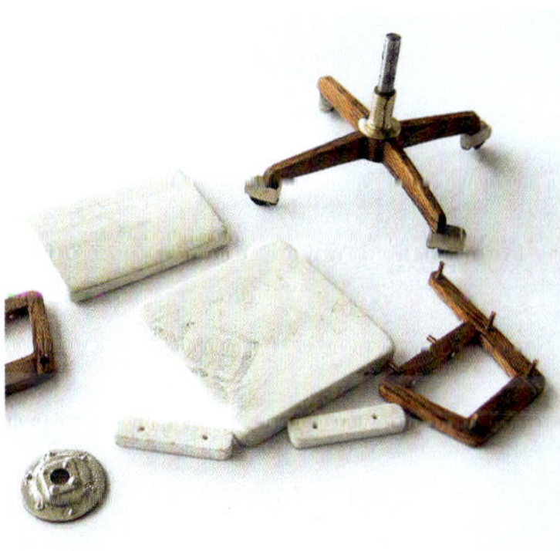

Die Ledersitzpolster und -armlehnen bestehen aus 2 und 3 mm dickem Forex. Auch hier dienen 0,6 mm starke Kupferdrähte als Distanzstücke und Schraubenimitation.

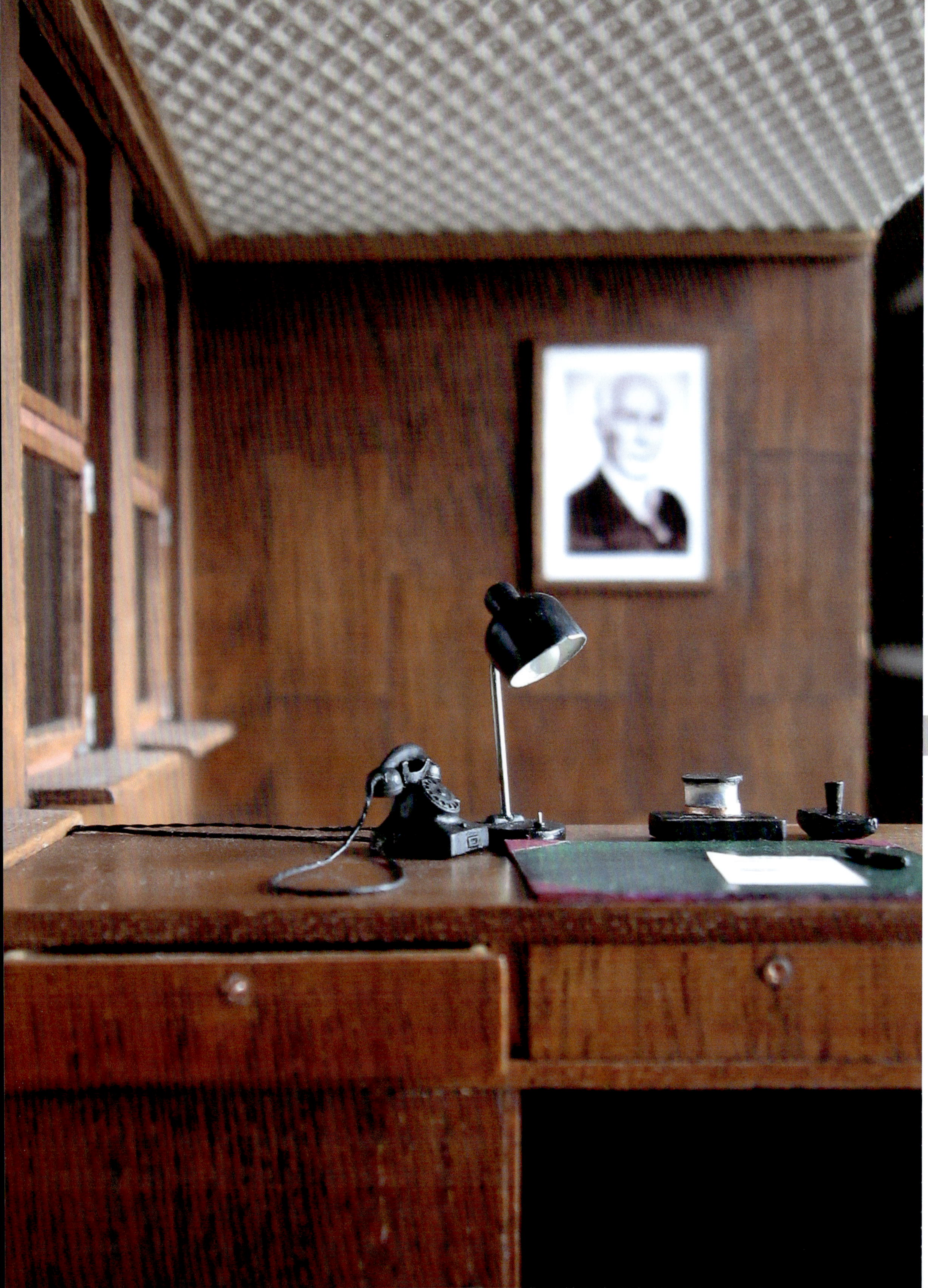

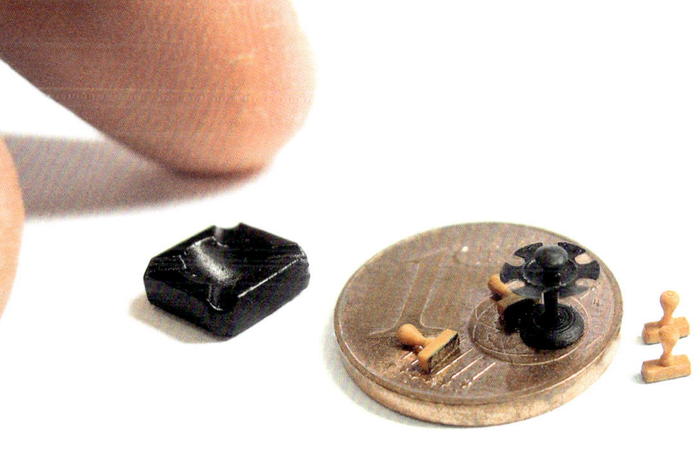

Der Schreibtisch war nun zwar verwaltungstechnisch gut aufgestellt, es fehlten aber noch Insignien für den hoheitlichen Anspruch: die marmorne Stiftablage mit Tintenfass ist – genauso wie die zugehörige Löschwiege – manuell umgesetzt. Auf der Schreibtischunterlage liegt ein auf Zigarettenpapier hochauflösend ausgedruckter Brief, der sich auf ein parallel laufendes Fahrzeugbauprojekt bezieht: einen Rollwagen der Plettenberger Kleinbahn. Das Zigarettenpapier hat im Gegensatz zu normalem 80g-Schreibpapier die maßstäblich passende Stärke.

Ich hatte den Eindruck, dass die noch fehlenden Inventarteile immer kleiner wurden, und so war es: es folgte ein winziger Füllfederhalter, der nur für Ausstellungs- und Fotozwecke auf den Tisch kommt, und zuletzt eine abgelegte Zigarette auf dem Aschenbecher. Der Zigarettendurchmesser liegt mit Farbauftrag etwas über 0,3 mm. Es sind übrigens diese kleinen, schnappschussartig eine Situation schildernden Elemente, die den Eindruck des Belebten erzeugen. Ganz ohne menschliche Figuren.

Details aus der Retorte

Nachdem der Schreibtisch mit Lampe und Telefon bestückt war, wirkte er immer noch leer. Aus dünnem Karton und Malerkrepp für die Ecken enstand eine Schreibtischunterlage – ebenfalls in mehreren Anläufen, bis auf den Fotos die Materialstärke glaubwürdig wirkte: Beim Vergleich der Aufnahme links und auf der folgenden Doppelseite oben rechts kann man den Unterschied erkennen. Da der Direktor offensichtlich Raucher war, fehlte ein Aschenbecher. Dieser entstand nach einem erneut im Internet recherchierten realen Vorbild als CAD-Konstruktion für den 3D-Druck.

Ein Freund hatte mir ein in die Epoche passendes Bakelit-Stempelkarussell geschenkt, das ich ebenfalls ins Modell umsetzen wollte. Auch hier führte der Weg über den 3D-Druck. Die Lochplatte war wegen der geringen Materialstärke von einem Zehntelmillimeter nicht im Druck umsetzbar. Dafür bot sich ein Edelstahlätzteil an. Auch die Stempel habe ich angesichts der gewünschten Darstellungsschärfe als Druckteile umgesetzt.

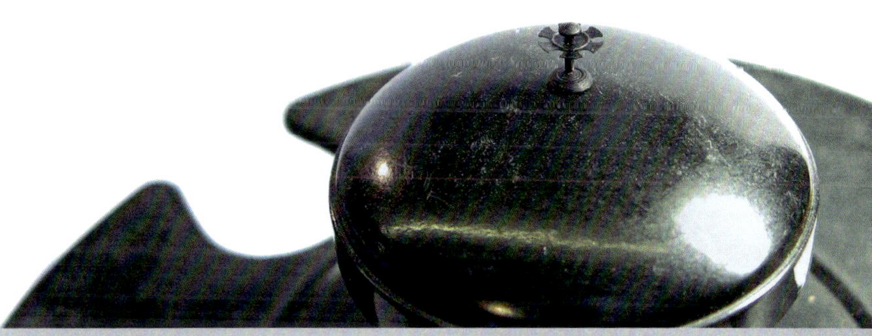

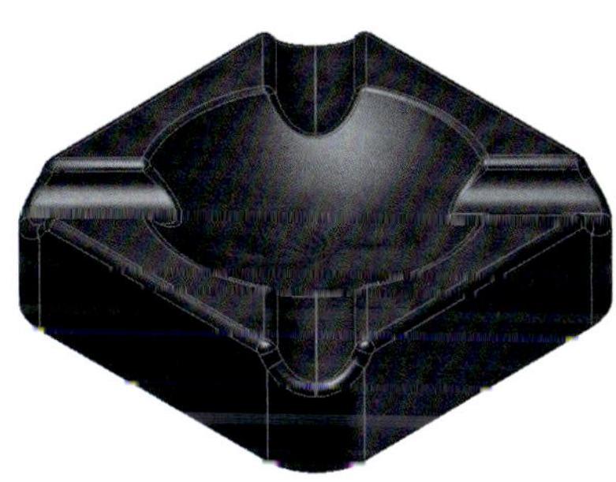

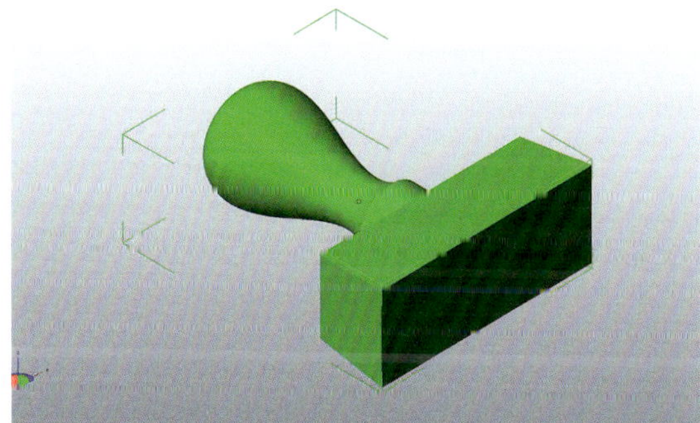

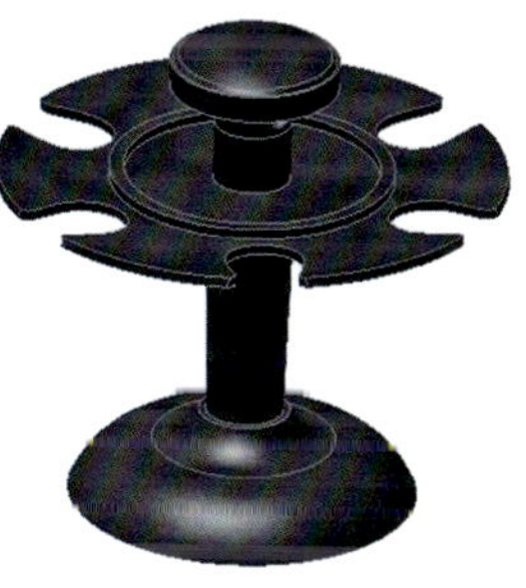

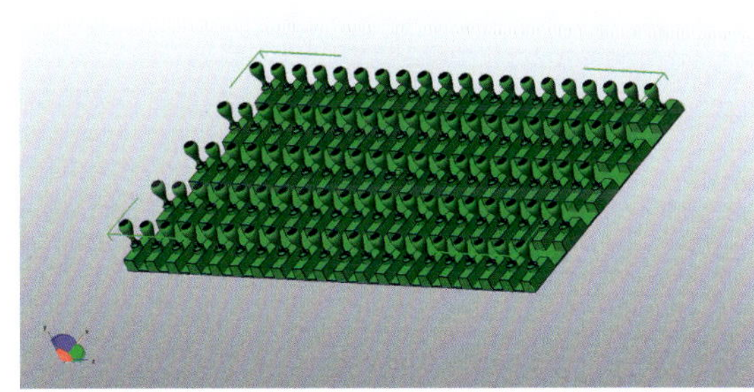

Aschenbecher, Stempel und Stempelkarussell entstanden als CAD-Konstruktionen. Für den Druck werden die Stempel reihenweise angeordnet. Die Screenshots entstanden aus dem Programm netfabb Basic, mit dem sich STL-Dateien auf strukturelle Integrität prüfen und die Dateigröße verringern lassen.

Der Stempelhalter besteht aus zwei Druckteilen für Fuß und Kopf, einer 0,3 mm starken Verbindungsstange und einer geätzten Edelstahlplatte. Ascher und Stempel sind ebenfalls hochauflösend in dem Verfahren gedruckt, das beim Telefon bereits beschrieben wurde.

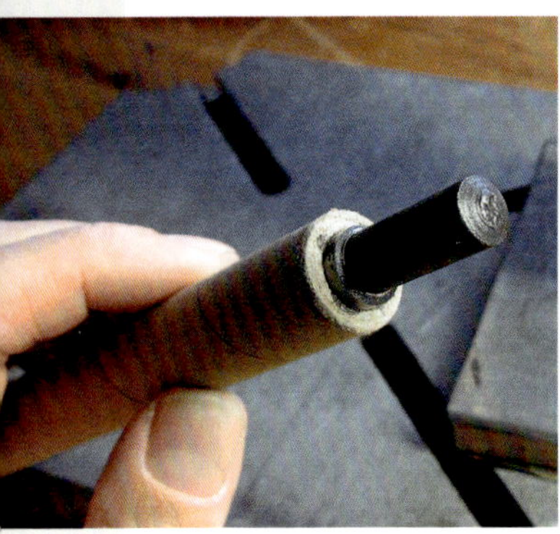

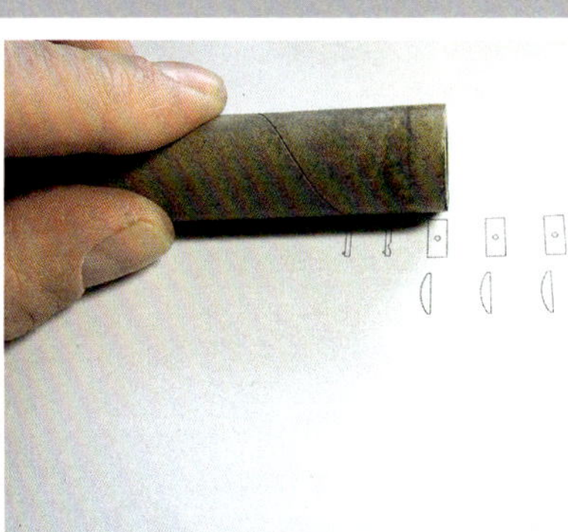

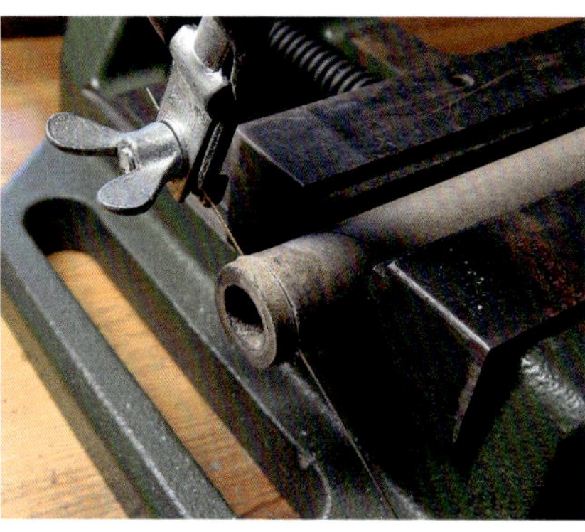

Für die Löschwiege – am Ende lediglich 8 x 3,3 mm groß – bot sich ein Faxrollen-Kern mit passendem Außendurchmesser an, dessen Ende mit Sekundenkleber getränkt, mithilfe eines eingeklebten Bohrers in die Bohrmaschine eingespannt und auf der Außen- und Stirnseite geglättet wurde; die Faxrolle selbst passte nicht ins Bohrfutter. Davon habe ich eine Scheibe entsprechender Stärke abgeschnitten. Ein maßstäblicher Ausdruck der zuvor angefertigten Zeichnung war dann Vorlage für das finale Zuschneiden.

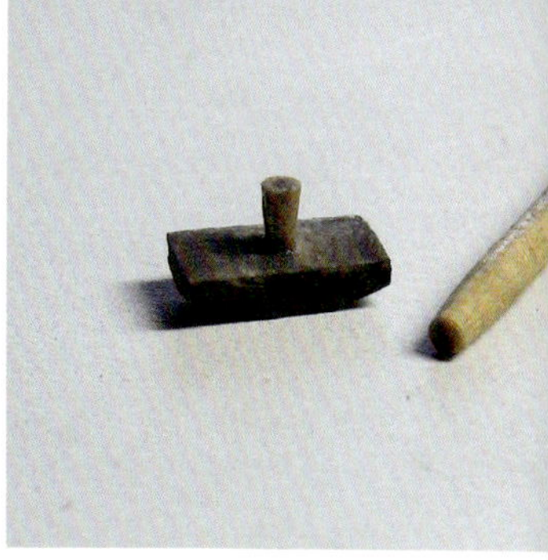

Die Schnittflächen wurden wiederum mit Sekundenkleber versiegelt und überschliffen. Der Griff ist die Spitze eines Zahnstochers. Einer Unterschrift auf der Firmenkorrespondenz stand nun nichts mehr im Wege.

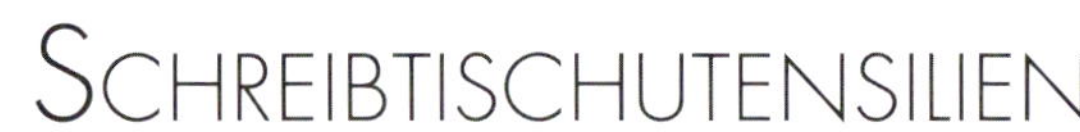

Schreibtischutensilien

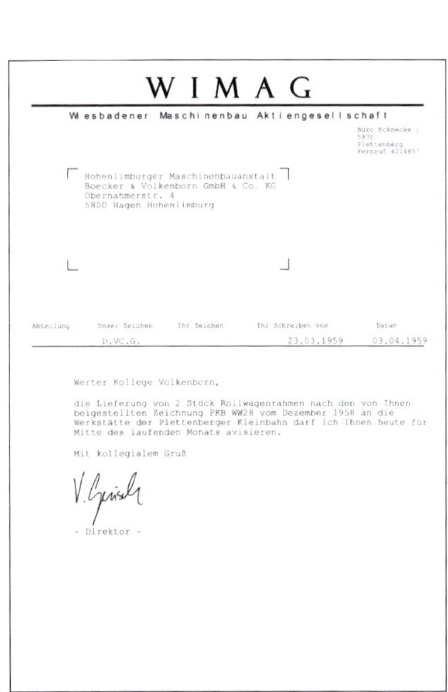

WIMAG

Wiesbadener Maschinenbau Aktiengesellschaft

Büro Eckmecke 1
5970
Plettenberg
Fernruf 4214857

Hohenlimburger Maschinenbauanstalt
Boecker & Volkenborn GmbH & Co. KG
Obernahmerstr. 4
5800 Hagen Hohenlimburg

Abteilung	Unser Zeichen	Ihr Zeichen	Ihr Schreiben vom	Datum
	D.VC.G.		23.03.1959	03.04.1959

Werter Kollege Volkenborn,

die Lieferung von 2 Stück Rollwagenrahmen nach den von Ihnen beigestellten Zeichnung PKB WW28 vom Dezember 1958 an die Werkstätte der Plettenberger Kleinbahn darf ich Ihnen heute für Mitte des laufenden Monats avisieren.

Mit kollegialem Gruß

V. Geisch

- Direktor -

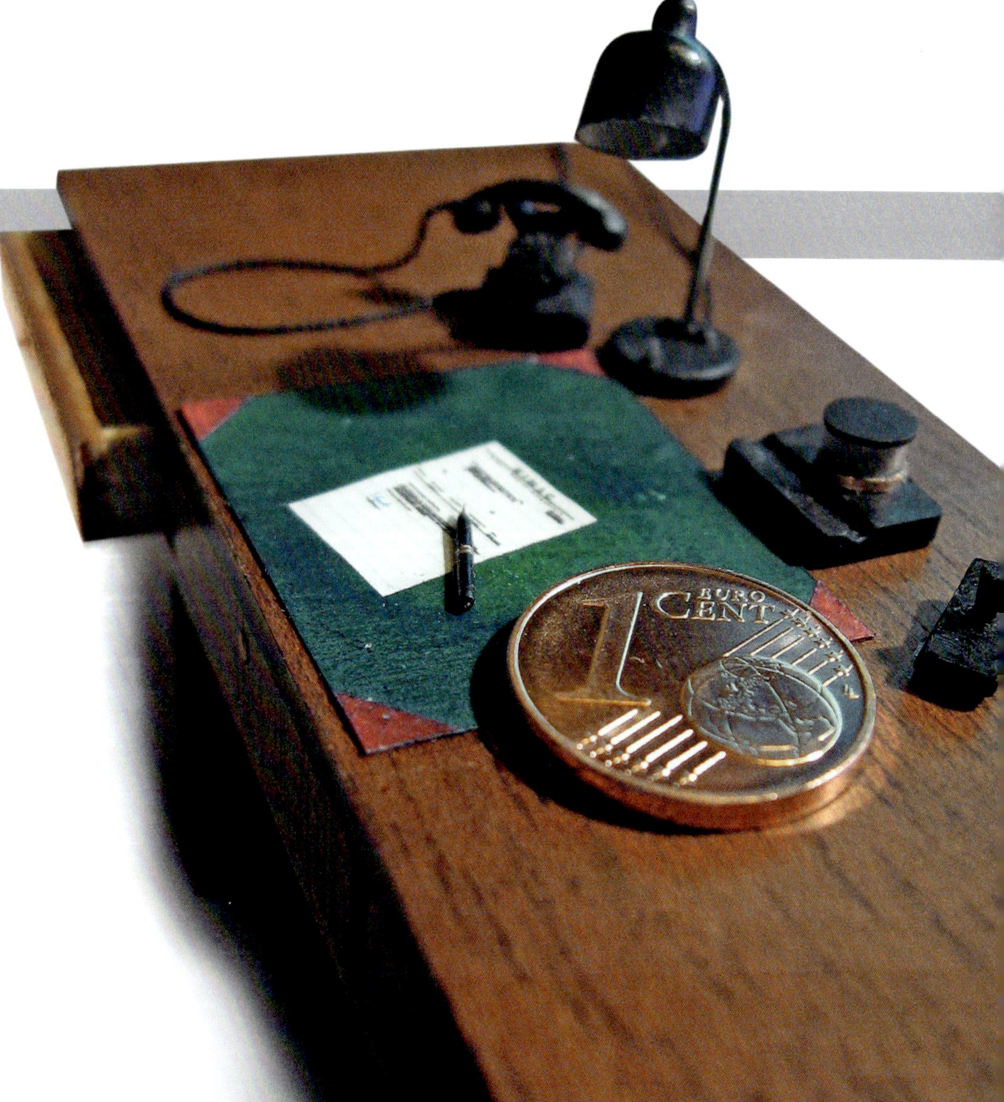

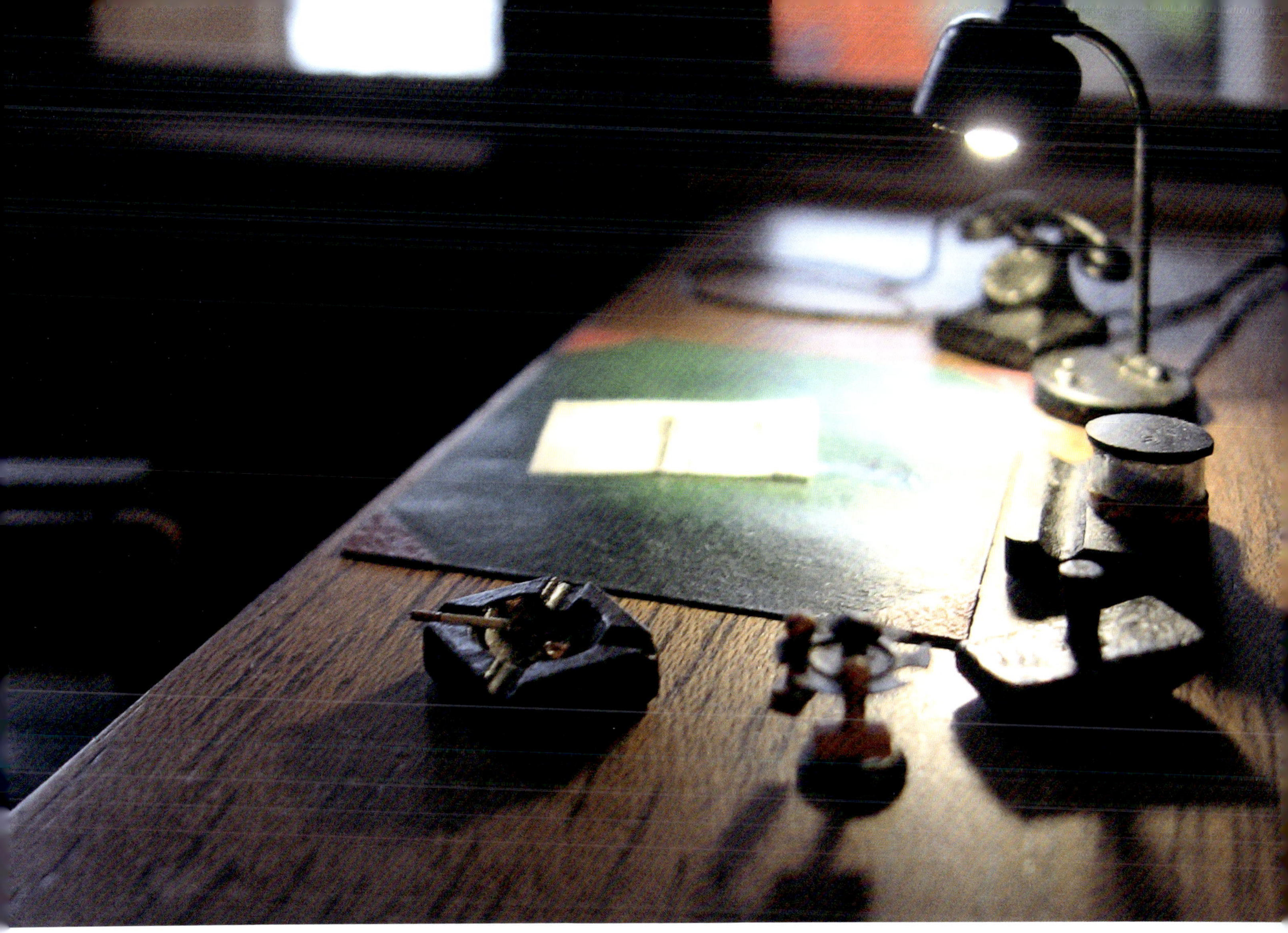

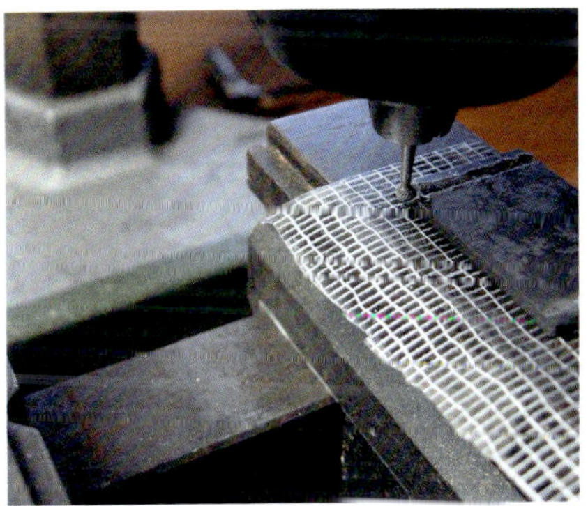

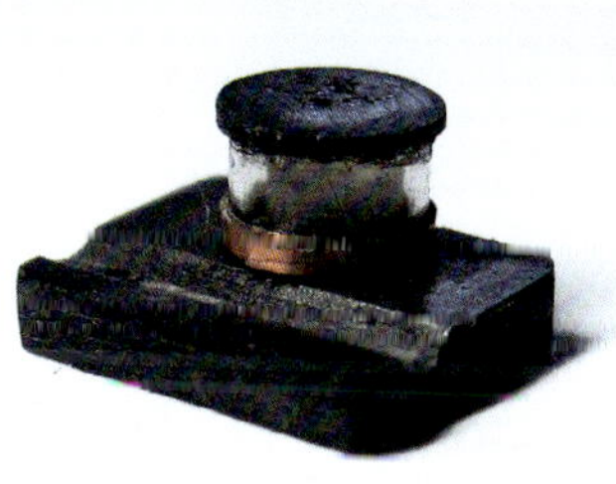

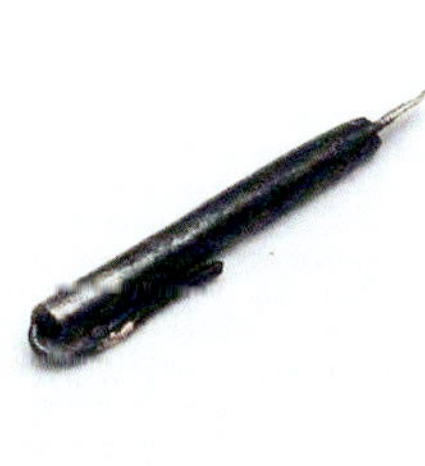

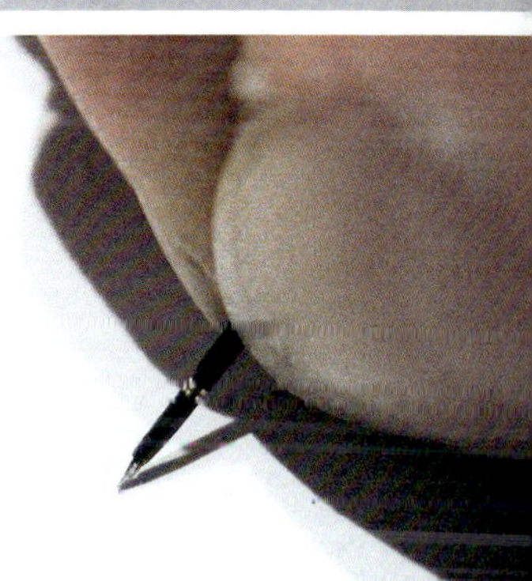

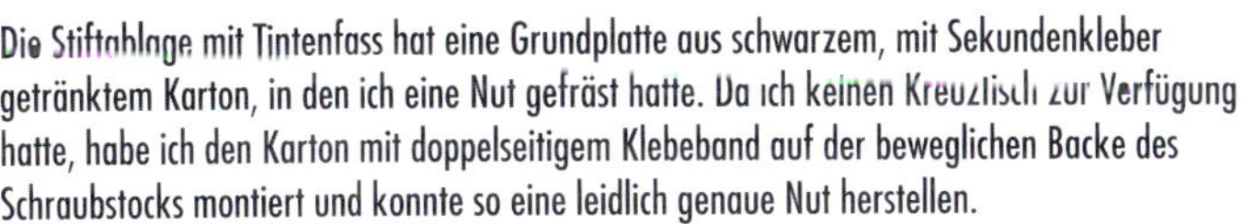

Die Stiftablage mit Tintenfass hat eine Grundplatte aus schwarzem, mit Sekundenkleber getränktem Karton, in den ich eine Nut gefräst hatte. Da ich keinen Kreuztisch zur Verfügung hatte, habe ich den Karton mit doppelseitigem Klebeband auf der beweglichen Backe des Schraubstocks montiert und konnte so eine leidlich genaue Nut herstellen.

Der Füller ist 7 mm lang und 0,6 mm dick. Die äußere Hülle ist ein an den Enden verrundetes Messingrohr, in dem am einen Ende die Spitze einer Spritzenkanule und am anderen ein feiner Stahldraht eingelötet ist, der nach dem Umbiegen die Klammer bildet. Nach dem vollständigen Schwärzen lassen sich die goldenen Ringe einfach durch Überdrehen im Dremel herstellen – hier reicht es, die Brünierungsschicht zu entfernen. Der Füller ist zu klein, um ihn ohne sichtbare Klebespuren zu befestigen. Deswegen verbringt er die Zeit zwischen Ausstellungen oder Fotosessions in der Schreibtischschublade.

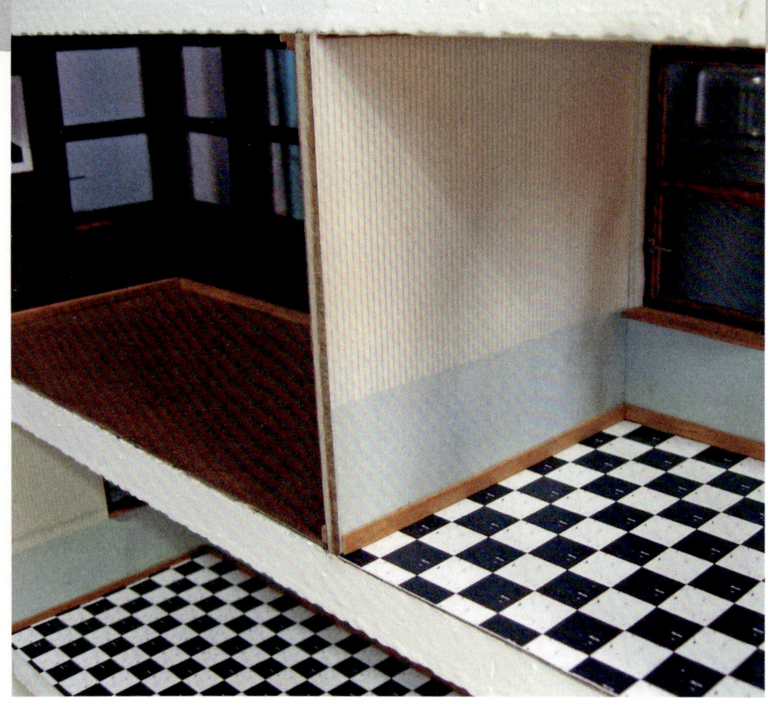

Eine Wissenschaft für sich

Ursprünglich als Vorzimmer gedacht, habe ich den an das Direktorenzimmer angrenzenden Raum lediglich als Flur gestaltet, um das Modell nicht mit einer Ballung detailreicher Raumthemen zu überfrachten. Wände und Boden des Flures sind analog zum Erdgeschoss gestaltet, eine Zwischenwand trennt Direktorenzimmer und Flur voneinander ab. Der ausgedruckte schwarz-weiß karierte Linoleumboden wurde zunächst mit Sprühkleber auf eine dünne Resopalschicht aufgeklebt und diese dann wiederum mit Weißleim im Gebäude montiert. Die Tapeten erhielten durch einen Überzug mit Ponalwasser leichten Glanz, wie man ihn von der klassischen Elefantenhaut kennt.

Nachdem die Böden verlegt waren, ergab sich ein intensiver Kontakt zum Rechtsnachfolger Armstrong DLW der Deutschen Linoleum-Werke AG. Ich erfuhr, dass Linoleum ein Naturprodukt ist und deswegen keine Fliese der anderen gleicht. Es gibt auch kein weißes Linoleum; als Naturprodukt ist das eher ein lichtes Grau. Vom Unternehmen bekam ich farbechte Aufnahmen passender Fliesen, die ich in Photoshop durch Verzerren, Spiegeln und Drehen so bearbeitet habe, dass in der seriellen Anordnung keine Wiederholung mehr auffällt. Der Unterschied zum vorigen Stand ist augenfällig – inklusive eingeritzter Fugen.

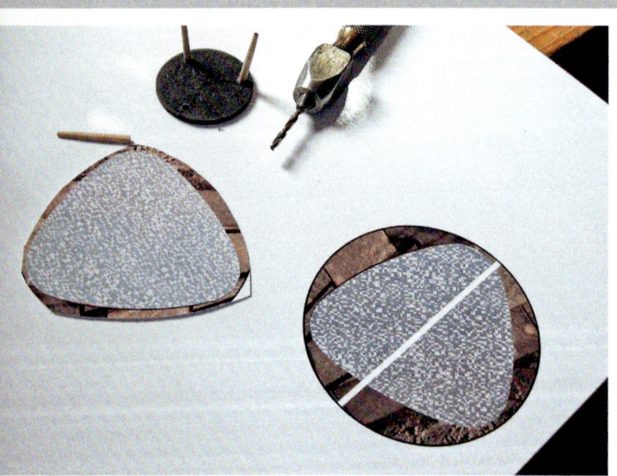

Beim Blumentisch fand ein rundes Kartonstück Verwendung, das als Abfall beim Lasern von Gullideckeln übrig geblieben war. Die Tischplatte habe ich mit Sekundenkleber getränkt, um die Löcher für die Füße sauber bohren zu können. Sie entstanden aus Zahnstochern, die auf dem Schleifteller verjüngt und entsprechend abgelängt wurden.

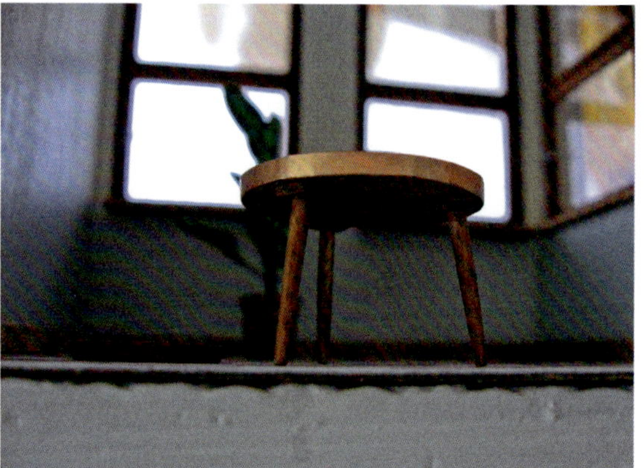

Die Verstärkungsplättchen auf der Tischunterseite sind ebenfalls aus Karton ausgeschnitten. Die Tischkante besteht aus selbstklebender Kupferfolie. Beine und Tischunterseite sind braun gestrichen und alle Teile mit weißer Schuhcreme eingerieben.

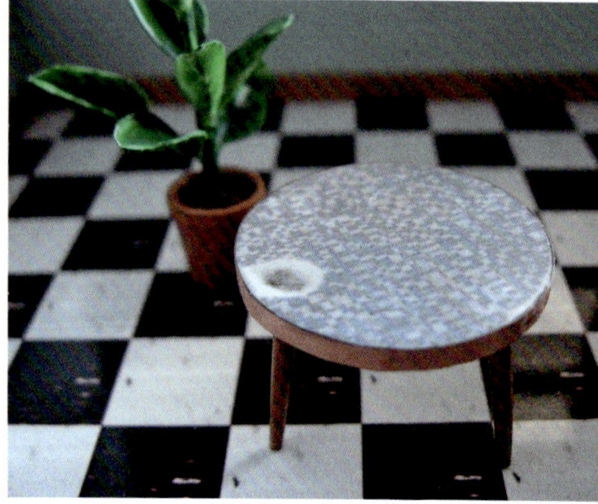

Die Aufnahme der Tischplatte habe ich in Photoshop entzerrt, auf Glossy-Papier ausgedruckt und ebenfalls mit Sekundenkleber verklebt und getränkt. Schleift man die Oberfläche nun, entstehen jene Scheuerstellen, die man vom Original kennt.

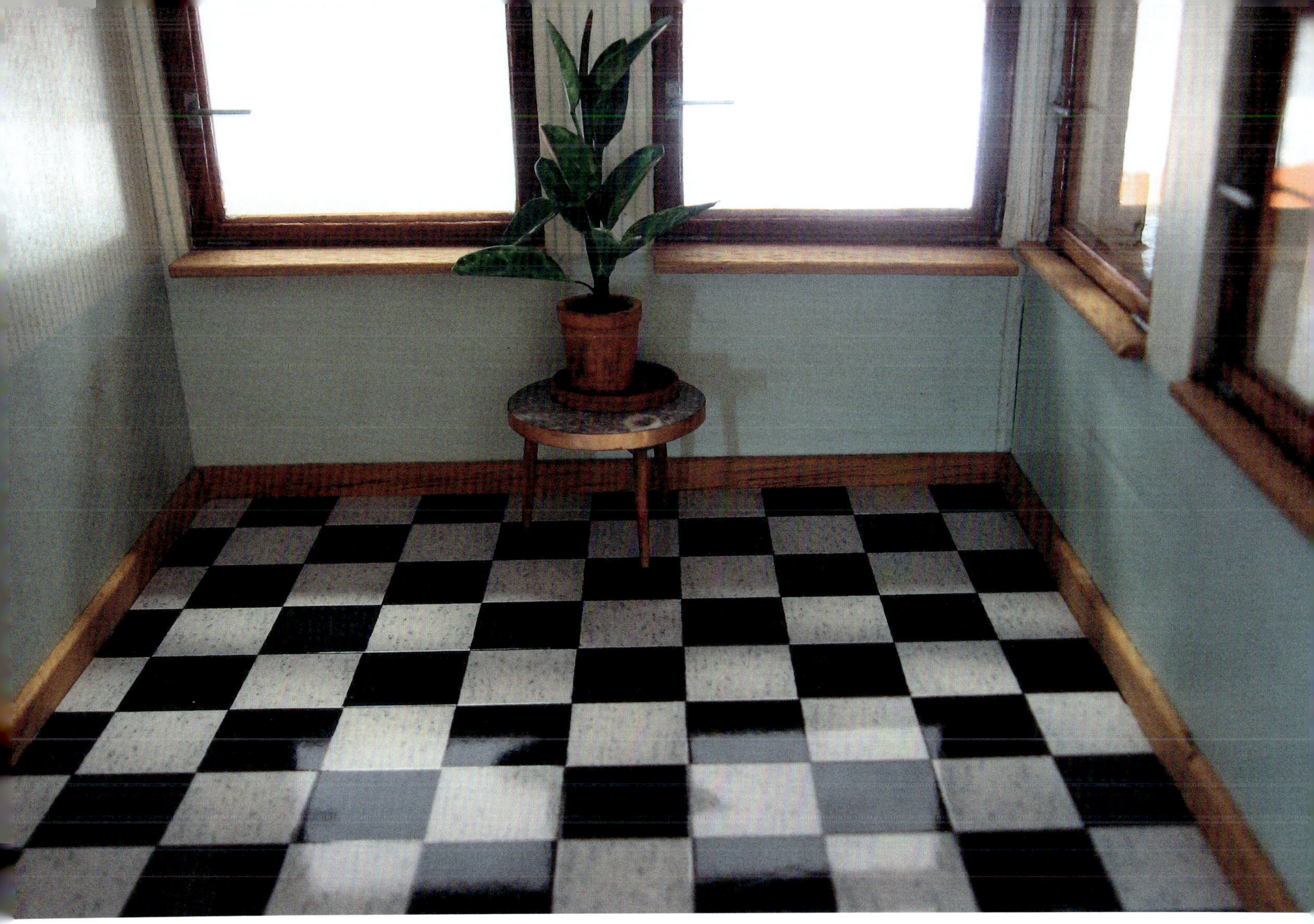

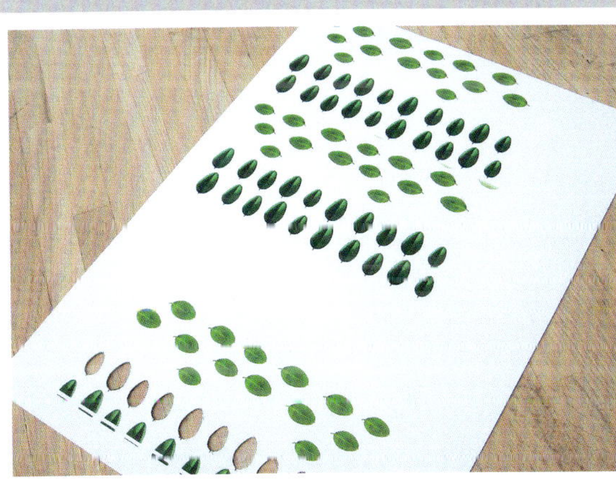

Für den Ficus habe ich Aufnahmen der Blätter auf die benötigte Größe skaliert und auf Glossy-Papier ausgedruckt.

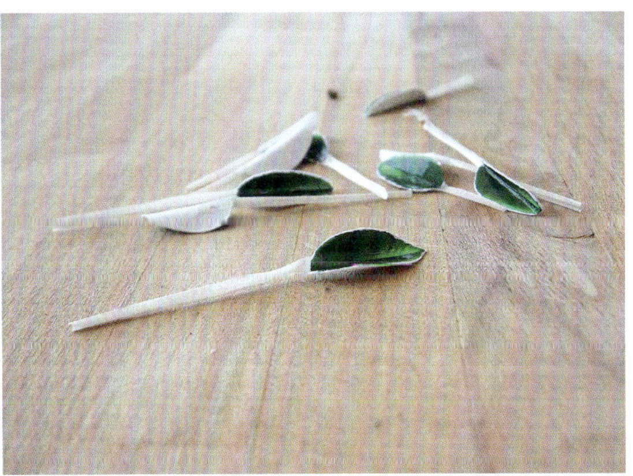

Gefalztes Zigarettenpapier bildet die Blattscheiden. Mit Sekundenkleber getränkt lassen sie sich auf das gewünschte Maß herunterschneiden. Die so vorbereiteten Blätter konnte ich dann an einen am oberen Ende zugespitzten Eisendraht kleben. Die Blattunterseiten und -kanten habe ich mit seidenmatter Acrylfarbe unter Nutzung der Pinselspuren gefärbt und den Spross mit roter Wasserfärbe getönt.

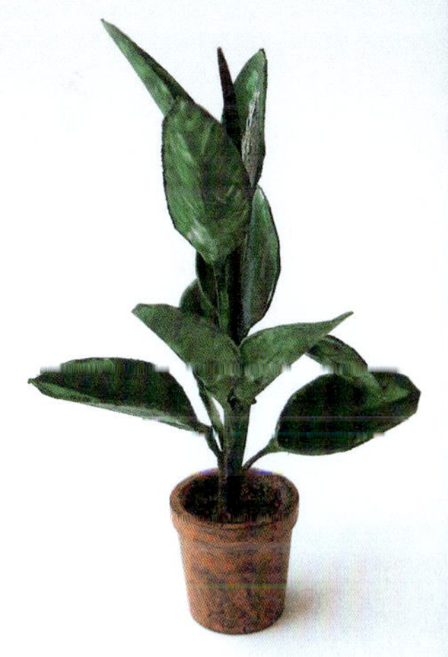

Der Blumentopf fand sich in einer Kiste mit 40 Jahre altem Plastikspielzeug. Ich habe lediglich am sichtbaren Rand die Wandstärke etwas reduziert und ihn mit Acryl- und Wasserfarbe behandelt. Der Untersetzer entstand aus einer Pappscheibe und der Stecklippe eines zweiteiligen kugeligen Feuerwerkskörpers als Umrandung.

06

Zeichensaal

Der über die gesamte Gebäudebreite reichende Raum im Erdgeschoss birgt einen elementaren Teil der Abläufe in einer Maschinenfabrik: eine Arbeitswelt, die vielleicht gerade deswegen, weil sie jenseits schwerer körperlicher Arbeit nicht den üblichen Vorstellungen industrieller Umfelder entspricht, umso reizvoller ist.

Ich hatte keine Ahnung, was es bedeutet, sich auf das vermeintlich Zwangsläufige einzulassen. Ich habe keinen Bezug zu Architektur oder Konstruktion und kannte Zeichentische nur noch vom Sperrmüll. Ich hatte auch nie vor, eine Konstruktionsabteilung ins Modell umzusetzen. Aber genau das ergab sich aus einer Entwicklung meiner Arbeit: die im Modellbau üblicherweise als Bühne dienende Kulisse zum eigentlichen Thema zu machen. Wo beginnt und wo endet ein Modell, wenn nicht an den räumlichen Grenzen des Dargestellten? Dieser Ansatz weg vom klar definierten Sujet führt zu einer Art thematischen Unschärfe, ein Effekt, den es genau so auch in der Fotografie gibt: neben dem eigentlichen Objekt steht bildfüllend das Ungemeinte und ist zwangsläufig Teil der Abbildung. Die Beschäftigung mit dem Zeichensaal markiert den Augenblick, in dem ich einen Begriff für das fand, was ich mache: fotorealistischen Modellbau.

Die Abwesenheit menschlicher Figuren erzeugt eine eindringliche Atmosphäre von Leere und Verlassenheit mit nahezu soghafter Wirkung.

Ab diesem Moment entstanden Aufnahmen jenseits der Dokumentation modellbauerischer Ergebnisse. Aufnahmen, die mit ihrer Menschenleere und Stille eine über die Miniatur hinausgehende Intensität entwickelten: Quiet earth.

Ein unglücklicher Zustand und eine glückliche Fügung

Leichthin hatte ich während des Baus des Gebäudes in den Foren geäußert, dass das Erdgeschoss das Zeichenbüro einer Maschinenbaufirma beherbergen könnte. Nachdem ich mich mit einem kargen Flur mit Pflanze und dem ebenso schlichten wie repräsentativen Büro mit Lampe durch das obere Stockwerk gemogelt hatte, gähnte mich das leere untere Stockwerk förmlich an.

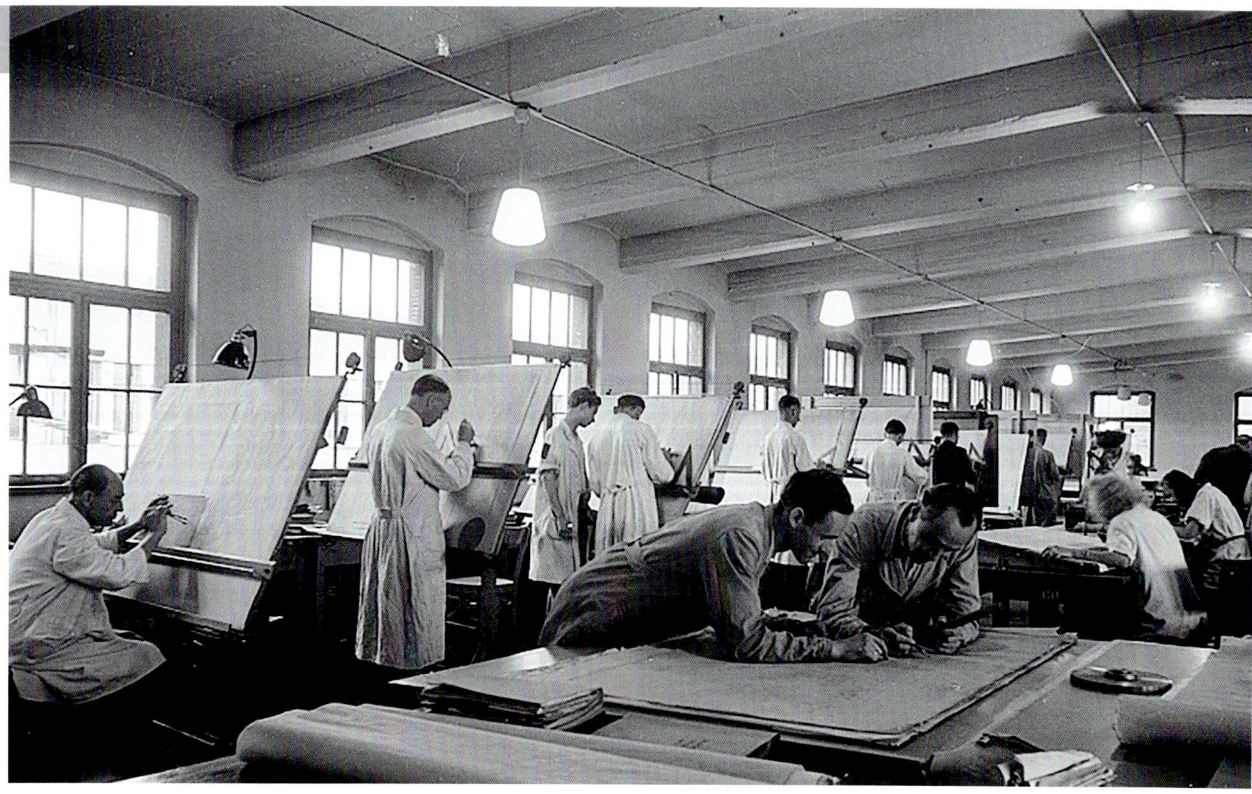

Foto: © SLUB Dresden / Deutsche Fotothek / Richard Peter sen

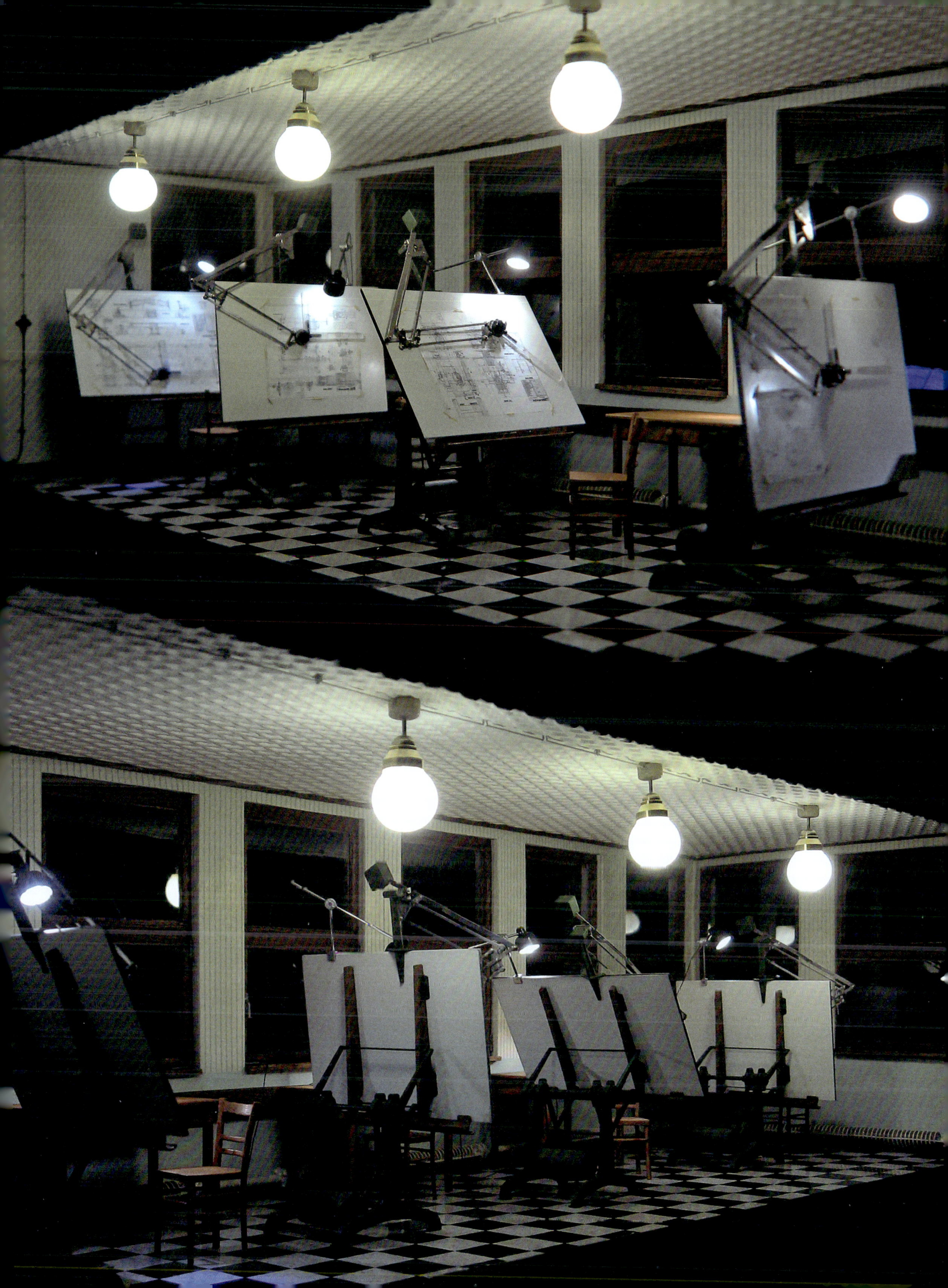

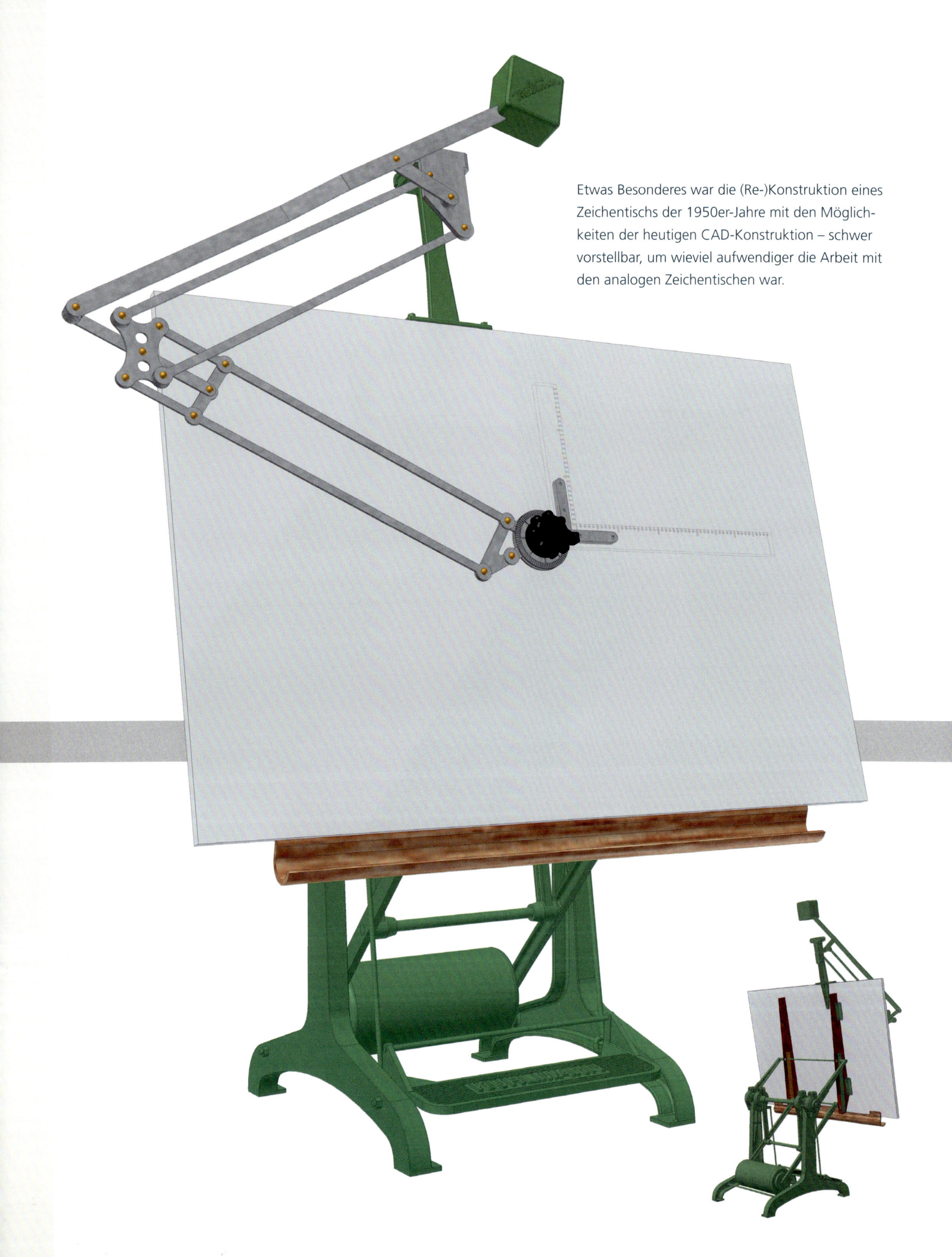

Etwas Besonderes war die (Re-)Konstruktion eines Zeichentischs der 1950er-Jahre mit den Möglichkeiten der heutigen CAD-Konstruktion – schwer vorstellbar, um wieviel aufwendiger die Arbeit mit den analogen Zeichentischen war.

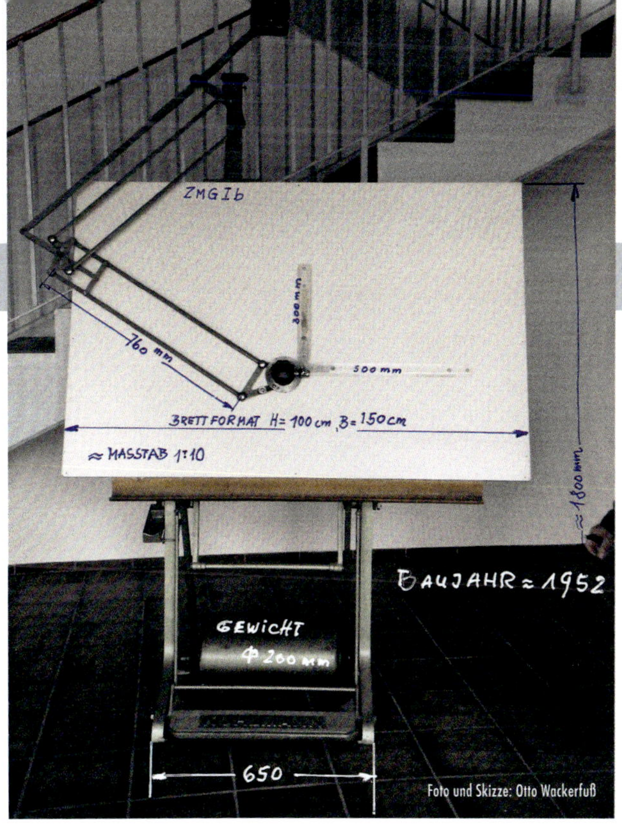

Foto und Skizze: Otto Wackerfuß

| Original > Modell

Irgendwie hatte ich mit dem Übungsmodul innerlich aber schon abgeschlossen. Leider gehören in ein Zeichenbüro der 1950er-Jahre keine PCs und Drucker, sondern Zeichenmaschinen, und die empfand ich als nachzubildendes Objekt ebenso schwierig, wie als notwendiges Übel wenig verlockend. Letzten Endes war der Zustand eines unfertigen Übungsmoduls jedoch so unbefriedigend, dass ich mich an die Umsetzung gemacht habe.

Zunächst wollte ich wissen, wie eine Zeichenanlage damals aussah. Der bundesweit führende und auch weltweit stark vertretene Hersteller war die Wilhelmshavener Firma Kuhlmann, deren Rechtsnachfolger KUHLMANN Werkzeugmaschinen + Service GmbH es heute noch mit Sitz in Bad Lauterberg/Harz gibt. Meine erste Anfrage richtete sich also an diese Firma, allerdings existierten dort aufgrund einer völlig neuen Ausrichtung auf CNC-Maschinen weder Pläne aus der früheren Zeit noch Mitarbeiter, die über entsprechendes Wissen verfügen. Immerhin erhielt ich die Adresse eines Ersatzteilhändlers, der die heute noch verbliebenen Zeichenanlagen betreut. Tatsächlich halten sich vor allem größere Unternehmen gerne einen »analogen« Arbeitsplatz vor, da das Entwerfen und Skizzieren auf Papier viel schneller geht, als im CAD. Aber auch dort konnte man mir keine Auskunft zu den Modellreihen dieser Zeit geben.

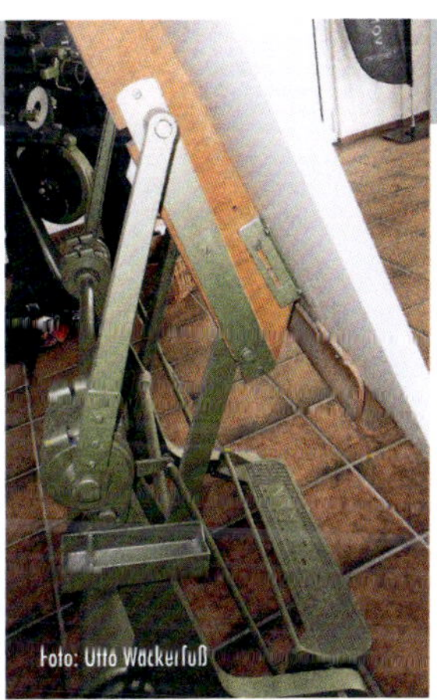
Foto: Otto Wackerfuß

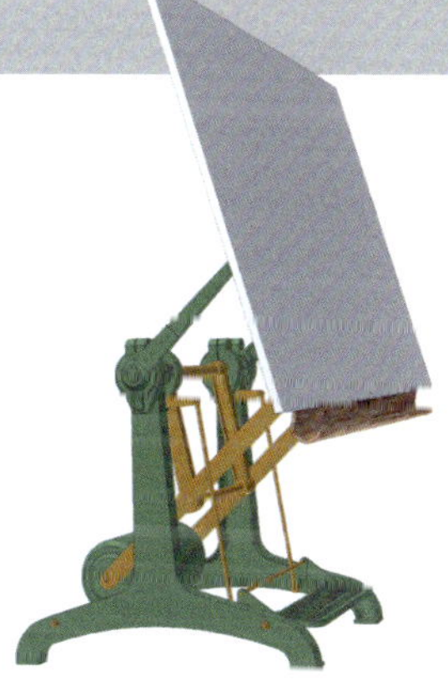

Mit Hilfe der vorliegenden Fotos und Bemaßungen ließ sich die CAD-Konstruktion erstellen. Schnell war mir klar, dass sich die Zeichenanlage funktionsfähig umsetzen lassen würde – das ist nicht abwegig, da ohnehin alle Teile einzeln konstruiert werden mussten. Dabei erschließt sich einerseits die Funktionsweise des Vorbilds und andererseits zeichnet sich schon frühzeitig ab, an welchen Stellen bewegliche Lagerungen ins Modell umsetzbar sind.

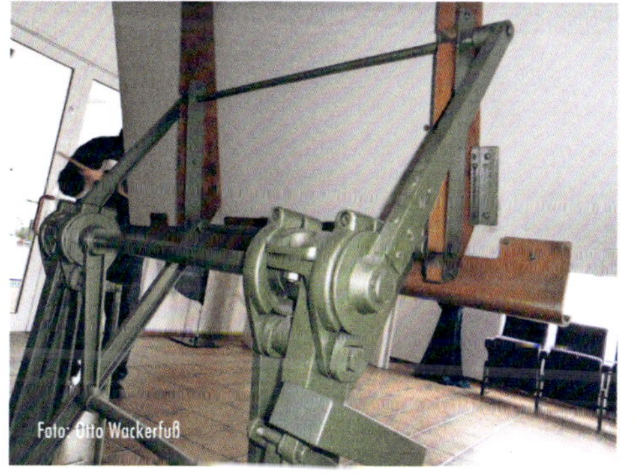
Foto: Otto Wackerfuß

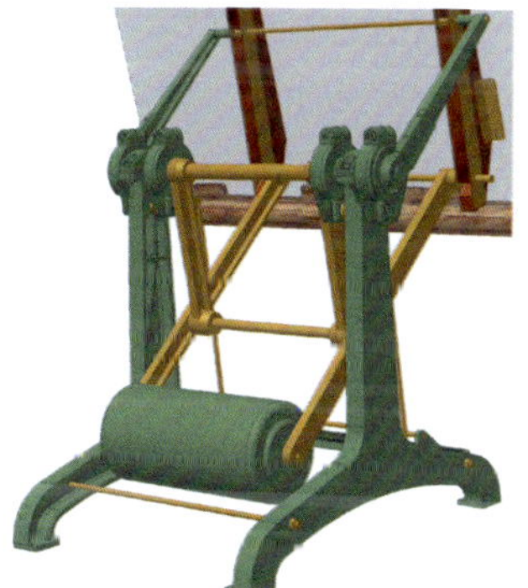

Gut zu erkennen ist der komplexe Aufbau des Hebelsystems mit dem Gegengewicht, das die Einstellung des Tisches in beliebigen Positionen zuließ. Eine Bremse, die über den Fußtaster betätigt wird, arretiert den Tisch in der gewählten Position. Auch letztere ist im Modell nachgebildet: da die beweglichen Teile schwergängig in den Lagern sitzen, konnte ich auf eine funktionsfähige Bremse verzichten.

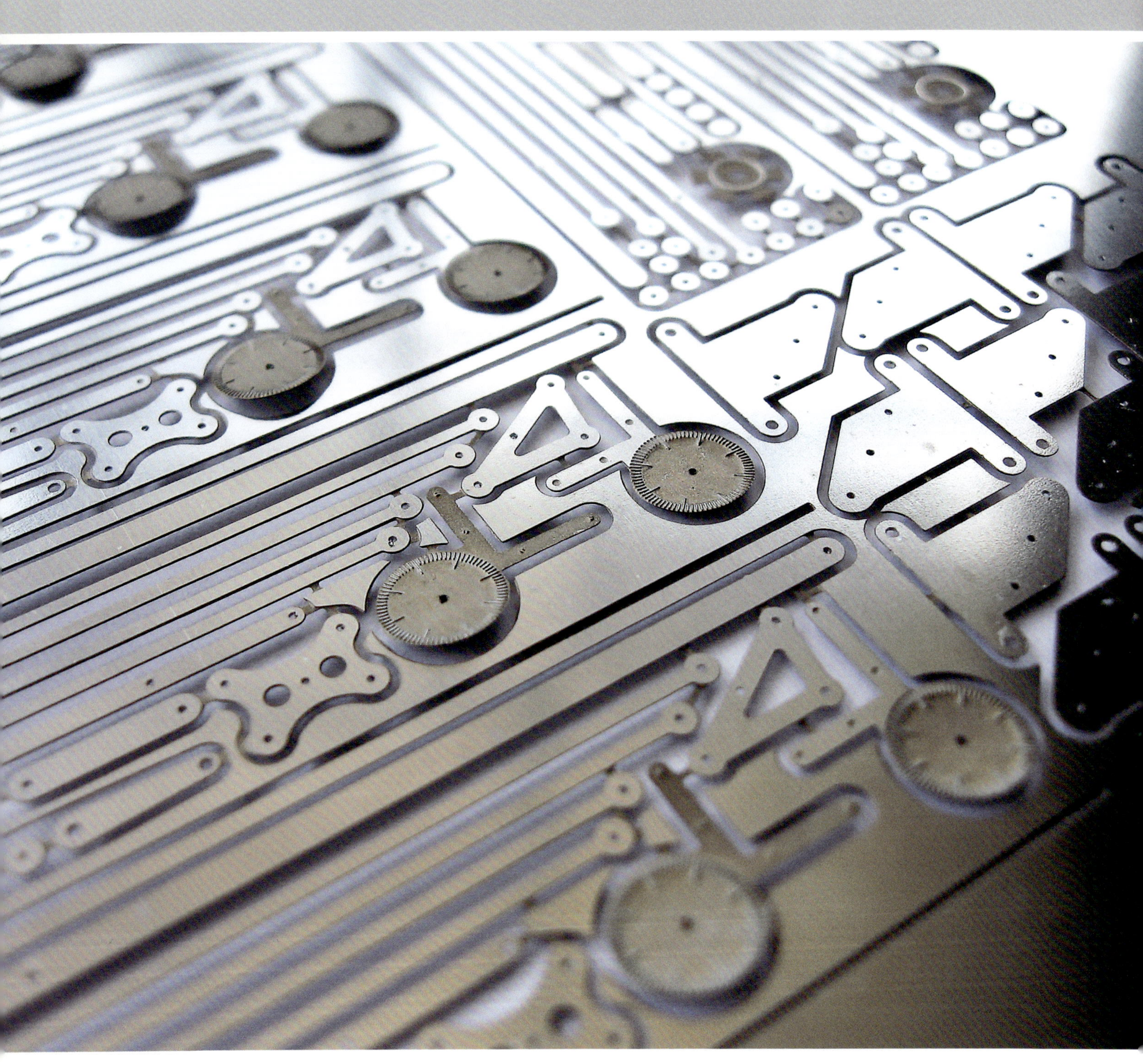

Die Ätzplatine aus 0,2 mm starkem Edelstahl mit den Bauteilen für mehrere Parallelogrammführungen – fast zu schön zum Zerschneiden.

Dafür bekam ich etwas viel Wertvolleres: Den Kontakt zu Otto Wackerfuß, einem Konstrukteur von Kuhlmann, der in den 1950er-Jahren Zeichenmaschinen konstruiert hat. Dessen Erstaunen darüber, dass jemand ein Modell einer Zeichenanlage bauen möchte, war wohl ebenso groß wie die Freude darüber, dass sich jemand für diese Art von Objekten und damit für das Thema seines Arbeitslebens interessiert. Von ihm habe ich aussagekräftig bemaßte Aufnahmen und Detailfotos einer museal in Wilhelmshaven erhaltenen Anlage bekommen, die perfekt in den gewählten Zeitraum passt und die sich aufgrund genau dieser Quellenbasis auch überhaupt erst zum Nachbau anbot. Das Projekt hat sich sehr lange hingezogen, aber das Ergebnis hinterlässt bis heute tiefen Eindruck bei Ausstellungsbesuchern.

Im Gegensatz zum »Chairman's Chair« (der englische Ausdruck klingt viel besser als »Direktorendrehstuhl«) war die Zeichenanlage überwiegend CAD-Arbeit. Ich hatte lediglich die Hauptabmessungen, alle weiteren Maße und auch Materialstärken musste ich aus den Fotos ableiten oder schätzen. Das hat es ebenso interessant wie aufwendig gemacht und es ist sehr viel Zeit in die Konstruktion geflossen, es war aber der richtige Weg, um zu mehreren identischen Objekten zu kommen.

3D-Druck als gangbarer Weg

Das Verfahren hat vielen Modellbauern Möglichkeiten eröffnet, die ihnen bisher mangels entsprechenden Maschinenparks verschlossen waren. Bei der Konstruktion der Zeichenanlage habe ich die gerade noch realisierbaren Wandstärken von 0,3 mm des im Jahr 2015 relativ neuen Frosted Extreme Detail von Shapeways zu Grunde gelegt und beim Rundmaterial auf leicht verfügbare Dimensionen geachtet: 0,5 mm, 1 mm und 1,5 mm starken Messingdraht. Die Druckteile fielen schon damals exakt aus, allerdings verlangten die Oberflächen intensive Nachbearbeitung, um die sichtbare Treppung zu beseitigen oder zu kaschieren, die besonders bei runden oder gewölbten Körpern deutlich zu sehen war. Heutige Consumer Geräte sind diesbezüglich mittlerweile viel weiter als die damaligen professionellen Maschinen.

| Funktionierende Parallelogrammführung

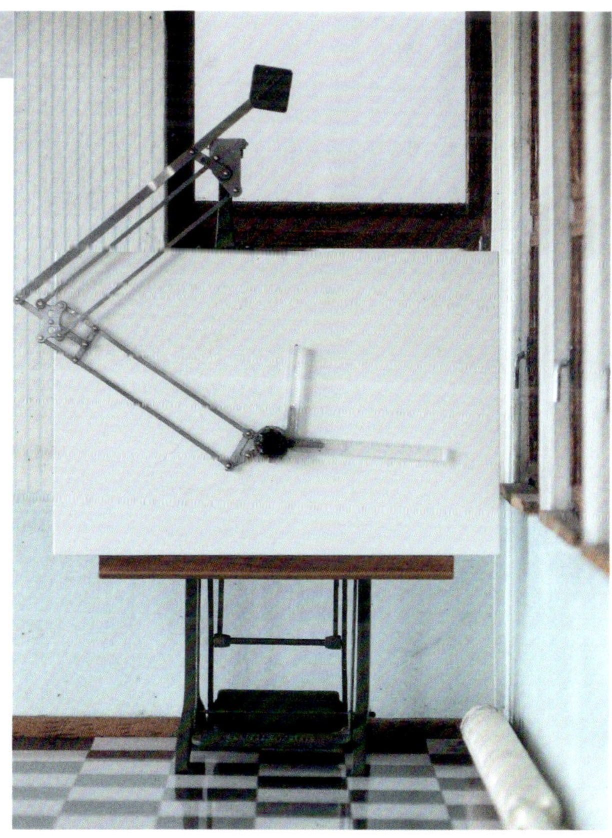

Der erste fertige Zeichentisch steht auf dem noch unzerkratzten Linoleum des Zeichensaals.

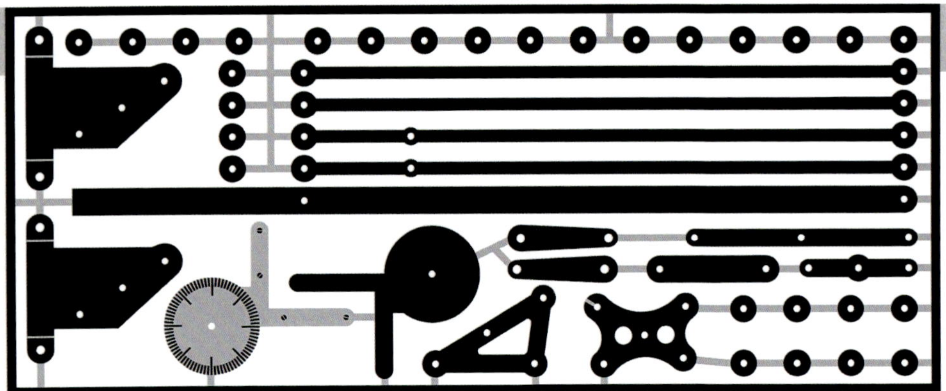

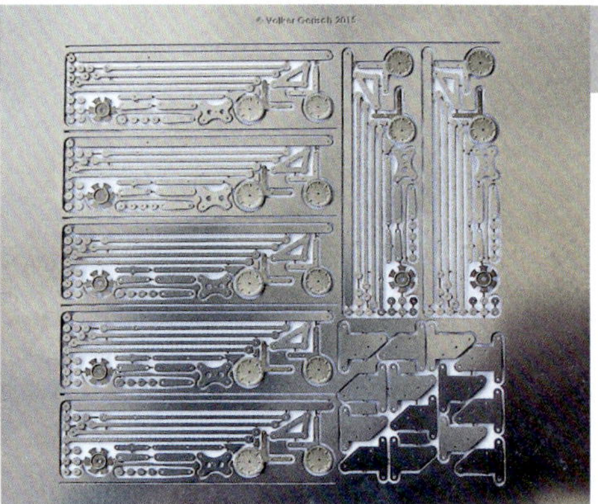

Der Bearbeitbarkeit von Oberflächen mit aufgesetzten, kleinen Details sind aber Grenzen gesetzt, da man sie mitsamt der unerwünschten Treppung wegschleifen würde. Deswegen habe ich bei Teilen, bei denen aufgrund der Geometrie entsprechende Nacharbeit zu erwarten war, solche Details später als Einzelteile ergänzt. Ein Beispiel dafür ist das zylindrische Gegengewicht, bei dem die Treppung auffällig war. Die dort anschließenden Gestellgestängeteile hätten sich auch zusammen mit dem Gewicht als ein Bauteil drucken lassen, dann aber die Nacharbeit erschwert oder unmöglich gemacht. So hatte ich bei den Gestängen ebene Oberflächen, die sich leicht bearbeiten ließen. Mutternimitationen aus Messing stellten dann eine auch mechanisch sichere Klebeverbindung der Teile her.

Das Maß aller Dinge

Da ich die Modelle in erster Linie zum Fotografieren baue, ist die maßstäbliche Umsetzung bis ins kleinste Detail von ausschlaggebender Bedeutung, denn schon eine zu große Wandstärke zerstört die Wirkung einer Makroaufnahme: So wurden die kleinen Blechwinkel, mit denen die Zeichenplatte am Gestell verschraubt ist, zur Herausforderung. Sie sind umgerechnet nur 0,1 mm dick, was drucktechnisch nicht umsetzbar war. Andererseits mussten Platte und die aufgesetzten Holzteile getrennt gefertigt werden. Das habe ich so gelöst: Sie sind insgesamt dicker ausgeformt, die Platte ist aber entsprechend tief ausgespart. Steckt man die Teile nun zusammen, bleibt nur der vorbildgerechte Überstand wie am anderen, mitgedruckten Schenkel übrig.

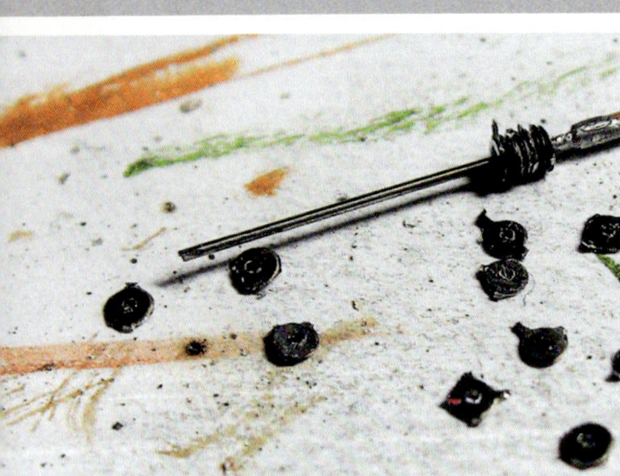

Damit sich die mehrlagigen Parallelogrammgestängeteile aneinander vorbei bewegen können, waren Unterlegscheiben als Abstandshalter erforderlich, die ebenfalls aus Edelstahl geätzt und auf der Platine enthalten sind. Bei der Gestaltung der Platine kommt es darauf an, möglichst viel der standardisierten Grundfläche zu nutzen und den Anteil der wegzuätzenden Bereiche gering zu halten.

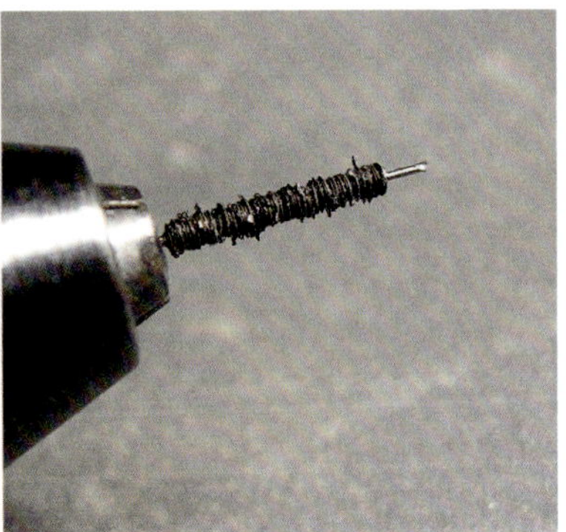

Es ist nahezu unmöglich, die Haltestege der Scheiben freihändig zu entfernen, da man die winzigen Teile kaum halten kann. Mit einem Trick lassen sich die Scheiben jeodch recht einfach glätten: Die Scheibenbohrungen haben 0,4 mm Durchmesser. Einen abgebrochenen 0,4-mm-Bohrer habe ich in ein feines Messingröhrchen gelötet, damit ich ihn im Dremel spannen kann, dessen Bohrfutter erst größere Durchmesser spannt. Auf den Bohrer fädele ich nun möglichst viele Scheiben auf und verklebe sie mit dünnflüssigem Sekundenkleber.

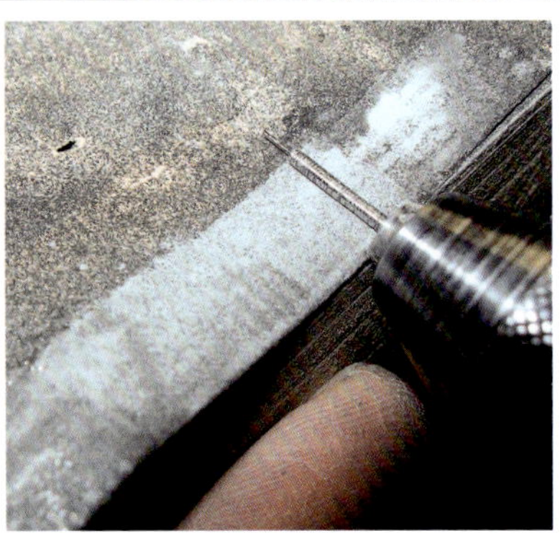

Nun lassen sich die Teile auf nassem Nassschleifpapier schleifen: so heizen sie sich nicht zu sehr auf, denn der Sekundenkleber löst sich bei Wärme. Sind die Scheiben verrundet, kann man mit einem Gasbrenner den Sekundenkleber verdampfen und die Scheiben lassen sich problemlos vom Bohrer herunterschieben. Es ist unerlässlich, bei diesen Arbeiten eine Schutzbrille zu tragen und für gute Lüftung beim Abflämmen des Klebers zu sorgen.

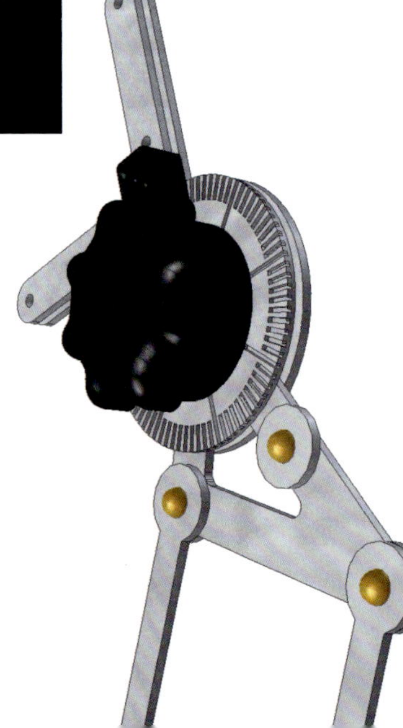

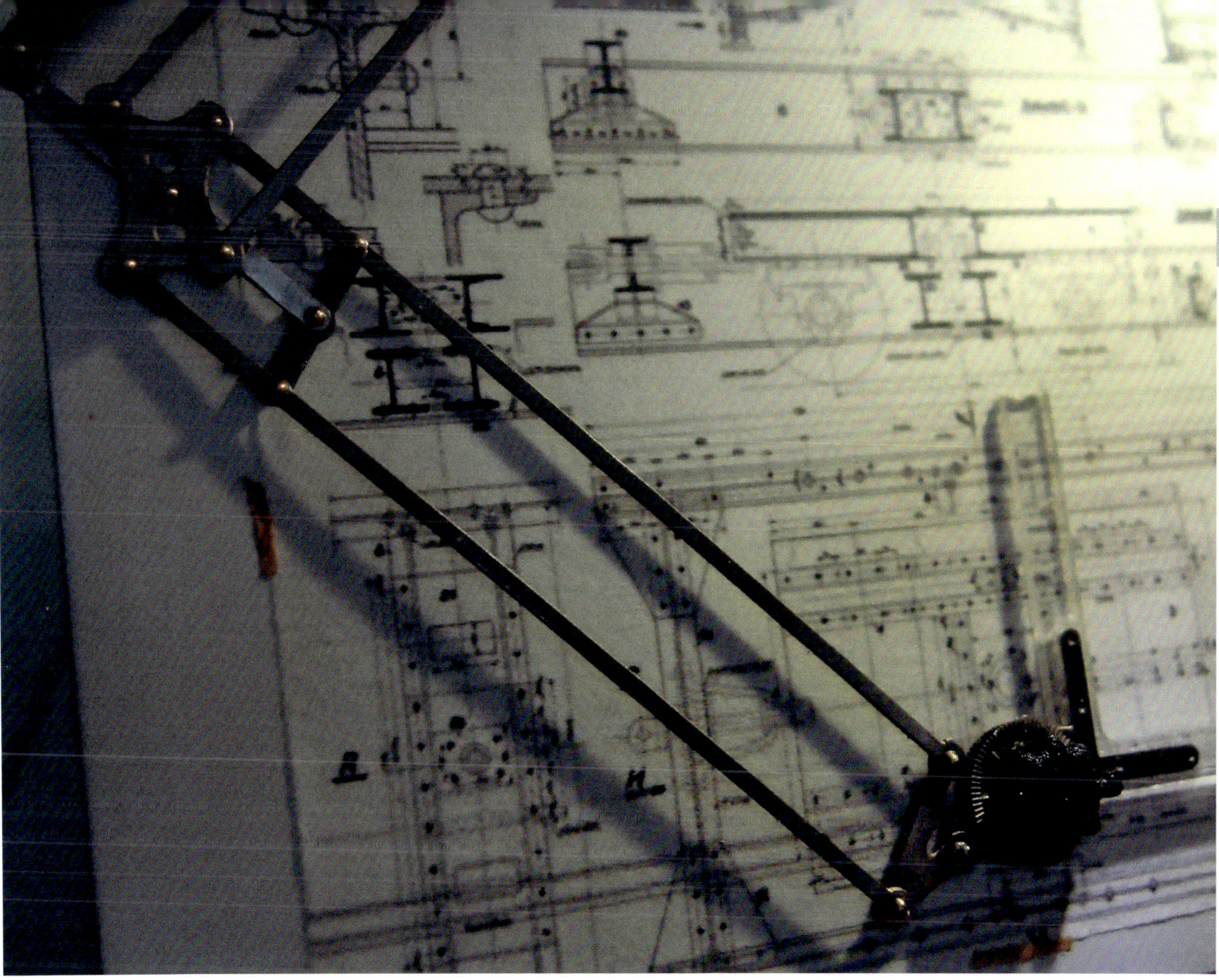

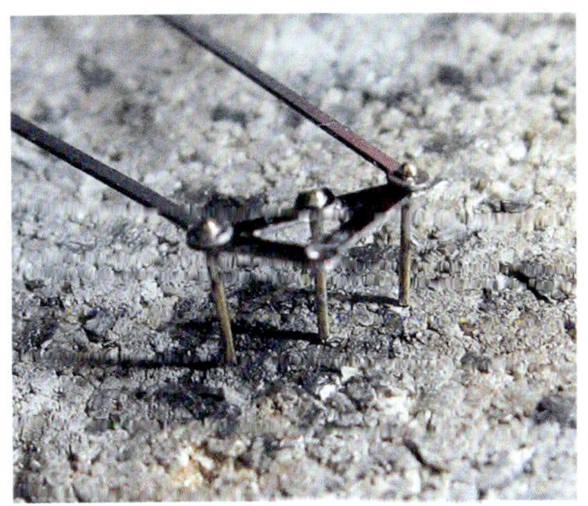

Die Voraussetzung für bewegliche Parallelogrammführungen ist die gemischte Verwendung von Edelstahl bei den Ätzteilen und Messing bei den Nieten, mit denen die Gestängeteile verbunden werden. Ich mache mir den Umstand zu Nutze, dass Edelstahl Lötzinn nicht mit gewöhnlichem Flussmittel annimmt, Messing hingegen schon. Für Edelstahl gibt es spezielle Flussmittel; ich verwende Griffon S39 RVS Inox.

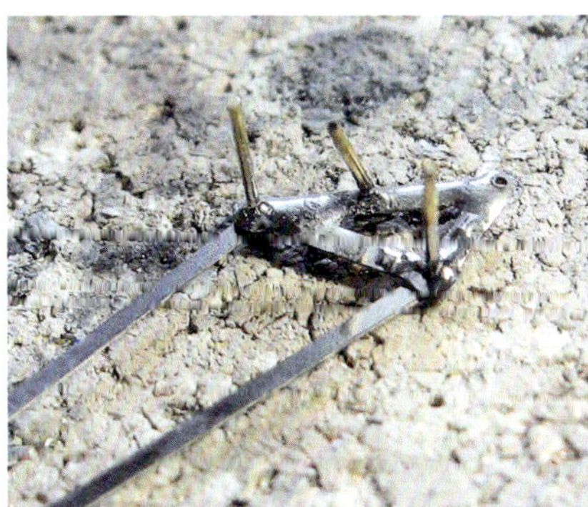

Zuerst habe ich die Rückseite des dreieckigen Edelstahlteils für die vorgesehene Gelenkstelle mit Hilfe des Inox-Lötwassers verzinnt und gleich anschließend unter reichlich fließend Wasser gesäubert. Die Bohrungen müssen nun nachgebohrt werden, da sie sich mit Zinn zugesetzt haben. Hier sind das verzinnte Dreiecksteil, die verbindenden Messingniete und die Gestängeteile bereits ineinandergesteckt. Der Niet wird nun mit gewöhnlichem Lötwasser eingepinselt: Beim anschließenden Löten verbindet sich das bereits auf dem Edelstahlteil haftende Zinn mit dem Messingniet, aber nicht mit dem unverzinnten vorderen Edelstahlteil.

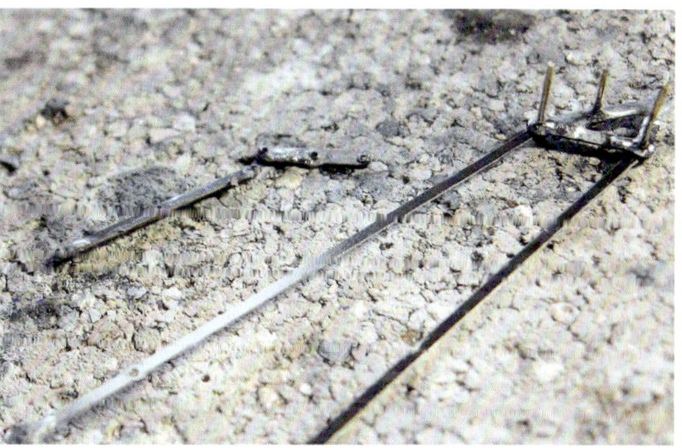

Teile, die kein Zinn abbekommen sollen, kann man zusätzlich mit einem Edding schwärzen. Das verhindert weitestgehend eine chemische Reaktion.

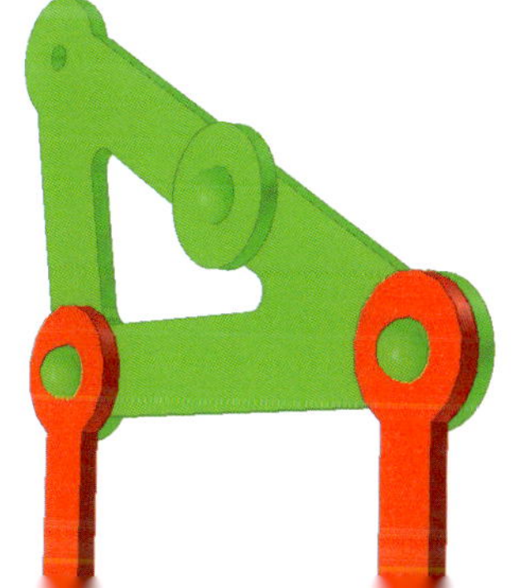

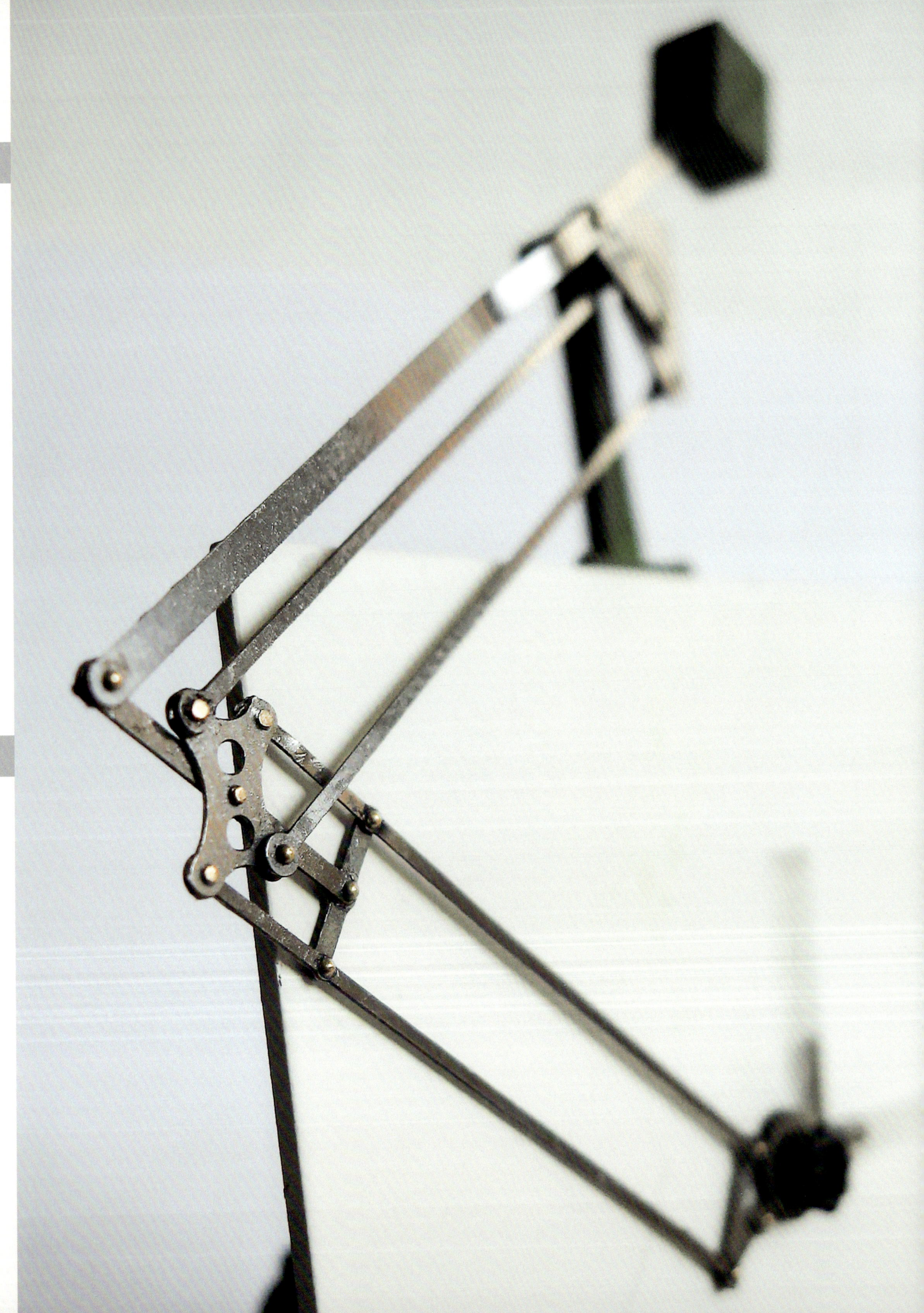

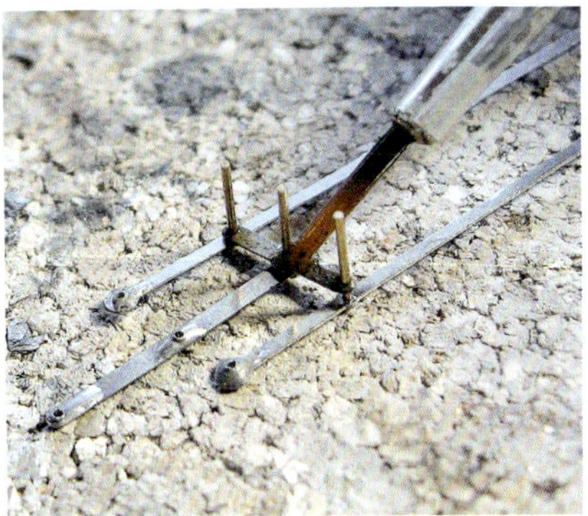

So arbeite ich mich Stück für Stück die Gestängeteile entlang. Hier wird ein weiterer Messingniet mit normalem Lötwasser eingepinselt.

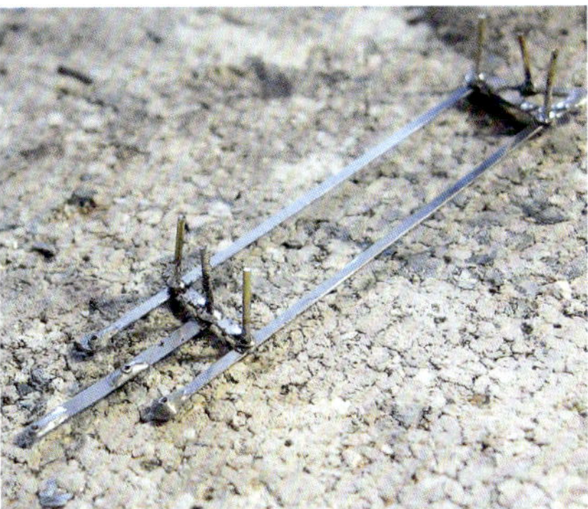

Die Bohrung des darunterliegenden halblangen Gestängeteils ist in diesem Fall das nicht vorverzinnte Teil – man muss vorab genau überlegen, welche Teile mit dem Niet verlötet werden.

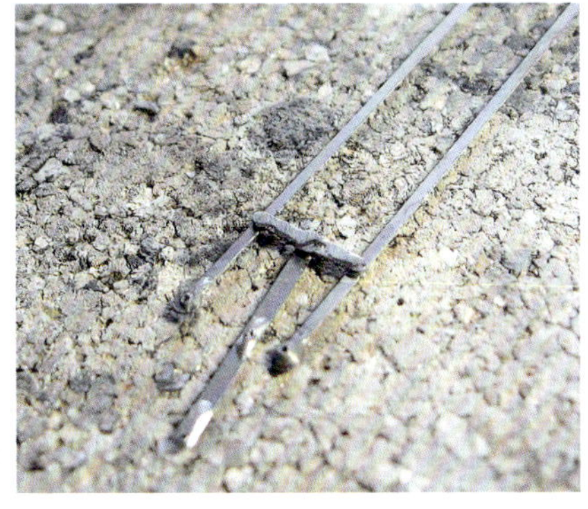

Die überstehenden Nieten habe ich abgelängt und die Oberfläche der Lötstelle vorsichtig mit dem Dremel verschliffen – gerade so viel, dass noch ausreichend Zinn stehen bleibt, um den Niet sicher zu halten. Da die Rückseite der Parallelogrammführung im eingebauten Zustand nicht sichtbar ist, reicht mir diese Bearbeitungsqualität aus.

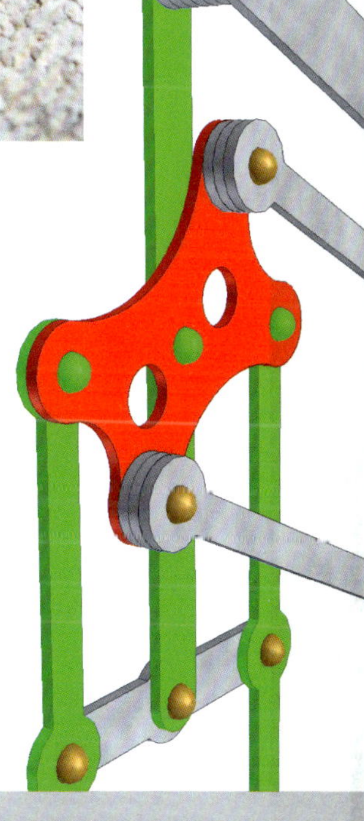

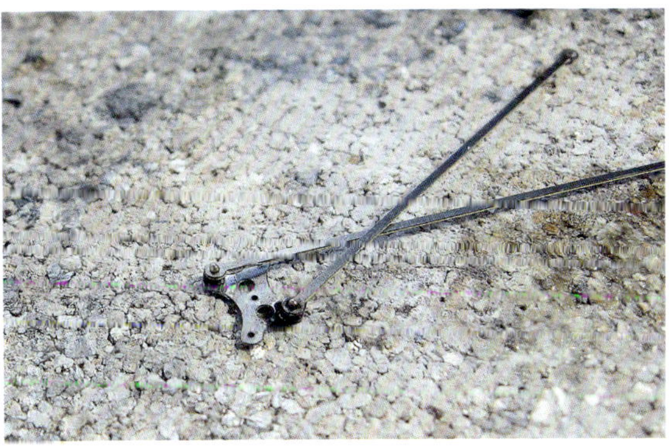

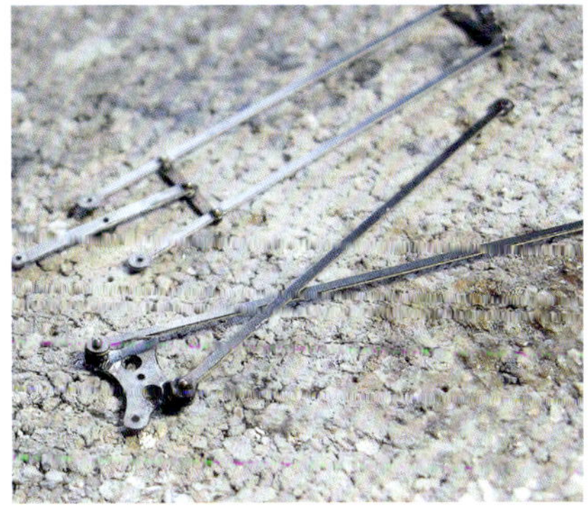

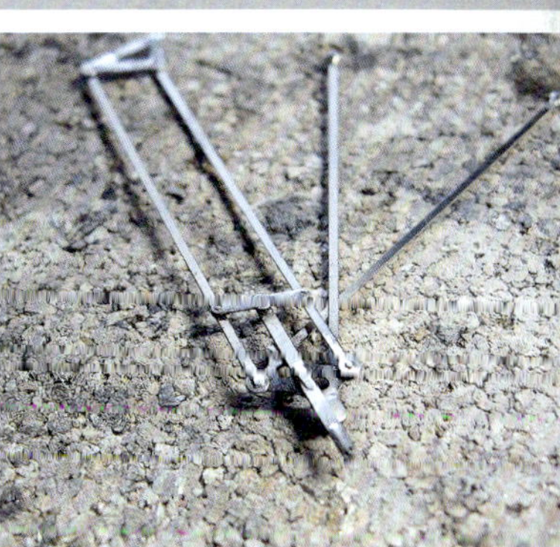

Die Unterlegscheiben in genau festgelegter Reihung und Anzahl sorgen datür, dass die verschiedenen Gestängeteile aneinander vorbeigleiten können.

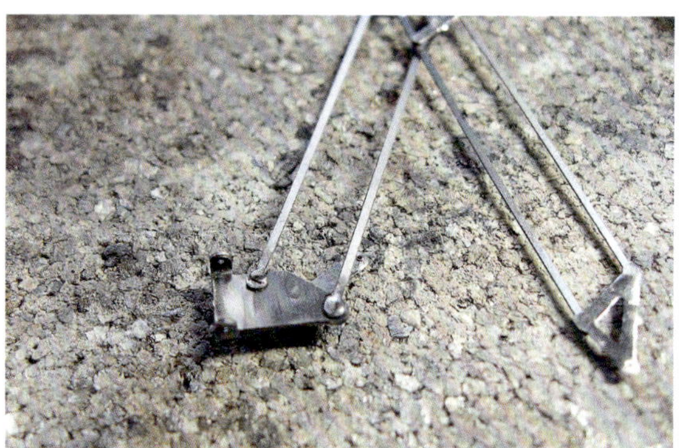

Der am so genannten Z-Bock befestigte klappbare Parallelogrammträger besteht aus zwei miteinander verlöteteten Lagen Edelstahlblech.

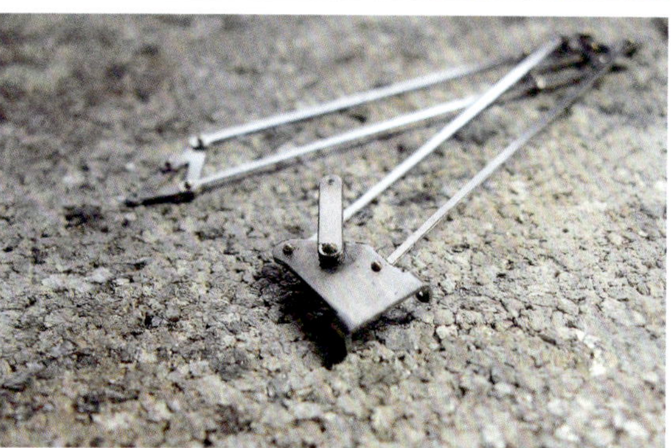

Während die Edelstahlteile wiederum nach der zuvor beschriebenen Methode beweglich verlötet werden, halten zwei in den Z-Bock eingeklebte Messingniete den klappbaren Parallelogrammträger beweglich. Der Z-Bock ist ebenso wie das kleine Gegengewicht mit dem Kuhlmann-Schriftzug ein Druckteil.

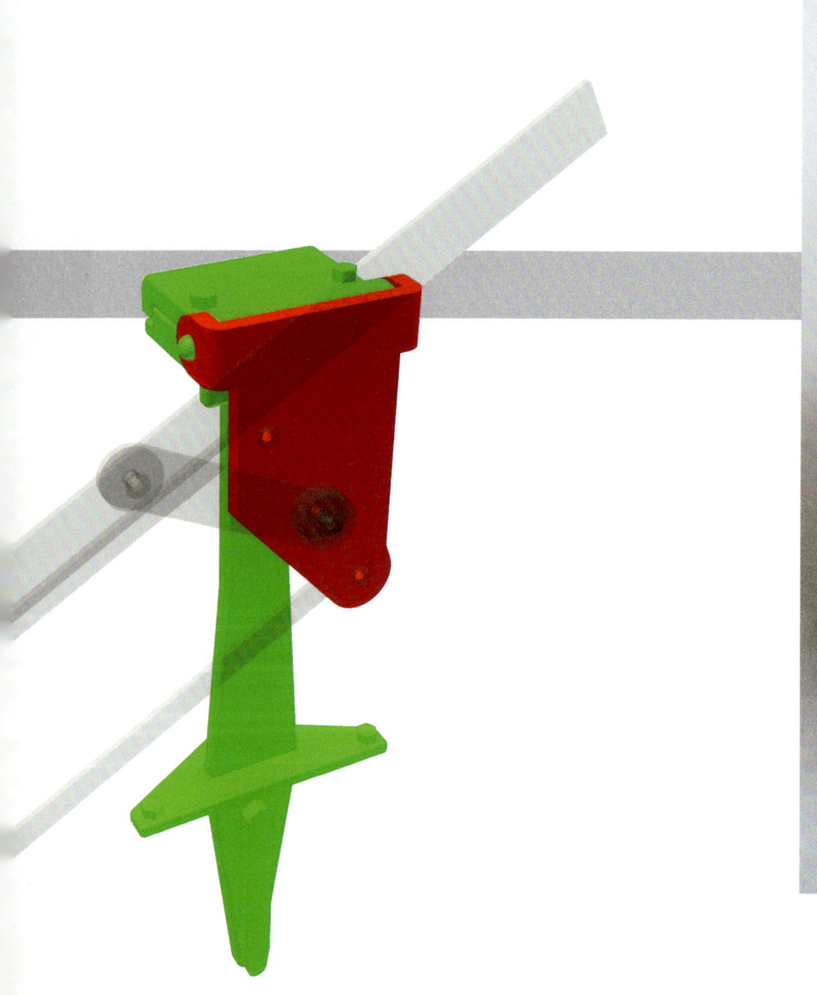

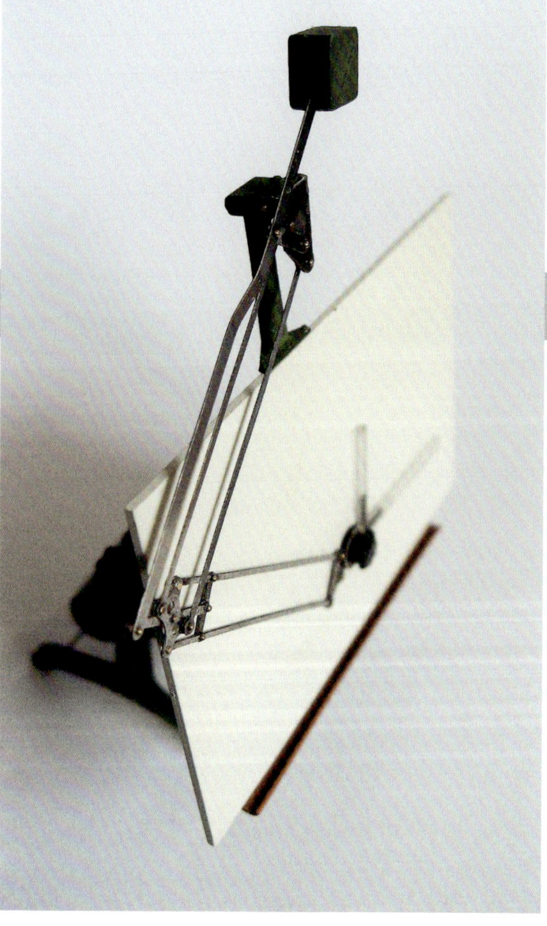

Die meisten Objekte zeigen sich in der Umsetzung weniger komplex, als ich sie zuvor wahrgenommen habe.

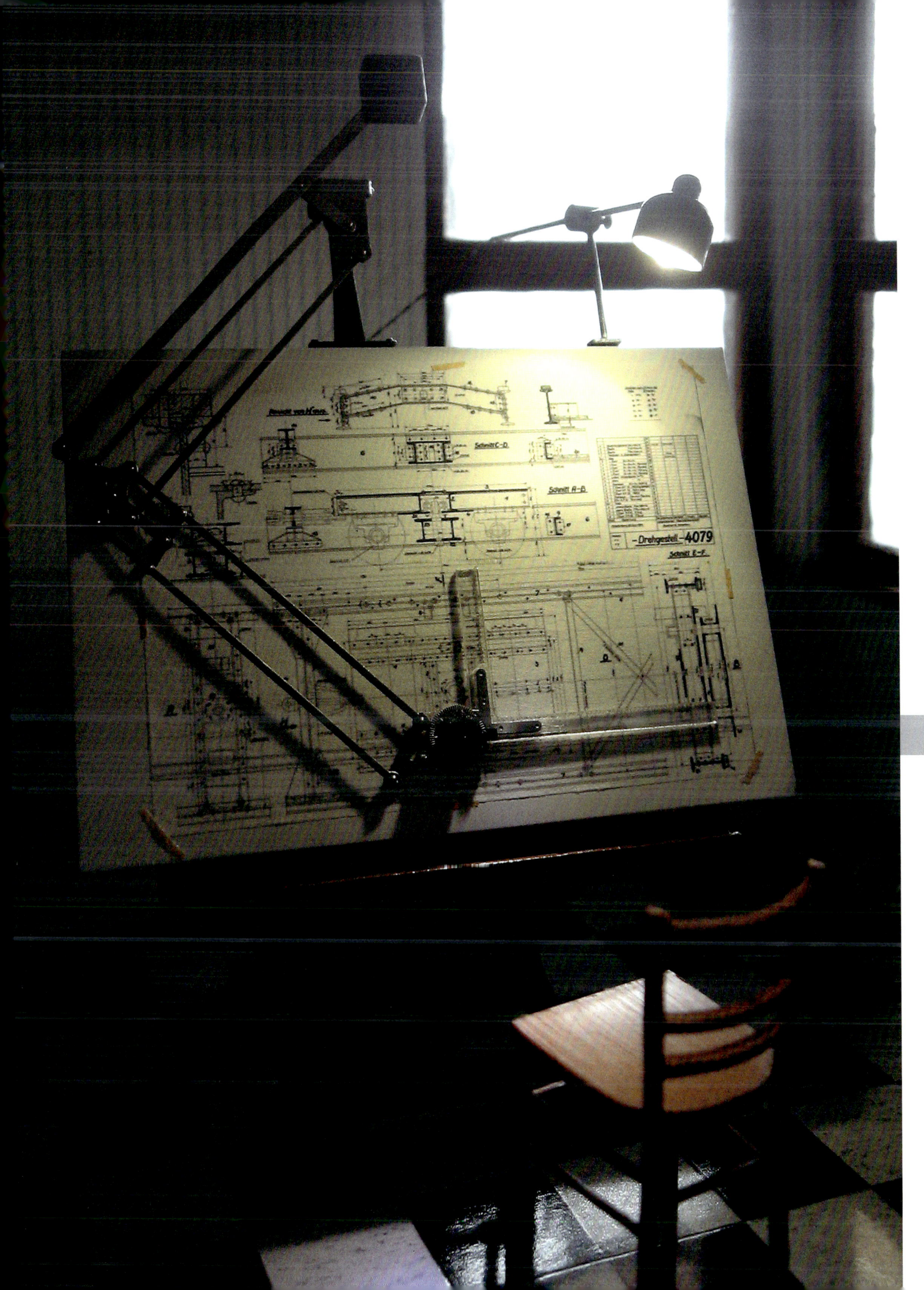
Schnitt C-D
Schnitt A-B
-Drehgestell-4079

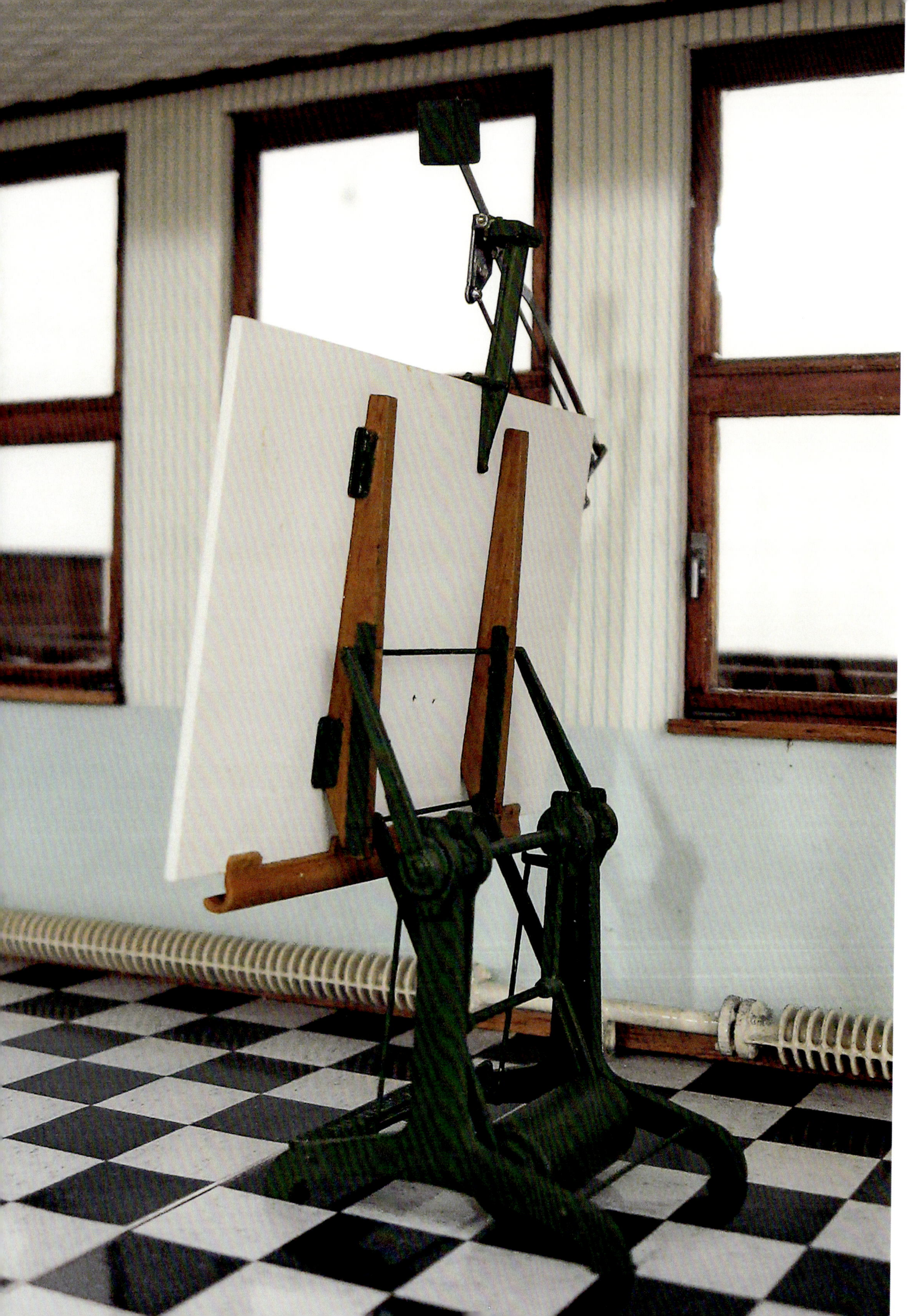

Auch das Lackieren wird durch diese Methode vereinfacht, weil die bereits lackierten Einzelteile lediglich montiert werden müssen und so keine Notwendigkeit besteht, die Tischplatte für das Lackieren der aufsitzenden Teile abzukleben. Das sorgt für scharfe Farbtrennkanten. Helmut Schmidt war es wiederum, der mir die Zeichenplatten als Frästeile anfertigte, da für deren Umsetzung der Druck nicht geeignet war. Auch der aus 0,5 mm Vivak gefräste Linealwinkel mitsamt Skale ist seine Arbeit; der Winkel enthält beidseitige Taschen für die Befestigungslaschen der dort zu montierenden Ätzteile.

Eine Wissenschaft für sich

Jedes Fertigungsverfahren benötigt eigene Dateiformate. Das CAD bietet die Möglichkeit, einerseits direkt dreidimensionale Formate wie *.stl und *.stp für den 3D-Druck auszugeben, aber auch zweidimensionale Vektorformate wie *,.dwg und *.dxf, die für das Fräsen oder Laserschneiden verwendet werden, aus denen sich aber auch in einem Grafikprogramm die Vorlagen für das Ätzen zusammenstellen lassen. So sind dann auch die Teile für die Parallelogrammführung und die Hebelchen der Arretierung als Edelstahlätzteile bei Ätztechnik Herbert Caspers GmbH & Co. KG entstanden.

Es ist eine Fehleinschätzung, dass man beim 3D-Druck »fertige« Teile bekommt. Die in meinem Fall in der Druckzusammenstellung angelieferten Bauteile müssen voneinander getrennt, im Ultraschallbad gereinigt und – wo möglich – geglättet werden. Im Fußtritt war ein Drahtstift mit 0,5 mm Durchmesser auf gesamter Länge einzuschieben. Die Bohrung wurde trotz der geringen umgebenden Wandstärken zwar sauber und maßhaltig gedruckt, es war aber etwas knifflig, den Draht in das zerbrechliche Bauteil einzufädeln, da die Bohrung mit Stützwachs vom Druckprozess gefüllt war, das sich mit einem Bohrer schlecht entfernen lässt. Ich fand dann heraus, dass das Drahteinschieben gut funktioniert, wenn ich das Druckteil dabei unter heißes Wasser halte, da das Wachs dann weich wird und sich ohne größeren Widerstand herausdrücken lässt. Die als Gelenk dienenden Drahtstücke habe ich mit Hilfe des Tiefenmessers des Messschiebers und einem watenfreien Seitenschneider exakt abtrennen können. Die Drahtteile für das Fußtrittgestänge waren etwas aufwendiger, ließen sich aber trotz der erforderlichen Wiederholgenauigkeit ebenfalls mit einfachen Mitteln herstellen.

Gestellorchester

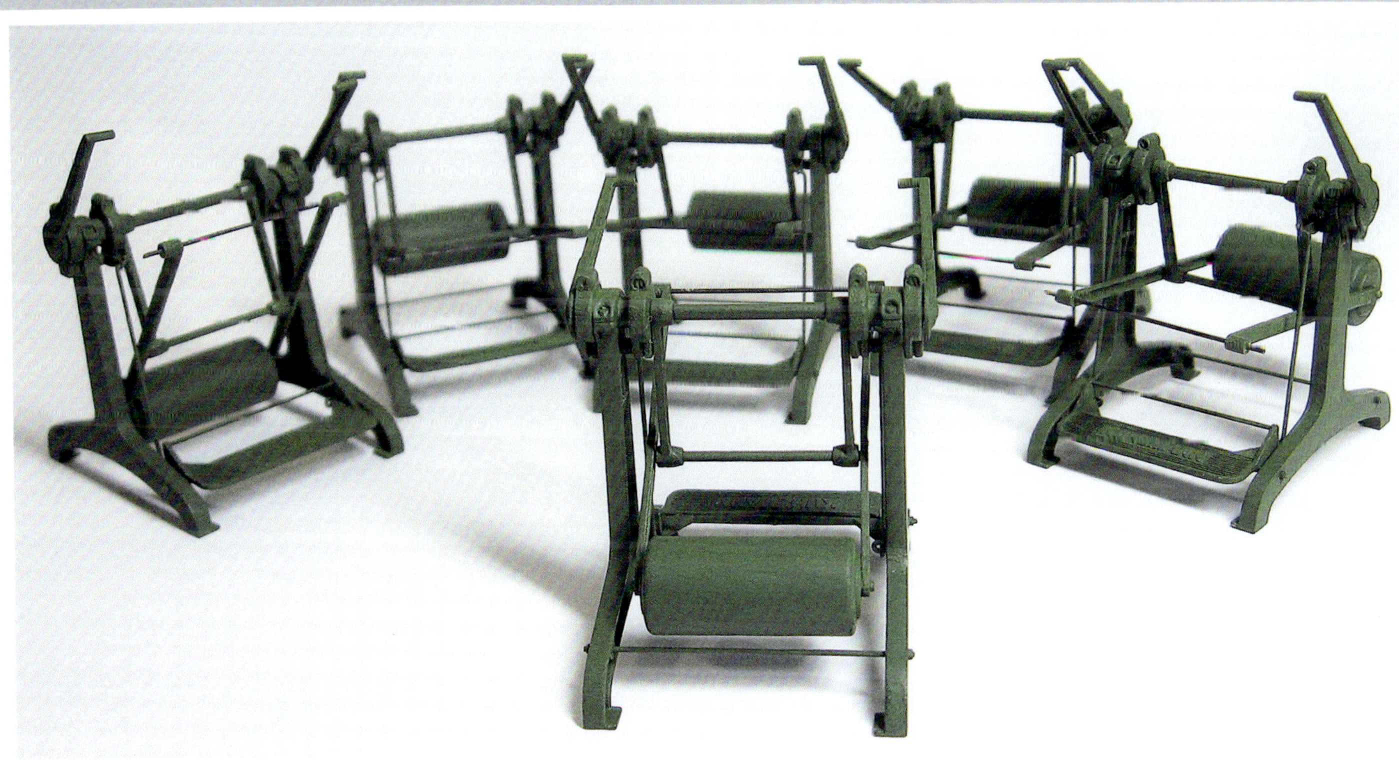

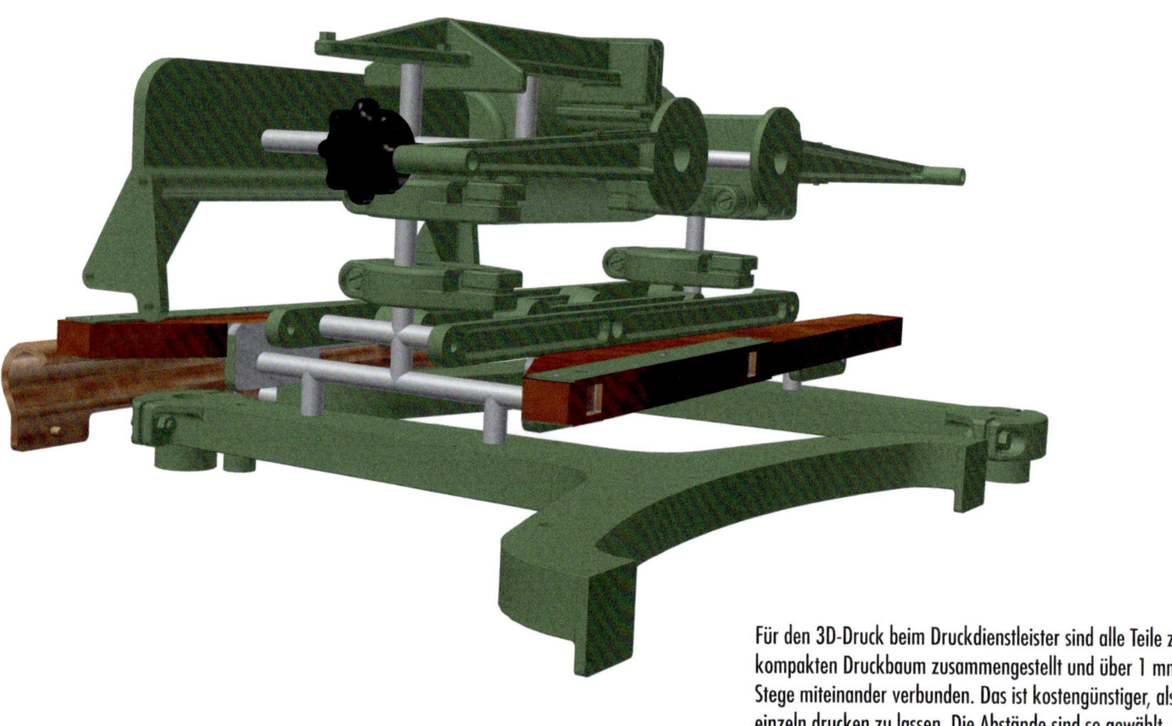

Für den 3D-Druck beim Druckdienstleister sind alle Teile zu einem kompakten Druckbaum zusammengestellt und über 1 mm starke Stege miteinander verbunden. Das ist kostengünstiger, als die Teile einzeln drucken zu lassen. Die Abstände sind so gewählt, dass ich die Teile mit einem kleinen Seitenschneider trennen konnte; für den Druck wären Abstände von wenigen Zehnteln ausreichend.

| 3D-Druck in Varianten

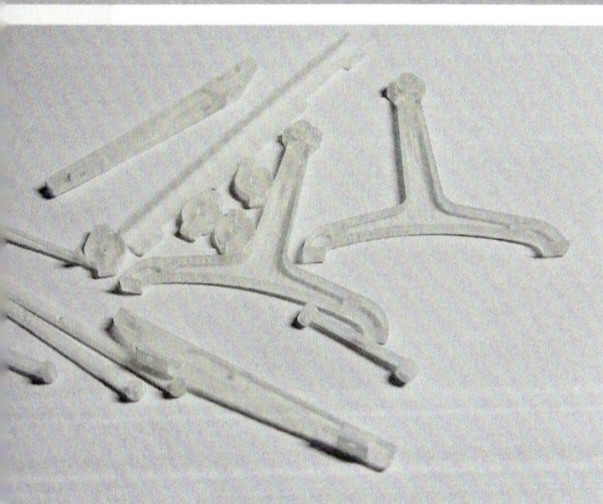

Die transparenten Druckteile aus dem FXD-Material von Shapeways lassen die feinen Wandstärken gut erkennen, sind aber sehr empfindlich.

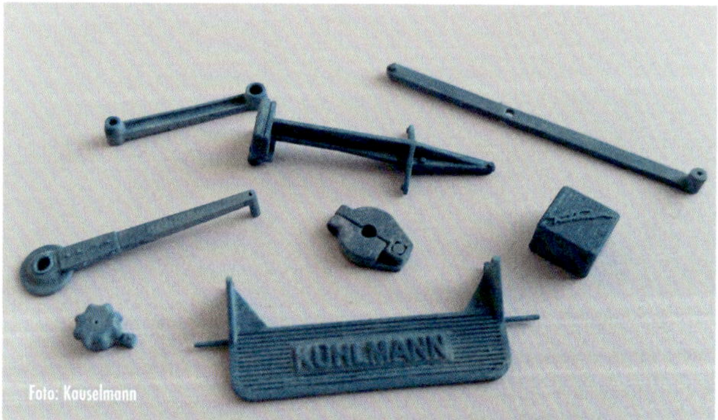

Foto: Kauselmann

Dem Wunsch nach einem Bausatz des Zeichentischs habe ich später in Form eines Messingbausatzes entsprochen, für den alle Teile noch einmal neu an die in diesem Verfahren umsetzbaren Wandstärken angepasst werden mussten. Die Teile wurden dann bei der Schmuckgießerei Kauselmann in Pforzheim in Wachs ausgeplottet, in Silikon abgeformt und anschließend im Wachsausspritzverfahren in Messing gegossen.

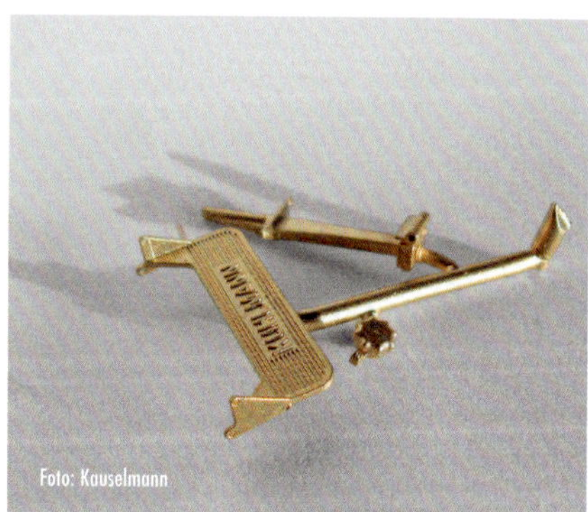

Foto: Kauselmann

Die Wachsplots wurden von der Gießerei abhängig von Größe und Volumen mit gusstechnisch gesehen gleichartigen Teilen zu Gussbäumen zusammengesetzt – hier sind das Fußtritt, Linealgriff und Z-Bock – und erst dann abgeformt.

Zeichenanlage 2.0

Die Bauweise mit den teilweise verklebten, teils aber auch nur straff ineinandergesteckten Teilen reichte aus, um das Zeichenanlagengestell beweglich zu machen – genug, um die Anlagen in beliebiger Ausrichtung zeigen und fotografieren zu können. Letzten Endes sollten es aber Standmodelle sein, die ich nicht ständig vorführen würde. Dafür war das spröde FXD-Material trotz der schwierigen Montage der zerbrechlichen Teile ausreichend. Als dann von verschiedenen Seiten der Wunsch nach einem Bausatz an mich herangetragen wurde, habe ich zunächst abgelehnt, da ich mir die Nachlieferung von bei den Bestellern zerbrochenen Druckteilen nicht antun wollte. Dazu musste eine andere Lösung her: ein Messingbausatz.

Das gesamte Gestell der Anlage habe ich dafür noch einmal umkonstruiert, da im Feinguss Wandstärken erst ab etwa 0,6 mm zuverlässig und damit auch für den Dienstleister wirtschaftlich sinnvoll umsetzbar sind – ein Kompromiss, den ich für meine eigenen Bauteile nicht einzugehen brauchte. Zu diesem zusätzlichen Konstruktionsaufwand kam die Erstellung einer umfangreichen und reich bebilderten Bauanleitung, die den Bestellern Schritt für Schritt den Bau des Gestells, vor allem aber auch die Umsetzung des beweglichen Parallelogramms ermöglichen würde.

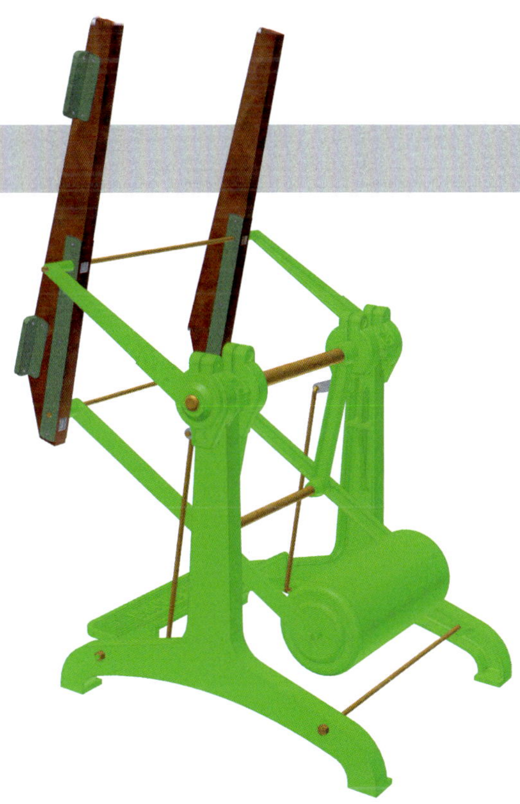

In dieser Darstellung sind die Bauteile dem Material entsprechend eingefärbt. Die Druckteile sind grün, die Bremshebel aus Edelstahl grau und die Verbindungsstangen messingfarben dargestellt.

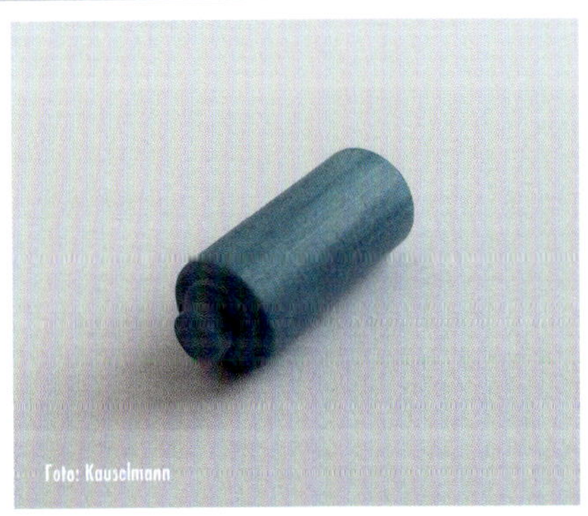

Foto: Kauselmann

Im Guss sind vermeintlich einfache Teile oftmals schwierig umzusetzen. Das Gegengewicht hat ein ungünstiges Volumen-Oberflächenverhältnis, und außerdem wollte ich den Anguss am Ende haben und nicht auf der runden Fläche, wo er sich schlechter entfernen lässt, allerdings zieht dann unter Umständen das abkühlende Metall Material aus dem Zylinder und nicht aus dem Gussast nach, wodurch die Seiten leicht einfallen können. Solche Detailfragen klärt man am besten vorab mit der Gießerei.

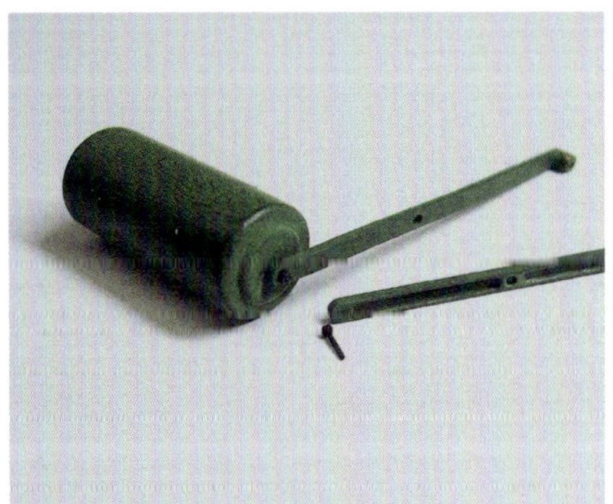

Derartige Schwierigkeiten gab es bei den ursprünglichen Kunststoffdruckteilen nicht – dafür sind sie sehr empfindlich. Die Abbildungsschärfe reichte noch nicht aus, um die Schraubverbindung sauber zu drucken, deswegen stellen hier Schraubenimitationen aus Messing die Verbindung zwischen Gewicht und Gestängeteilen her. Auch die Oberflächen waren ohne Nachbearbeitung nicht für meine Zwecke verwendbar.

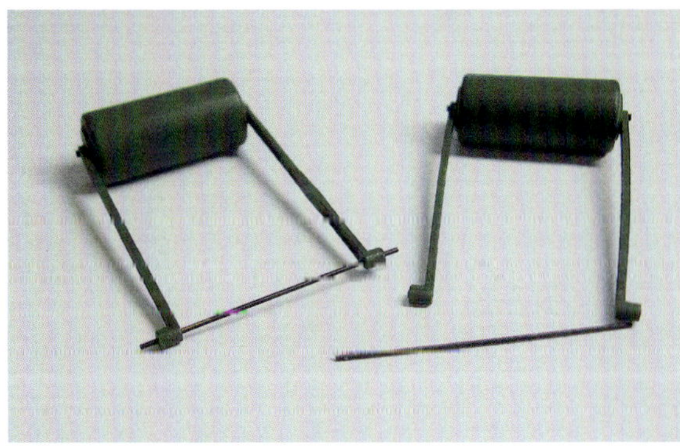

Die Bohrungen wurden gleich mitgedruckt und fielen erstaunlich passgenau aus. Hier habe ich 0,5 mm dicken Stahldraht zur Verbindung der beiden Gestängeteile verwendet.

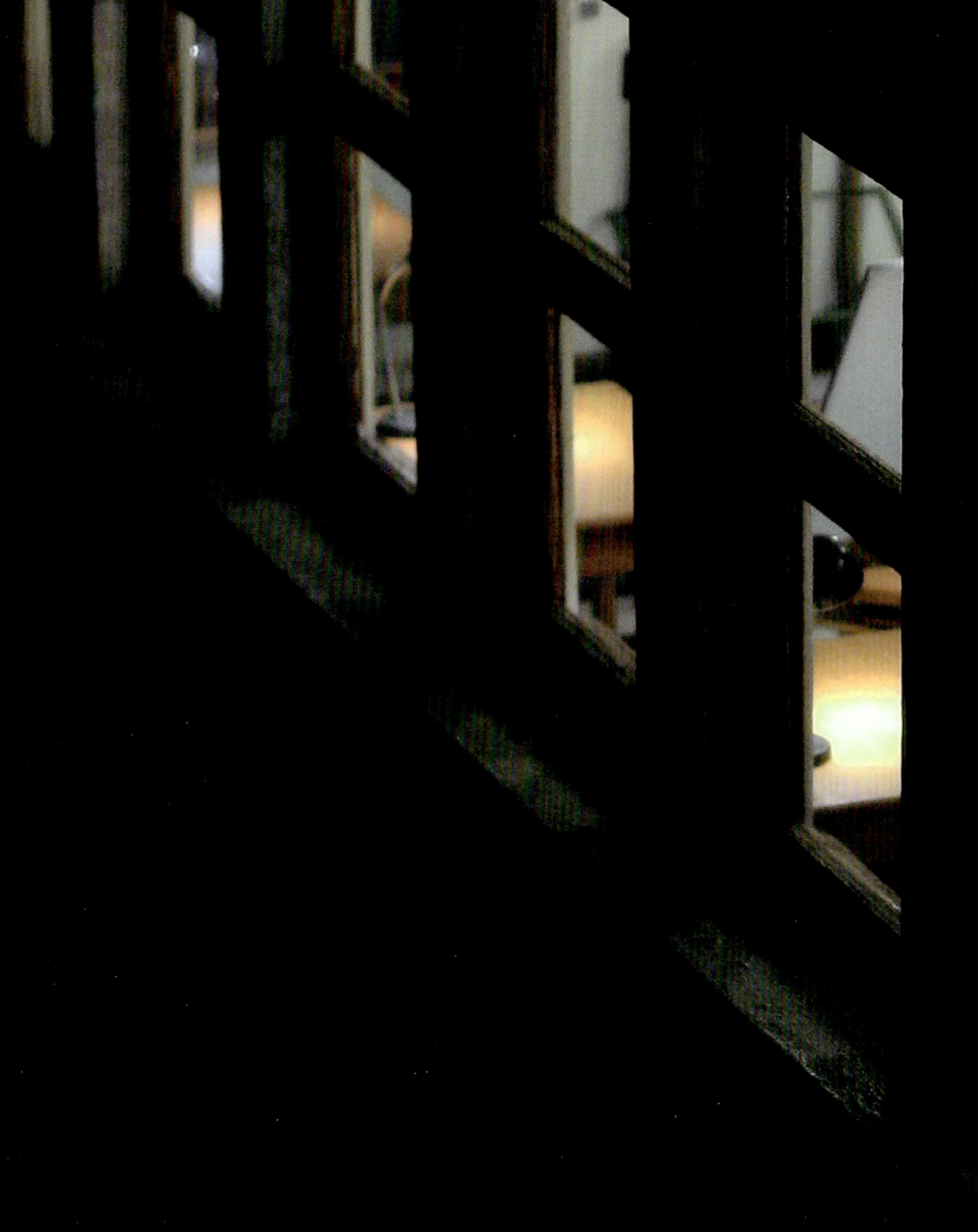

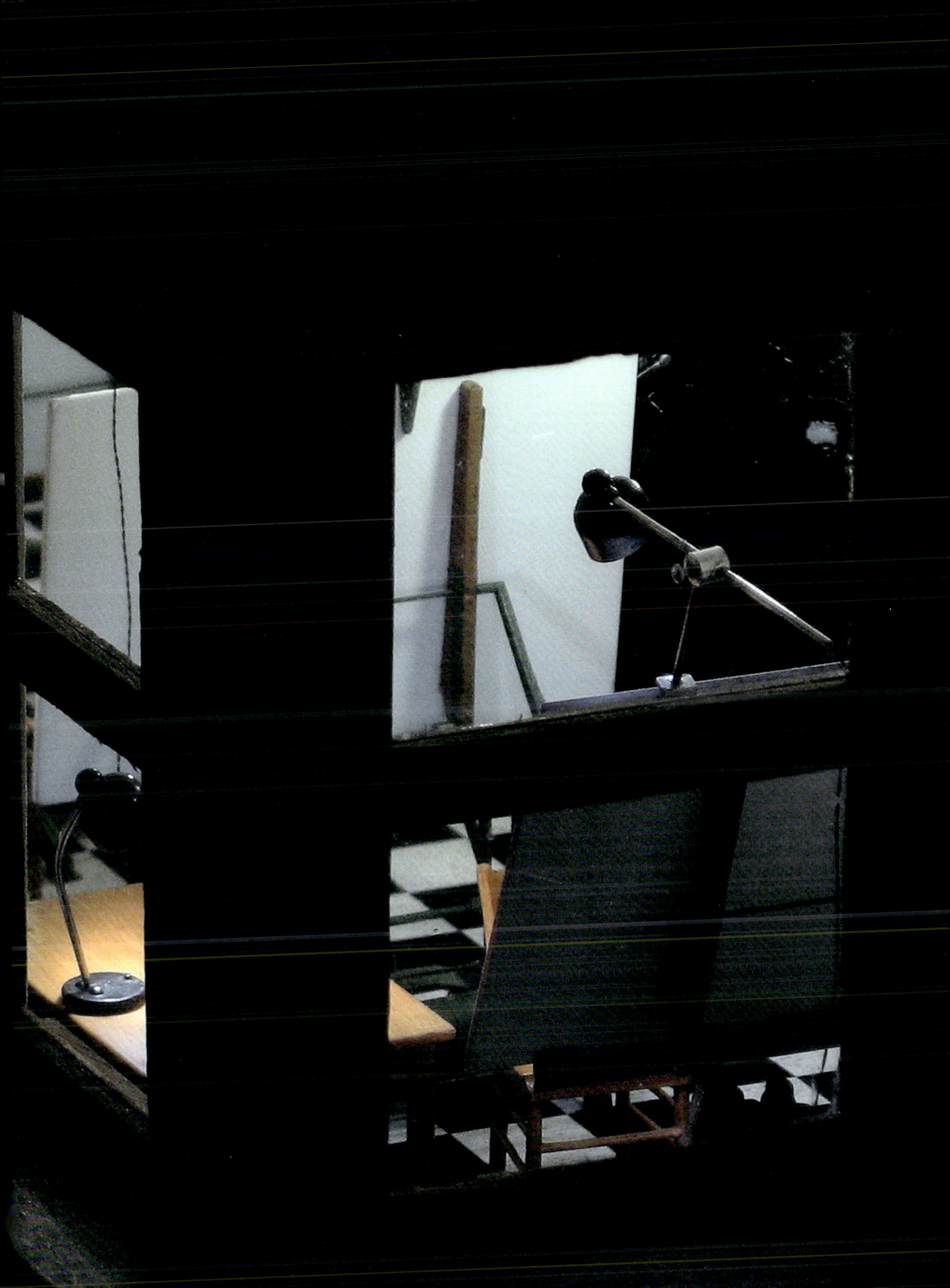

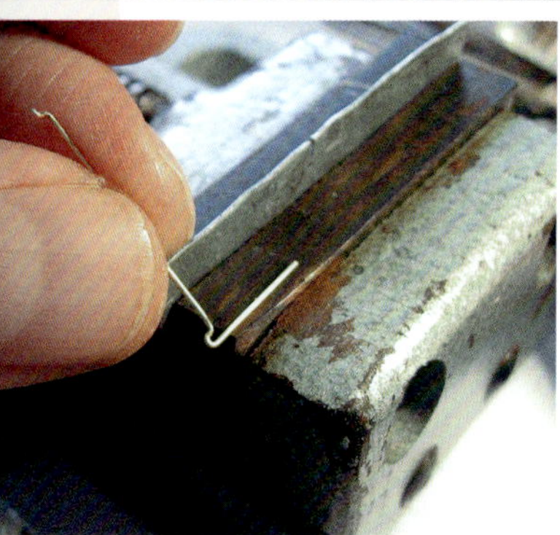

Während die Verbindungsstangen nur abgelängt und deren Enden mit einem Hohlfräser verrundet werden mussten, waren die Bremsgestänge etwas aufwändiger in der Herstellung. Eine simple Biegelehre half mir dabei, identische Teile zu fertigen.

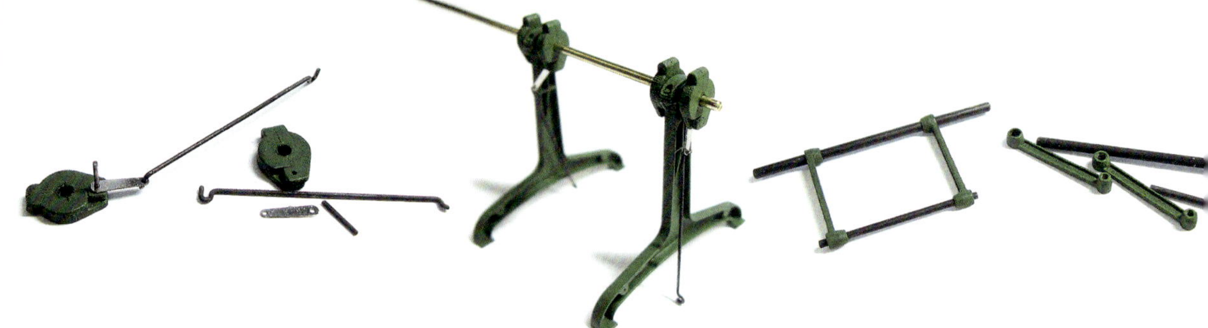

Dazu habe ich in einen Stahlblechstreifen mit 0,5 mm Wandstärke einen Schlitz von 0,5 mm Breite gesägt. Der Biegevorgang beginnt am oberen Gestängeende: Zunächst wird mit Hilfe einer Zange freihand ein rechter Winkel gebogen. Im Schlitz der Biegelehre lässt sich nun der Gegenbogen herstellen; auf dem Bild oben links ist das überstehende Drahtstück am hinteren Ende bereits auf das Endmaß abgelängt.

Über die gegenüberliegende Kante der Lehre wird nun der nächste Winkel gebogen; der Draht wird anschließend verkehrt herum in die Lehre eingelegt und der nächste Gegenbogen hergestellt. Dieser lässt sich nun an der Außenkante der Lehre zum U umformen. Nach erneutem Abtrennen ist das Bremsgestänge einbaufertig. Vor dem finalen Zusammenbau habe ich die Messingteile brüniert, damit die Lackierung besser anhaftet.

Die farbliche Behandlung verwandelt ein und dasselbe Material – den transparent-weißen Kunststoff aus dem 3D-Drucker – in Holz, Metall und Resopal.

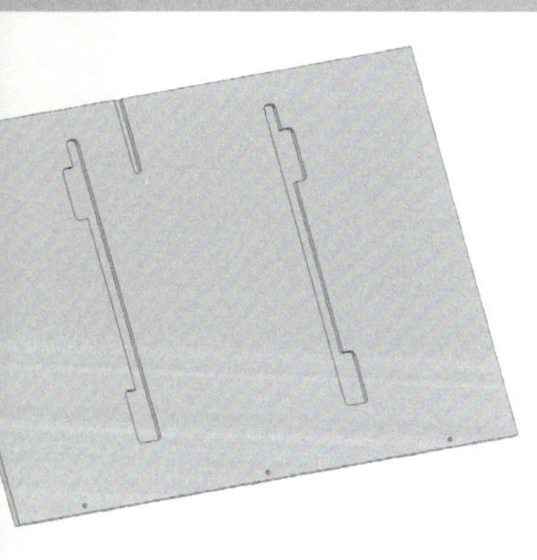

Das eigentliche Zeichenbrett ist bei der Vorbildanlage mit Baujahr 1952 rundum weiß beschichtet.

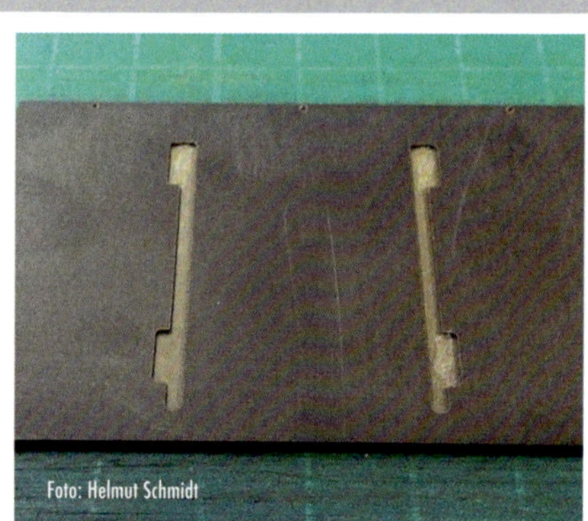

Foto: Helmut Schmidt

Die gedruckten Holzteile mit den Befestigungswinkeln tauchen auf der Rückseite der Platte in gefräste Taschen ein, um den Eindruck derart dünner Winkel zu erzeugen, deren Wandstärke im Druck nicht umsetzbar wäre. Die Taschen sind umlaufend mit 5/100 Übermaß gefräst. Helmut Schmidt hat für den Prototypen 1 mm starkes Pertinax verwendet.

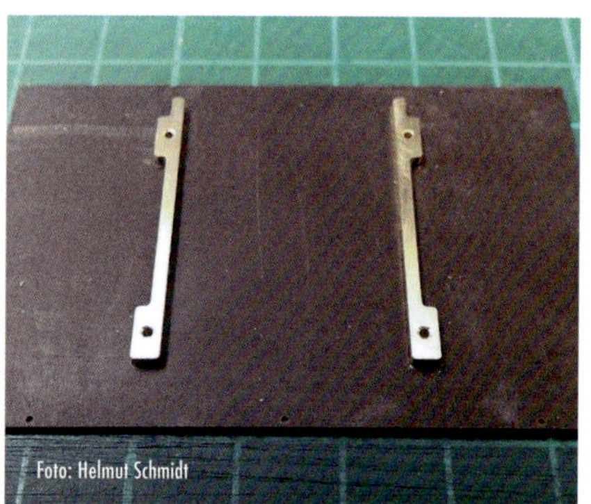

Foto: Helmut Schmidt

Pertinax ist langfristig formstabil und wesentlich fester als Polystyrol oder Plexiglas, die als Materialien auch noch zur Debatte standen. Mit passenden Füllstücken aus Messing lässt sich verhindern, dass beim Lackieren Farbe in die passgenauen Aussparungen gerät.

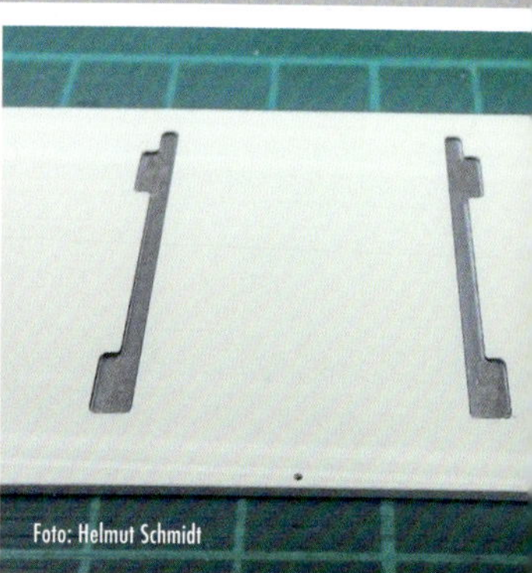

Foto: Helmut Schmidt

Die Rückseite der Zeichenplatte ist mit der Airbrush-Pistole altweiß lackiert.

Die Liste der neben dem Bausatz benötigten Materialien und Werkzeuge war überschaubar:

- Bohrer 0,5 mm, 1 mm und 1,5 mm
- Griffon® S-39 Lötwasser für Edelstahl
- normales, nicht zu aggressives Lötwasser, will heißen, dass es Edelstahl nicht angreifen darf
- Tamiya Flat Green XF-5 Item 81305
- Revell Aqua Color Holzbraun seidenmatt Nr. (36) 382
- WINSOR & NEWTON™ Alkyd Color Burnt Sienna
- diverse Pinsel

Leider habe ich bis zum heutigen Tag von keiner fertig montierten Anlage erfahren, was nicht heißen muss und soll, dass es niemand hinbekommen hat.

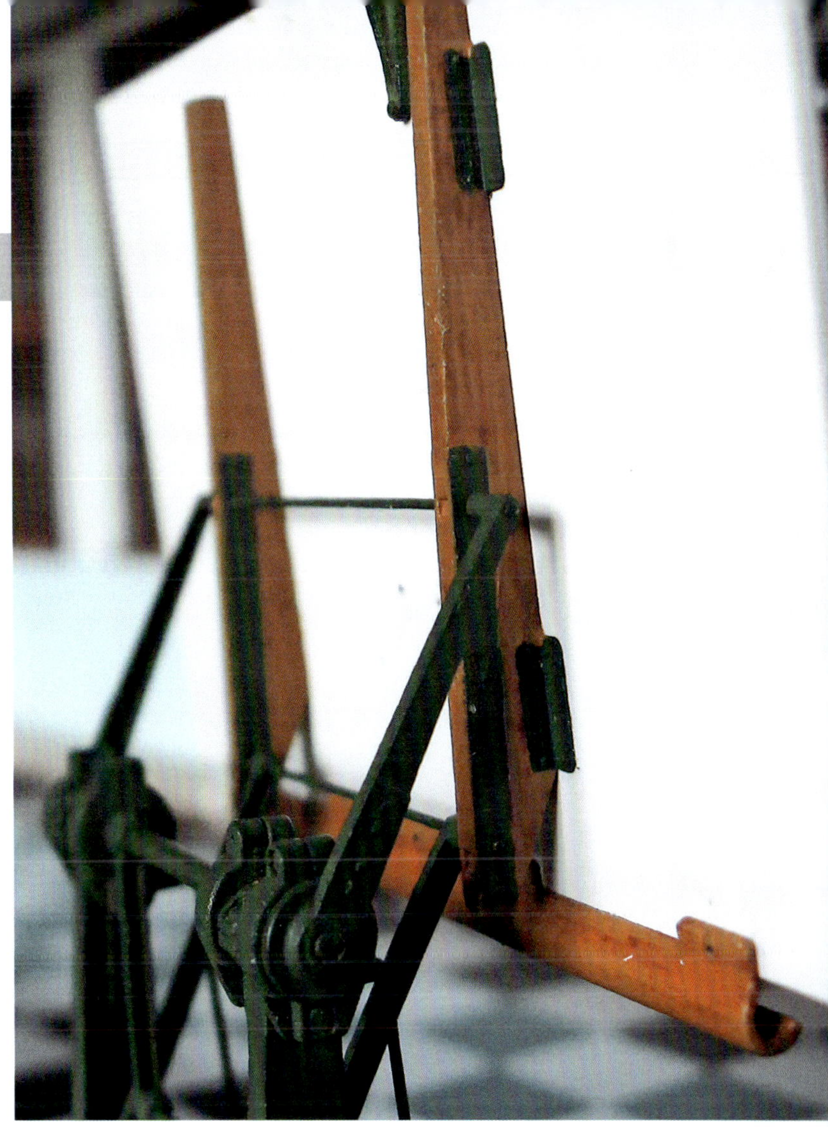

Erinnerungen wecken Emotionen

Ich bin immer wieder überrascht, welche starken Emotionen ausgerechnet der in jeder Hinsicht doch eher technische Zeichensaal auslost. Es vergeht keine Ausstellung, ohne dass mich Besucher darauf ansprechen, die angesichts des Modells ganz begeistert von ihrem eigenen Arbeitsleben mit den alten Zeichenanlagen berichten, ja ins Schwärmen kommen – von einer mittlerweile vollkommen verschwundenen Welt.

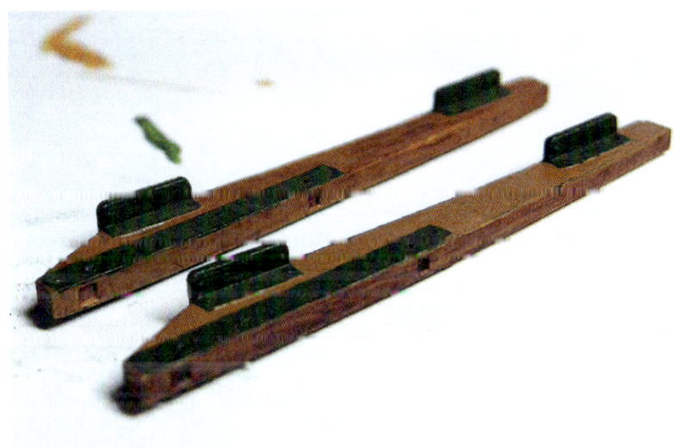

Im Vergleich mit der oberen Aufnahme dieser Seite ist gut zu erkennen, dass die Holzteile mit den Winkelchen in die Platte eintauchen und so den Eindruck geringer Materialstärke bei den Befestigungswinkeln erzeugen.

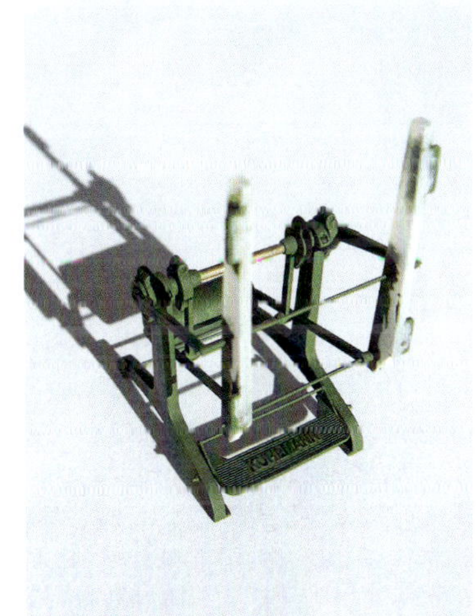

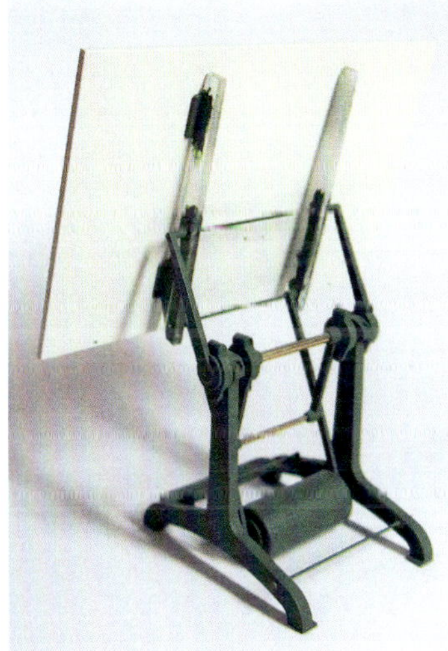

Vor dem endgültigen Zusammenbau wurden alle Teile probeweise zusammengesteckt, um alles auf Passgenauigkeit und Funktion zu testen. Die hier noch durchsichtigen Bauteile erhalten noch vor dem Zusammenbau ihre Farbgebung als Holzteile.

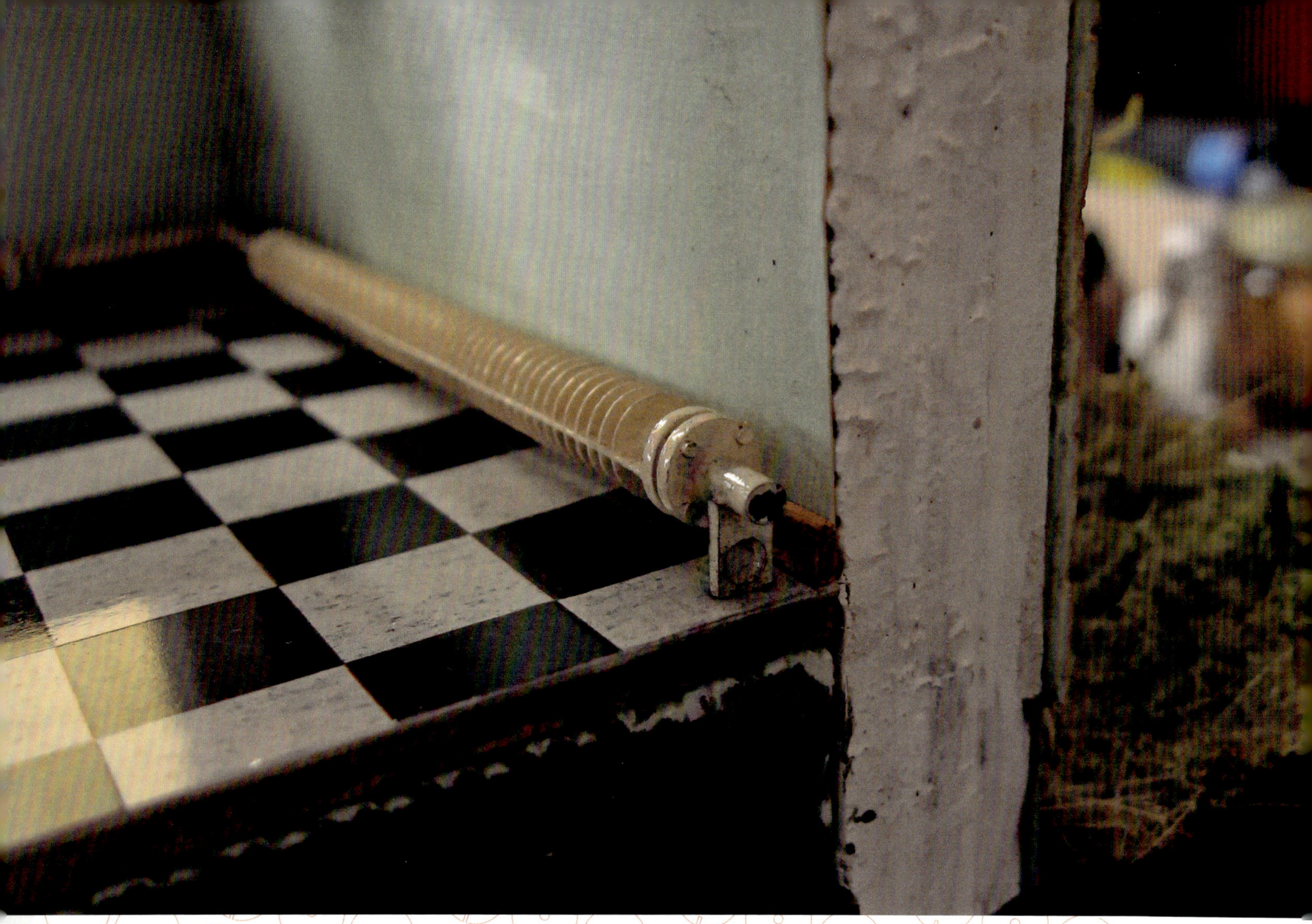

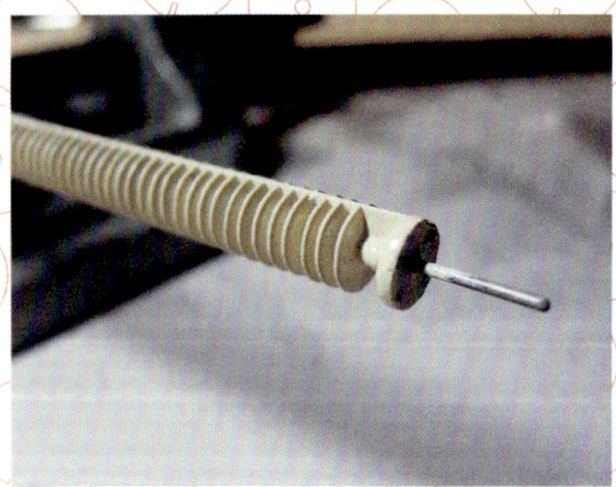

Für den Zeichensaal der WIMAG wollte ich eine Rippenrohrheizung haben, wie es sie früher oft in Werkstätten, Fabriken oder auch Büros gab.

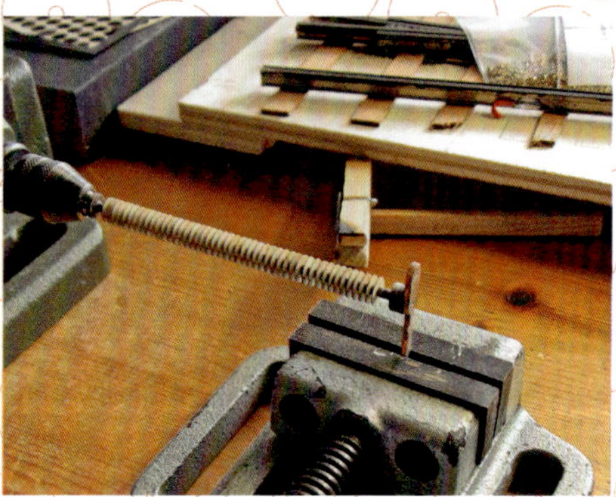

Ich verwendete gelaserte Karton- bzw. Laserboardteile mit 0,2 und 1,2 mm Stärke, die auf einen Metallstab aufgefädelt wurden. Die vormontierten Teile habe ich mit Sekundenkleber fixiert und stabilisiert und anschließend auf einer improvisierten Dremel-Drehbank etwas nachbearbeitet.

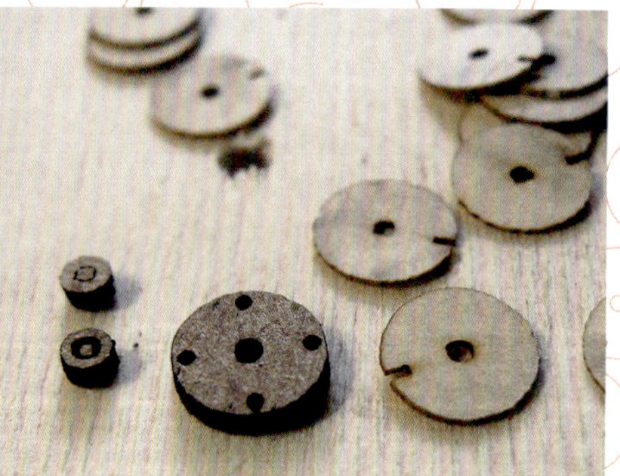

Die Lasertechnik kommt bei den geringen Durchmessern und gleichzeitig größeren Materialstärken der Distanzstücke an ihre Grenzen – richtig sauber und rund werden die Schnitte nicht. Außerdem geben die Kartonscheiben bei der Montage nach, so dass die Teile sich nicht gut in der richtigen Ausrichtung zusammenbauen lassen. Das ist aber notwendig, um den Kantenschutz in die vorgeschlitzten Scheiben einzubauen.

| Möblierte Wärme

Skizze: Otto Wackerfuß

Ein Partnerunternehmen fertigte Mobiliar, das perfekt auf die Kuhlmann-Zeichenanlagen zugeschnitten war. In die Öffnung dieses Ablagetischs konnte das Gegengewicht der Zeichenanlage des benachbarten Arbeitsplatzes eintauchen – so war eine platzsparende Aufstellung mehrerer Anlagen möglich.

Nichts ist vollkommen

Otto Wackerfuß überraschte mich dann noch mit der Skizze eines speziellen Ablagetischs, wie er früher an den Arbeitsplätzen zusammen mit den Zeichenanlagen anzutreffen war. Der Tisch war vergleichsweise einfach in gelasertem Karton und einem einzigen CAD-Teil für die Schubladengriffe umsetzbar.

Damit verbunden war aber auch ein Hinweis auf einen Fehler, den ich aus Unwissenheit in den Zeichensaal eingebaut hatte. Die Arbeitsplätze waren beim Vorbild grundsätzlich so angelegt, dass das Tageslicht von links kam. So konnten die Zeichnerin oder der Zeichner, die in den meisten Fällen Rechtshänder waren, nicht durch den Schatten des rechten Arms bei der Arbeit gestört werden.

Vielleicht drehe ich die Anlagen tatsächlich irgendwann noch um 180°. Ich freue mich aber auch daran, dass mein Perfektionismus fehlerbehaftet ist. Und es ist tatsächlich spannnend, Ausstellungsbesuchern mit diesem Wissen die Frage zu stellen, was an dem Modell nicht stimmt: Menschen, die in diesem Umfeld gearbeitet haben, wissen die Antwort sofort.

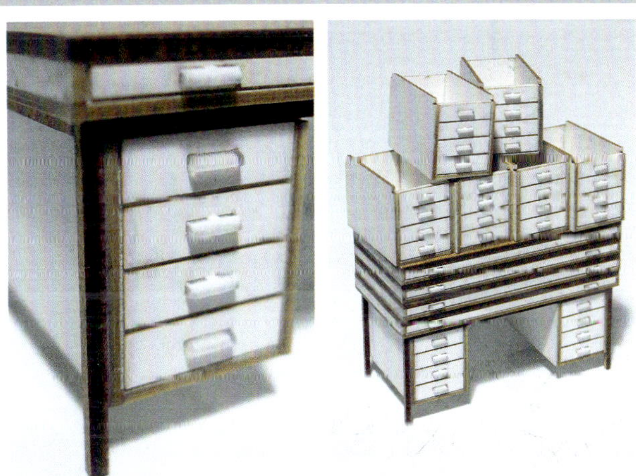

Die Seitenwände und Schubladenfronten der Ablagetische sind aus Siebdruckpappe in Materialstärken von 0,5 und 1 mm gelasert, die Beine mit Stahlrahmen und die Tischplatten aus 1,5 mm MDF. Die Griffe wiederum sind im 3D-Druck entstanden und passen in rechteckige Aussparungen in den Schubladenfronten. Das erleichtert das Ausrichten und Fixieren. Aluminiumwinkel und -klötze halfen bei der rechtwinkligen Montage der Einzelteile. Grundsätzlich ist es immer einfacher, die Teile vor dem Zusammenbau zu färben, aber diese Chance hatte ich hier vertan.

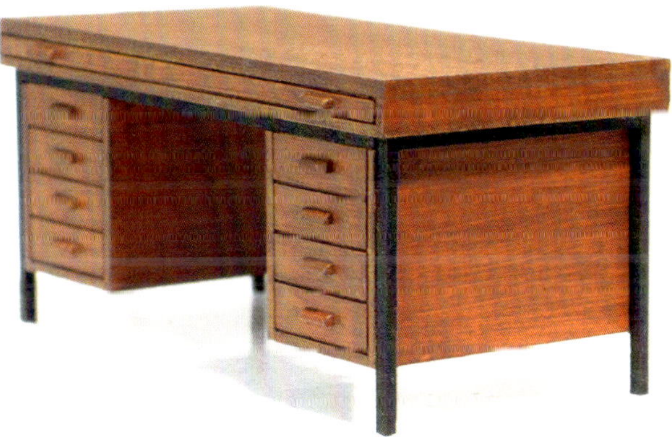

Die Farbgebung begann mit zwei Lagen Revell 36 382 Aqua Color holzbraun seidenmatt, auf die ich mehrere Lagen WINSOR & NEWTON™ Griffin Alkydfarbe Sienna Gebrannt auftrug, jeweils leicht mit Terpentinersatz verdünnt. Ein weicher, breiter Flachpinsel führt dabei zu dem hier zu sehenden Ergebnis einer angedeuteten Holzmaserung. Alkydfarben bleiben leicht durchscheinend, was zum Eindruck polierter Holzoberflächen beiträgt.

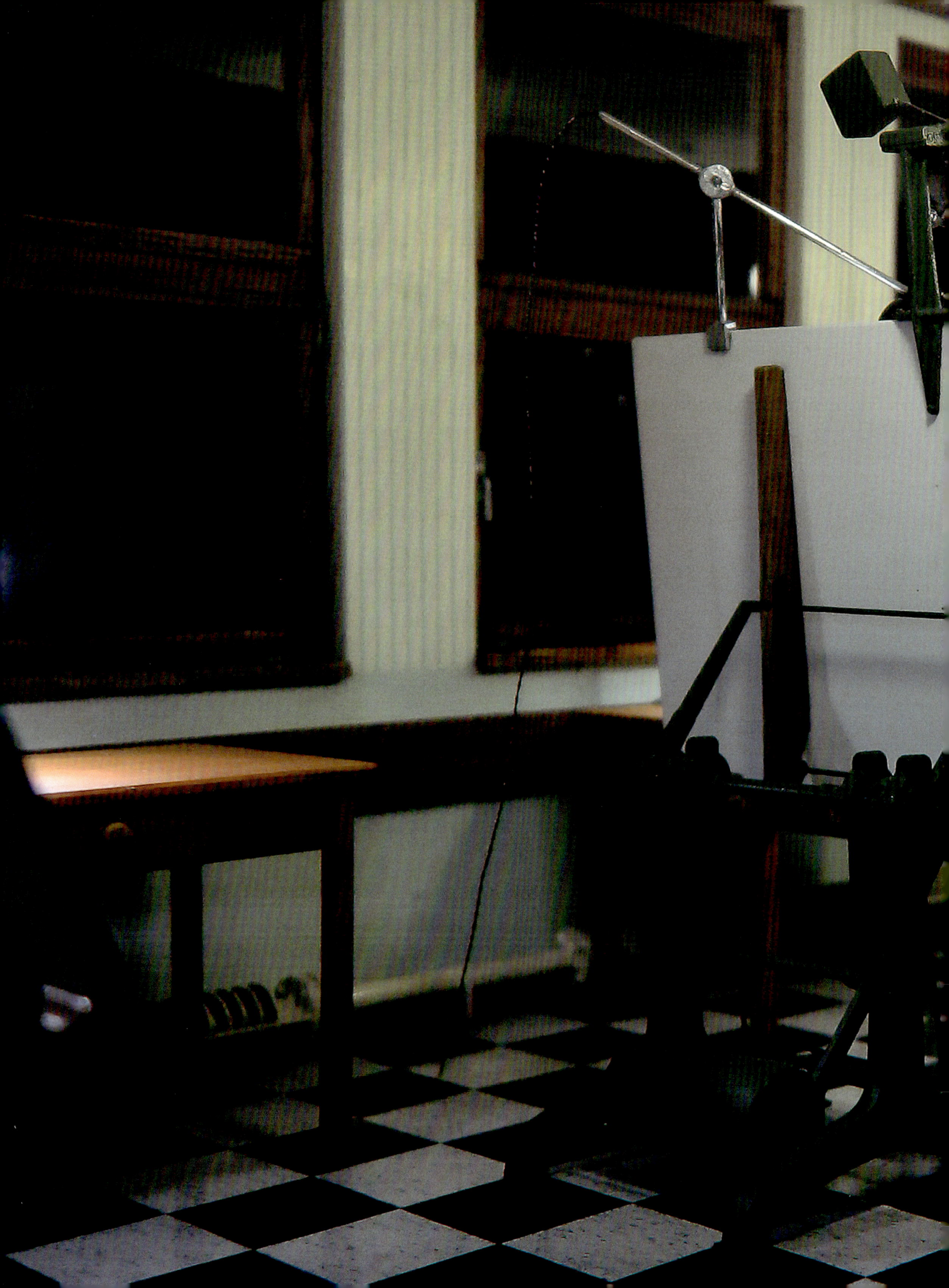

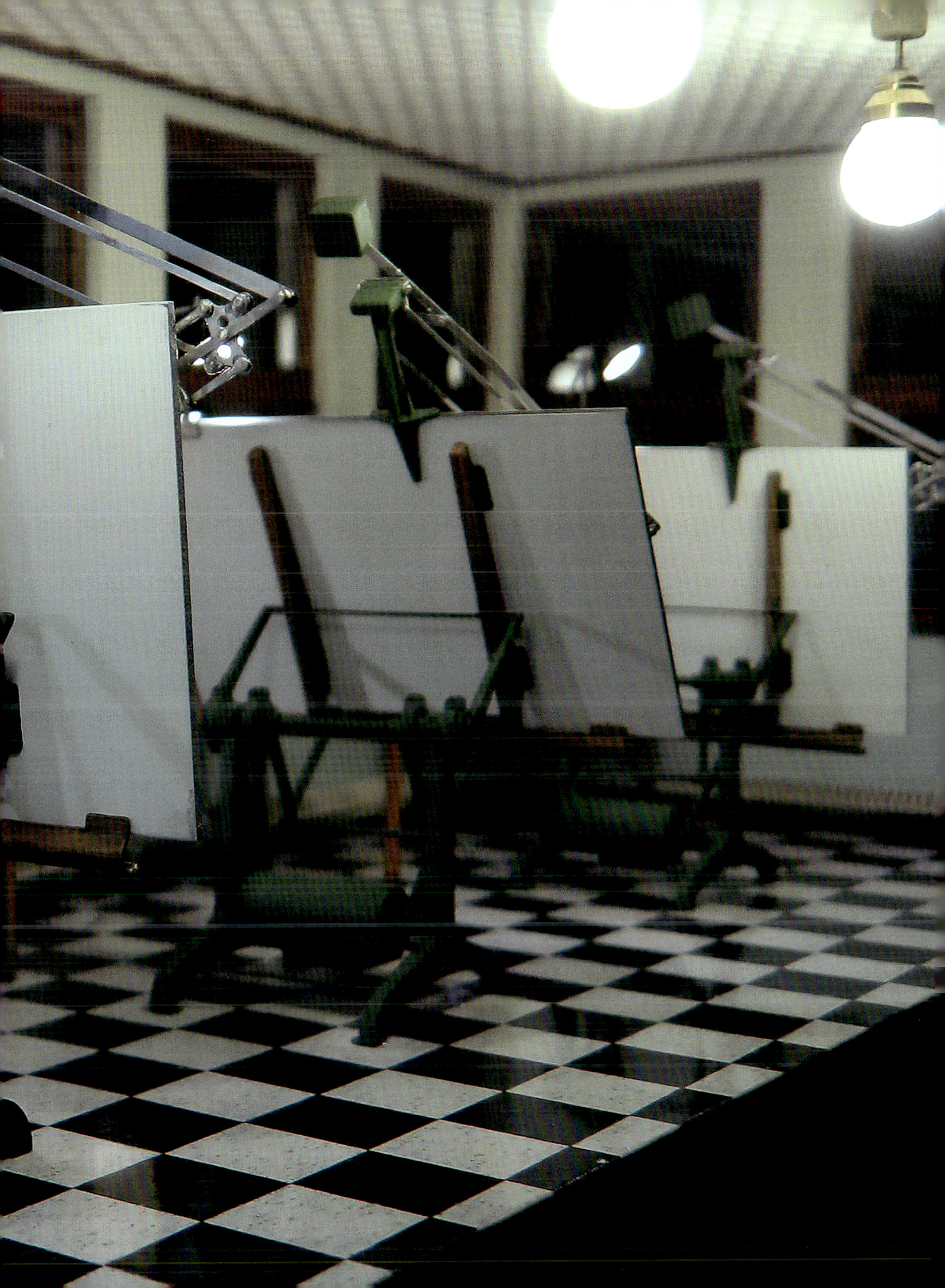

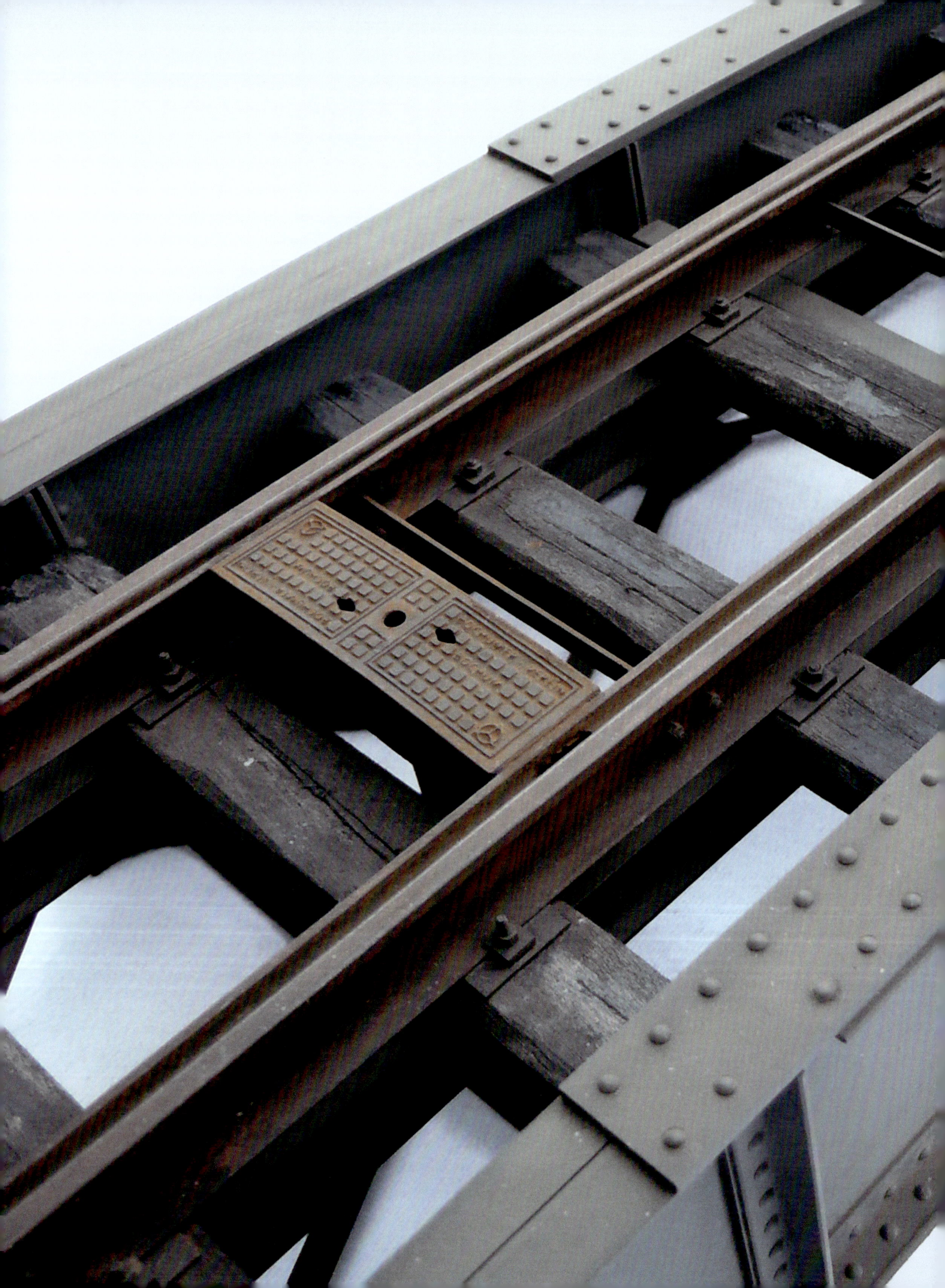

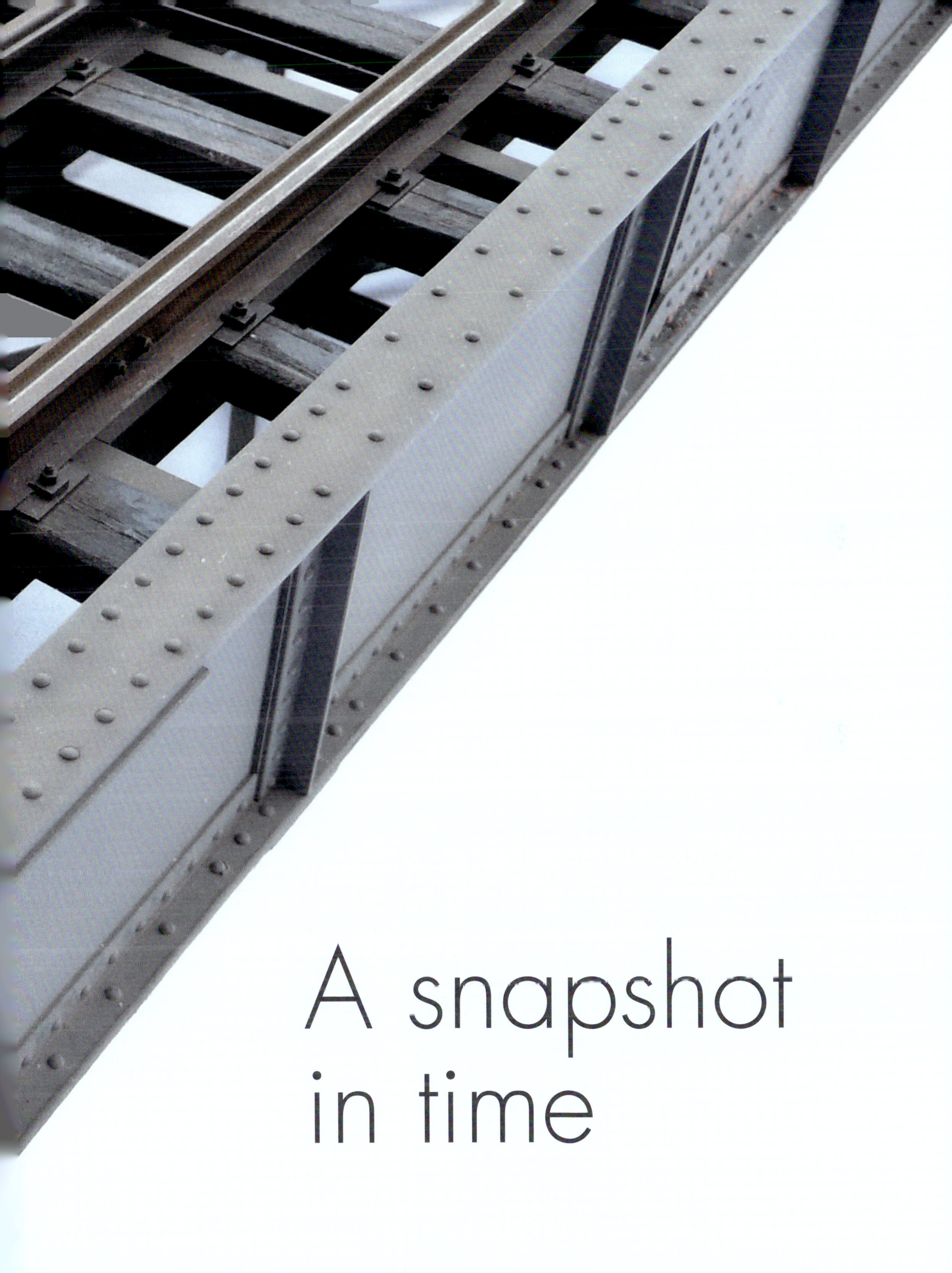

A snapshot in time

Annäherung an einen Zustand

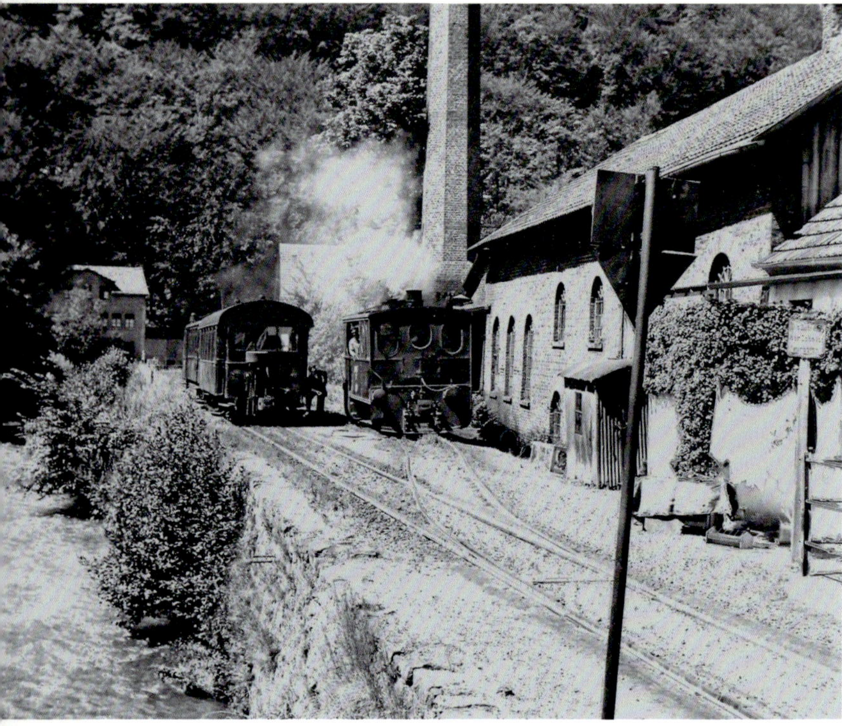

Foto: Ernst Julius Wolff , 8. August 1953, Slg. Gerd Wolff

Die meterspurige Plettenberger Kleinbahn PKB war mit ihren auffälligen Kastenlokomotiven vielen Eisenbahnfreunden schon lange vor Aufkommen des Internets ein Begriff. Auch mich begeisterten die wenigen ab Anfang der 1980er-Jahre zugänglichen Aufnahmen der Bahn, die im Zusammenhang mit der Aufarbeitung und Inbetriebnahme der Lok 3 der PKB beim Deutschen Eisenbahn-Verein DEV in Bruchhausen-Vilsen in verschiedenen Publikationen erschienen. Die Kleinbahn mit ihren engen Gleisbögen existierte bis 1962 und bediente vor allem die in der Stadt und Umgebung verstreut liegenden metallverarbeitenden Betriebe. Es wurden überwiegend Regelspurwagen auf Rollwagen transportiert, für den Stückgutverkehr gab es jedoch auch einige geschlossene und offene Güterwagen und für einen bescheidenen Personenverkehr eine Handvoll Personenwagen und einen Triebwagen.

Glücklicher Umstand

Um 2005 lernte ich Wolf Dietrich Groote kennen. Groote ist profunder Kenner der Plettenberger Kleinbahn und hat über Jahrzehnte ein Bildarchiv aufgebaut, das auf mich anfangs nahezu unerschöpflich wirkte, ganz abgesehen von zahlreichen technischen Zeichnungen, Lageplänen und sonstigen Unterlagen zur Kleinbahn, die er aus seiner Kindheit noch aus eigener Anschauung kennt. Um 2012 mündeten meine eher difffuse Begeisterung für industriekulturelle Themen und mein gestalterischer Antrieb in den Wunsch, mich eigenschöpferisch genau mit dieser Thematik zu befassen und eine Originalsituation ins Modell umzusetzen: Die Idee zum Projekt »A snapshot in time« war geboren.

Der industriell geprägte Mühlendamm mit dem Ausweichgleis; der Blick in die Gegenrichtung fällt am dominanten Postgebäude vorbei auf das Haus Lohmann. Der Maiplatz liegt hinter dem Postgebäude.

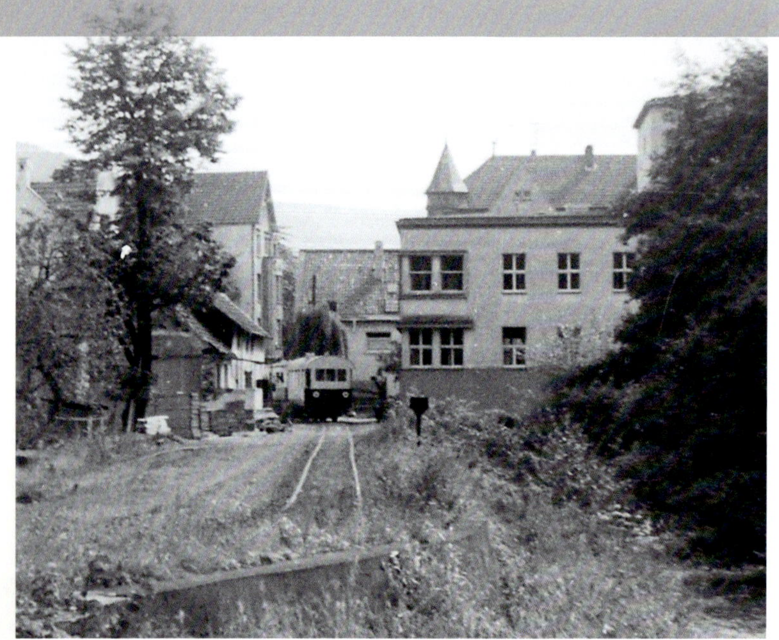

Foto: Albert Middermann, 1958, Slg. Wolf Dietrich Groote

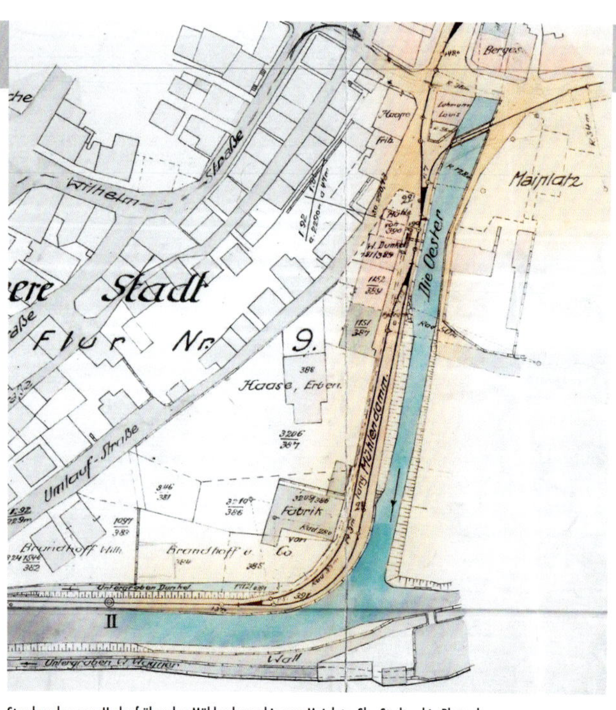

Streckenplan vom Umlauf über den Mühlendamm bis zum Maiplatz. Slg. Stadtarchiv Plettenberg

Ein Rollwagenzug befährt über den engen Gleisbogen zwischen Postamt und Haus Lohmann die Oesterbrücke in Richtung Maiplatz.

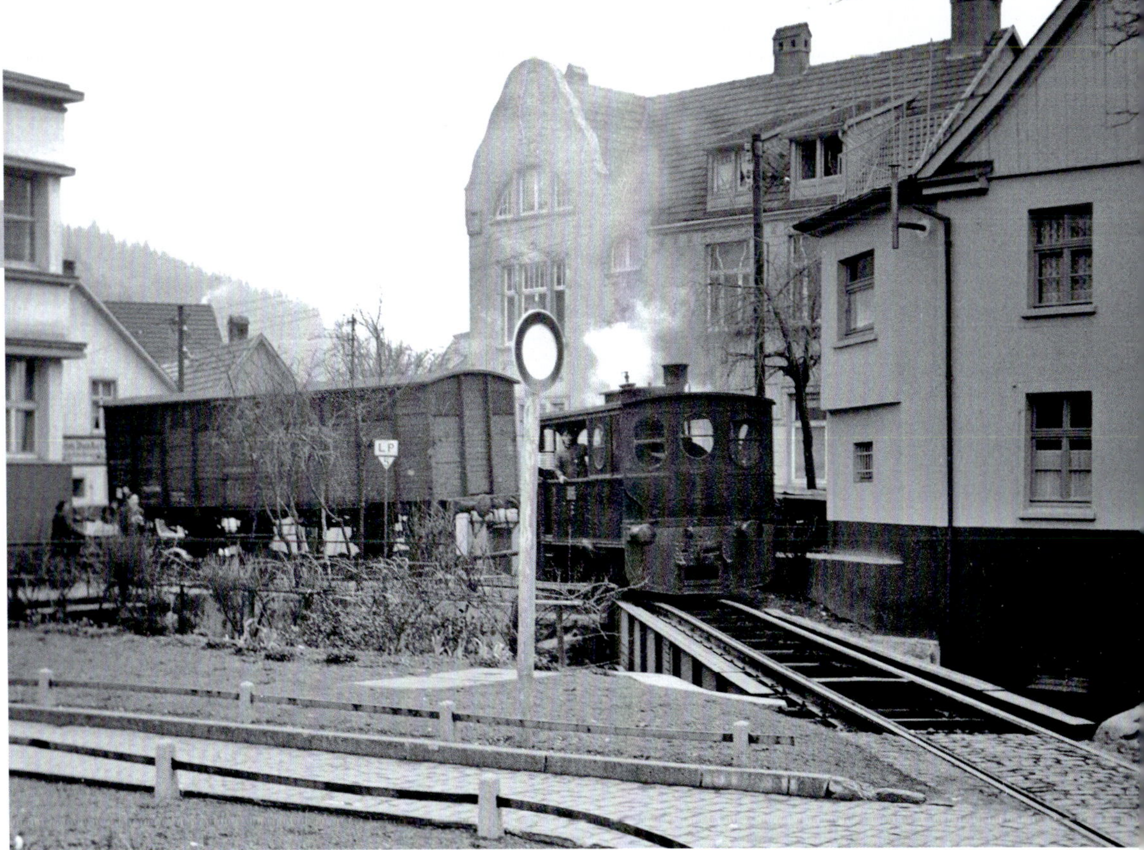

Foto: Wilfried Biedenkopf, 3. April 1954, Slg. Andreas Christopher

2018 erschien Grootes Buch »Plettenberger Kleinbahn – Auf Schiene und Straße«, dessen grafische Gestaltung und Bildbearbeitung ich übernommen hatte. Ich hätte kaum tiefer in die Thematik eintauchen können, als durch die Arbeit an diesem Buchprojekt. Die zahlreichen Originalaufnahmen im Buch zeigen im Vergleich mit der heutigen Situation auch, wie Städte unter veränderten wirtschaftlichen Bedingungen ihr Gesicht verändern und in einer Art gestalterischen Ratlosigkeit zerfließen können – ein Thema, das mich gleichermaßen bewegt.

Ein anderer Ansatz

Während das aus dem Übungsmodul entstandene Projekt »Quiet earth« abgesehen von einigen Details keinem konkreten Vorbild folgt und vor allem eine Spielwiese zum Ausprobieren von Techniken, Versatzstücken und handwerklichen Möglichkeiten war, wollte ich bei dem bis heute in den Kinderschuhen steckenden Projekt »A snapshot in time« die zahlreichen Eindrücke und die bei der Bildbearbeitung erworbenen intimen Kenntnisse der Situation vom Mühlendamm zum Maiplatz umsetzen.

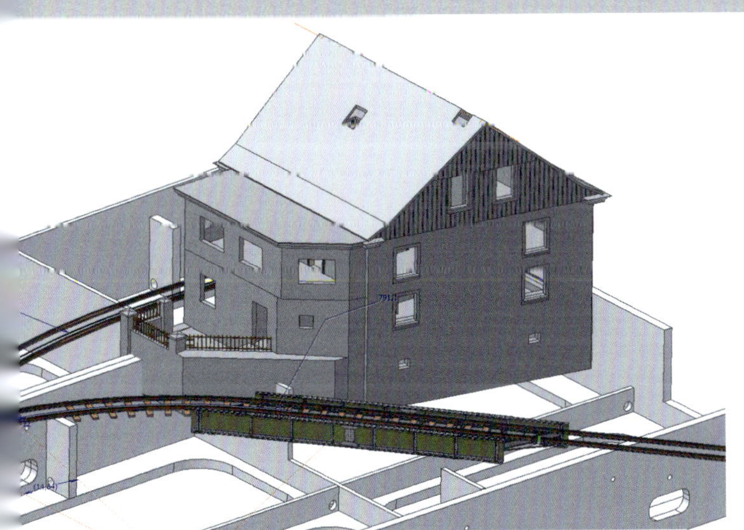

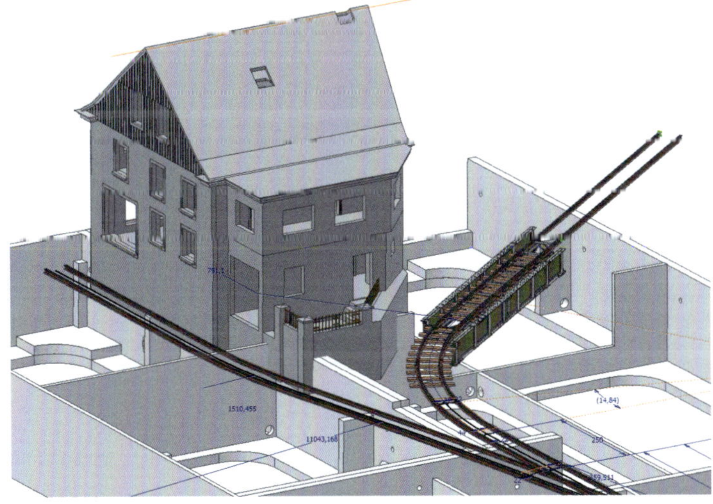

Genau in der Verzweigung der beiden Strecken ins Oestertal und nach Oberstadt lag das Haus Lohmann, zusätzlich vom Oesterbach und der an der Gebäudevorderseite verlaufenden Hauptstraße zum Maiplatz eingezwängt.

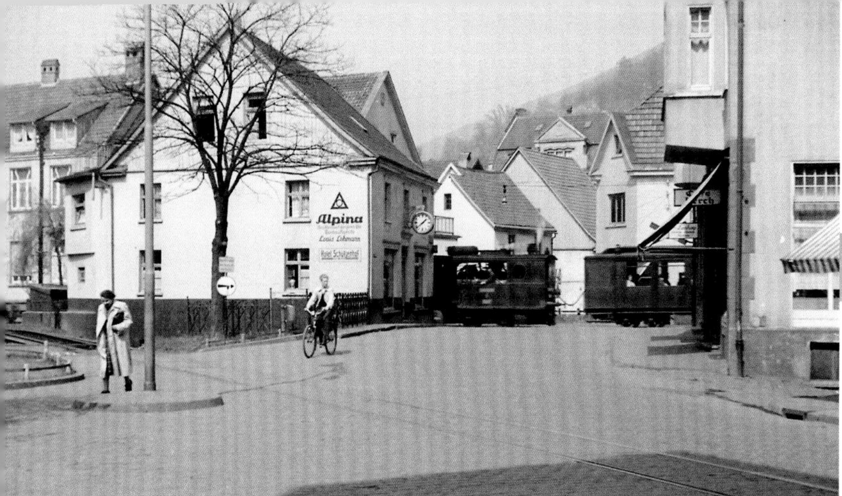

Foto: Albert Middermann, 1951, Slg. Wolf Dietrich Groote

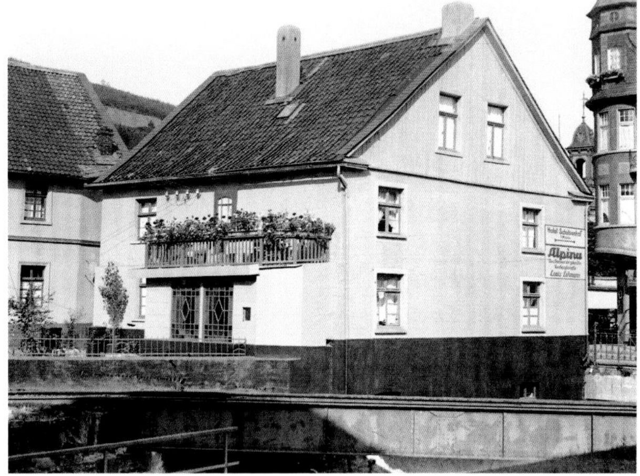

Foto: Slg. Horst Hassel

Haus Lohmann, das mit seinem Anbau die Brücke zwischen industriellem und städtischem Umfeld bildet – als wäre es organisch gewachsen und umwachsen worden. Die mittlere Aufnahme zeigt den Zustand vor Ergänzung des Anbaus: steter Wandel.

Das Maß aller Dinge

Das Vorbild mit seinen engen Gleisradien herunter bis zu 15 Metern erlaubt trotz des gewählten Maßstabs 1:22,5 eine ausschnitthafte maßstäbliche Umsetzung. Die anfangs als Hindernis wahrgenommene Beschränkung durch die eigenen räumlichen Möglichkeiten entpuppte sich jedoch bald als ein nahezu unendlicher Freiraum, der den Blick über das Sujet Bahn hinaus auf den Kontext öffnete: Er ist mittlerweile zum eigentlichen Thema geworden, während die Bahn nur noch ein Teil des Ganzen ist, aber nicht mehr das Thema selbst. An diese Stelle ist der Kontext aus Arbeits- und Lebenswelten und räumlicher Verdichtung getreten – Kondensation auf engstem Raum und gleichzeitig thematische Defokussierung. Da die Gesamtsituation mit dem in der Verzweigung der Streckenäste liegenden Haus Lohmann eine Art Kulminationspunkt hatte, begann ich dort auch mit der Umsetzung.

Um es gleich vorwegzunehmen: es ist ein Irrglaube, dass man etwas rekonstruieren oder nachbauen könne – egal wie realistisch und gelungen die Umsetzung auch scheinen mag. Es gibt immer nur ein Original zu einem bestimmten Zeitpunkt und die Zeit und mit ihr die Veränderung ist ein fortlaufender Prozess, dessen augenfälligste Erscheinung das Auftreten und Verschwinden eines Objekts ist – hier wären das Bau und Abriss eines Gebäudes – die sich aber auch im Verblassen einer Aufschrift oder der Bildung von Moos und Algen auf einer Mauer, ja sogar im Ein- und Auschalten von Licht manifestiert. Insofern entspringt auch diese Arbeit meiner Phantasie und ist lediglich eine Interpretation. Es ist eine Momentaufnahme, A snapshot in time.

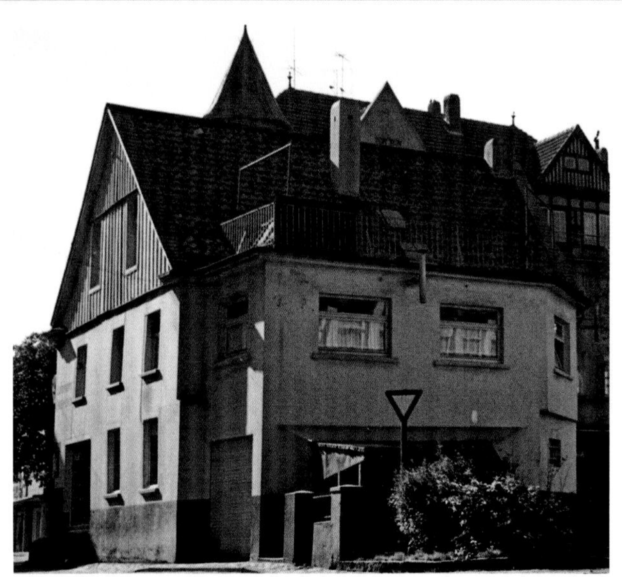

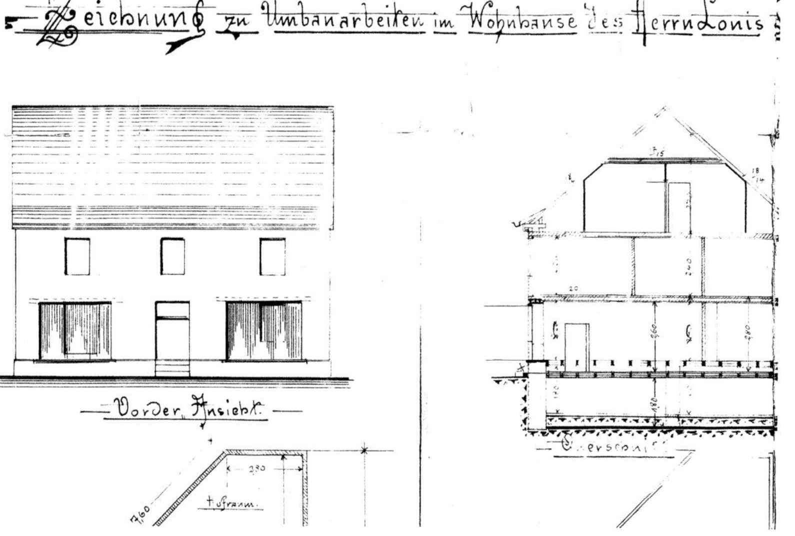

Foto: Slg. Horst Hassel, Planzeichnung: Hausakte Slg. Stadtarchiv Plettenberg

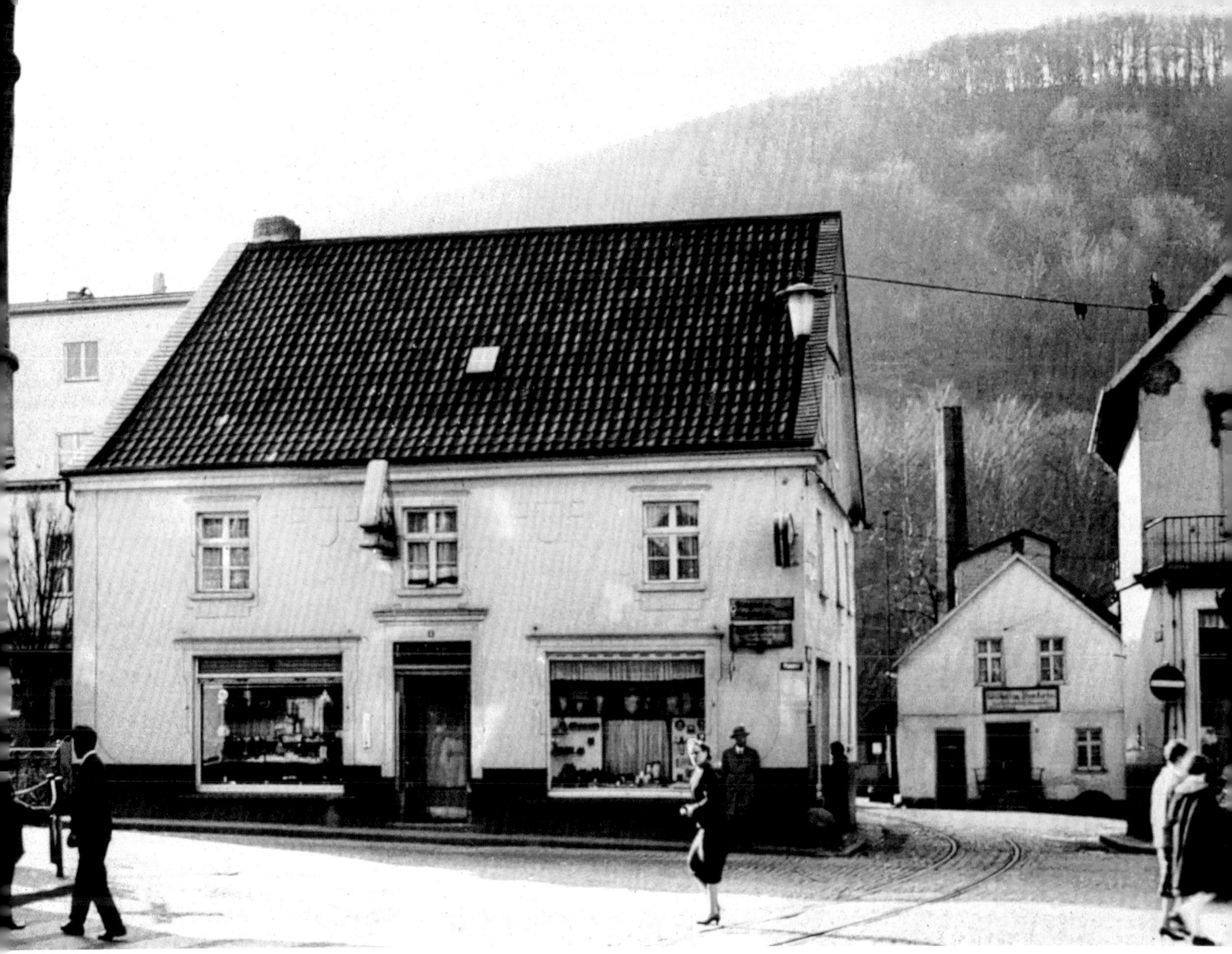

Foto: Sammlung Horst Hassel

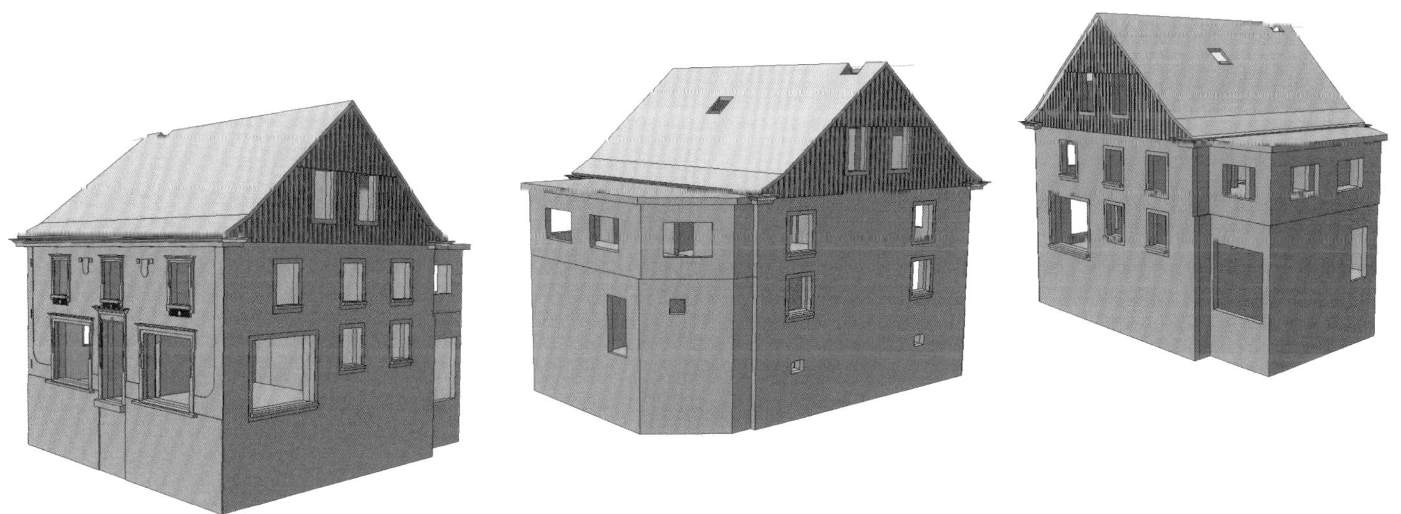

Grundlage für die Modellumsetzung des Gebäudes im CAD waren neben den Fotos auch einige glücklicherweise erhaltene Baupläne.

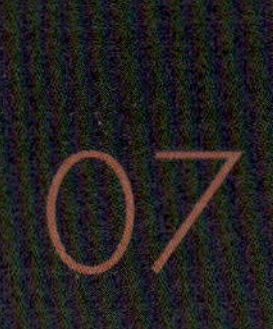

Haus Lohmann

Die einmalige Mischung aus Industriekultur und städtischem Ambiente war an einer Stelle der Plettenberger Kleinbahn nahezu greifbar: auf dem Mühlendamm verzweigten sich die beiden Hauptäste geradeaus entlang des Oesterbachs ins Oestertal und über den Bach und den zentralen Maiplatz hinweg nach Oberstadt. Und mittendrin, im Epizentrum gewissermaßen, stand ein einzelnes Gebäude: das Haus Lohmann.

Von dem 1808 bis 1809 erbauten Gebäude ist neben einigen Aufnahmen, Katasterplänen und Rissen, die anlässlich eines Umbaus im Jahr 1909 gezeichnet wurden, nichts übrig geblieben. Es wurde bereits 1960 nach dem Umzug des Ladengeschäfts in einen Neubau abgerissen, da man es städtebaulich als Verkehrshindernis empfand. Seine markante Insellage bekam es erst 1896 mit dem Bau der Plettenberger Kleinbahn. Die Errichtung des Postgebäudes am Maiplatz um 1930 verstärkte diesen Eindruck dann noch einmal deutlich. Auf der Gebäudevorderseite mit den beiden großen Schaufenstern und der verzierten Fassade führte die Hauptstraße Maiplatz – Wilhelmstraße vorbei, und seitlich durch eine schmale Straße verlief das Kleinbahngleis der Oestertalstrecke zum Mühlendamm. Auf der Gebäuderückseite lag die schräg den Bach querende Kleinbahnbrücke des Streckenasts nach Oberstadt und nur ein kleines Stück weiter bereits das den Oesterbach überspannende Postgebäude mit einem davor verlaufenden Fußgängersteg.

Abgesehen von den Fotos waren vor allem die Grund- und Aufrisse von 1909 bei der CAD-Konstruktion sehr hilfreich, da sie die Hauptabmessungen des Gebäudes enthielten. Die Umsetzung eines Vorbilds ins Modell ist ein viel kreativerer und freierer Prozess, als man zunächst denken mag. So ist allein schon der gewählte und dann eingefrorene Darstellungszeitpunkt eine grundlegende, individuelle Entscheidung – hier die 1950er-Jahre. Das vollständige Fehlen von Vorbildfotos der Innenraumgestaltung kam mir in diesem Fall gelegen, denn es öffnete Räume für eigene Ideen und Geschichten. Um auch jenseits von nicht hinter die Fassade dringenden historischen Fotografien zu einem überzeugenden Ergebnis zu kommen, ist Vorbildrecherche an Bauten aus der gleichen Zeit jedoch unumgänglich.
Ein Besuch im Freilichtmuseum Fladungen lieferte etliche Anregungen zur Umsetzung ins Modell. Neben zeittypischen Details sind es vor allem die Raumeindrücke, die eine besondere Faszination ausüben, und die bei der Fotografie des Modells im besten Fall wieder neu entstehen.

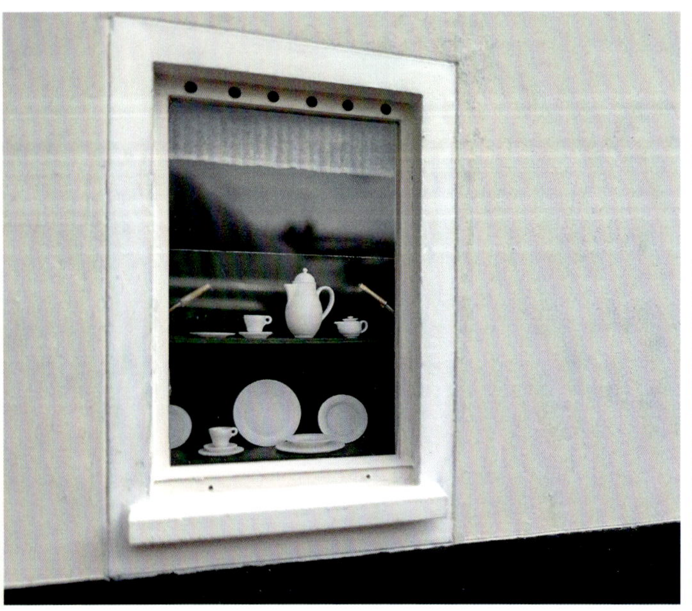

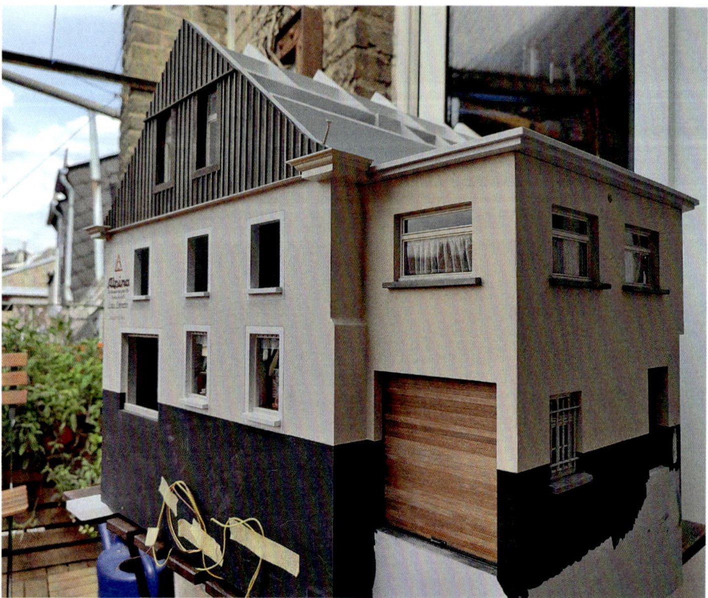

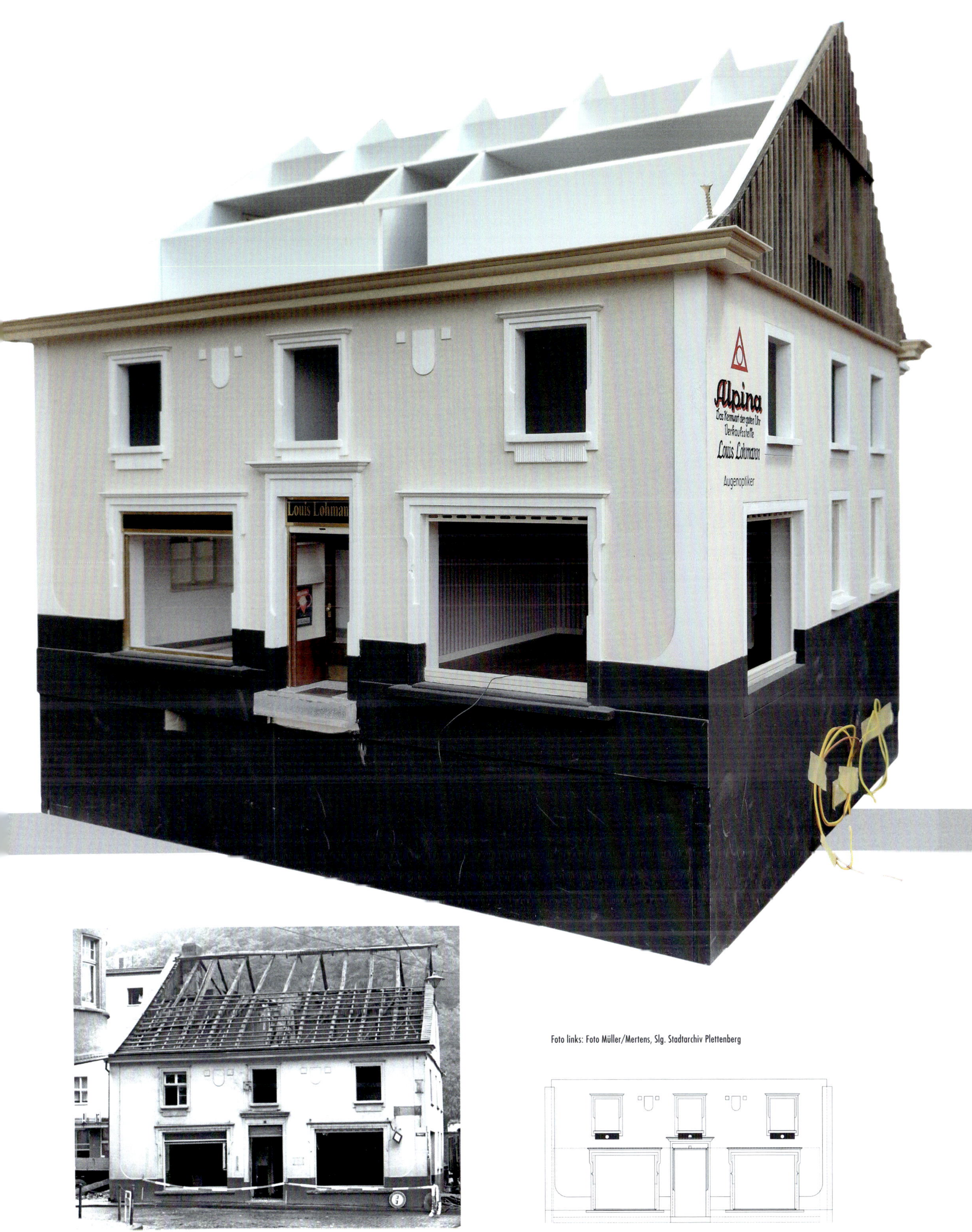

Foto links: Foto Müller/Mertens, Slg. Stadtarchiv Plettenberg

Konstruktion in Mischbauweise

Ich bat Frithjof Spangenberg, mit dem sich seit Quiet earth eine intensive Zusammenarbeit entwickelt hatte, die vier Außenfassaden des Gebäudes zu fräsen. Die CAD-Zeichnung des gesamten Gebäudemauerwerks hat ihn aber so begeistert, dass er auch alle Innenwände gefräst hat – ein im Nachhinein betrachtet kluger Schritt, vor allem hinsichtlich der gewünschten späteren Demontierbarkeit zu Wartungszwecken, denn der wiederholte Zusammenbau wird durch passgenaue Nuten für die Zwischenwände in Böden und Außenwänden erheblich vereinfacht und auch deutlich präziser, als das beim manuellen Bauen zu erreichen gewesen wäre. Lediglich die Ecken der Fensteröffnungen musste ich mit einer Sandpapierfeile nacharbeiten, da ein Fräser in Ecken immer einen Radius entsprechend seines halben Durchmessers hinterlässt.

Als Kompromiss aus Stabilitäts- und Gewichtsgründen habe ich bei den Wandteilen, die den größten Masseanteil darstellen, einen Materialmix aus Forex, Polystyrol und ABS verwendet. Die meisten vorspringenden Fassadenteile sind aus diversen Profilen und Platten zusammengeklebt, die Umrandungen der drei Fenster im Obergeschoss der Vorderfront sind jedoch im CAD gezeichnet und 3D-gedruckt. Gerne hätte ich ökologisch verträglicheres HDF oder MDF verwendet, die sich beide ebenfalls gut fräsen lassen und außerdem als Holzwerkstoffe angenehmer zu verarbeiten sind als Kunststoff, das hätte aber zu einem ungleich höheren Gewicht geführt und das Modell sollte für eine Person transportabel bleiben.

Beim Haus Lohmann habe ich mir von Anfang an Gedanken zur Wartung gemacht, die früher oder später wenigstens mit dem Tausch defekter LED oder Glühbirnen ansteht – anders als bei Quiet earth, wo der Tausch einer LED kaum zerstörungsfrei möglich ist. Die beiden Kamine im Gebäudeinneren boten sich als Kabelschächte an: An den Stockwerksböden des ersten Obergeschosses und des Dachgeschosses gibt es Steckplätze für die Raumbeleuchtungen, die weitgehend in den Böden des jeweils darüberliegenden Stockwerks verlegt sind: Die Deckenbeleuchtung im EG wird also über die Decke beziehungsweise den Boden des ersten Obergeschosses versorgt. So weit ging die CAD-Konstruktion allerdings nicht, und die erforderlichen Schlitze in Böden und Wänden habe ich mit einem Linolschnittmesser hergestellt. Es ist mir wichtig, dass am Modell weder Montagespalte bei herausnehmbaren Teilen noch die technische Verkabelung der Modellbeleuchtung sichtbar sind – nichts soll den Eindruck der Aufputzleitungen stören, die sich nicht ohne weiteres für die Stromversorgung nutzen lassen. Die Trennwände eines Stockwerks werden nur mit der zugehörigen Bodenplatte verklebt, so dass sich Dachgeschoss und das erste Obergeschoss komplett herausnehmen lassen. Dadurch musste ich je Stockwerk auch nur eine durchgängige Trennlinie zwischen Decke und Seitenwänden kaschieren.

Rohbau

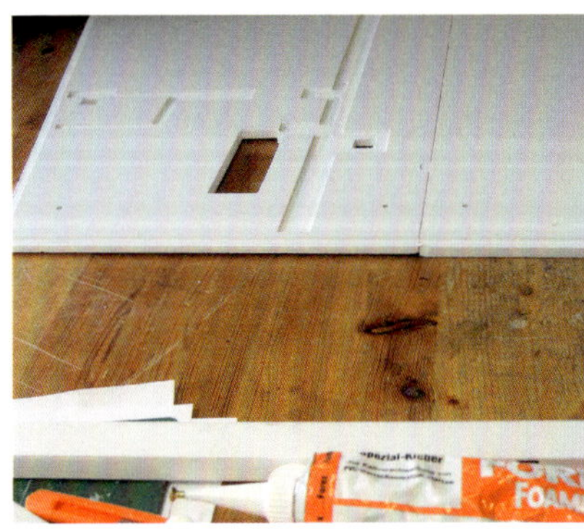

Die Zwischendecken erhielten Nuten, in die sich die Wandteile passgenau einstecken lassen.

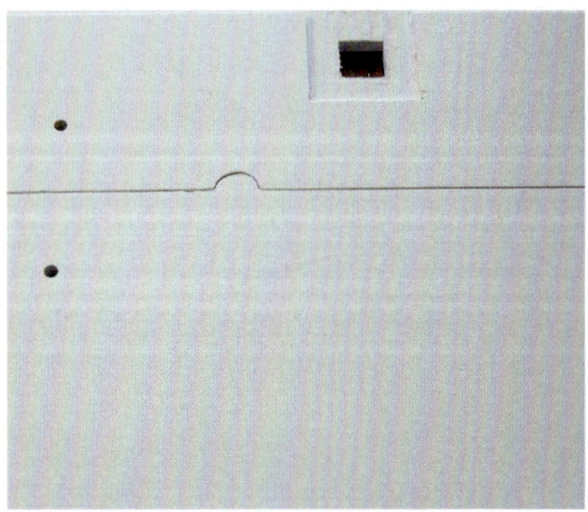

Da die Bodenplatten zu groß für das Bett der Fräse waren, mussten die Platten geteilt werden. Auch hier sorgen eine angefräste Nase mit dem entsprechend ausgelassenen Gegenstück für passgenaue Montage.

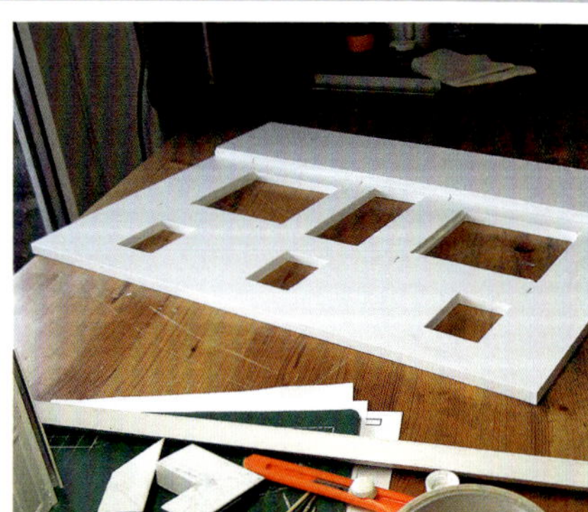

Abweichende Wandstärken ergeben sich durch Materialaufdopplungen oder Ausfräsungen wie im Seitenbereich der späteren großen Schaufenster.

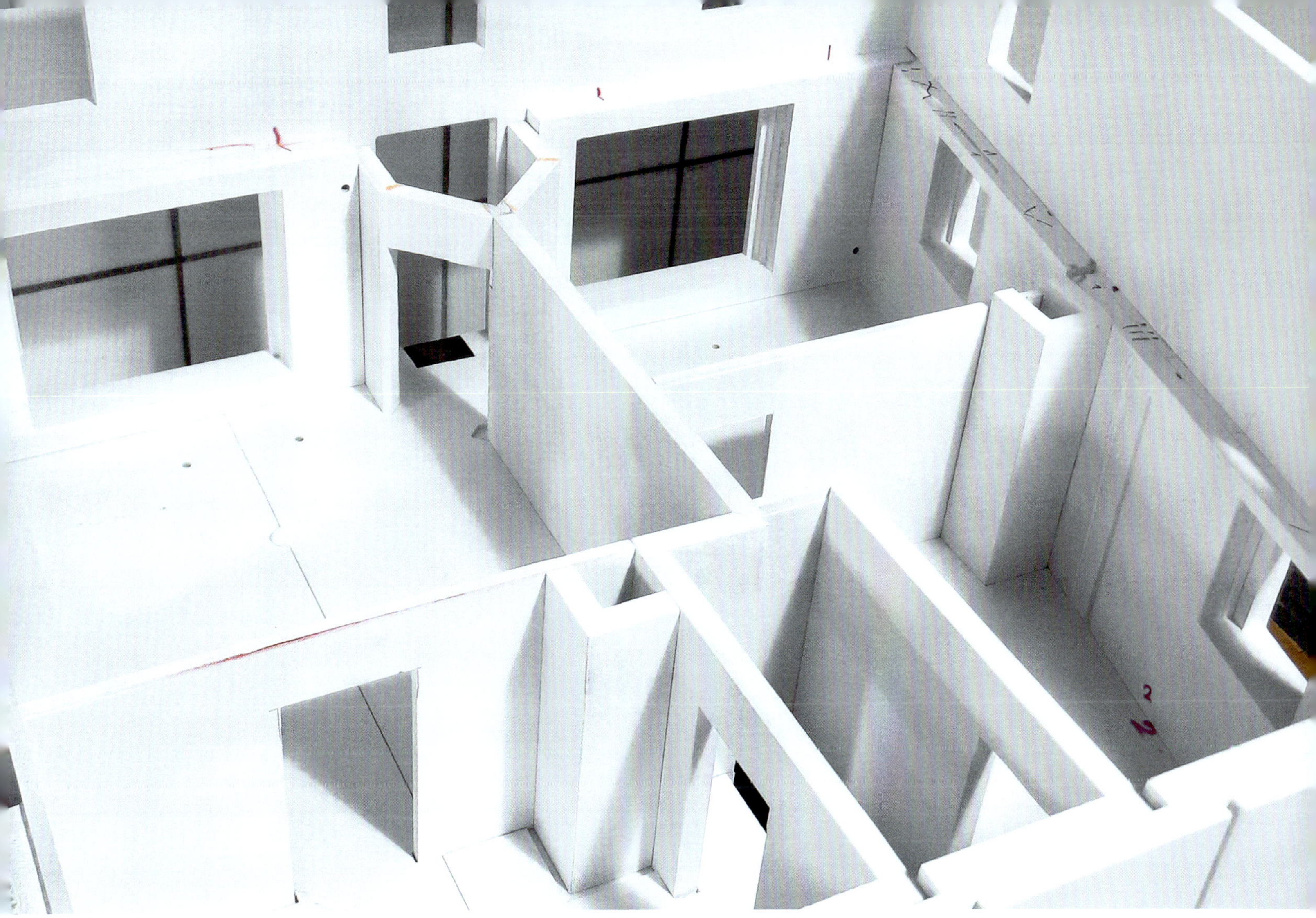

Aus der CAD-Zeichnung erstellte Frithjof Spangenberg Fräsdateien und fertigte die Wandteile aus Forex in den schon bei der Konstruktion berücksichtigten unterschiedlichen Materialstärken von 5, 10 und 15 mm – trotz des leichten Werkstoffs sind es 17,4 Kilogramm Materialgewicht für das gesamte Gebäude.

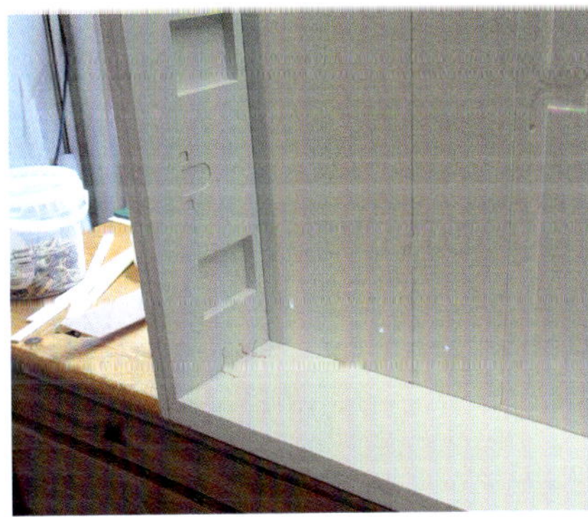

Es verkommt nichts: In nicht sichtbaren Bereichen wurde Material aus Fehlversuchen weiterverwendet. Der Eckenstoß ist doppelt überlappend ausgeführt – das ergibt eine sehr stabile Verklebung.

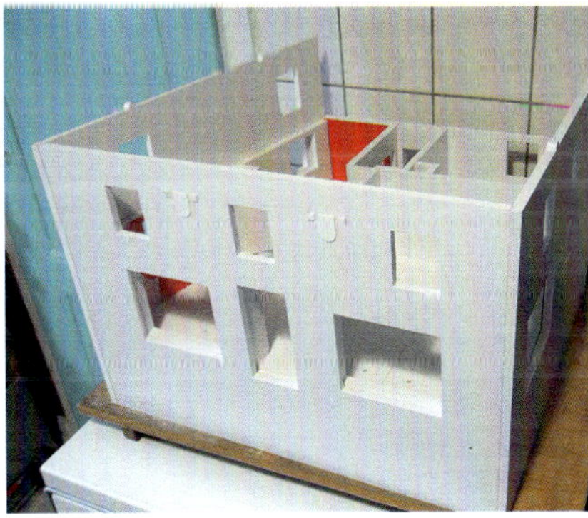

Ich verwende zum Verkleben das gelartige Tangit PVC-U PLUS und an diffizilen, feinen oder nachzujustierenden Stellen wie den aufgesetzten Verzierungen den flüssigen UHU Plast Special Modellbaukleber, dem ich etwas Dichlormethan zufüge – mit der entsprechenden Vorsicht und unter geeigneter Belüftung, denn der Stoff ist krebserregend.

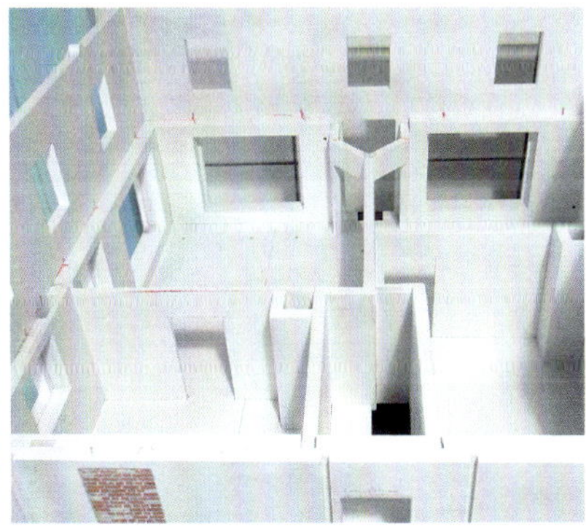

Die Raumaufteilung des Erdgeschosses ist schon erkennbar. Die beiden hinteren Räume sind Verkaufsräume, vorne links neben dem Flur liegt eine Werkstatt und rechts die Küche.

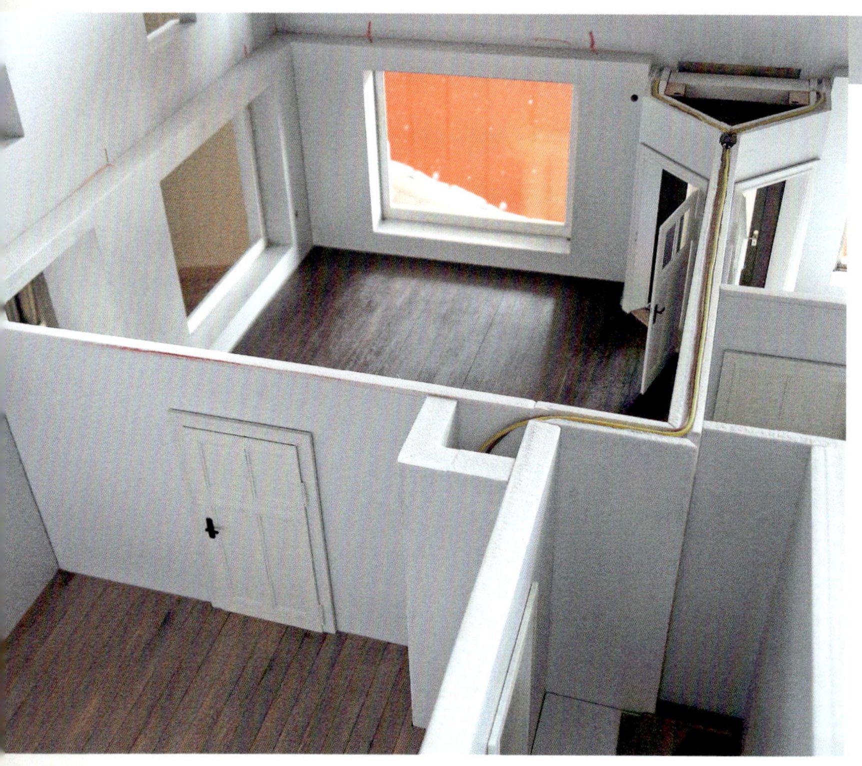

Praktische Hilfsmittel

Bei den verschiedenen Arbeiten an Fassade und Inneneinrichtung muss das Gebäude immer wieder auf eine seiner Außenseiten gedreht werden; insbesondere die Tapeten lassen sich am besten waagerecht aufbringen. An allen Ecken des ersten Obergeschosses habe ich dazu Distanzstücke aufgeschraubt: So können keine bereits fertig gestalteten Fassaden- oder empfindlichen Anbauteile mit der Arbeitsfläche in Kontakt kommen.

Neue Perspektiven

Ein Teil der Fenster und Türen lässt sich öffnen. Ein offenes Fenster erzählt bereits etwas nicht Dargestelltes (jemand lüftet), vor allem eröffnet es aber fotografisch weitere Möglichkeiten. Die Fenster entstanden nach Originalaufnahmen und Maßen echter Fenster. Die meisten Anregungen dazu habe ich mir im Internet auf Ebay Kleinanzeigen geholt, wo die Objekte oftmals vermaßt präsentiert werden. Die Türen sind exakt maßstäbliche Nachbauten unserer eigenen Wohnungstüren.

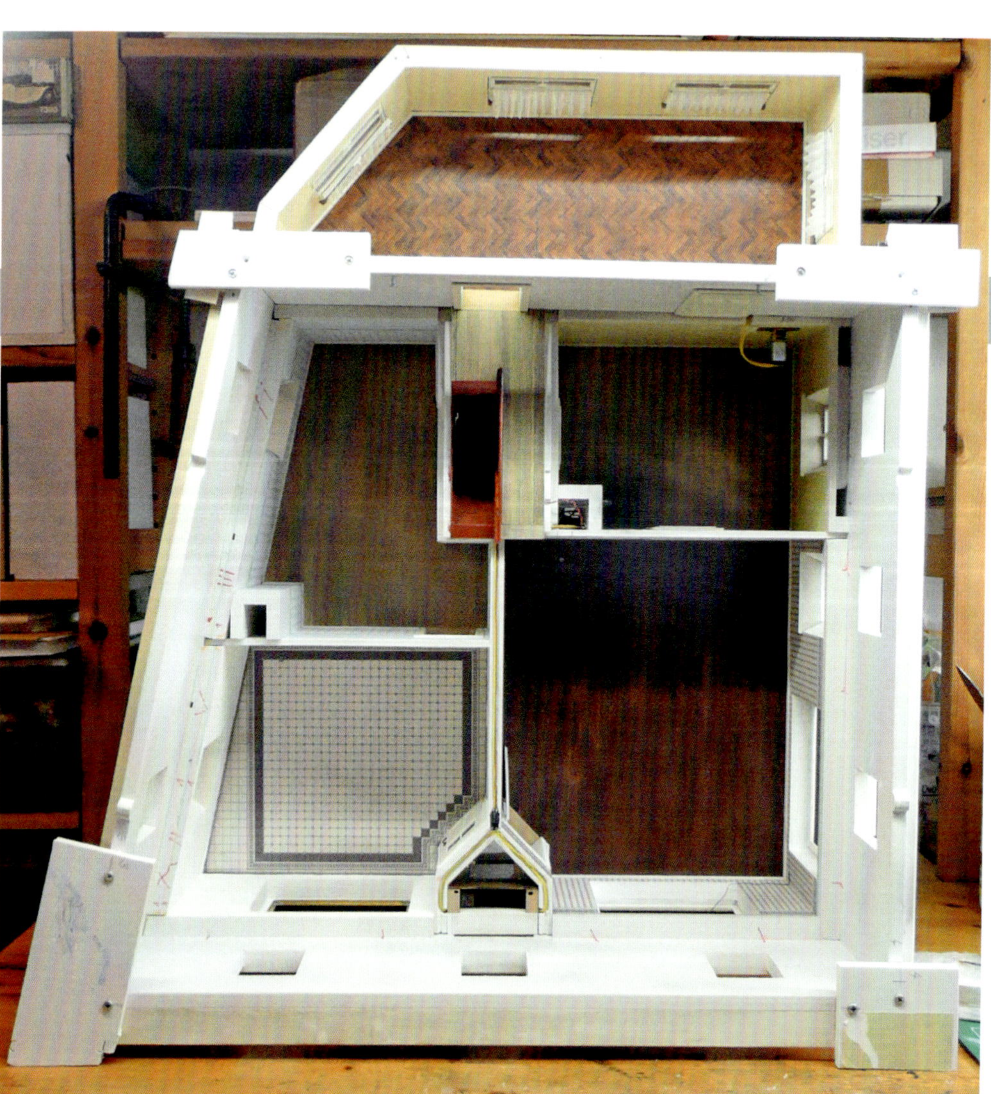

Die Aufsicht zeigt die ungewöhnliche Form des Hauses: selbst die nur im ersten Stockwerk ganz leicht schräg zum Anbau verlaufende Wand ist ins Modell umgesetzt. Holzböden überwiegen in den Innenräumen, vom einfachen unbehandelten Dielenboden in Küche, Fluren und Werkstatt über die gestrichene Variante im großen Verkaufsraum bis zum Parkett im Anbau. Nur der kleine Verkaufsraum und die hier vom Parkettboden des 1. Obergeschosses im Anbau verdeckte Toilette sind gefliest. Gut sind die Distanzstücke an den Gebäudeecken zu erkennen.

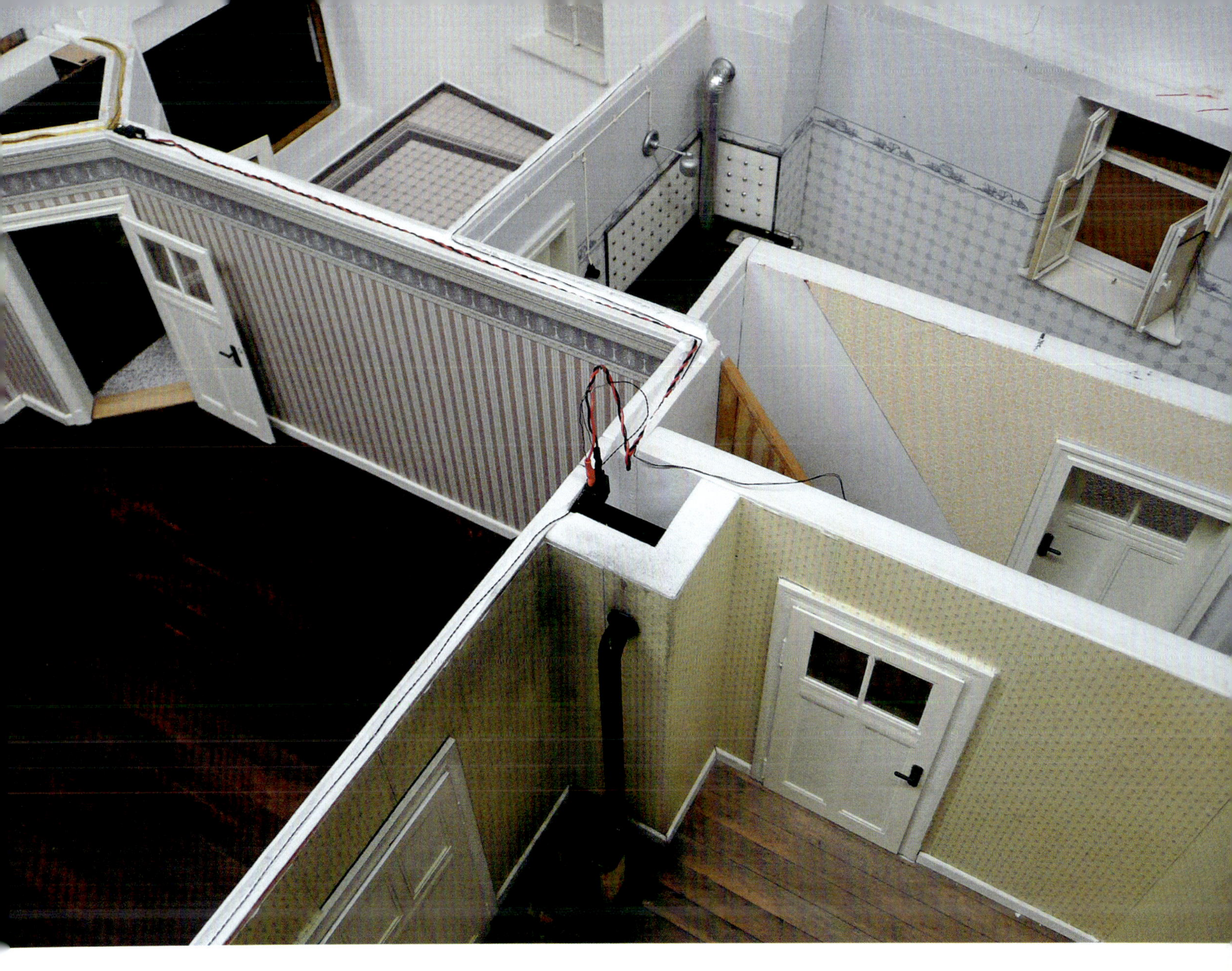

Die Kamine bieten Platz für die stockwerksweise steckbare Stromversorgung der Beleuchtung.

Details als Zeugnis von Veränderung

Durch den ergänzten Anbau des Gebäudes muss sich zwischen Werkstatt und der späteren Garage ein vermauertes Fenster befunden haben. Wahrscheinlich war es auch auf der Garagenseite verputzt, ich wollte die dahintersteckende Geschichte aber beim Blick in die Garage sichtbar machen und habe daher die Ausmauerung unverputzt gelassen. Zum Ausmauern habe ich echte Ziegelsteine verwendet. Damit lässt sich das für diese Region typische und im Gegensatz zum norddeutschen Klinkermauerwerk nicht ganz so geradlinige Backsteinmauerwerk gut darstellen – ebenso wie eine möglicherweise nicht ganz fachmännisch erbrachte Eigenleistung des Bauherrn. Das bisherige Fenster wird in der neuen Außenwand des Anbaus wiederverwendet und unterscheidet sich deutlich von den anderen im Anbau eingesetzten Fenstern neueren Datums, und erzählt so die Geschichte weiter.

Ein ähnliches Beispiel ist die Schaufensterfront mit den beiden großen Glasscheiben und der Eingangsbereich mit den flachen Schaukästen. Während die umlaufenden Stuckverzierungen der Fenster identisch sind, wurde beim linken Schaufenster offensichtlich nachträglich ein Rolladen eingebaut – möglicherweise den dort ausgestellten wertvolleren Artikeln geschuldet. Dabei erhielt das Fenster einen Metallrahmen, während das rechte Schaufenster seinen ursprünglichen Holzrahmen behalten hat. Auch der Eingang weist einen Rolladen auf, dessen schwarze Verglasung auf denselben Entstehungszeitraum schließen lässt.

Auch hier fließen Vorbild und Fantasie ineinander: die in meiner Heimatstadt gelegentlich noch erhaltenen messingfarbenen Metallumrahmungen aus den 1950er-Jahren gefielen mir so gut, dass ich unbedingt etwas zur Schaufensterästhetik dieser Epoche umsetzen wollte.

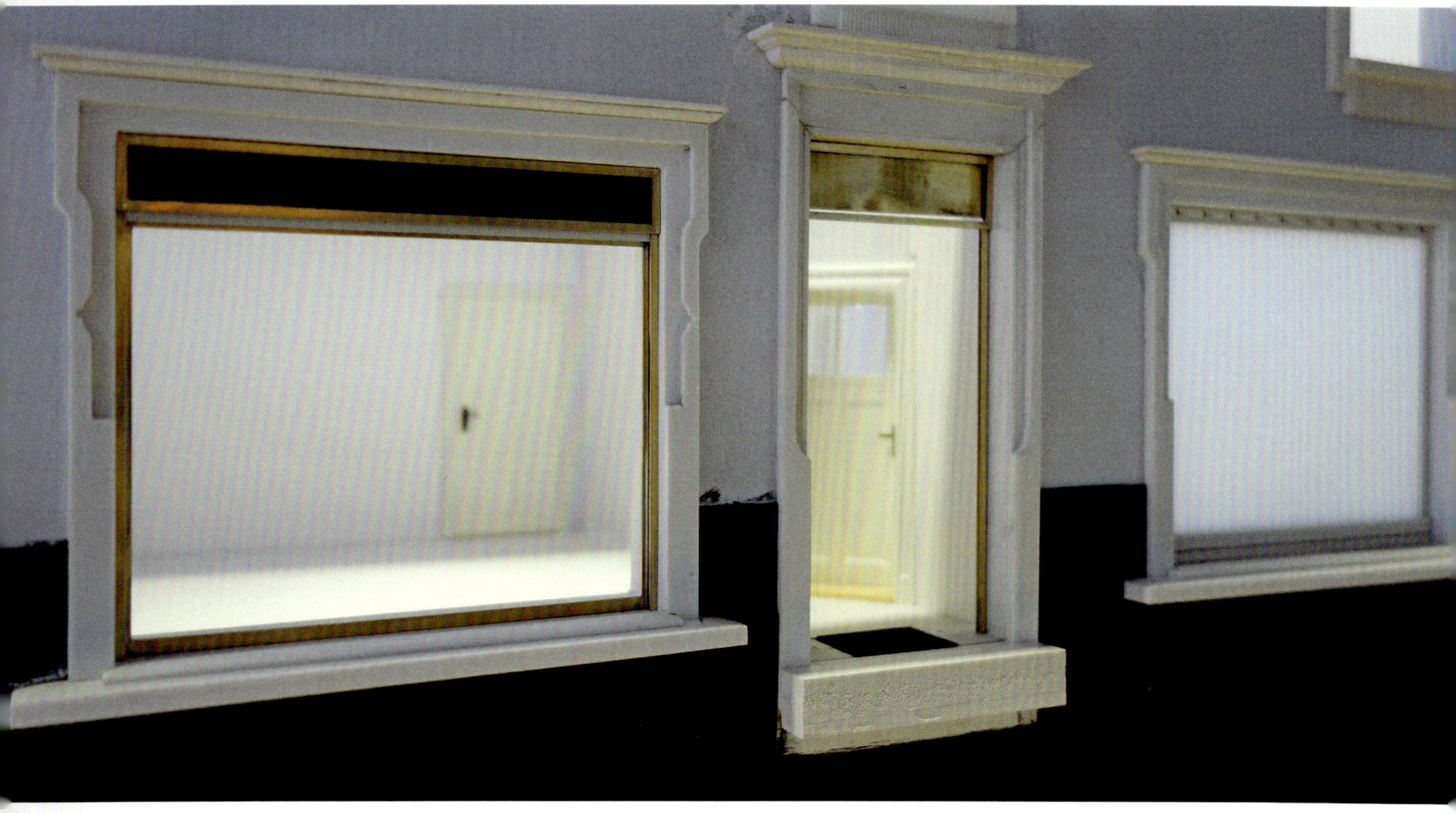

Schaufensterfront

Messingfarbene Fensterrahmen mit schwarz hinterlegten Scheibenbereichen spiegeln wunderbar das Flair der 1950er-Jahre wider und sind auch heute noch gelegentlich bei alteingesessenen Geschäften zu finden.

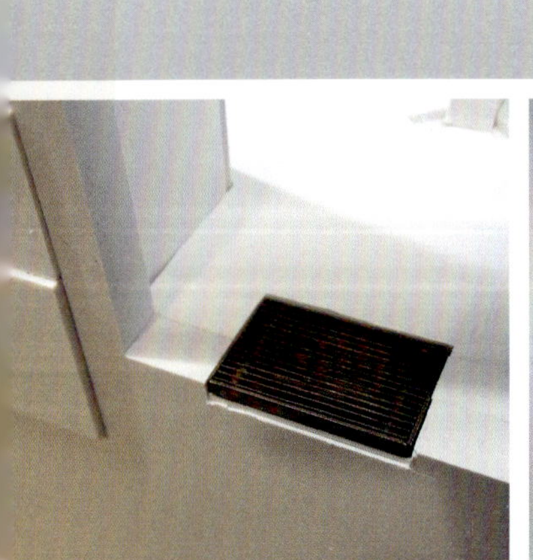

Der Schuhabstreifer besteht aus 0,2 mm starken Messingstreifen, die durch eingelötete Drahtstücke miteinander verbunden sind, und liegt in einem umlaufenden Rahmen aus Messing-Winkelprofil.

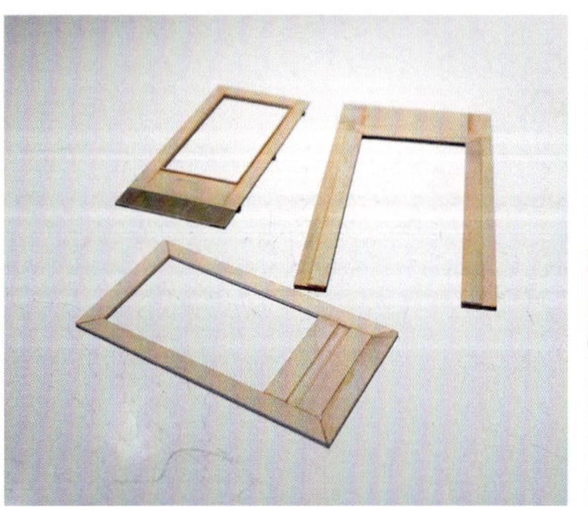

Für die Ladentür habe ich Furnierholz verwendet und entsprechend der auf Vorder- und Rückseite sichtbaren Stoßkanten einer echten Tür zurechtgeschnitten und mit Sekundenkleber verklebt.

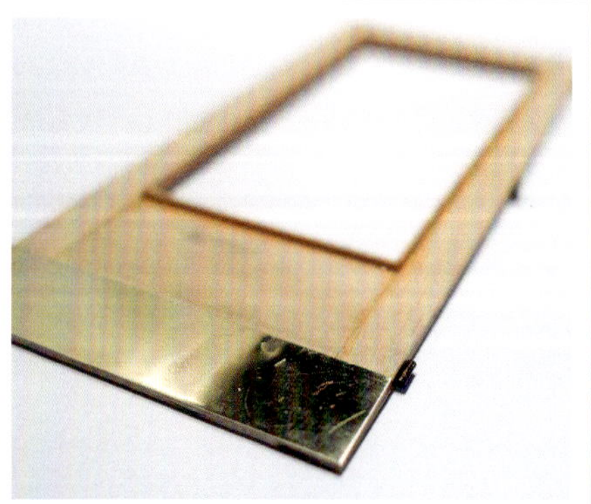

Der Trittschutz entstand aus Messingblech, auf das ich später mit wenig schwarzer Farbe und einem ewas härteren Pinsel Sprenkel aufgebracht habe.

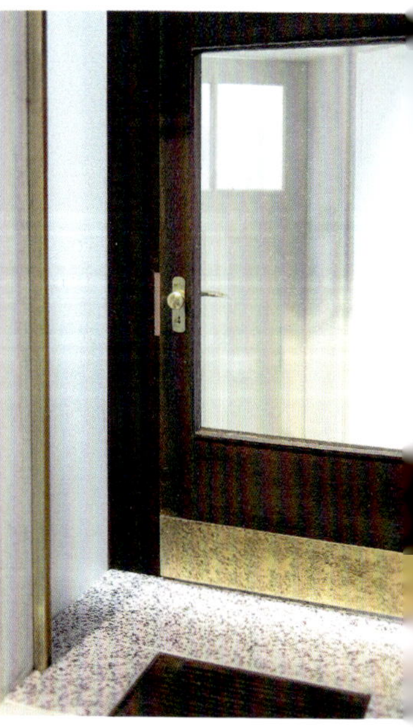

Das erzeugt den Eindruck der für die Zeit und den Zweck typischen texturierten Metalloberfläche.

Das war eine willkommene Gelegenheit, im Modell einmal mit dem verpönten blanken Messing zu arbeiten, das sonst immer unter einer Zinnschicht oder Brünierung verschwinden muss. Die polierten Messingrahmen sind aus einzelnen Winkel- und U-Profilen verlötet und so zusammengesetzt, dass die Rolläden seitlich in entsprechenden Führungen laufen können. Die Rahmen der Rolladenkästen ragen dazu etwas über den eigentlichen Fensterrahmen über.

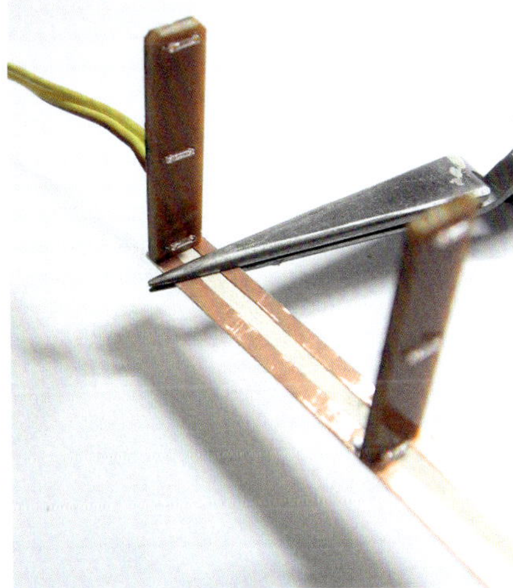

Im Windfang vor der Ladentür befanden sich seitliche Schaukästen. Für die Beleuchtung habe ich winzige Zifferblattleuchten verwendet und in Pertinaxplatten eingelötet. Selbstklebende, lötbare Kupferfolie stellt die elektrische Verbindung zwischen den Pertinaxplatten her.

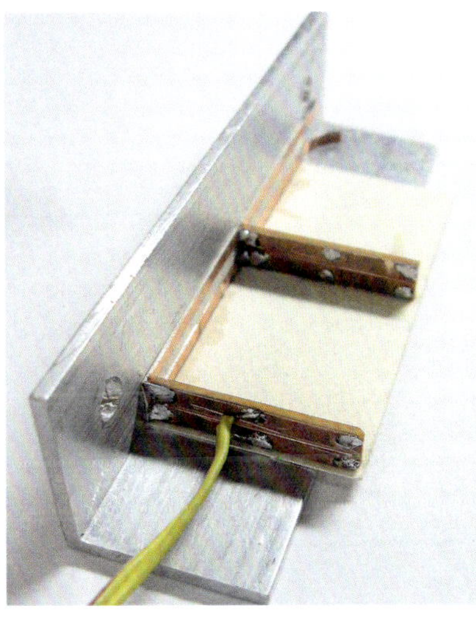

Die stromführenden Teile sind auf 120g-Papier mit dünnflüssigem Sekundenklaber geklebt – das Tränken des Papiers mit Cyanacrylat sorgt für zusätzliche Stabilität.

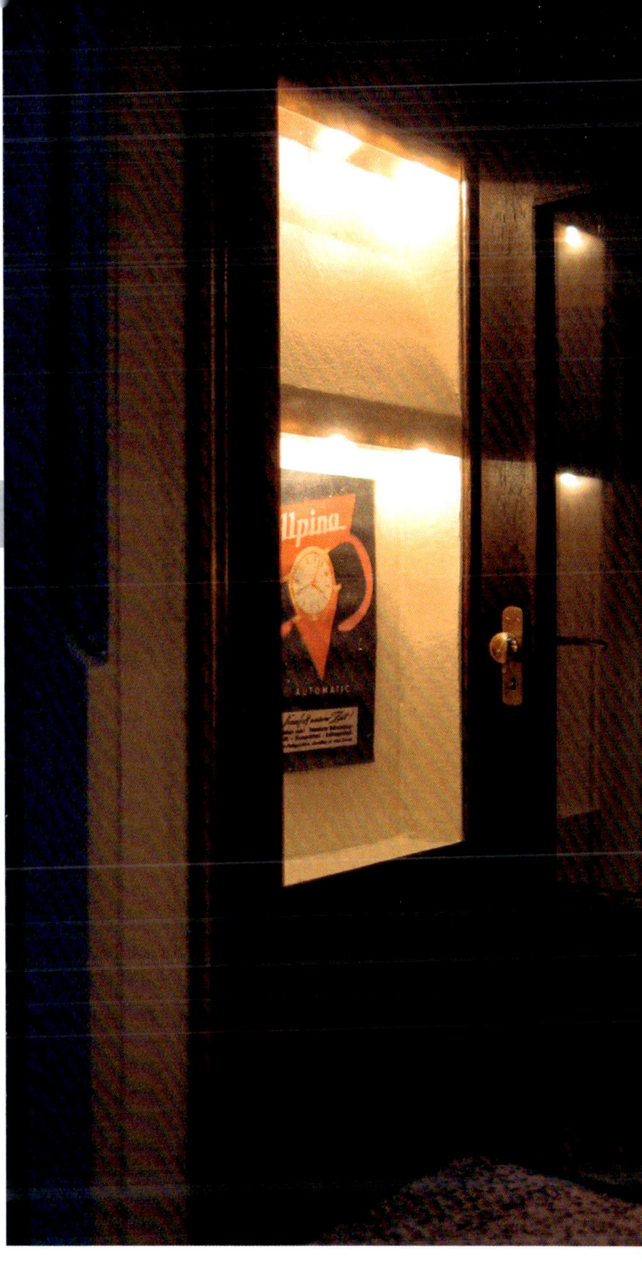

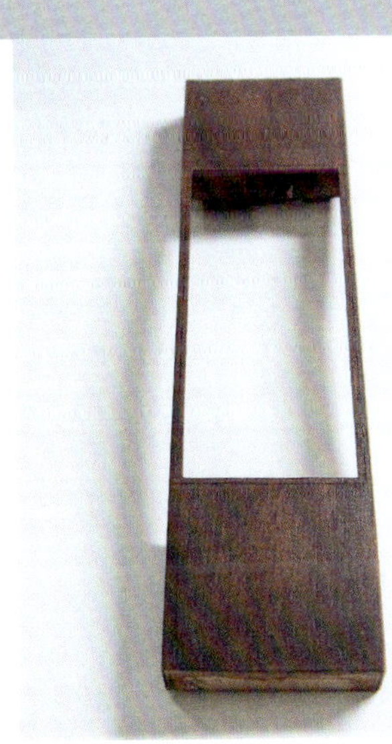

Die Verkleidung entstand auch aus Furnierholz. Die Ablagen bestehen aus 120g-Papier und verbergen die Pertinaxstreifen mit den Leuchten. Der Eingangsbereich ist zu Wartungszwecken herausnehmbar.

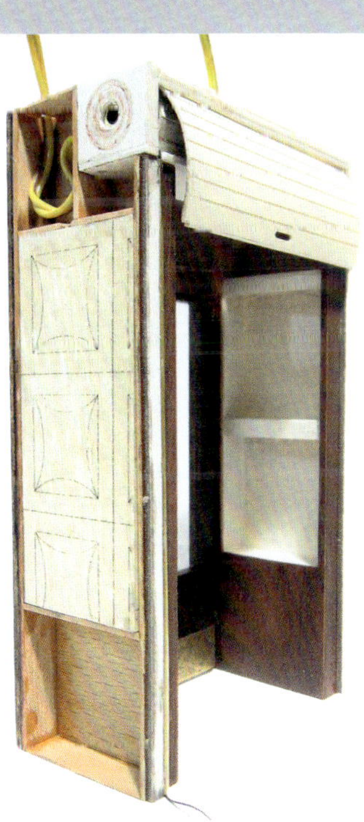

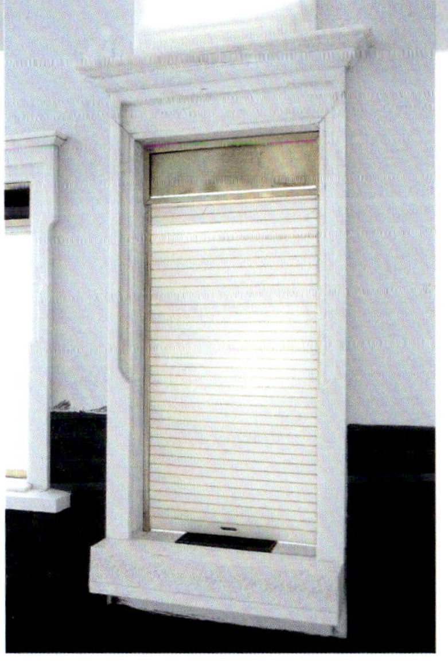

Der Rolladen ist aus 0,5 mm starkem Offsetkarton gelasert. Die gravierten Fugen machen ihn beweglich genug, um ihn über einen in einem seitlichen Röhrchen geführten Faden hochziehen zu können.

Schaufensterauslagen

Lichtzauber in der Seitenstraße

Während die Schaufensterfront auf der Vorderseite verlief und es über Eck noch ein weiteres großes Schaufenster gab, wurden auch die dort anschließenden kleinen Fenster in der Seitenstraße, durch die die Kleinbahn in Richtung Mühlendamm verlief, zur Präsentation von Waren genutzt. Dazu waren sie bis zu etwas mehr als der halben Höhe entlang der Innenwände mit einer Blende verschlossen und der Raum zwischen Blende und Fenster konnte so für die Präsentation der Artikel oder zum Aushängen von Plakaten oder Werbedrucken genutzt werden.

In meiner Vorstellung hatte ein Optiker in erster Linie Brillen anzubieten, vielleicht auch noch etwas Schmuck und natürlich die Uhren, die auf der Fassade beworben wurden, das Studium der vorhandenen Originalaufnahmen zeigte aber unzweifelhaft, dass das Sortiment auch Geschirr, Vasen, Leuchtmittel und andere kleinere Einrichtungs- und Ausstattungsgegenstände umfasste. Da die Blenden die dahinterliegenden Räume teilweise verbergen, habe ich mit den kleinen Fenstern begonnen, von denen das linke noch zum Verkaufsraum gehört, das rechte aber zu einer kleinen, voll eingerichteten Werkstatt, von der man allerdings nur durch die verbliebene Fensteröffnung etwas sehen kann.

Ich stelle mir vor, dass die Seitenstraße etwas dunkel war, und wollte zumindets für die Auslagen mit dem Geschirr eine dezente Schaufensterbeleuchtung haben, zusätzlich zur ohnehin in den Räumen vorhandenen Deckenbeleuchtung, die sich aufgrund des diffusen Lichts und vor allem der Blenden allerdings nicht zum Anstrahlen von Objekten eignet. Mich hat immer die Lichtwirkung von Lampen für Orchesterpulte, Armaturenbeleuchtungen aus Dampfloks oder von Maschinenleuchten aus der Werkstatt fasziniert: hell auf dem angestrahlten Objekt, im Raumeindruck aber eher atmosphärisch, ja fast heimelig. Der warme Lichtpunkt in der ansonsten unbeleuchteten Fassade dürfte auch an trüben Tagen die Aufmerksamkeit der Passanten zu dem kleinen Fenster abseits der großen Schaufensterfronten gelenkt haben.

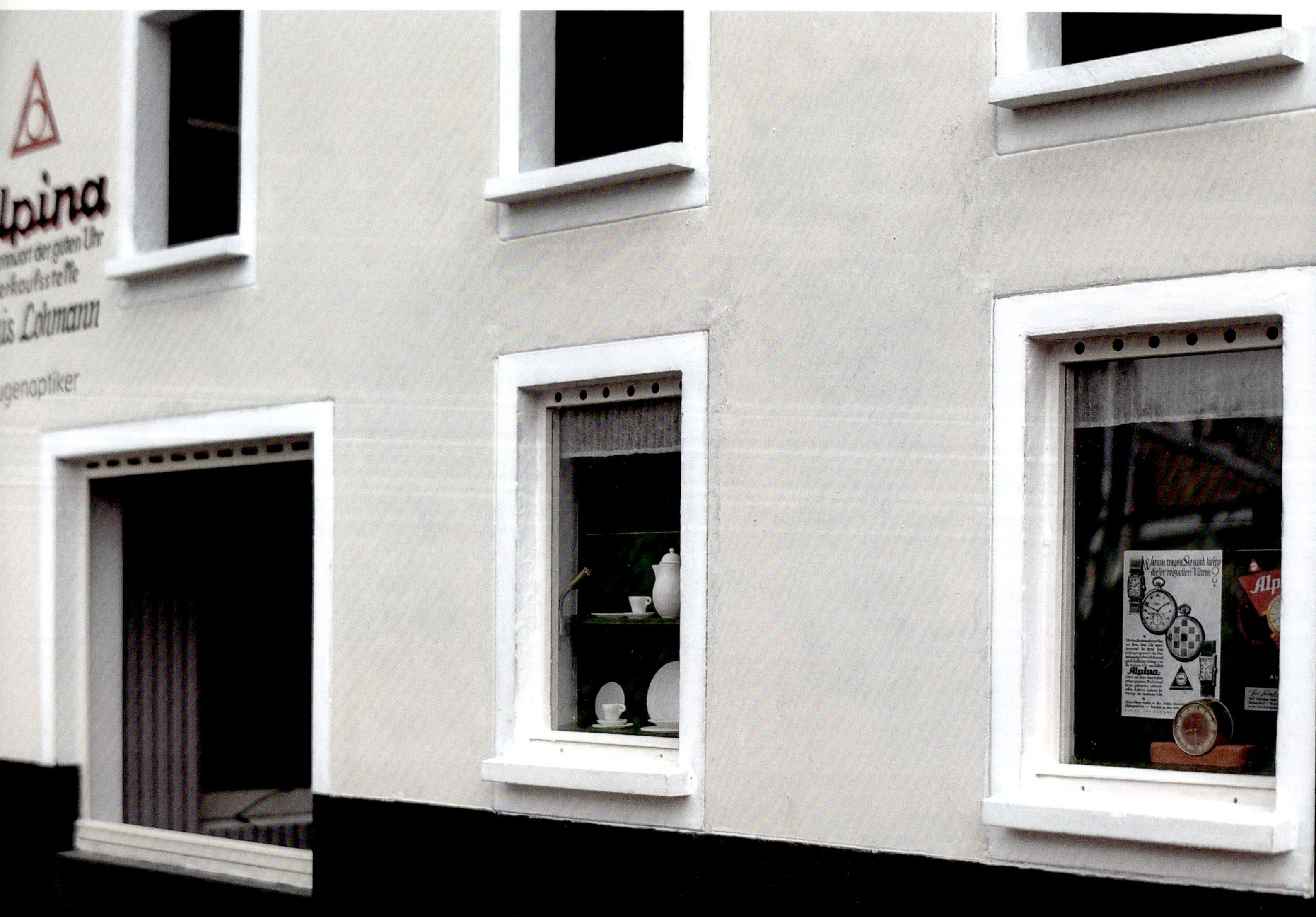

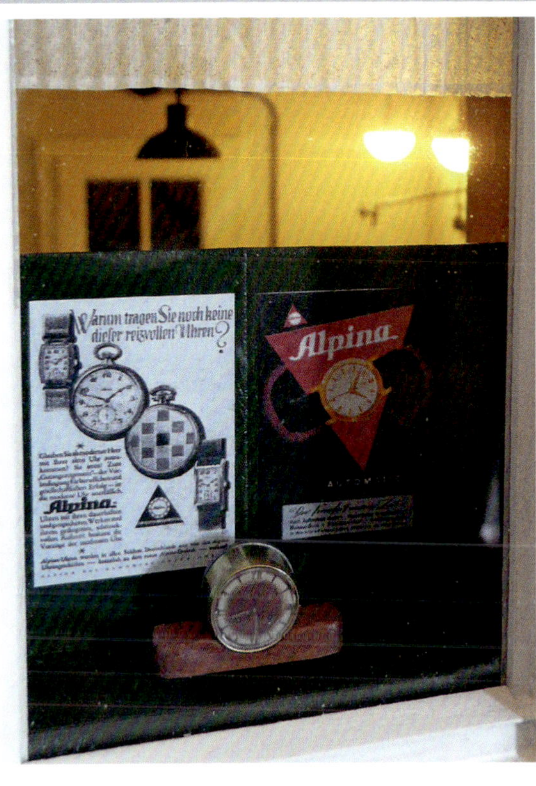

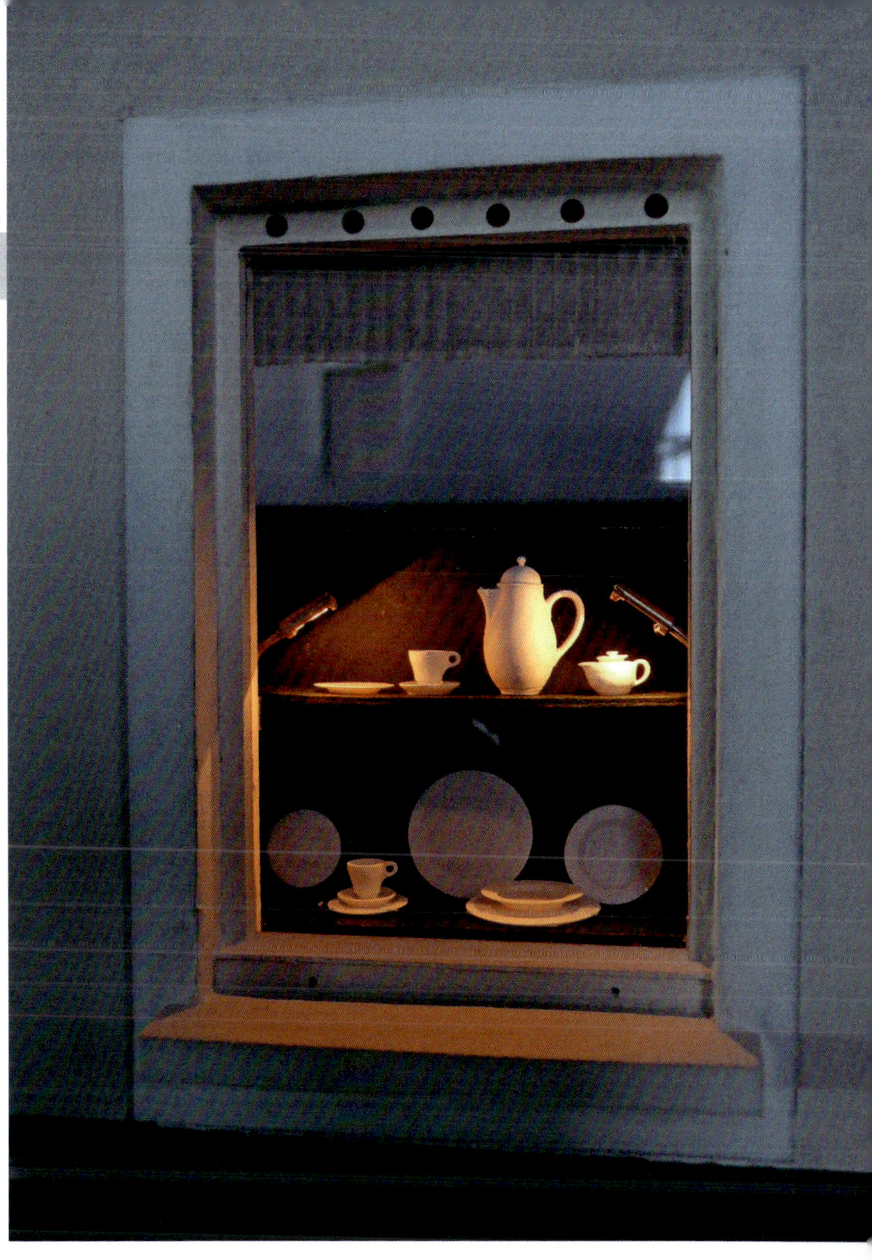

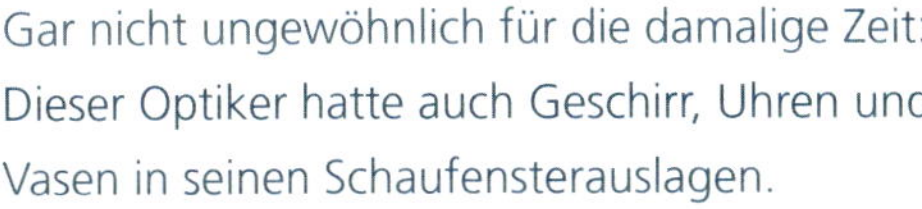

Gar nicht ungewöhnlich für die damalige Zeit: Dieser Optiker hatte auch Geschirr, Uhren und Vasen in seinen Schaufensterauslagen.

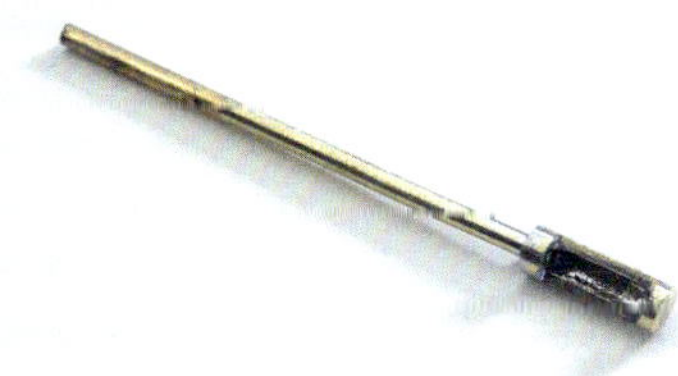

Die Gehäuse und Arme der Lampen entstanden aus Messingröhrchen mit 0,8 und 1,5 mm Durchmesser. In das dickere Rohr habe ich eine Ausnehmung gefeilt und anschließend beide Rohre ineinander gesteckt und verlötet.

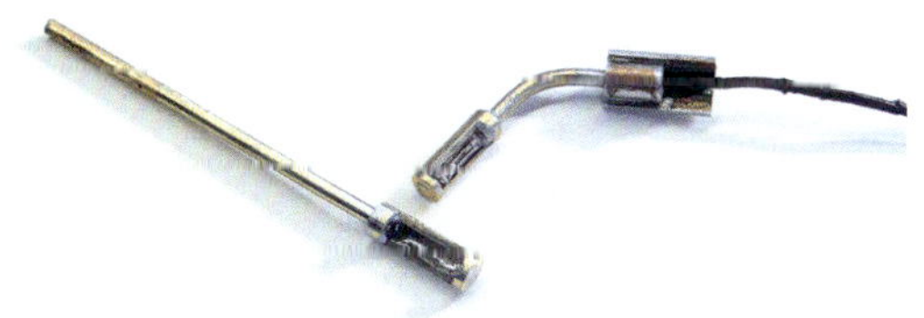

Als Leuchtmittel kamen wieder die bereits bei den Schaukästen am Ladeneingang verwendeten Ziffernblattleuchten mit 0,8 mm Durchmesser zum Einsatz. Die Anschlüsse liegen an beiden Enden, so dass ich einen Pol am Gehäuse verlöten und den anderen durch das Rohr führen konnte.

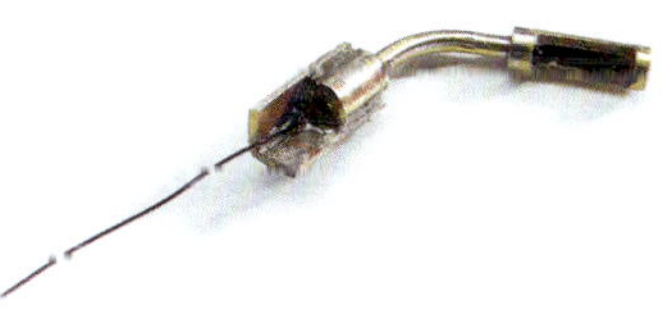

Mit den Winkelstücken lassen sich die Lampen in den Ecken von Fensterrahmen und Laibungen befestigen.

| Ein irgendwie erhabener Namenszug

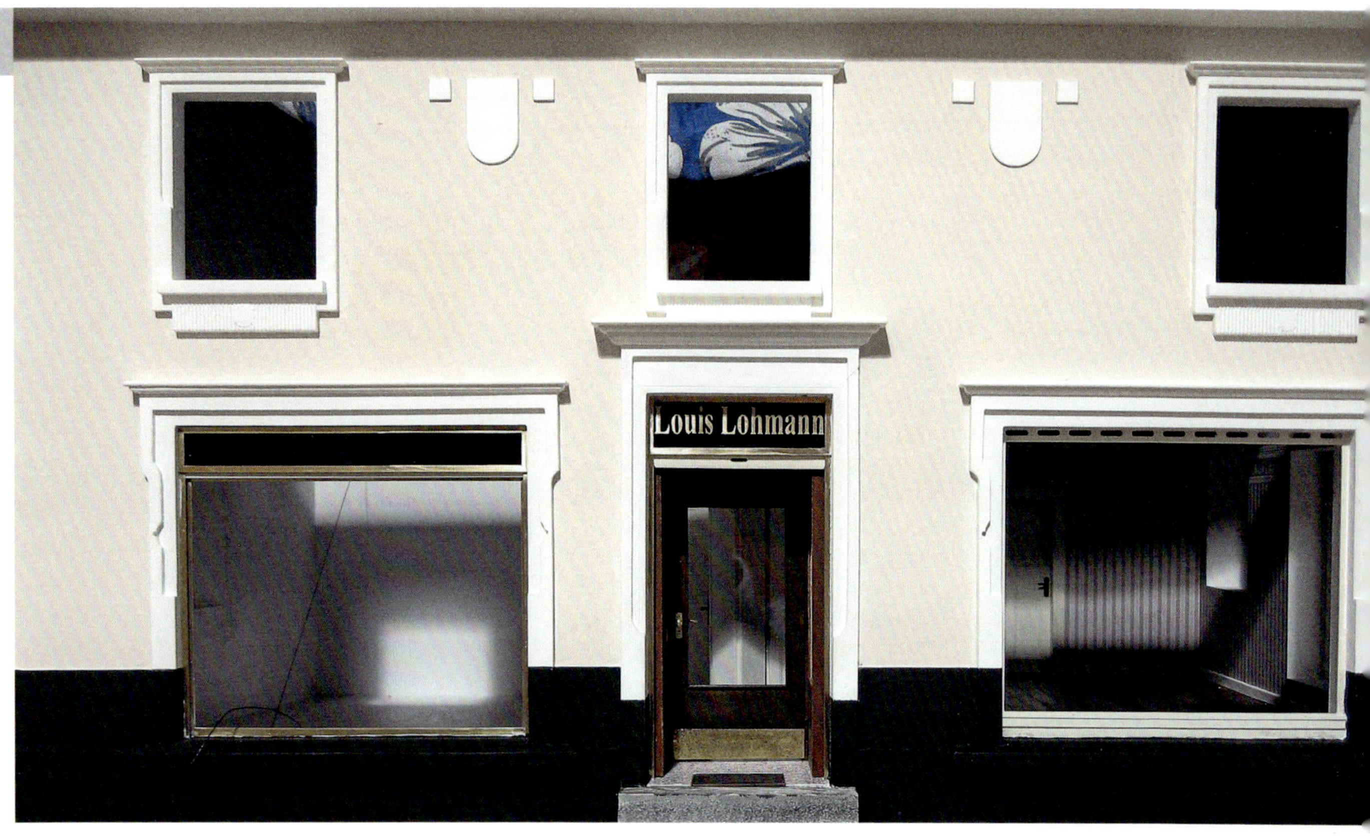

Der Verputz der Fassade besteht aus einer Mischung aus Wandfarbe und feinkörnigem Siliziumkarbid. Die Umrandungen von Fenstern und Türen sind teilweise im 3D-Druck und ansonsten aus zusammengeklebten Kunststoffprofilen entstanden. Der Schriftzug über der Tür gibt der Fassade den letzten Schliff.

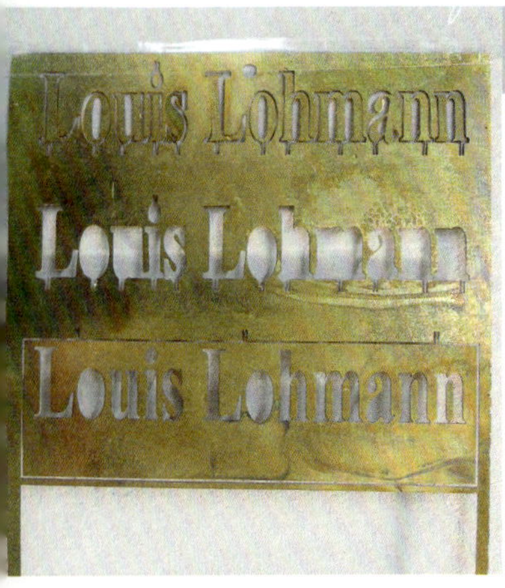

Den Schriftzug habe ich mir mehrfach aus 0,2 mm starkem Messingblech ätzen lassen. Aus dem Positiv habe ich die einzelnen Buchstaben gewonnen.

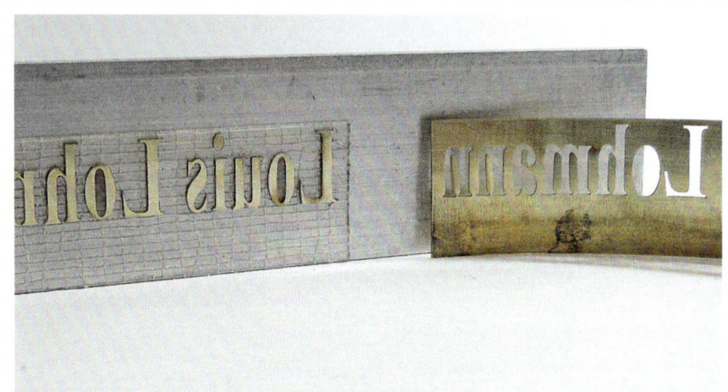

Das Negativ konnte ich als Schablone für die Montage der Buchstaben auf einem doppelseitigen, wiederablösbaren Klebeband verwenden.

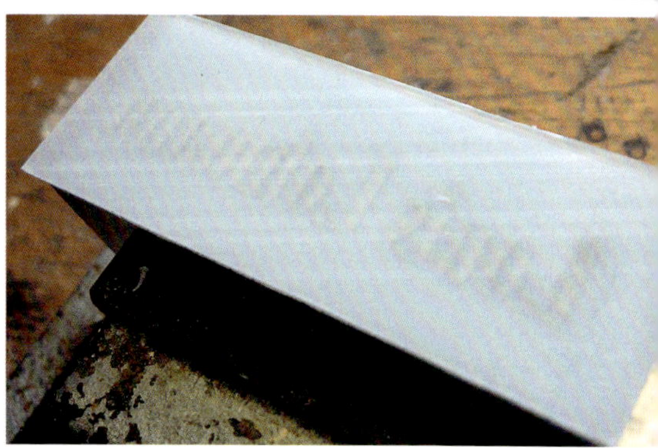

Eine Acrylglasscheibe habe ich dann mit Sekundenkleber auf die Buchstaben geklebt. Nun ließ sich das Klebeband abziehen und die Buchstaben waren dort, wo sie sein sollten. Die Acrylglasscheibe wurde nach dem Säubern mit Aceton mit schwarzer Farbe hinterlegt.

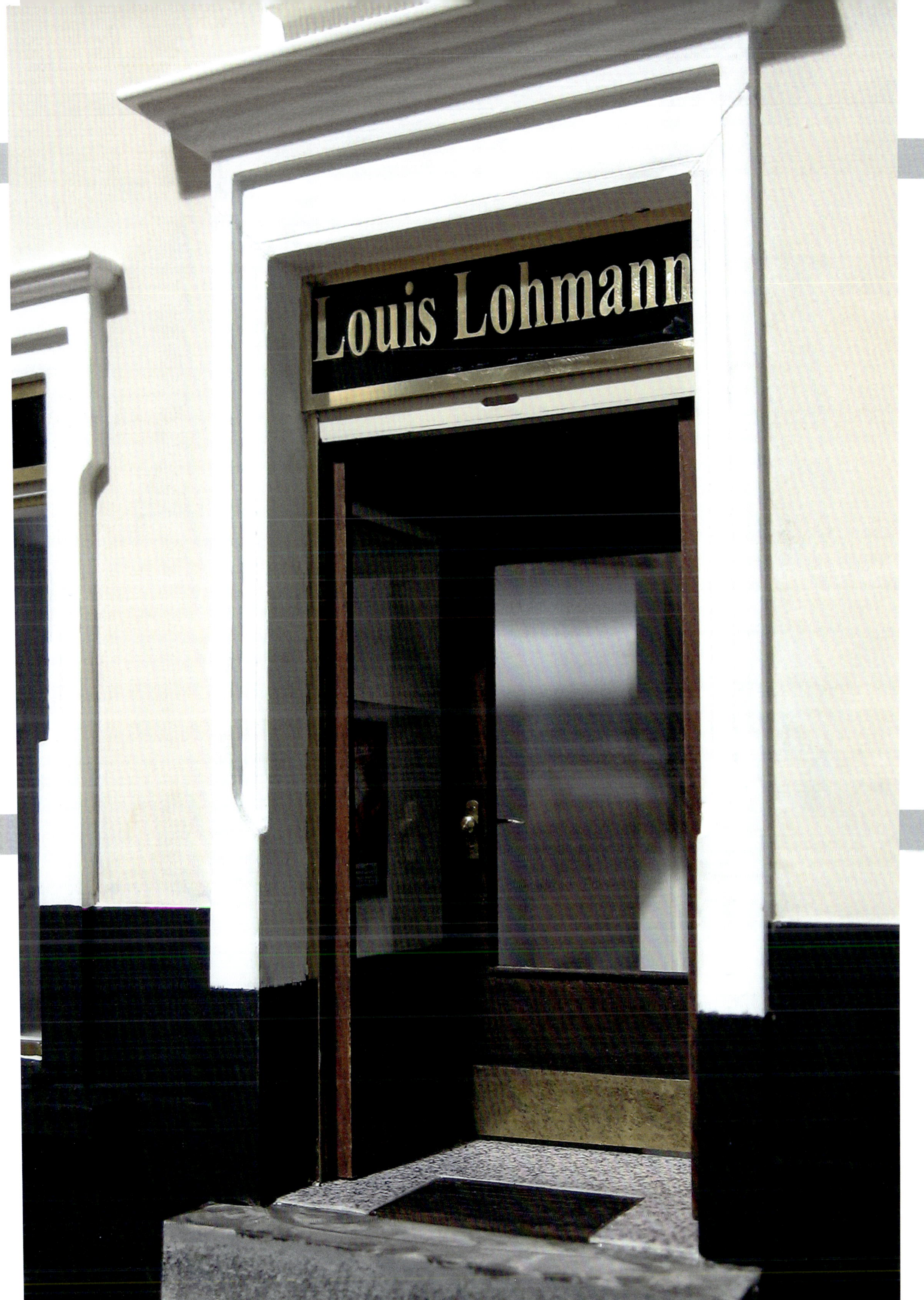
Louis Lohmann

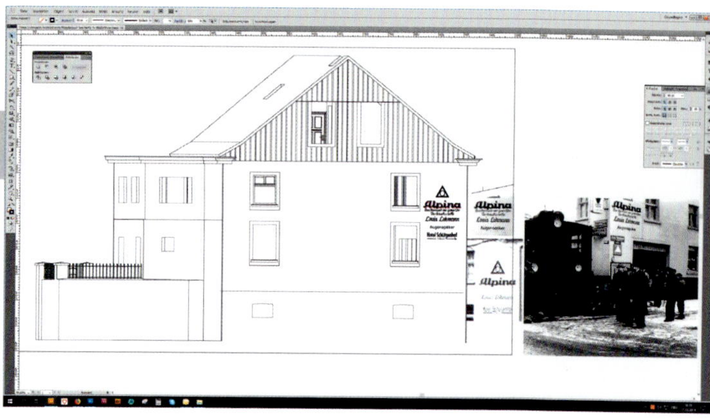

Beschriftungen jenseits von Decal und Anreibetechnik

Die markanten Werbeaufschriften an der dem Maiplatz zugewandten sowie der ihm abgewandten Seite geben dem Gebäude eine besondere Note. Da es sich dabei nicht um eine Schrifttype, sondern um so genannte Schildermalerschriften handelt, zu denen es keine Fonts, also Schriftdatensätze für die digitale Verarbeitung gibt, musste ich alle Buchstaben im Grafikprogramm nachzeichnen. Wo es sich anbot, habe ich dazu abgewandelte Buchstaben aus anderen Fonts verwendet, ein großer Teil war aber gänzlich neu zu zeichnen.

Zunächst habe ich jedoch Fotos der Beschriftung entzerrt und in Adobe Illustrator auf die entsprechende Größe skaliert: Am rechten Rand des nebenstehenden Screenshots ist das Ausgangsmotiv zu sehen. Es zeigt zwar die gegenüberliegende, dem Maiplatz abgewandte Fassadenseite, dort befand sich aber eine nahezu identische Beschriftung. Von der dem Maiplatz zugewandten Seite, die auf der Ansicht im Screenshot dargestellt ist, gibt es keine hinsichtlich Auflösung oder Ausschnitt verwendbare Aufnahme. Links neben der Originalaufnahme ist der entzerrte Bildauschnitt und wieder links daneben die auf der Fassade platzierte Beschriftung als fertig bearbeitete Vektorgrafik zu sehen. Der Alpina-Schriftzug war als Schattenschrift ausgeführt. Glücklicherweise fand ich das alte Alpina-Logo im Web, so dass die Schattenfarbe eindeutig zu klären war. Für die Umsetzung im Modell habe ich den schwarzen und den roten Schriftteil – hierbei ebenfalls die vollen Buchstaben, nicht nur den als Schatten sichtbaren Teil – getrennt schneidplotten lassen: Beide Teile sind auf einer rechteckigen Grundfläche identischer Größe angelegt, die rote Schrift jedoch mit einem leichten Versatz nach rechts und unten, während die rote Bildmarke auf der schwarzen Plotfläche liegt, da sie nicht versetzt liegen soll. So ergibt sich bei deckungsgleicher Anordnung der übereinandergelegten Grundflächen das Schriftbild wie beim Vorbild. Die Vektordaten habe ich aus Oracal, einer Folie, die für Fahrzeugbeschriftungen verwendet wird, plotten lassen. Das ist keine Schablonenfolie, aber ein Anbieter aus der Nachbarschaft hatte diese Folie vorrätig. Das Herauslösen der teilweise winzigen Elemente mit einer Skalpellspitze ist knifflig – der Fertigungsbetrieb hat mir das aus anfänglich falsch verstandenem Dienstleistungswillen und zwei deponiereif bearbeiten Plots dann lieber selbst überlassen.

Am Modell ist die Beschriftung auf der Maiplatzseite etwas höher als beim Vorbild positioniert, da ich den Hinweis auf das Hotel ebenso zeigen wollte wie die Berufsbezeichnung, beide Schriftzüge aber zu unterschiedlichen Zeiten an etwa gleicher Stelle lagen.

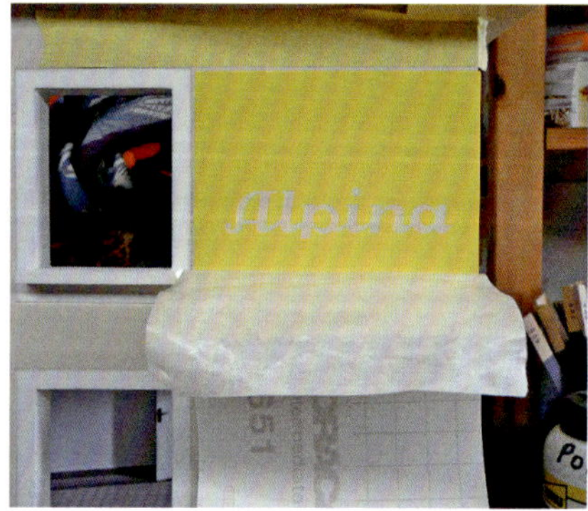

Auf die Vorderseite der nach dem Herauslösen der Buchstaben als Schablone vorliegenden Folie wird ein Applikationspapier geklebt, so dass sich das Trägerpapier auf der Rückseite der Folie ablösen lässt – hier sieht man das nicht ganz abgezogene Applikations- und darunter – mit den Kästchen – das ebenfalls noch nicht entfernte Trägerpapier.

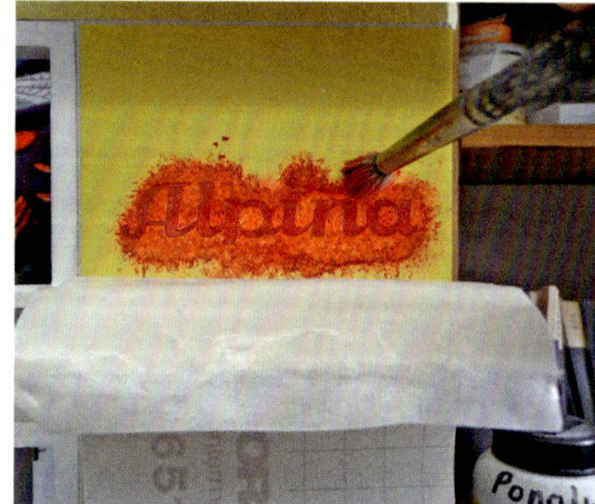

Ein vorne abgeflachter Pinsel eignet sich gut, um die Farbe aufzustupfen. Sie muss relativ trocken und sparsam aufgetragen werden, damit sie nicht hinter die Folie kriecht. Ich habe mit dem roten Schatten begonnen, der hinter dem schwarzen Schriftzug liegt.

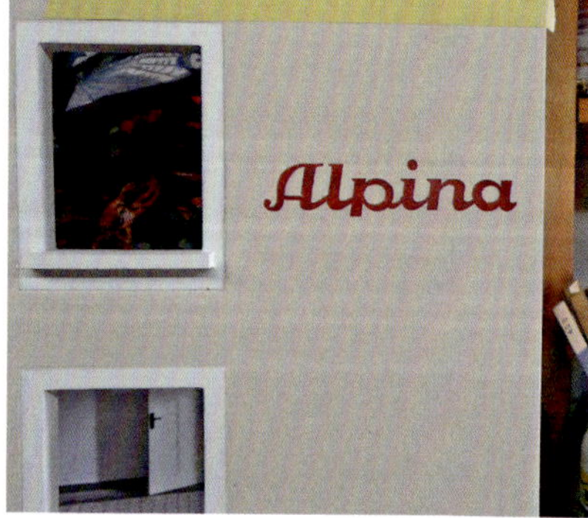

Nach dem Trocknen der Farbe wird die Folie abgezogen. Da der Untergrund aus Wandfarbe mit feinstem Siliziumkarbid nicht ganz glatt ist, funtioniert das sehr gut, obwohl die Folie für dauerhafte Verklebungen gedacht ist.

Die interessante Ballung von Straßenschildern und die Zeiss-Leuchtreklame sind Projekte für die Zukunft.

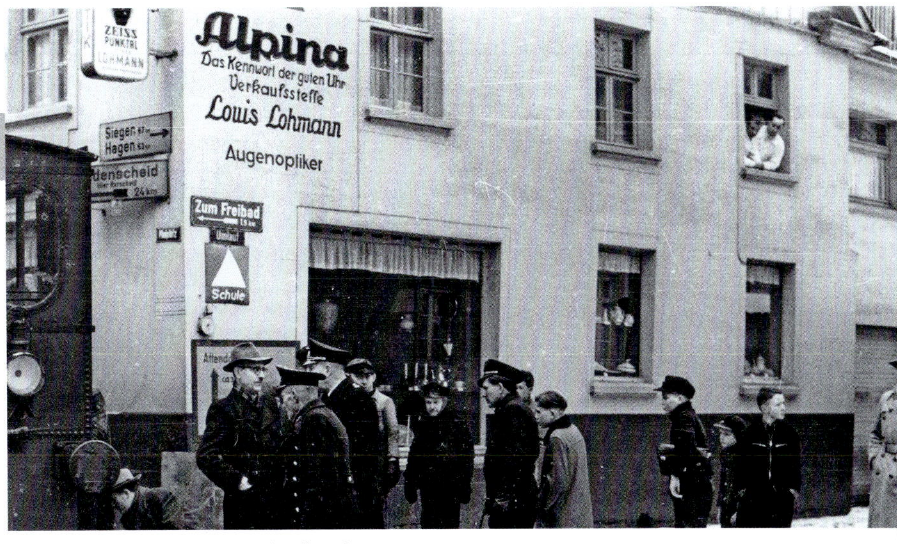

Foto (Ausschnitt): Hermann Michels, 05.03.1955, Slg. Wolf Dietrich Groote

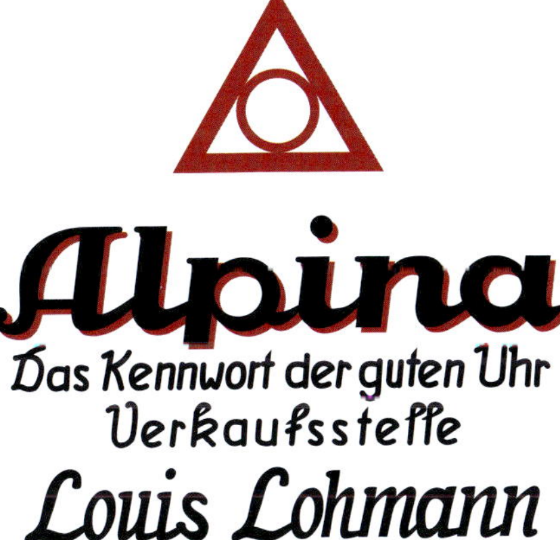

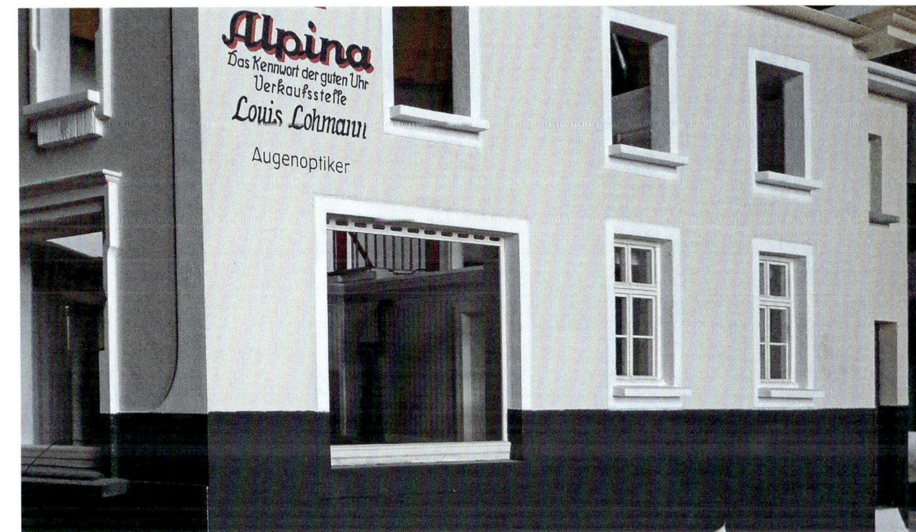

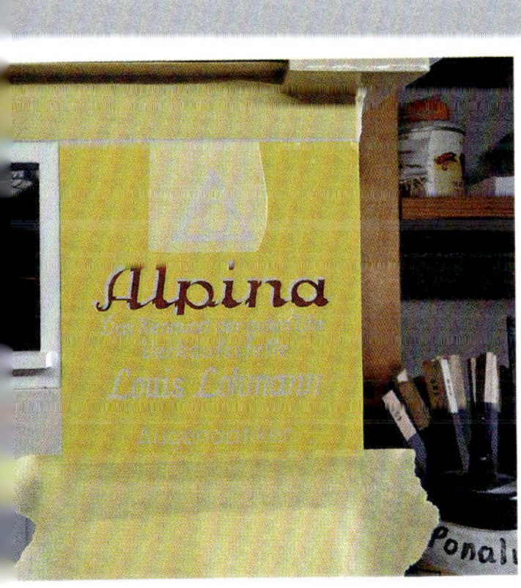

Die Folie für die schwarzen Schriftteile wird dann mit dem entsprechenden Versatz aufgeklebt. Sie enthält auch die Bildmarke, die rot ausgelegt werden soll und daher für den nächsten Schritt erstmal abgedeckt ist.

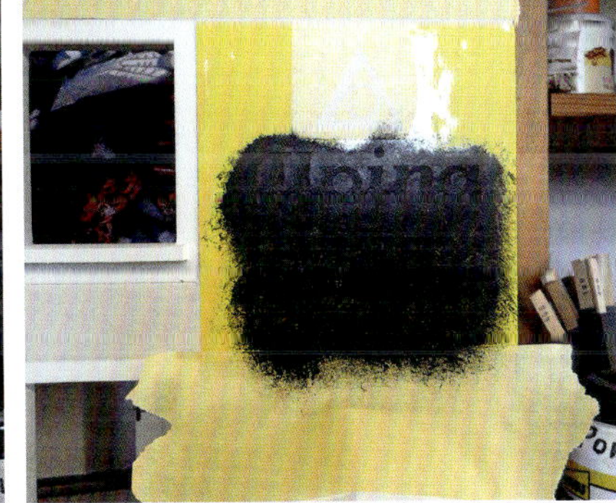

Nun habe ich mit schwarzer Farbe gestupft und danach das zuvor abgeklebte Logo rot ausgelegt.

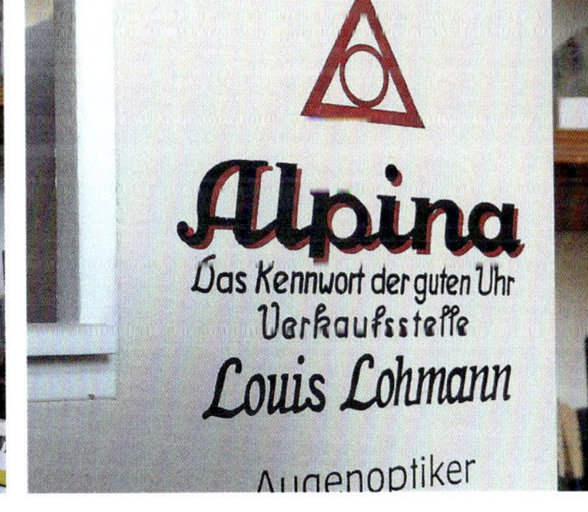

Bei dem auf diesem Weg entstandenen Schriftbild gibt es an einigen Stellen noch Lücken und es fehlen manche Verbindungen zu den schwarzen Buchstaben.

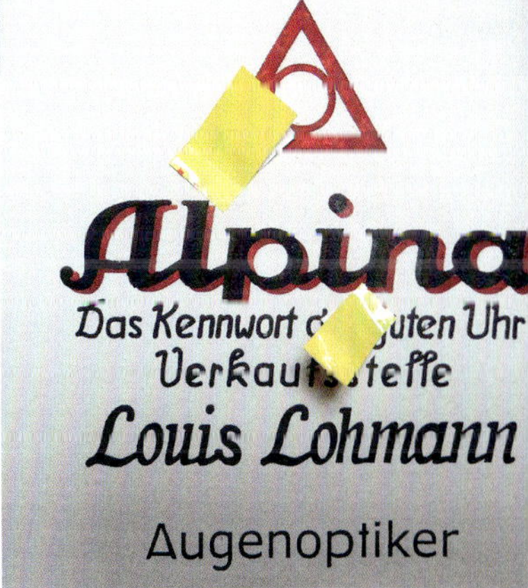

Diese Fehlstellen habe ich nachgemalt. Mit kleinen Klebestreifen lassen sich scharfe Kanten erzielen.

Vom Vorgarten zur Restfläche

Das Haus Lohmann besaß ursprünglich einen winzigen, zwischen beide Gleisäste und das Gebäude gezwängten Vorgarten, von dem nach dem Gebäudeanbau kaum etwas übrig blieb. Fortan bedeckte ein Vordach den größten Teil der restlichen Fläche. Geblieben ist aber der genietete Zaun, der um das Gelände lief, wenn der Anbau ihn auch zum Teil verschluckt hat. Das Areal entstand aus Forex-Platten. Die Mauer scheint nach 1903 verstärkt worden zu sein, als ein entlaufener, aufgebockter Güterwagen auf der Brücke entgleiste und in den Bach kippte. Ein Bild des Unfalls ist im bereits erwähnten Buch über die Plettenberger Kleinbahn zu sehen.

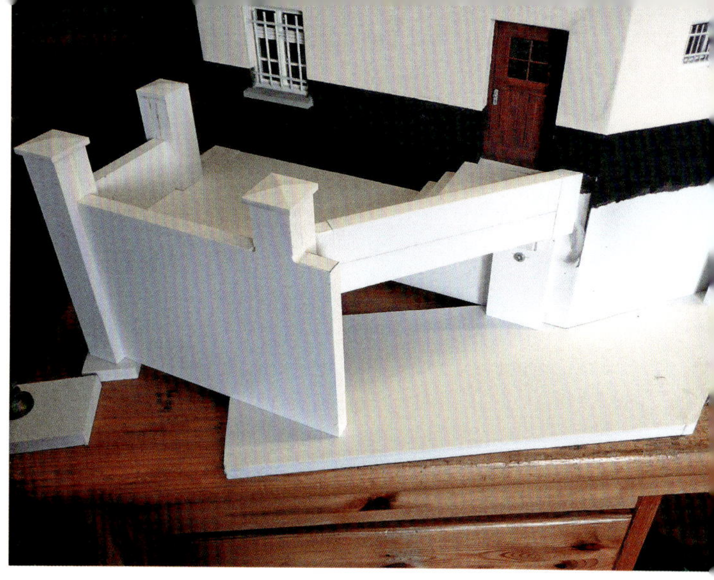

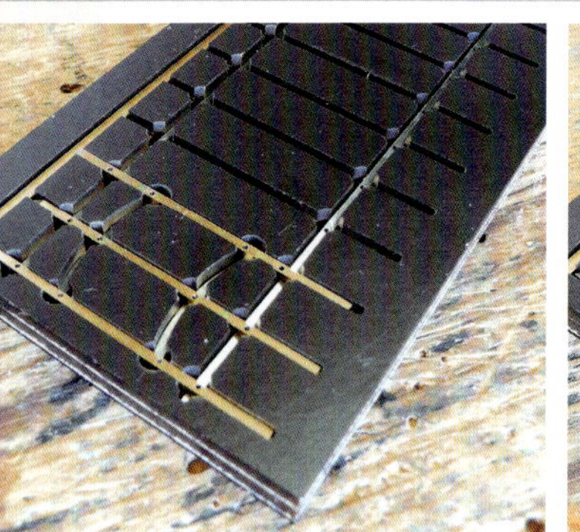

Aus der CAD-Konstruktion des Zauns hat Frithjof Spangenberg mir die Einzelteile aus Messing und Neusilber sowie eine Lötlehre aus Pertinax gefräst.

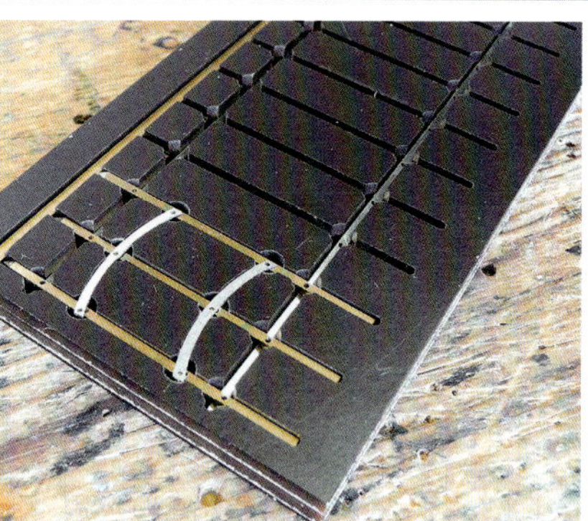

Der obere Vierkantstab dient lediglich als Anschlag für die Spitzen der senkrechten Streben. Beim Vorbild sind beidseitig Bögen mit den Streben vernietet. Auch das ist in der Lötlehre bereits berücksichtigt.

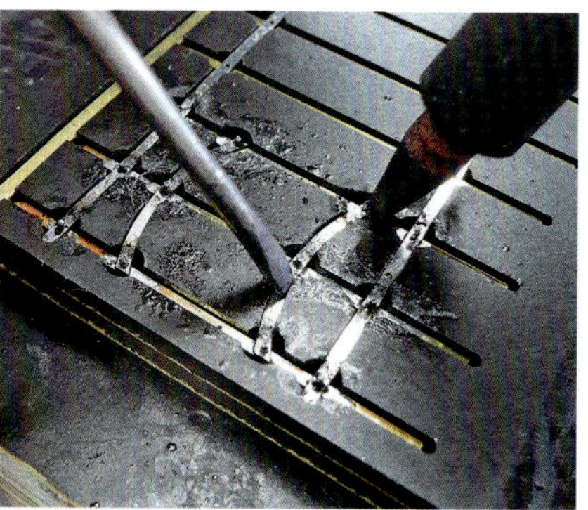

Ursprünglich wollte ich die Nieten in die Neusilberstreifen prägen. Das ließ sich nicht umsetzen, da sich die dünnen Streifen durch die Materialverdrängung unkalkulierbar verlängerten und die Prägung so nicht mehr in das Raster der Streben passte.

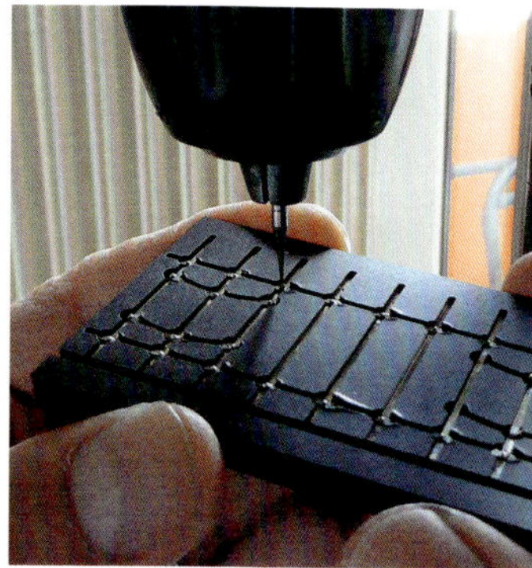

Ich habe deshalb Messingstifte eingelötet und anschließend verrundet. Das geht am besten bei niedriger Drehzahl, etwa 100-150 Umdrehungen/Minute.

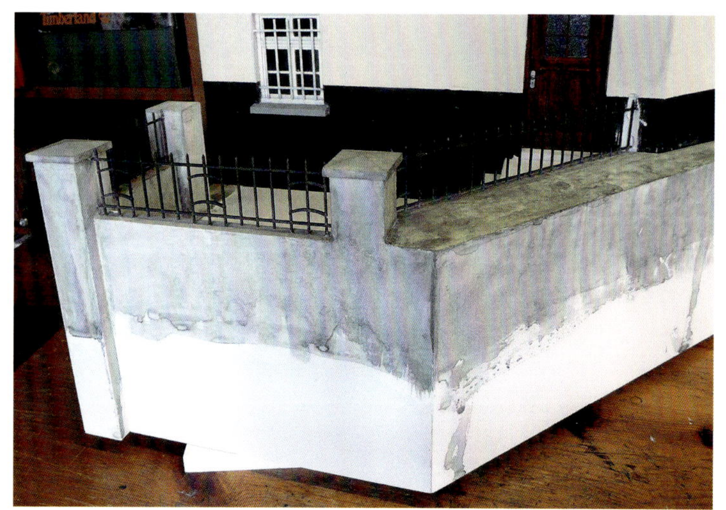

Der Vorgarten ist abnehmbar und wird erst nach Fertigstellung des Hauptgebäudes verklebt.

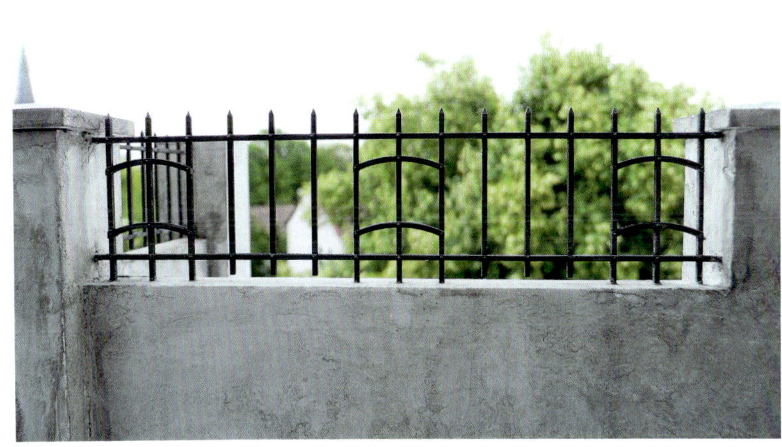
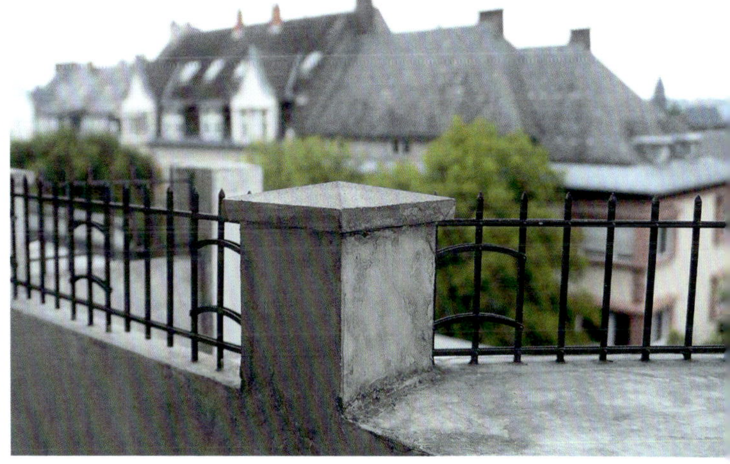

Bereits die erste leichte Alterung mit verdünnter Gouache und der sandgestrahlte und brünierte Zaun wirken verblüffend realistisch.

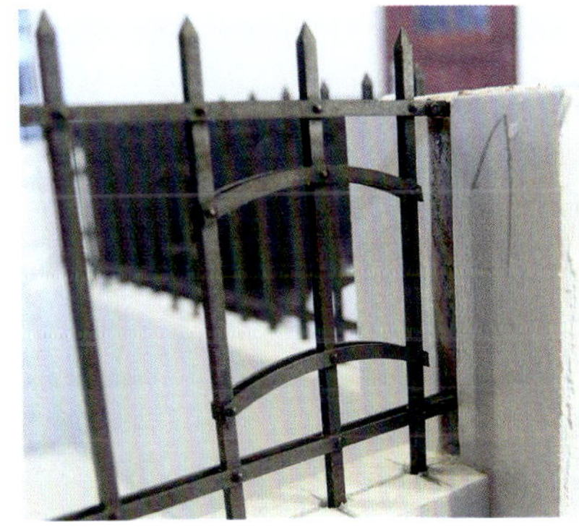

Der Zaun ist in entsprechende Bohrungen und Nuten der Forexkonstruktion eingeklebt, die anschließend alle einzeln zugespachtelt wurden. Die Forexplatten haben ebenfalls einen Verputz aus Spachtelmasse erhalten. Ich verwende dazu Molto Holz Feinspachtel.

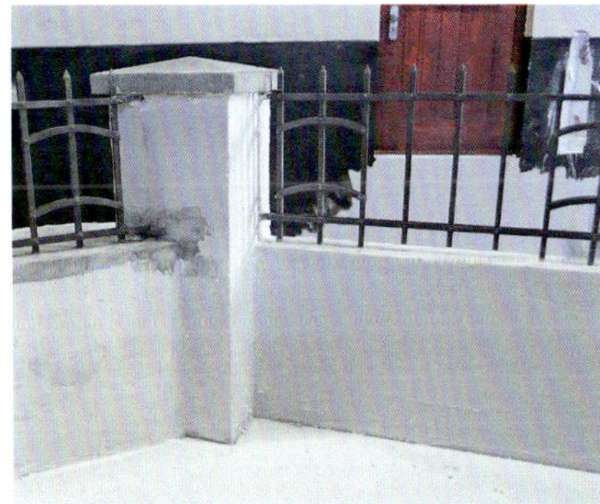

Ein leichtes Washing mit stark verdünnter braunschwarzer Gouache zeigt, wo noch nachgearbeitet werden muss. Nur die mit den Bögen verbundenen Streben waren ursprünglich in die Mauer eingelassen.

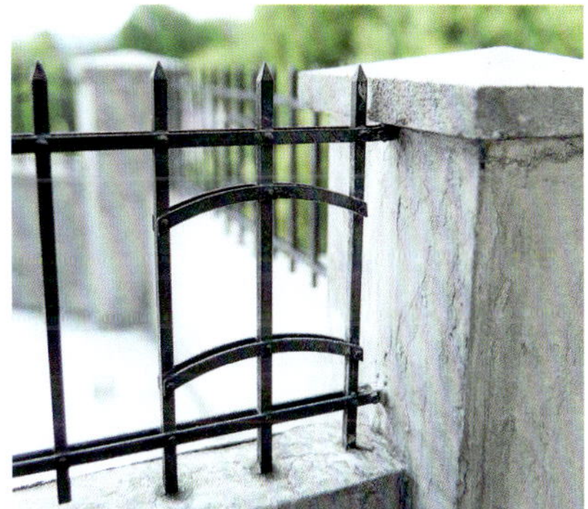

Zum Pfeiler hin sind die Zaunteile mit einbetonierten Vierkantstäben verschraubt. Das lässt sich mit Modellbauschrauben M 0,8 umsetzen.

Auch die Form der beiden eng nebeneinanderliegenden Pfeiler erzählt zusammen mit dem angeschnittenen Zaunsegment die Geschichte einer Veränderung. Genauso wie die bei den Verstärkungsarbeiten vollständig in die Mauer einbetonierten Streben auf der langen Zaunseite.

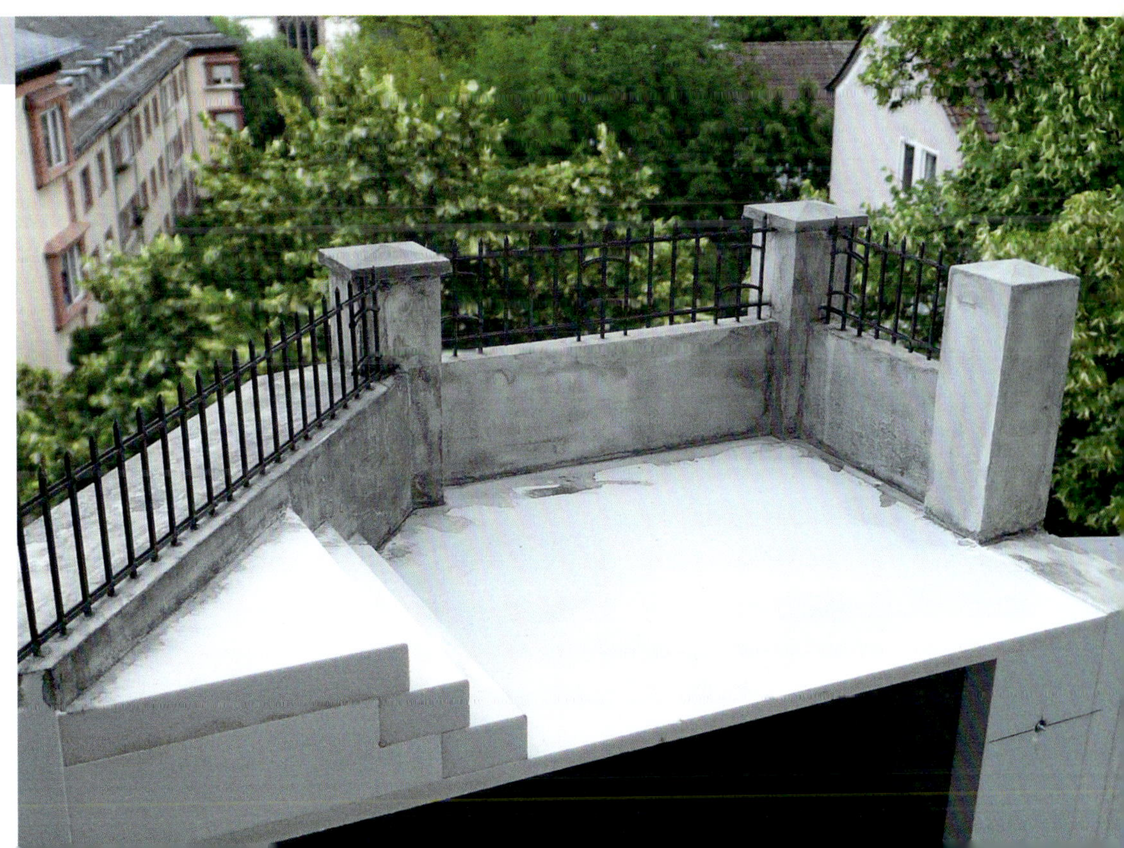

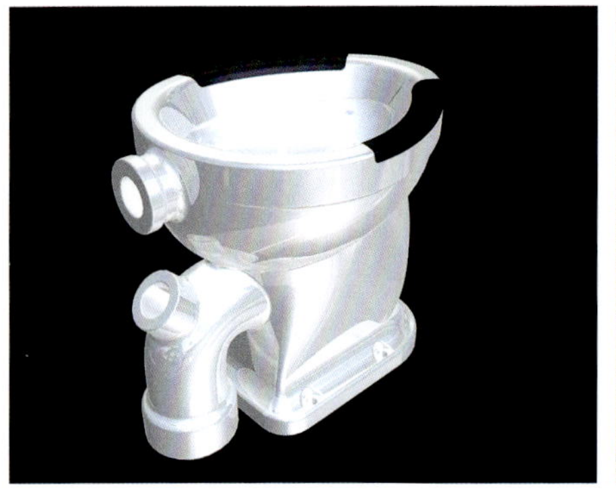

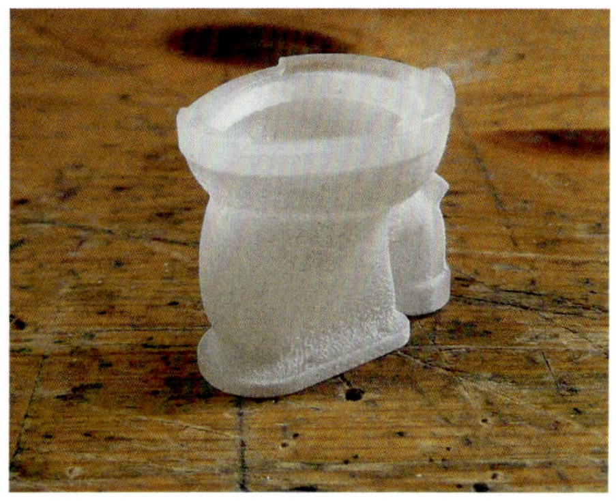

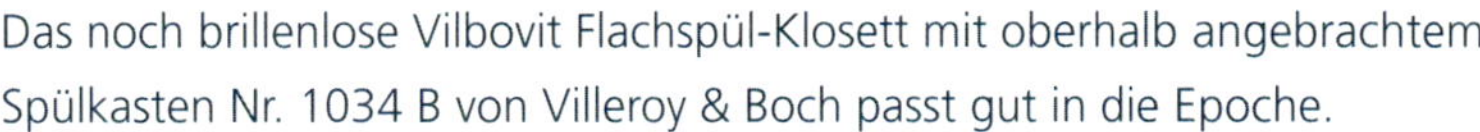

Das noch brillenlose Vilbovit Flachspül-Klosett mit oberhalb angebrachtem Spülkasten Nr. 1034 B von Villeroy & Boch passt gut in die Epoche.

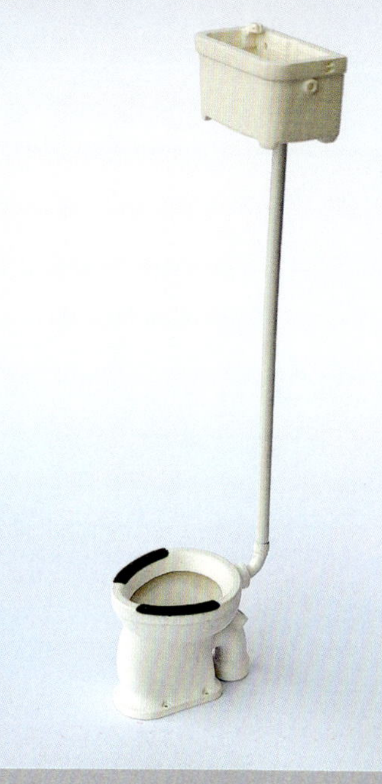

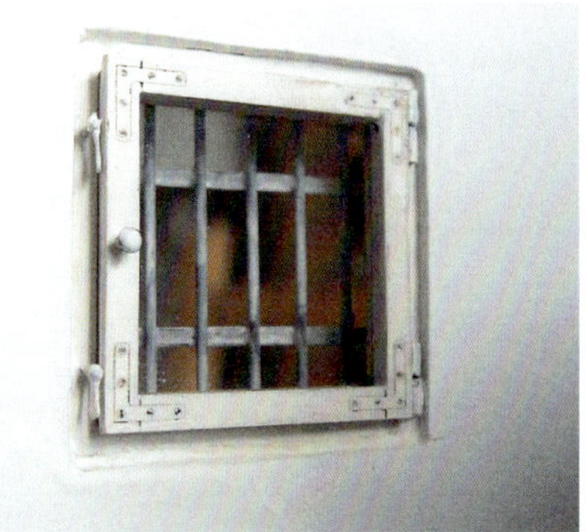

Die Fensterrahmen sind aus gelasertem Karton entstanden, die Scheibe aus einer 0,5 mm starken Vivak-Platte.

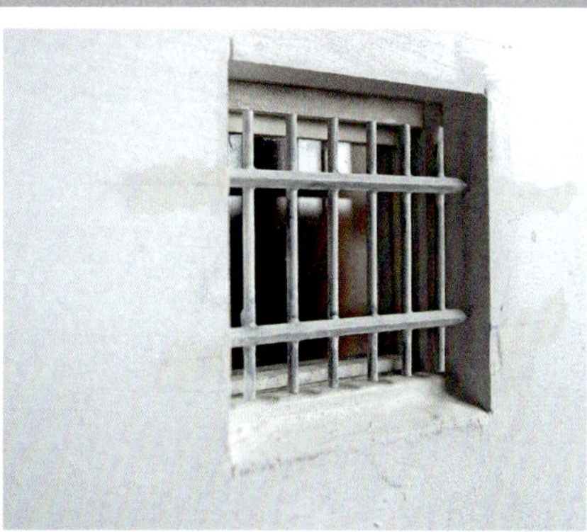

Die Vergitterung besteht aus verlöteten Messingprofilen und -stäben.

| Toilette

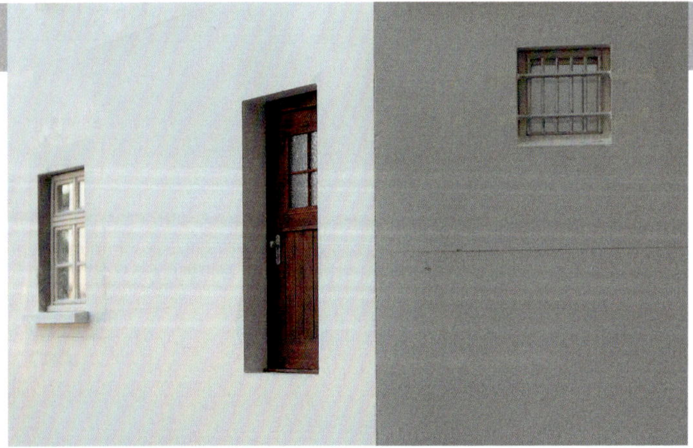

Im Anbau, direkt neben der Haustür, liegt die Toilette. Der Blick durch das kleine Fenster wird die Einrichtung mit Toilette und Waschbecken später eher erahnen lassen als wirklich zeigen. Der Boden ist als viktorianisches Fliesenmuster passgenau für die vorhandene Fläche auf Glossy-Papier ausgedruckt.

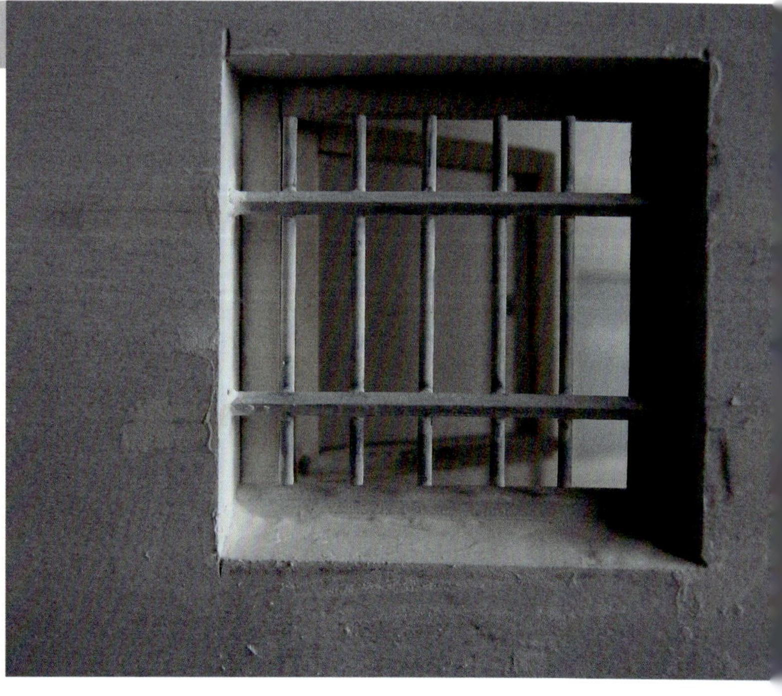

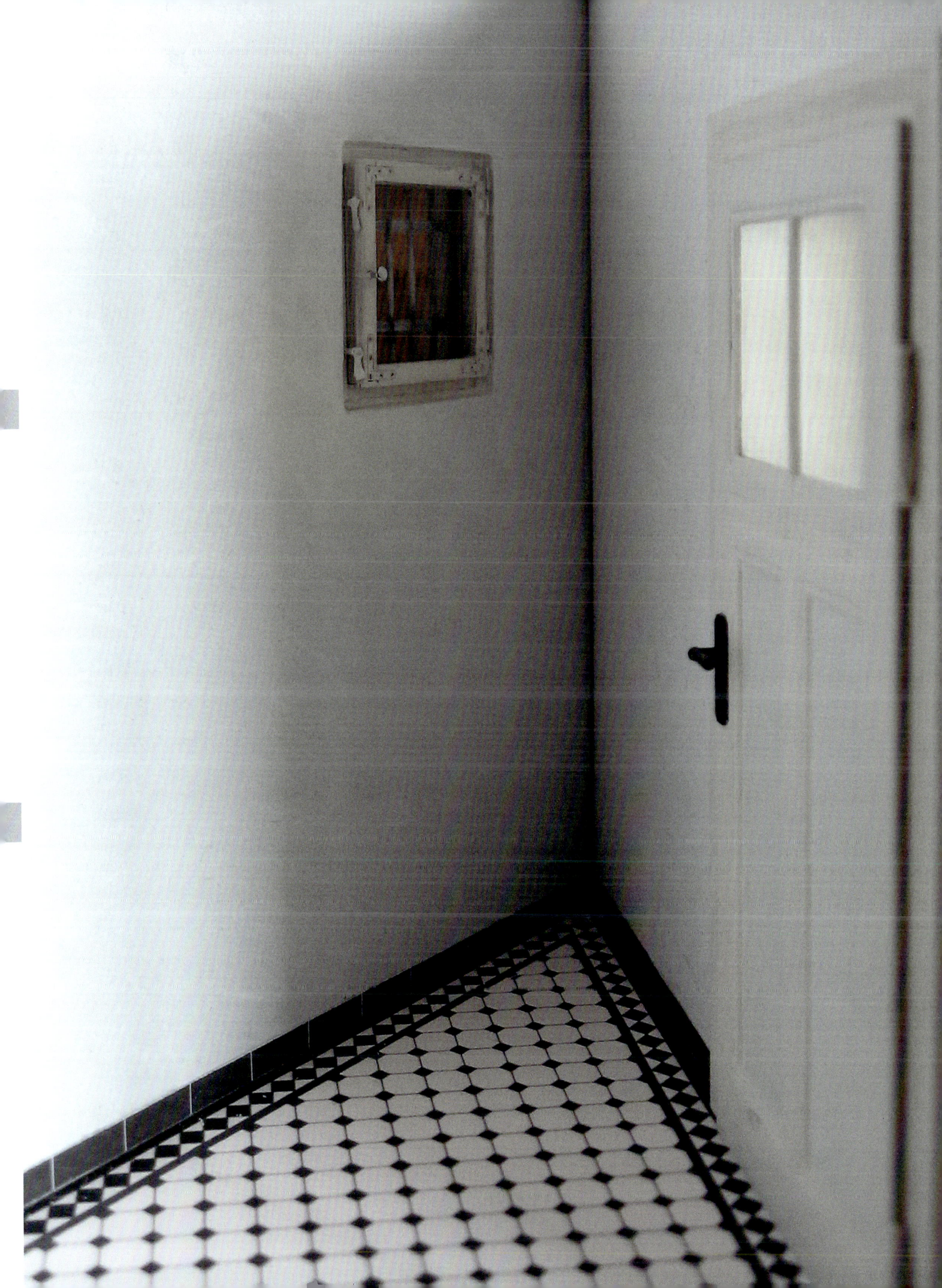

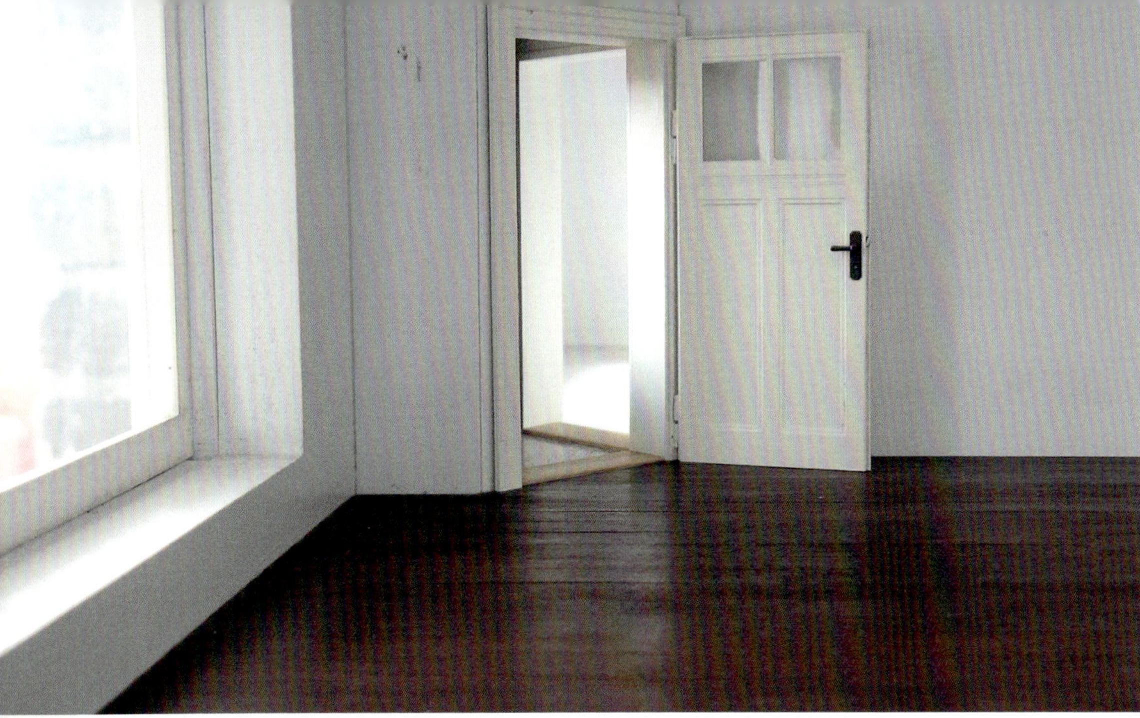

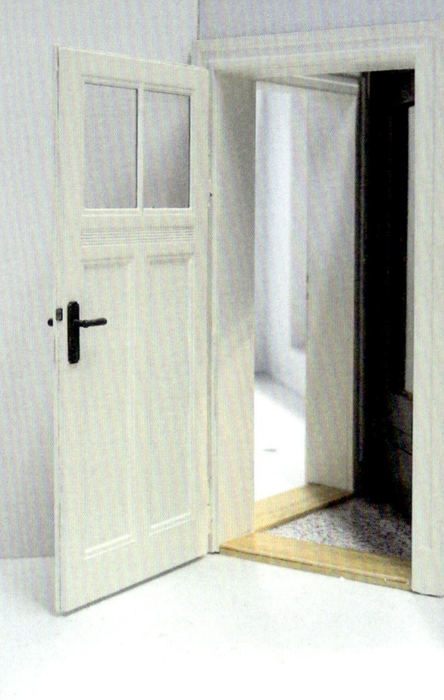

Blick vom großen Verkaufsraum in den kleinen durch den Eingangsbereich hindurch und umgekehrt.

Fragen über Fragen: das Tapeten- und Heizungsthema

Farbaufnahmen von den 1950er-Jahren entsprechenden Innenausstattungszuständen sind meist viel jüngeren Datums und zeigen dann zwangsläufig bereits verblichene oder vergilbte Tapeten, die unsere Vorstellung von der Farbgebung der 1930er-/40er-Jahre beeinflussen. Außerdem waren sicherlich vielfach Tapeten und Wandfarben vorzufinden, die 20 oder auch 30 Jahre zuvor aufgebracht worden waren. Diese Fragestellungen ließen sich erst mit der freundlichen Unterstützung einer Mitarbeiterin des Deutschen Tapetenmuseums in Kassel klären, die mir zahlreiche Quellen zu Innenraumgestaltungen und vor allem zeitlich passende Tapetenmuster zugänglich machte.

Nicht zu klären war aber die Frage, wo Wasseranschlüsse und welche Wärmequellen im Haus zu finden wären – mir standen ja keine Innenaufnahmen zur Verfügung. Welche Heizungsarten gab es – denn das hat Auswirkungen darauf, was in den Räumen dargestellt wird. Die Pläne geben dazu nicht viel her. Der Grundriss des Kellergeschosses lässt mich vermuten, dass es eine zentrale Kohlenheizung gab und zusätzliche Ölöfen im später entstandenen Anbau.

Ich habe mich aber für Kohle-Einzelöfen im gesamten Gebäude entschieden, da ich in der Küche schon einen Kohlenherd zeigen wollte und diese Heizart vielfältige Ofenmodelle versprach. In den Privat- und Nutzräumen sind das kleinere emaillierte Standardöfen, während es in den Verkaufsräumen mit Publikumsverkehr ein etwas repräsentativerer gusseiserner Säulenofen sein darf.

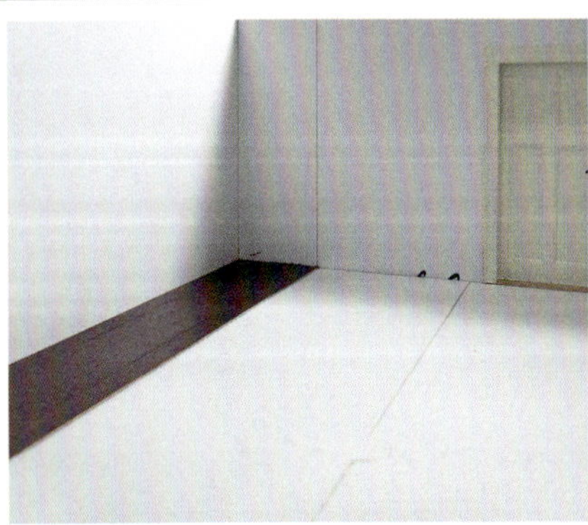

Die Dielen im großen Verkaufsraum sind geschliffene Lindenholzleisten, die ich mit Montagekleber einzeln auf dem Forexboden verklebt habe.

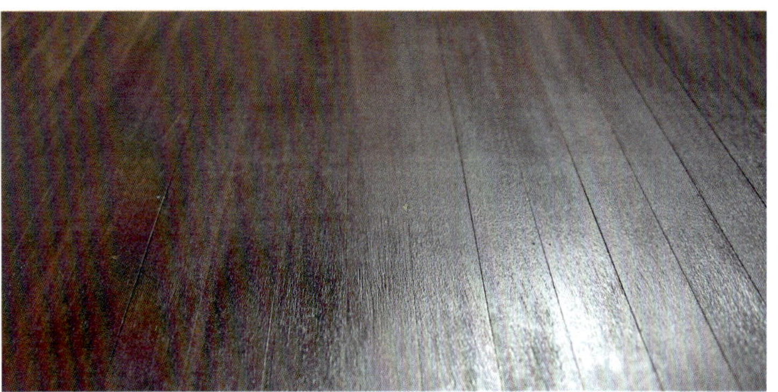

Sie wurden vor dem Einbau oben und seitlich mit rotbrauner Revellfarbe gestrichen, nach dem Trocknen erneut leicht überschliffen und dann mit rotbrauner Schuhcreme eingerieben.

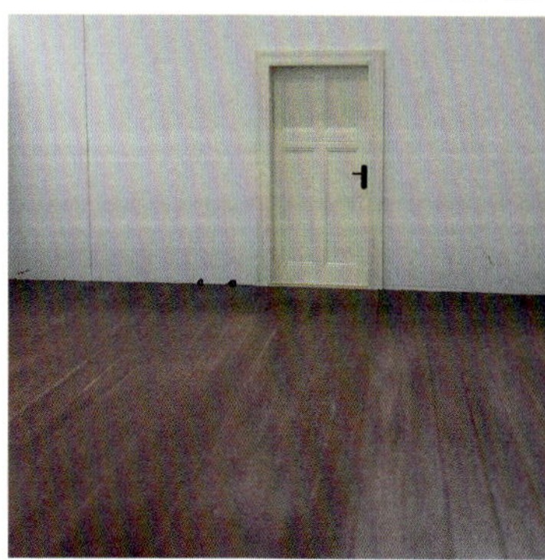

Wenn man einen Schleifschwamm mit leichtem Druck über den Boden kreisen lässt, entstehen Abnutzungsspuren für die viel genutzten Bereiche.

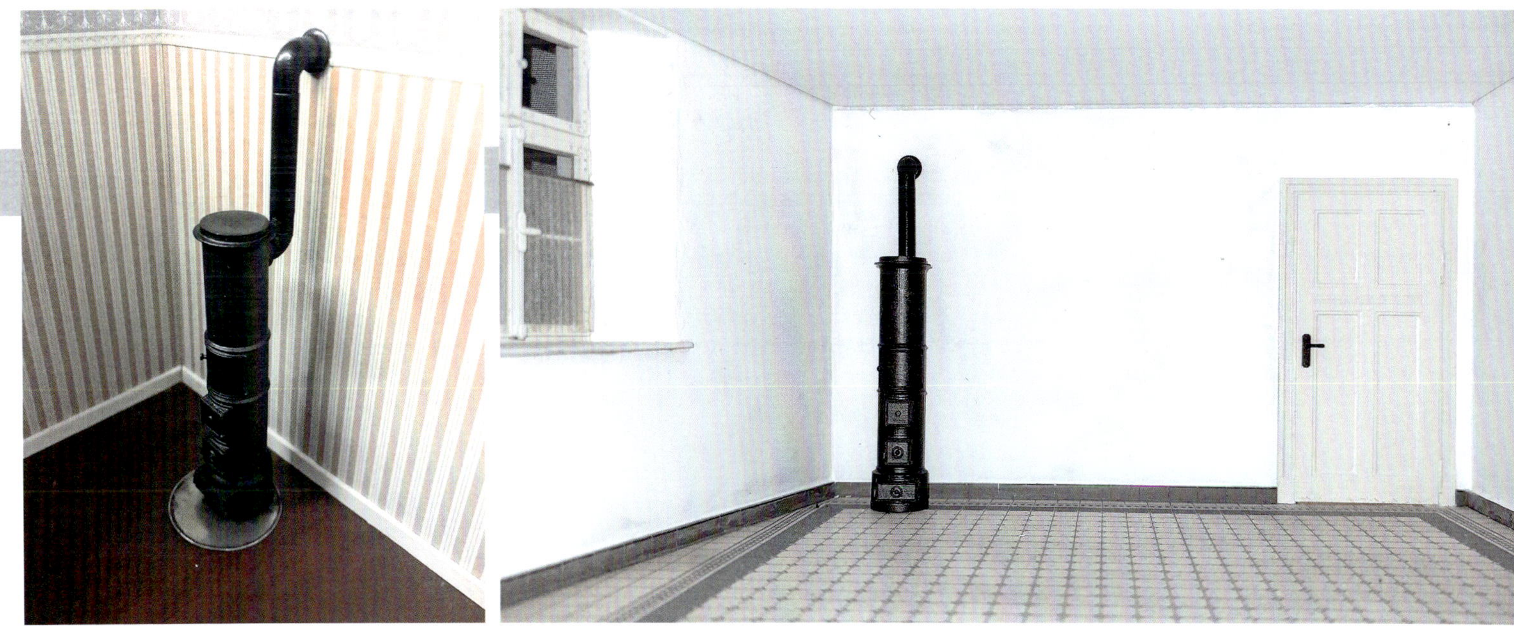

Das bei Holzböden erforderliche Ofenschutzblech ist ein zurechtgefeiltes, 0,2 mm starkes Messingblech mit einem rundherum angelöteten, 0,5 mm starken Kupferdraht. Beide Teile sind vollständig verzinnt. Die Tapete habe ich nach einer Vorlage aus dem Deutschen Tapetenmuseum nachgezeichnet, auf feinem Papier ausgedruckt und mit Gudy 70, einer doppelseitigen Montageklebefolie, befestigt.

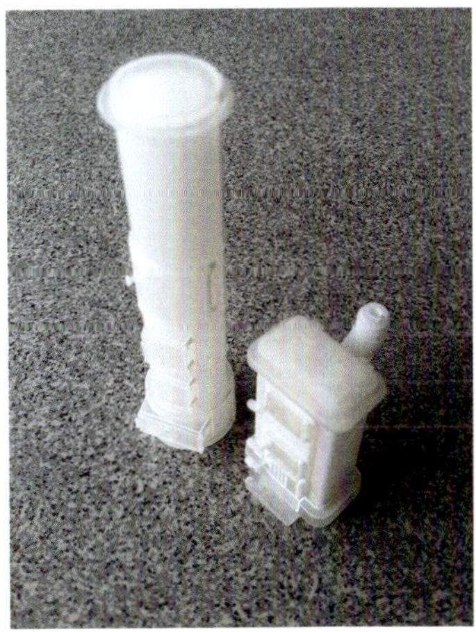

Der Ofen und die Rohrbögen sind im CAD gezeichnet und gedruckt. Die Abdeckklappe am rechten, kleineren Ofen ist beweglich.

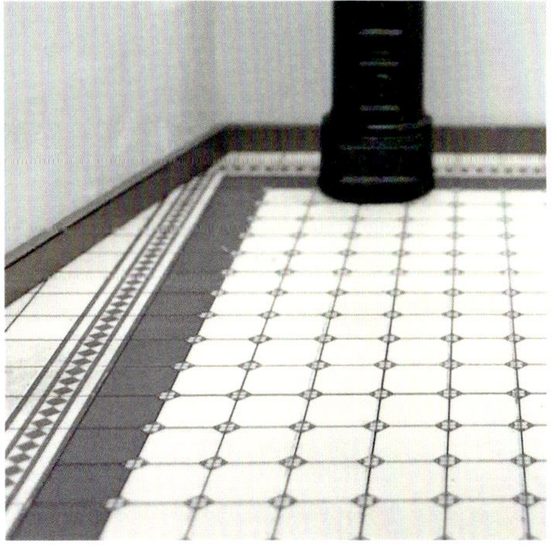

Der Fliesenboden im Verkaufsraum folgt einem authentischen Muster und ist auf Photo-Glossy-Papier gedruckt. Ohne Fixieren mit UV-Lack verlieren die Drucke schnell ihre Farbe.

In beiden Verkaufsräumen steht der gleiche Ofen – dort, wo auch die Kamine im Haus verlaufen. Im gefliesten Raum wird später eine Theke mit klappbarem Thekendurchgang für eine Abtrennung sorgen, denn hinter der Tür liegt die Küche.

Verkaufsräume

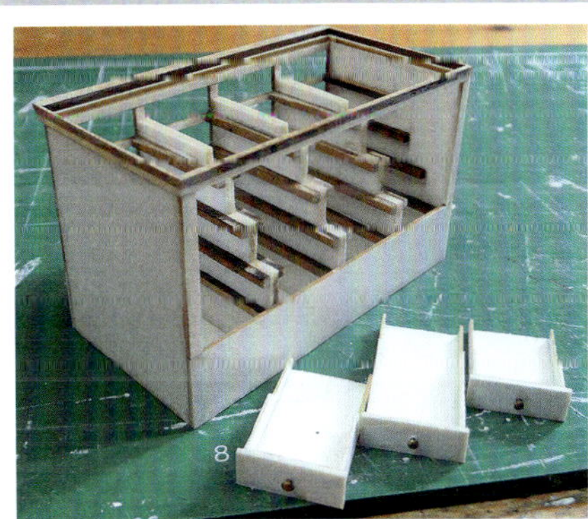

Die Vitrine ist aus beim Lasern anderer Bauteile angefallenen Kartonresten zusammengebaut – inklusive beweglicher Schubladen. Die Farbgebung folgt dem bereits bei den Zeichenanlagen und Ablagetischen beschriebenen Prinzip.

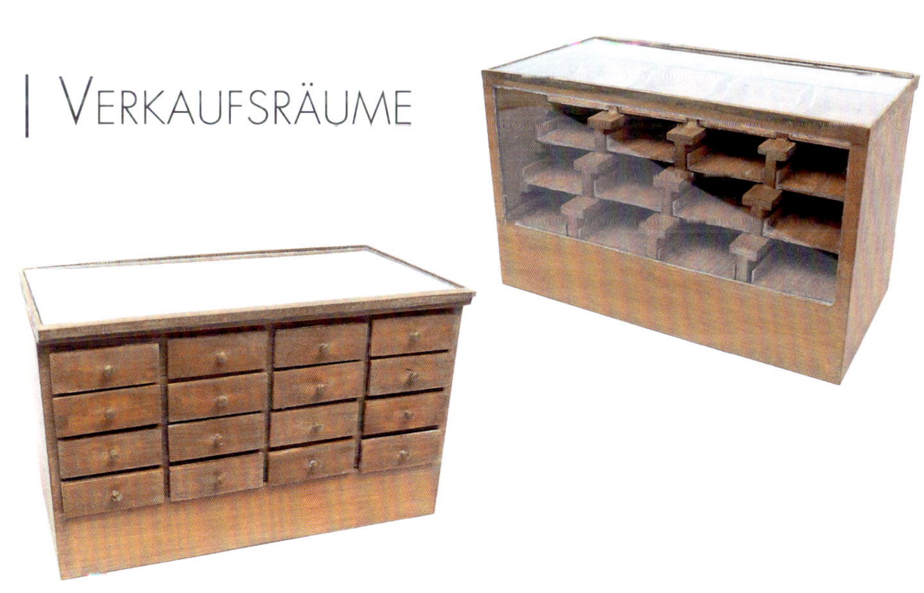

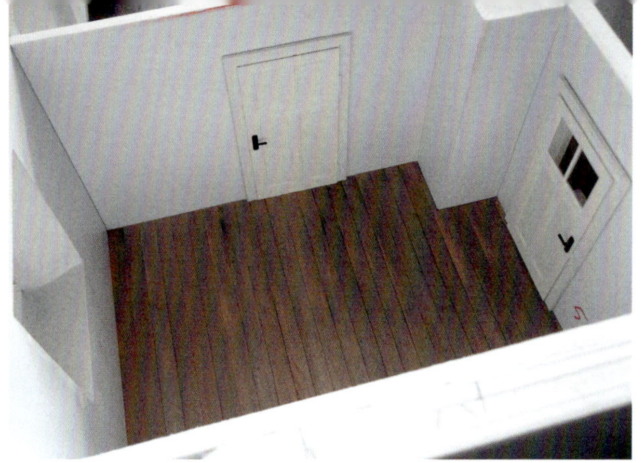

Die Werkstatt mit den Türen zu Verkaufsraum und Flur – letztere mit Oberlicht, damit in den fensterlosen Raum etwas Tageslicht fällt.

Mit der Tür ins Haus

Noch bevor ich die Wandteile hatte, waren die Türen für das gesamte Haus fertig. Mit zwanzig benötigten Türen war das schon eine Art Massenproduktion. Glücklicherweise durfte ich eine Zeit lang in einem ortsansässigen Kleinbetrieb einen Trotec-Laser nutzen und konnte so vieles ausprobieren und die Möglichkeiten des Laserverfahrens ausloten. Es war spannend, das zweidimensionale Schneideverfahren konstruktiv für dreidimensionale Objekte zu nutzen, die sich weder sinnvoll fräsen noch im Druck umsetzen lassen würden. Auf diesem Weg entstanden neben den Türen auch alle Fenster. Der Zeitaufwand für die Zeichnungserstellung der zahlreichen Formate, Testläufe und Korrekturgänge war allerdings erheblich, ganz zu schweigen von der Fleiß- und Fließbandarbeit des Zusammenbaus.

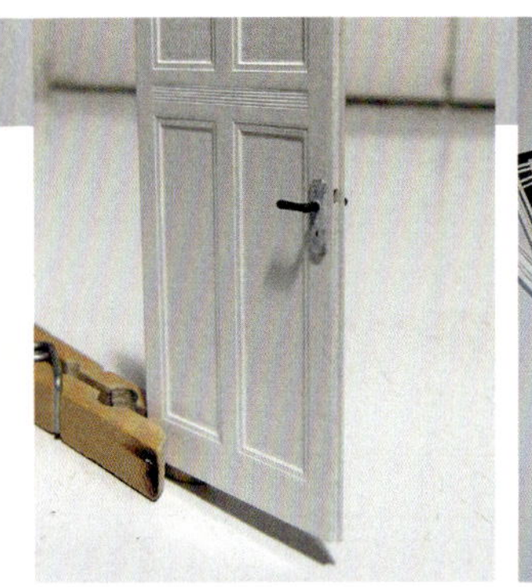

Die Türen sind Schichtbauteile aus gelasertem Papier, Karton und MDF, lediglich die waagerechte Zierleiste besteht aus nebeneinander angeordneten Stahldrahtstücken mit 0,5 mm Durchmesser.

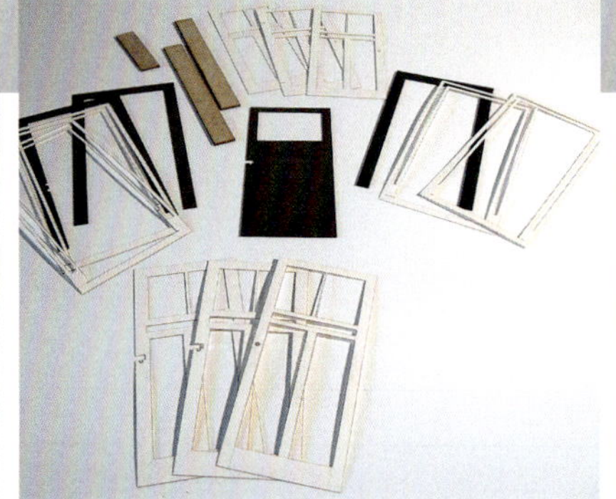

Alles Teile für eine einzige Tür: Die dunkelbraunen Teile sind 0,5 mm starker Karton, die hellbraunen 1,5 mm MDF für die Innenflächen der Türrahmen und die weißen 0,15 mm starkes 180g/m²-Papier. Winzige, kaum sichtbare Schnittpunkte in den Türkernen aus braunem Karton deuten den Stulp im Türfalz an.

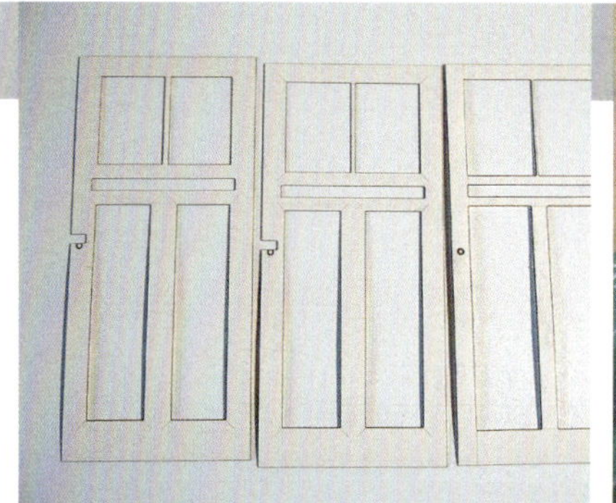

Die Nuten auf Höhe der Drückergarnituren nehmen die gedruckte Falle auf. Die gedruckten Drückergarnituren haben auf der Rückseite einen Zapfen, der in die kreisrunden Ausschnitte passt.

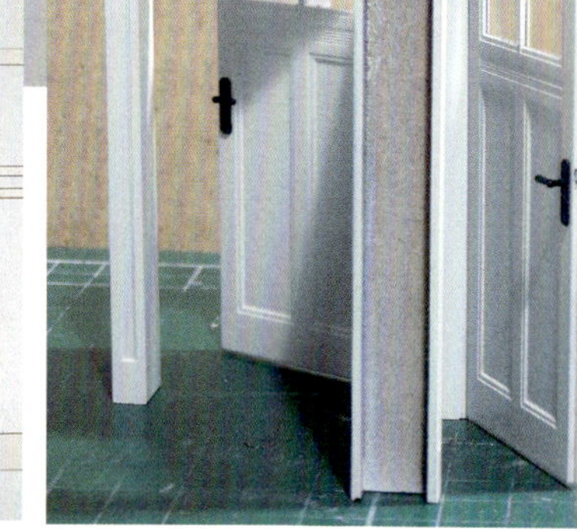

Die beiden Türen zu den Verkaufsräumen haben Oberlichter aus Vivak – auch dazu müssen zunächst die Konstruktionsdaten entsprechend angepasst werden.

| Türen

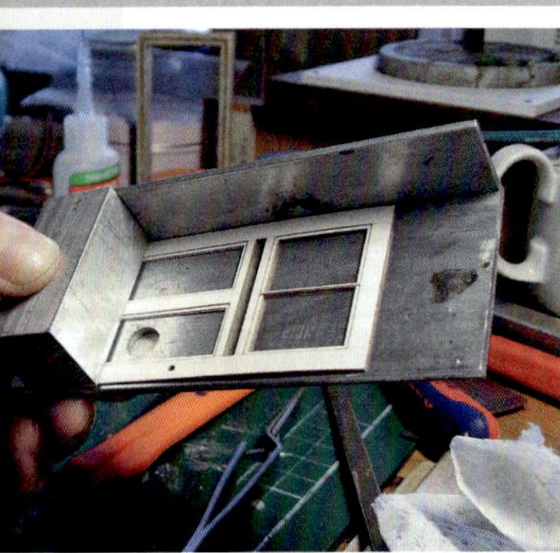

Bei der Montage helfen Teile aus Aluminium. In dem Winkelprofil lassen sich die Schichten einer Türseite exakt übereinander ausrichten.

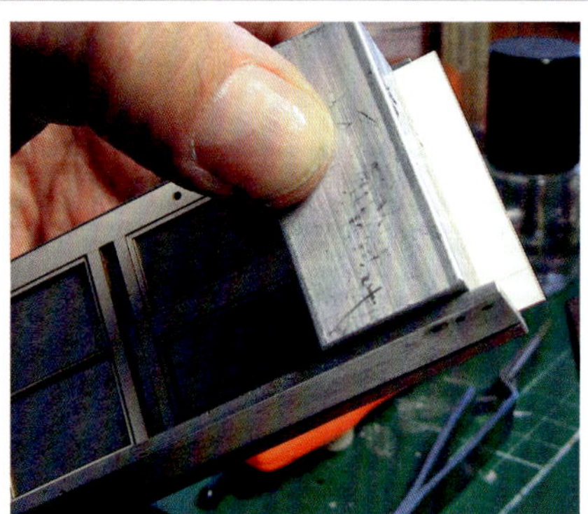

Das so entstandene Paket schiebe ich über die Kante des Winkels hinaus.

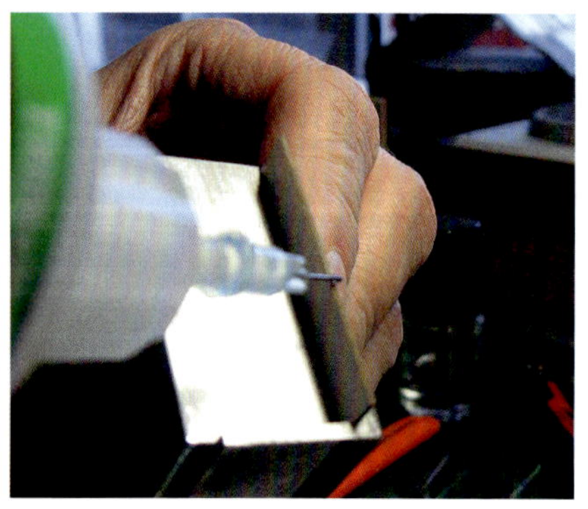

In die Stirnflächen des Überstands lasse ich dünnflüssigen Sekundenkleber laufen, während ich die Teile mit Hilfe eines Aluminiumklotzes aufeinanderdrücke. Da Sekundenkleber nicht allzu gut auf glatten Aluminiumflächen haftet, lässt sich bei einem Malheur das Papier vorsichtig mit einem Cutter oder Skalpell von der Metallfläche ablösen.

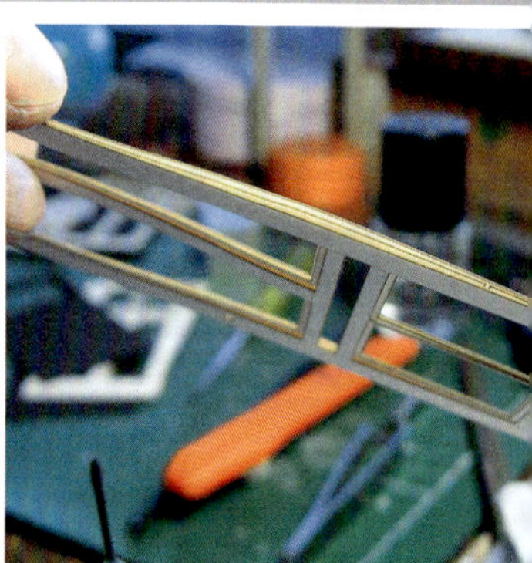

Das Paket hängt nun an einem Ende unverrückbar zusammen. Winzige Ausschnitte in der mittleren Lage dienen später als Körnerpunkt: In die Bohrungen passen Zapfen der gedruckten Scharniere.

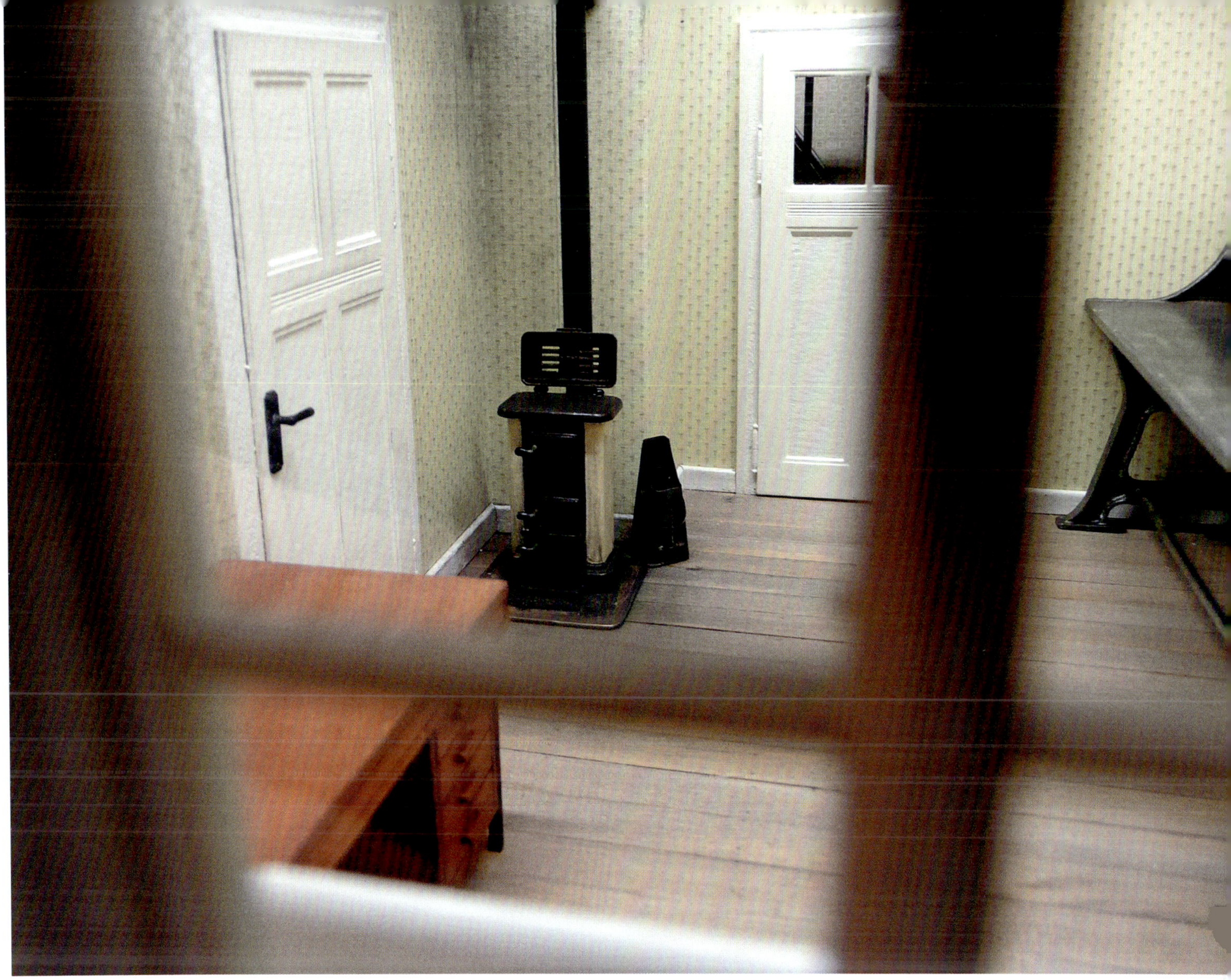

Die Kohlenschütte muss bald im Keller aufgefüllt werden. Die Tapete hat in den harten Sauerländer Wintern deutliche Rußspuren angesetzt.

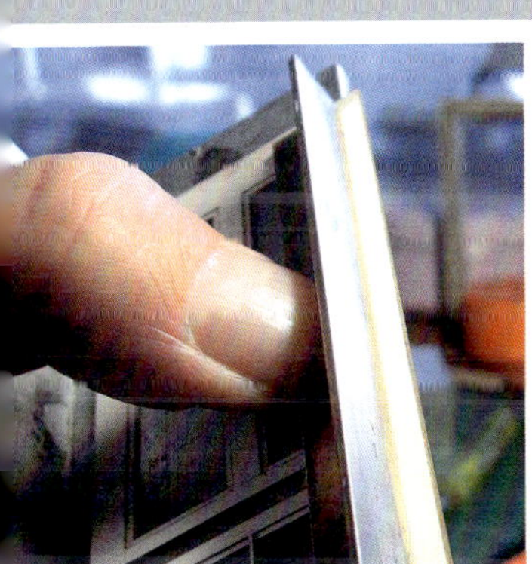

Nun verklebe ich die Seiten, ebenfalls wieder mit Überstand am Aluwinkel. Zum Pressen verwende ich hier einen kleinen Messingwinkel.

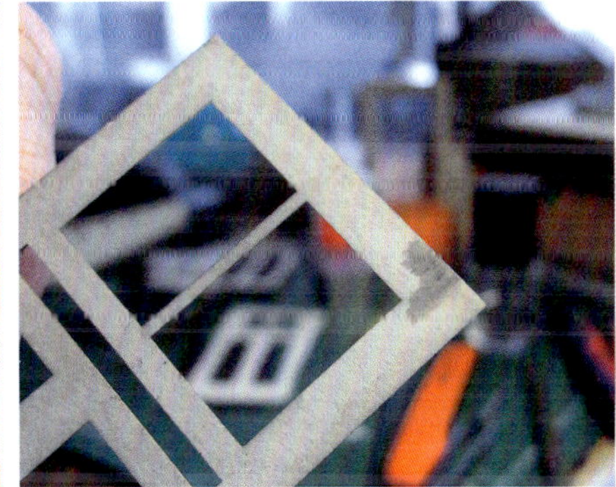

Wenn die Außenseiten fixiert sind, lasse ich Sekundenkleber auch in die inneren Verstrebungen laufen. Appliziert man ihn immer in einer Kehle, entstehen keine Laufnasen. Das derart getränkte Papierpaket hat schon eine erstaunliche Stabilität.

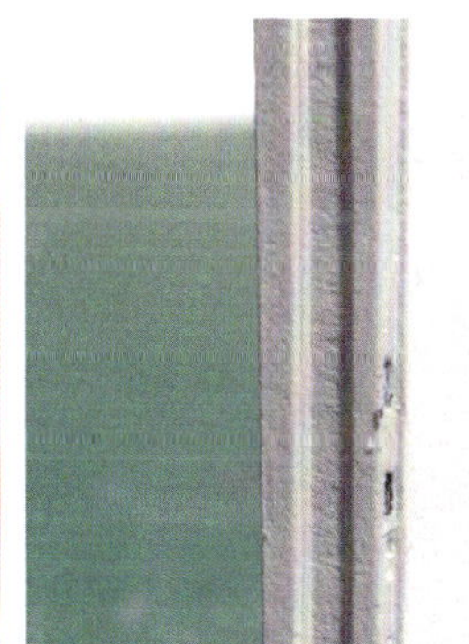

In den Türrahmen sind die Ausschnitte für Falle und Riegel mitberücksichtigt. Einige Türen habe ich beweglich gestaltet.

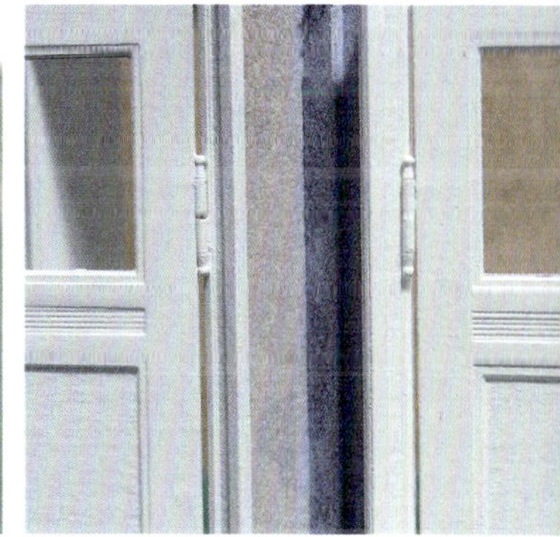

Die gedruckten Scharniere haben eine Bohrung von 0,3 mm und eine mittige Trennkante, die gleichzeitig als Sollbruchstelle funktioniert. Mit eingelegten 0,3 mm dicken-Stahldrahtstücken entstehen Scharniere nach dem tatsächlichen Funktionsprinzip.

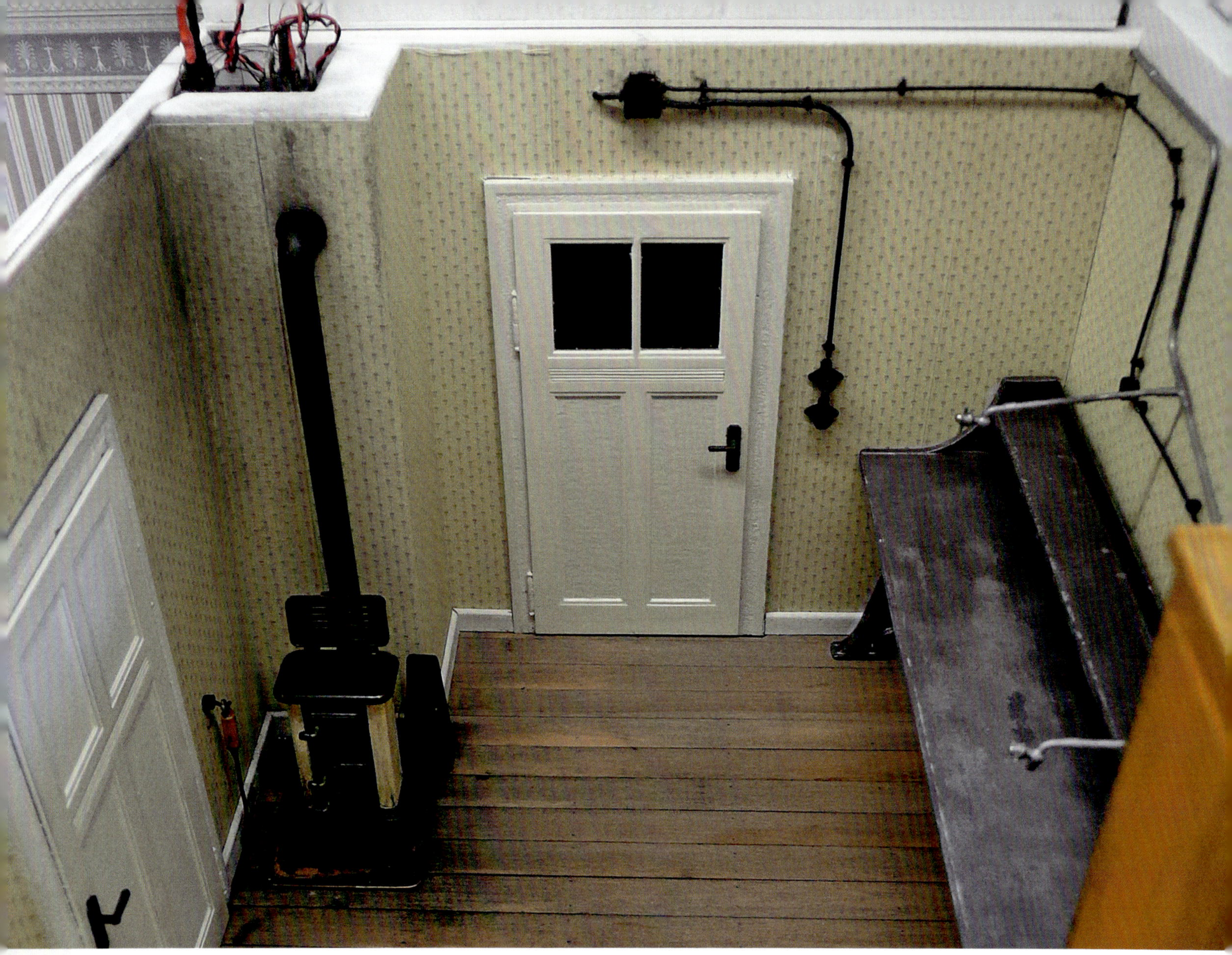

Martin Marquardt, ein Mitglied des Buntbahn-Forums, fertigte aus Begeisterung den schönen Schürhaken nach einem Vorbild aus seiner Studentenzeit für mich an.

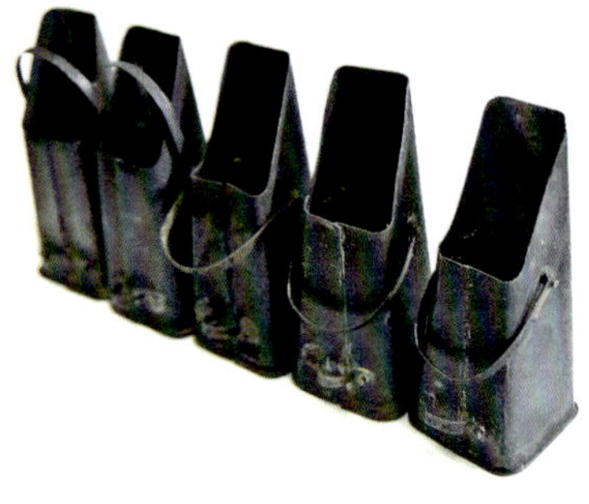

Die Kohleschütten sind wiederum eine Arbeit von Helmut Schmidt: sie sind aus 0,1 mm Neusilberblech ausgefräst, dann gefaltet und verlötet. Das Bügelgelenk sowie der untere umlaufende Abschluss bestehen aus 0,5 mm Draht.

Diese Einblicke von schräg oben sind am fertigen Modell nicht mehr möglich. Die Innenräume sind dann nur noch durch die Fenster einsehbar, der Flur sogar nur durch die Türfenster von Küche und Werkstatt. Der eingeschränkte Einblick ist ziemlich genau das, was uns selbst ständig in der Realität begegnet.

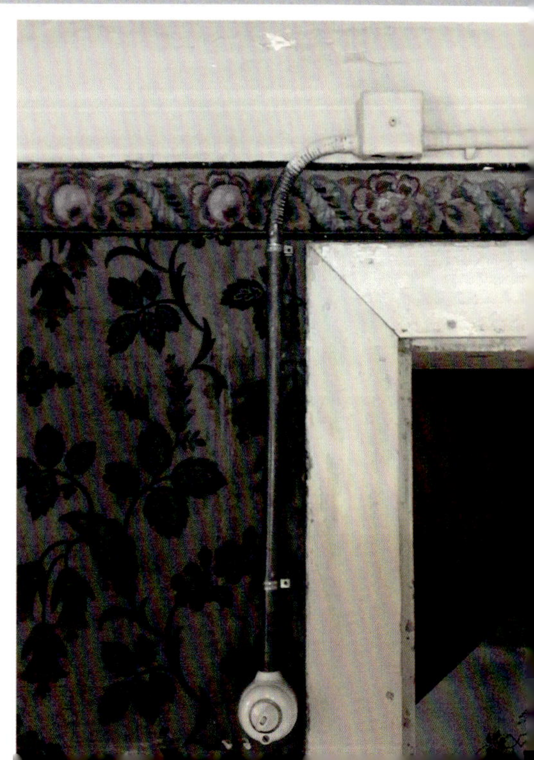

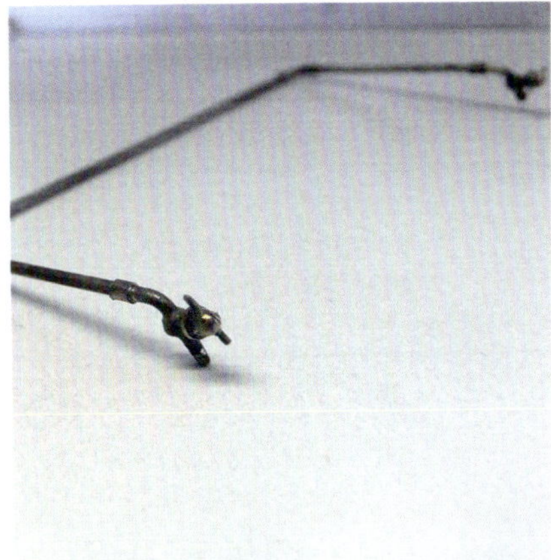

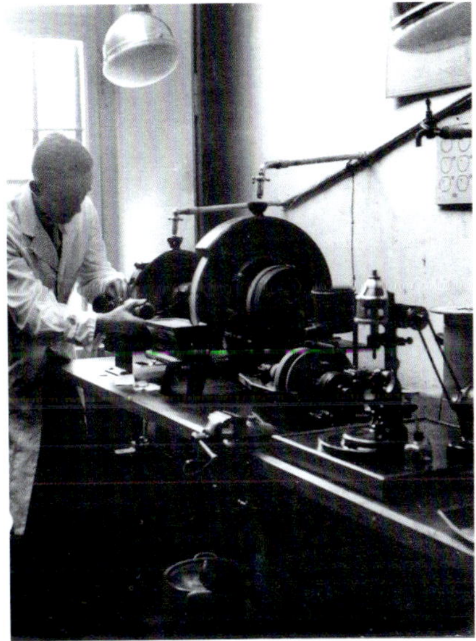

Schleifmaschinen in der Werkstatt der Firma Optiker Fuchs, Siegen.
Foto: Paul Fuchs, 1930, Slg. Heinjochen Fuchs

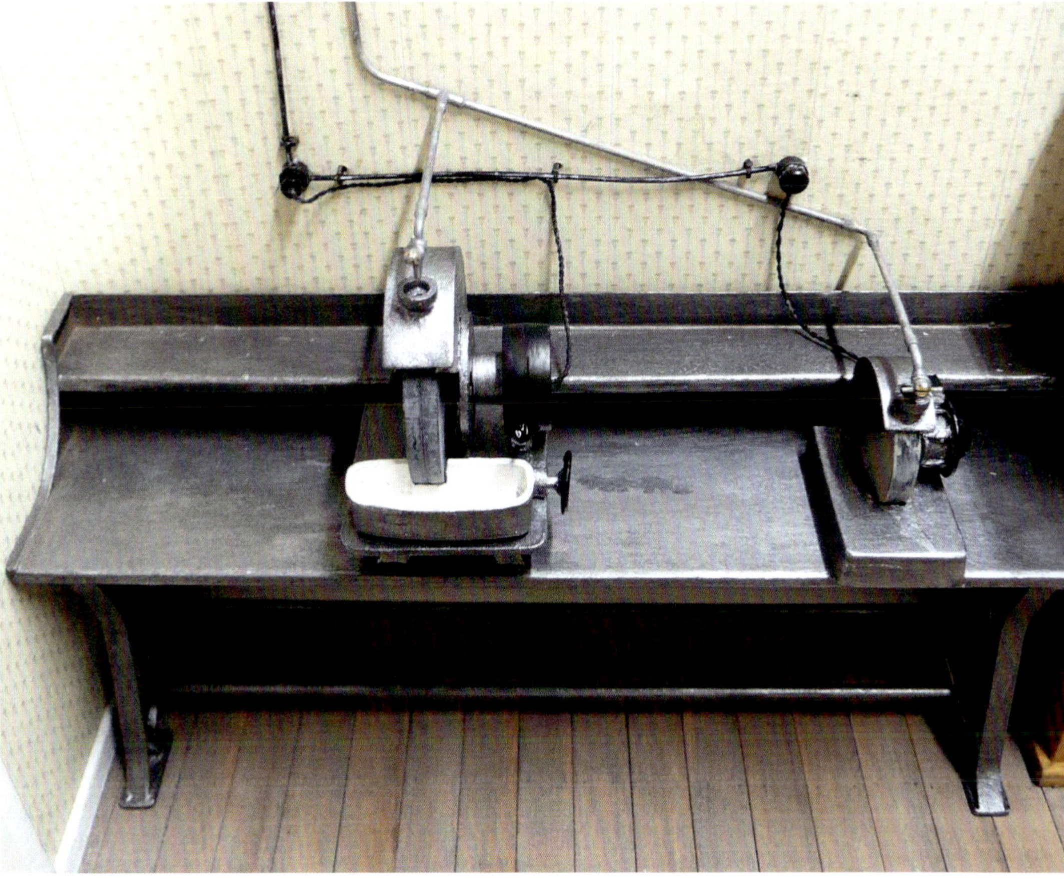

Die Verrohrung mit den Hähnen besteht aus Messingdrähten und -röhrchen. Die von den historischen Aufnahmen inspirierte Werkbank ist – wie auch die Schleifmaschienen – aus Karton, Kunststoff- und Metallresten entstanden.

Optikerwerkstatt

Ein Glücksfall bei der Vorbildsuche

Den Werkstattraum hatte ich mir anfangs als Lagerraum vorgestellt: ein umgenutztes ehemaliges Schlafzimmer, in dem die alte Tapete hängengeblieben ist. Dann fand ich bei meinen Recherchen jedoch Aufnahmen einer Optikerwerkstatt der 1930er-Jahre, die mich dazu inspiriert haben, aus dem Raum doch etwas mehr zu machen: Der Großvater des heutigen Eigentümers der Firma Brillen-Fuchs in Siegen war bereits in den 1920er-Jahren begeisterter Fotograf der Arbeitsabläufe im eigenen Unternehmen und die Firma führte von 1930 bis 2003 auch Kameras und Zubehör im Angebot – eine sehr interessante Information auch im Hinblick auf das in den Schaufenstern darzustellende Sortiment.

Entgegen der ursprünglichen Überlegung musste es für eine Werkstatt mehr Stromleitungen und auch Wasserrohre geben. Selbst wenn diese später eingebaut wurden, hätte man die Wände wohl geweißt – aber wer weiß das schon.

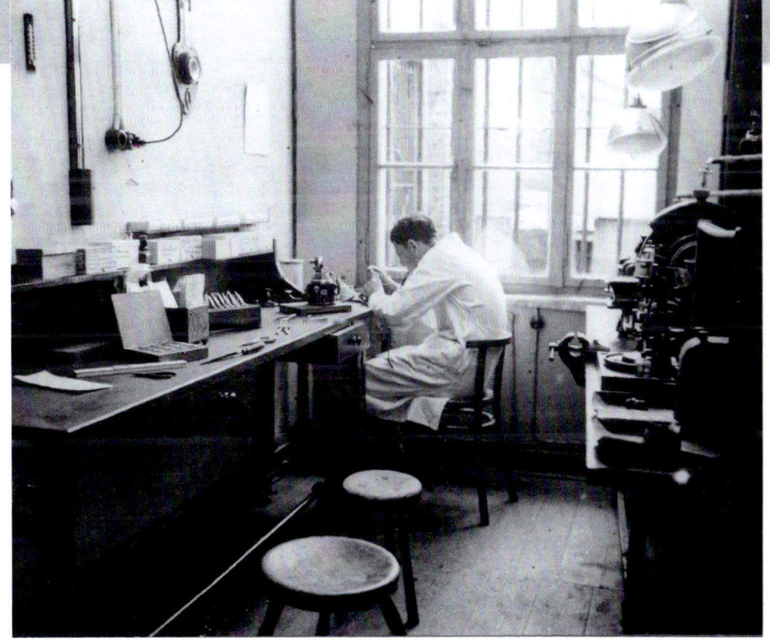

Die Werkbank des Optikers. Foto: Paul Fuchs, 1930, Slg. Heinjochen Fuchs

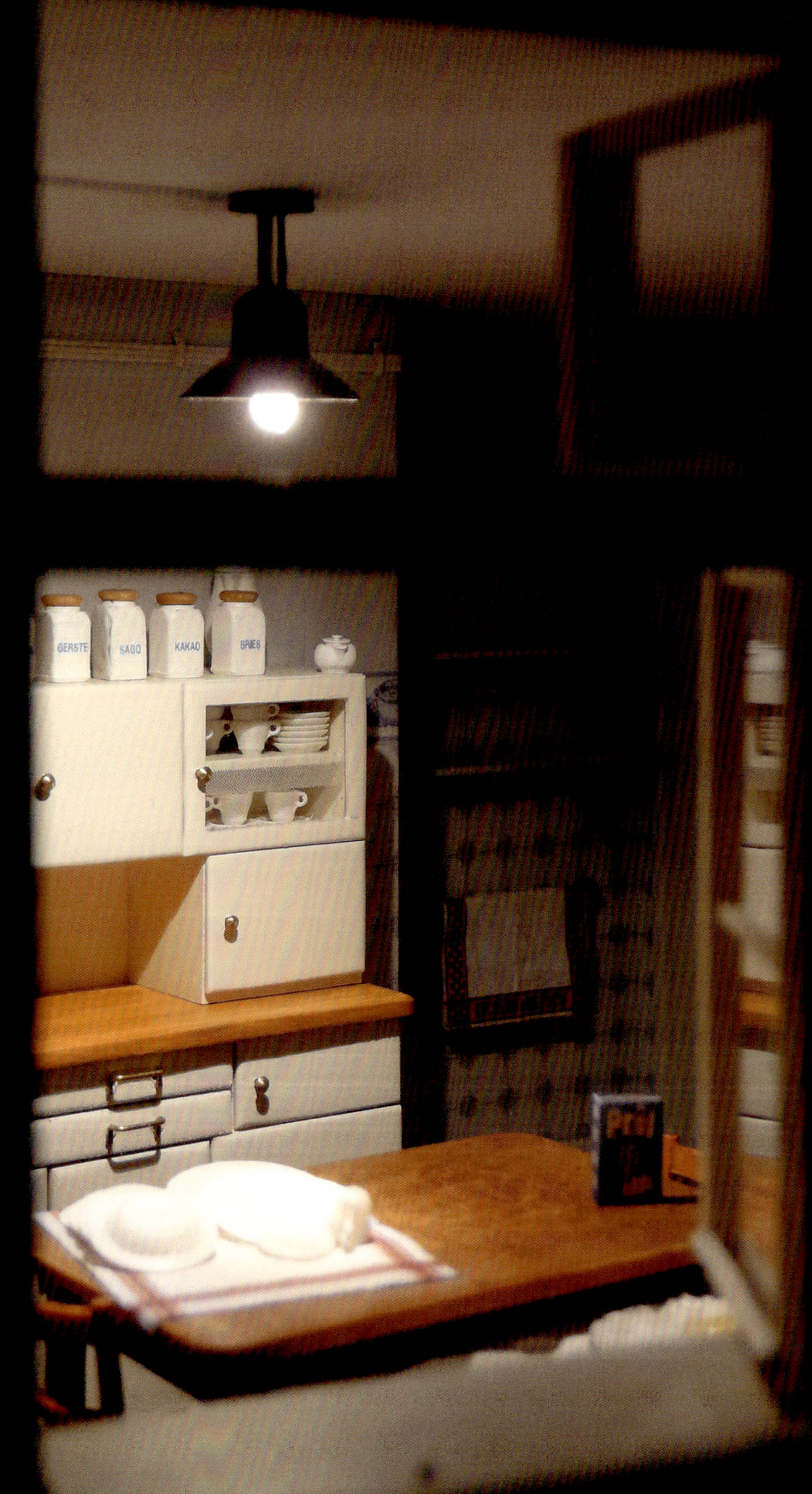
GERSTE
SAGO
KAKAO
GRIES
Pril

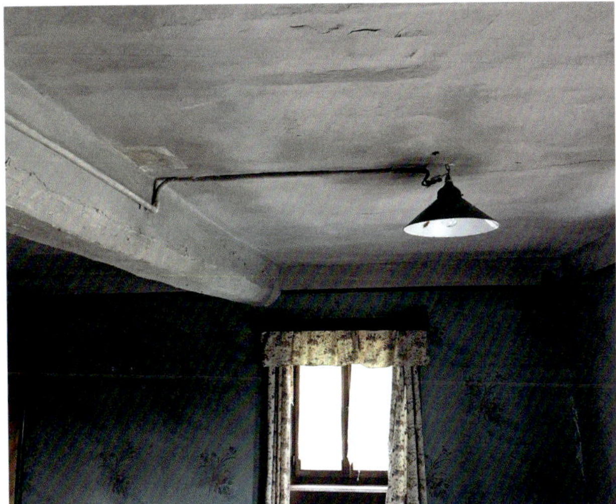

Eine einzelne Deckenlampe reichte bis in die 1960er-Jahre zur Ausleuchtung des gesamten Raums.

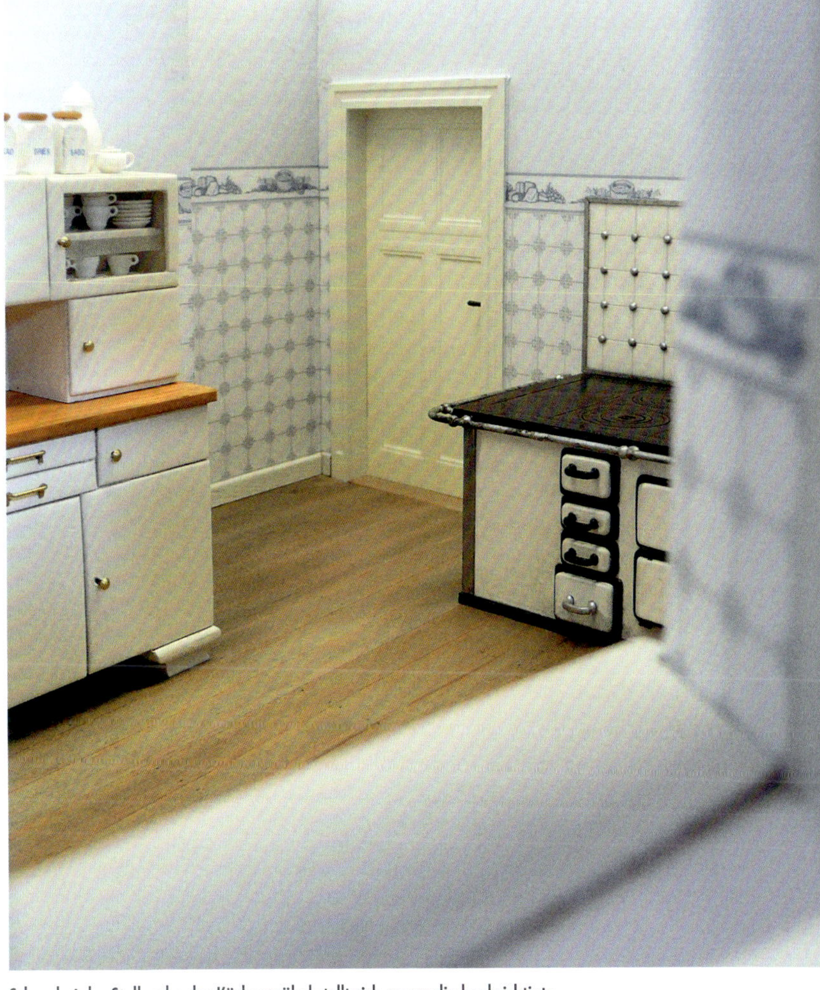

Schon bei der Stellprobe der Küchenmöbel stellt sich genau die beabsichtigte Wirkung ein.

Gerade wird in dem ausziehbaren Spültisch der Abwasch gemacht; etwas Geschirr steht schon zum Abtrocknen bereit.

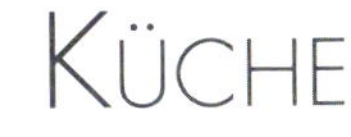

Küche

Die Küche war der erste fertig ausgestattete Raum des Gebäudes. Einsehbar ist sie nur durch das beweglich gestaltete Küchenfenster. Die Inneneinrichtung ist durchweg nach realen Vorbildern entstanden, die ich im Internet recherchiert habe oder auch aus dem eigenen Umfeld kenne, viele Anregungen habe ich aber auch von einem Besuch im Freilichtmuseum Fladungen mitgenommen.

Begrenzte Möglichkeiten

Die Arbeiten befreundeter Modellbauer wie von Helmut Schmidt mit seinen Funktionsmodellen jenseits ferngesteuerter Modellautos haben mich begeistert, mir aber auch die Grenzen meiner eigenen Möglichkeiten aufgezeigt. Umso wertvoller ist daher für mich die Unterstützung, die ich von anderen Menschen bekommen habe, wenn es um die Fertigung von Teilen ging, die sich mit meinem bescheidenen Maschinenpark nicht oder nur mit sehr großem Zeitaufwand hätten umsetzen lassen. Gerade wenn es um Wiederholgenauigkeit oder eben auch Stückzahlen geht, kommt man mit dem rein manuellen Arbeiten schnell an Grenzen. In der Reihe wohlwollender Unterstützer steht auch Uwe Wettin, der sich intensiv mit den Möglichkeiten des 3D-Drucks befasst und bereitwillig und neugierig meine virtuellen Experimente aus dem CAD in greifbare dreidimensionale Objekte umsetzte.

Der Zufall hilft

Das Laserschneiden und -gravieren nahm als vielversprechende Technik immer mehr Raum in meiner Arbeit ein. Ich hatte den Eindruck, dass die Möglichkeiten dieser Technik für die direkte oder indirekte Fertigung dreidimensionaler Objekte unterschätzt wurden.

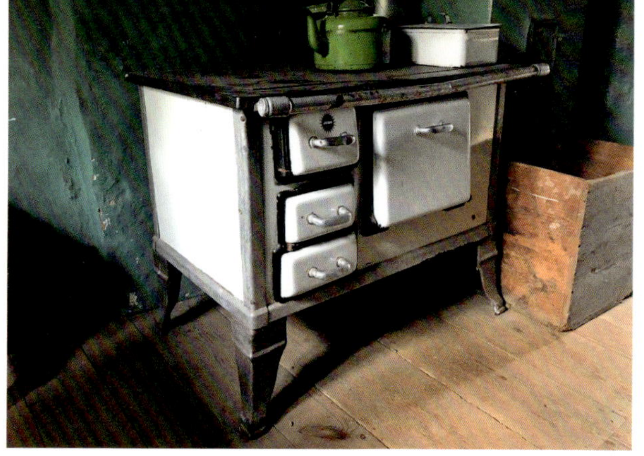

Dieser Ofen im Freilichtmuseum Fladungen war die Anregung für den Küchenofen, der allerdings etwas größer ausfiel und dann nach einem anderen konkreten Vorbild entstand.

Wie echt: Der Fliesenspiegel, die Abnutzungsspuren am umlaufenden Griff und auf dem Fußboden, die leichten Verschmutzungen am unteren Ofenrand und die Nägel des Dielenbodens erzeugen ein sehr überzeugendes Bild.

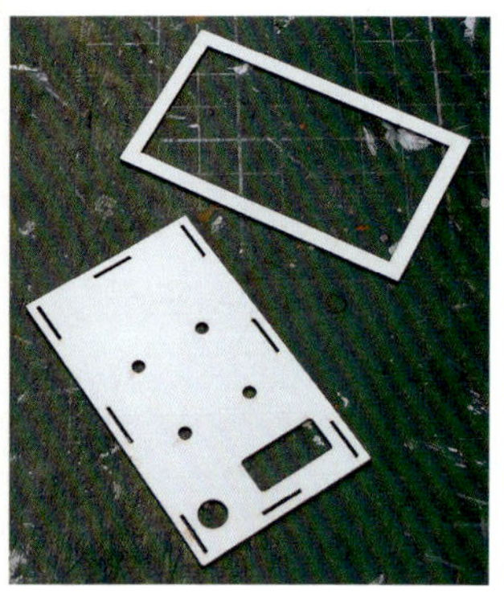

Die Herdplatte ist aus zwei Lagen gelasertem Karton zusammengesetzt.

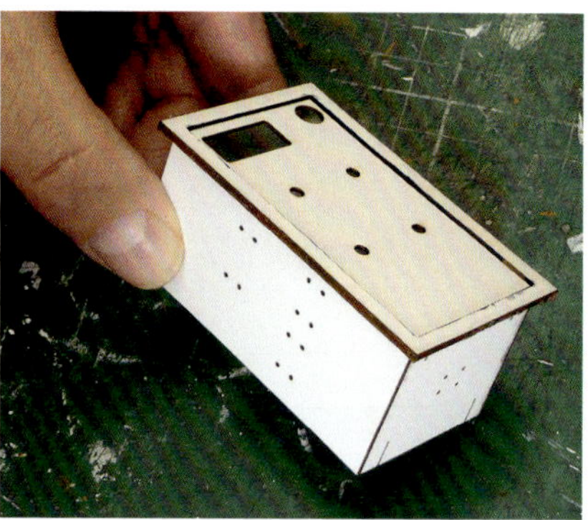

Die Löcher in den Seitenwänden sind Bohrungen für die Griffe und sorgen gleichzeitig dafür, die aufgesetzten Backofentüren auszurichten.

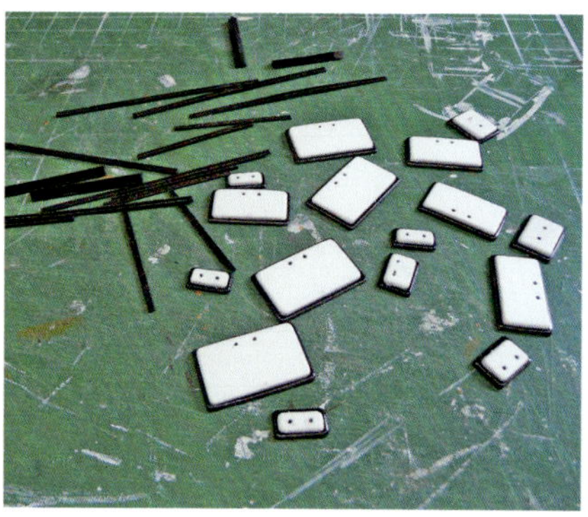

Die Türen sind aus zwei Lagen zusammengesetzt, die vorher unabhängig voneinander lackiert wurden, um saubere Farbtrennkanten zu erhalten.

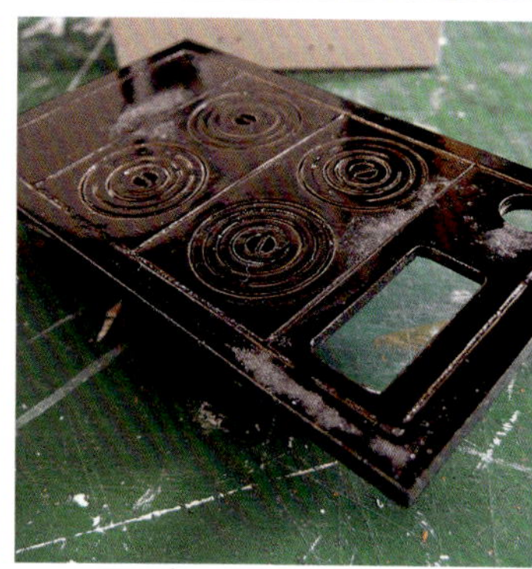

Die Abdeckplatten und Ofenringe des Kochfelds sind als Einzelteile gelasert und zusammengesetzt. Das ergibt eine ganz leichte Unregelmäßigkeit. Mit Schleifpapier habe ich einige Stellen vor dem Lackieren mit glänzender Revell-Farbe aufgeraut.

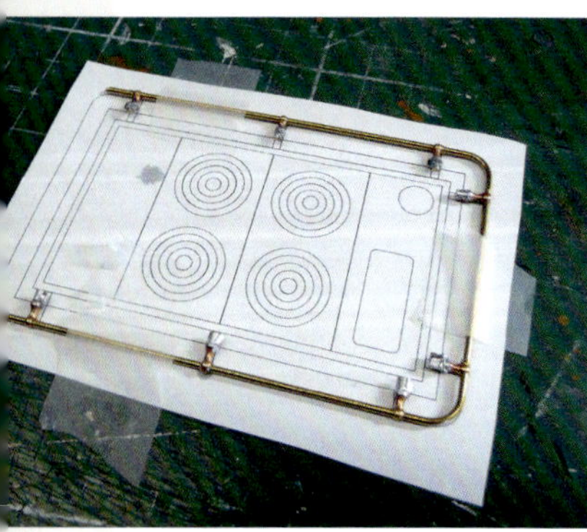

Griffstangenhalter aus dem Fahrzeugbau und etwas Rundmaterial ergeben den umlaufenden Griff. Ich hatte urprünglich eine andere Ausrichtung geplant und musste deshalb die Anordnung der Bögen und Griffe noch einmal ändern.

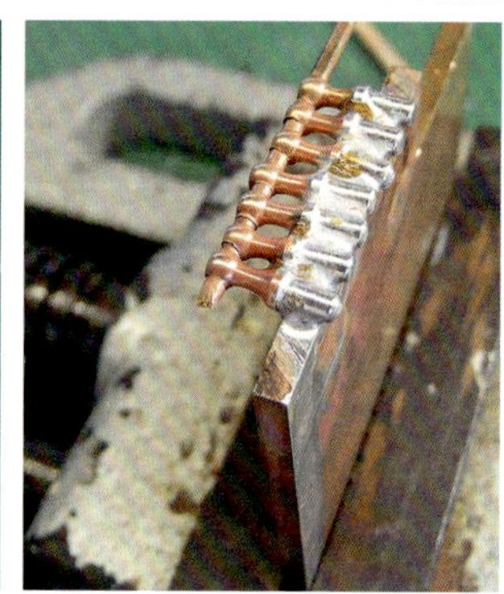

Die Halter mussten alle auf gleiche Länge gekürzt werden, da sie stumpf am Ofen verklebt wurden. Eine eingeschobene Messingstange sorgte beim Verlöten für gleichmäßige Überstände, die dann nur entlang der Platte abgeschnitten werden mussten.

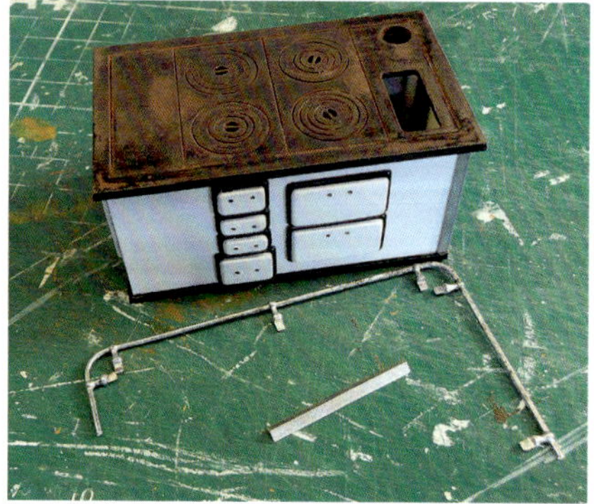

Rostbraune Pigmente haften in den zuvor aufgerauten Stellen und geben der Ofenplatte ein intensiv genutztes Aussehen.

Nun fehlen nur noch Ofenrohr und Griffe. Unter dem Aluminiumdeckel verbarg sich ein Einsatz zum Warmhalten von Suppe.

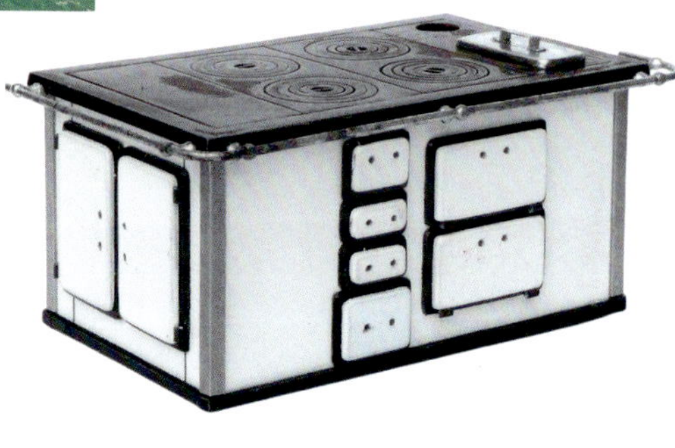

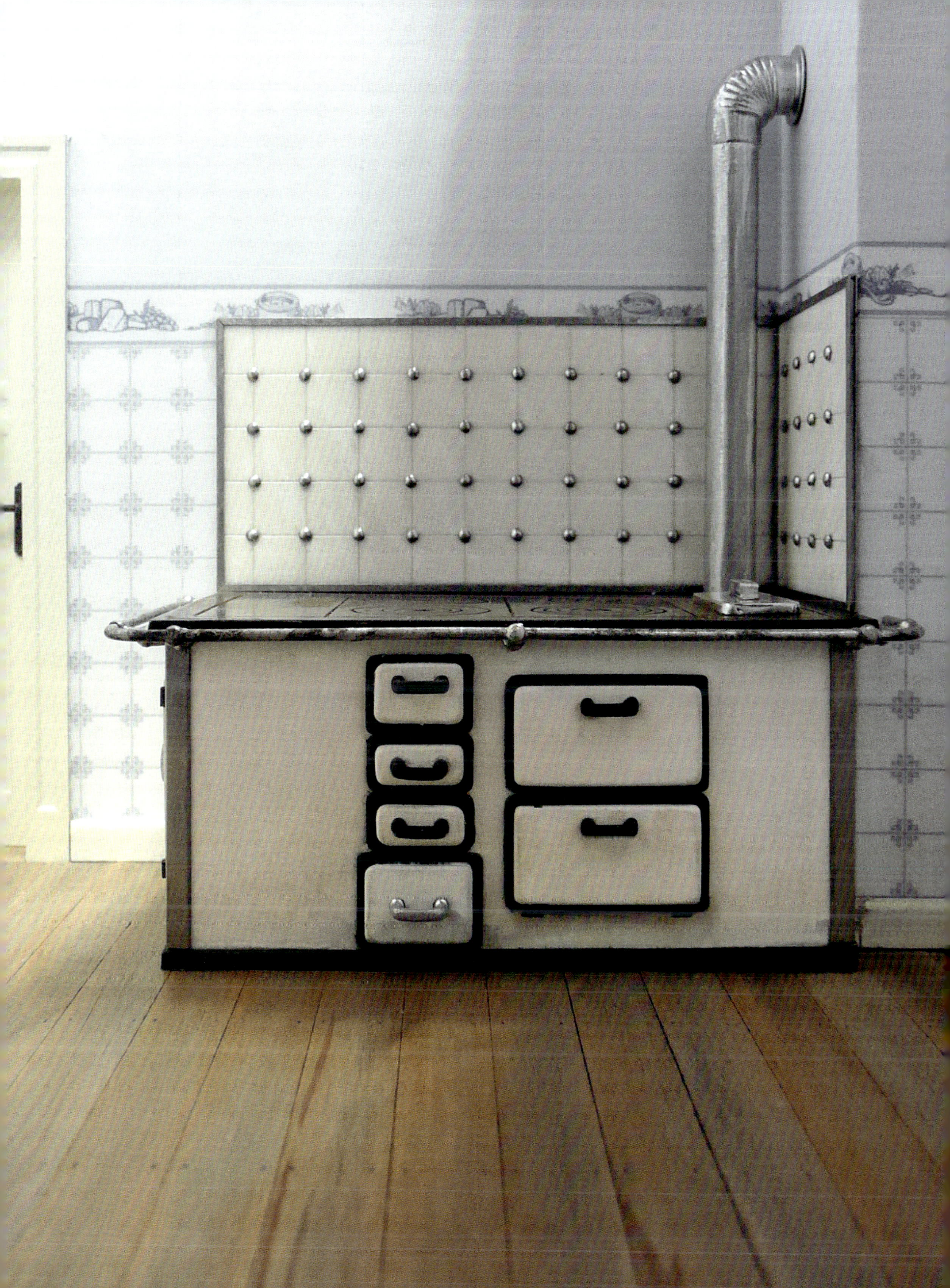

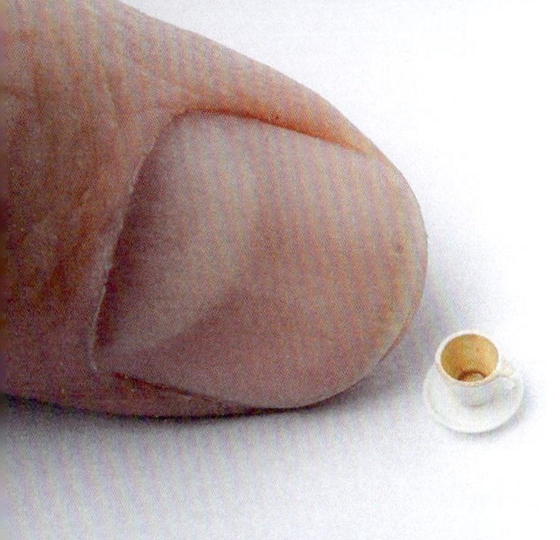

Eine Tasse wurde offensichtlich nicht gespült. Es war gar nicht so einfach, sie mit Kaffee zu füllen, denn es passt weniger als ein Tropfen hinein und die Oberflächenspannung ist so hoch, dass am Tassenboden ein Luftbläschen verbleibt.

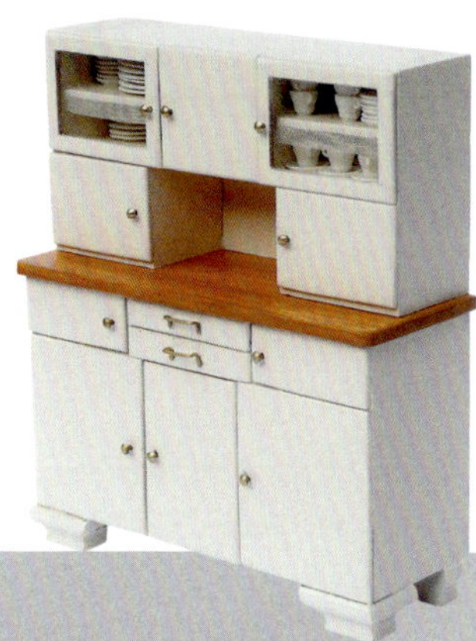

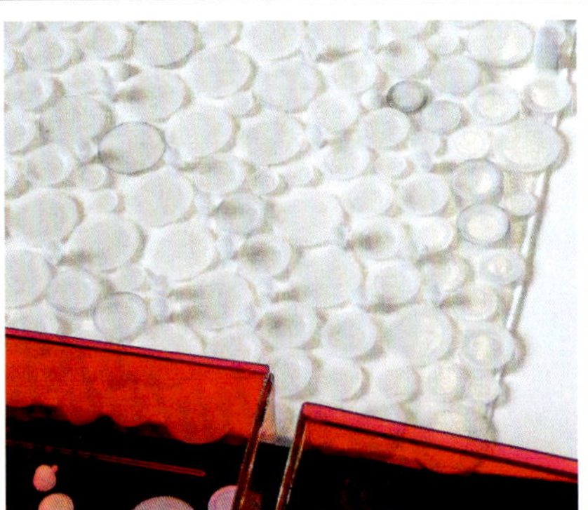

Beim Geschirr bin ich bis an die Grenzen des im 3D-Druck Machbaren gegangen. Die Wandstärke der Objekte beträgt nur 0,2 mm – das ist das maßstäblich umgesetzte Vorbildmaß gängiger Gebrauchskeramik aus dem Ende des 19. bis Anfang des 20. Jahrhunderts.

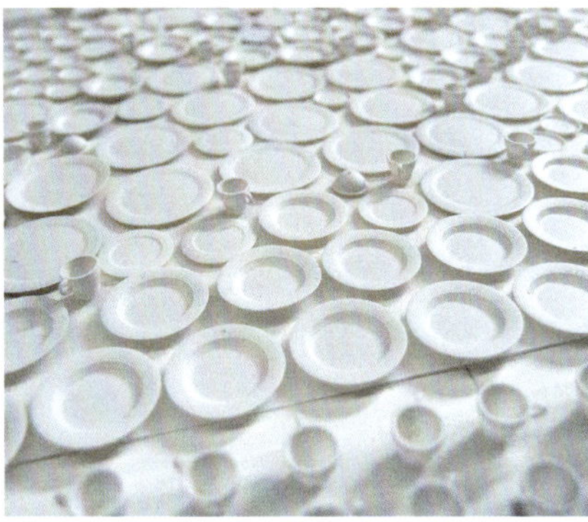

Von Ess- über Suppen- und Kaffeeteller, Untertassen und Tassen bis hin zu Kaffee- und Milchkannen ist alles dabei.

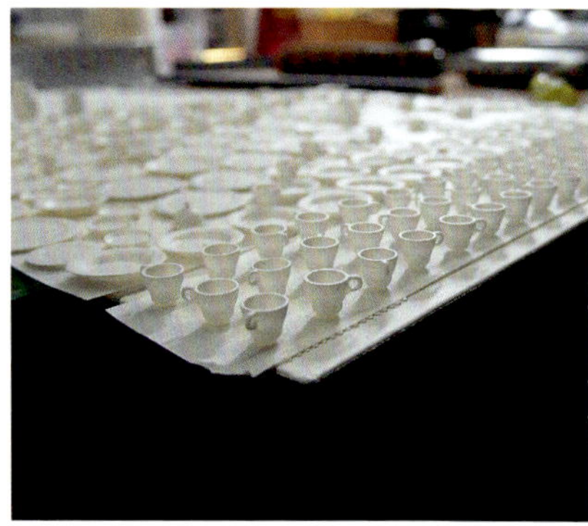

Zum Lackieren mit seidenmattem Acryllack habe ich das Geschirr auf wiederablösbares Haftband gesetzt.

Der Tisch ist eine Hommage an meine Studentenzeit: Das gleiche Modell, allerdings ohne Spülbeckenauszug, stand in unserer Küche. Ich mochte die eingefasste, korkartige Tischoberfläche.

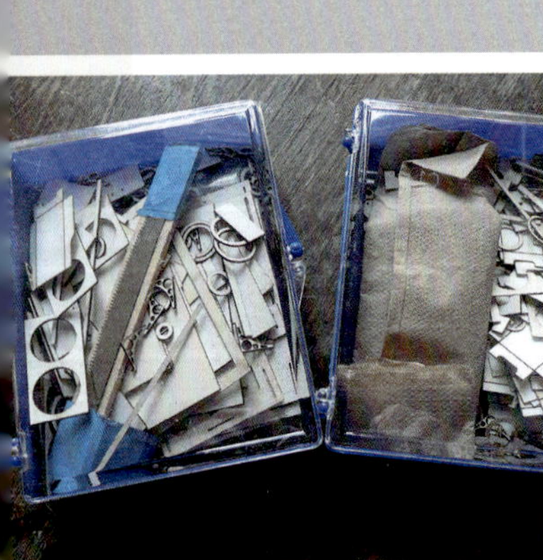

Als wildes Sammelsurium kamen die vom Modellbauer Henner Meinhold gelaserten Einzelteile für Herd und Ablagen bei mir an.

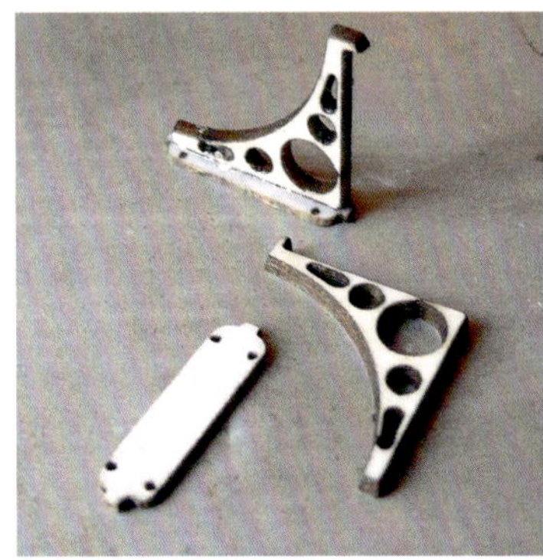

Die Halter für die Ablagen sind aus zwei Teilen zusammengeklebt.

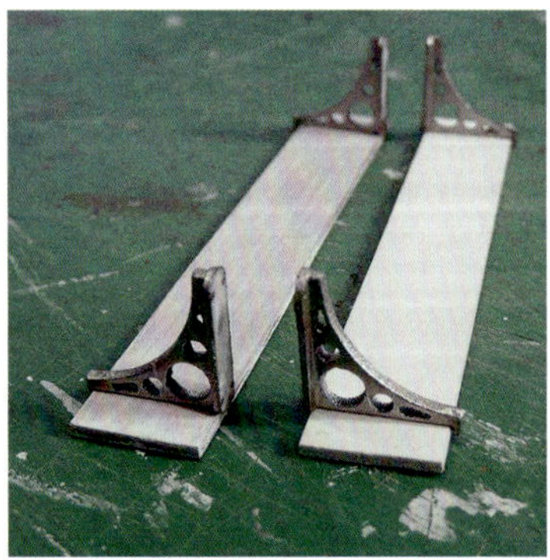

Die Regalbretter sind Reste aus anderen Laserprojekten. Der Vorteil beim Laserschneiden von Karton gegenüber dem Schneiden mit dem Skalpell besteht auch darin, dass der Karton nicht gequetscht wird und sich so ganz saubere und scharfe Schnittkanten ergeben.

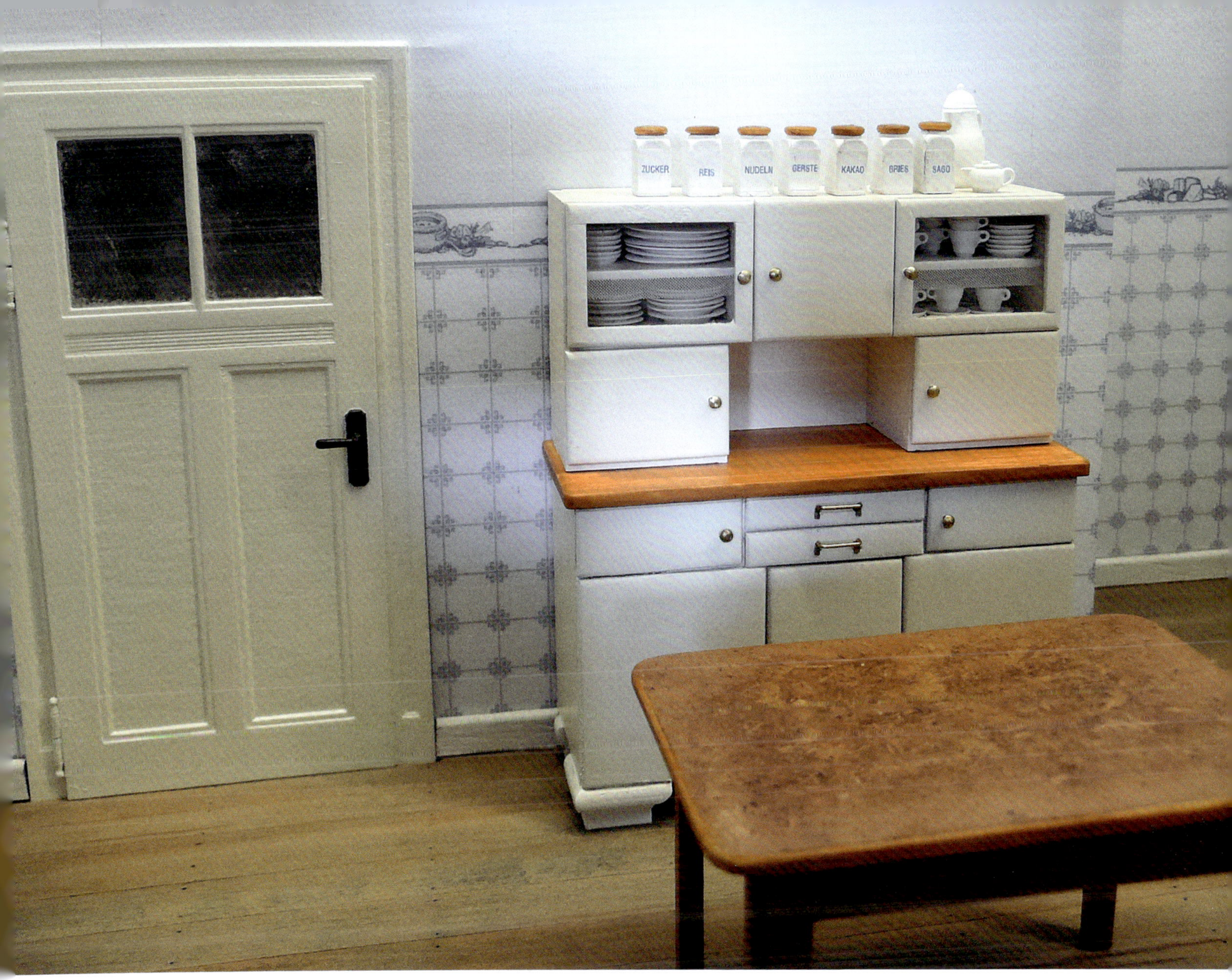

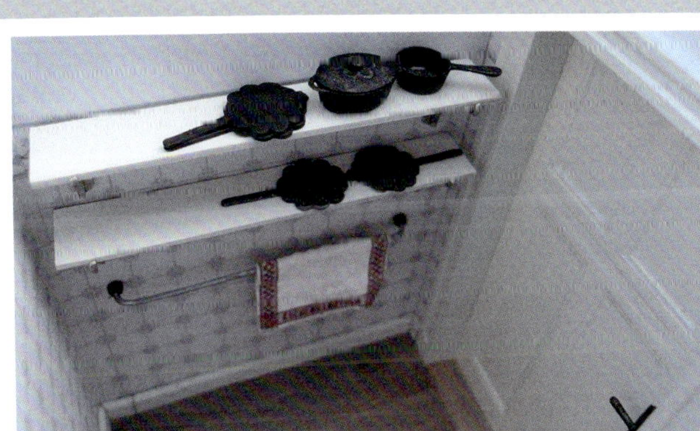

Die gusseisernen Töpfe und Waffeleisen sind im 3D-Druck entstanden. Das Handtuch ist bedrucktes, angefeuchtetes, zerknülltes und anschließend wieder entfaltetes Papier.

Die Anrichte habe ich ausschließlich aus Laserresten anderer Projekte gebaut. Bei diesem Schrank habe ich den Anfängerfehler gemacht, ihn erst zusammenzubauen und dann zu lackieren.

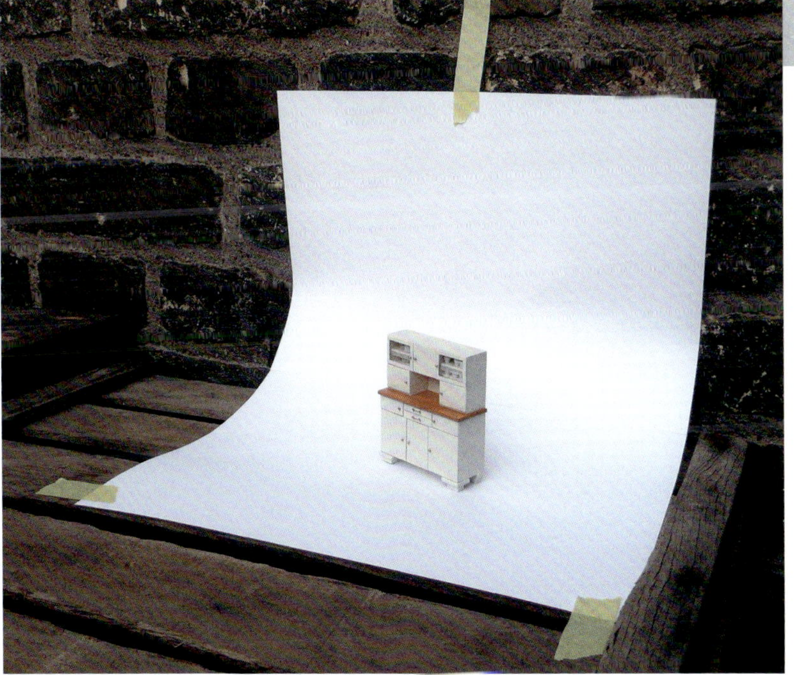

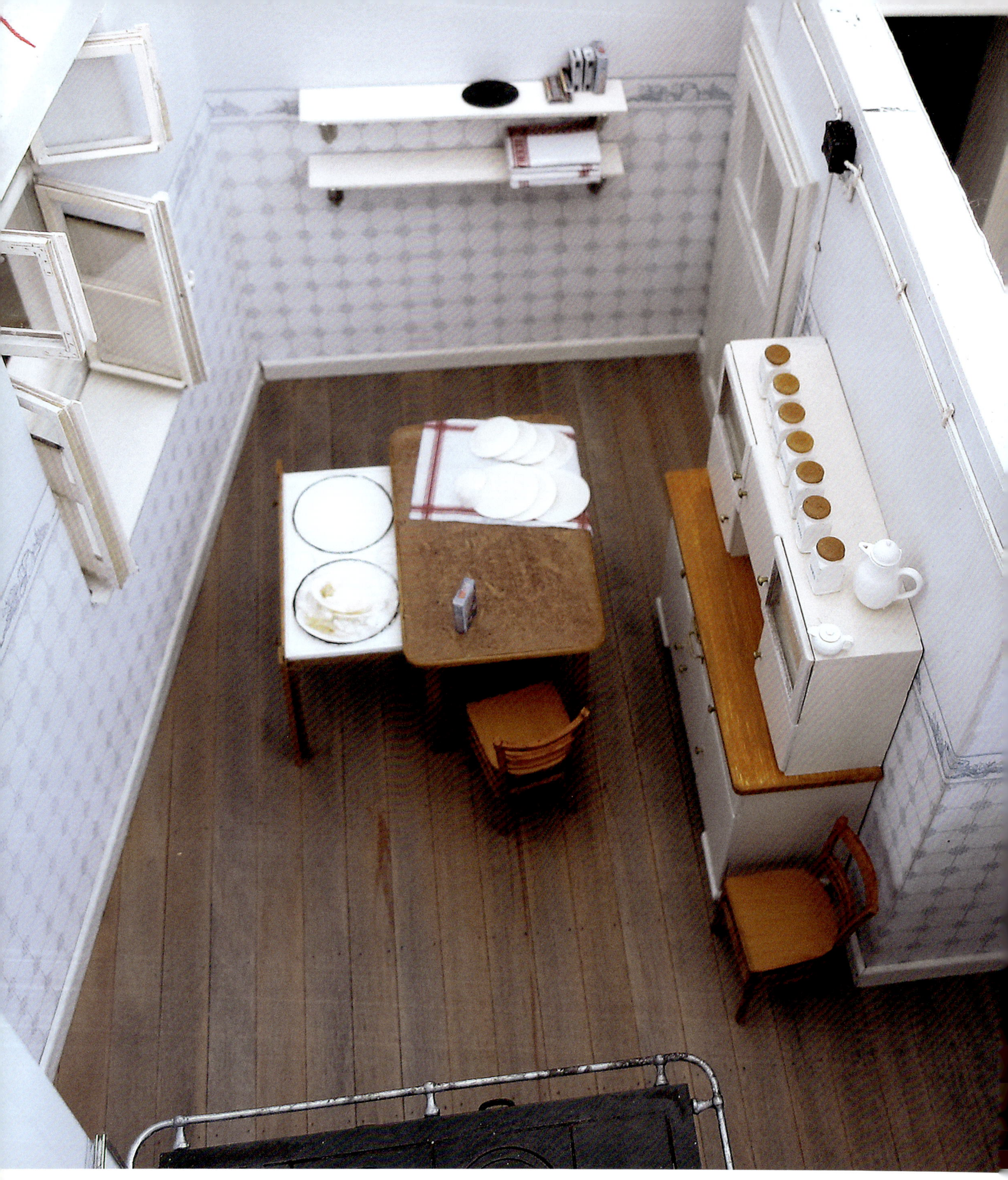

Hier ist alles im Eigenbau entstanden – bis auf die Holzstühle von Preiser, die nach etwas Nacharbeit und Farbauftrag in ihrer Filigranität überzeugen. Sogar die geschraubten Eckverbinder der Fensterrahmen sind zu erkennen.

Es war ein großer Glücksfall für mich, dass ich einen ortsansässigen Unternehmer kennenlernte, der eine Zeit lang einen CO_2-Laser mehr oder minder ungenutzt im Bestand hatte. Ich durfte ihn gegen Kostenerstattung nutzen und experimentieren: auch bei dieser Technik ist der Zeitaufwand für die eigentliche Fertigung, vor allem aber für das Erstellen der Dateien mit den entsprechenden Spezifikationen und das Austesten der Laserparameter erheblich. Damals entstanden dann auch als erste Elemente für das Haus Lohmann die Laserteile für sämtliche Türen und Fenster.

Wenn man sich beispielsweise einen der aus der Fläche ausgeschnittenen Fensterrahmen mit den wiederum ausgeschnittenen Innenflächen vorstellt, kann man erahnen, welche Menge an Ausschussmaterial beim Schneiden zusammenkommt. Das bleibt nicht aus, auch wenn man die Teile materialsparend ineinander verschachtelt. Der vermeintliche Abfall ist aber ein wertvolles Rohmaterial, aus dem ich wiederum Möbel wie die Anrichte in der Küche, Regale, Tische, Schaufensterblenden und anderes bauen konnte.

Kompromisse

Leider endeten die Möglichkeiten dieses CO_2-Lasers beim Glasschneiden. Es war mir zwar gelungen, von einem namhaften Hersteller eine einzelne Dünnglasscheibe zu bekommen, wo doch die Mindestabnahme eigentlich einen ganze Palette gewesen wäre, ich konnte sie aber nicht schneiden. Die Fremdvergabe war zu teuer. Aus diesem Grund sind die Fensterscheiben dann zum größten Teil aus dem gut laserbaren Vivak, aber auch aus Acrylglas entstanden.

Keine Kompromisse wollte ich beim Übergang der Fensterrahmen auf den Putz eingehen. Egal, wie genau man gearbeitet hat, zwischen Rahmen und Putz bleibt meist ein sichtbarer Spalt, durch den Licht fallen kann, was die Illusion eines massiven Gebäudes sofort zerstört. Ich habe in die Fugen verdünnte Putzfarbe einlaufen lassen und so die Spalte geschlossen. Dazu musste ich das Gebäude immer wieder drehen, da das nur bei den jeweils waagerecht liegenden Fugen funktioniert.

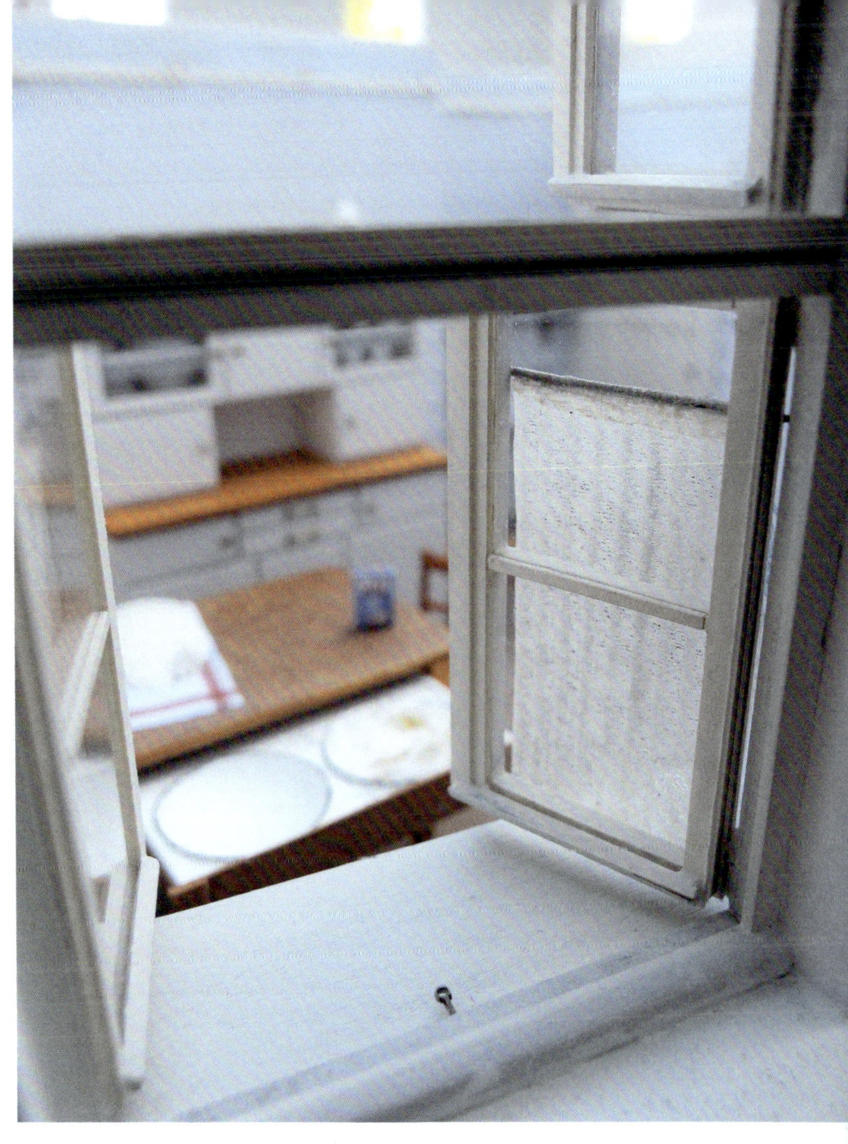

Die kleinen Gardinen sorgen wenigstens bei geschlossenem Fenster für etwas Privatsphäre, geht das Fenster doch zum Oesterbach und Maiplatz hinaus.

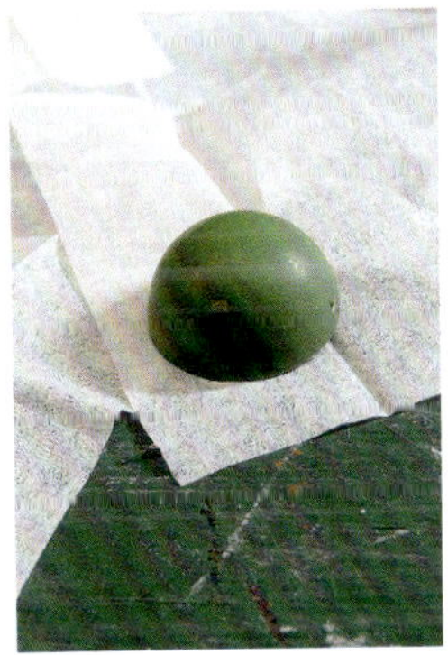

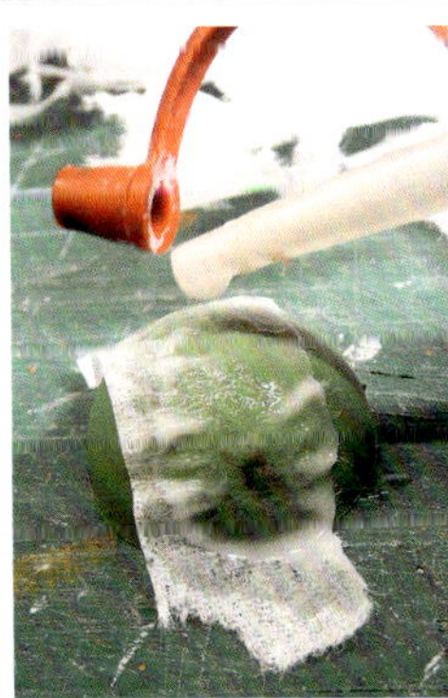

Die emaillierten Spülschüsseleinsätze des Tisches habe ich aus Papiertaschentüchern hergestellt. Kapselhälften eines Feuerwerkskörpers gaben eine Halbkugel mit dem passenden Außendurchmesser ab, sie waren allerdings zu dick, um sie direkt als Positiv zu verwenden. Ich habe deshalb einzelne Lagen Taschentuchpapier mit verdünntem Weißleim über die Kugeln geklebt, um eine Halbkugel mit dem den Schüsseln entsprechenden Innendurchmesser zu bekommen.

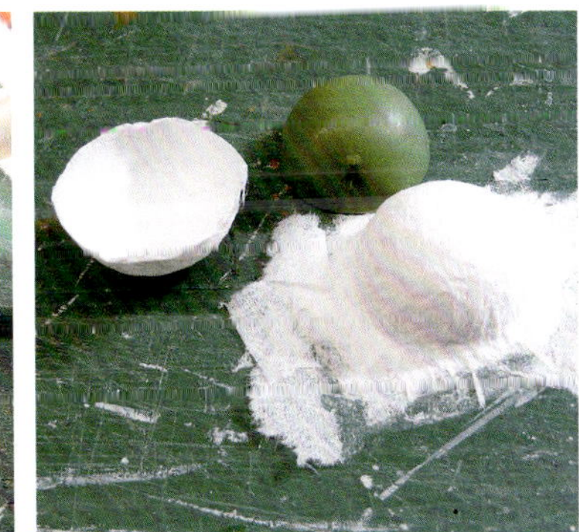

Nach dem vollständigen Trocknen wird die Halbschale von der Unterlage, hier einer Schneidmatte, abgelöst und grob mit der Nagelschere zugeschnitten.

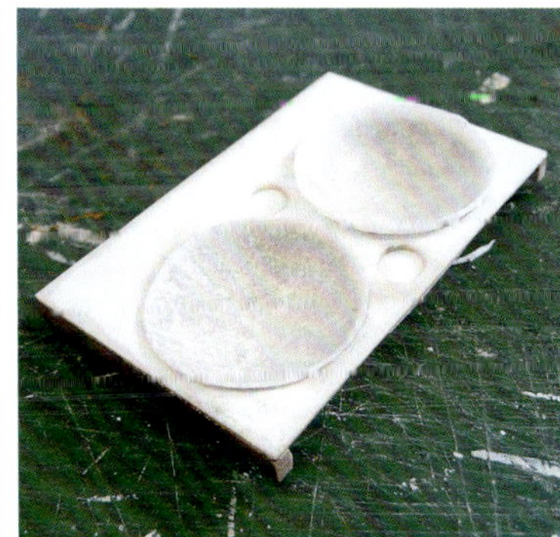

Die in die Platte eingesetzten und mit Sekundenkleber verfestigten Schalen ließen sich dann auf dem Schleifklotz auf identische Höhen bringen.

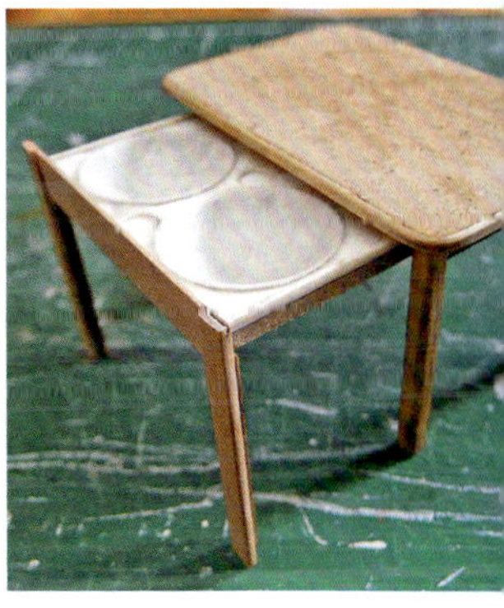

Die Tischplatte mit umlaufendem Holzrand ist aus MDF ausgeschnitten: eine zuvor eingeweichte Leiste ist um die Platte herumgewickelt und verklebt.

Große Vielfalt: Insgesamt 25 Fenster weist das Gebäude auf. Zweiflügelig geteilte Sprossenfenster mit geteiltem Oberlicht überwiegen und dürften den ursprünglichen Bauzustand wiedergeben, während der Anbau mit deutlich moderneren, einteiligen Fenstern mit schmalem Oberlicht aufwartet.

Fenster

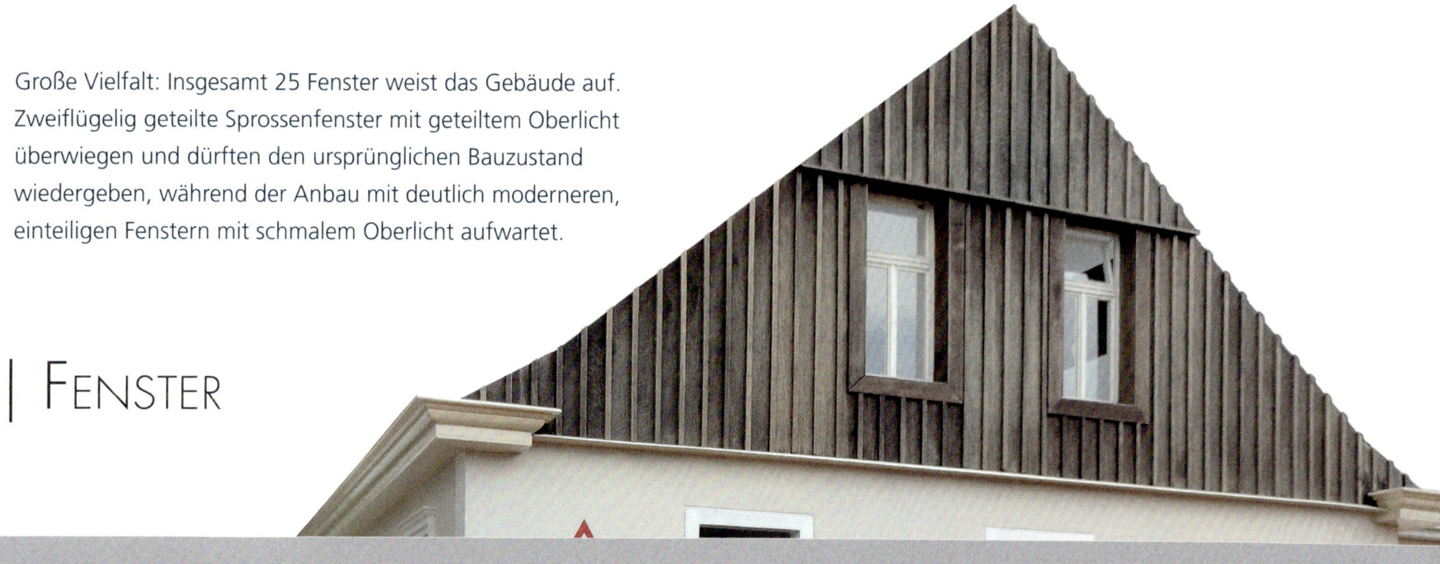

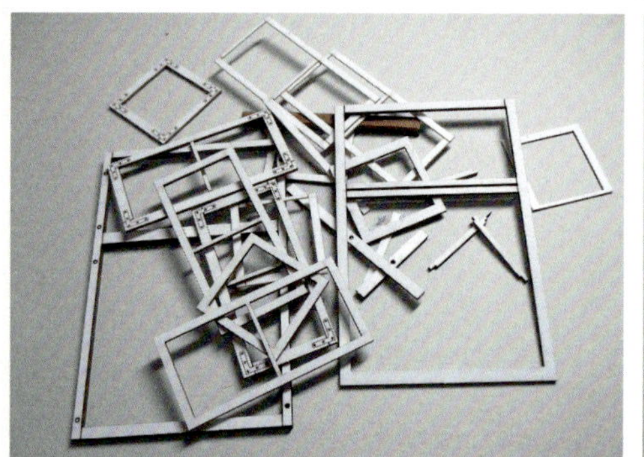

Die Fensterrahmen sind aus zwei 1 mm und einer 0,5 mm starken Kartonschicht aufgebaut. Zusammen mit einer 0,5 mm dicken Vivakscheibe ergibt das dann das Referenzmaß für die Außenrahmen.

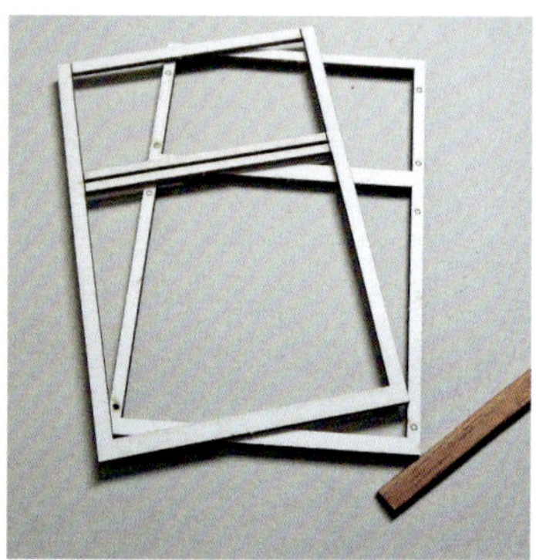

Diese haben einen 2 mm starken Innenteil und eine etwas überkragende 1 mm starke Außenlage, in die die Stoßfugen des Vorbilds eingraviert sind. Ein vorgeblendetes, entsprechend zugeschliffenes Holzstück bildet den unteren Abschluss auf der Rahmenaußenseite.

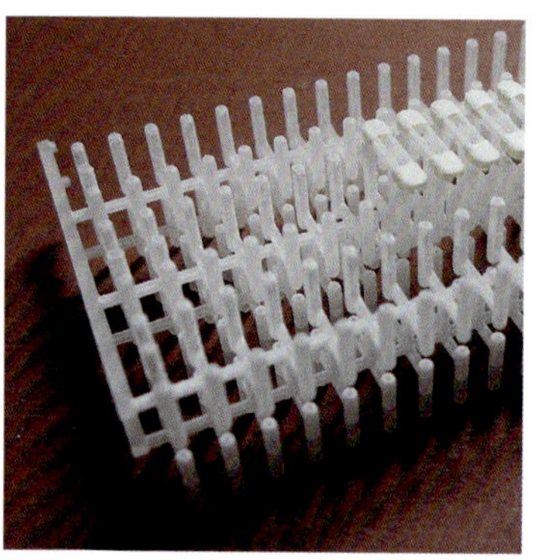

In einer Druckzusammenstellung sind wieder verschiedene Teile kombiniert: Hier sind es Scharniere und Endführungen für die Stellstangen. Diese Scharniere sind ebenso wie die Türscharniere hohl und mit einer mittigen Sollbruchstelle versehen, um sie funktionsfähig machen zu können.

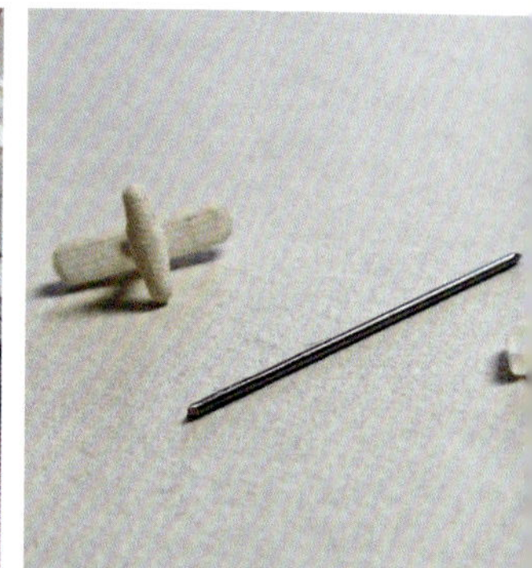

Auch die Garnituren sind gedruckt und ergeben mit 0,5 mm starken Stahldrahtstiften den Verschlussmechanismus mit Stellstangen.

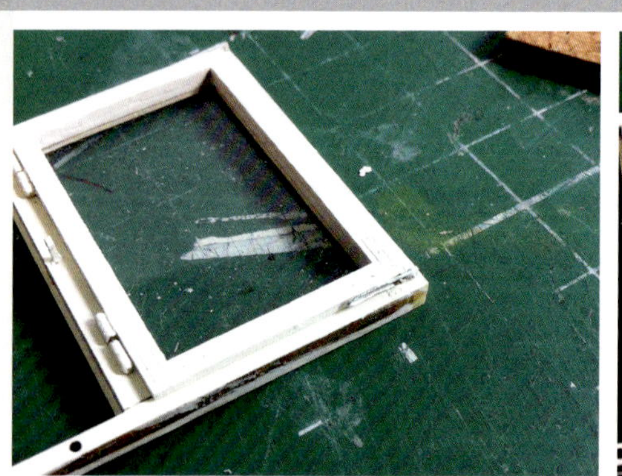

Der Stahldraht lässt sich ohne Ausglühen biegen. Ich winkle ihn erst rechtwinklig ab und drücke die Enden dann mit einer Zange zusammen, bis ich parallele Drahtstücke habe. Im Schlitz läuft ein am Klapprahmen befestigter 0,4 mm Messingniet.

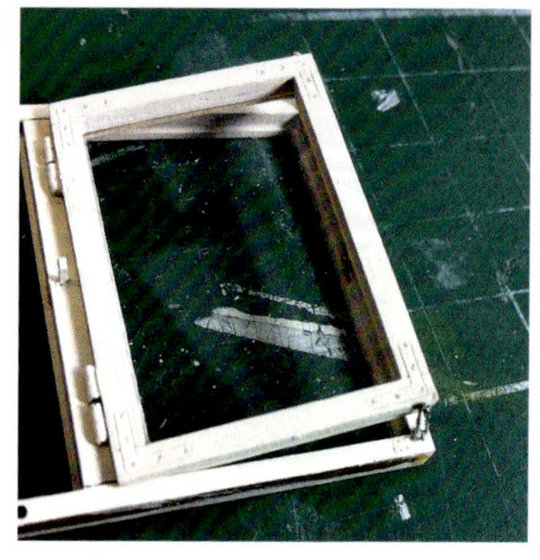

Am Außenrahmen dient ein abgewinkelter Messingniet als Scharnier. Die Scharniere sind wie bei einigen Türen mit eingesetzten Stahlstiften beweglich gestaltet.

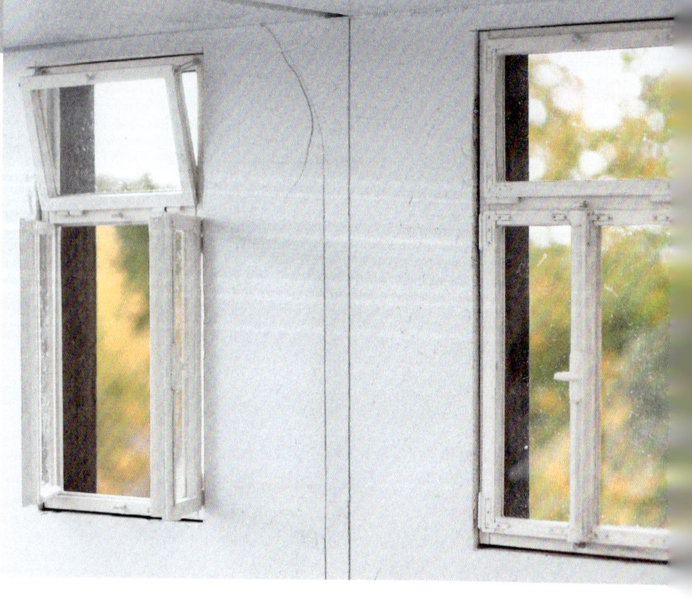

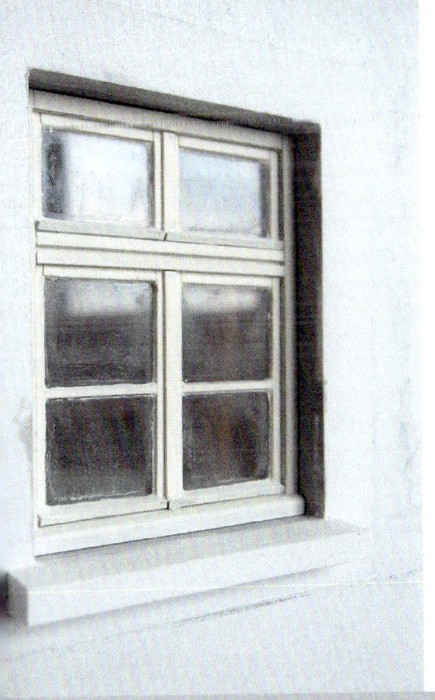

Das beim Umbau um eine Wand versetzte Fenster zur Garage ist ebenso vergittert wie das kleine Toilettenfenster.

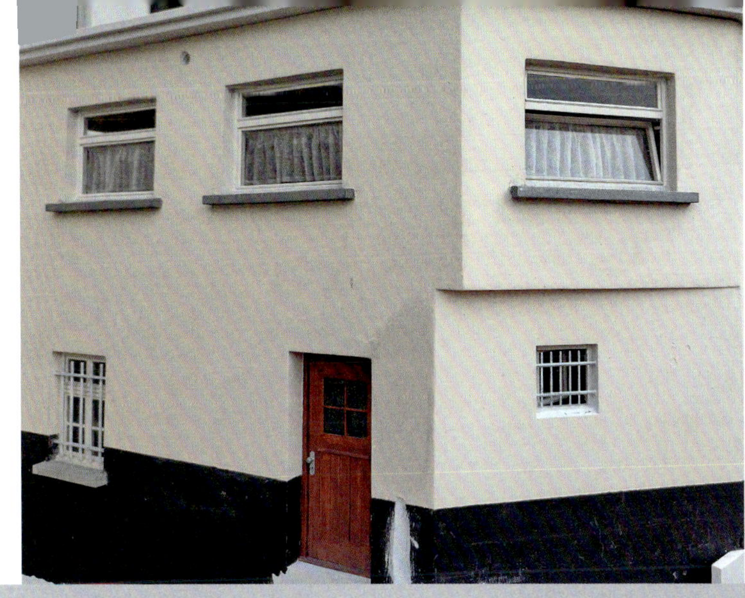

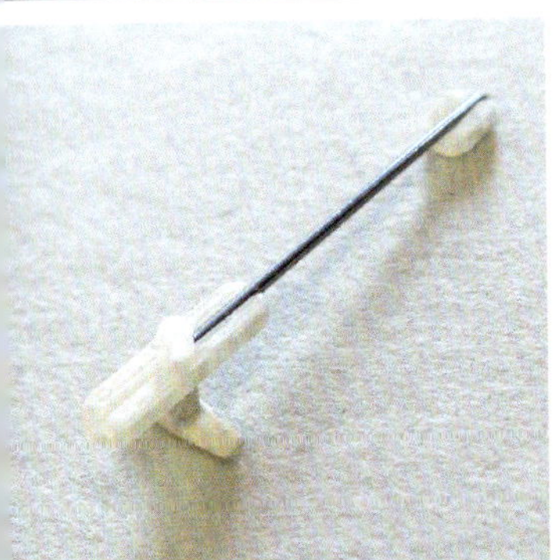

Die Stahldrähte passen exakt in die Nuten der Garnituren und Führungen. So lassen sich alle Teile am Fenster genau ausrichten.

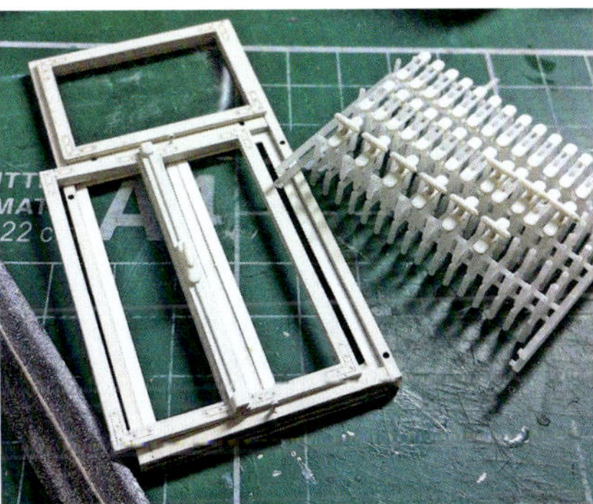

Die vier Giebelfenster des Dachgeschosses dürften auch einmal getauscht worden sein. Sie sind zweiflügelig ohne Sprossen, höher als die Standardfenster und haben kippbare Oberlichter.

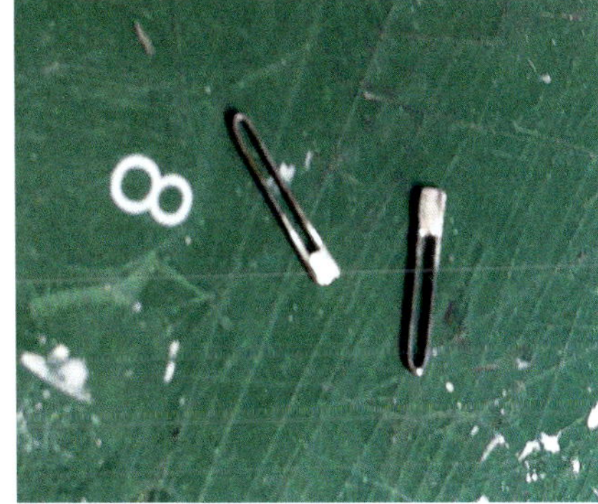

Eins dieser Fenster wollte ich vollständig beweglich haben, also inklusive des Oberlichts. Die dazu notwendigen Oberlicht-führungen sind aus 0,3 mm Stahldraht gebogen und mit einem Messingschnipsel verlötet, der sich dann durchbohren ließ.

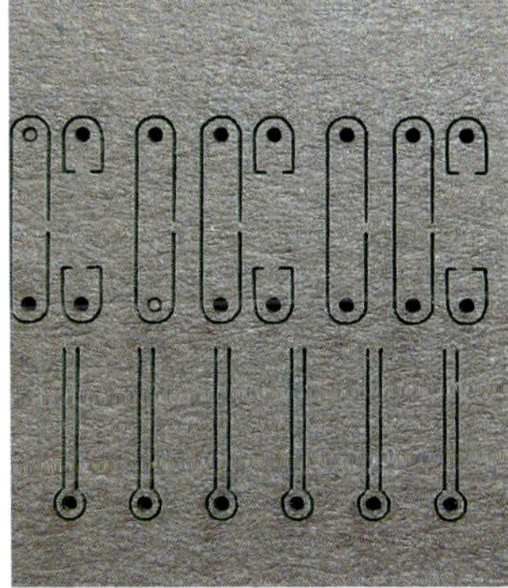

Die Rahmenösen für die Stellstangen und Oberlicht-führungen sind aus dünnem Karton gelasert. Da die Führungen bei den nicht zu öffnenden Fenstern von der Seite unmöglich einsehbar sind, habe ich sie nicht geschlitzt.

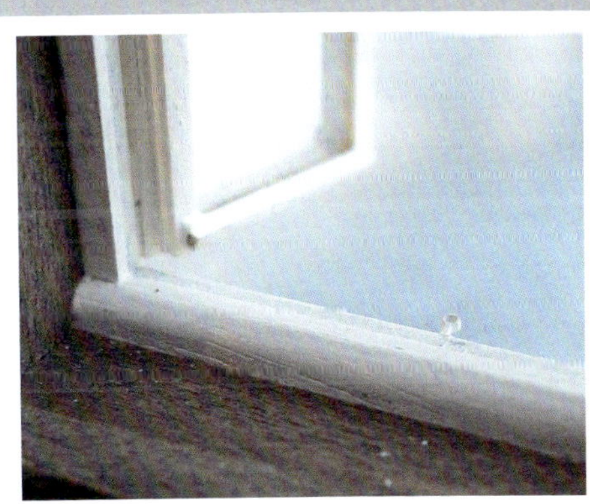

Zum Schließen des Fensters greift die Stellstange beim Vorbild in am Rahmen befestigte Ösen. Ich habe es mir allerdings erspart, auch eine funktionierende Verschluss-mechanik umzusetzen. Immerhin ragen die Stellstangen bei den geschlossenen Fenstern in die Ösen.

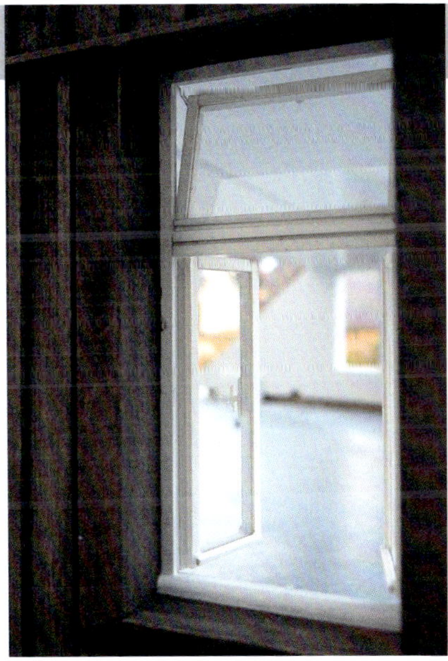

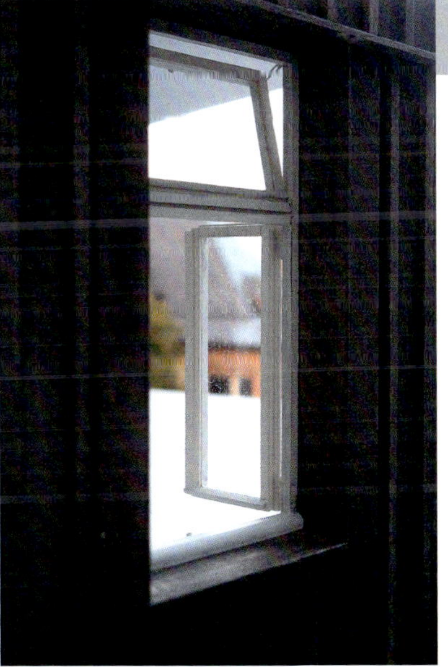

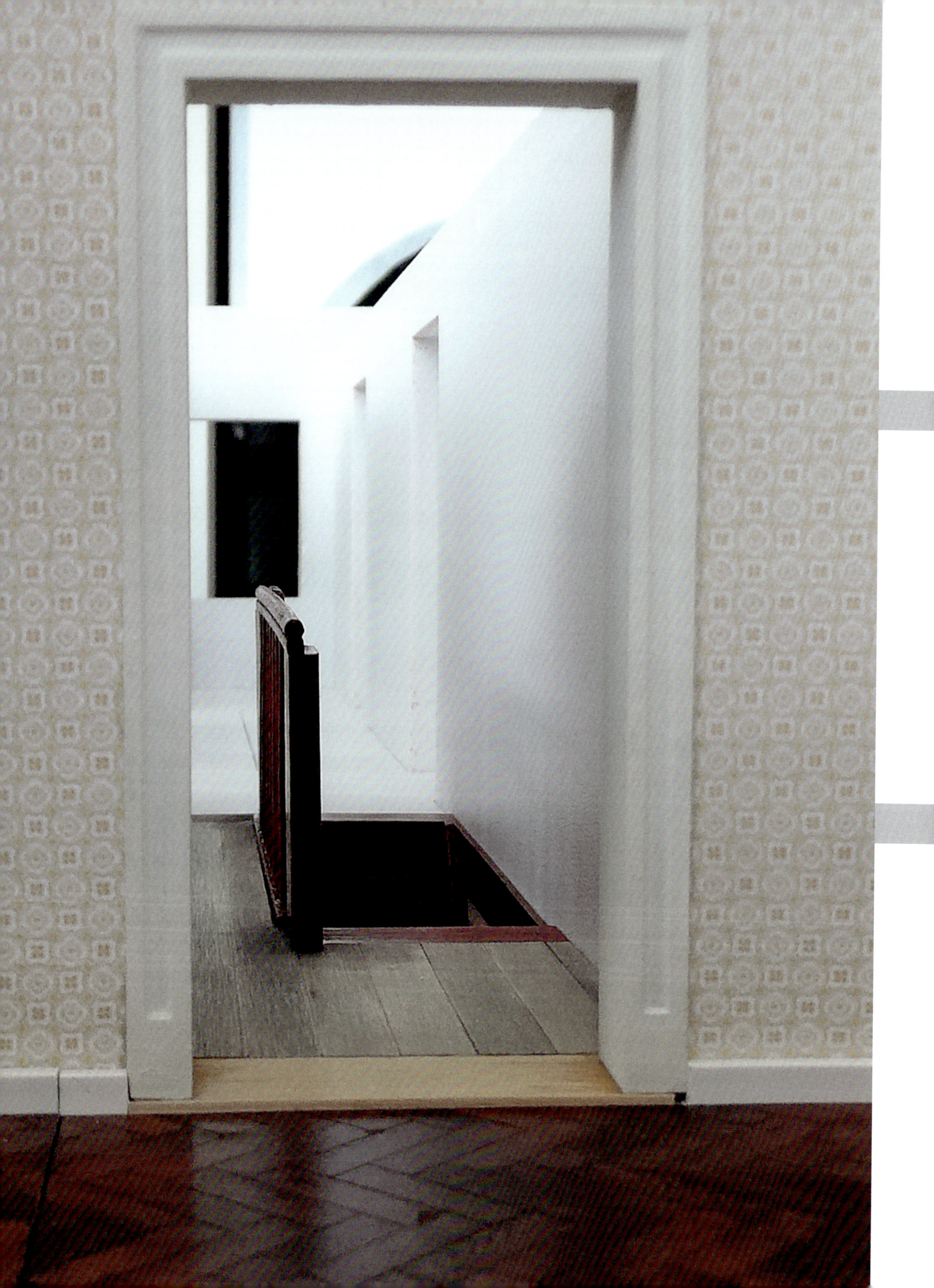

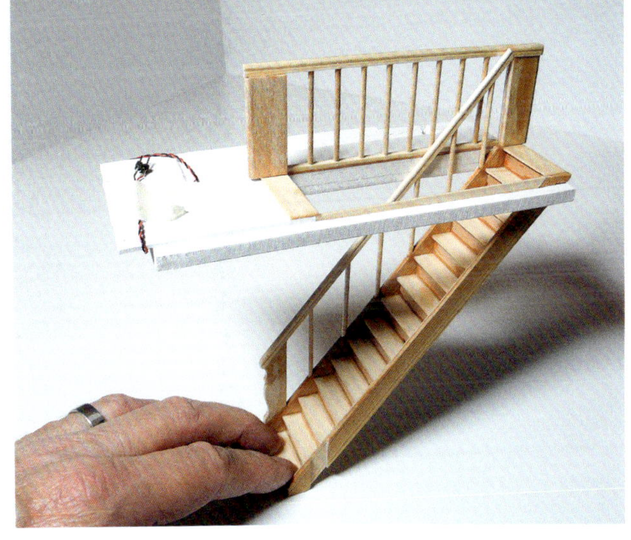

Die Treppen im Gebäude sind sehr steil und schmal. Eine passende Anregung fand ich ebenfalls im Freilichtmuseum Fladungen. Mit Brüstungshöhen und Absturzsicherung nahm man es damals noch nicht so genau. Ursprünglich wollte ich die Treppen nicht darstellen, weil sie kaum zu sehen sind.

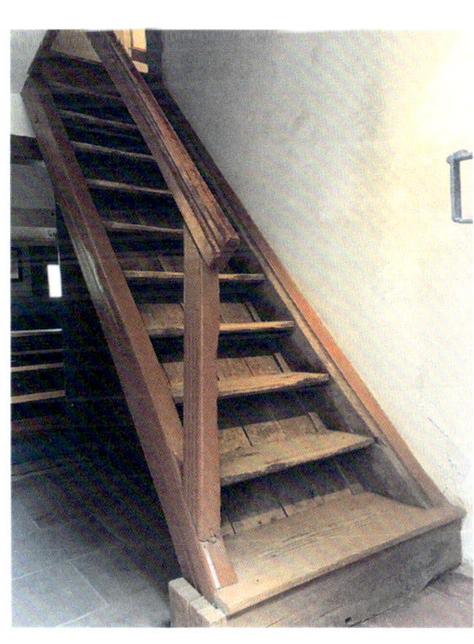

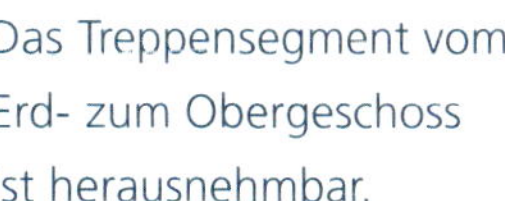

Das Treppensegment vom Erd- zum Obergeschoss ist herausnehmbar.

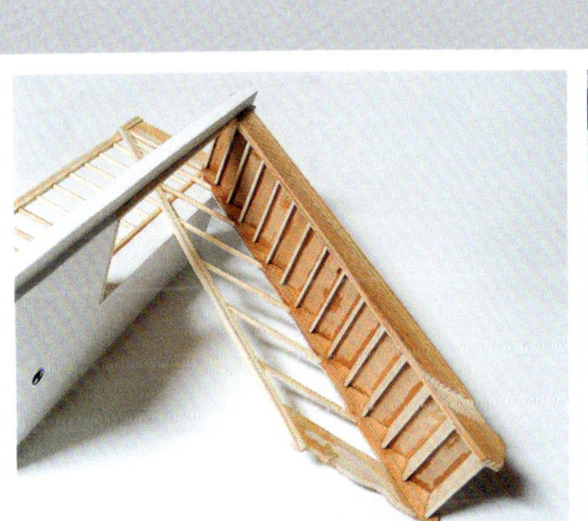

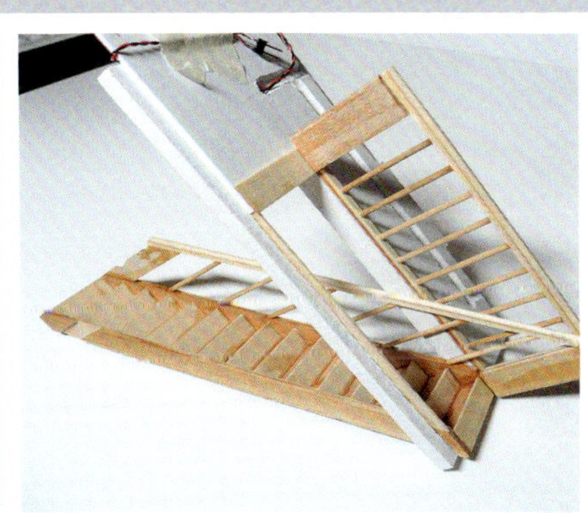

Zunächst musste ich konstruktiv ermitteln, welche Tritttiefe und -höhe eine Treppe in den benötigten Einbaumaßen ergibt und daraus eine Zeichnung ableiten, die ich als Montagehilfe verwenden konnte. Die Stufen sind aus Furnierholz ausgeschnitten und mit Sekundenkleber stufenweise auf einem Aluklotz verklebt. Die so vorbereiteten Einzelstufen lassen sich dann auf der ausgedruckten Lehre mit den Seitenwangen verkleben. Das Geländer besteht aus Holzleisten, Zahnstochern und gebogenen Furnierstreifen für die oberen Geländerabschlüsse.

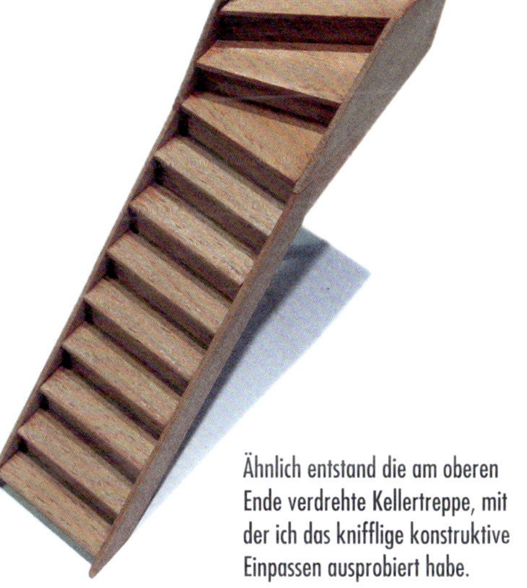

Ähnlich entstand die am oberen Ende verdrehte Kellertreppe, mit der ich das knifflige konstruktive Einpassen ausprobiert habe.

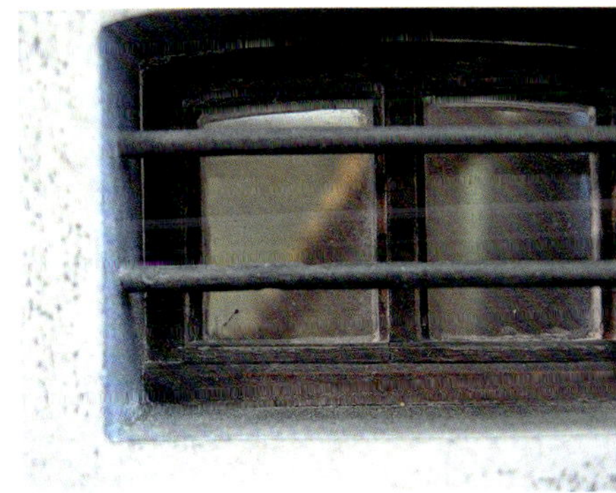

Von der Kellertreppe ist nur beim Blick durch das bachseitige Kellerfenster etwas zu erahnen.

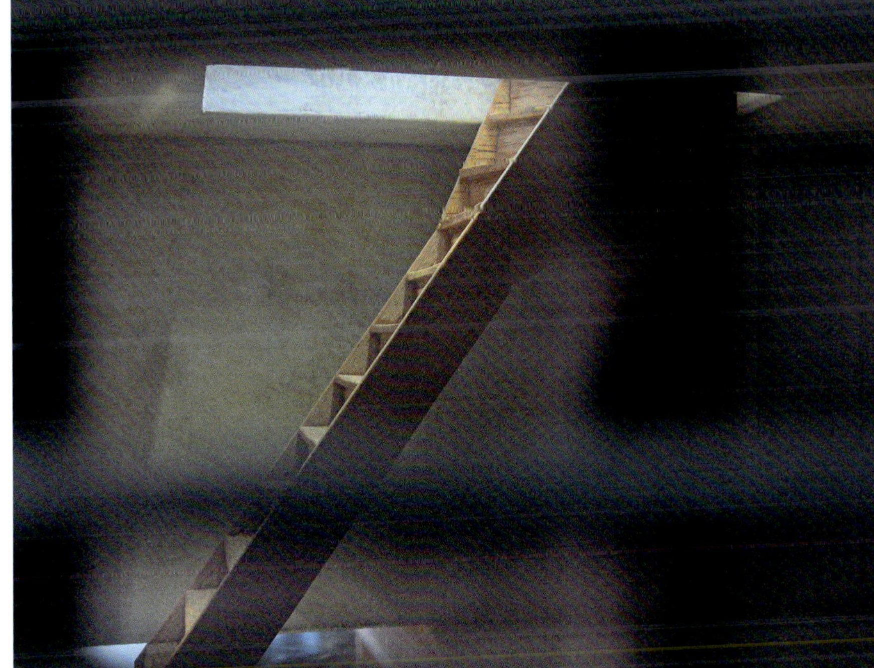

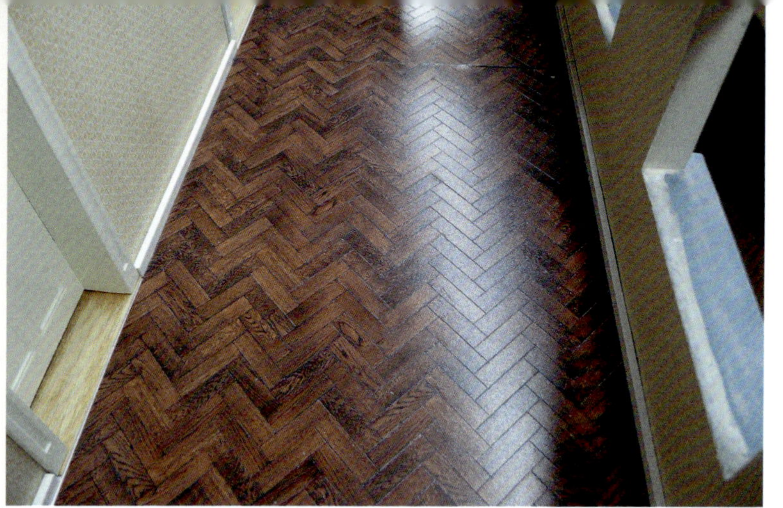

Im seitlichen Anbau des Gebäudes wurde Parkett verlegt. Mir gefiel die Vorstellung, dass man sich durch die Erweiterung ein Wohnzimmer mit etwas mehr Platz schaffte. Heute weiß ich, dass dort die Werkstatt untergebracht war.

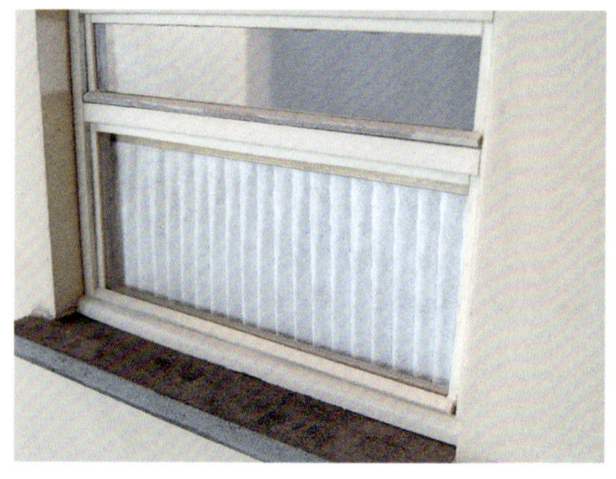

Die Vorhänge waren mit Abstand am schwierigsten umzusetzen und bedurften einiger Anläufe, bis ich mit den Ergebnissen zufrieden war, denn ich wollte ihr Aussehen sowohl in Textur als auch Form erreichen. Ich habe erst Muffinbackformen ausprobiert, aber das Ergebnis sieht nur nach dem aus, was es ist: Papier.

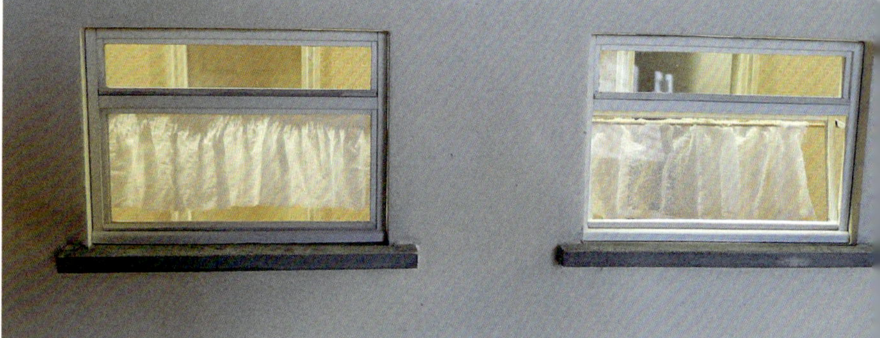

Auch Versuche mit Taschentuchpapier und sehr feiner Seide ergaben keine befriedigenden Ergebnisse. Das Papier war immer noch zu dicht und ergab keine vernünftige Textur, auch wenn es sich schon etwas besser in Form bringen ließ. Seide hingegen hat eine brauchbare Textur, fällt aber aufgrund ihrer Eigenspannung nicht so, dass es für den Maßstab glaubwürdig wäre.

Irrweg und Erfolg im Anbau

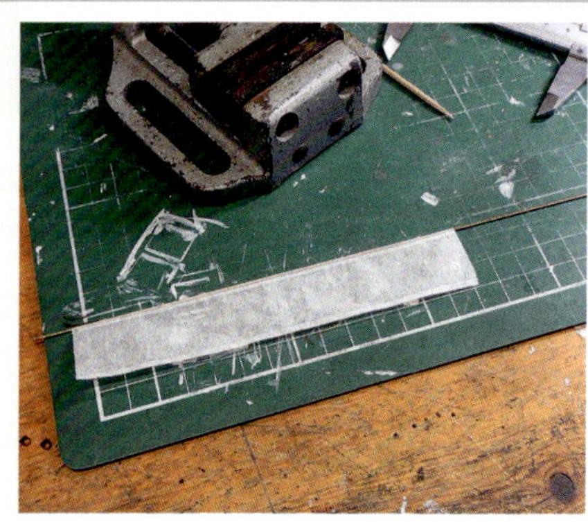

Die Lösung brachten dann Teebeutel. Sie sind über winzige Nähte verbunden, die leicht zu öffnen sind: Sie bilden die untere Gardinennaht. Am oberen Ende werden etwa 4 oder 5 mm des Beutels um einen Messingstab gewickelt. Die Naht wie auch den umgeschlagenen Teil verklebe ich mit verdünntem Propellerleim.

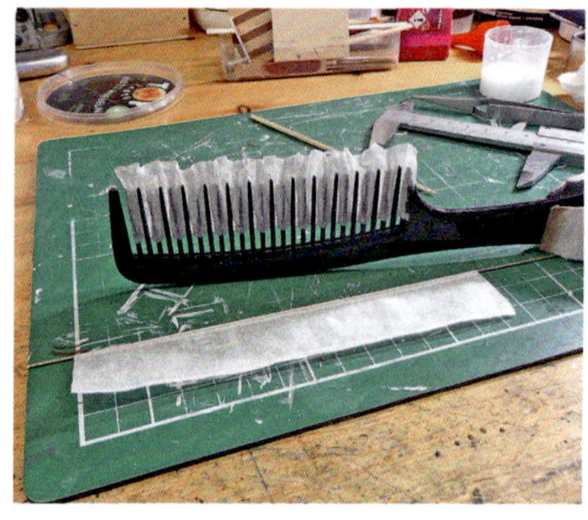

Wenn der Kleber getrocknet ist, schiebe ich das Papier vorsichtig entlang der Stange zusammen: Der untere Teil beginnt nun irgendwie zu knittern. Die Zinken eines Kamms helfen dabei, das in eine überzeugende Form zu bringen. Lässt man den Stab eingefädelt, geht es noch besser, man muss den Vorhang dann allerdings Stück für Stück von der Zinkenspitze aus nach unten einfädeln.

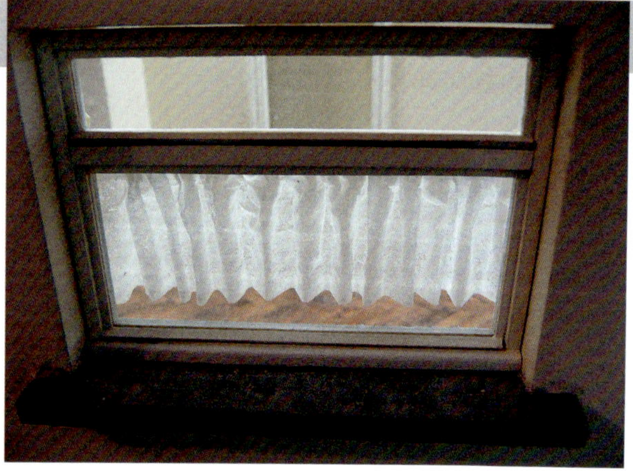

Die Gardinenstangen bestehen aus Stahldraht, der sich nicht so leicht verbiegt wie Messingrundmaterial. Schiebt man den Vorhang dort auf die gewünschte Dichte, beginnt er, vorbildwidrig in größeren Bögen zu schwingen. Das lässt sich beheben, indem man ihn einige Tage zwischen zwei Flächen fixiert, zum Beispiel einem stabilen Pappstreifen zum Fenster hin und einem Holzklotz im Innenraum.

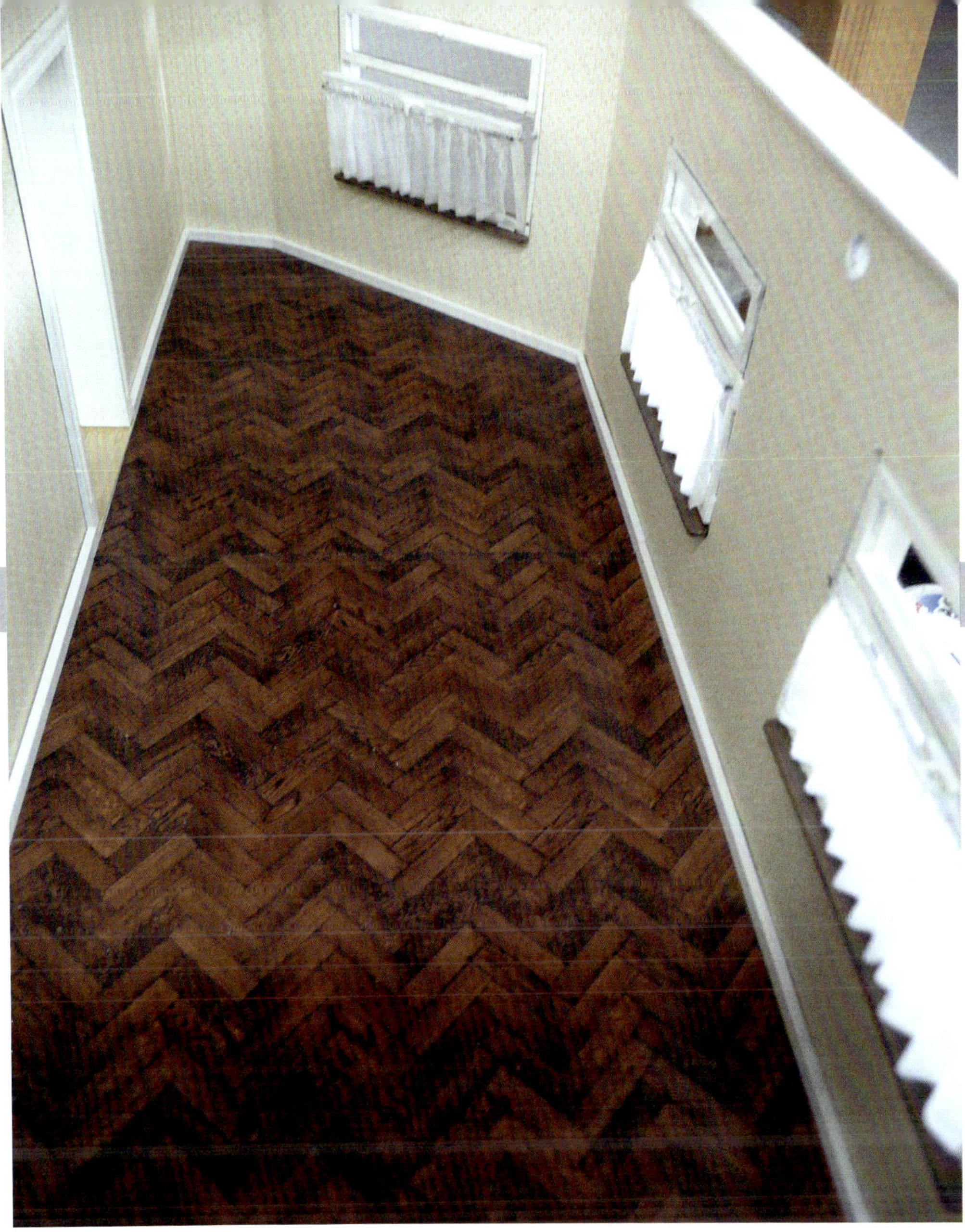

Der Anbau bietet zeitgenössischen Komfort, den das ursprüngliche Gebäude nicht mitbrachte – man könnte mit der Möblierung anfangen; Gardinen hängen schon.

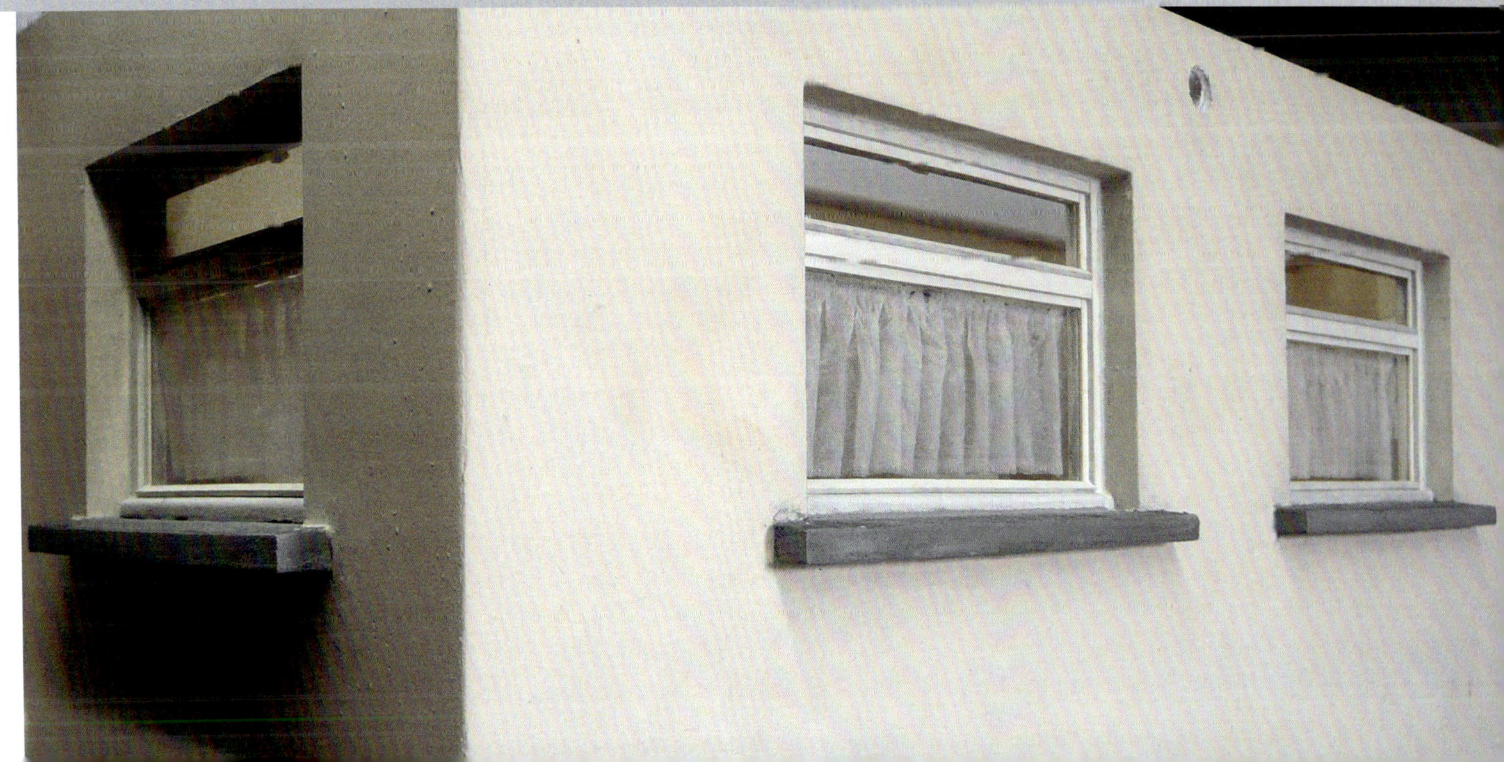

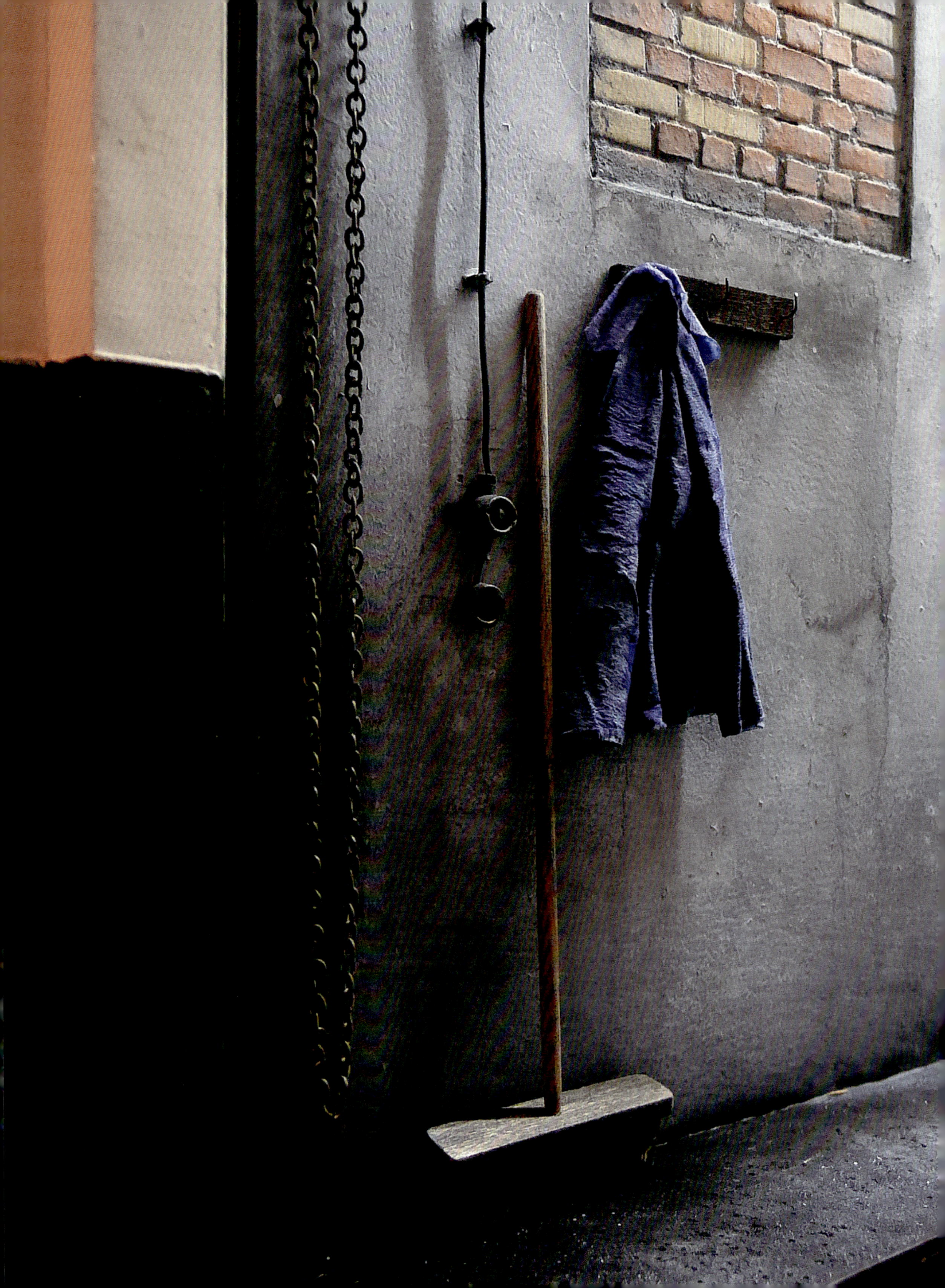

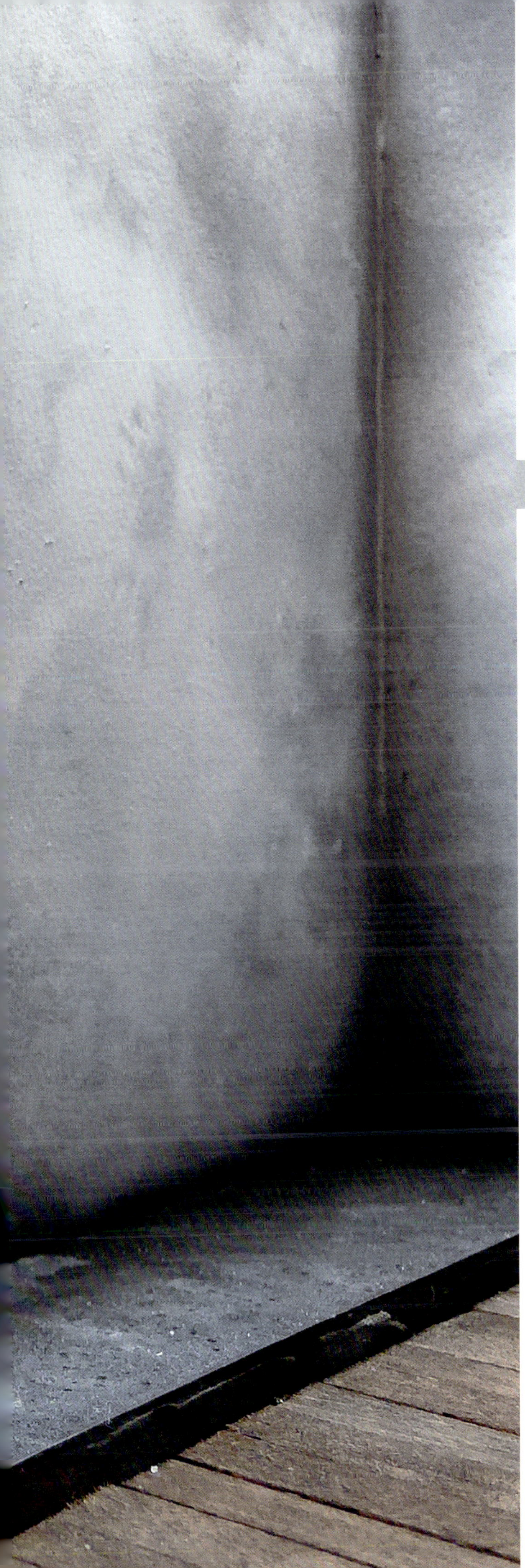

Die Kette des Rolltores, eine Leitung mit Schalter und Steckdose auf Putz, ein Besen, ein improvisierter Kleiderhaken: als käme gleich jemand, um die Jacke überzuziehen und die Garage auszufegen.

Zeit, die Jacke an den Nagel zu hängen

Bevor ich zum in der Jugendzeit aufgegebenen Modellbau zurückgefunden hatte, habe ich mich einige Jahre mit Feldbahnen im Maßstab 1:1 befasst. Aus dieser Zeit ist mir eine blaue Arbeitsjacke geblieben. Wie setzt man so etwas ins Modell um?

Der alles entscheidende erste Schritt ist meines Erachtens immer die genaue Beobachtung: ich habe meine alte Arbeitsjacke an den Nagel gehängt und mich dann davor gesetzt und regelrecht aufgesogen, was ich sah. Man kann nur überzeugend darstellen, was man zuvor genau betrachtet hat.

Das Ausgangsmaterial ist Taschentuchpapier, das ich mit Ponalwasser getränkt habe. Es lässt sich dann recht gut modellieren. Auf einer Aluminiumplatte als Arbeitsfläche haftet der Weißleim nicht. Sogar versehentlich mit Sekundenkleber verklebte Teile aus Papier lassen sich mit gezielten seitlichen Schlägen mit einem flachen Gegenstand oder etwas Hitzezufuhr wieder lösen.

Für die Ärmel habe ich das Papier um einen Pinselstiel gewickelt, mit einem Saum aus einem dünnen Taschentuchpapierstreifen versehen, noch feucht vom Stiel abgezogen und dann an den V-förmig mit Faltenwurf vorbereiteten Korpus angelegt. Der Kragen ist ebenfalls ein angesetztes Teil. Mit blauer Tinte habe ich die erste Grundfärbung hergestellt. Den verwaschenen Look habe ich mit Gouache und Deckweiß erreicht. Ich gebe zu, dass ein derart zerknittertes Stück viel einfacher umzusetzen ist als ein ordentliches Kleidungsstück.

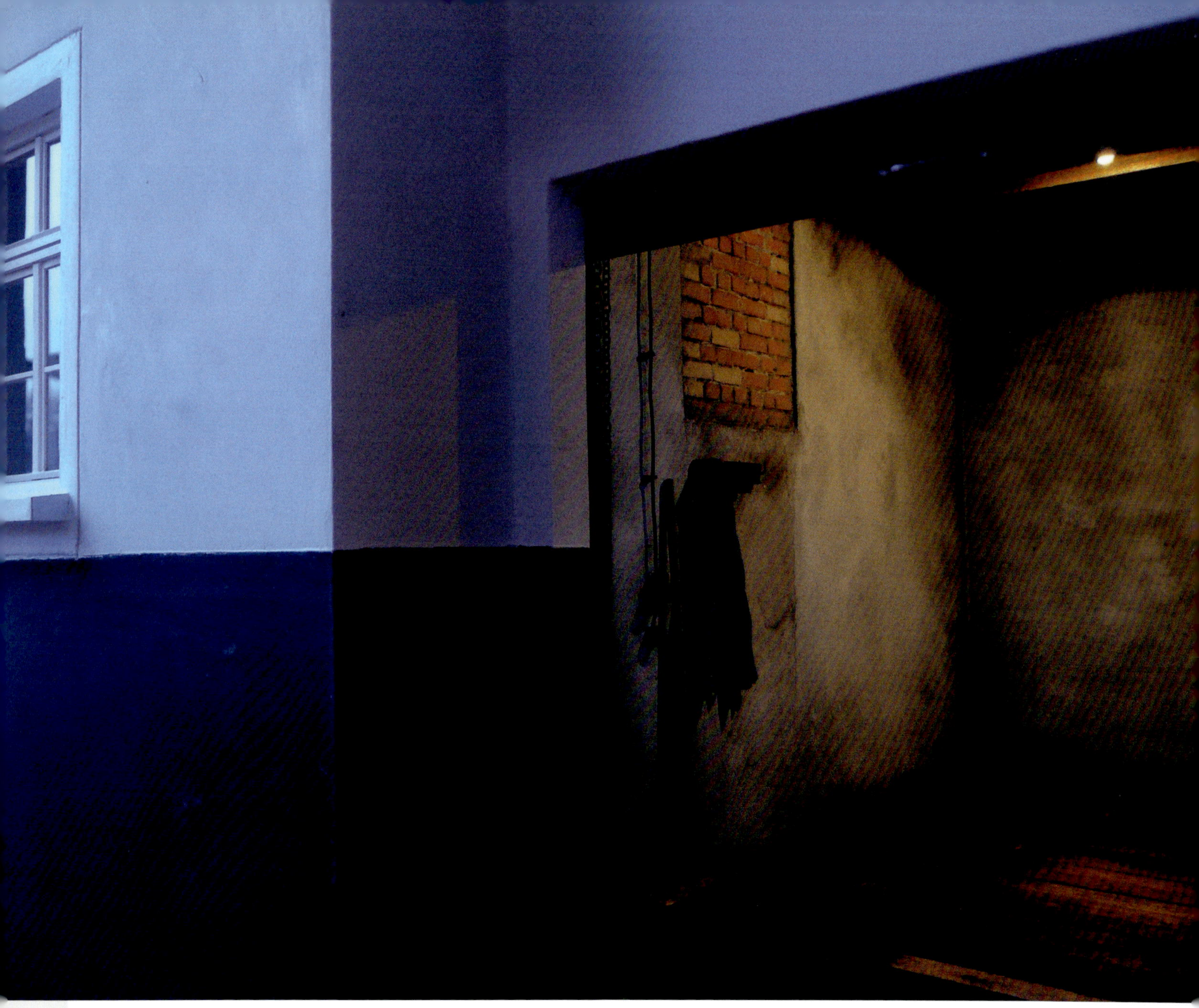

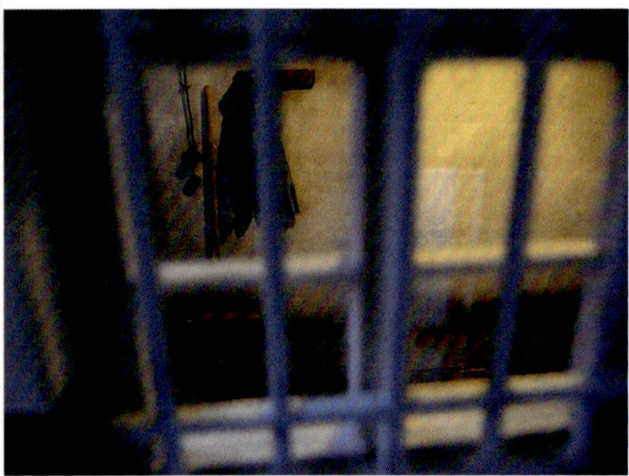

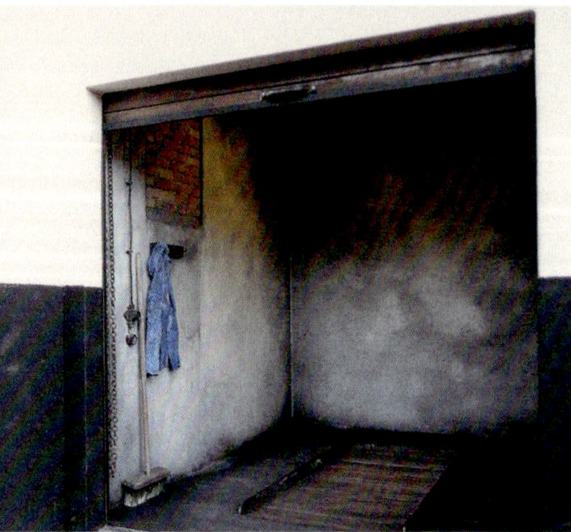

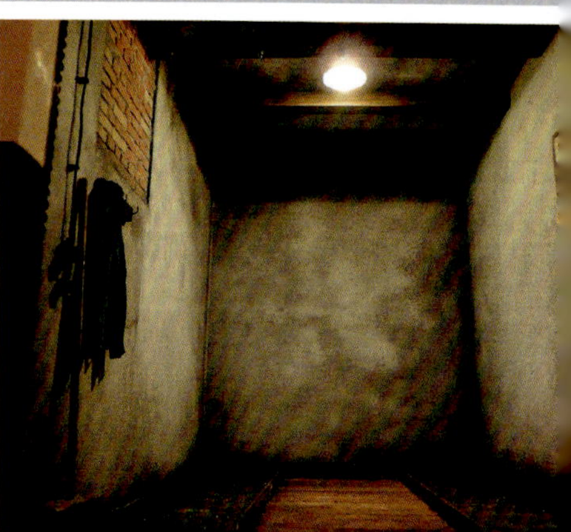

| Garage

Der Blick durch das geöffnete Garagentor fällt auf das kleine Stillleben aus Besen und Jacke. Eine Deckenlampe sorgt für spärliches Licht.

Das Fenster ist von seinem bisherigen Platz in die neue Außenwand umgezogen. Holzbohlen decken die Untersuchungsgrube ab.

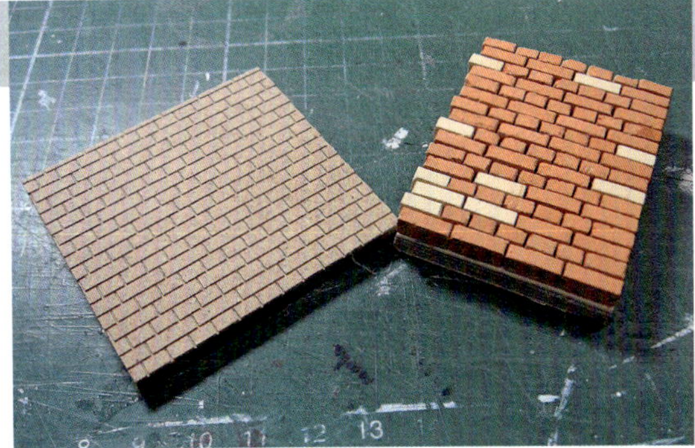

Frithjof Spangenberg hatte mir ein Stück Mauerwerk für das zugemauerte Fenster aus MDF gefräst, ich habe dann aber echte Miniaturziegel verwendet, da der saubere Klinkerverband des Frästeils weder regional noch thematisch passen wollte.

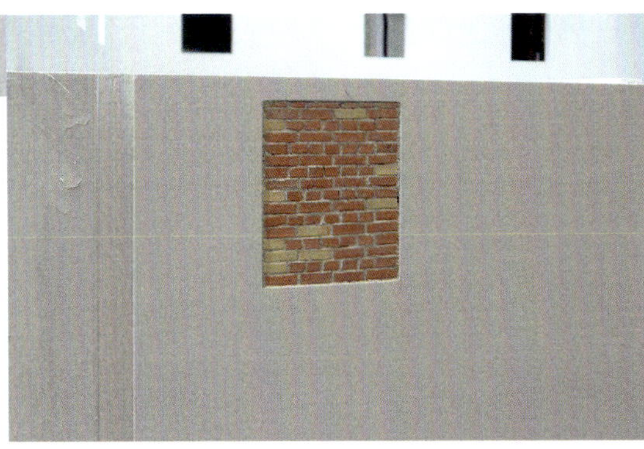

Die auf einem Brettchen zusammengeklebte und verfugte Ausmauerung ist in eine Aussparung in der Wand eingelassen – etwas tiefer als die umliegende Fläche, welche die Putzoberfäche darstellt.

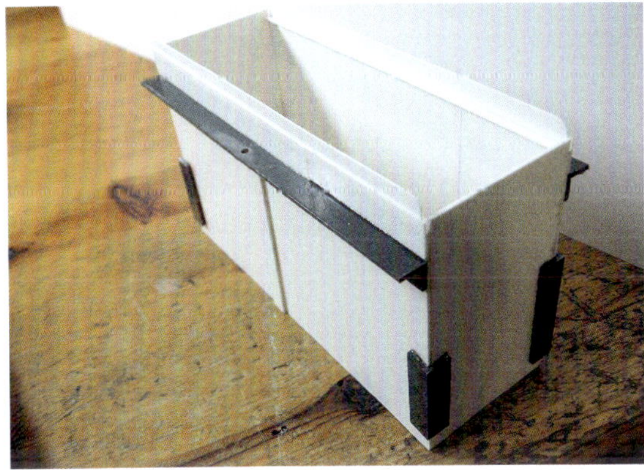

Die Untersuchungsgrube mit den seitlichen Radabweisern ist aus Polystyrolplatten aus der Restekiste zusammengeklebt.

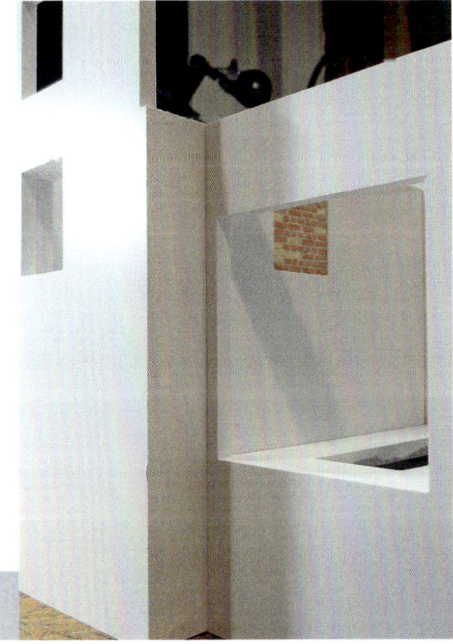

Da das Kellergeschoss ohnehin unter Straßenniveau ragt, ließ sich auch die Untersuchungsgrube darstellen.

Etwas Neues entsteht

Spätestens seit der Arbeit am Haus Lohmann verstand ich meine Arbeit als eine untrennbare Kombination aus Modellbau und Fotografie, da die besonderen Stimmungen und Raumeindrücke immer erst im Medium Fotografie entstehen und nicht allein durch das Originalobjekt, das Modell. Dazu wären sehr aufwendige Einhausungen und Blickkanäle notwendig, mit denen sich das Bewusstsein des räumlichen Verhältnisses von Betrachter und Modell überlisten ließe, eine Idee, die mich aktuell immer wieder mal beschäftigt. Ich finde es immer etwas ernüchtermd, extrem realistisch gestaltete Modelle, die ich bisher ausschließlich von Fotos kannte, in natura zu sehen. Zweifelsohne haben Modelle immer eine eigene Ästhetik, ein Flair, möglicherweise auch eine Grundstimmung, aber sie bleiben in der direkten Wahrnehmung immer das, was sie sind: Modelle.

Als das Fotografieren diese Gewichtung für mich bekommen hatte, ist auch der Wunsch nach einem fertigen Modell, aber auch nach der Zurschaustellung der Modelle deutlich in den Hintergrund getreten, da schon während des Baus einzelne Teilbereiche in der fotografischen Umsetzung ihre Wirkung entfalten können – allerdings eben auch nur dort.

Die fotografische Umsetzung verschleiert die Modellhaftigkeit, indem sie den Maßstab nimmt, und sie enthüllt zugleich die kompromisslose und stringente Präzision der Objekte und das erzeugt für den Betrachter eine eigene Realitätsebene. Diesen Zusammenhang habe ich bei der Arbeit am Haus Lohmann intensiv weiterentwickelt und bei dem späteren Projekt »The acid years«, das nicht Thema dieses Buchs ist, intensiv für mich genutzt.

08

Leuchte am Maiplatz

Foto (Ausschnitt): Slg. Stadtarchiv/ Foto- u. Filmarchiv Müller - Ludwig Müller/Paul Mertens

Auf dem Platz, gleich neben dem Kleinbahngleis, stand auf einer kleinen runden Verkehrsinsel eine große markante zweiarmige Straßenleuchte. Nachdem das Gleisthema geklärt war, habe ich aus der Vorstellung heraus, dass ich später nur noch das Pflaster auf dem Platz nachbilden müsse, die Laterne als vermeintlich einfaches Objekt begonnen. Leuchten sollte sie natürlich auch.

Es gibt zwar einige Aufnahmen, auf denen die Mastform zu erkennen ist, die Details des Leuchtenkörpers waren so aber nicht zu rekonstruieren. Von einem Straßenlaternensammler bekam ich einen Hinweis auf die Leuchtenmarke und sogar einige Zeichnungen: Die Leuchten sind vom Typ Siemens Al2sza. Der übliche Weg führte dann wieder über eine CAD-Zeichnung, aus der ich Einzelteilzeichnungen für die manuellen Arbeiten, aber auch *.stl-Dateien für den 3D-Druck des Leuchtenkorpus ableiten konnte.

Maßstabsirritationen

Als ich die Teile geliefert bekam, war ich wegen deren Größe verunsichert; ich nahm an, ich hätte mich bei der *.stl-Ausgabe oder der Bestellung im Maßstab vertan, denn alles wirkte eher wie H0-Teile, aber die Überprüfung aller Maße zeigte, dass sie die richtige Größe hatten. Leider haben sich die Messinggüsse als unbrauchbar erwiesen. Nachdem ich mühevoll die winzigen Bohrungen für die Kabelzuführungen in das schlecht zu bohrende Gussmaterial eingebracht hatte, musste ich feststellen, dass der 0,15 mm Kupferlackdraht beim Einfädeln seine isolierende Lackschicht verlor. Also wechselte ich zu FXD-(Frosted Extreme Detail)-gedruckten Teilen von Shapeways, bei denen sich die Löcher gleich mitdrucken ließen. In diesem Verfahren entstanden auch die sichtbaren Glühbirnen.

Messingarbeiten

Der Leuchtenmast besteht aus ineinandergesteckten Messingrohren unterschiedlicher Durchmesser. Die geneigten Stufen beim Übergang von einem zum nächsten Durchmesser ließen sich auf der Ständerbohrmaschine schleifen. Der Leuchtenmast war mit einer Wartungsklappe versehen, hinter der sich eine Winde zum Absenken der Leuchten verbarg. Das untere Mastsegment hat beim Modell einen Durchmesser von 8 mm. Ich habe eine Öffnung mit abgerundeten Kanten hineingefeilt und eine Klappe aus 0,2 mm

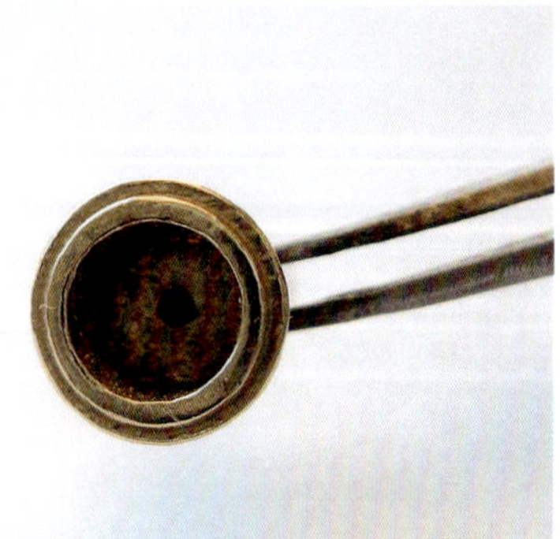

Den Leuchtenkorpus hatte ich in Messing produzieren lassen. Die Bohrungen für die Kabeleinführungen – zwei 0,3 mm Löcher seitlich und ein mittiges Loch mit 0,8 mm – waren im Guss nicht umsetzbar.

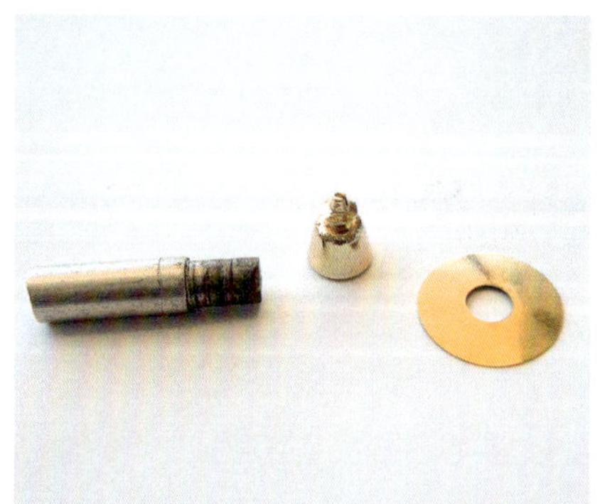

Mit Hilfe eines Aluminiumdorns konnte ich Korpus und Schirm genau ausgerichtet verlöten und den Lampenschirm in der Kleinbohrmaschine spannen und mit Schleifpapier verrunden.

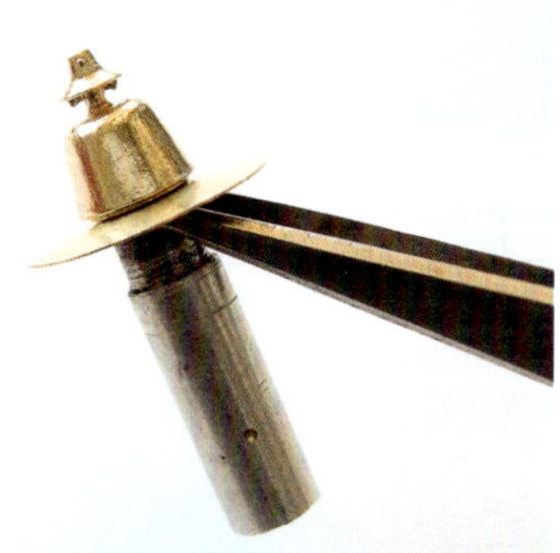

Die Schirmwölbung habe ich mit einer großen Murmel auf einem Radiergummi als Unterlage gedrückt.

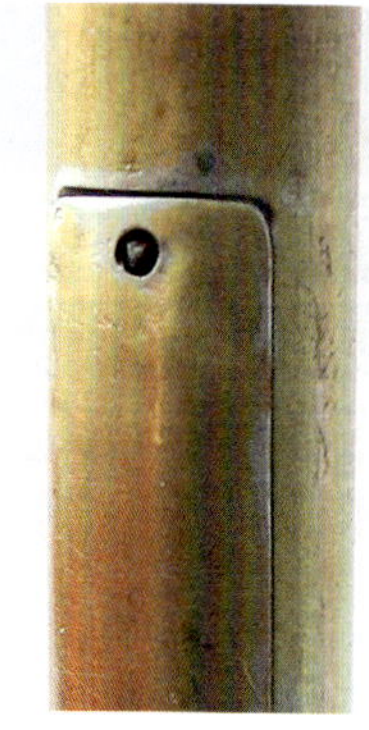

An der Wartungsklappe ist sogar der Dreikant des Verschlusses nachgebildet.

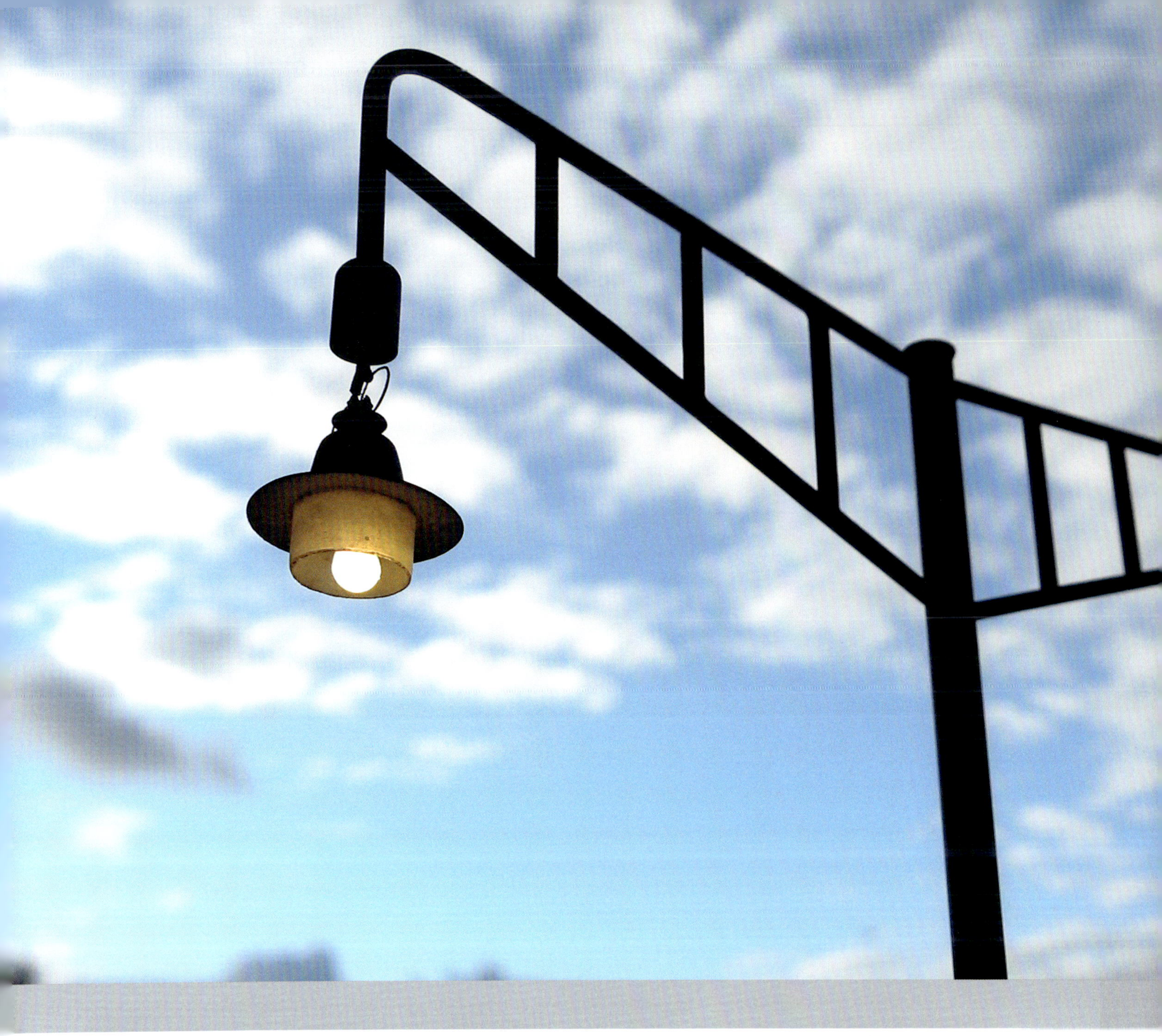

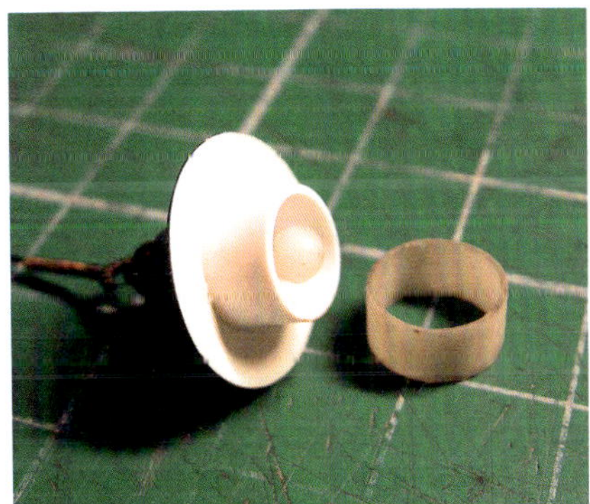

Schwierig gestaltete sich die Materialsuche für den Milchglasring. Ein Polystyrolrohr erwies sich als zu opak. Die Lösung bestand aus Transparentpapier, von dem ich Streifen um eine Messingstange gewickelt und mit Sekundenkleber verklebt habe. Im Bohrfutter ließ sich das gut verrunden, um den sichtbaren Schnitt zu beseitigen.

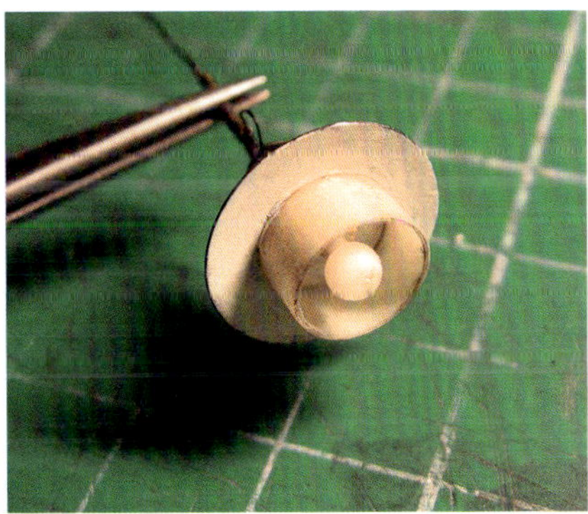

Nach Erwärmen der Messingstange mit einem Lötkolben konnte ich den entstandenen Ring mit einem Rohr gleichen Innendurchmessers von der Stange herunterdrücken.Staubspuren eines oft für Messing und Zinn verwendeten feinen Schleifpapierfetzens ergaben die leichten Schmutzränder. Die LED sitzt mitten in der Glühbirne.

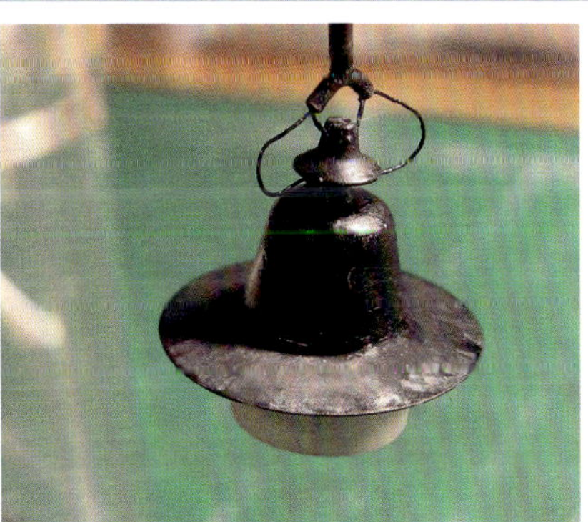

Die obere Y-förmige Aufhängung besteht aus 0,8 und 1 mm starkem Messingrohr und enthält sowohl die 0,15 mm Kupferlackdrähte für die Stromversorgung der LED als auch die 0,1 mm Stahldrähte, die die Windenseile wiedergeben.

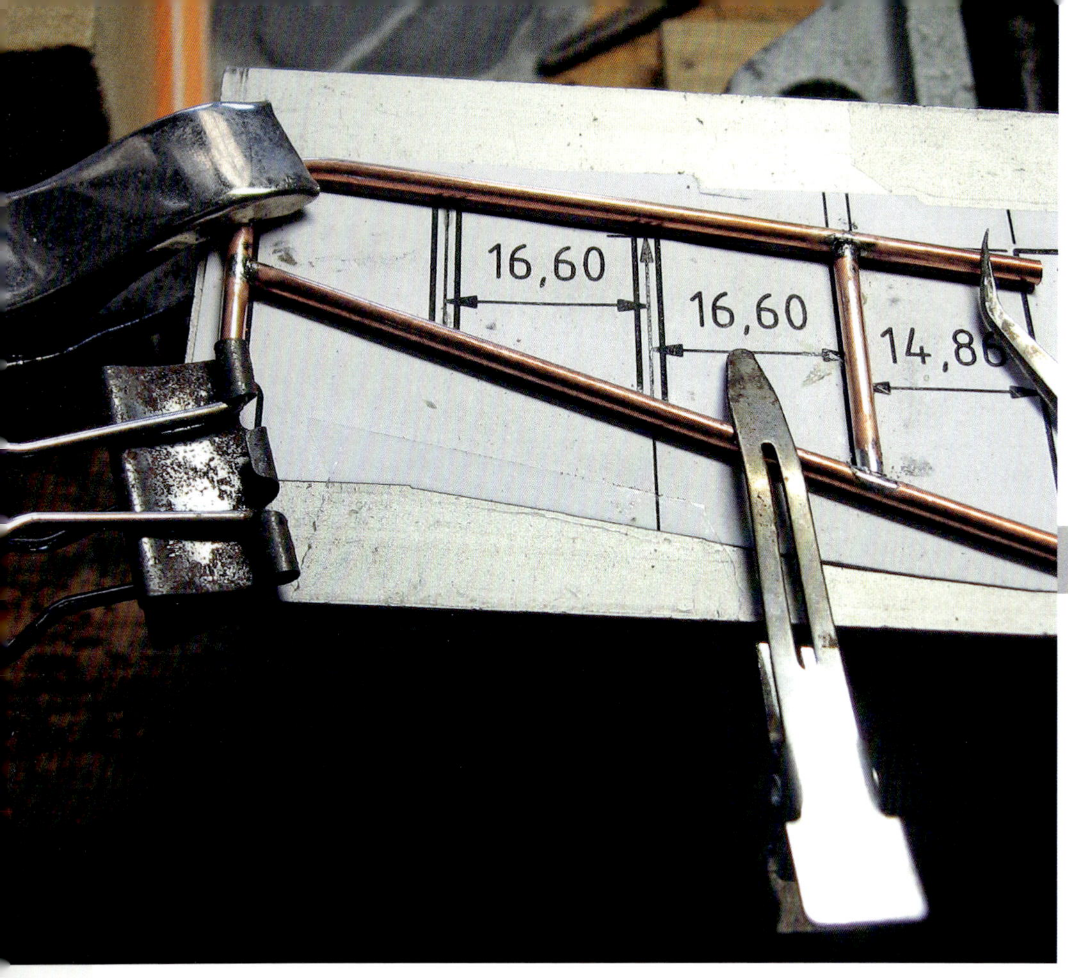

Ein Ausdruck diente als Schablone zum Verlöten der vorbereiteten Kupferteile, die je nach Position und Form an den Verbindungsstellen abgelängt, gebogen oder befeilt sind – das Material lässt sich leichter biegen als Messing.

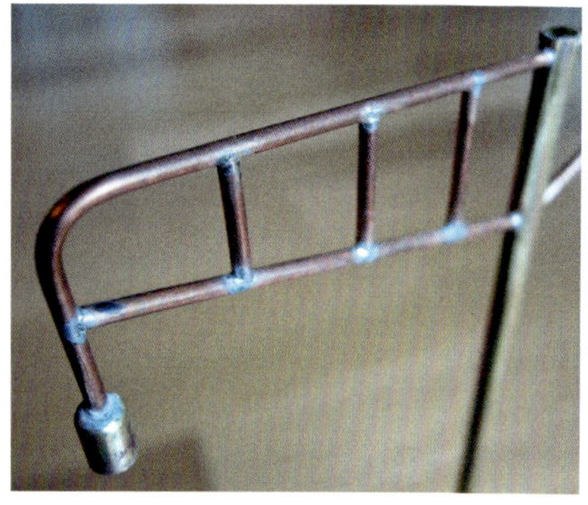

An den Auslegern befanden sich zylindrische Verdickungen, in die ein Teil der Leuchtenaufhängung eintauchte, wenn die Leuchtenkörper hochgekurbelt waren.

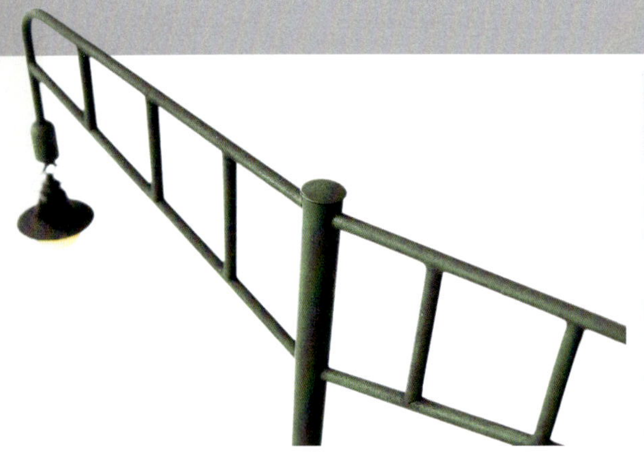

Der Mast ist am oberen Ende mit einer kleinen abnehmbaren Kappe verschlossen, um an die im Leuchtenmast geführten Kuperlackdrähte gelangen zu können.

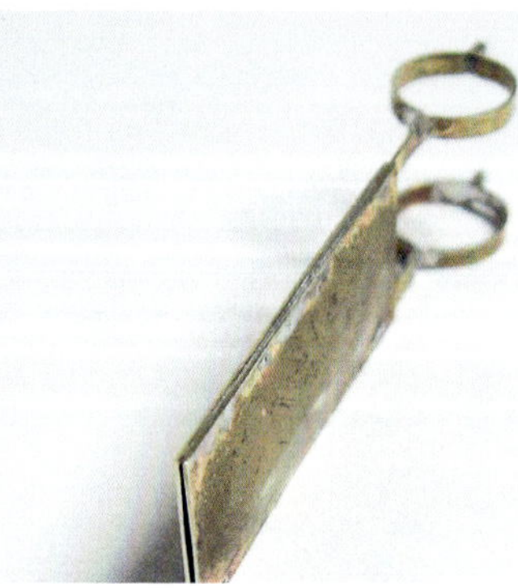

Das doppelseitige Toilettenschild habe ich aus 0,2 mm starkem, ausgeglühtem Messingblech gefertigt. Durch Drücken mit einer großen Glasmurmel von fünf oder sechs Zentimetern Durchmesser auf einem untergelegten großen Radiergummi lässt sich die typische gewölbte Form alter Emailschilder erzielen.

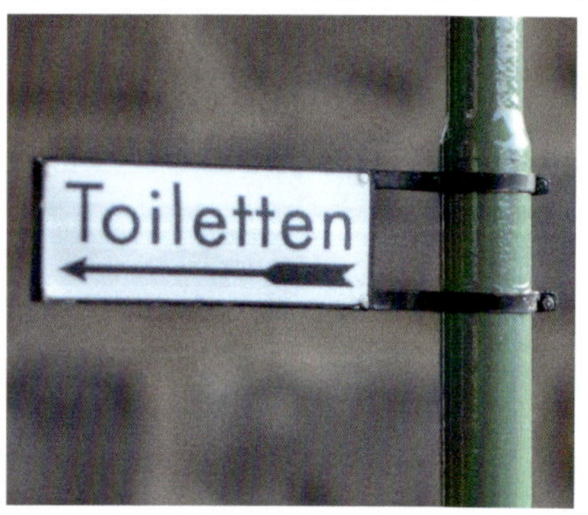

Die Befestigungsklemmen sind aus Messingblech ausgeschnitten, gebogen, gefeilt und gebohrt. Als Befestigung dienen Schraubenimitate mit 0,4 mm starkem Schaft. Das Schild selbst ist auf weißem, wasserfestem Inkjet-Vinyl gedruckt.

starkem Messingblech hinzugefügt, die ich ausgeglüht und über ein Rohr gebogen habe. Für den Dreikant habe ich einen 1 mm starken Stahlstab auf ca. 1,5 mm Länge dreieckig befeilt, in ein Messingrohr gesteckt und beide Teile in das vorgebohrte Loch der gebogenen Klappe gelötet. Die so vorbereitete Klappe konnte ich dann in den Mast löten. Den Mast habe ich nach dem Lackieren mit stark verdünnter Gouache in schwarzen, braunen und grauen Schattierungen gealtert.

Bis zuletzt war unklar, wie die Aufhängung der Leuchtenkörper am Mast aussah. Das war weder auf den Fotos, noch auf Zeichnungen zu erkennen. Zufällig fand ich bei einem Besuch des Weltkulturerbes Völklinger Hütte genau diese Aufhängungsbauarten vor – leider in unerreichbarer Höhe des Dachtragwerks. Die Mitarbeiter waren so freundlich, mir später von einer Leiter aus die gewünschten Detailaufnahmen der Teile zu machen und für das Projekt zur Verfügung zu stellen.

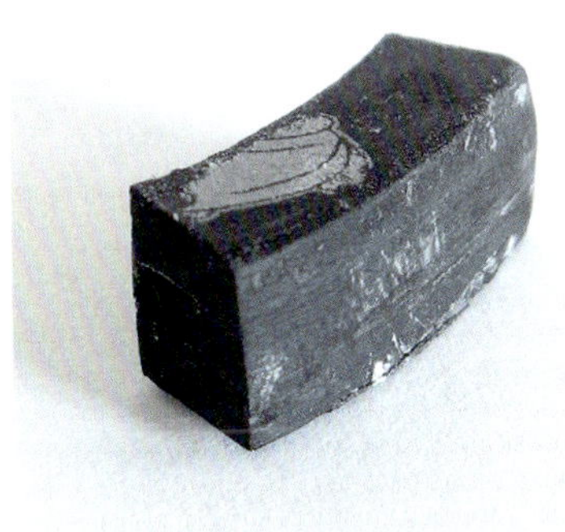

Für die gebogenen Bordsteine habe ich ein Urmodell aus mehreren Lagen Karton zusammengesetzt, die ich mit Sekundenkleber getränkt und dann in Form geschliffen habe.

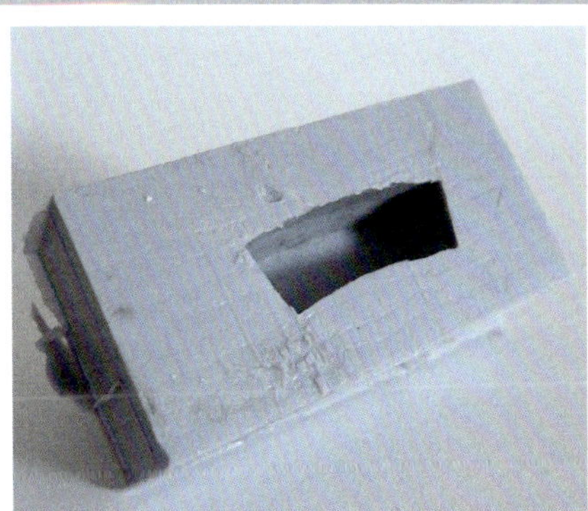

Ein Rest Silikon-Dentalabformmasse reichte für eine Gussform aus.

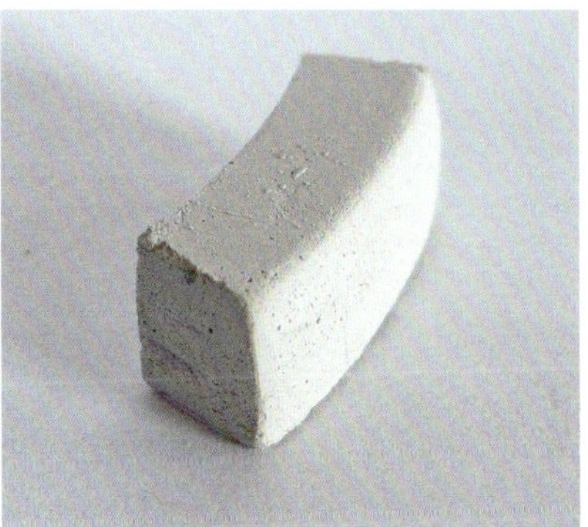

Nach erfolglosen Versuchen mit verschiedenen Materialien ergab sich Schnellzement als bestes Gussmaterial für die Bordsteine. Im Gegensatz zu Gips bleibt beim Schnellzement die Luftblasenmenge und -größe überschaubar.

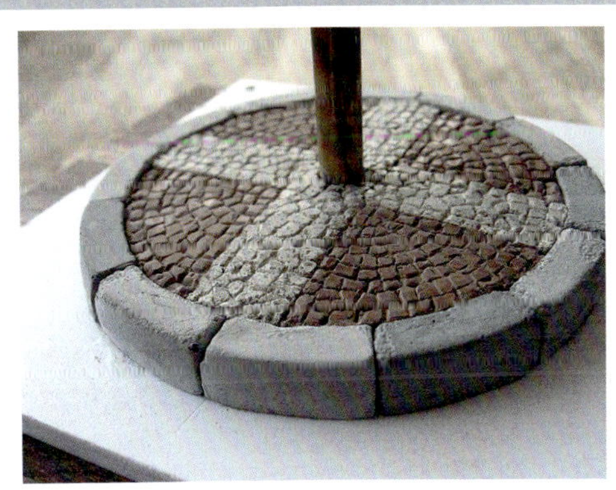

Für das Kleinpflaster habe ich Molto Holzfeinspachtel mit etwas Melaphyr-Staub für die weißen und zusätzlichen rötlich-bräunlichen Pigmenten für die roten Steine gemischt und mit einem kleinen Schraubendreher die Fugen geprägt.

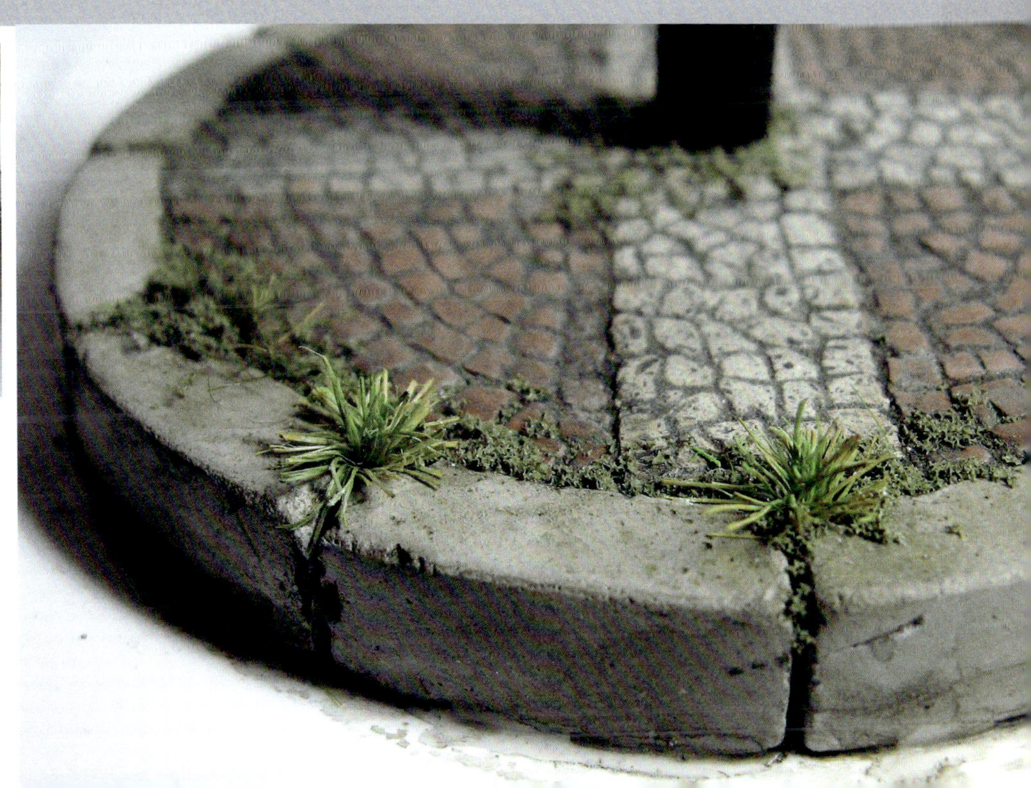

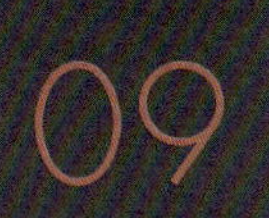

Gleisbau 2.0

Bei der Eisenbahn gilt den Gleisen mein besonderes Interesse. Im Gegensatz zu Fahrzeugen sind Gleise nicht nur sporadisch anzutreffen – und sie erzählen in ihren Verschleißbildern besonders anschaulich vom Leben einer Bahn. Bei »A snapshot in time« wollte ich genau dieses Herzensthema so vorbildgetreu und kompromisslos wie irgend möglich umsetzen – bis heute stören mich die messingfarbenen LGB-Gleise von »Quiet earth«. Warum sollte Maßstäblichkit gerade in diesem großen Maßstab nicht möglich sein?

Die Planungen für das vorbildorientierte Modellbauprojekt »A snapshot in time« reichen bis ins Jahr 2011 zurück. Ohne die bereitwilligen Zusagen mehrerer befreundeter Modellbauer, mich bei dem Projekt mit der Fertigung von Teilen zu unterstützen, die ich als Küchentischbastler nicht hätte fertigen können, wäre an eine Umsetzung nicht zu denken gewesen und so dauerte es einige Jahre, bis ich die notwendigen Kontakte und Zusagen für die Umsetzung zusammenhatte. Nun treibe ich die Dinge modellbauerisch gerne auf die Spitze, denn das Ziel war fortan die Modellfotografie, die im besten Fall nicht erkennen lässt, ob es sich um ein Modell oder Vorbild handelt. Den Begriff des kompromisslosen Modellbaus zu strapazieren, ist riskant, denn Kompromisse sind immer notwendig. Oder gibt es in freier Wildbahn Modul- oder Segmenttrennkanten? Die Frage, welche Kompromisse notwendig sind und inwieweit sie wahrnehmbar sein müssen, darf man sich aber stellen.

Was heißt schon Maßstab ...

Neben der fotorealistischen und gleichzeitig vorbildgetreuen Ausgestaltung reizt mich der maßstäbliche Modellbau – insbesondere bei den sonst im Maßstab 1:22,5 sträflich vernachlässigten Gleisen. Der Begriff der Maßstäblichkeit ist durch traditionell völlig unmaßstäbliche Schienen, Gleise, Radprofile und sogar Fahrzeuge der großen Anbieter sehr stark verwässert worden, dabei gibt es im ursprünglichen Wortsinn gar keinen Interpretationsspielraum. Habe ich mich auf einen Maßstab festgelegt, rechne ich alles entsprechend um: Die Spurweite beträgt folglich im Maßstab 1:22,5 bei Meterspur rund 44,5 mm. Das hat übrigens nebenbei einen ganz praktischen Effekt, denn hinsichtlich der Laufflächen, Spurkränze, Spurweite, Radsatzinnenmaße usw. exakt maßstäblich gebaute Fahrzeuge können dennoch auf den Gleisen nach IG-Spur-2-Norm laufen.

Nun waren bei der Plettenberger Kleinbahn fast überall Rillenschienen verlegt, deren maßstäbliche Rillenweite beim verwendeten Profil NP4a umgerechnet 1,7 mm beträgt. Ich habe die Unkenrufe ignoriert, dass sich das in 1:22,5 nicht umsetzen ließe. Aber warum sollte im großen Maßstab nicht erst recht gehen, was in kleineren gut funktioniert? Ich finde es bemerkenswert, dass es im Maßstab 1:22,5 selbst unter den begnadeten Fahrzeugbauern eher wenig Interesse an maßstäblich gestalteten Gleisen gibt und sich eine Haltung, die zum Beispiel in H0 mit der »Pur«-Szene oder »Proto 87« längst als etabliert anzusehen ist, nicht verbreiten konnte. Dabei bietet sich der große Maßstab für maßstäbliche Umsetzungen geradezu an.

Die Rillenweiten bei Gleisen und Weichen sind für mich ein ganz wesentlicher Bestandteil einer realistisch wirkenden Gleisanlage. Wenn man aber maßstäblichen Modellbau in 1:22,5 machen möchte, kommt man nicht darum herum, nahezu jedes Teil bei einem derart speziellen Thema selbst anfertigen zu müssen – entweder am Basteltisch oder am Computer zur Fertigung außer Haus. Der Handel bietet nur ein sehr eingeschränktes Sortiment an Teilen für den Vignolschienenoberbau. Gerade für die Rillenschienen musste ich also erst eine Lösung finden, bevor ich das Gesamtprojekt in Angriff nehmen konnte.

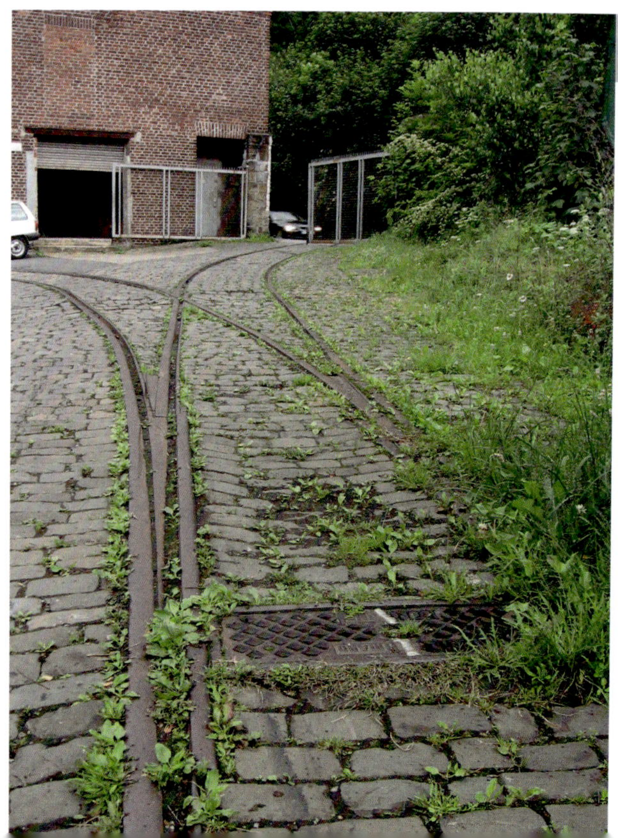

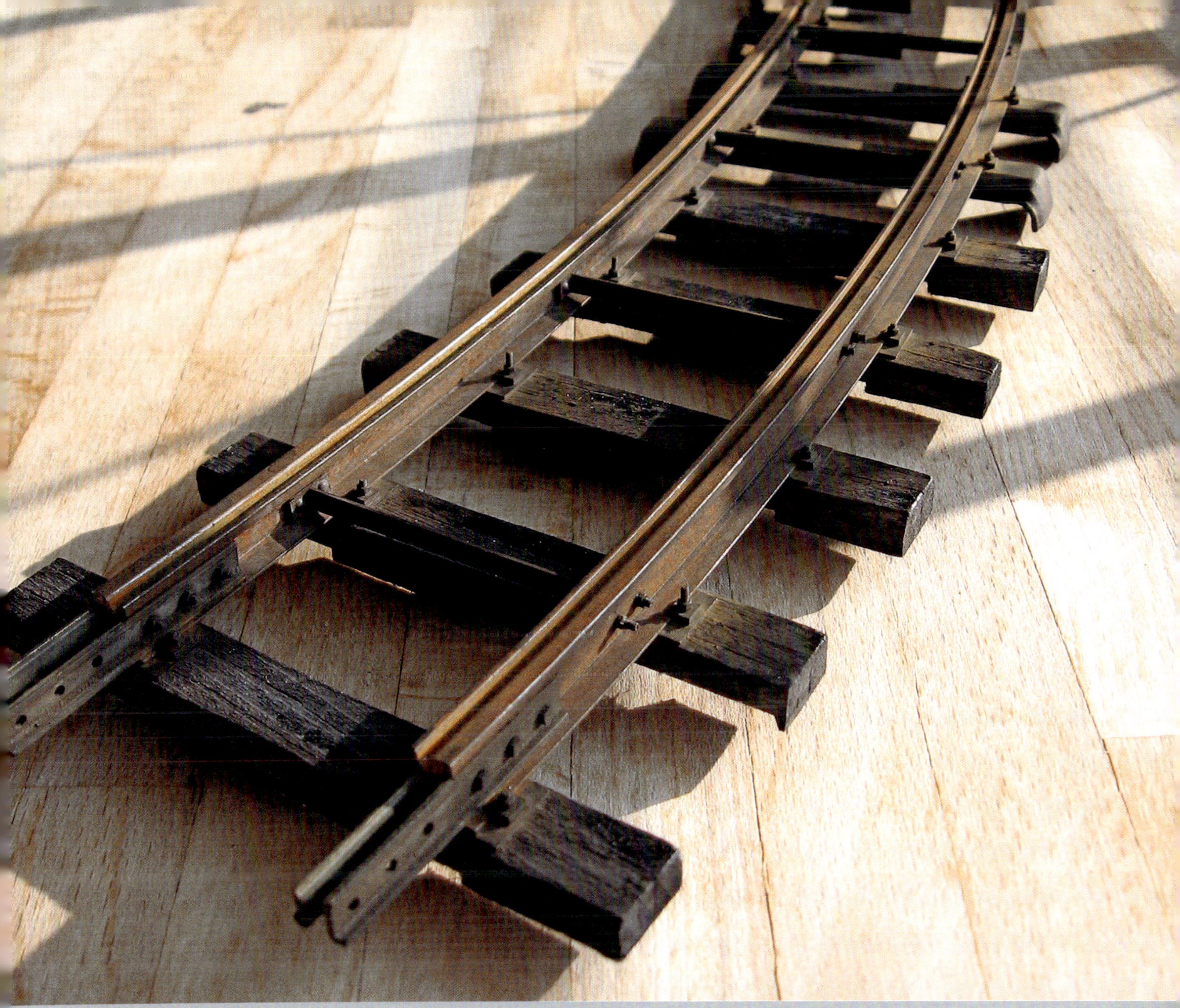

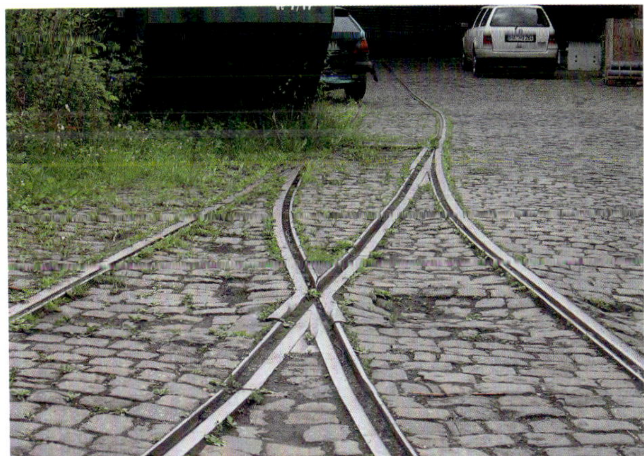

Während von der Plettenberger Kleinbahn keine Weiche erhalten ist, liegt dieses Exemplar noch heute auf dem ehemaligen Werksgelände von Boecker & Volkenborn, einem Anschließer der Hohenlimburger Kleinbahn.

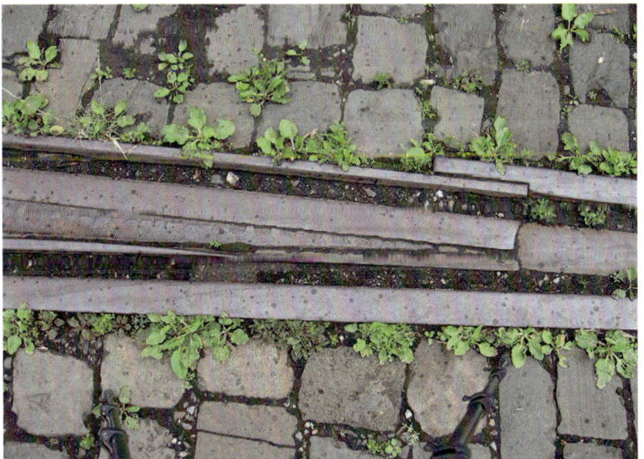

Die Weiche zeigt extreme Verschleißspuren aus jahrzehntelanger Nutzung.

| Rillenschienen: eine eigene Welt

NP4a: Die Rillenschienen

Eingepflasterte Rillenschienen lassen sich recht einfach simulieren, wenn man einen Winkel entsprechender Dimension an die Kehle zwischen Schienenkopf und -steg einer gewöhnlichen Vignolschiene lötet. Das lässt sich sehr überzeugend einsetzen – solange man im Straßenplanum nur die oberflächlich sichtbaren Teile sieht. Nun waren bei der PKB ausgerechnet auf der Oesterbrücke Rillenschienen freiliegend verlegt und auch das durchgehende Gleis auf dem Mühlendamm war mit diesen Schienenprofilen ausgeführt, die zwar eingeschottert, aber bachseitig doch mehrfach als solche zu erkennen war. Diese besonderen Profile waren die schwierigste Herausforderung schon bei der Projektidee, denn ich wollte das bei der PKB verwendete Profil NP4a möglichst maßstabsgetreu umsetzen. Das ist schließlich nach langem Suchen und zahlreichen Irrwegen dank des Modellbauers Tobias Freudenmann und mit Hilfe einer 5-Achs-CNC-Fräse auch fast gelungen: Fast nur deswegen, weil der Steg aus fertigungstechnischen Gründen von maßstäblichen 0,5 auf 0,8 mm Wandstärke verändert werden musste. Mit diesem Kompromiss konnte ich gut leben, weil man das bei einer eingebauten Schiene nicht erkennen kann. Keinen Kompromiss wollte ich hingegen an anderer Stelle eingehen, und so sind die Schienen tatsächlich aus Stahl entstanden.

Abgesehen von der guten Zerspanbarkeit der verwendeten Sorte C45K bringt das gewählte Material noch einen interessanten Aspekt mit: es kann rosten. Dazu habe ich die fertig abgelängten und gebohrten Schienen erst mit

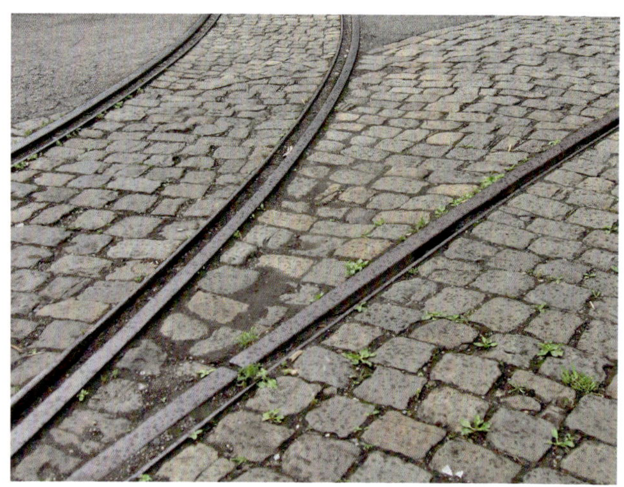

Gravoxid (einem Brüniermittel) behandelt und anschließend mehrfach mit der Sprühflasche befeuchtet und trocknen lassen. Anschließend folgte ein wiederholter, sehr dünn lasierender Farbauftrag mit schwarzer und umbrabrauner Wasserfarbe, der den Rostprozess ebenfalls weiter fördert, aber den orangfarbenen Ton frischen Rosts bricht.

Wie sehr ein nahezu maßstäbliches Profil aus den marktüblichen Schienensortimenten herausfällt, zeigt der nebenstehende Vergleich einiger Schienenprofile.

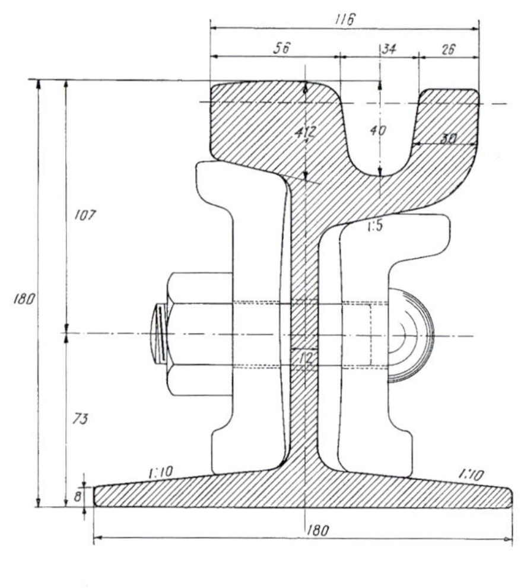

	Schiene	Laschen aussen	Laschen innen
Trägheitsmoment cm⁴	3454	489	426
Widerstandsmoment cm³	356	71,9	70,1
Querschnittsfläche mm²	7910	3140	2950
Gewicht kg/m	61,7	24,65	23,16

Querschnitt

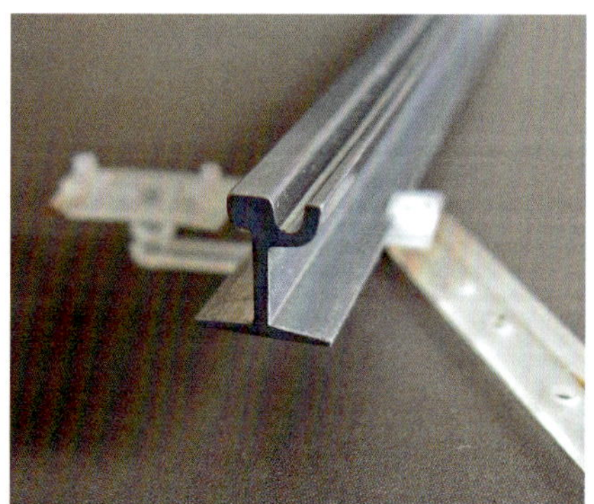

Dieses Profil benötigte ich für das Gleis auf der Oesterbrücke, wo freiliegende Rillenschienen verbaut waren. Bei der Umsetzung nach dem Vorbildprofil NP4a der Plettenberger Kleinbahn musste ich lediglich beim Steg aus Fertigungsgründen einen Kompromiss in Kauf nehmen, der die maßstäblich richtige Wandstärke um 0,3 mm von 0,5 auf 0,8 mm überschreitet.

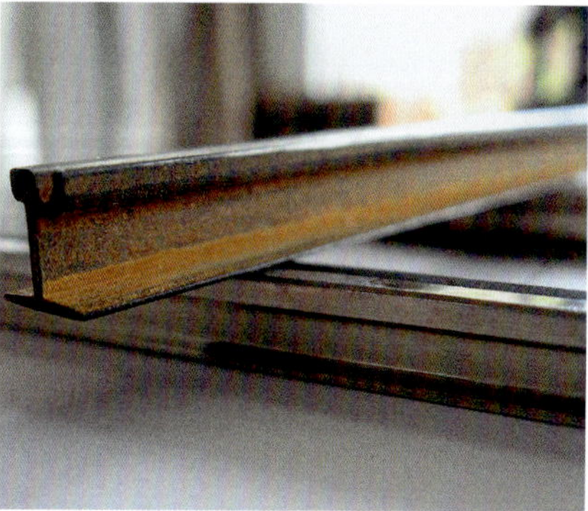

Der gewählte Werkstoff C45K bzw. 1.0503 ist rostfähig. Hier habe ich mit einem Brüniermittel nachgeholfen, um den Prozess zu beschleunigen.

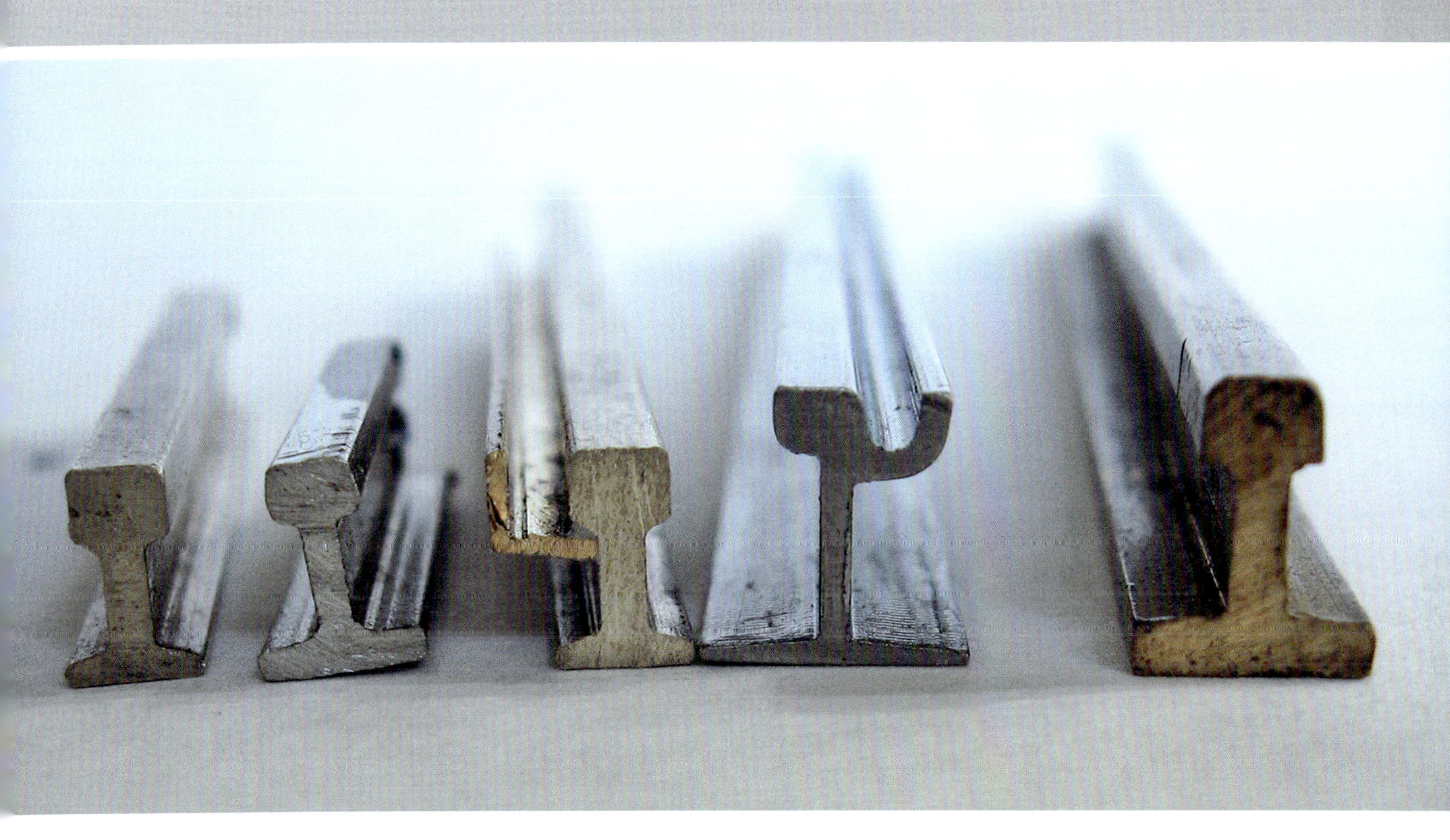

Von links nach rechts: Peco Code 250 (Neusilber), Miha Code 250 (Edelstahl), Peco Code 250 mit angelötetem Winkel 3 x 3 x 0,5 mm für eingepflasterte Bereiche, das maßstäblich umgesetzte Profil NP4a (C45K bzw. Werkstoff 1.0503) und LGB Code 332 (Messing).

Zwei Weichen

Auf dem Mühlendamm lagen zwei kurz aufeinanderfolgende Weichen mit unterschiedlichen Abzweigwinkeln, Radien und Längen. Analog zur längeren Weiche mit dem Abzweig zur Oesterbrücke existiert noch eine ähnliche Federschienenzungenweiche der Bauart Bochumer Verein bei der Sauerländer Kleinbahn in Hüinghausen, wenn auch hier aus Vignol- statt Rillenschienen. Auch der Verlegeplan der Weiche ist noch vorhanden, von dem ich eine maßstäbliche Zeichnung ableiten konnte.

Die Weichen wie auch alle anderen eingepflasterten Gleise entstanden aus Code-250-Profilen von Peco mit angelöteten Messingwinkeln 3 x 3 x 0,5 mm. Ich verzinne die Messingwinkel; so ergeben sich bei späteren Beschädigungen brünierter Teile keine messingglänzenden Fehlstellen. Schwarzfärbemittel für Zinn findet man im Tiffanybedarf. Die auf einigen Aufnahmen zu sehenden schwellenartigen Holzstreifen sind lediglich Zwischenlagen, um die Höhe der untergelöteten Blechstreifen auszugleichen.

Die anschließende, kürzere Weiche ist nach einem Weichenplan von Both & Tilmann entstanden – eine beim Vorbild 11 960 mm lange Weiche mit einem Abzweigwinkel 1:4 und als Besonderheit einem Radienwechsel von r=50 m im Zungenbereich und anschließend r=20 m bis zum Herzstück, in dem beide Schienen dann gerade kreuzen. Eine solche Weiche befindet sich noch heute auf dem Gelände des ehemaligen Fabrikanschlusses Boecker & Volkenborn der Hohenlimburger Kleinbahn. Dass es diese Weichenbauart in Plettenberg nicht gegeben hat, interessierte mich angesichts des vorgefundenen Ausgangsmaterials nicht – das musste einfach im Modell umgesetzt werden. Die Gelenkzungen bestehen aus zurechtgesägtem und -geschliffenem Messingvollmaterial, auf das eine Lage Neusilberblech aufgelötet ist.

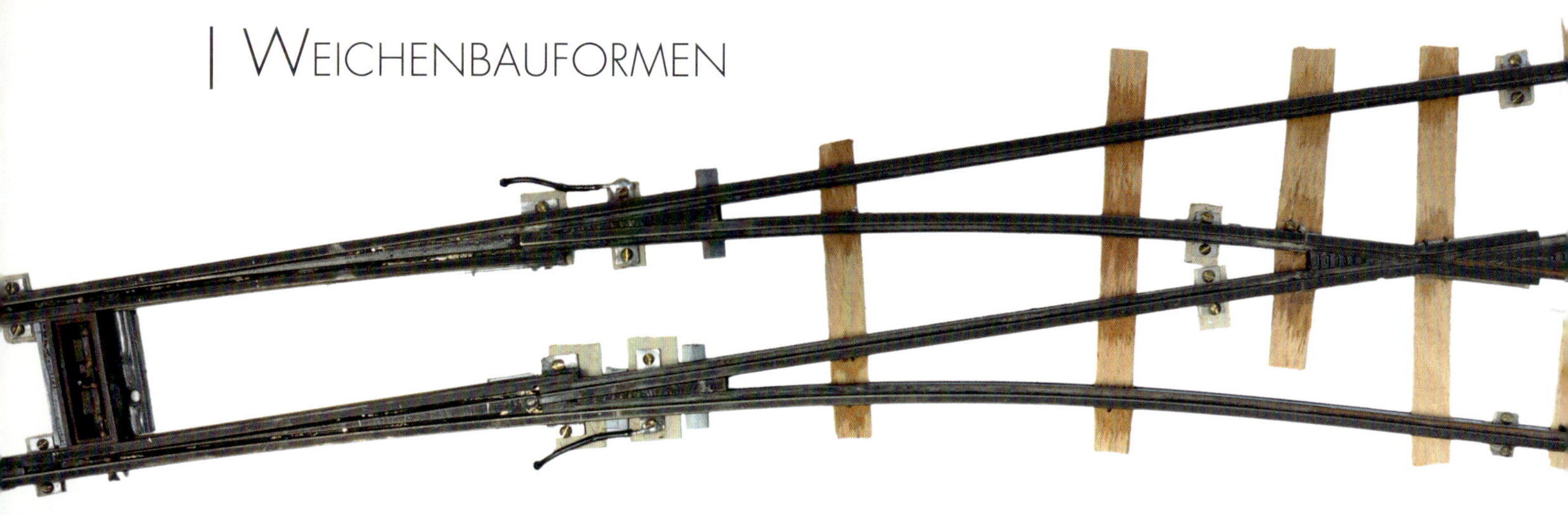

Die Both-&-Tilmann-Weiche 1:4 dokumentiert die bis in die 1950er-Jahre übliche Gelenkzungenbauart und ist auf Basis des Geometrieplans aus einem Werbeprospekt des Unternehmens sowie der Vorbildfotos aus Hohenlimburg entstanden – inklusive des wechselnden Abzweigradius und einer funktionsfähigen Stellvorrichtung mit Drehschlüssel.

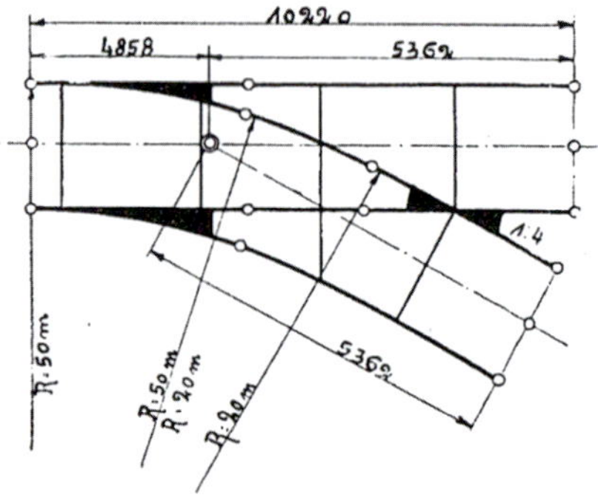

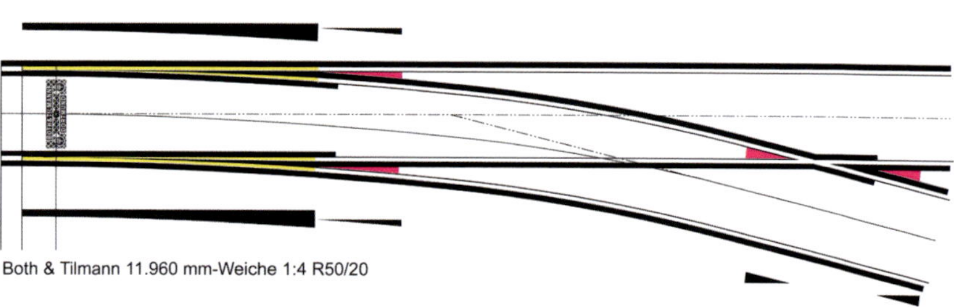

Die maßstäblich angefertigte Zeichnung zeigt in gelb die Gleitplatten und in Magenta die Futterstücke. Beide sind jeweils in schwarz nach außen gezogen, um sie als Schneidevorlage nutzen zu können: Im Weichenplan an Ort und Stelle sind nämlich die Gleitplatten vom Schienenkopf etwas überdeckt.

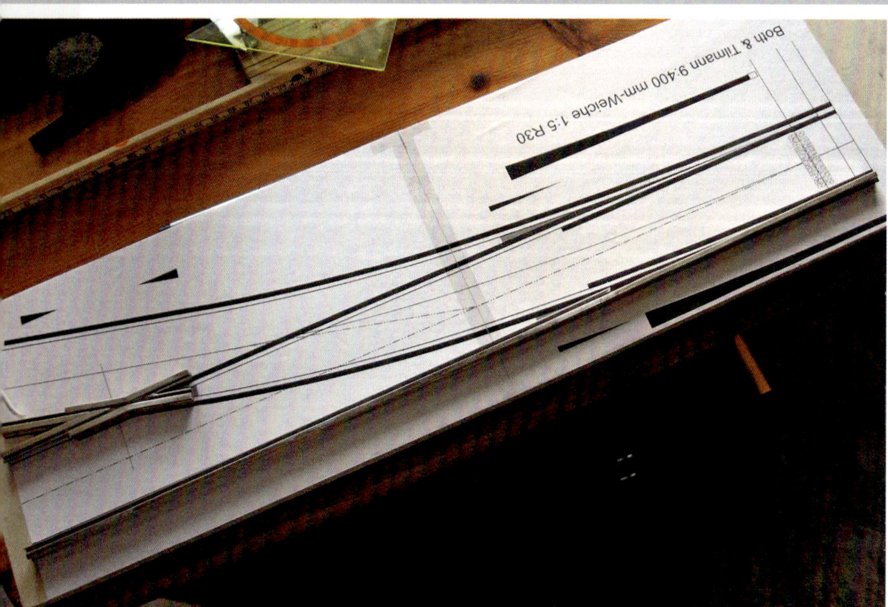

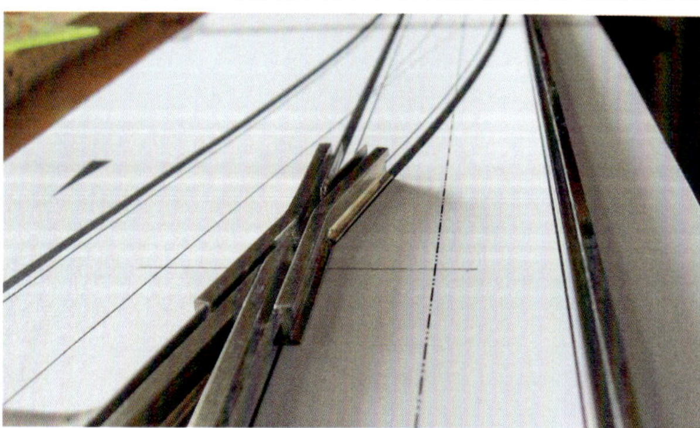

Die Zeichnung habe ich dieses Mal mit Sprühkleber auf dem Montagebrett fixiert. Zusammen mit einer Schieblehre lassen sich so die einzelnen Gleisteile genau positionieren und fixieren. Um die Höhe der untergelöteten Messingplättchen im Zungenbereich auszugleichen, sind im Herzstückbereich Holzstreifen entsprechender Stärke untergelegt. Die Gleisteile sind mit Schrauben und Gleisnägeln fixiert und zusätzlich mit Sekundenkleber verklebt.

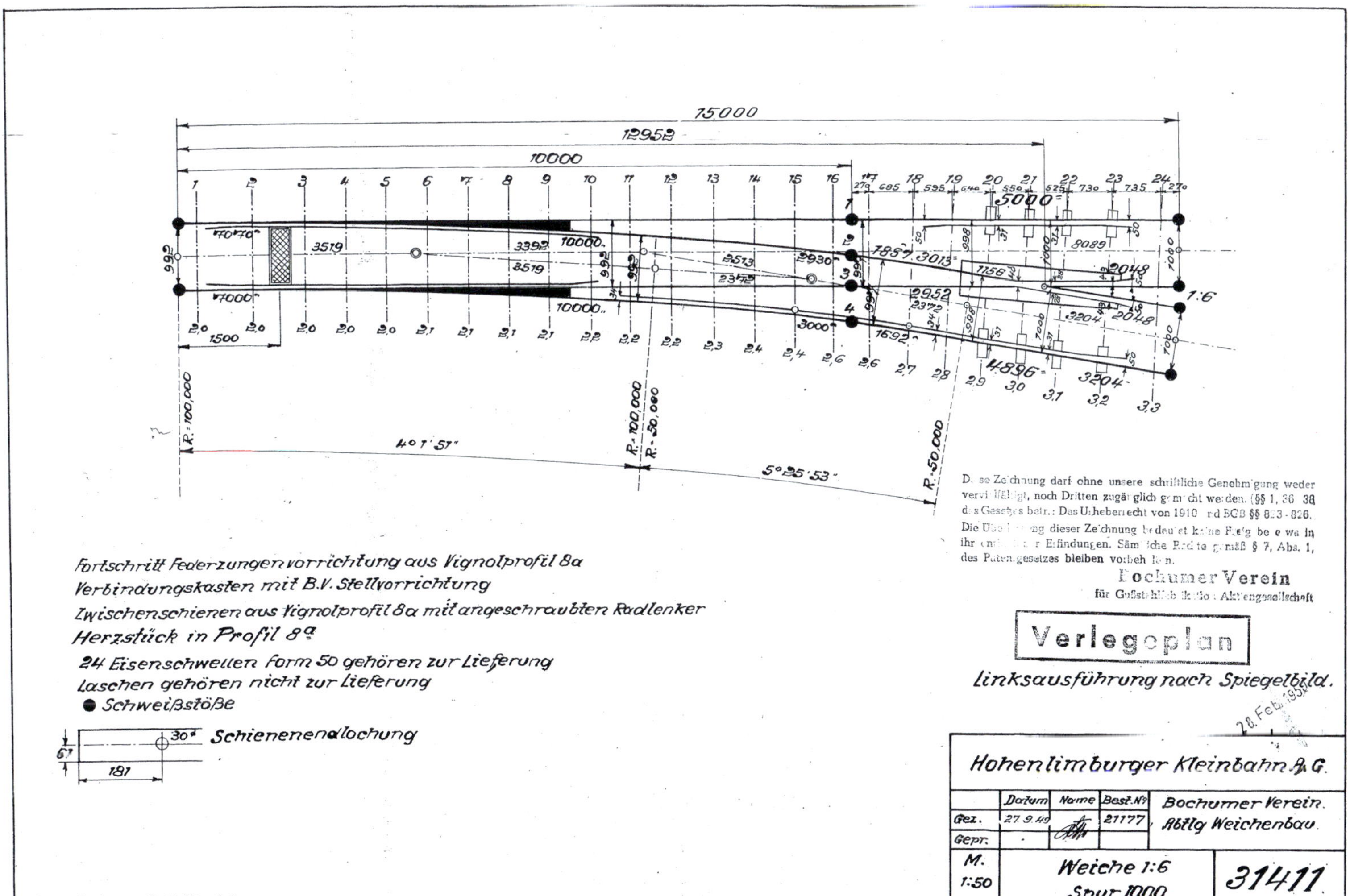

Fortschritt Federzungenvorrichtung aus Vignolprofil 8a
Verbindungskasten mit B.V. Stellvorrichtung
Zwischenschienen aus Vignolprofil 8a mit angeschraubten Radlenker
Herzstück in Profil 8a
24 Eisenschwellen Form 50 gehören zur Lieferung
Laschen gehören nicht zur Lieferung
● Schweißstöße

Schienenendlochung

Diese Zeichnung darf ohne unsere schriftliche Genehmigung weder vervielfältigt, noch Dritten zugänglich gemacht werden. (§§ 1, 36, 38 des Gesetzes betr.: Das Urheberrecht von 1910 und BGB §§ 823-826. Die Überlassung dieser Zeichnung bedeutet keine Freigabe etwa in ihr enthaltener Erfindungen. Sämtliche Rechte gemäß § 7, Abs. 1, des Patentgesetzes bleiben vorbehalten.

Bochumer Verein für Gußstahlfabrikation Aktiengesellschaft

Verlegeplan

Linksausführung nach Spiegelbild.

28. Feb. 1950

Hohenlimburger Kleinbahn A.G.				
	Datum	Name	Best.-Nr.	Bochumer Verein. Abtlg Weichenbau
Gez.	27.9.49		21177	
Gepr.				
M. 1:50	Weiche 1:6 Spur 1000			31411
				Ersatz für:
				Ersetzt durch:

Originalzeichnungen: Slg. Wolf Dietrich Groote

Die schlankere Bochumer-Verein-Weiche 1:6 weist die bis heute gebräuchlichen Federschienenzungen auf, die auch im Modell funktionsfähig umgesetzt sind. Der Verlegeplan gab auch die Rillenweiten an den Radlenkern preis. Bei der Märkischen Museumsbahn existiert genau diese Weiche noch.

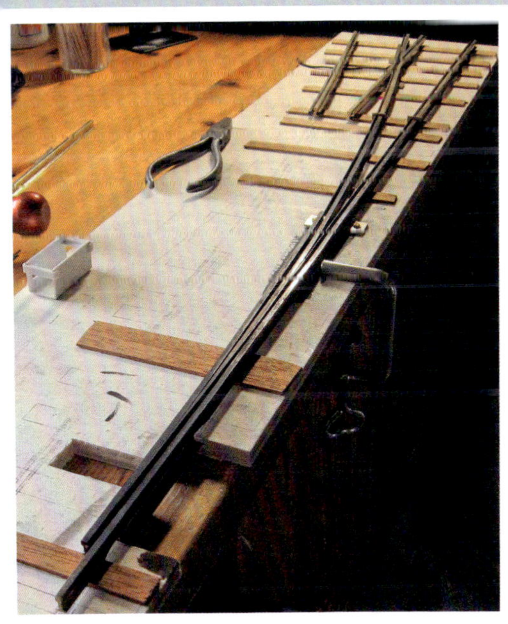

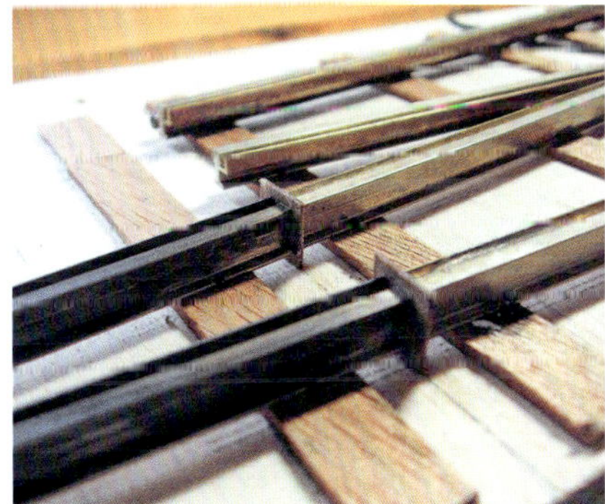

Die Weiche ist aus zwei Baugruppen, Herzstück und Zungenbereich, zusammengesetzt. Die Isolierung zum Herzstück besteht aus zwischengelegten sekundenklebergetränkten Pappstreifen. Da das Vorbild an dieser Stelle einen Gleisstoß besitzt, habe ich das an den äußeren Schienen aus optischen Gründen genauso gemacht.

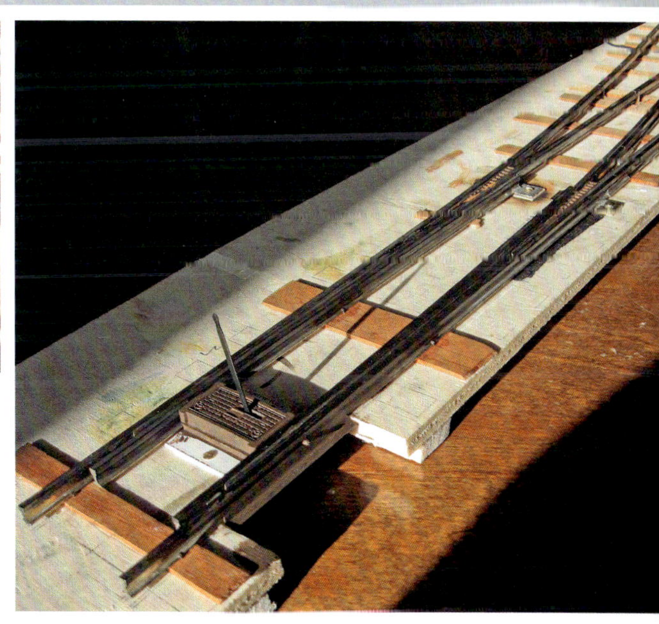

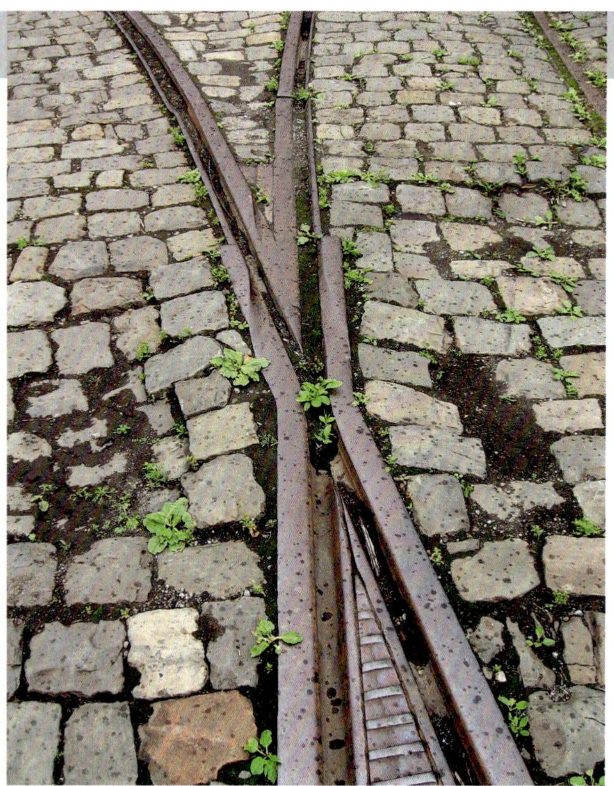

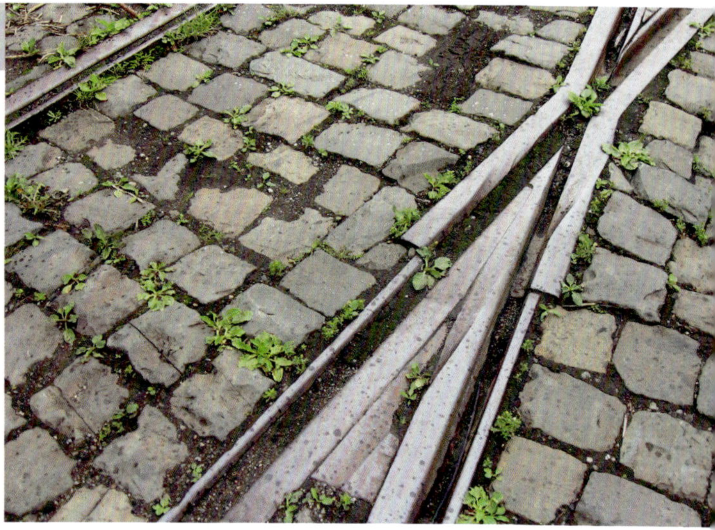

Weichenschmuck
Ein beachtenswertes Detail sind die mit dem Unternehmensnamen versehenen Futterstücke an den Zungenenden, die bei der Vorbildweiche allerdings bis zur Unkenntlichkeit verschlissen sind. Die Rippen entstanden aus Kupferdraht, der um das Futterstück gewickelt, verlötet und anschließend befeilt wurde. Der Namenszug ist ein Ätzteil. Die Herzstückfutterstücke bestehen hier aus verklebten Kartonstreifen. Both-&-Tilmann-Weichen weisen neben einem sehr ansprechend ornamentierten Stellkastendeckel einen anderen Stellmechanismus auf. Sie werden im Gegensatz zur Bauart Bochumer Verein nicht mit einem Hebel, sondern mit einem Vierkantschlüssel drehend gestellt.

Herzstücke

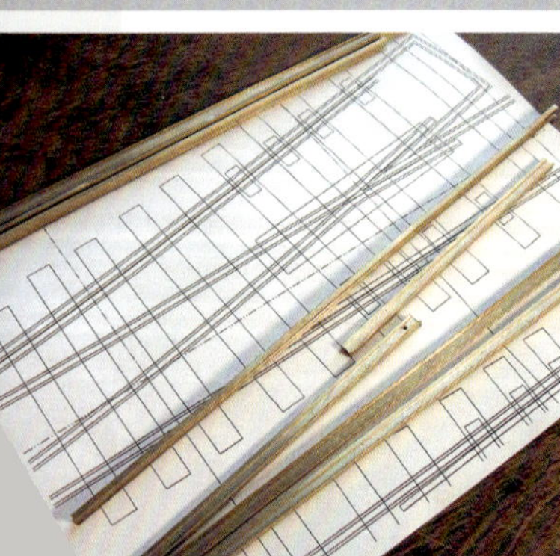

Beim Weichenbau beginne ich mit einer Zeichnung, nach der ich die Schienenprofile auf die erforderliche Länge bringe.

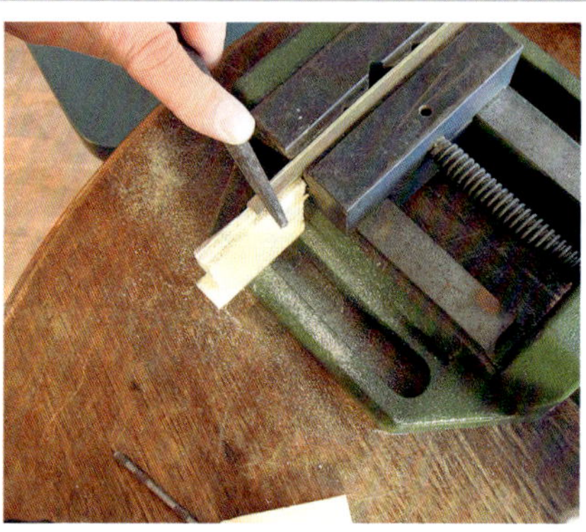

Die Herzstückspitze wird aus einer zuvor leicht abgewinkelten Schiene gefeilt, damit die Spitze anschließend durch Kopf und Steg läuft.

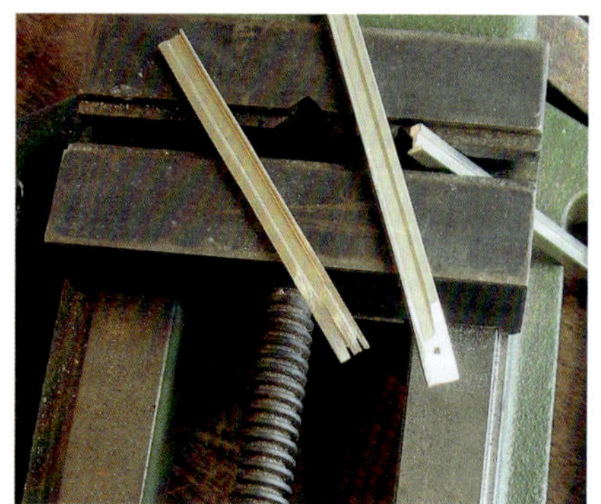

Das Herzstück setzt sich aus der zuvor hergestellten Spitze und einer Beispitze zusammen, die entsprechend des Schienenprofils ausgespart ist.

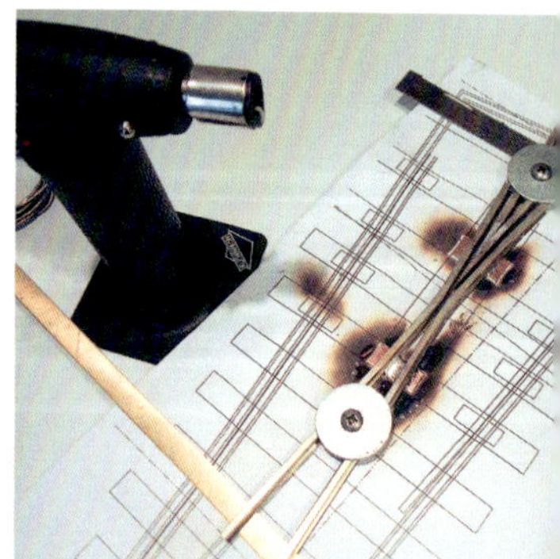

Herzstückspitze, -beispitze und Flügelschienen werden auf Messingplättchen gelötet. Zum Ausrichten der Bauteile dient die Zeichnung. Die Schrauben mit den großen Unterlegscheiben erlauben ein ausreichend genaues Justieren.

Herzstückspitzen selber machen: den Zeichnungen liegt ein Abzweigwinkel von 7,5° und Code-250-Profil zu Grunde – sie lassen sich aber sinngemäß auf alle anderen Profile und Abzweigwinkel anwenden, wie das nebenstehende Herzstück mit größerem Abzweigwinkel zeigt.

Zunächst wird das Profil ein paar Zentimeter länger als benötigt zugeschnitten und mit einem Drittel des gewünschten Herzstückwinkels geknickt; das sind beim hier vorliegenden Weichenwinkel 2,5°. Dadurch verhindert man, dass die Herzstückspitze später ohne Steg in der Luft hängt.

Kopf und Fuß entsprechend der Markierungen abfeilen oder -fräsen.

Kopf und Steg entsprechend der roten und Fuß entsprechend der blauen Markierung im gewünschten Herzstückwinkel von 7,5° abfeilen.

So sieht dann die Herzstückspitze aus.

Die Beispitze wird entsprechend der Markierung im 7,5°-Winkel reduziert.

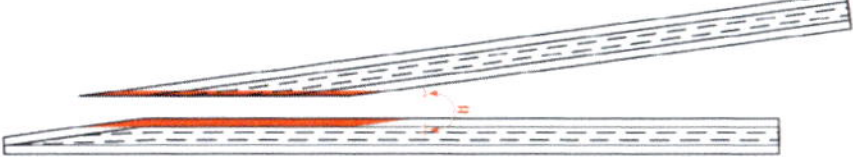

Bei der Beispitze (in der Zeichnung das obere Teil) wird nun auschließlich von Fuß und Kopf – also nicht vom Steg! – entsprechend der Markierung Material abgetragen; die Markierung entspricht dem seitlichen Überstand des Kopfes über den Steg an der Herzstückspitze (unteres Teil). Bei der Herzstückspitze wird der Fuß wie markiert bis auf Höhe des Kopfes reduziert.

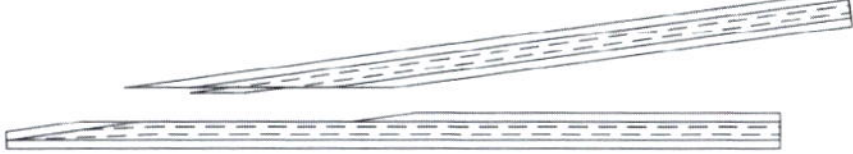

Die beiden Einzelteile werden nun zusammengesteckt, ausgerichtet und je nach Wunsch weich oder hart verlötet.

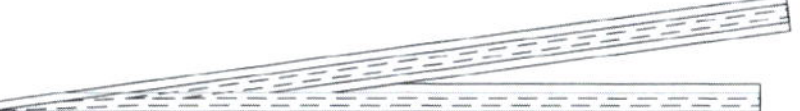

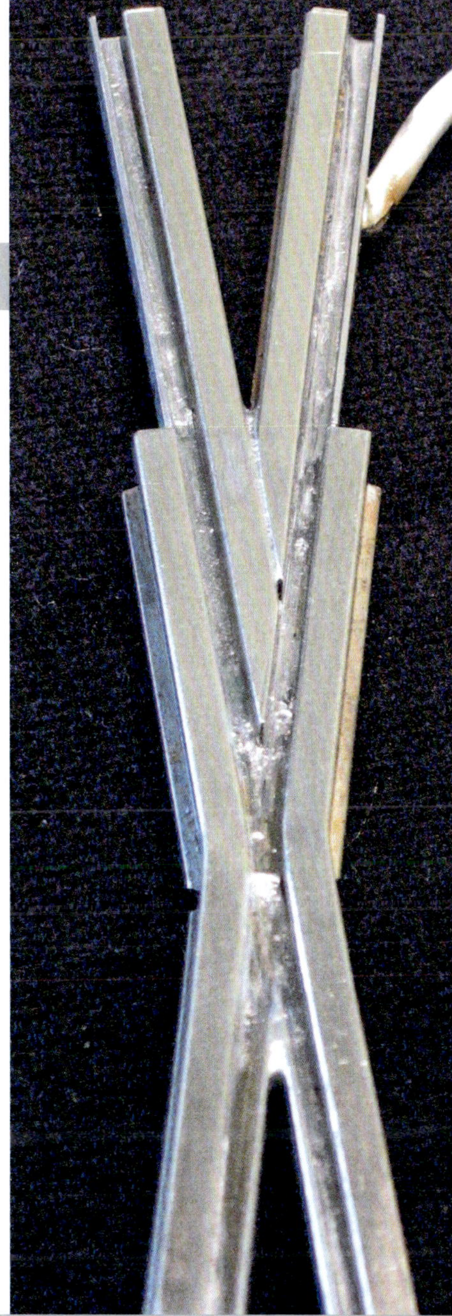

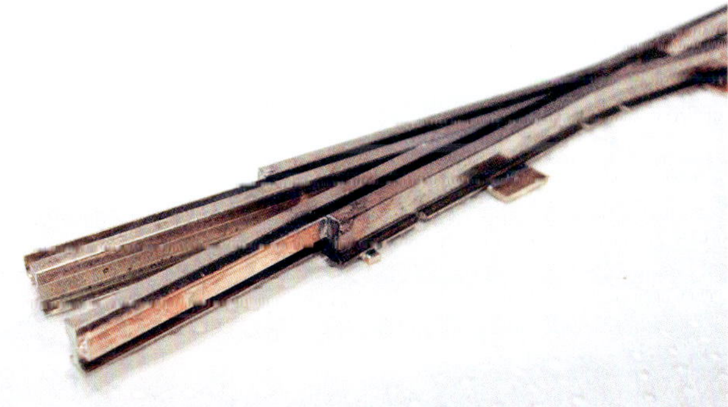

Zur Nachbildung der Rille löte ich einen Messingwinkel 3 x 3 x 0,5 mm in die Kehle zwischen Kopf und Steg.

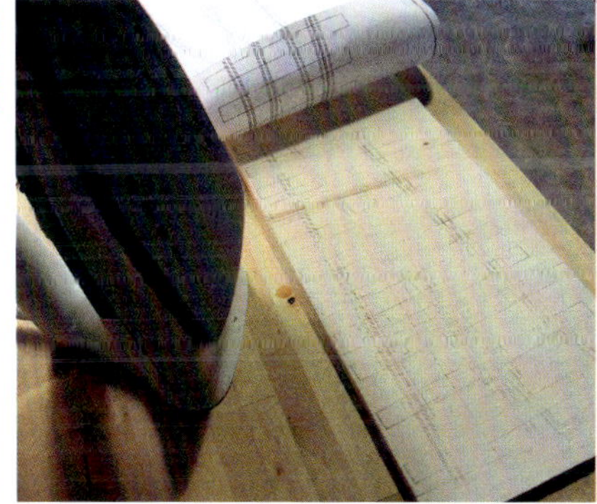

Die mit dem Laserdrucker spiegelverkehrt ausgedruckte Zeichnung kann man mit Hilfe eines Bügeleisens auf das Montagebrett übertragen, auf dem die Weiche dann endgültig zusammengesetzt und fixiert wird. Beim nebenstehenden Herzstück habe ich die verbliebene Rillenlücke mit einer Spachtelmasse aufgefüllt, während beim oberen die Lücken mit Blechstreifen gefüllt und verlötet sind.

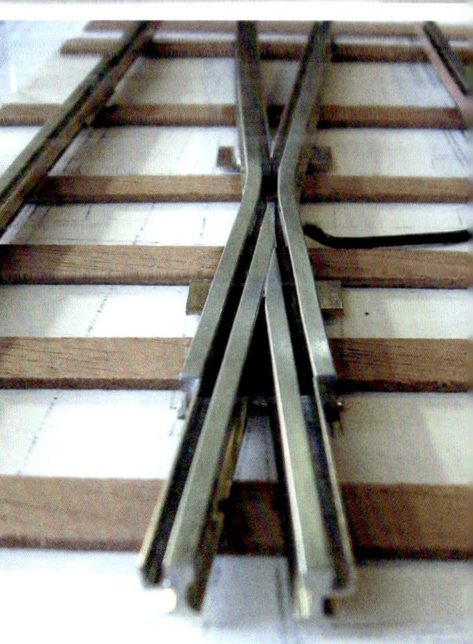

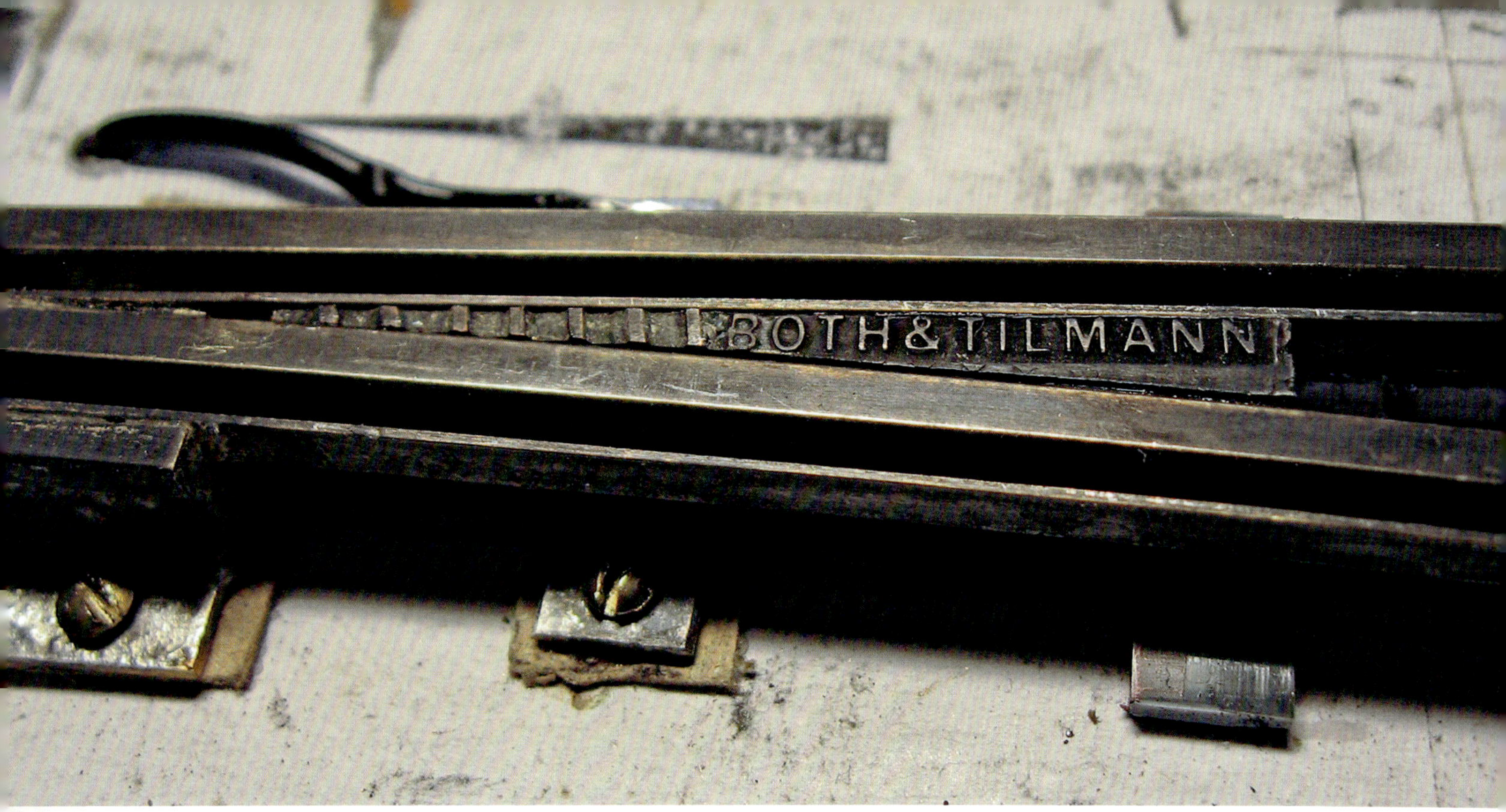

Die Einlagen zwischen Backen- und Innenschiene tragen den Schriftzug des Herstellers – beim Vorbild nahezu bis zur Unkenntlichkeit verschlissen.

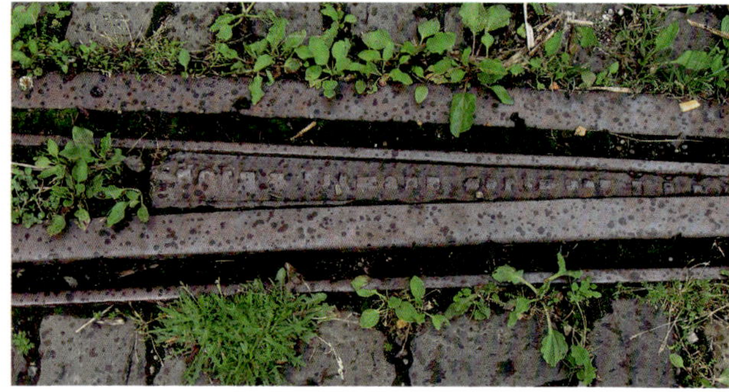

| Weichenzungen

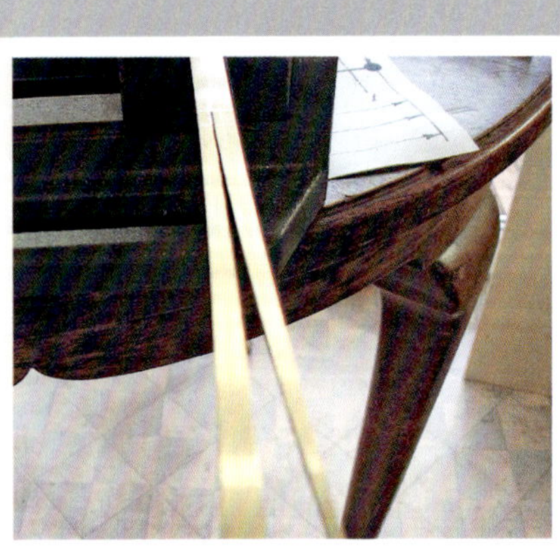

Die Weichenzungen von Rillenschienenweichen sind anders konstruiert als Vignolschienenzungen. Sie bestehen aus einem entsprechend zugearbeiteten Vollprofil, das auf einer durchgängigen Platte gleitet. Diese Platte habe ich mit der Laubsäge anhand meiner Vorzeichnung aus einem 1,5 mm dicken Messingstreifen ausgesägt.

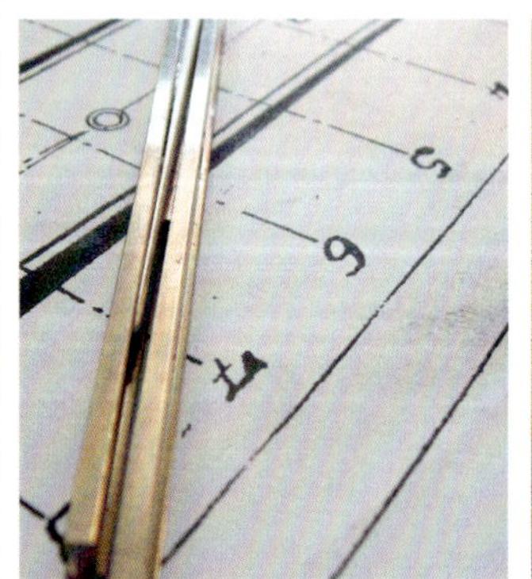

Die Zunge sowie die benachbarten Schienenköpfe sind abgeschrägt, so dass die Zungenspitze bündig anliegen kann, aber immer noch eine ausreichende Materialstärke aufweist.

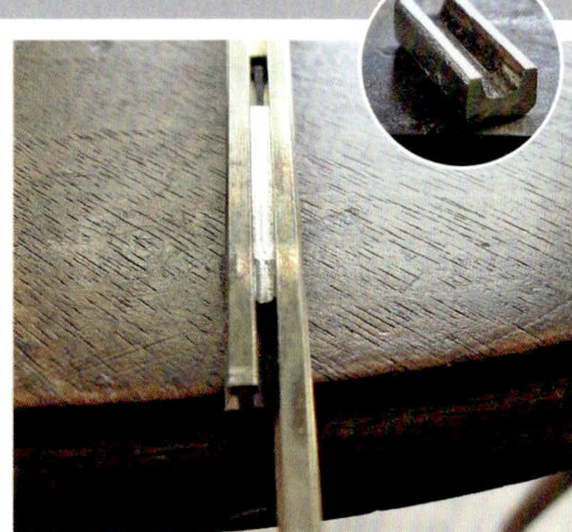

Für die Stellvorrichtung hat die Platte eine Ausnehmung. Hier habe ich einfach mit einem entsprechenden Abstand ein weiteres Plattenstück eingelötet, das nach vorne von einem rillenförmig ausgenommenen Futterstück begrenzt wird.

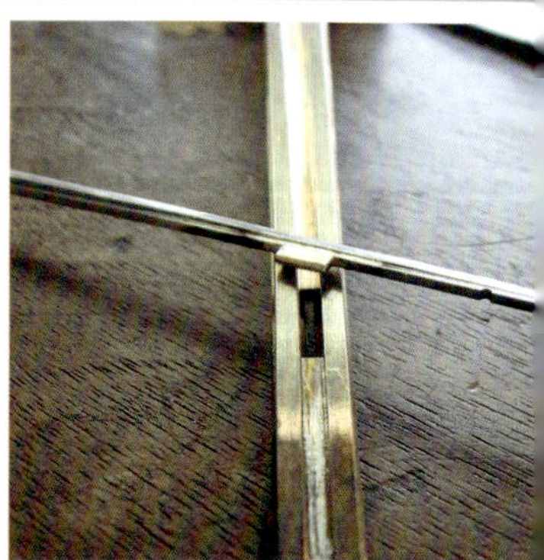

Ein hart verlötetes Messingplättchen ist der Anschlagpunkt für den Stellmechanismus.

Dort, wo sich die Strecken um das Haus Lohmann verzweigen, hat man bei der Stellvorrichtung improvisiert und die Rillenschienenweiche mit einem Stellhebel versehen. In diesem Bereich ist das Rillenschienenprofil in seiner gesamten Höhe sichtbar – das findet sich auch im Modell wieder.

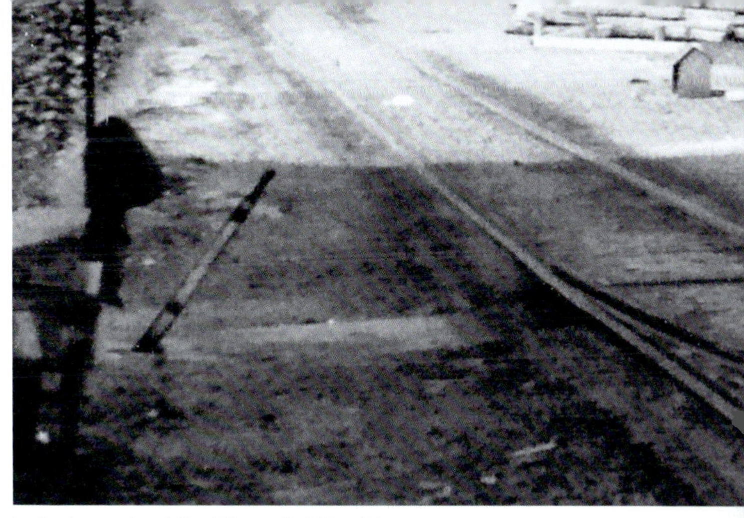

Foto (Ausschnittsvergrößerung): Albert Middermann, Slg. Wolf Dietrich Groote

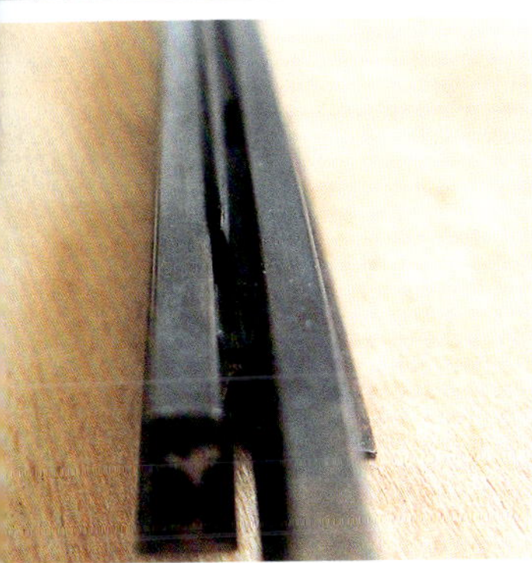

Solange die Weiche nicht komplettiert und mit einer Stellvorrichtung versehen ist, liegt die Zungenspitze aufgrund der Eigenspannung der Zunge nicht richtig an.

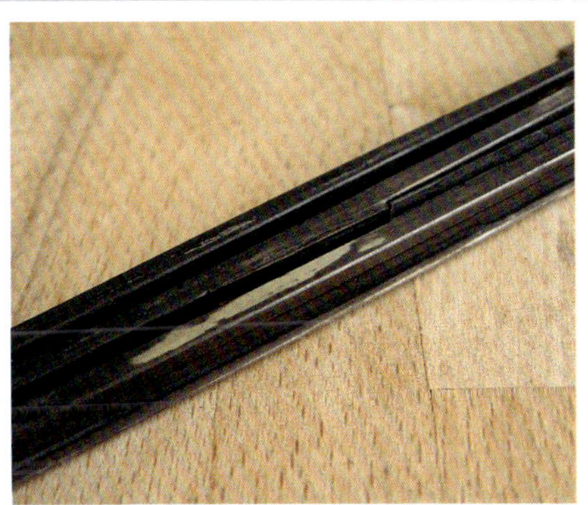

Am Zungenende ist die Federschienenzunge etwas breiter als der Schienenkopf ausgeführt und hat dann eine Ausklinkung bis auf Breite des Schienenkopfs, die sich an die Rille der Backenschiene anschmiegen kann.

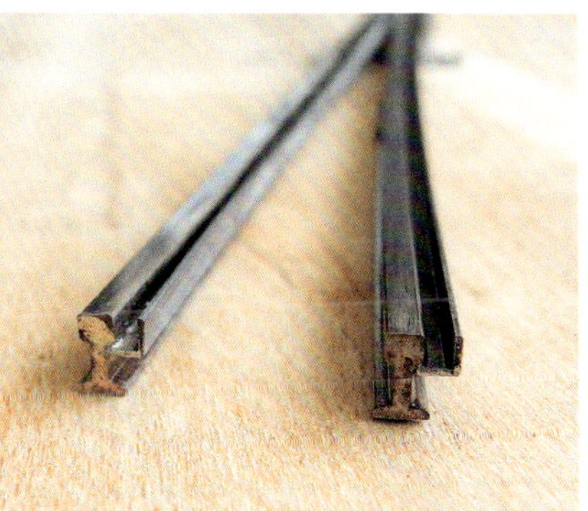

An Backen- und Innenschiene ist die Wirkung der maßstäblichen schmalen Rille gut zu erkennen.

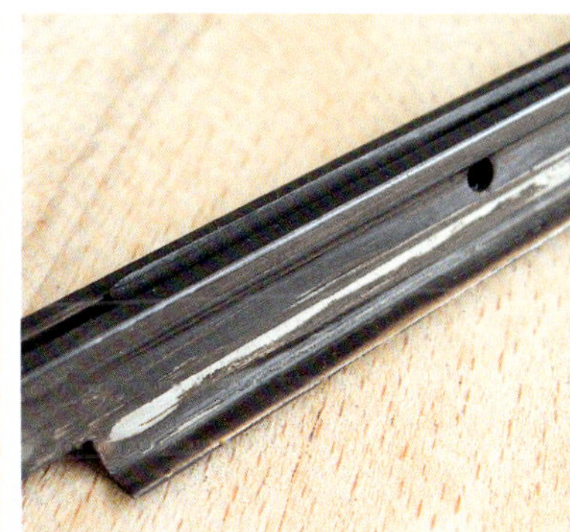

Um die Vorbildsituation mit dem vollständig sichtbaren Profil nachzustellen, habe ich den Schienenfuß an dieser Stelle mit dem Dremel weggeschliffen und ein Stück Messingwinkel 3 x 4 mm angelötet – das ergibt den äußeren Eindruk einer freiliegenden Rillenschiene.

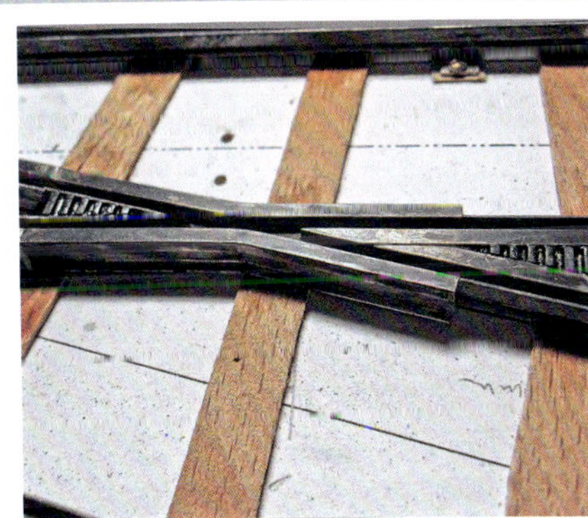

Die Rillenschienen in den eingepflasterten Bereichen sind an den Sichtflächen durchgestaltet. Die gerippten Einlagen füllen die kleinen Zwickel bei Herzstücken und Zungenenden auf, da sie sich beim Vorbild nicht sinnvoll pflastern lassen.

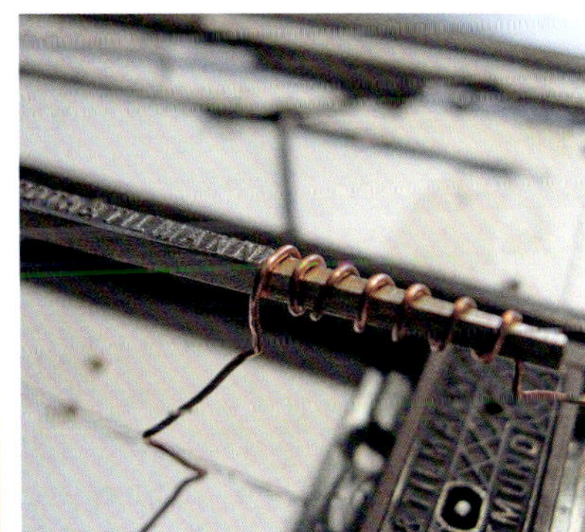

Die Rippen lassen sich als Lötteil gut nachbilden, indem man Kupferdraht um das Bauteil wickelt, verlötet und anschließend die seitlichen Überstände sowie die halbe Materialstärke des aufgelöteten Drahtes wegschleift.

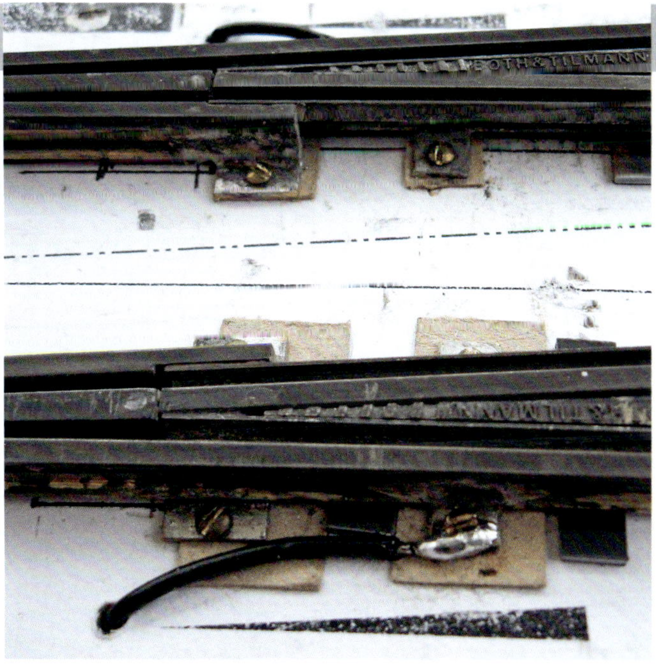

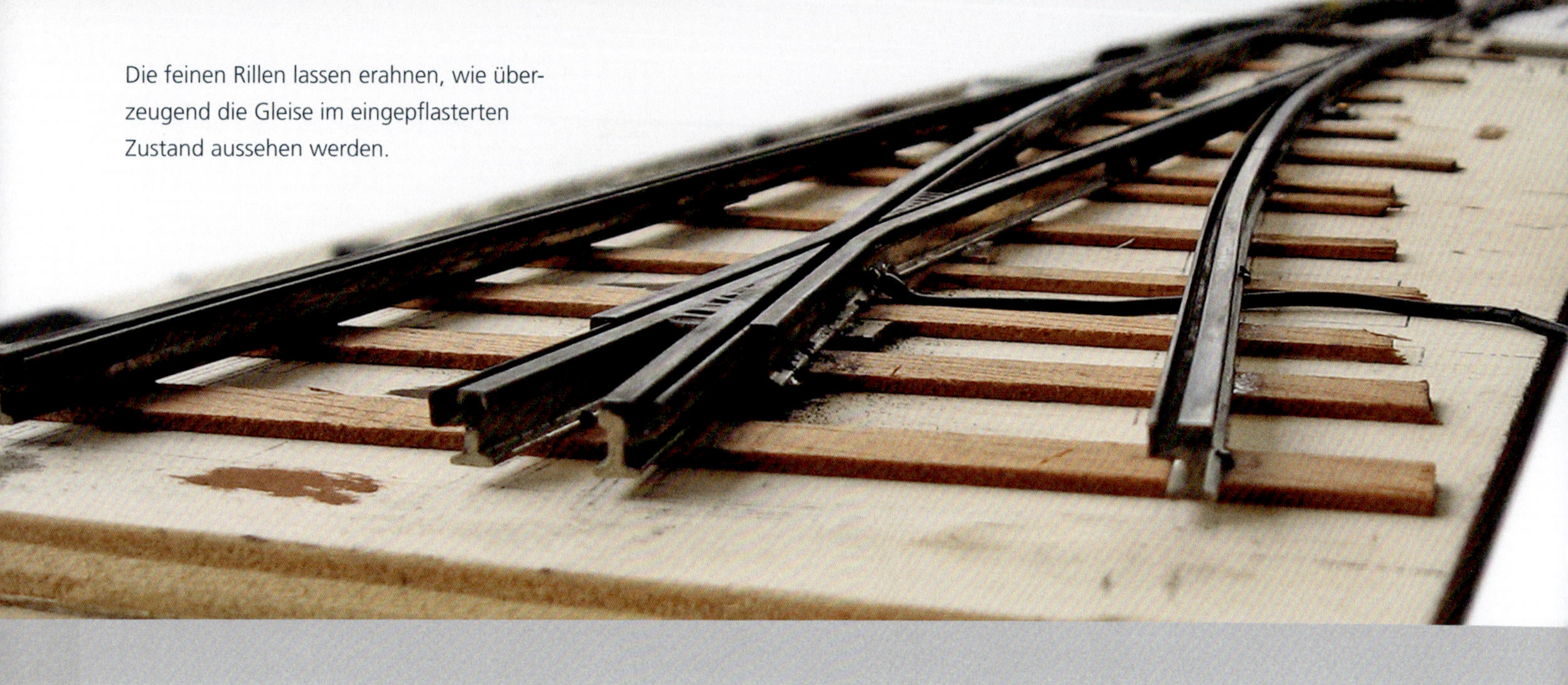

Die feinen Rillen lassen erahnen, wie überzeugend die Gleise im eingepflasterten Zustand aussehen werden.

Entwässerungskästen

Auch diese Zweckeinrichtungen haben interessant gestaltete Deckel. Einer der Rillenschienenentwässerungskästen befand sich auf der Oesterbrücke, so dass dort nicht nur die Oberseite mit dem Deckel, sondern der gesamte Korpus inklusive Ablauf sichtbar war. Dieser Entwässerungskasten war übrigens das allererste Bauteil, das ich zweckoptimistisch für das Projekt angefertigt hatte – ohne dass damals im Entferntesten abzusehen war, dass es auch einmal die passenden Schienen dazu geben würde.

Noch mehr Kartonlaserteile

Aus dem Bedarf an Weichenstellkasten- und Entwässerungskastendeckeln heraus habe ich mich längere Zeit intensiv mit dem Thema Gullideckel beschäftigt: Ein weites Feld. Es begann mit den aus Karton mit Bastelmesser und Schere für das Übungsmodul ausgeschnittenen Deckeln, dann kamen aber Bauformen dazu, die auf diesem Wege nicht mehr umsetzbar waren – wie die Weichenstellkastendeckel in diesem Projekt. Erste Versuche mit der Ätztechnik zeigten ein Dilemma: entweder hohe Abbildungsschärfe oder große Ätztiefe. Die geätzten Teile mit guter Abbildungsqualität mussten zudem noch auf eine vorbildgerechte Materialstärke aufgedoppelt werden.

Daraus ergab sich die Lasertechnik mit dem Werkstoff Karton als beste Lösung: hohe Abbildungsschärfe bei großer Schnitttiefe. Auch die Oberfläche des Kartons kommt dem Erscheinungsbild von Gusseisen näher, als die doch sehr glatte Neusilberoberfläche. Karton lässt sich außerdem nach dem Tränken mit Sekundenkleber oder auch acetonverdünntem Nagellack problemlos schleifen und glätten.

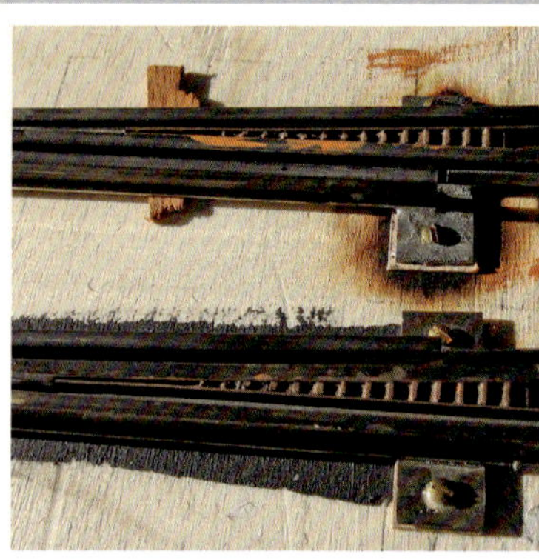

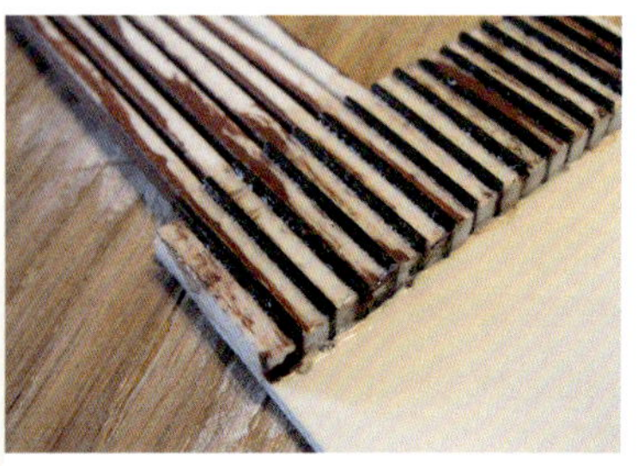

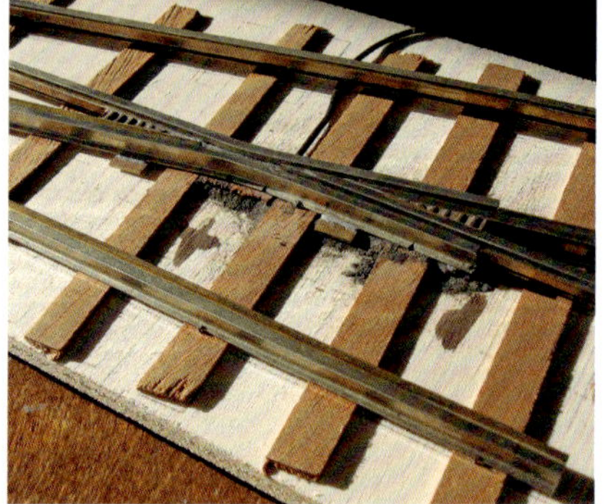

Auch bei der schlanken Federschienenzungenweiche sind die Zwickel an Zungenende und Herzstück mit gerippten Gussplatten bis zum Erreichen einer Pflastersteinbreite aufgefüllt. Sie entstanden aus verschieden hohen und starken Kunststoffresten, die mit Dichlormethan auf einer Polystyrolplatte verklebt und anschließend passend ausgesägt und mit dem Glasfaserradierer versäubert wurden.

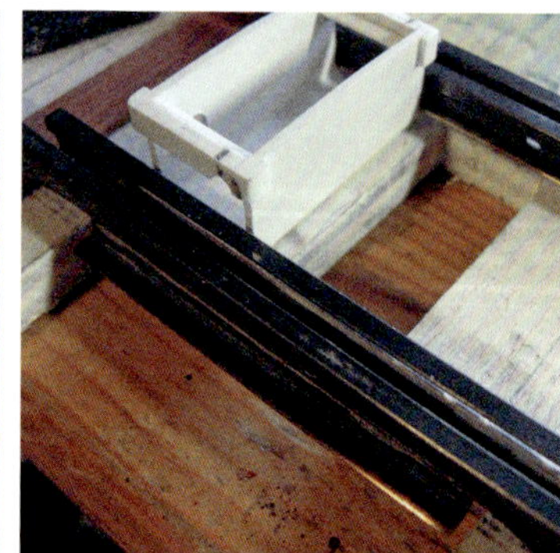

Der Stellkasten ist aus Teilen eines Kabelkanals entstanden.

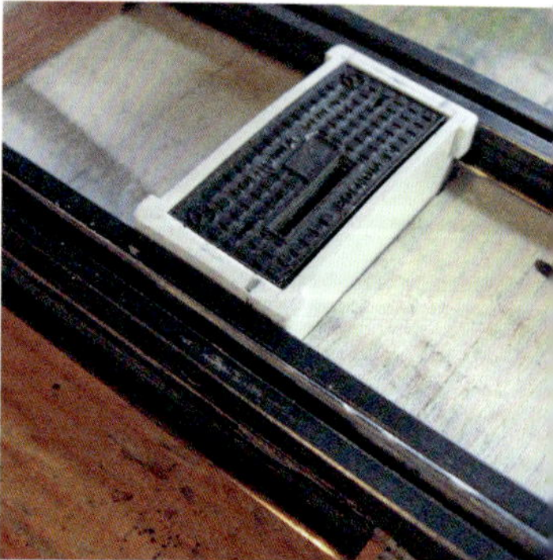

Er sitzt passend zwischen den Führungsschienen. Hier liegt ein geätzter Deckel auf, der zur Vergrößerung der Materialstärke auf ein gefrästes Messingblech gelötet ist.

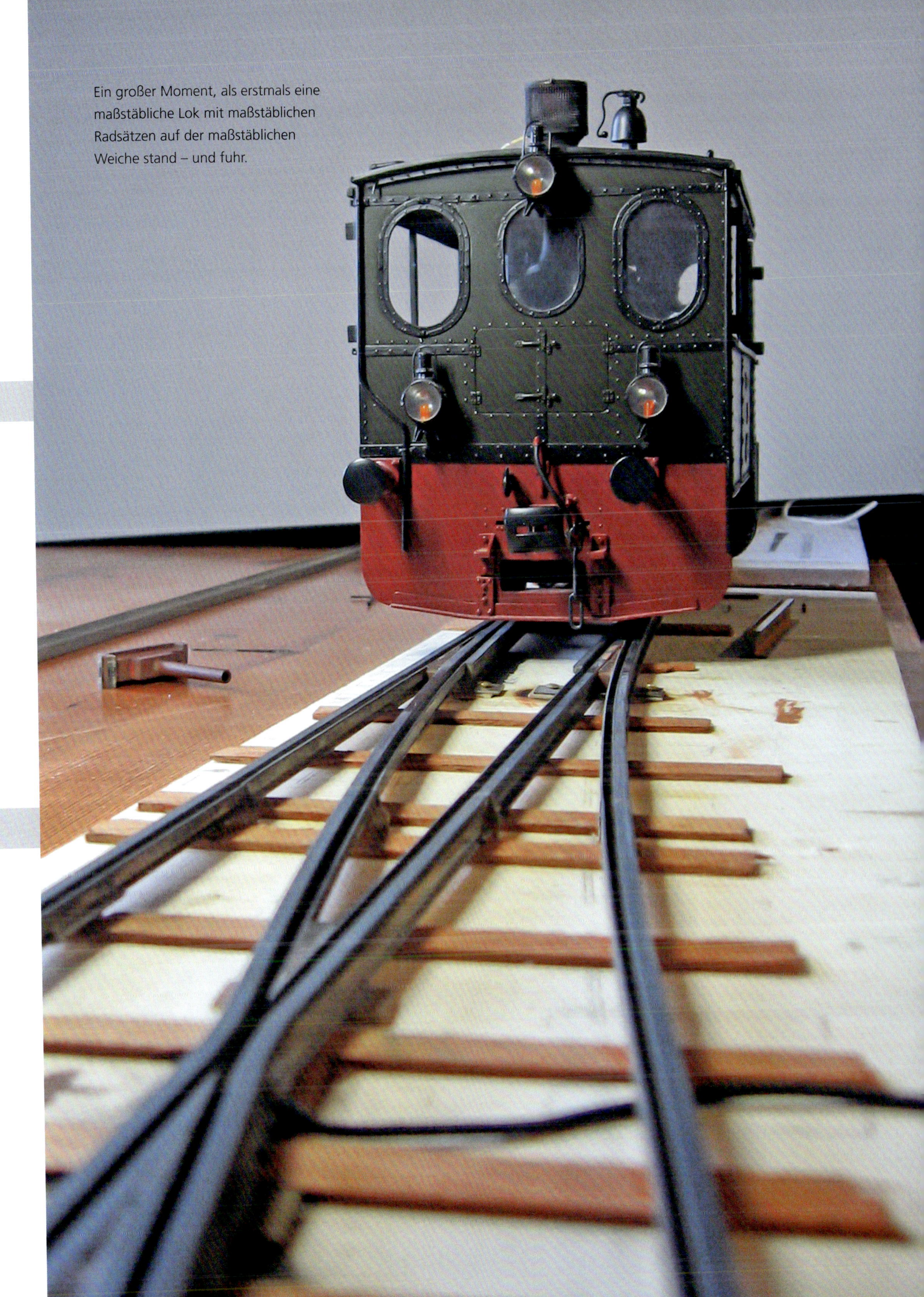

Ein großer Moment, als erstmals eine maßstäbliche Lok mit maßstäblichen Radsätzen auf der maßstäblichen Weiche stand – und fuhr.

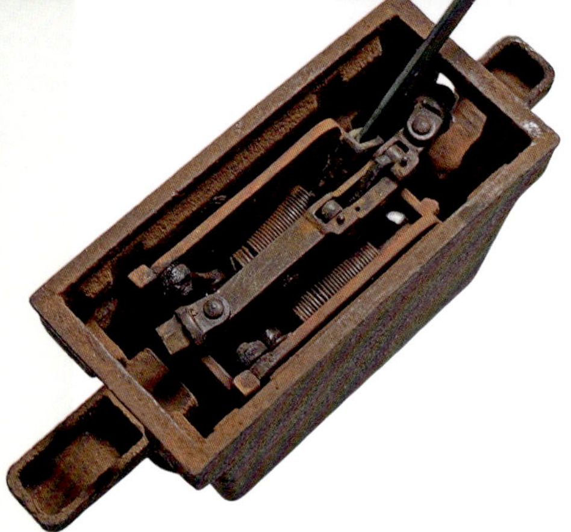

Vom Bochumer Verein gab es eine Kipphebelstellvorrichtung, die in Plettenberg verbreitet war. Anhand der Originalzeichnung ließ sich die gesamte Mechanik funktionsfähig nachbilden.

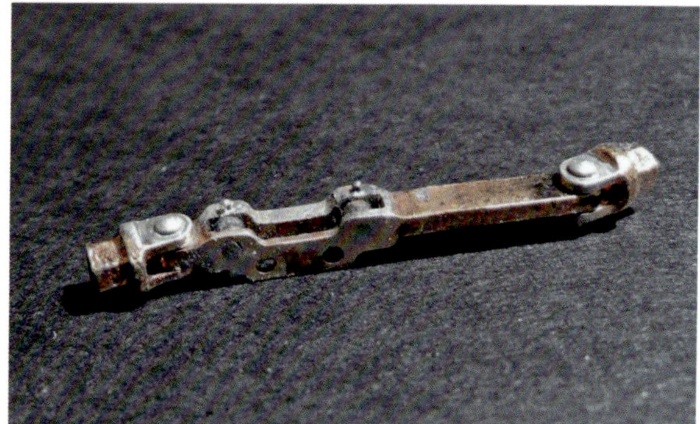

Die im CAD gezeichneten Einzelteile wurden in Messing gegossen und sind über Stahlstifte und aufgesetzte Hülsen beweglich verlötet.

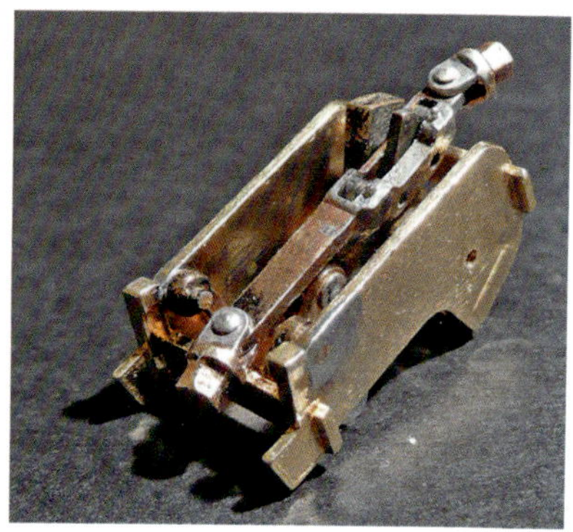

Der gesamte Korb mit dem Stellmechanismus war beim Vorbild zu Wartungszwecken aus dem Gehäuse entnehmbar.

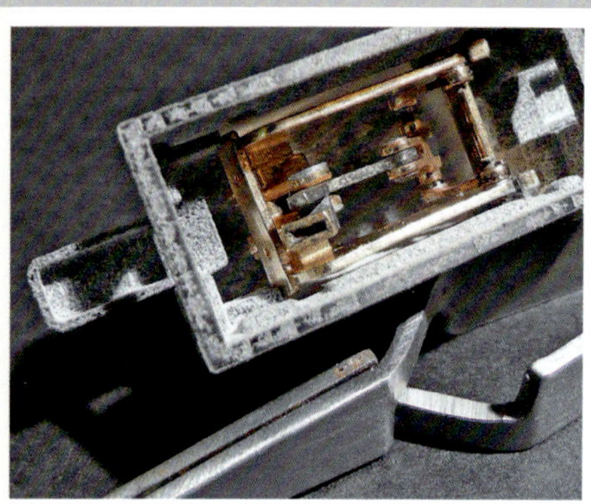

Das Gehäuse ist aus Nylon gedruckt.

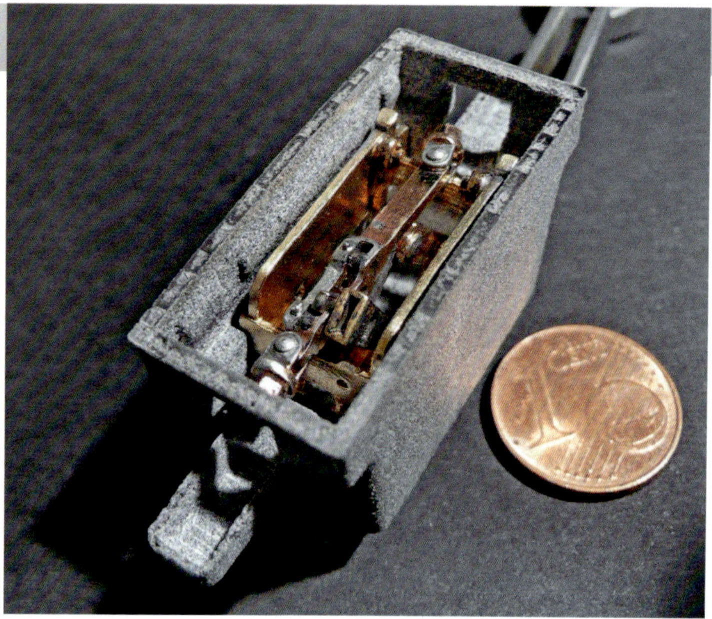

Der Vergleich mit dem Cent gibt eine Vorstellung von der Größe der einzelnen Bauteile. Das Einzelstück wird später eine Weiche zieren, die noch nicht gebaut ist.

Ich habe die besten Erfahrungen gemacht, indem ich die noch nicht aus dem Bogen herausgelösten Teile mit gut fließendem, verdünntem Nagellack behandelt habe, der den Karton wasserfest macht, ohne aufzutragen.

Ein überaus individueller Gleisbogen

Der Verbindungsbogen zwischen Weiche und Brücke beginnt bereits auf der Brücke. Die Holzschwellen sind dort an der Innenseite entsprechend der Brückenflanke eingekürzt. Auf einigen Vorbildfotos ist zu erkennen, dass die Rillenschienen direkt im Anschluss an die Brücke auf Stahlschwellen verlegt waren.

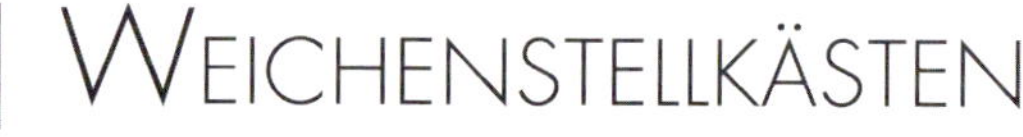

Weichenstellkästen

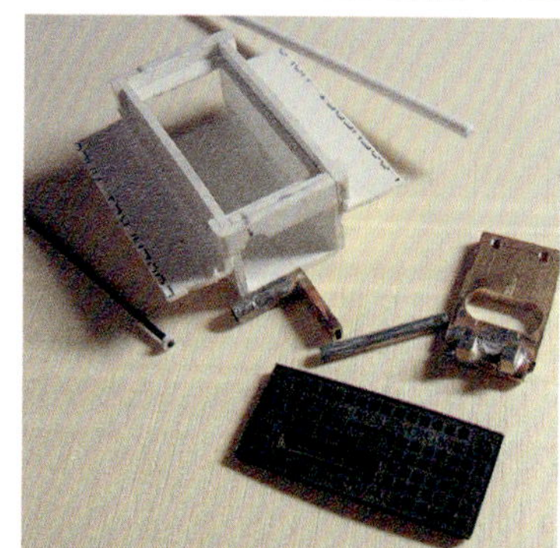

Bei den beiden vorgestellten Weichen habe ich mich mit einer funktionalen Lösung begnügt. Der Weichenstellmechanismus der Bochumer-Verein-Weiche besteht aus einigen Kunststoff-, Metall- und Kartonlaserteilen.

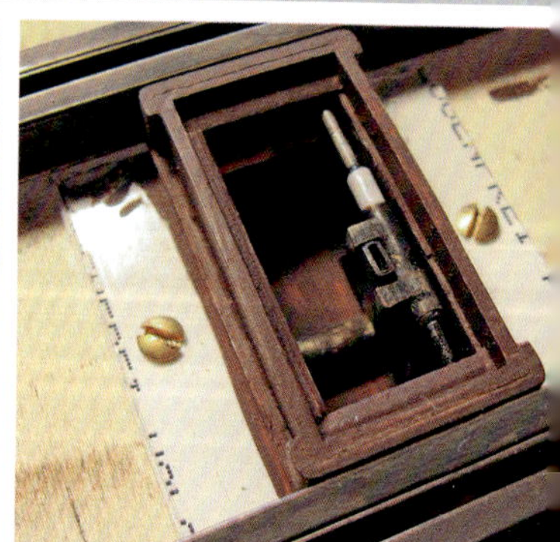

Der Kipphebel ist auf der unten sichtbaren Welle drehbar gelagert. Er reicht bis unter das Anlagenniveau, wo er einen Mikroschalter zur Herzstückpolarisierung betätigt.

Kipphebel versus Drehvorrichtung – beide Varianten lassen sich funktional ins Modell umsetzen.

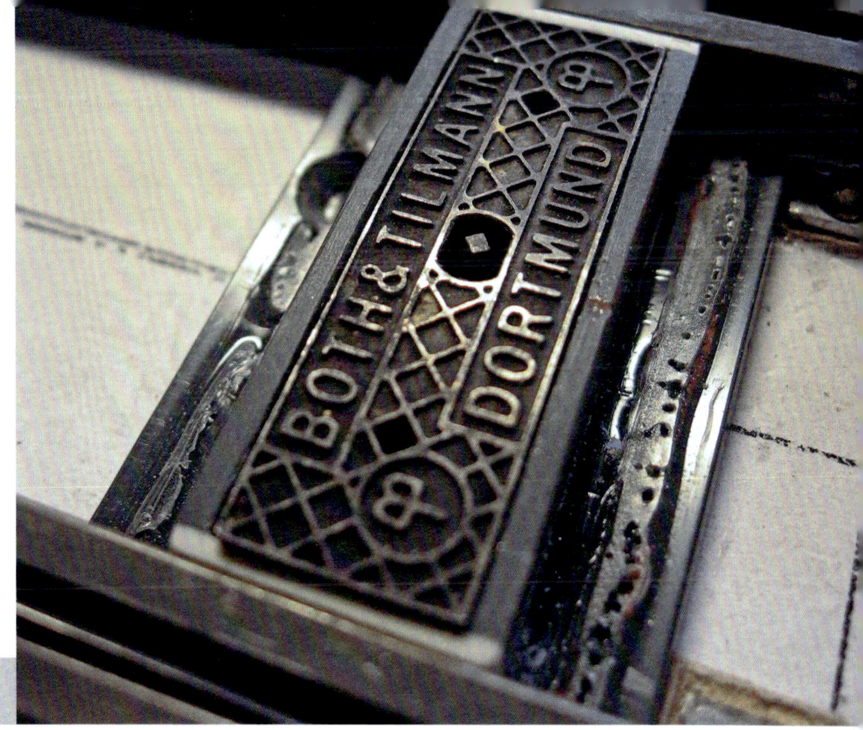

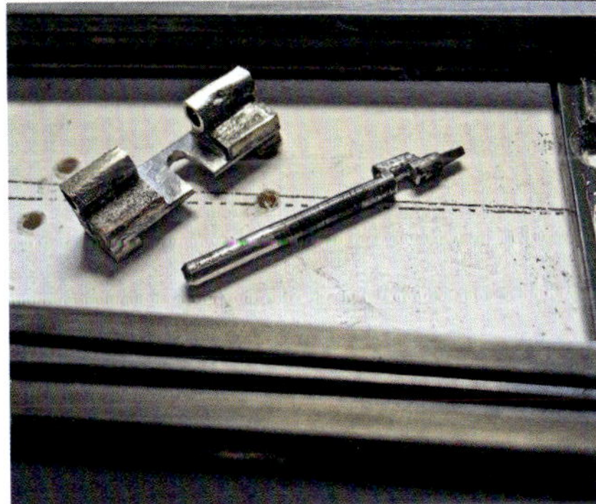

Eine gekröpfte Welle setzt die Drehbewegung in die Längsbewegung eines Schlittens um. Sie entstand aus einem hart an die Welle gelöteten Stück Messing, in dessen Bereich die Welle dann entsprechend ausgefeilt wurde.

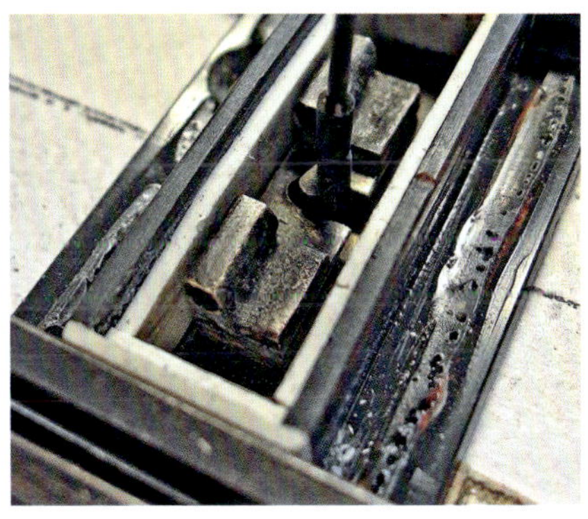

In die Röhrchen wird ein Kunststoffrohr und darin ein Glasfaserstab eingeklebt, der die elektrisch isolierte Verbindung der Zungen herstellt.

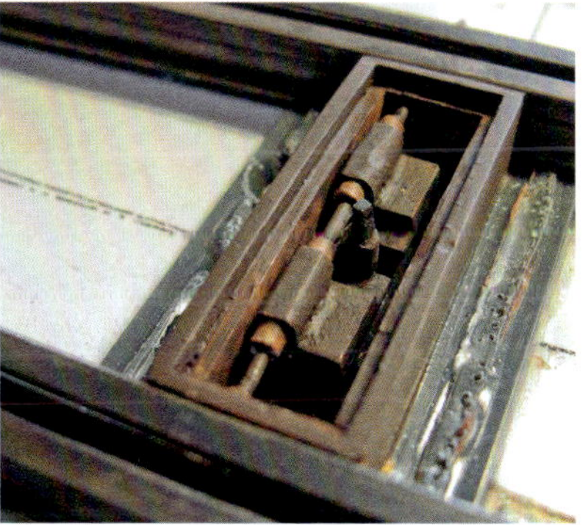

Die Farbgebung mit lederbrauner Acrylfarbe lässt das Innenleben beim Blick in die winzigen Deckelöffnungen optisch verschwinden.

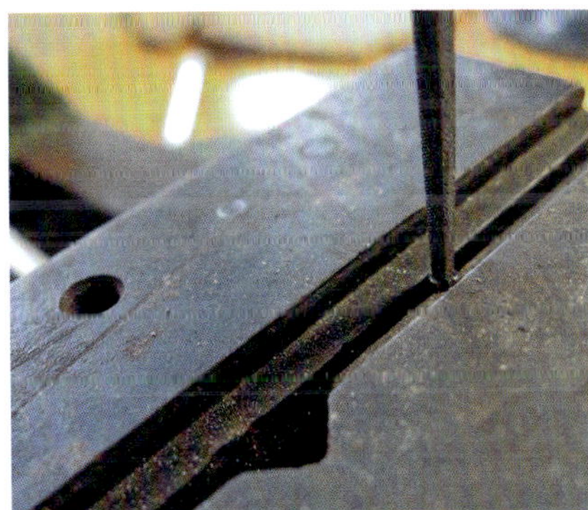

Auch die Both-&-Tilmann-Stellvorrichtung wollte ich funktional umsetzen. Für den Innenvierkant des Steckschlüssels habe ich ich eine abgebrochene Spannhülse für Minitrennscheiben verwendet. Die Vierkantfeile war dabei im Bohrfutter eingespannt und ließ sich so auf- und abwärts bewegen, um den Vierkant herzustellen.

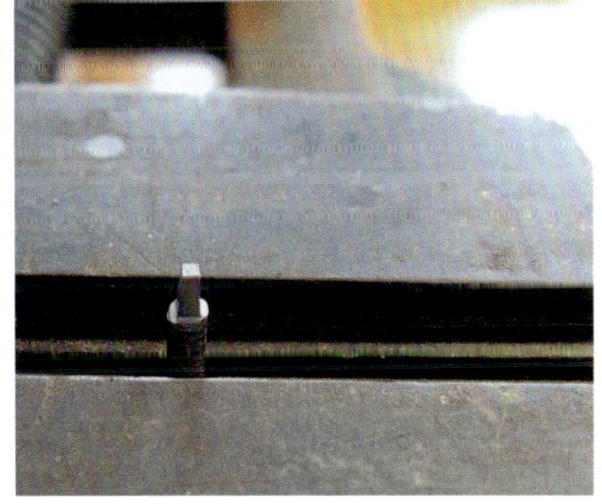

Der Außenvierkant ließ sich vergleichsweise einfach aus einem Vollmaterial feilen.

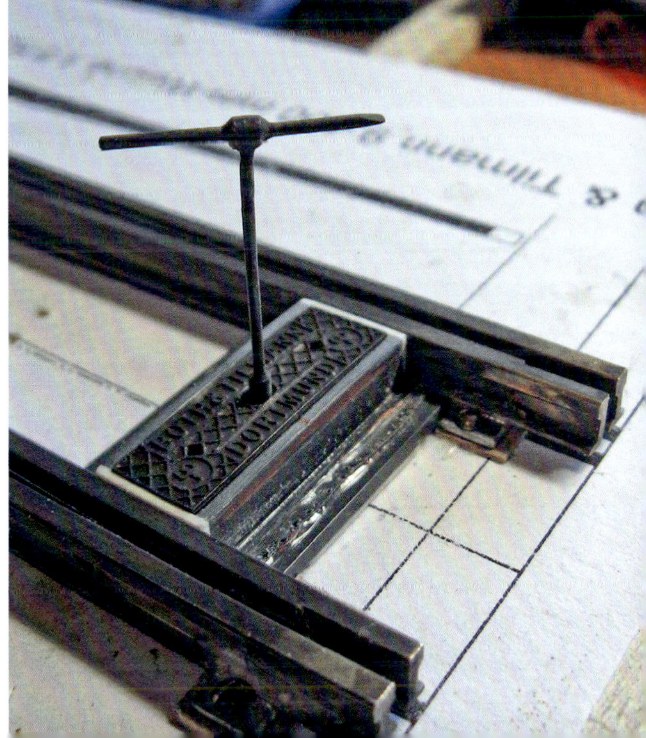

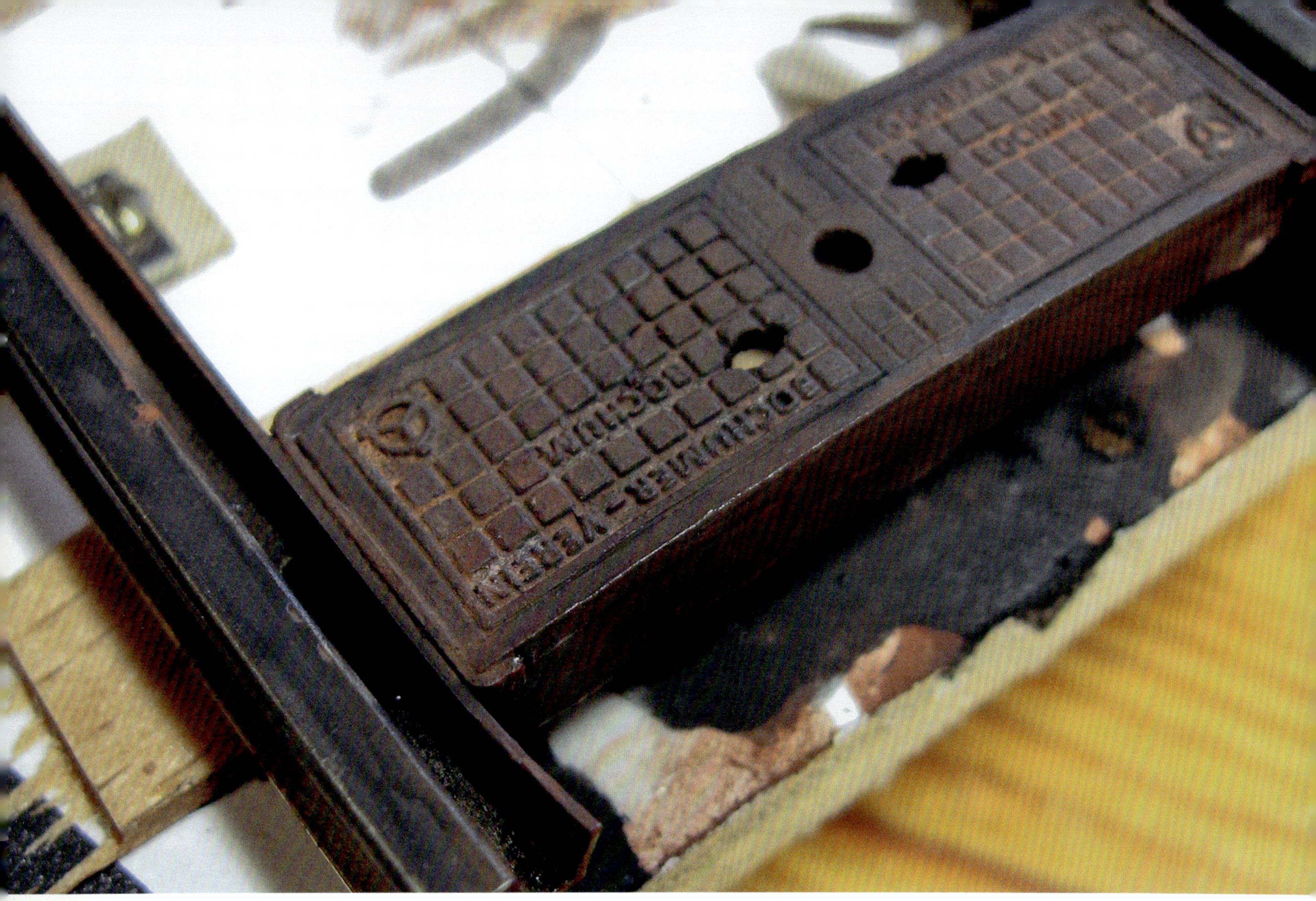

Entwässerungskästen

Der Meterspurentwässerungskasten benötigt an den Enden U-förmige Zwischenlagen, da er sowohl für Eisenbahn- als auch für die hier verwendeten schmaleren Straßenbahn-Rillenschienen verwendet werden konnte.

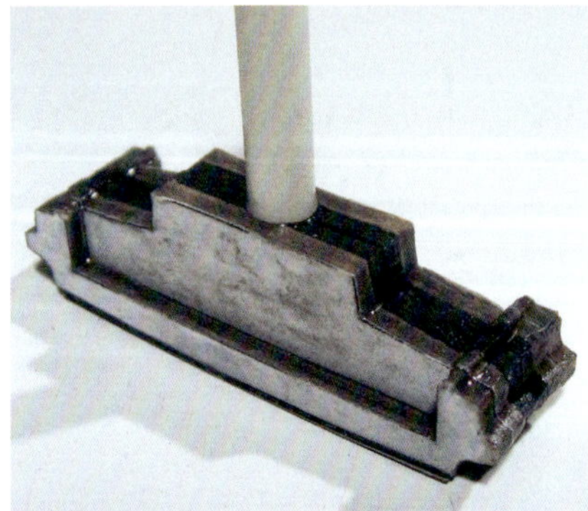

Während bei den übrigen Entwässerungsstellen der Deckel mit den Zwischenlagen und zwei Öffnungen in den Rillenschienen ausreichen, um das Erscheinungsbild wiederzugeben, gab es auf der Oesterbrücke einen freiliegenden Kasten. Ähnlich wie beim 3D-Druck ist der Kasten aus mehreren Lagen Karton zusammengesetzt.

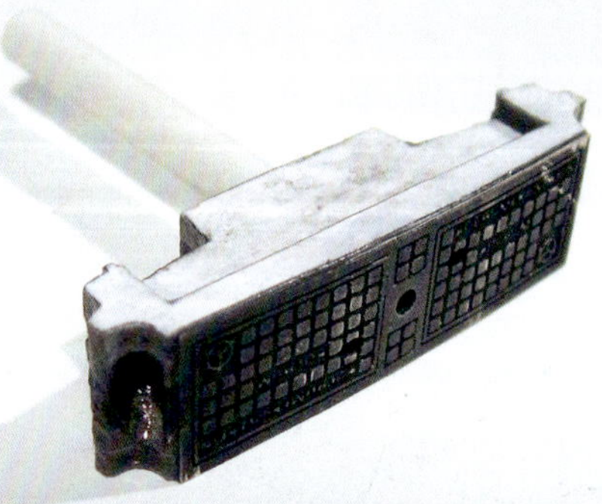

Die Profilzeichnungen sind auf selbstklebendem Papier ausgedruckt, auf den Karton geklebt und dann ausgeschnitten. Das gesamte Päckchen wird dann mit Sekundenkleber getränkt und anschließend mit Feile und Sandpapier nachbearbeitet.

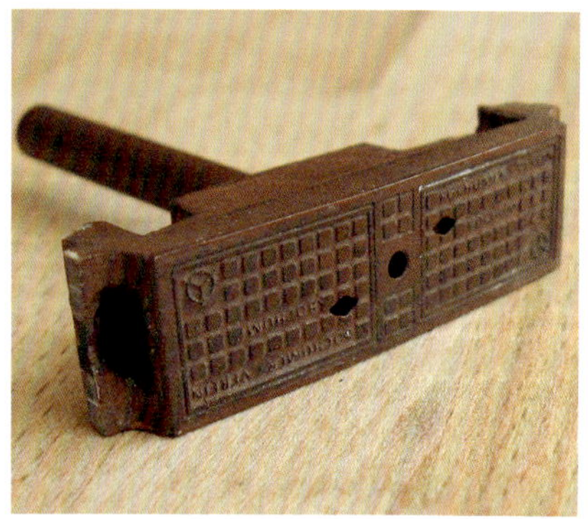

Der Neusilberdeckel ist ebenfalls mit Sekundenkleber montiert; heute würde ich ein Kartonteil nehmen, allein schon, um die Isolationsprobleme zu umgehen. Das Röhrchen war mal ein Luftballonstab. Im Vergleich mit dem gelaserten Deckel ist gut zu erkennen, dass bei gleicher Ätztiefe die Schriften und Zeichen unterätzt und unscharf werden.

Dazu musste ich an den aus Resin gegossenen Stahlschwellen die Nachbildungen der Haarmann'schen Hakenplatten entfernen und Klemmplatten mit Schrauben montieren. Da ich nur wenige Exemplare der Stahlschwellen hatte, kamen hier auch halbierte zum Einsatz; der Bereich zwischen den Schienen wird später mit Schotter, Dreck und Gras aufgefüllt; die Gleise gehen nach einem kurzen Wiesenstück dann in das Straßenplanum über. Die mit lederbrauner Acrylfarbe grundierten Resin-Stahlschwellen und die auf Basis von eigenem Rost und Wasserfarben vorgefärbten Schienen habe ich erst nach der Montage farblich aneinander angepasst. Dazu töne ich Acrylfarbe mit brauner bzw. schwarzer Gouache ab und trage sie lasierend in mehreren Schichten auf, bis die Farbtöne von Schienen und Schwelle einander gleichen. Zuletzt kommt eine Schicht Echtrost darüber, den ich durch Abbürsten eines rostenden Blechs mit einem harten Borstenpinsel gewinne.

Wie schon zuvor erwähnt, geht es mir um die Fotografie und auf dem Weg dorthin um möglichst realitätsnahen Modellbau. Es ist also nicht vorrangig, dass die Objekte auch funktionieren, auch wenn es sich im Nachinein dann meistens so ergibt. Dass die derart behandelten Gleise auch noch befahrbar sind, ist also ein ebenso netter wie durchaus willkommener Nebeneffekt: Eine Lok mit eingebautem Pufferspeicher fährt problemlos nicht nur über brünierte, sondern auch über die rostigen Gleise.

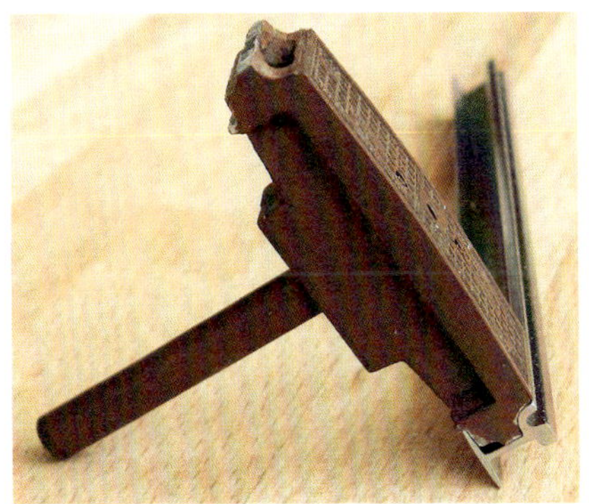

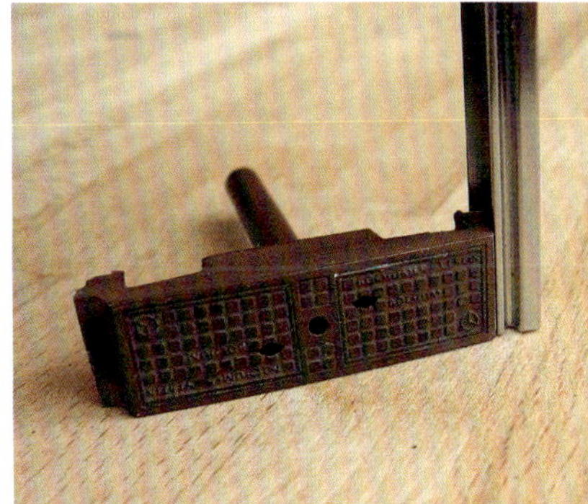

Der Kasten passt genau in das Rillenschienenprofil. In den Pflasterbereichen muss das Kartonlaserteil nur auf zwei entsprechend zugeschnittene, senkrecht stehende Pappstücke aufgeklebt werden, damit man durch die Öffnungen einen Hohlraum wahrnehmen kann.

Unglaublich realistisch: Die freiliegenden Rillenschienengleise für die Oesterbrücke.

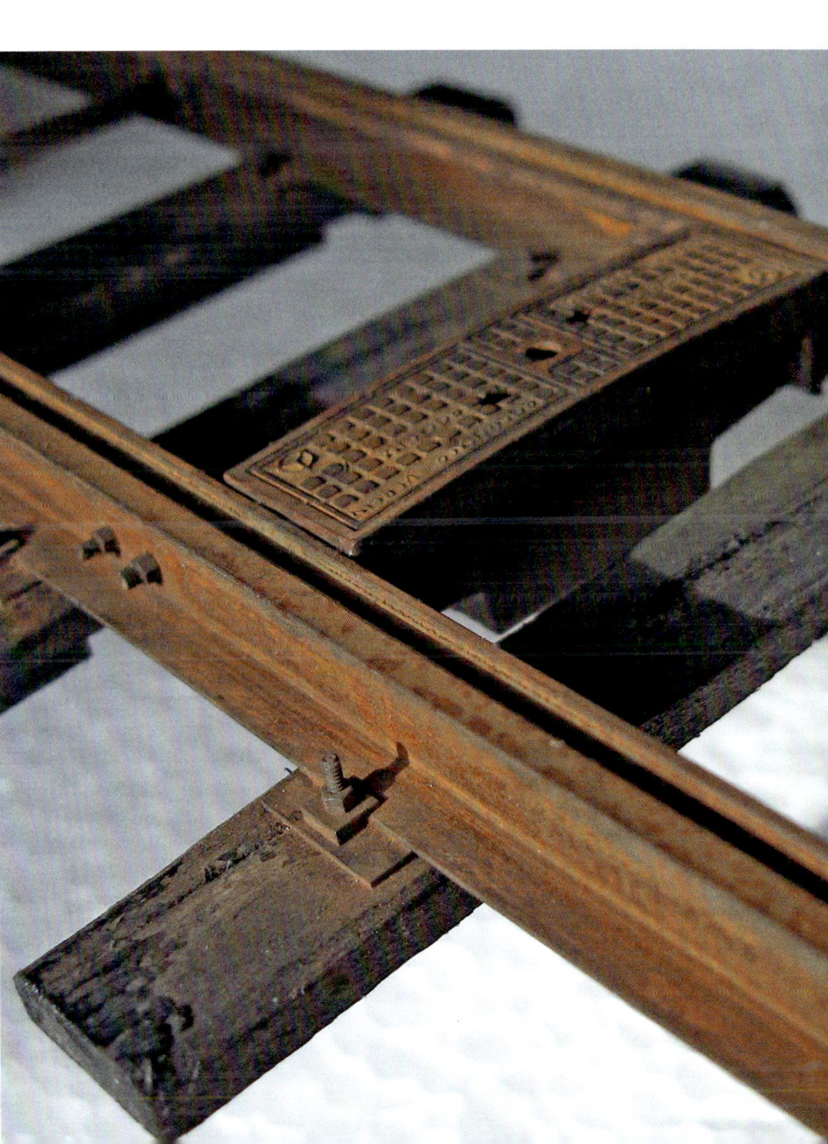

Besondere Biegevorrichtung für Rillenschienen

Der Modellbauer Joachim Körner fertigte mir die benötigten Drehteile für die Rollen eines Biegewerkzeugs. Die Rollen mussten geteilt ausgeführt werden, da sich ansonsten die Einstiche für den Schienenfuß, ganz zu schweigen von den inneren Fasen, nicht hätten umsetzen lassen. Von den Rollen werden jeweils drei Stück benötigt, da das Rillenschienenprofil asymmetrisch ist und je nach Biegerichtung die Rollen im Werkzeug umgesteckt werden müssen.

Vignolschienen und Stahlschwellen

Im Ausweichgleis auf dem Mühlendamm waren Stahlschwellen und Vignolschienen Preußisch Form 6 verlegt. Für eine Modellumsetzung kommt am ehesten Code-250-Material von Llagas Creek in Frage. Das Profil ist allerdings mit 6,4 mm insgesamt um etwa 0,4 mm und dabei der Schienenfuß mit ca. 1,4 mm deutlich wahrnehmbar zu hoch.

Schienen biegen

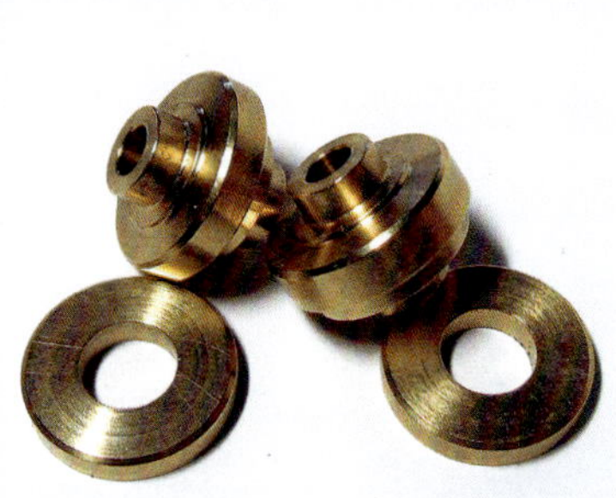

Die Rollen für das Rillenschienenbiegewerkzeug mussten geteilt ausgeführt werden, da sich sonst weder die Einstiche noch die inneren Fasen hätten umsetzen lassen.

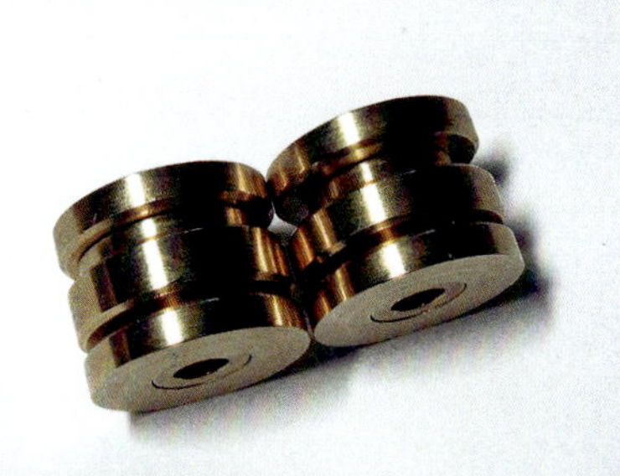

Von den Rollen wurden jeweils drei Stück benötigt, da das Rillenschienenprofil asymmetrisch ist und je nach Biegerichtung andere Rollen im Werkzeug benötigt werden.

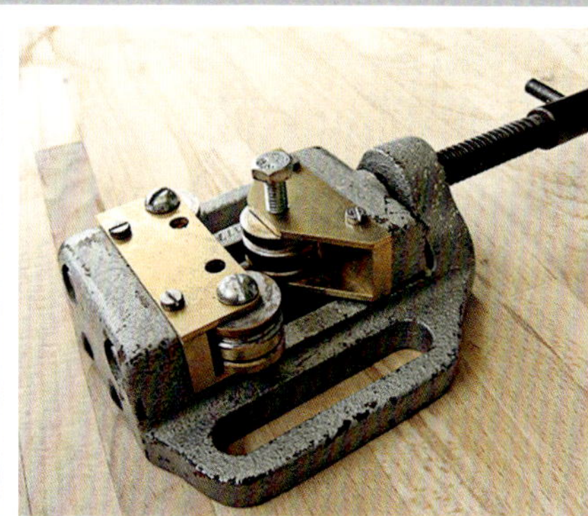

Die auf meinen Schraubstock angepassten Rollenaufnahmen hat Helmut Schmidt gefräst.

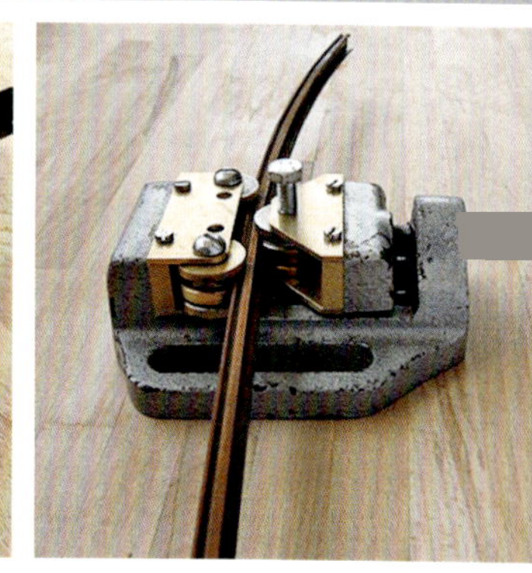

Die über den Schraubstockschlitten verstellbare Rolle kann man über den Mutternkopf antreiben; das Gewinde der eingesteckten Schraube ist im Bereich der Lagerung abgedreht und die Rolle mit einer Madenschraube gesichert.

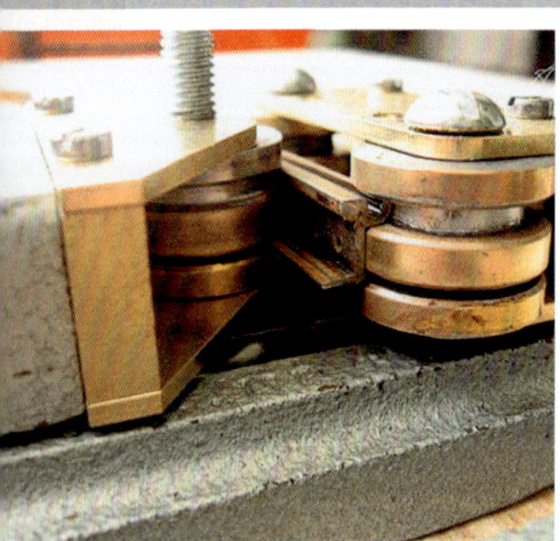

Druck- und Schleifspuren an den Profilen nach dem Biegevorgang zeigen, wie wichtig die exakte Anpassung der Rollen an das Profil war, um ein Ausknicken des maßstäblich dünnen Schienenfußes zu verhindern.

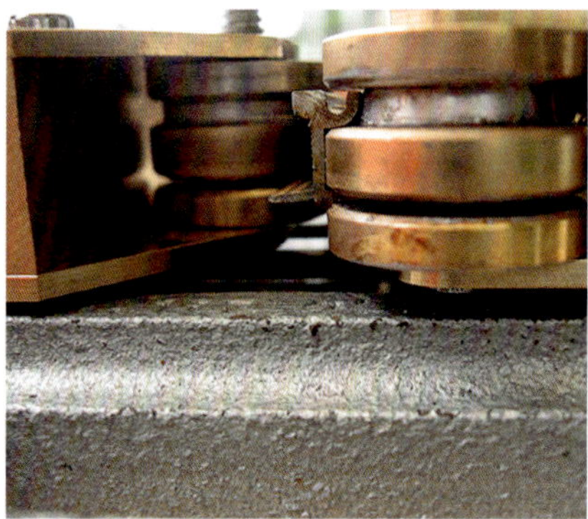

Das Profil liegt nahezu saugend in den verlöteten Rollenteilen.

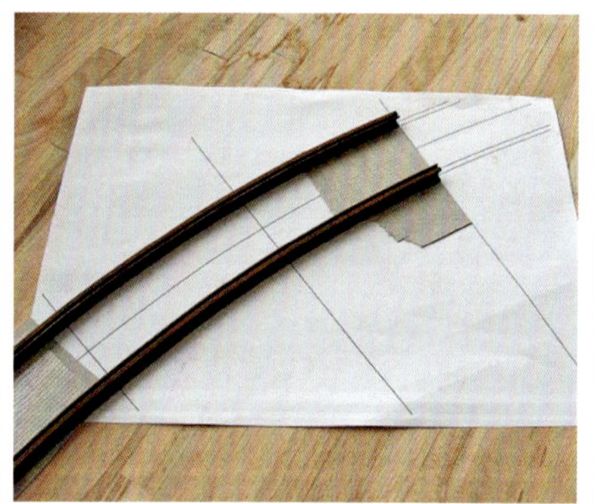

Nach dem Biegen der Innen- und Außenschienen musste die Innenschiene entsprechend gekürzt und mit den Bohrungen für die Spurstangen versehen werden. Dazu habe ich den Gleismittenradius sowie die jeweilige Innenkante des Schienenfußes zusammen mit drei willkürlich gesetzten, radial angeordneten Geraden ausgedruckt. Auf zwei Pappstücken mit doppelseitigem Klebeband ließen sich die Schienen dann einseitig bündig auf Spurmaß fixieren.

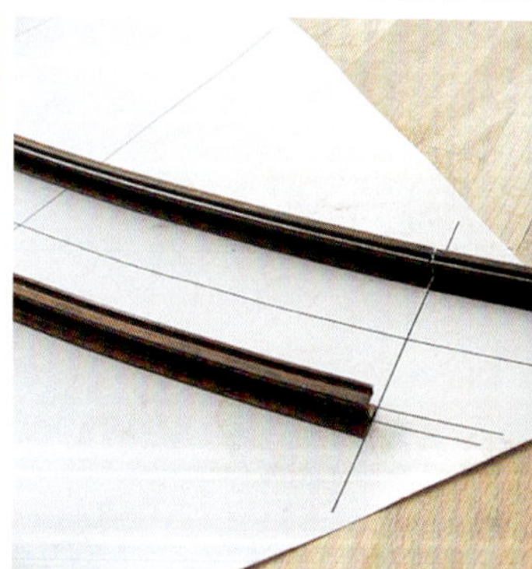

Diese Zusammenstellung konnte ich dann mit dem entgegengesetzten, ungleichen Ende auf der Zeichnung an einer der Linien platzieren und dort auf der überstehenden Innenschiene die Schnittstelle anzeichnen.

Holzschwellen

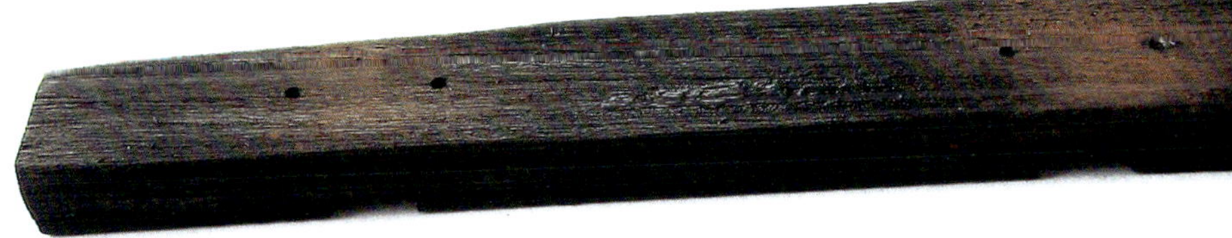

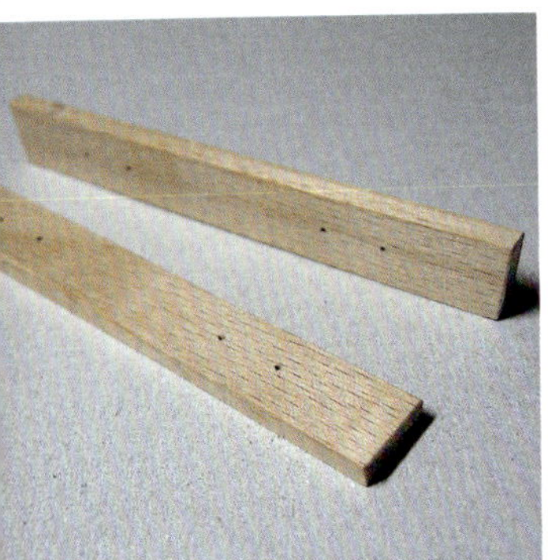

Auf der Oesterbrücke lagen die Rillenschienen auf Holzschwellen. Im Modell habe ich sie aus Buchenholz umgesetzt. Helmut Schmidt hat die notwendigen Bohrungen und Ausnehmungen für die Auflagen auf den Brückenträgern mit der Fräse eingebracht: Die Spurweite der Rillenschienen muss exakt eingehalten werden, sonst zwängen die Radsätze.

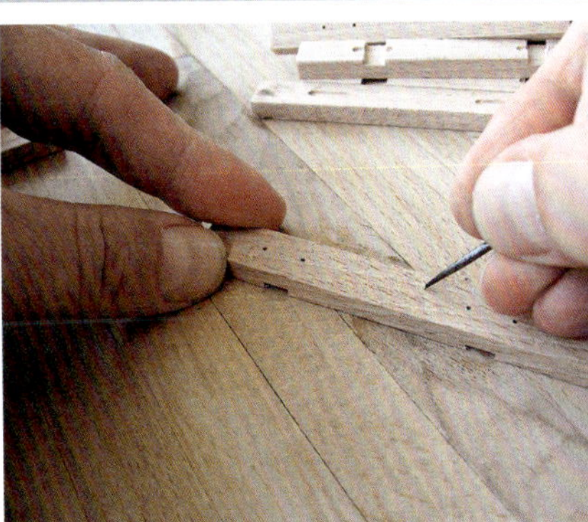

Zuerst werden die Buchenholzschwellen mit einer rotierenden Stahlbürste vorbehandelt, um die Holzfasern etwas herauszuheben. Mit einer Reißnadel graviere ich dann die typischen Längsrisse.

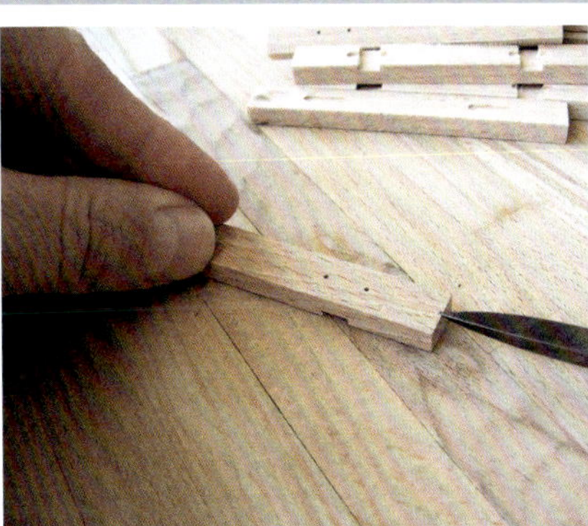

Die Risse setzen sich in den Stirnflächen fort; dort habe ich mit einem Dreikantschaber gearbeitet, da man im Stirnholz wesentlich mehr Kraft aufbringen muss.

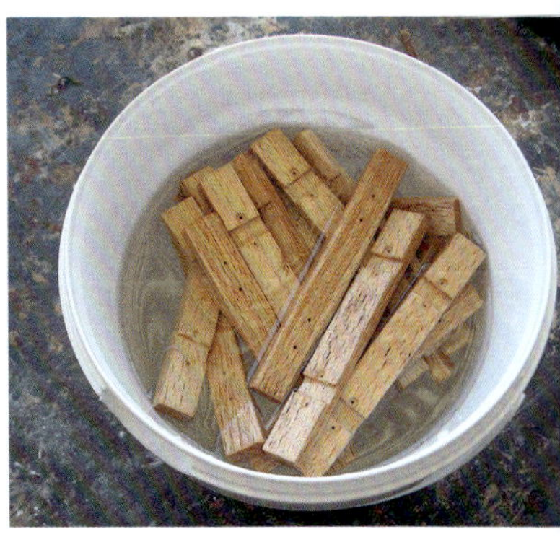

Die Grundidee für die farbliche Behandlung stammt von Friedhelm Weidelich, der sie auf spur1info.de vorgestellt hatte, ich habe sie nur für mich etwas abgewandelt. Die vorbereiteten Schwellen werden etwa eine halbe Stunde in Wasser eingelegt.

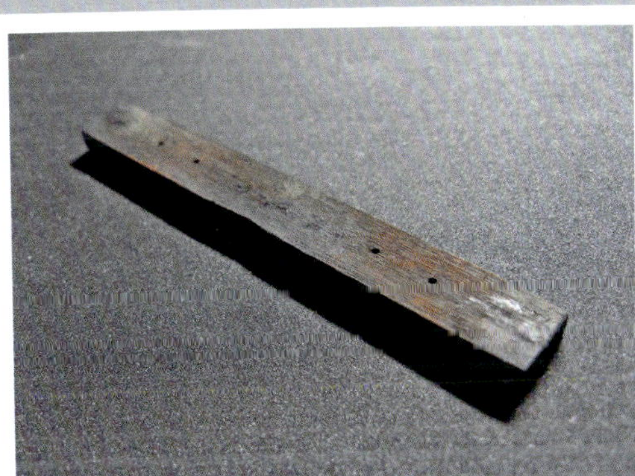

In die vollgesogenen Schwellen lasse ich schwarze und etwas braune Wasserfarbe in unterschiedlichen Verdünnungen und Schattierungen einsickern. Ich verwende dazu Farben von Caran d'Ache, die deutlich höher als die landläufig bekannten Malkästen pigmentiert sind. Die Schwellen sind nach dem Trocknen viel heller, Schwarz wird bei diesem Verfahren zum Beispiel eher zu einem weißlichen Grau.

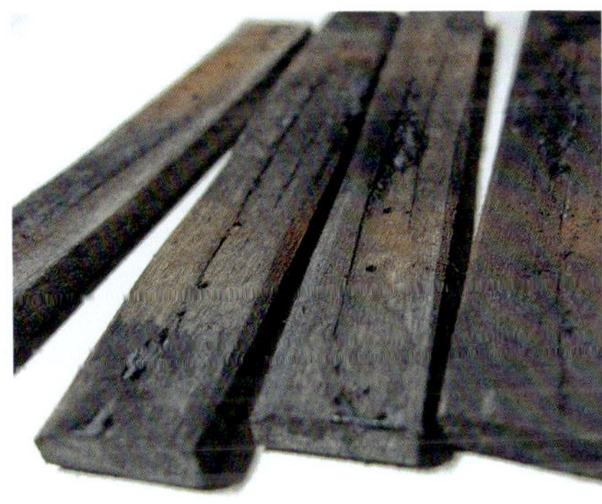

Für die Teerflecken habe ich Weinert Nitrolack verwendet, den ich auf den nassen oder wenigstens noch feuchten Untergrund auftropfe oder -tupfe; die Schwellen müssen dann komplett trocknen. Der Lack hat nach dem Trocknen der Schwellen zunächst keine Verbindung zum Holz. Ich lasse nun Aceton von den Seiten unter die Farbe kriechen und vermale die Flecken hier und da ein wenig zu den Seiten hin. Da Aceton wasserlöslich ist, lassen sich auch auf noch nicht ganz getrockneten Schwellen interessante Effekte mit dem Nitrolack erzielen. Mit Pigmenten kann man zarte Rostspuren nachbilden.

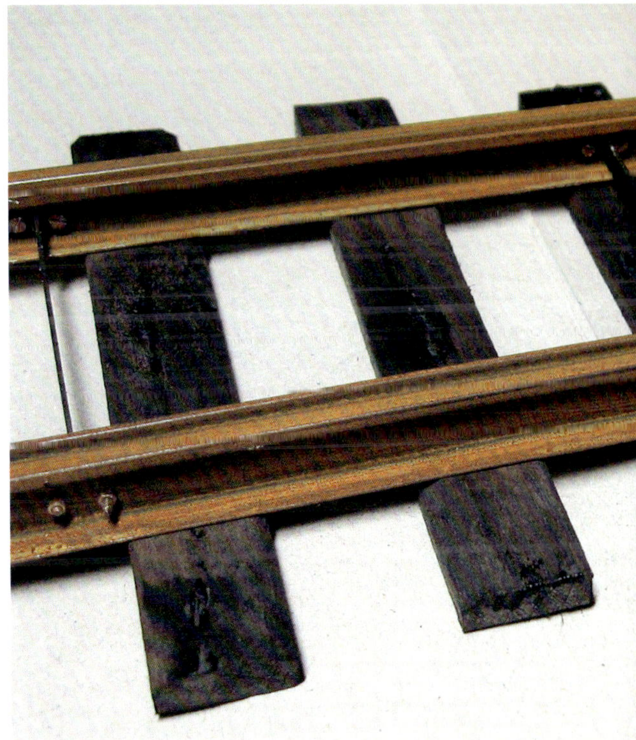

| Kleineisen & Spurstangen

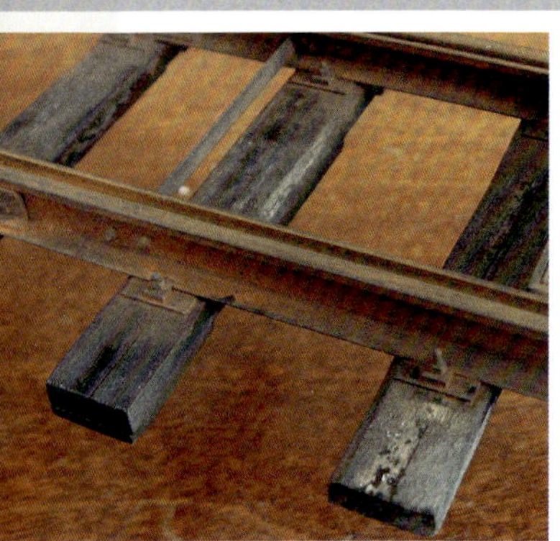

Die freiliegenden Rillenschienen der Oesterbrücke waren auf einfachen Unterlagsplatten mit Klemmplatten verschraubt.

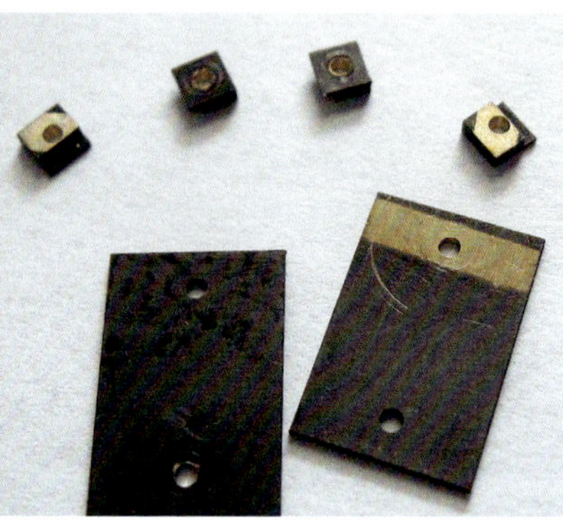

Die Teile dafür hat Helmut Schmidt aus Messingblech gefräst. Bei den Klemmplatten hatte sich aber ein Fehler eingeschlichen: Die Einfräsung der Klemmnasen war zu tief, so dass die Klemmplatten ihrem Namen nicht gerecht werden konnten.

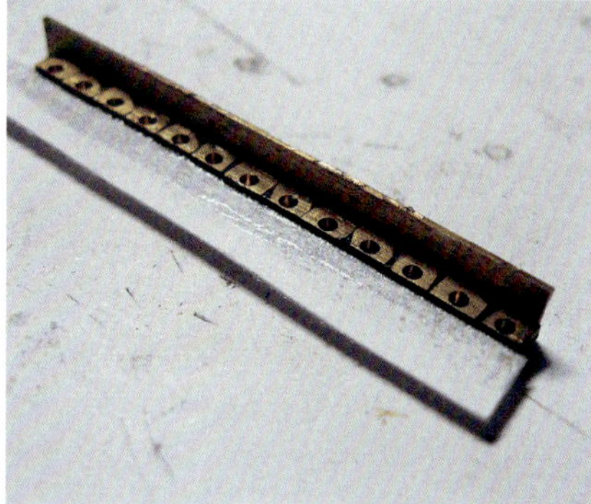

Hier habe ich mir mit einer Papierlage geholfen und dazu zunächst die Platten nebeneinander mit doppelseitigem Klebeband in ein Winkelstück geklebt. Auf die Klemmnasen habe ich dann mit Sekundenkleber einen Papierstreifen geklebt, der sich nach dem Trocknen bündig abschneiden lässt.

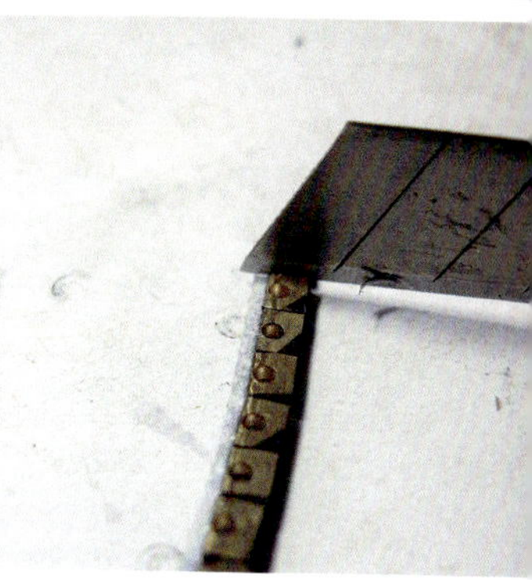

Der vom Trägerwinkel abgezogene Streifen ließ sich dann mit dem Cutter zerteilen.

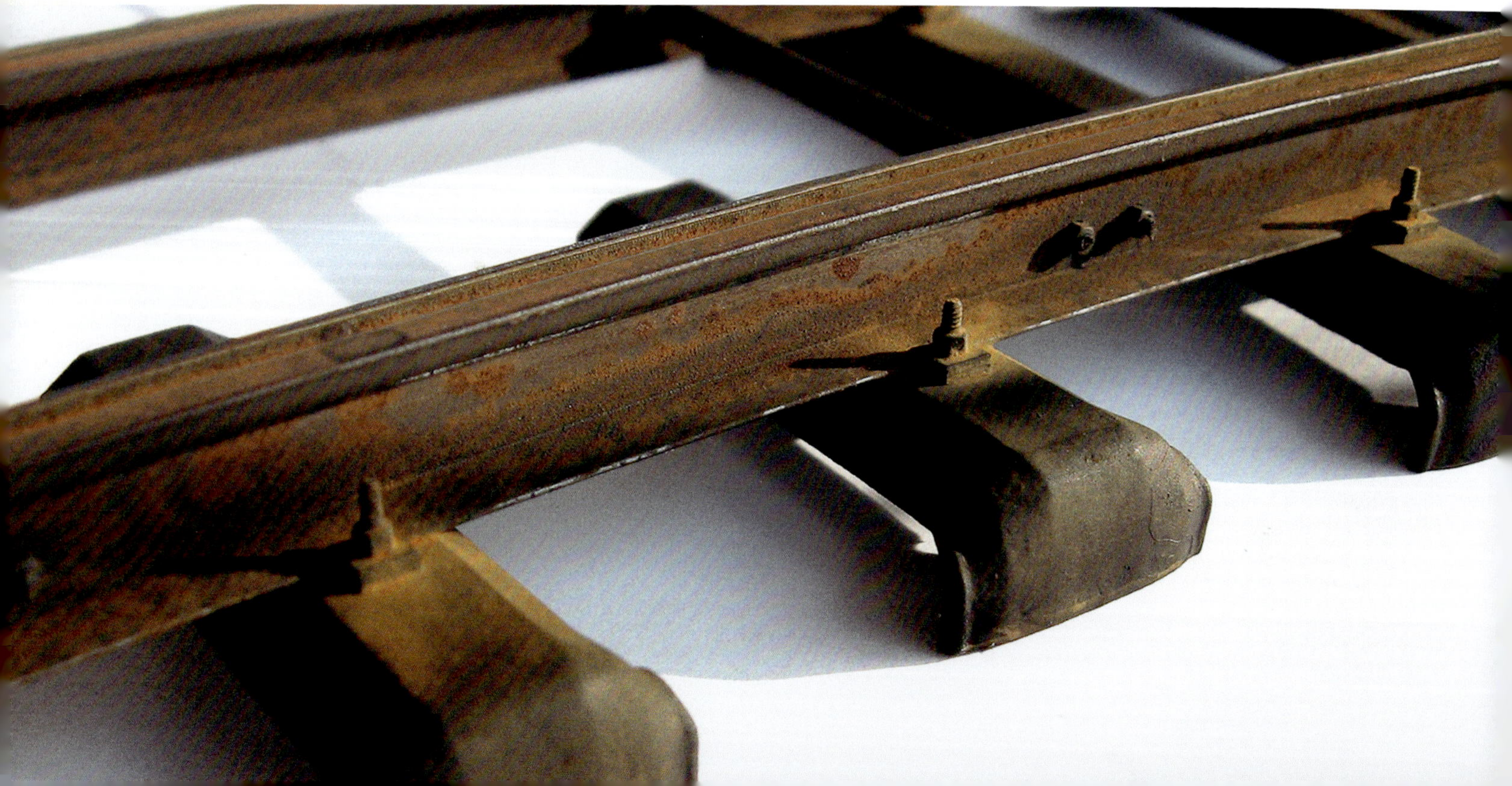

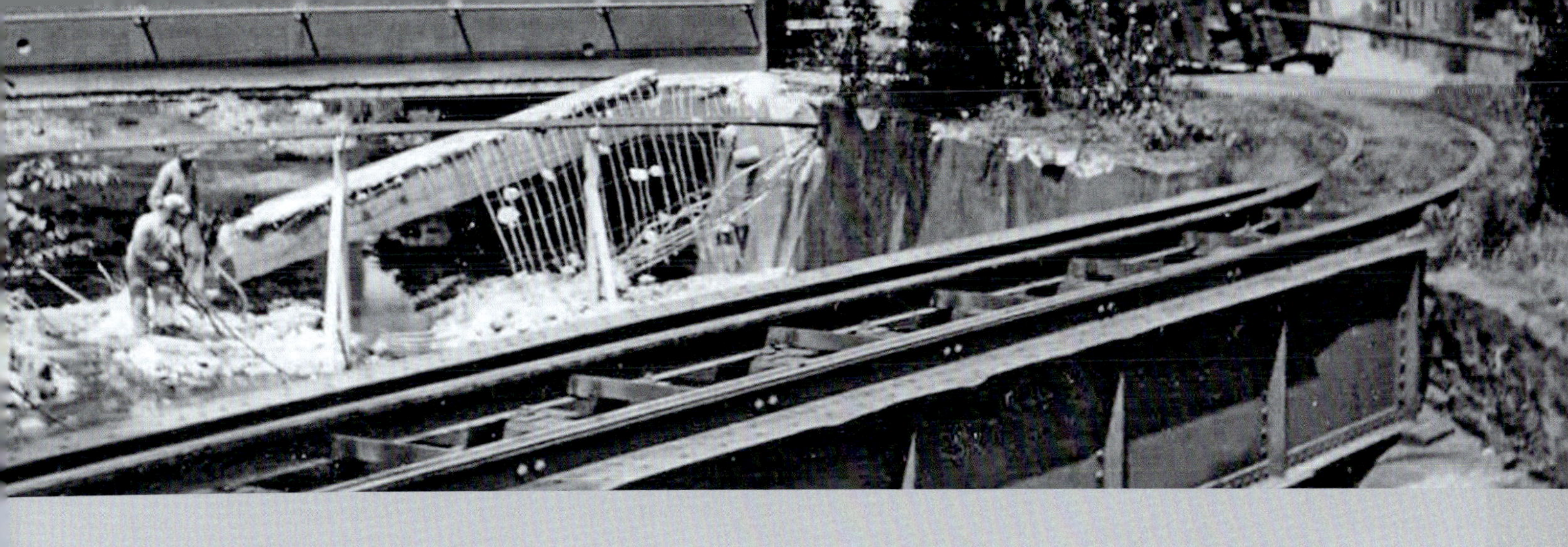

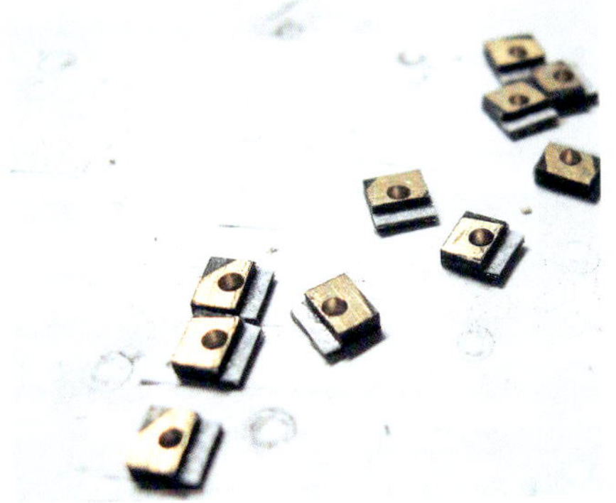

Das Ergebnis sind echte »Klemm«-platten. Diese Klemmplatten wurden beim Vorbild auch im an die Brücke anschließenden Gleisbogen zur Befestigung der Rillenschienen auf Stahlschwellen verwendet, die dafür gar nicht vorgesehen waren.

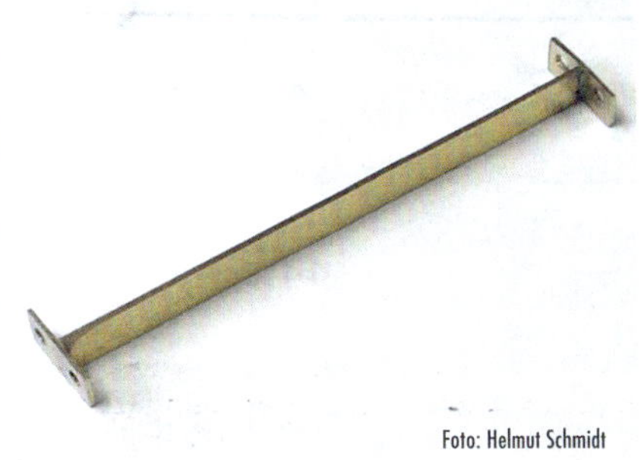

Foto: Helmut Schmidt

Die Spurstangen sind ebenfalls gefräst und aus drei Einzelteilen verlötet.

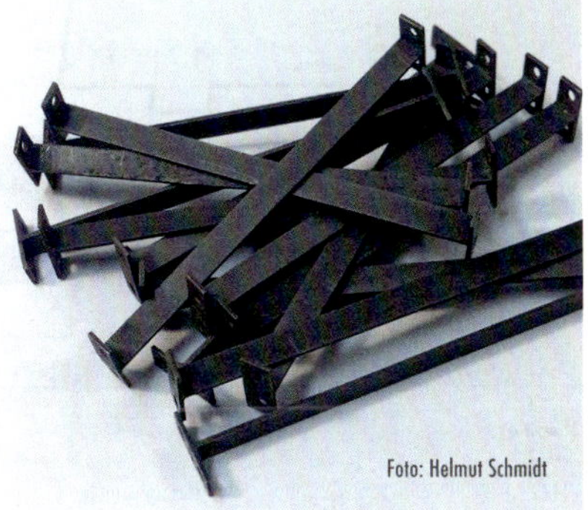

Foto: Helmut Schmidt

Vor der weiteren Verarbeitung wurden die Teile sandgestrahlt und brüniert.

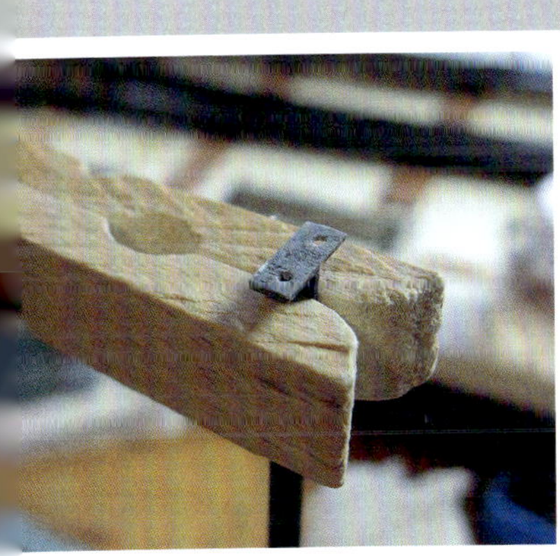

Auf die Spurstangenköpfe habe ich eine einzelne Lage Taschentuchpapier mit Sekundenkleber aufgeklebt, um die Schienen gegeneinander zu isolieren. Die Materialstärke des Papiers ist bereits bei der Konstruktion berücksichtigt.

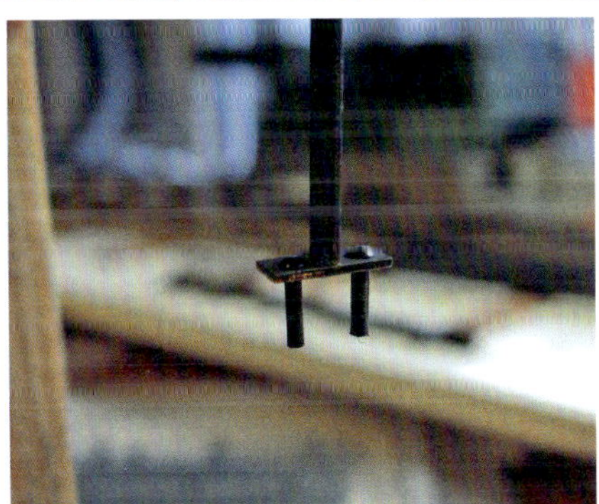

Die Verbindung mit dem Schienensteg stelle ich mit Kunststoffnieten her, auf die ich von der Schienenaußenseite M1-Muttern aufdrehe.

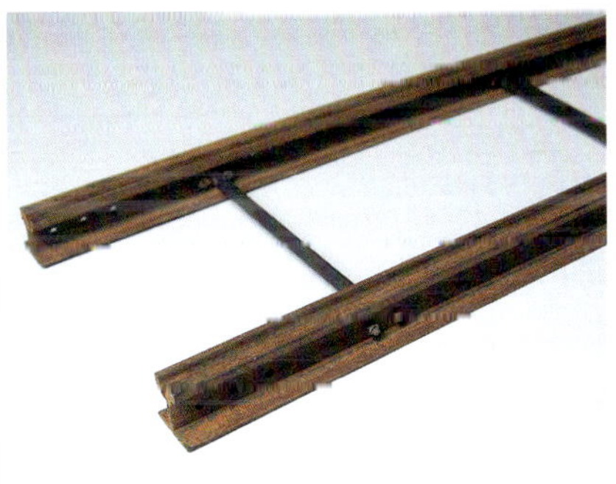

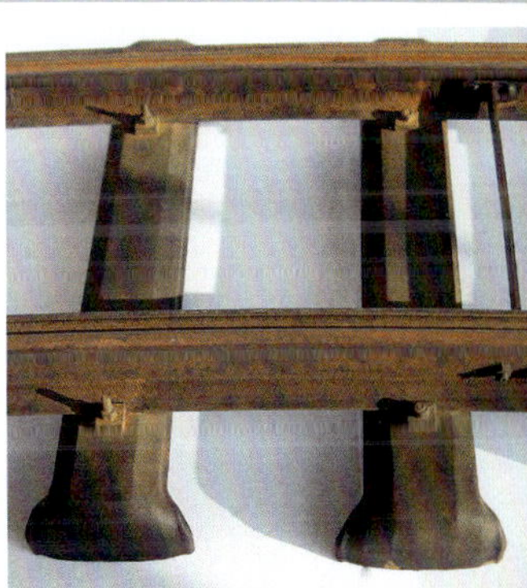

Während bei dem oben probeweise montierten Schienenstück noch echte Schrauben verbaut sind – das würde natürlich zu einem Kurzschluss führen – zeigt das rechte Bild die finale Ausführung.

| Stahlschwellen & Vignolschienen

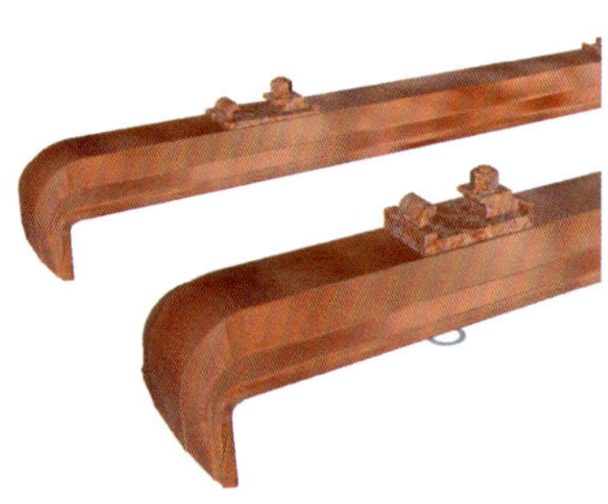

Auch wennn das am Markt erhältliche Code-250-Material der Schiene Preußen Form 6 recht nahe kommt, ist das Profil insgesamt etwas und der Schienenfuß dabei viel zu hoch. Der Vergleich zeigt vorne die Befestigung für Code 250 und hinten die maßstäbliche Umsetzung: da wollte ich hin. Den Begriff exakt braucht man im Zusammenhang mit Maßstäblichkeit eigentlich nicht zu bemühen.

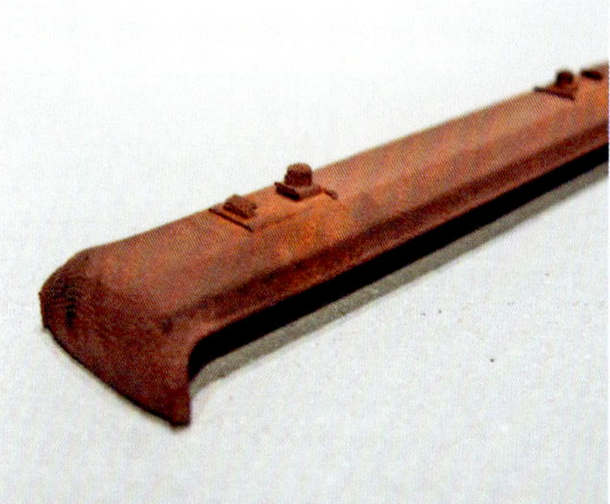

Die Schwelle ist eine maßstäbliche Nachbildung der Form SW50 mit Haarmann'scher Hakenplatte. Das war 2012 mein erster Versuch überhaupt mit dem Rapid-Prototyping-Verfahren. Das im Druck reinweiße Material ist hier bereits mit Wasserfarbe behandelt. Nun erinnert die Schwellenoberfläche zwar an stark korrodierten Stahl, lässt aber insbesondere bei den Details noch viel zu wünschen übrig. Außerdem war der Druck aller benötigten Schwellen finanziell keine Option.

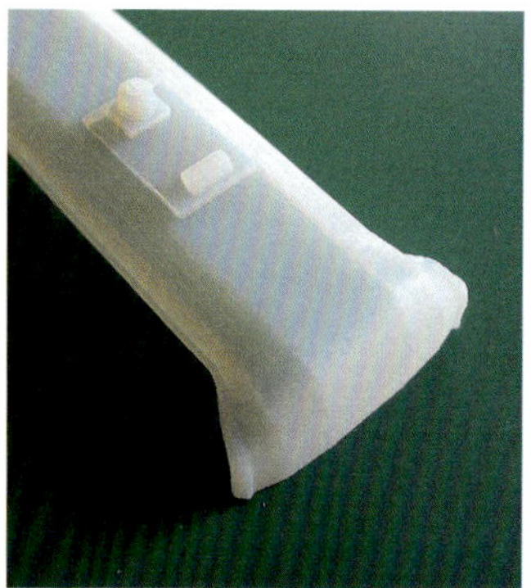

Deswegen gab es dann nochmal einen Druck in hoher Auflösung. Den hoch aufgelösten Druck musste ich nur geringfügig überarbeiten, da auf den schrägen Flächen eine minimale Treppenbildung zu erkennen war, die sich durch Abziehen mit einer Cutterklinge und ganz leichtes Schleifen beseitigen ließ.

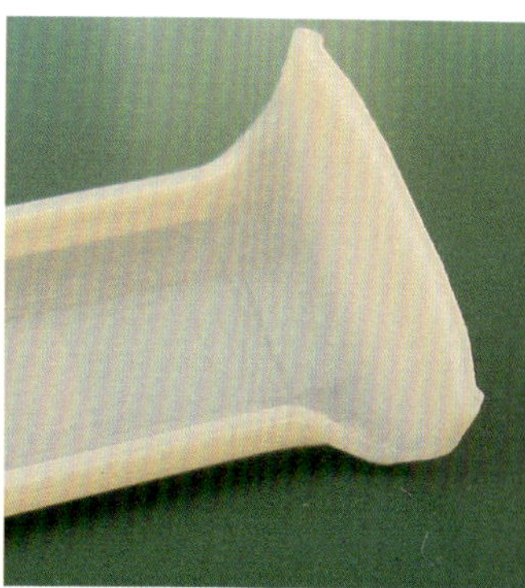

Gut zu erkennen sind die vorbildgerechte Wandstärke und die bereits um 2012 erreichbare Druckqualität.

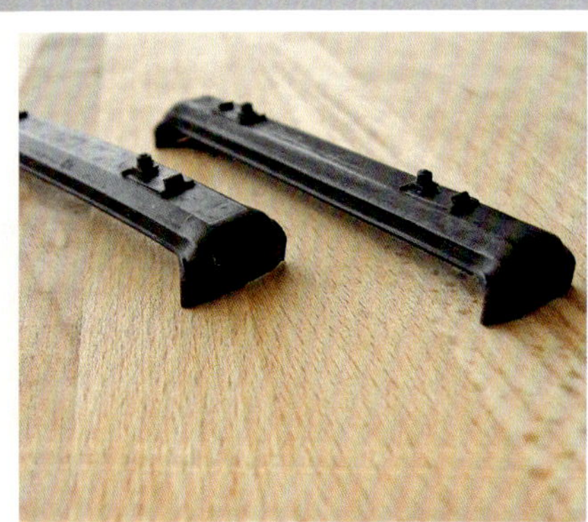

Dieses Urmodell habe ich dann im Resin-Vakuumguss vervielfältigen lassen. Produktionsbedingt waren die meisten Schwellen verbogen, das lässt sich jedoch durch Erwärmen mit einem Föhn korrigieren.

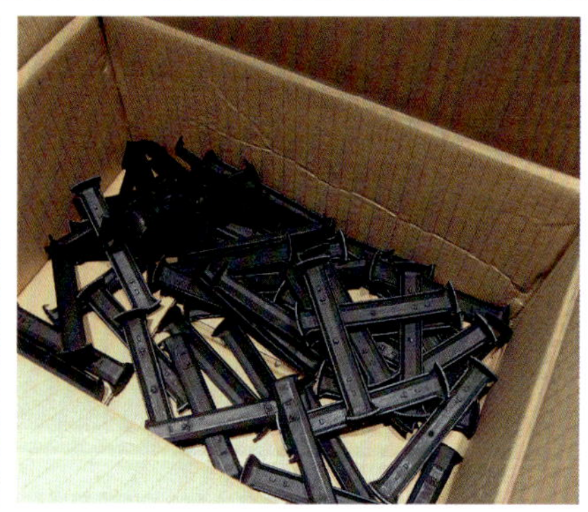

Ich benötigte hundert Schwellen. Die beiden Silikonformen mit je zwei Nutzen ließen jeweils nur 20-30 Abgüsse zu, so dass bei einzelnen Schwellen bereits nachlassende Abbildungsqualität zu erkennen ist, die dem Gesamteindruck des montierten Gleises jedoch keinen Abbruch tut. Bei der finalen Fassung hatte ich mich zur Nachbildung der Kleineisenteile der Unterseite entschieden, um auch mal eine einzelne Schwelle auf dem Kopf neben dem Gleis liegend zeigen zu können.

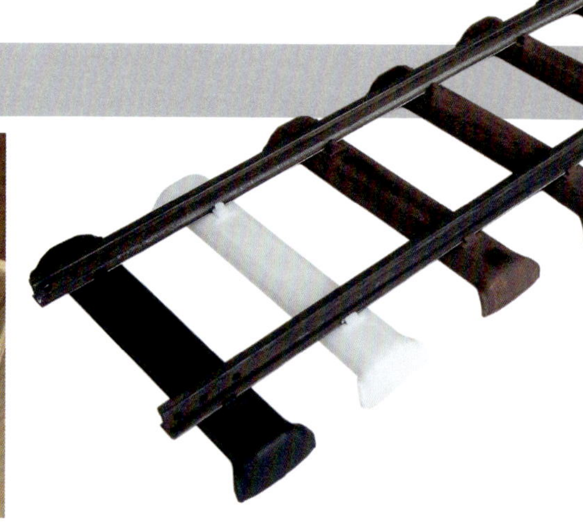

Die Schwellenteilung ließ sich anhand eines regelspurigen Gleisrestes der PKB ermitteln. An einem Schienenende löte ich Messingwinkel unter, mit denen die Schienen auf dem Untergrund verschraubt werden. Das entlastet die Schienenbefestigungen der Resin-Schwellen etwas und die Gleislage lässt sich mit leicht abgesackten Gleisstößen darstellen. Bei der endgültigen Montage erhalten die Schwellen noch eingeklebte Klötze, welche die Höhendifferenz der hohlen Schwelle zur Grundplatte ausgleichen und so die Schwellenkappen entlasten. Die Schienenprofile wurden nach Festlegung der Schwellenlage rückseitig mit dünnflüssigem Sekundenkleber mit den Schwellen verklebt, so dass es neben der Klammerwirkung der Schienenbefestigung noch zusätzlich eine flächige Befestigung gibt. Die Schienen sind lediglich mit Gravoxid brüniert, die Schwellen mit Tamiya oder Revell Acrylfarbe vorgestrichen; ein lederbrauner Grundton hat sich dabei bewährt. Bei der finalen Farbgebung werden Schwellen und Schienen noch aneinander angepasst – wie bereits bei den Rillenschienen beschrieben.

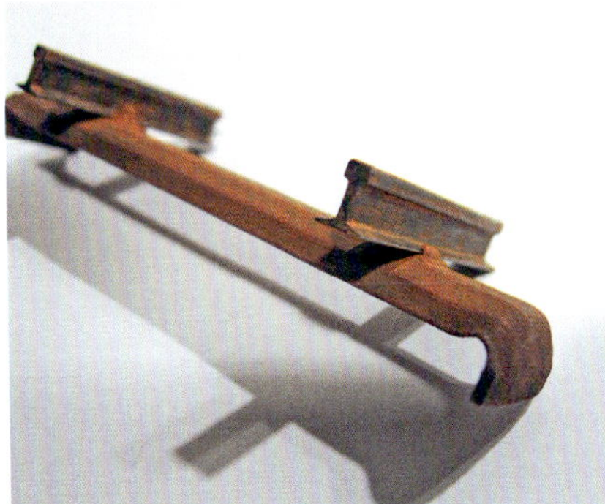

Bei den Schienen wurde es schon schwieriger: Hier ist mir Helmut Schmidt zur Seite gesprungen und hat die Schienenfüße des Code-250-Neusilbergleises auf Originalmaß heruntergefräst.

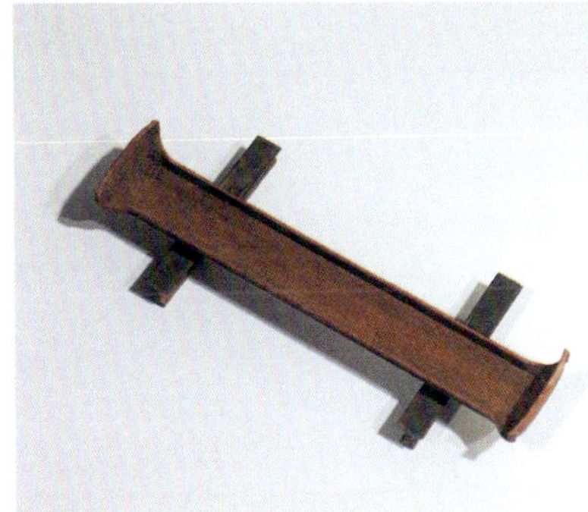

Die Unterseite der ersten Testschwelle war noch nicht durchgestaltet.

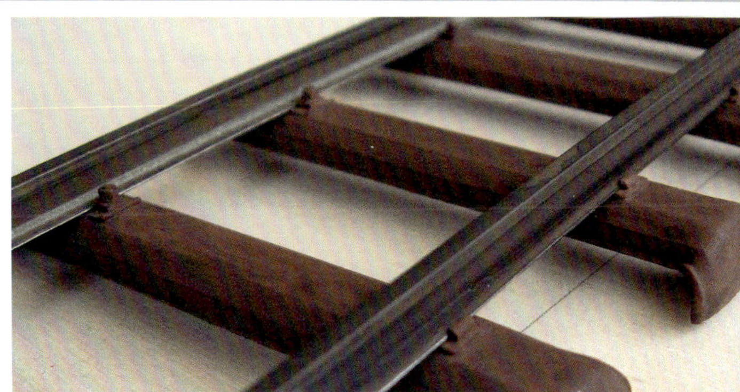

Durch das Fräsen haben sich die Schienen von der bearbeiteten Seite weg verzogen, das lässt sich jedoch im Schraubstock leicht mit der Hand korrigieren. Der Gleisrost wirkt nun ebenso überzeugend wie die Rillenschienen, bei denen man den etwas zu dicken Steg auch nur im Schnitt erkennen kann.

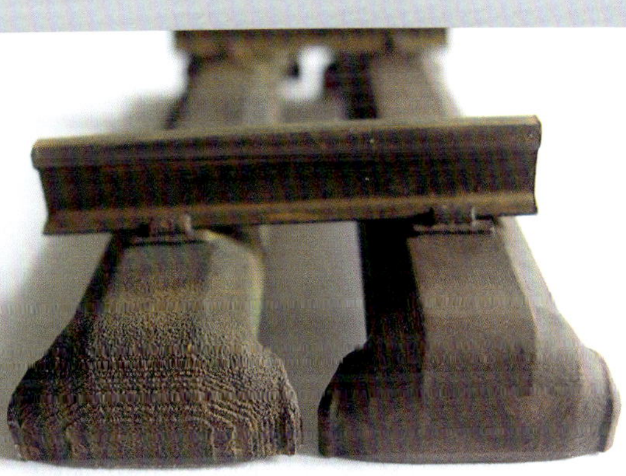

Im direkten Vergleich ist der Unterschied zwischen dem niedrig aufgelosten Erstdruck und den späteren Urmodellen gut zu erkennen.

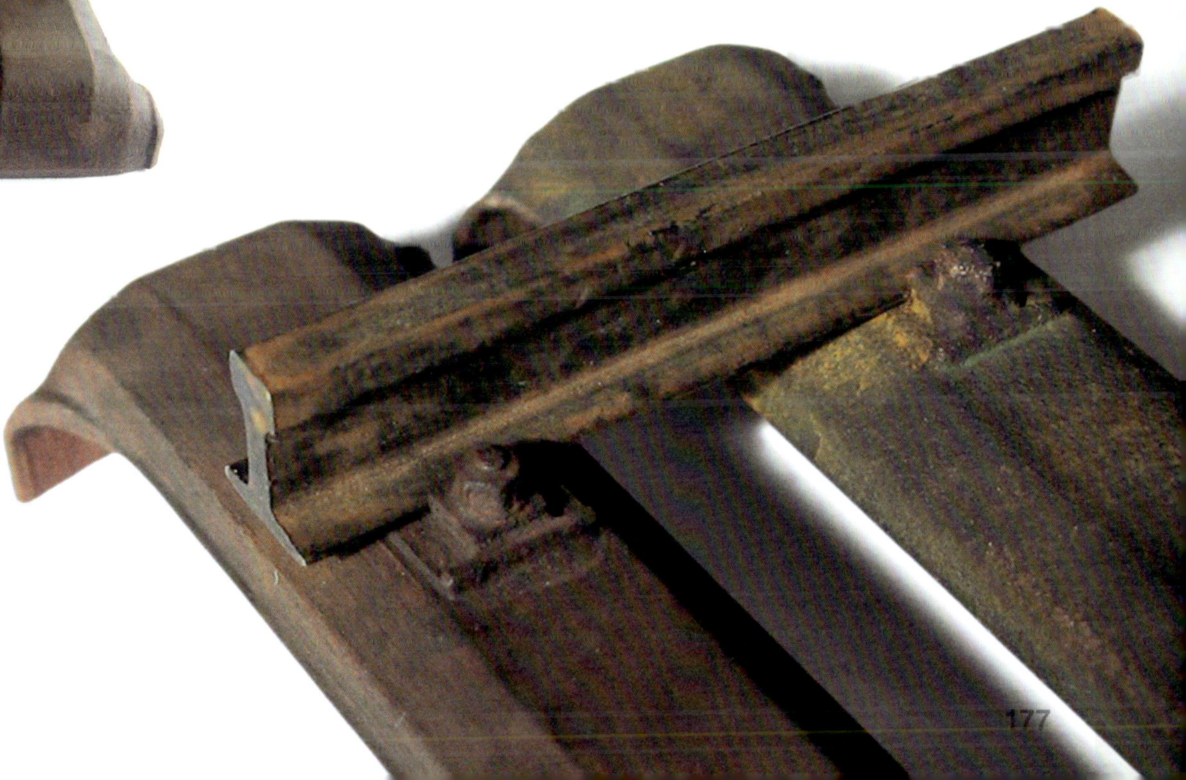

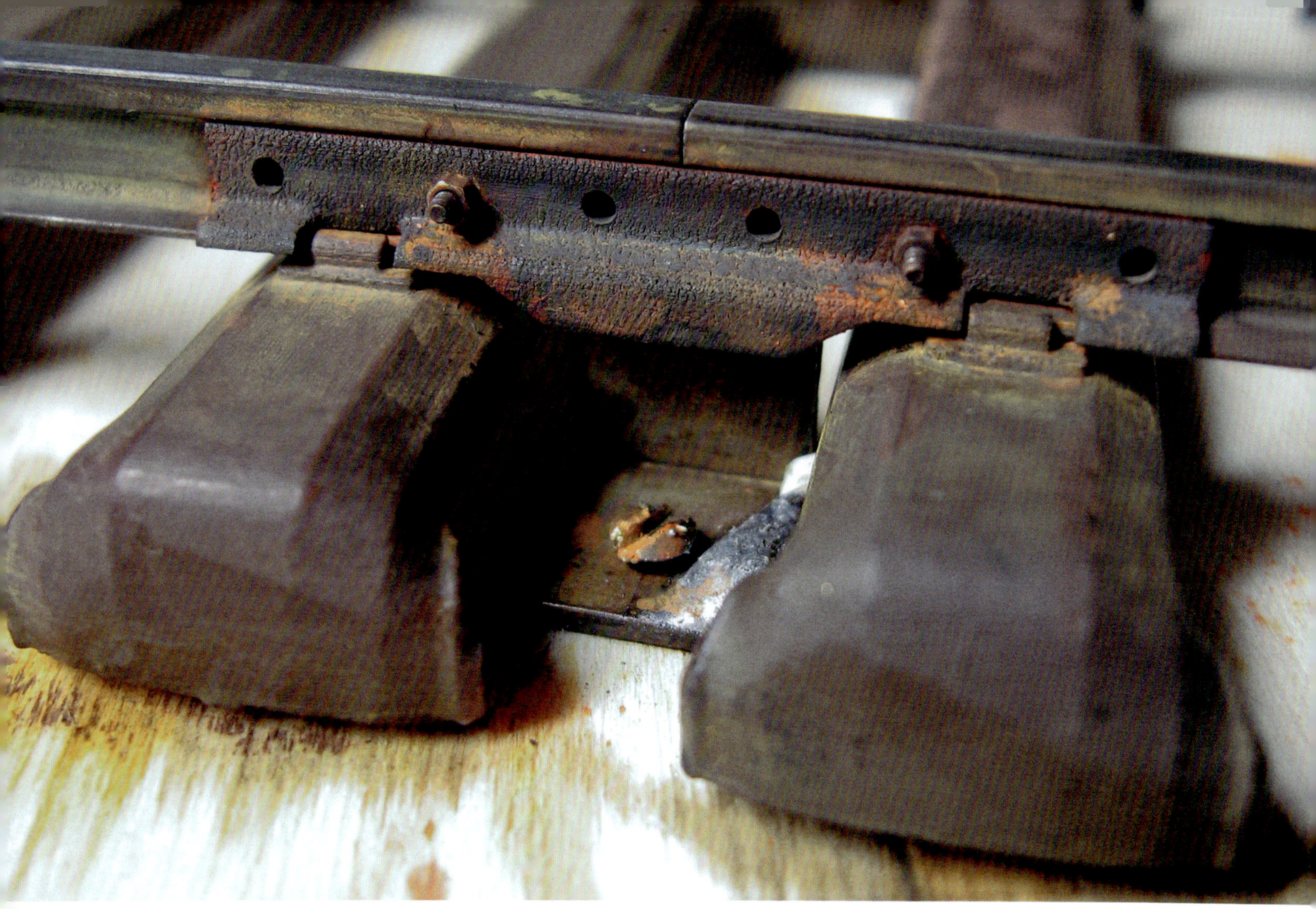

Gleislaschen

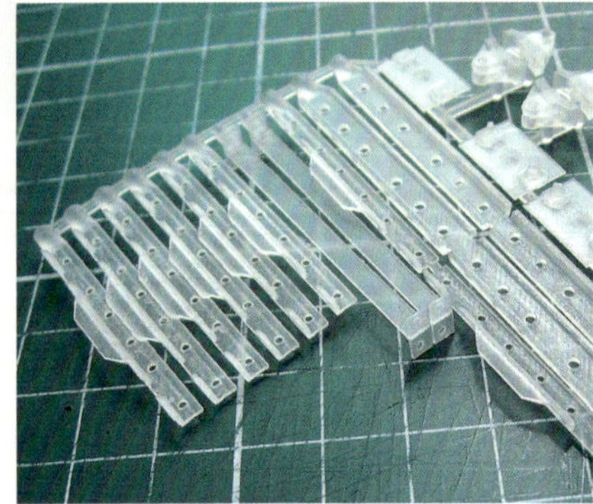

Die Urmodelle für die in Plettenberg verwendeten 6-Loch-Z-Laschen habe ich neben Rillenschienenlaschen, passenden Unterlagsplatten, Spurstangen und Bremsklötzen zu einem Druckbaum kombiniert. Einige Laschen werden auch direkt als Isolierlaschen verwendet.

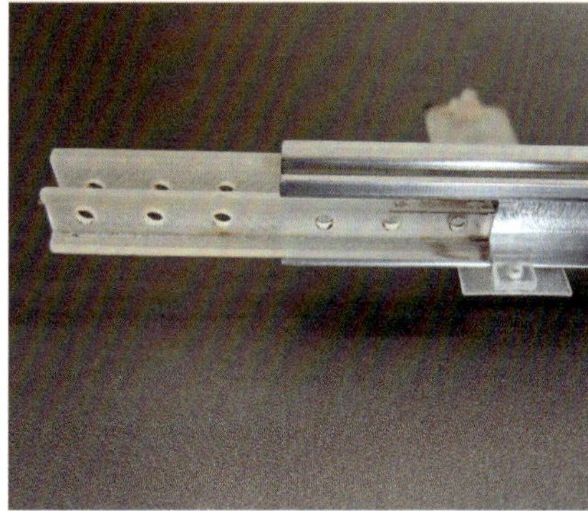

Die Druckteile passen genau in das Schienenprofil.

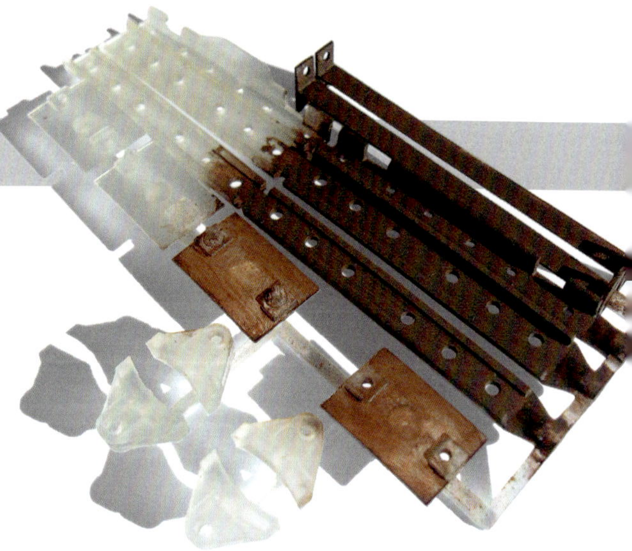

Abgesehen von einigen feinen Stufen sahen die Schraubenköpfe der Schwellenschrauben nicht überzeugend aus – erst die Reinigung mit Wasser, Spülmittel und einem festeren Pinsel ließ dann scharf abgebildete Teile zum Vorschein kommen. Die Isolierlaschen zeigen bereits einen etwas dickeren Farbauftrag, der die kaum sichtbaren Stufen weiter kaschiert. Die dazu stärker verdünnte und in mehreren Schichten aufgetragene Farbe gleicht die Vertiefungen aus.

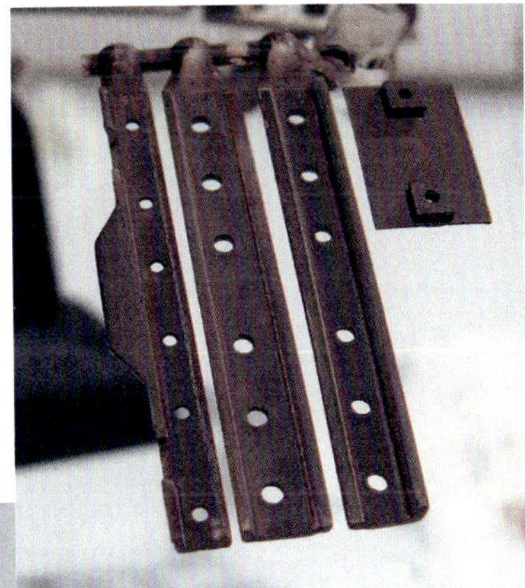

Die Urmodelle für den Guss habe ich mit 600er-Schleifpapier nachgeschliffen. Die Farbe dient hier lediglich der Sichtbarmachung der Unebenheiten, die im transparenten Material kaum erkennbar sind.

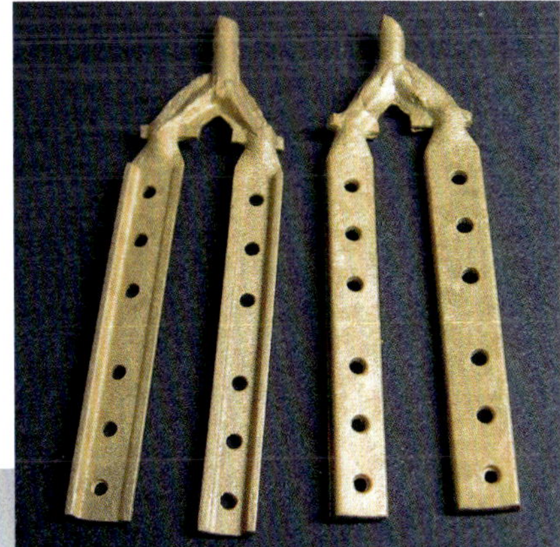

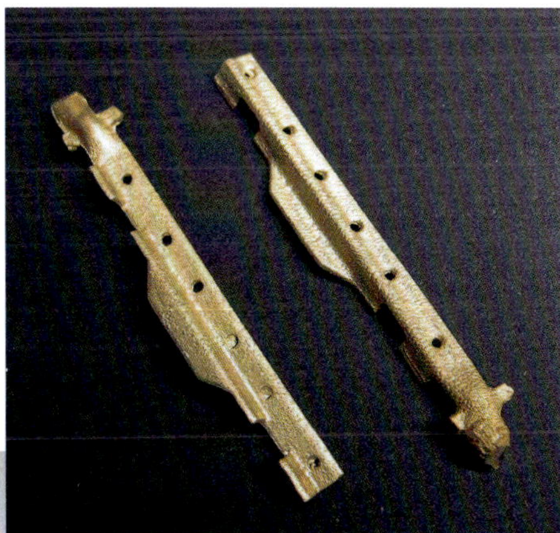

Ich hatte die Teile bei einer Gießerei machen lassen, die mit Gummiformen arbeitete. Die zum Galvanisieren der Form erforderliche Wärme vertrug das Druckmaterial des damaligen Anbieters nicht gut. Während die Rillenschienenlaschen gut herauskamen, zeigten die Z-Laschen regelrechte Krater auf der Oberfläche.

Helmut Schmidt brachte die Schienen auf die vorbildgerechte Gesamthöhe, indem er den Schienenfuß abgefräst hat. So erhielt auch der Fuß ein vorbildgerechtes Aussehen und die Schiene die richtige Höhe.

Die Vorbildschwellen Form SW50 mit Haarmann'scher Hakenplatte sind auch nicht als Fertigmodell erhältlich, so dass ich mich bei meinem allerersten 3D-Bauteil überhaupt mit den Schwellen und ihren schwierig umzusetzenden Kappen auseinandersetzen musste. Der Druck aller Schwellen war damals noch keine Option. Deswegen habe ich Urmodelle drucken und sie dann im Resinguss vervielfältigen lassen.

Der steinige Weg zum vorbildgerechten Gleis führte also geradewegs und ausschließlich durch das weite Feld von Sonderanfertigung und Selbstbau, das erreichte Ergebnis spricht allerdings für sich und entschädigt für den Aufwand, der hinter der Entwicklung der zahlreichen notwendigen Einzelteile steckt und der bei den fertigen Objekten oft nicht auf den ersten Blick zu erkennen ist. Ich bin jedenfalls sehr dankbar, dass sich andere Menschen von meinen speziellen Ideen haben überzeugen lassen und bereitwillig ihre Zeit und ihren Maschinenpark zur Verfügung gestellt haben, um Teile umzusetzen, die ich mit meinen eigenen Möglichkeiten nicht hätte herstellen können.

Meine anfängliche Enttäuschung wich restloser Begeisterung, als ich die Teile brüniert und zur Probe montiert hatte: So sehen jahrzehntealte, rostige Laschen aus.

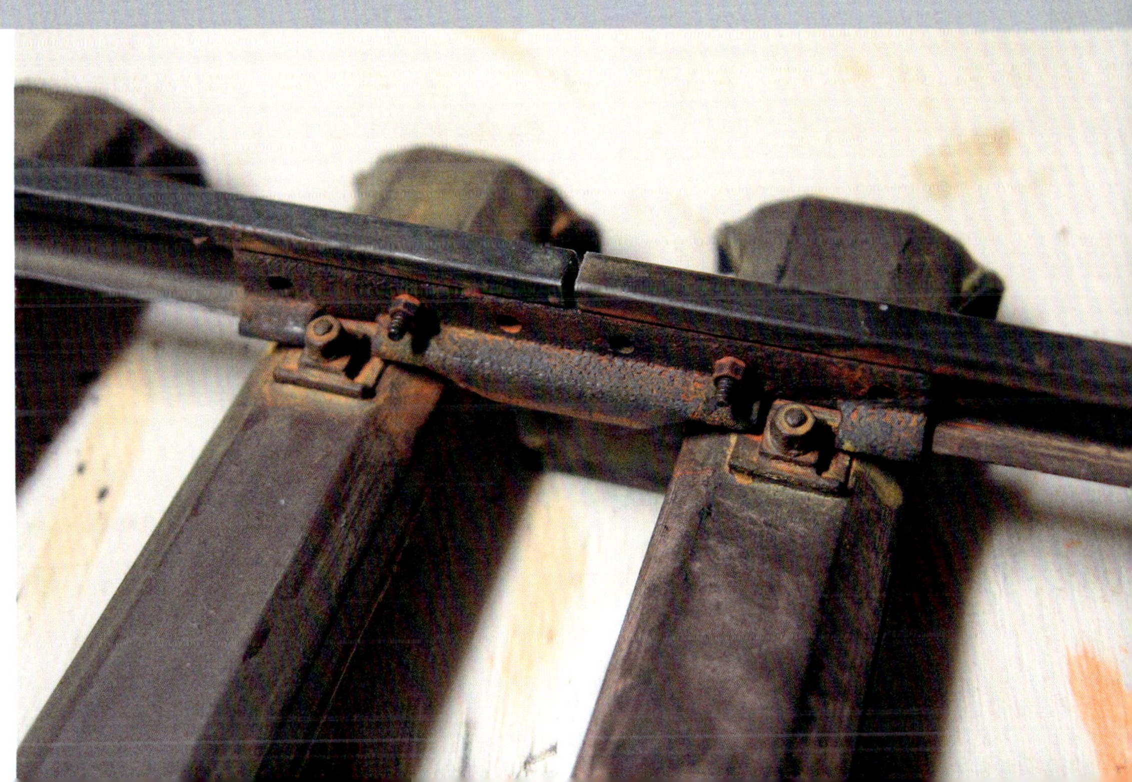

10

Oesterbrücke

Neben dem Haus Lohmann war die kleine Blechträgerbrücke ein prägendes Element, das den Charme dieser städebaulichen Situation ausmachte. Im Gegensatz zu den meisten anderen Eisenbahnbrücken war sie an den Enden lediglich mit Gleitlagerschuhen ausgerüstet – zumindest ist es das, was auf den historischen Aufnahmen erkennbar und als technische Lösung glücklicherweise durch Zeichnungen ähnlicher Brücken aus dem sächsischen Schmalspurbahnbereich belegbar ist.

Ursprünglich wollte ich die Oesterbrücke aus Kunststoff bauen, was beim Rückgriff auf das Laserverfahren mit meinen eigenen Möglichkeiten umsetzbar gewesen wäre, die Argumente befreundeter Modellbauer zur Stabilität und Dauerhaftigkeit einer Messingkonstruktion haben mich dann aber überzeugt. Zu diesem Zeitpunkt kannte ich noch kein CAD und hatte die Brücke zum Lasern zweidimensional in Adobe Illustrator gezeichnet, das auch *.dxf-Dateien ausgeben kann, die sich theoretisch zum Fräsen eignen: Während sich die äußeren Konturen noch in die Fräsprogramme übertragen ließen, war das bei den als Kreisen angelegten Bohrungen nicht möglich. Nach einigem Hin und Her war klar, dass es so nicht gehen würde.

Die Brücke entstand also ein weiteres Mal als CAD-Konstruktion, auf deren Basis sich erst die für das Fräsen benötigten Daten ableiten ließen. Frithjof Spangenberg hatte zwar angeboten, die Teile zu fräsen, ich wusste aber lange nicht, wie ich die zahlreichen Nieten umsetzen könnte. Das durchgängige Nietenprägen schied wegen der Materialstärken und der Unzugänglichkeit einiger Stellen aus, und das Einsetzen von Messing-Modellbaunieten war sowohl finanziell als auch aufgrund der Menge keine akzeptable Variante, da beide Seiten der Vernietung sichtbar sind und wegen des unterschiedlichen Durchmessers von Nietkopf und Schaft zwei Nieten pro Bohrung erforderlich gewesen wären. Es vergingen rund fünf Jahre, bis ich eine in jeder Hinsicht gute, aber etwas arbeitsintensive Lösung fand.

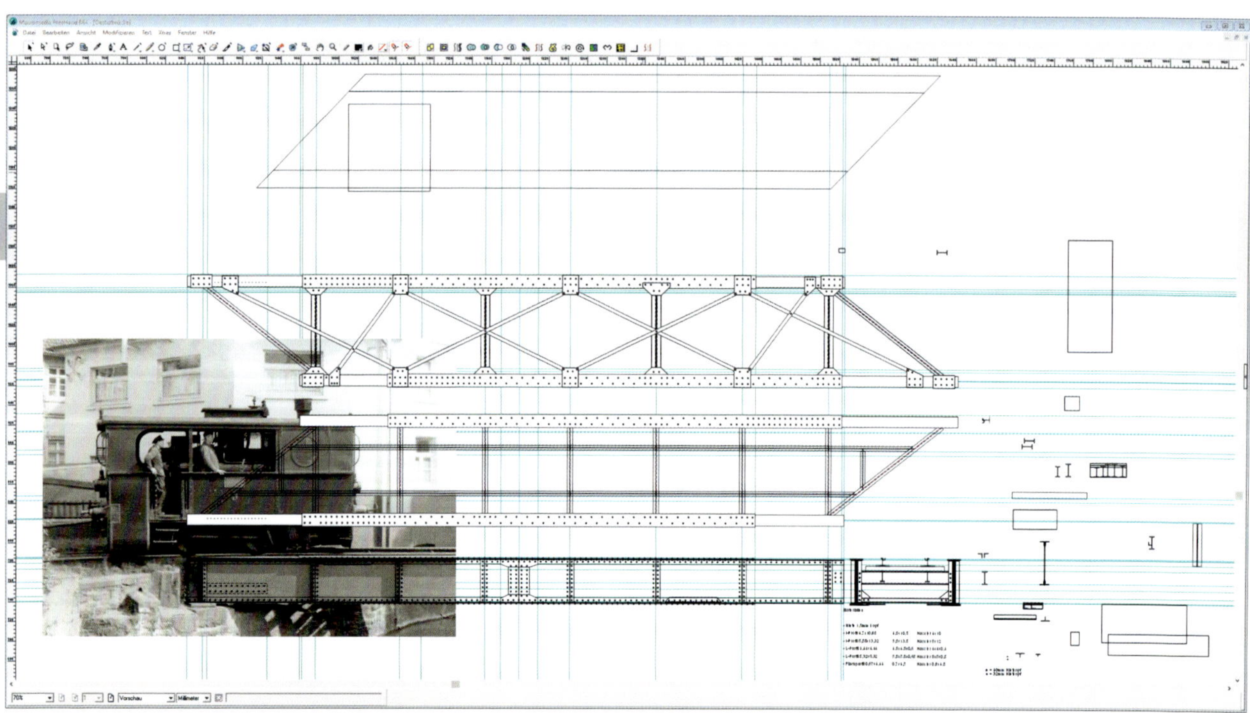

Brückenplanung

Die Brücke hatte ich komplett zweidimensional gezeichnet – nur um festzustellen, dass sich die Daten nicht ohne weiteres für die CNC-Fertigung eignen. Das entsprechend entzerrte Foto konnte ich anhand der bekannten Maße der Lok gut zur Ermittlung der Brückenmaße verwenden, von der es keine Unterlagen mehr gibt.

In der dreidimensionalen Ansicht sind Aufbau und räumliche Wirkung der Brücke viel besser erkennbar als in der ursprünglichen zweidimensionalen Zeichnung.

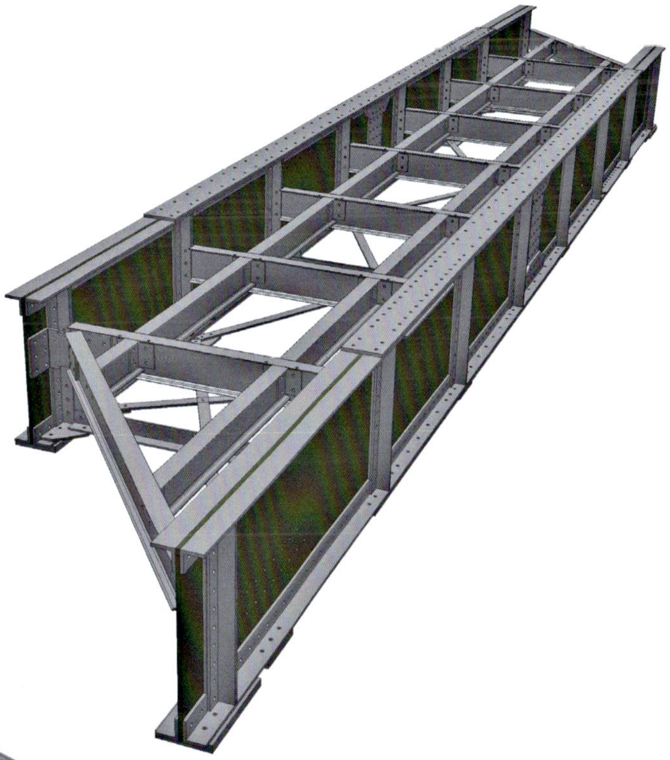

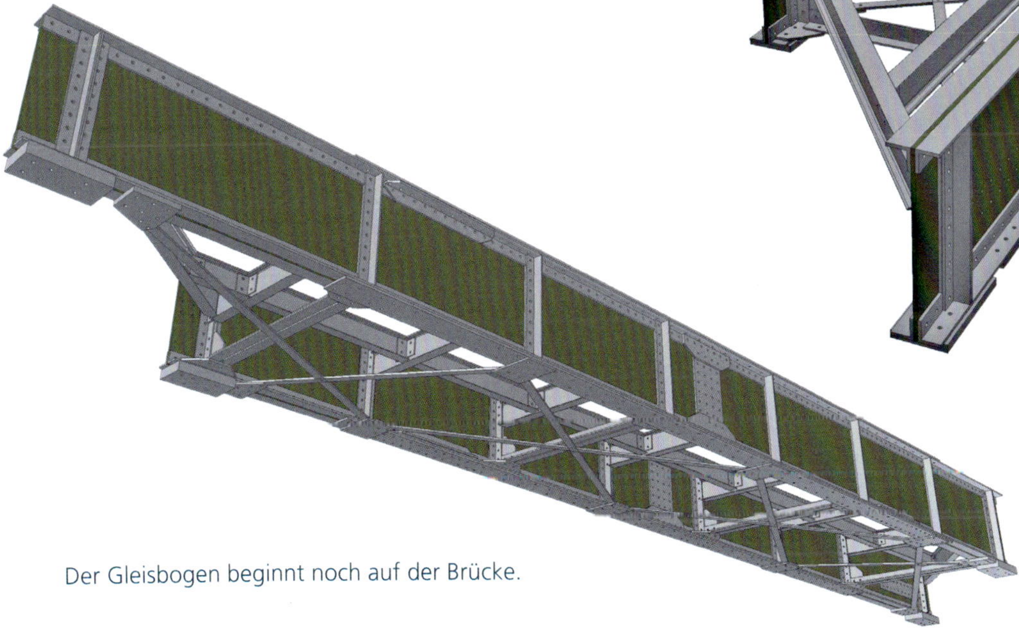

Der Gleisbogen beginnt noch auf der Brücke.

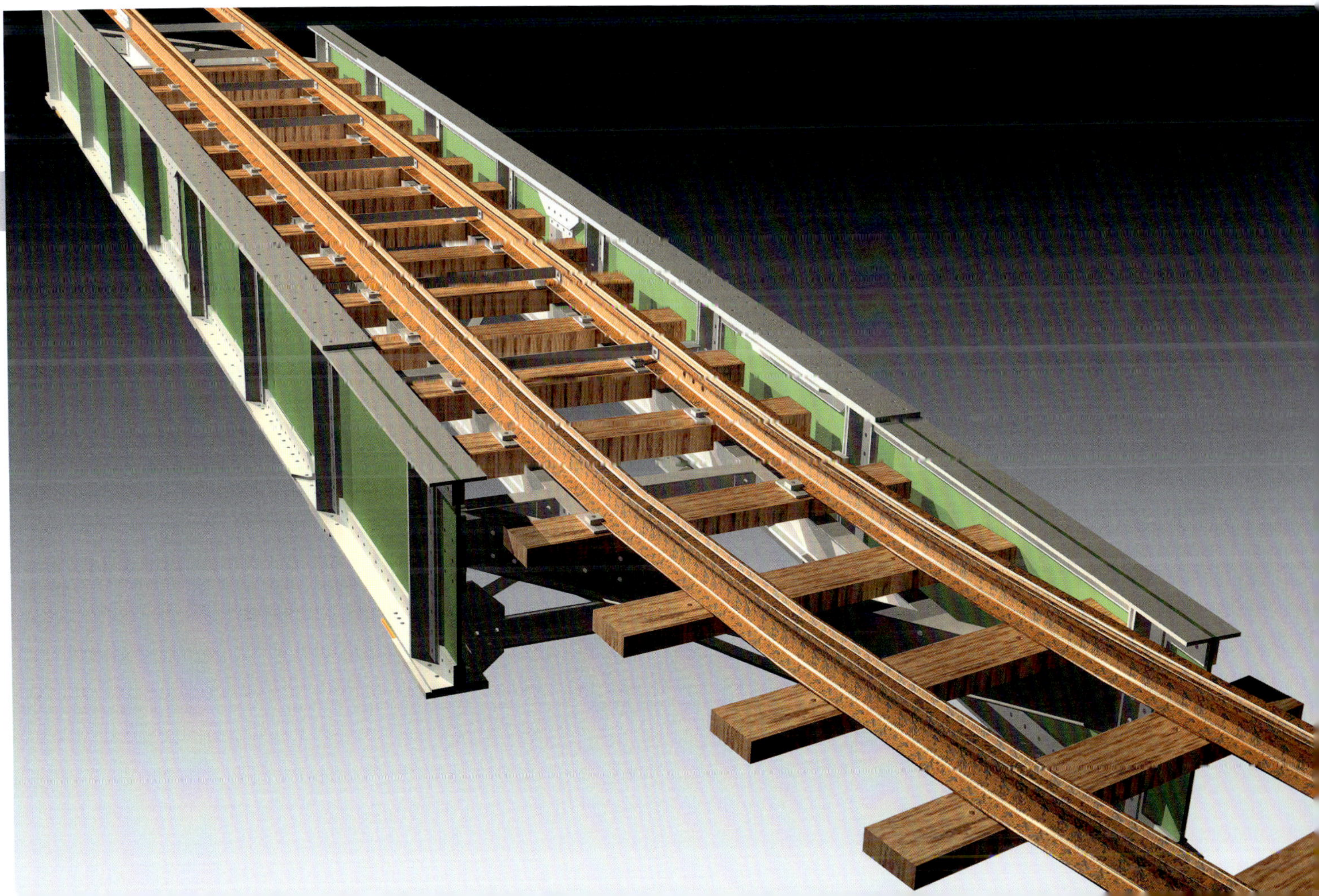

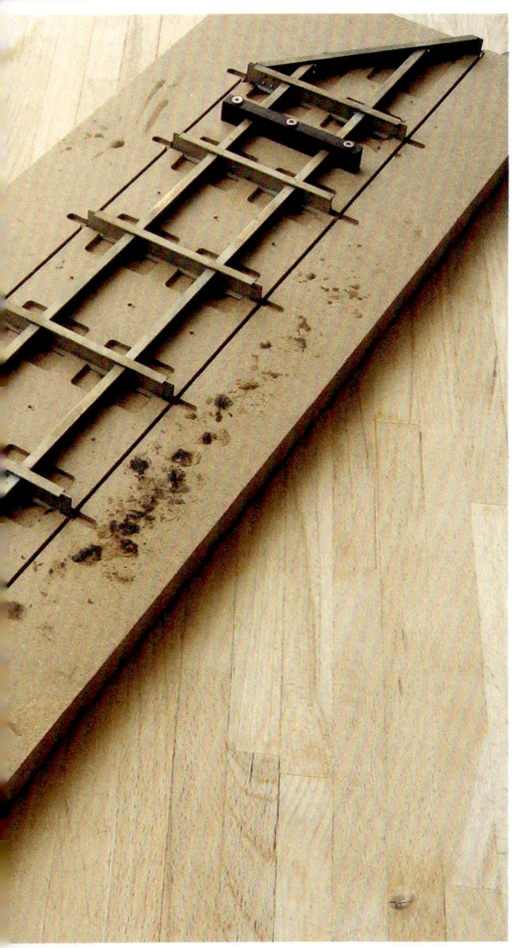

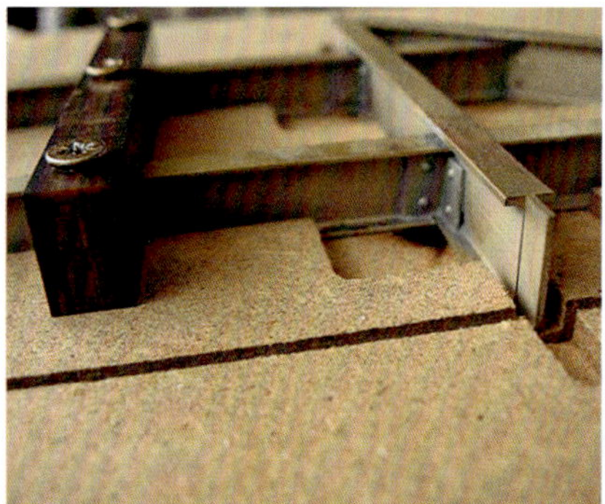

Eine Lehre aus MDF sorgte dafür, dass die Längs- und Querträger exakt ausgerichtet sind und sich beim Einlöten der Knotenbleche nicht verschieben können. Halter aus Pertinax drücken die Profile fest in die Ausfräsungen. Die Verbindungen bestehen neben den kreuzenden Trägern aus jeweils vier Knotenblechen.

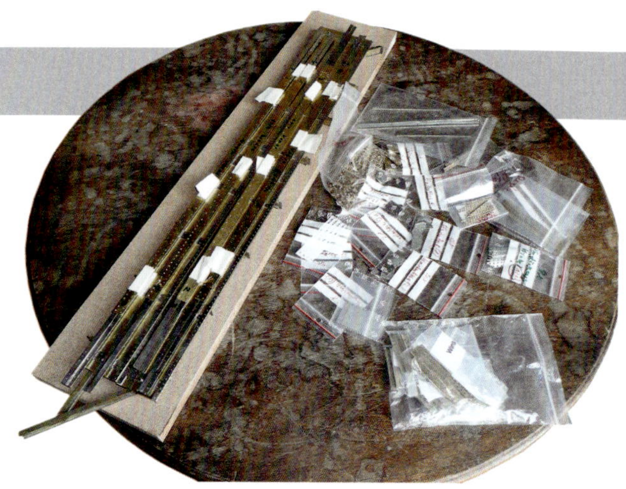

Nach einer fünfjährigen Pause ging es mit den restlichen Teilen weiter – ich habe sie nicht gezählt.

Mit Widerstandslöter und Flamme

Ich löte am liebsten mit der Flamme, da sich so ein sehr sauberes Lötbild ergibt. Für die Längs- und Querträger habe ich aber ein Widerstandslötgerät verwendet, um die extra angefertigte MDF-Lötlehre nicht unbrauchbar zu machen. Der Widerstandslöter kommt aber selbst bei voller Leistung bei den Kreuzungspunkten an seine Grenzen, da der Wärmeabfluss groß ist: Zu den kreuzenden Trägern kommen jeweils vier Knotenblechen hinzu.

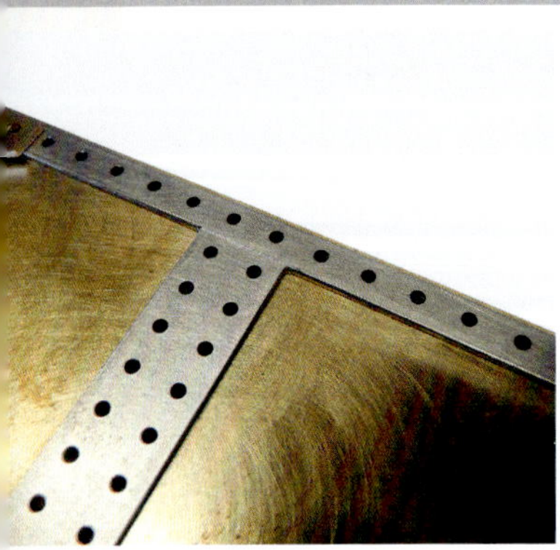

Das auf die Stegbleche aus Messing aufgesetzte leiterartige Bauteil ist aus Neusilber gefräst. Die Bauteile haben identische Bohrungen, wo später Nieten dargestellt werden.

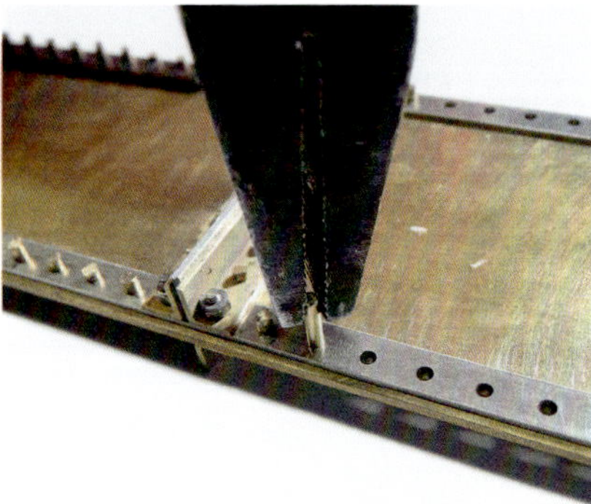

In die Bohrungen setze ich Stifte aus MS58 ein. Zwischen den beiden aufgesetzten Messingwinkeln wird später die Trägerkonstruktion montiert. Um den dazu erforderlichen Schlitz beim Löten auf Maß zu halten, habe ich dort einen Aluminiumstreifen eingelegt.

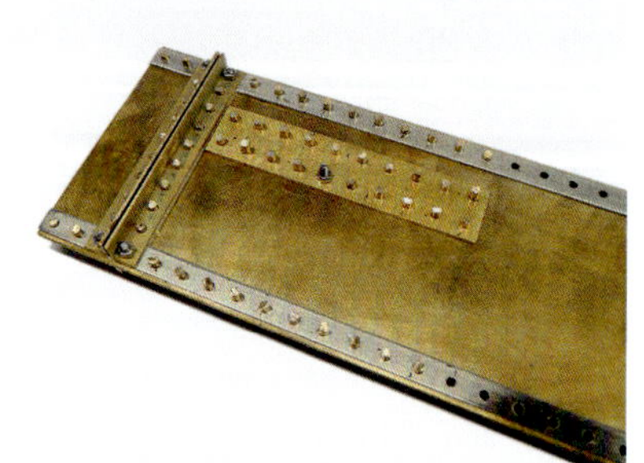

Nach einer schweren Entgleisung beim Vorbild wurde die Brücke mit einem Flickblech repariert – einen konstruktiven Grund gibt es für das aufgesetzte Blech sonst nicht.

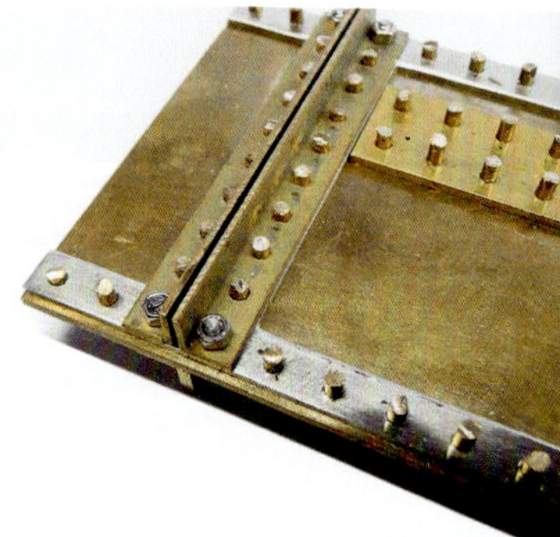

Die Stifte sitzen stramm in den Bohrungen. Trotzdem sind die Teile für die folgenden Lötarbeiten mit Edelstahlschrauben verbunden, die kein Zinn annehmen. Diese Bohrungen müssen dann natürlich anschließend noch mit Stiften verlötet werden.

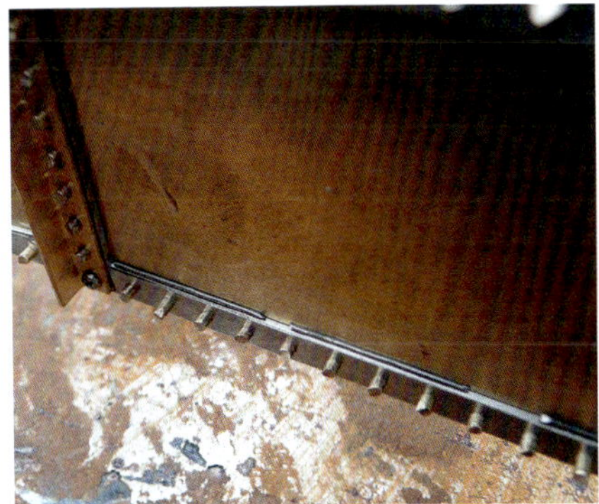

Das Lötwasser zieht durch die Kapillarwirkung zwischen die aufeinanderliegenden Flächen. In den Ecken liegen Lotabschnitte.

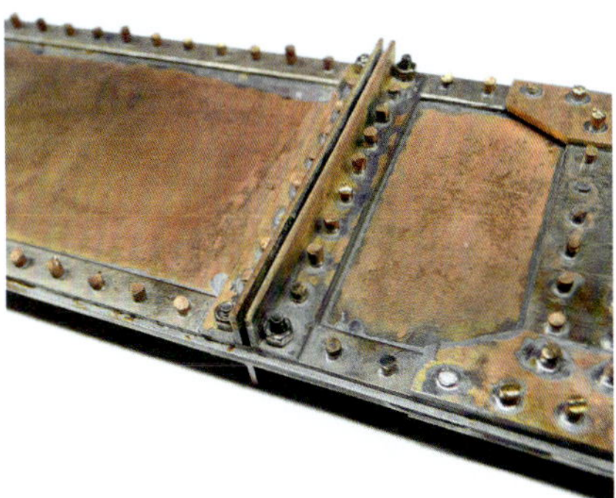

Nach dem Verlöten mit der Flamme – ich verwende dazu einen Flambierbrenner für die Küche – können die Edelstahlschrauben entfernt werden.

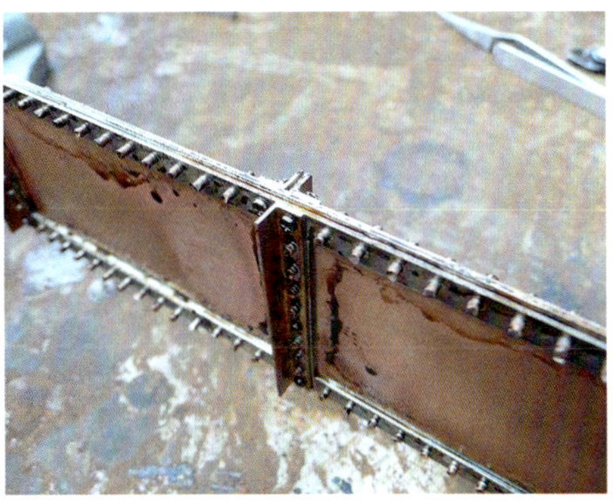

Die eingangs erwähnte Neusilberleiter bildet jeweils den senkrechten Schenkel der längs verlaufenden Winkel sowie die Futterstücke für die aufgesetzten senkrechten Winkel.

Der lange Weg zum Niet

Die Trägerkonstruktion lag zwar schon fertig gelötet im Regal, die restliche Brückenkonstruktion ließ sich aber erst abschließen, als klar war, wie ich die zahlreichen Nieten umsetze. Frithjof Spangenberg hatte die Idee, die langen Brückenwinkel aus zwei getrennten Schenkeln zusammenzusetzen. Für die auf den Stegblechen aufliegenden Seitenteile ergab sich so ein leiterartiges Frästeil, was weniger Teile und damit auch weniger Montageaufwand bedeutete.

Alle Innenecken dieser Leitern wiesen einen vom Fräserdurchmesser verbleibenden Radius auf, den ich als erstes weggefeilt habe. Die sichtbare Außenkante des späteren Winkelprofils sollte vorbildentsprechend einen leichten Radius aufweisen. Ich habe dazu eine Feile gewissermaßen in der falschen Richtung entlang der Kante gerieben und die so entstandene Rundung noch einmal mit Schleifpapier nachgearbeitet. Alle Bohrungen sind bereits im späteren Nietkopfdurchmesser von 1,5 mm angelegt.

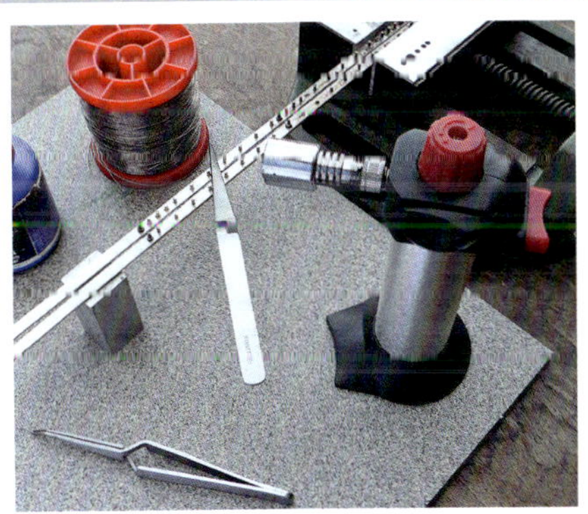

Die waagerechten Schenkel entstehen aus zwei parallel laufenden Neusilberstreifen, die mit einer Decklage aus Messing verlötet werden.

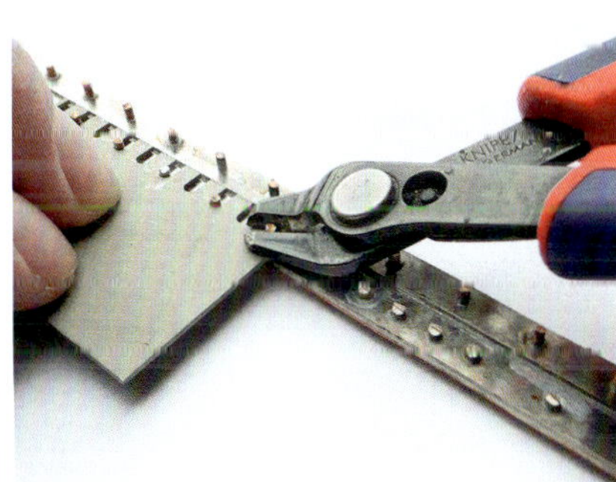

Zum Kürzen der Stifte verwende ich einen watenfreien Seitenschneider. Der untergeschobene Kamm aus Neusilberblech sorgt für ausreichend gleichmäßige Überstände.

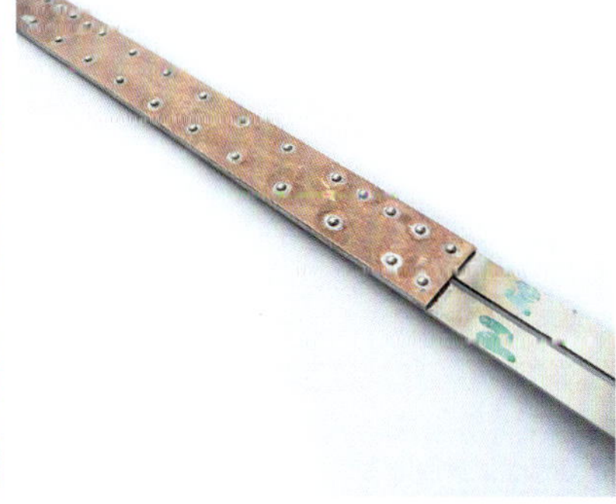

Da die Niete auf der Unterseite der Decklage, also dem waagerechten Schenkel des späteren Längswinkels, nicht mehr frei zugänglich sind, mussten die Nietköpfe des Bauteils vor der weiteren Montage ausgeformt sein. Die Oberseite habe ich gleich mitbearbeitet, um ein Gefühl für den Umfang und das Prozedere bei der noch anstehenden Menge an Nietköpfen zu bekommen.

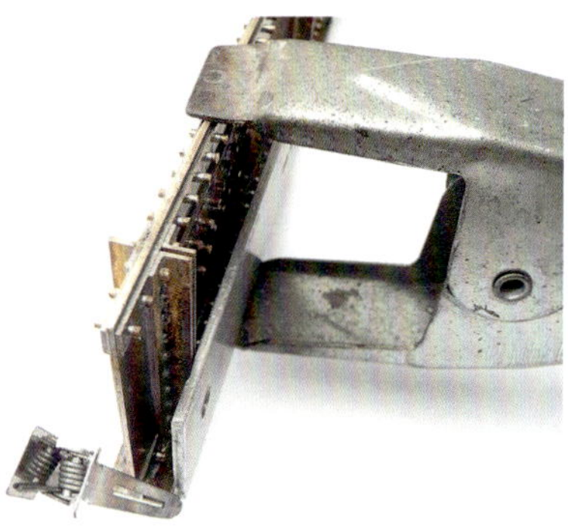

Die so vorgefertigten Baugruppen lassen sich in den nietfreien Bereichen an den Brückenenden nun mit Hilfe eines Aluminumwinkels lotrecht ausrichten und verlöten.

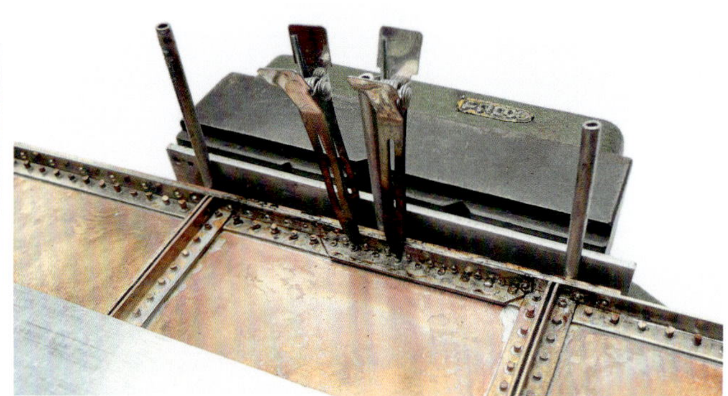

Dort, wo die bereits verbauten Stifte überstehen, sorgen zwischengelegte Alurohre für eine gleichmäßige Auflage. Besser eignen sich Federstahlstababschnitte, die auch bei zu hohem Druck und zu hoher Temperatur nicht nachgeben können. Ich habe auf diese Weise fortlaufend jeweils ein einzelnes Feld im Schraubstock eingespannt verlötet.

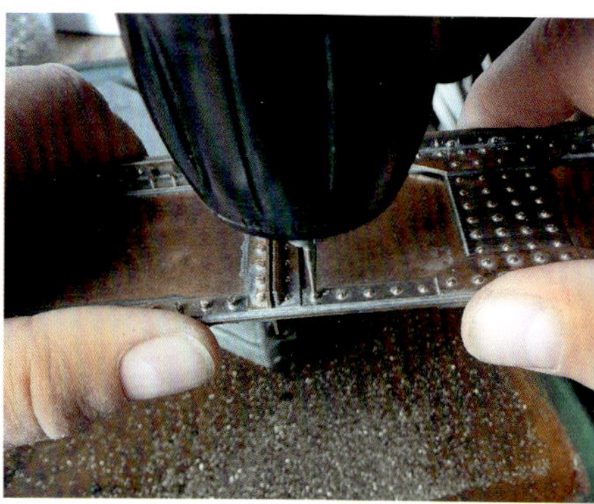

Mit einem zweischneidigen Finierfräser habe ich die Nietköpfe hergestellt. Man muss sich vorher überlegen, welche Stellen man später noch erreicht, um sie verrunden zu können.

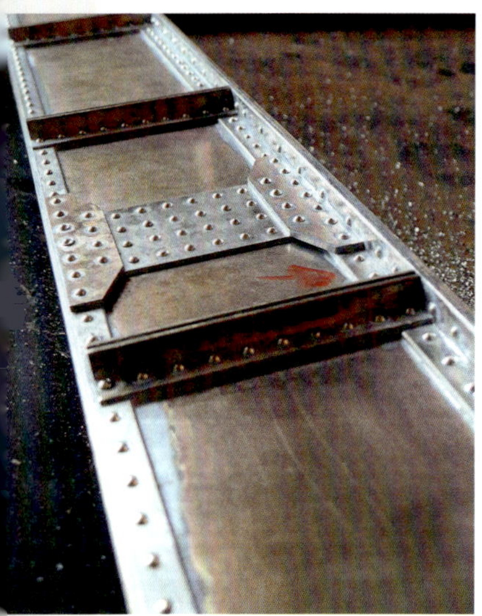

Ich ziehe das Arbeiten mit einem im Bohrständer fixierten Finierfräser und frei beweglichen Bauteilen vor, da man mehr Gefühl dafür hat, was an der Schneide passiert. Die Nietköpfe fallen dadurch alle ganz leicht unterschiedlich aus, was dem späteren Erscheinungsbild zu Gute kommt. Überschüssiges Zinn verschwindet beim Strahlen.

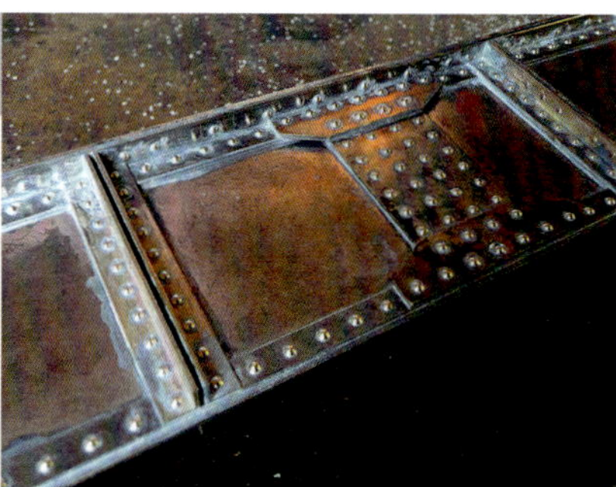

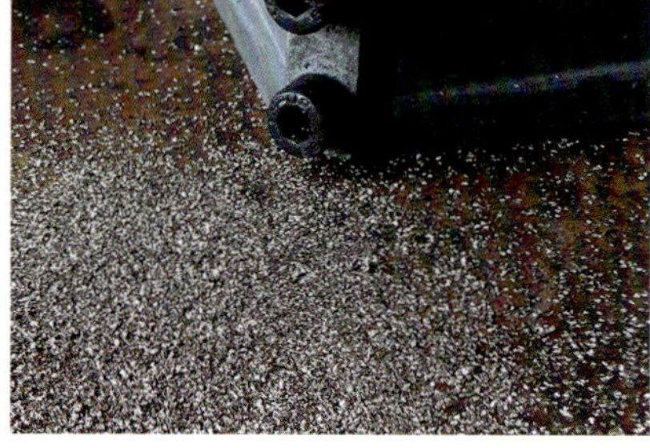

Wo gehobelt wird, fallen Späne: Nach kaum einem Tag konzentrierter Arbeit waren alle Köpfe verrundet.

Als Nietimitation habe ich kurze Drahtstifte aus 1,5 mm starkem Messingrundmaterial MS58 verwendet, die ich mit einer Zange in die Bohrungen gedrückt habe. Es ist für die späteren Schritte hilfreich, wenn die Stifte stramm in den Bohrungen sitzen und die lediglich mit ein paar Edelstahlschrauben verbundenen Teile ohne weitere Klemmvorrichtungen in Position bleiben. Rund zweitausend Stifte sind verbaut, das ergibt viertausend Nietköpfe. Mein Flussmittel war Griffon S-39, das durch die Kapillarwirkung gut zwischen die geklemmten und teilweise verschraubten Teile zieht. Zum Löten mit der Flamme habe ich 0,5 mm starkes Lot an den jeweils oberen Stoßkanten aufeinanderliegender Bauteile positioniert. Die Edelstahlschrauben nehmen kein Lötzinn an, lassen sich also leicht entfernen und durch Messingstäbe ersetzen, die ich wiederum einlöte.

Beim anschließenden Verrunden der Nietköpfe verwende ich eine Drehzahl von lediglich 100-200 U/min, um den Schneidevorgang gut kontrollieren zu können und das Zusetzen des Fräsers zu vermeiden. Die Schneide des Werkzeugs darf das Blech nur gerade eben berühren, sonst fängt der Fräser auf dem Blech an zu tanzen und der Nietkopf wird unförmig. Die dabei entstehenden Marken erinnern stark an die Spuren von Nietwerkzeugen, die auf manchen Vorbildkonstruktionen zu finden sind.

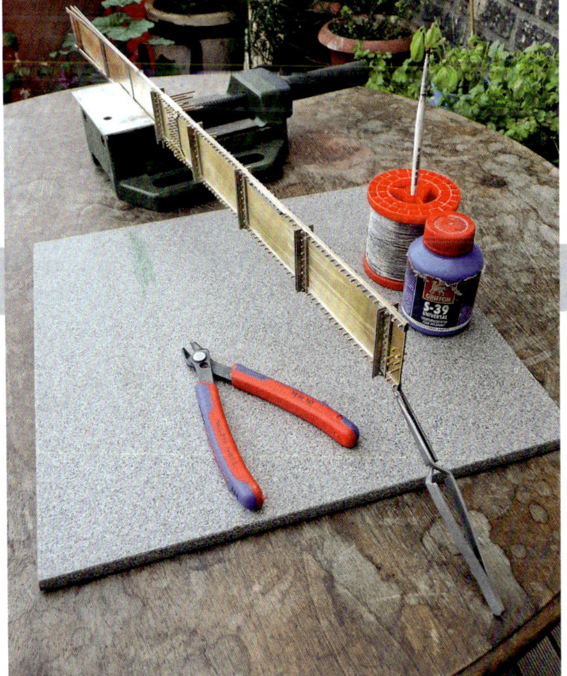

Die Lötarbeiten mit dem Flambierbrenner führe ich im Freien durch. Die Fliese schützt die Tischoberfläche vor herabtropfendem Flussmittel.

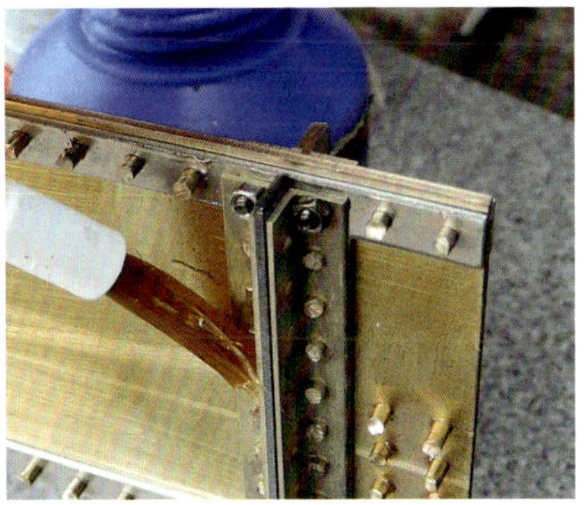

Es ist nicht nötig, die Teile vorab mit Flussmittel einzustreichen und sich dann beim Zusammenfügen die Finger schmutzig zu machen. Die Kapillarwirkung lässt das Mittel in die kleinsten Ritzen ziehen.

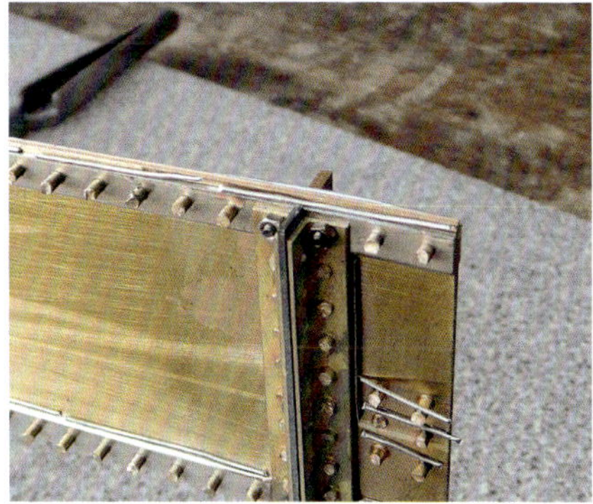

Die notwendige Lotmenge bekommt man nur durch Ausprobieren heraus. Bei den rechts durch das Stegblech ragenden Nietköpfen war es viel zu viel, bei den Längswinkeln hat es gut gepasst.

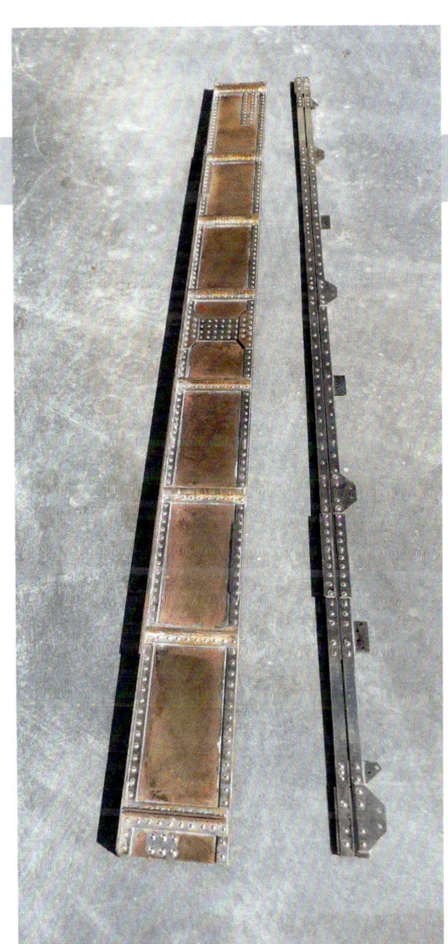

Das bereits mit dem oberen Deckblech verlötete Stegblech konnte nun mit dem zweiten Deckblech verbunden werden.

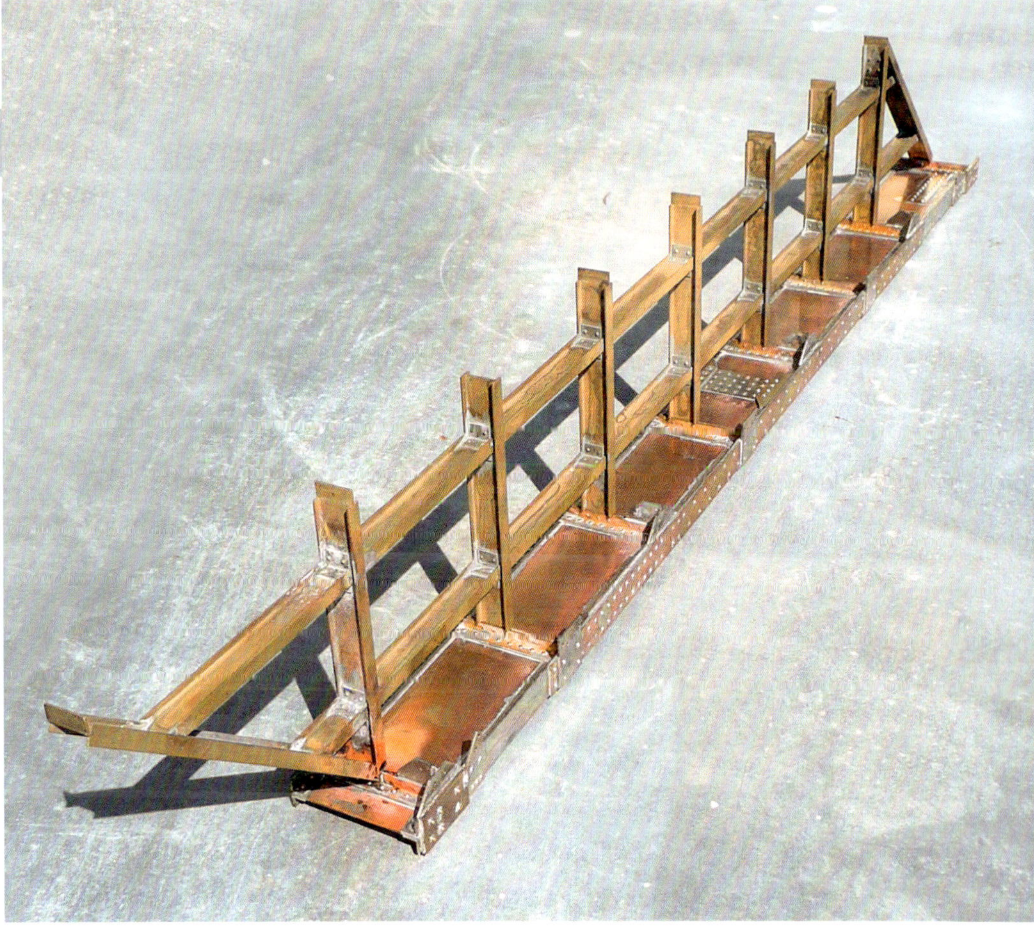

Die Trägerkonstruktion steckt in den zuvor durch die Aluminiumplatten geschützten Schlitzen.

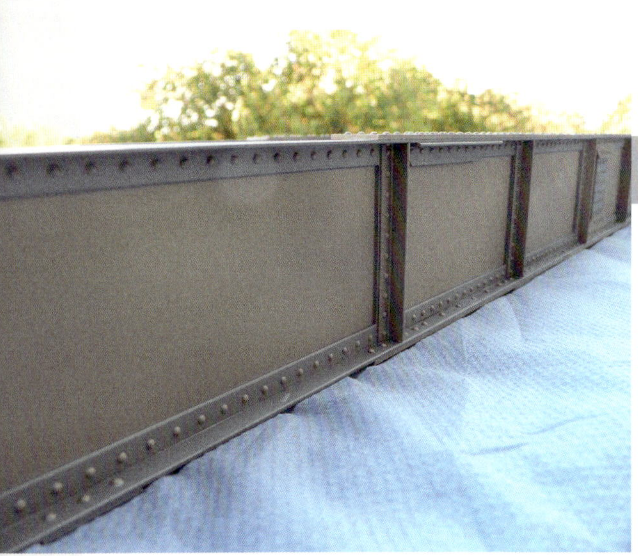

Beim Sandstrahlen ist das überschüssige Zinn verschwunden. Die so vorbehandelte fettfreie Fläche lässt sich sehr gut brünieren.

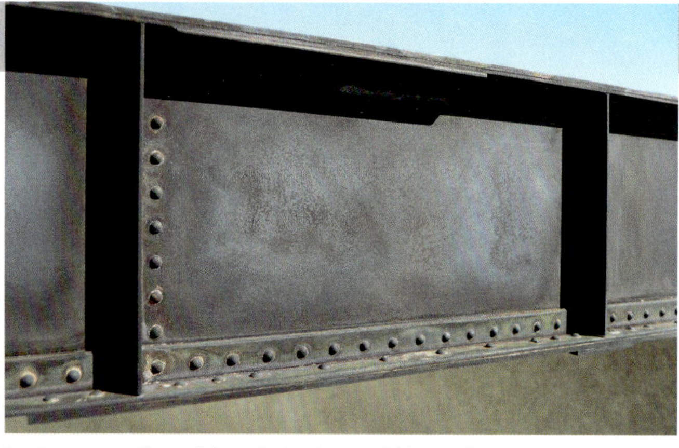

Die Brünierung trifft ziemlich gut das Erscheinungsbild einer alten rostigen Eisenkonstruktion, die jegliche Farbe verloren hat, aber mir schwebte etwas anderes vor. Die Brücke wollte ich in einem brauchbaren Unterhaltungszustand zeigen, sie sollte nur stellenweise ihr Alter verraten.

Rätselraten um die Farbgebung

Die fertig gelötete Brücke musste sandgestrahlt werden, um überschüssiges Zinn an den Nietköpfen zu entfernen und um sie lackieren zu können – das war nicht ganz trivial, weil das rund 75 cm lange Objekt in kaum eine Hobbyraum-Strahlkammer passt. Der Modellbauer Volker Schulze hat das freundlicherweise übernommen. Die gestrahlte Brücke konnte ich dann brünieren. Leider ist mir von der Oesterbrücke keine Farbaufnahme bekannt, auf der sich die Anstrichfarbe identifizieren ließe. Aus eigener Anschauung kannte ich bei deutschen Brückenbauwerken einen dunkleren Grauton aus Eisenglimmer, für den ich mich dann entschieden habe.

Salz – hier mal nicht für die Suppe

Die Brücke habe ich mit der Airbrush lackiert, allerdings habe ich von Anfang an Alterungsspuren durch unterrostete und abplatzende Farbe schrittweise umzusetzen versucht. Dazu habe ich zunächst dort etwas Salz auf die Brünierung aufgetragen, wo später Roststellen das brünierte Metall freilegen sollten. Das Salz habe ich mit etwas Wasser an der Oberfläche fixiert. Erst als es vollständig getrocknet war, habe ich lokal begrenzt eine Schicht orangener Acrylfarbe aufgesprüht. Diesen Vorgang habe ich jeweils unter Zugabe weiterer Salzkörner unterschiedlicher Körnung mit der grauen Grundierung und mehreren Deckschichten wiederholt.

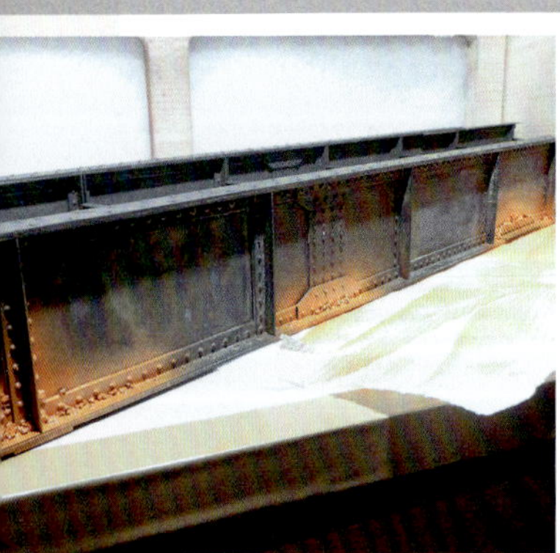

Auf die sandgestrahlte und brünierte Brücke habe ich an den Stellen, an denen am ehesten Rostfraß auftritt, Salzkörner aufgestreut und mit etwas Wasser fixiert.

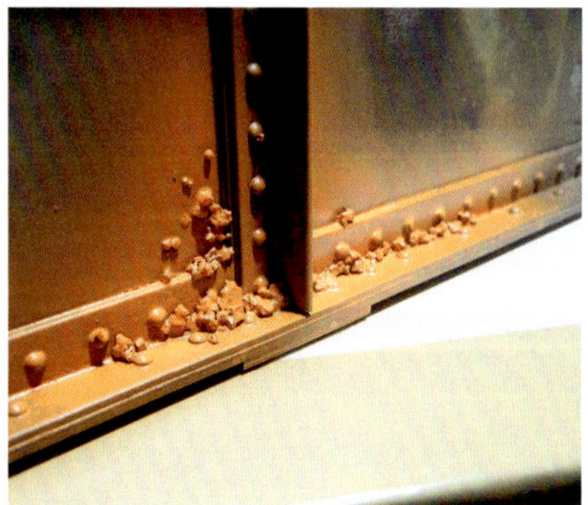

Diese Bereiche habe ich nun in einem Orangeton gespritzt.

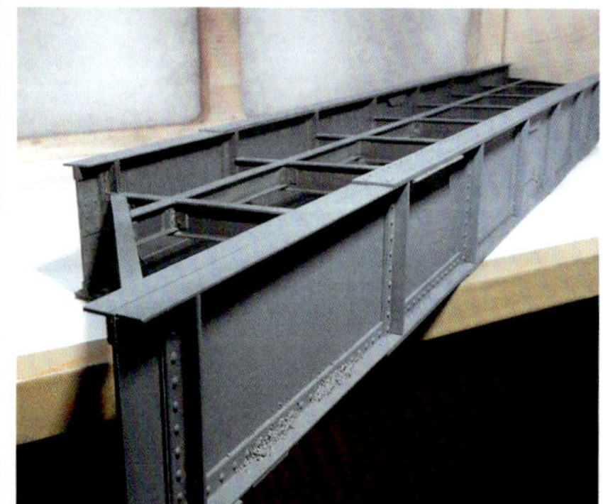

Nach dem Trocknen habe ich weiteres Salz hinzugefügt und die Brücke grundiert. Ich verwende dazu Farben von Oesling.

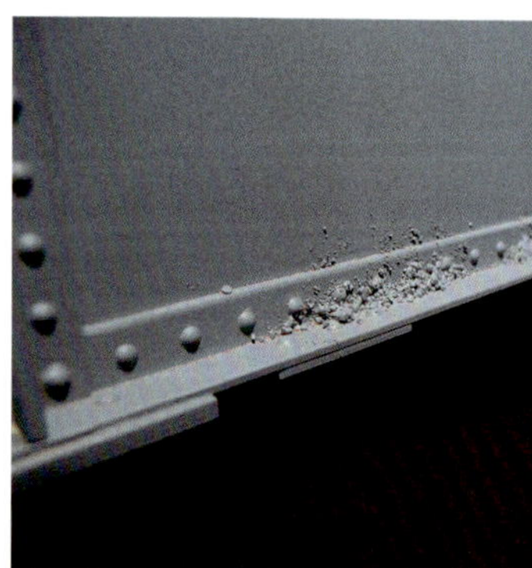

Unterschiedliche Korngrößen vom Puder bis zum groben Meersalz sorgen später für ein überzeugendes Rost- und Farbabblätterungsbild.

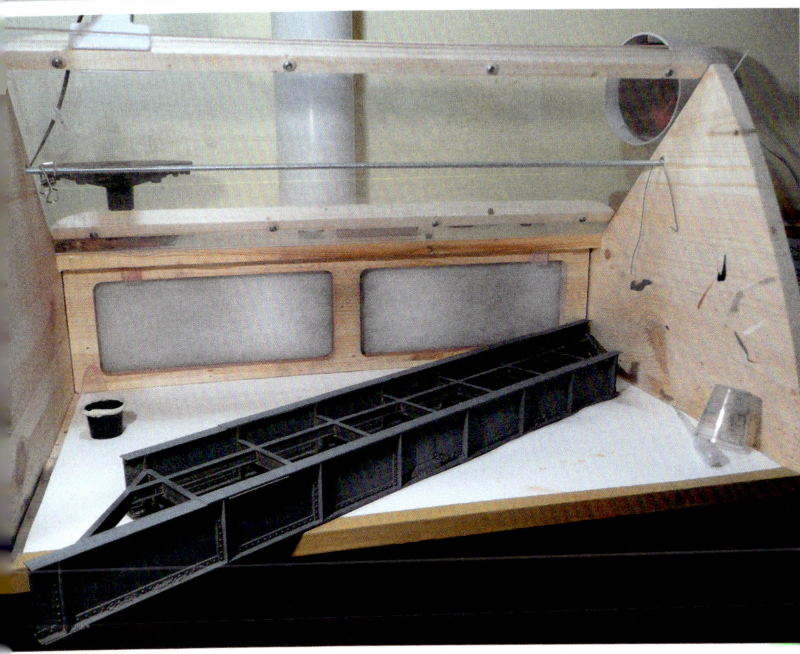

Nach einem weiteren zusätzlichen Salzauftrag folgt erst die endgültige Lackierung in einem Eisenglimmerton. Der Modellbauer Toni Dünnwald hatte eine Airbrushkabine, die die Brücke gerade so aufnimmt.

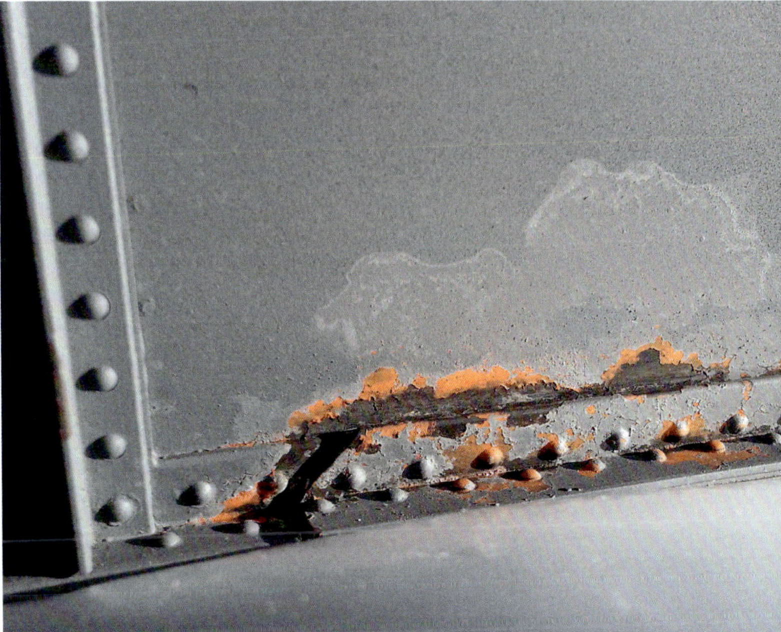

Der Rost gewinnt: Sogar Fetzen der einzelnen Farbschichten sind an den Rändern erkennbar.

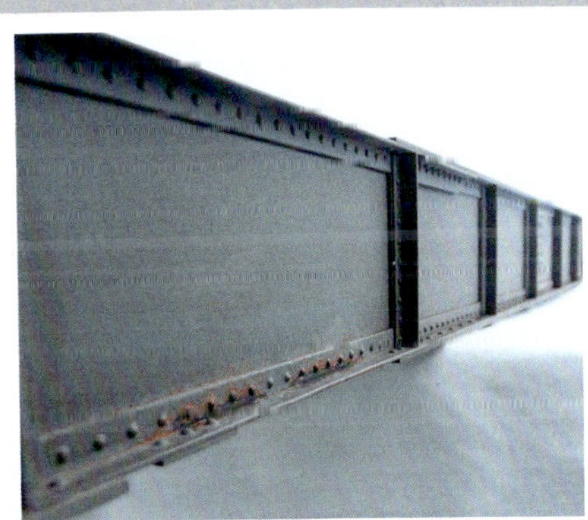

Nach dem Abwaschen des Salzes kommt das ganze Ausmaß der Schäden zum Vorschein.

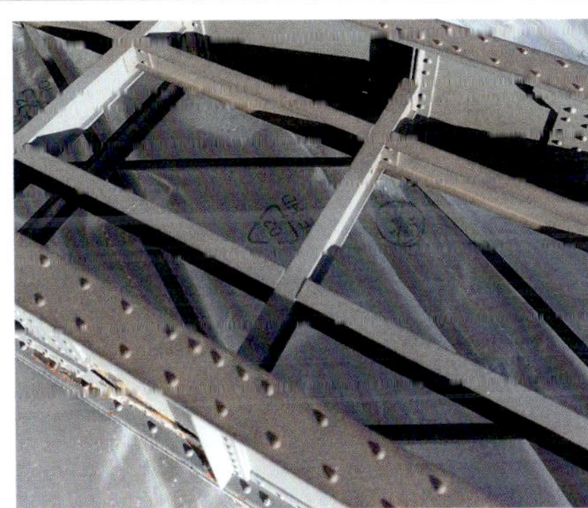

Die finale Alterung habe ich mit Wasserfarben in zahlreichen Sprühgängen hergestellt. Abgesehen davon, dass das Verschmutzungsbild sich dadurch langsam und gut steuerbar aufbaut, lassen sich Übertreibungen oder Fehler auch wieder mit klarem Wasser abwaschen.

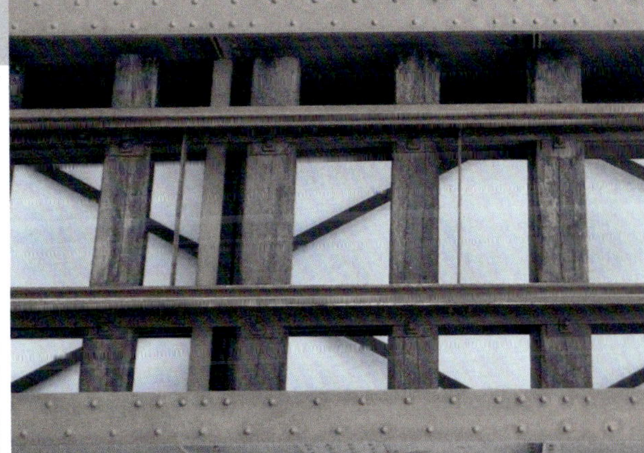

Den endgültigen Zustand habe ich dann mit mattem Klarlack fixiert.

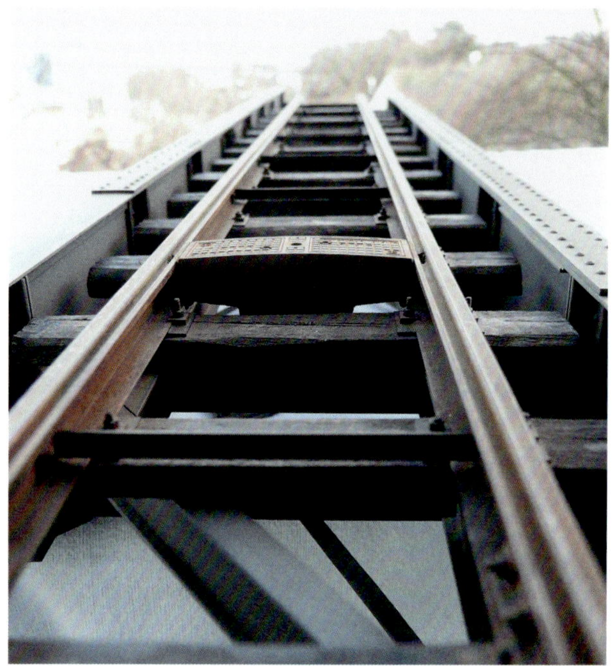

Auf den Deckblechen hat sich Staub und Abrieb von Bremsklötzen und Schienen angesammelt, der den Farbton der Schwellen aufgreift.

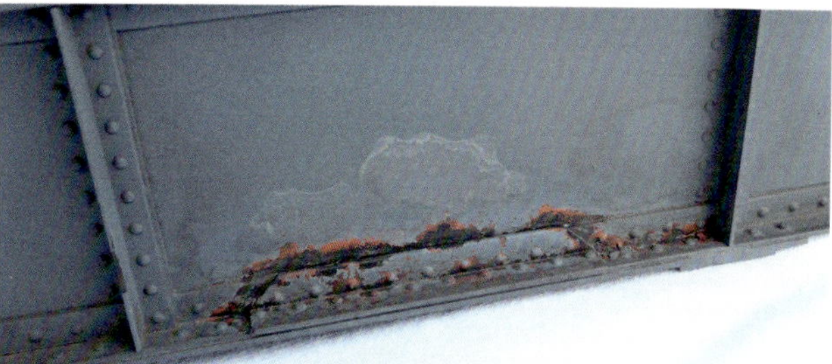

Die mehrlagigen Bereiche der Nietkonstruktionen, an denen sich Feuchtigkeit länger hält, sind besonders für den Rostfraß anfällig. Hier hat wohl auch der letzte Anstrich nicht besonders gut auf dem Untergrund gehaftet. Typisch und für die gewählte Epoche passend ist die früher verwendete Bleimennige als Rostschutzanstrich – ich erinnere mich an eine für kurze Zeit leuchtend orange Brücke aus meiner Kindheit. An ein paar Stellen wollte ich diesen Voranstrich durch abblätternden Lack hindurchblitzen lassen.

Wasser und Farbe

Das eigentliche Weathering mit Staub- und Schmutzspuren habe ich mit Wasserfarbe in Dutzenden Schichten aufgetragen. Es macht Spaß, so zu arbeiten, weil man das Ergebnis leicht mit klarem Wasser aus der Airbrush wieder korrigieren oder entfernen kann – fast wie mit einem Hochdruckreiniger. Die Wasserfarbe haftet auf der leicht rauen Oberfläche der matten Lackierung trotzdem gut genug, um die Brücke vorsichtig anfassen zu können. Nun wartet die Brücke darauf, neben dem Haus Lohmann ihren endgültigen Platz einzunehmen. Dort bekommt sie an den feuchtesten Stellen wohl noch etwas Algenbewuchs und spärliches Moos, aber das ist Zukunftsmusik.

Auch die Brückenunterseite ist vollständig durchgestaltet.

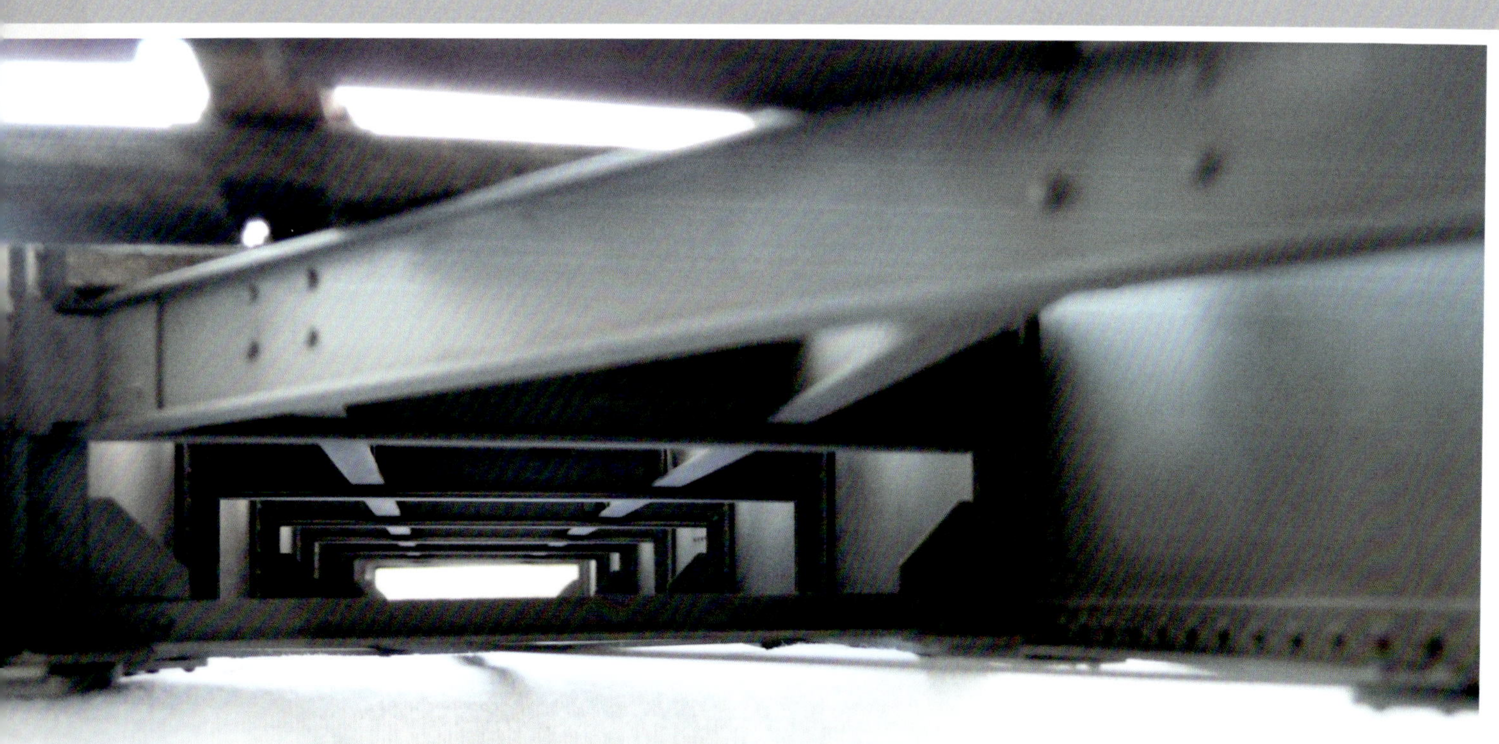

Die winterliche Aufnahme lässt regelrecht die Kälte der Stahlträger spüren.

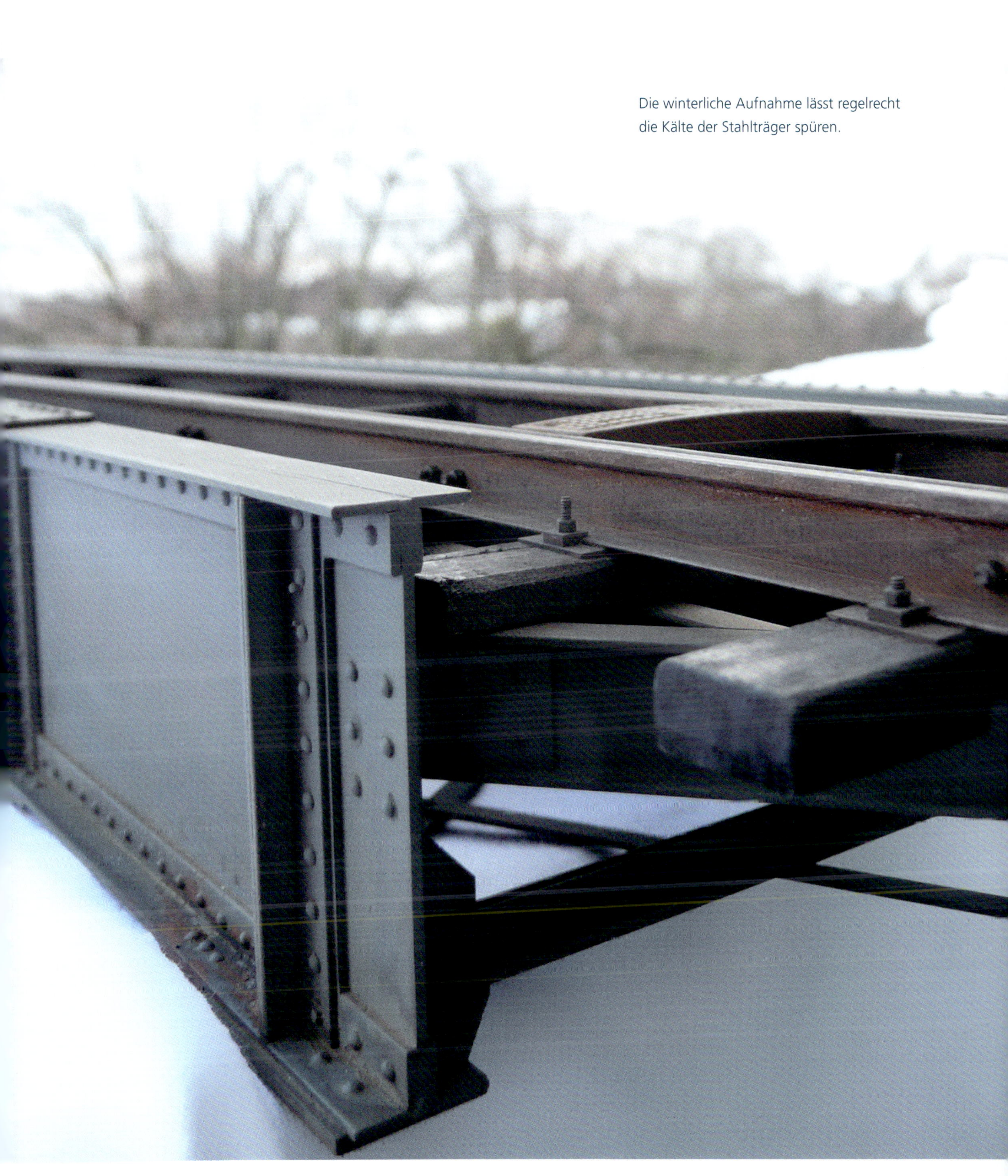

11

Ausblick und Dank

Während der Corona-Pandemie zu Beginn der 2020er-Jahre entstand ergänzend zum abgeschlossenen Projekt »Quiet earth« und dem in Arbeit befindlichen »A snapshot in time« das Projekt »The acid years«, das die Endstation Wiesenthal der PKB und im Anschnitt das anschließende Werksgelände der Gesenkschmiede Fa. Brockhaus Söhne thematisiert. Zugleich geht die fotografische Auseinandersetzung mit den vorhandenen Miniaturen weiter.

Quiet earth war auf Ausstellungen meistens im Kontext einer größeren Gesamtanlage zu sehen, die zwar viele betriebliche Möglichkeiten bietet, aber auch den Blick auf die Besonderheiten einer von mir selbst gar nicht mehr als Modellbahnbau verstandenen Arbeit trübt.

Das Modell habe ich bisher erst ein einziges Mal – auf der Ontraxs 2016 in Utrecht – ganz für sich selbst stehend ausgestellt, ohne Fahrzeuge. Für die Ausstellung Model Train 2020 in Junglinster bat der Veranstalter explizit um Betrieb auf den Dioramen und Anlagen: Ich wollte zunächst nur eine leere, schwarze Fläche mit aufgesetzten Schienenprofilen mitbringen, die es erlaubt, von der Straße in den Fabrikhof umzusetzen, hatte mich dann aber spontan entschlossen, die ganze Endstation Wiesenthal der Kleinbahn zu bauen. Das erste Segment mit der Einfahrweiche war tatsächlich bereits bis zur Ausstellung vorzeigbar, die Herstellung der weiteren drei Segmente zog sich dann aber über die Pandemiezeit hin. Mein besonderes Augenmerk galt dem letzten Segment mit der als Teil der angeschnittenen Werksanlage von Brockhaus Söhne zu sehenden Beizerei, die als ein in dieser Form wohl noch nicht in ein Modell umgesetztes Objekt eine besondere Faszination ausübt. Die Hessische Kulturstiftung hat 2020 die Rekonstruktion und den Bau des Gebäudes mit einem Arbeitsstipendium gefördert. Anlässlich der Feierlichkeiten zum 625-Jährigen Stadtjubiläum von Plettenberg im August 2022 waren »Quiet earth« und »The acid years« erstmals als Gesamtensemble in Verbindung mit der Präsentation meiner Fotoarbeiten zu sehen – neben der Sauerland-Segmentanlage von Wolf Groote sowie einer Ausstellung zur letzten Fahrt der PKB am 17. Juni 1962.

Das Ensemble erlaubt nun einen bescheidenen Ausstellungsbetrieb, ohne den Fokus zu sehr auf die Bahn zu richten – offen ist aber, in welcher Form es künftig Ausstellungen geben wird. Bei Ausstellungen der Fotoarbeiten stelle ich immer wieder fest, dass nahezu kein Betrachter darauf kommt, es mit Modellfotografie zu tun zu haben und sogar dann, wenn sie darüber aufgeklärt wurden, es nicht bei allen Motiven glauben wollen. Bei der letzten gemeinsamen Ausstellung von Modellen und Fotoarbeiten – auch des neuen Projekts »The acid years« – wurde ich immer wieder

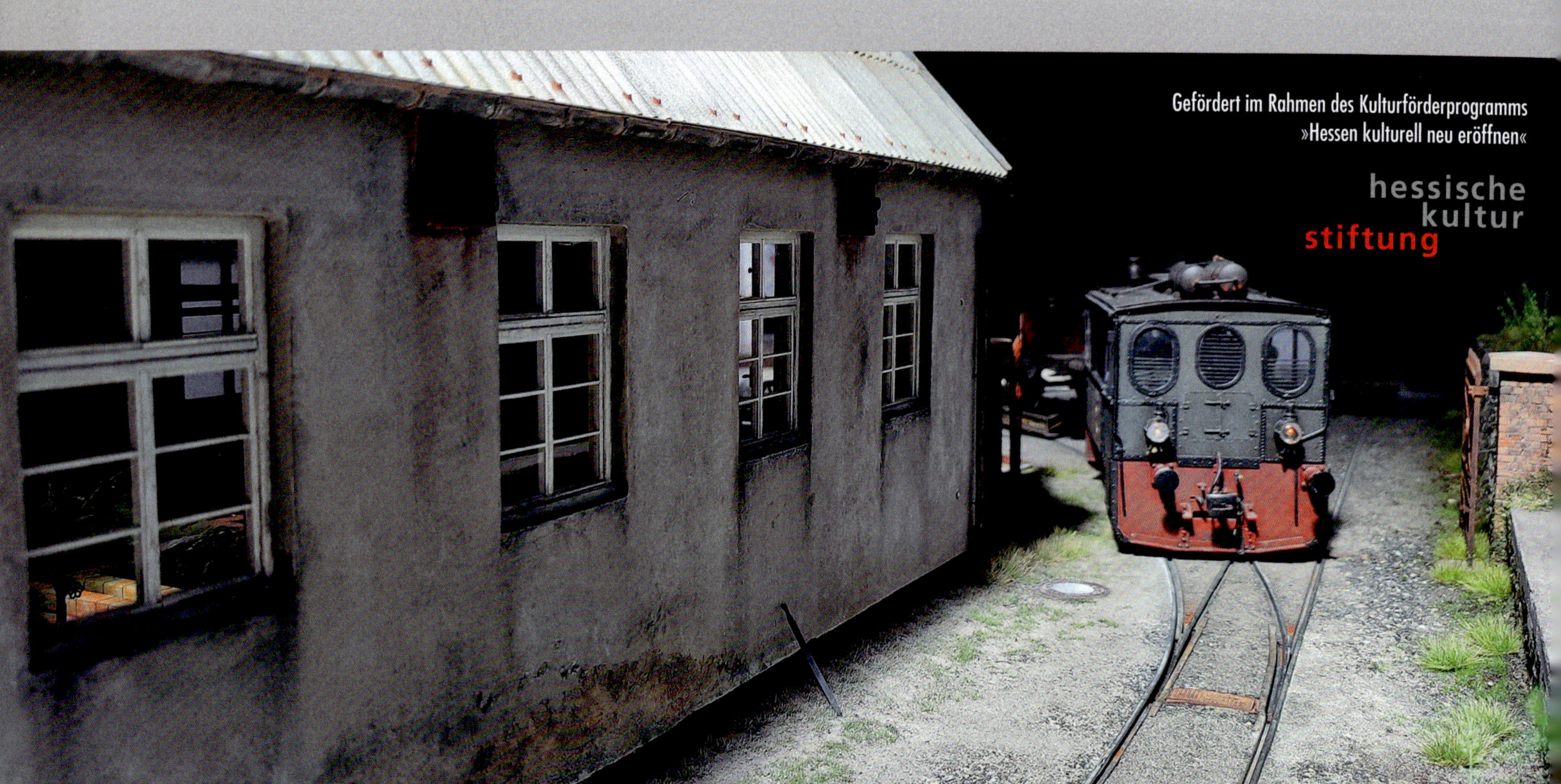

gefragt, ob ich die Situationen auf den Fotos im Modell nachgebildet habe, und mir fiel auch auf, wie sehr diese Kombination beider Welten dazu anregt, die Situationen auf den Bildern am Modell wiederzufinden – beides ist gar nicht meine Absicht. Ich bin also auch gespannt, wohin die Reise im Hinblick auf Ausstellungskonzeptionen geht.

Von der rein modellbauerischen Seite ist »Quiet earth« vollständig und »The acid years« weitgehend abgeschlossen, mir fallen aber immer wieder Dinge ein, die ich noch ergänzen oder verbessern kann und so wird mich die Arbeit daran neben derjenigen an »A snapshot in time« in den nächsten Jahren sicherlich noch eine Weile begleiten.

Jenseits dessen, was ich in diesem Buch bereits gezeigt habe, sind auch die fotografischen Möglichkeiten an den modellbauseitig bereits abgeschlossenen Projekten keineswegs erschöpft. Das mögen exemplarisch die Aufnahmen des Zeichensaals auf dieser Seite belegen. Aber das ist Stoff für ein anderes Buch.

Mein herzlicher Dank gilt allen Freunden, Förderern, Unterstützern und Kritikern im besten Wortsinn, die den bisherigen Weg mit mir gegangen sind, insbesondere Gerhard Schneider und Russ Reinberg, die mit ihren Foren buntbahn.de und finescalerr.com Plattformen geschaffen haben, auf denen der so wichtige fachliche, gedankliche und oft auch persönliche Austausch überhaupt erst zustande kommen konnte. Vor allem aber gilt er meiner Familie.

Volker Gerisch

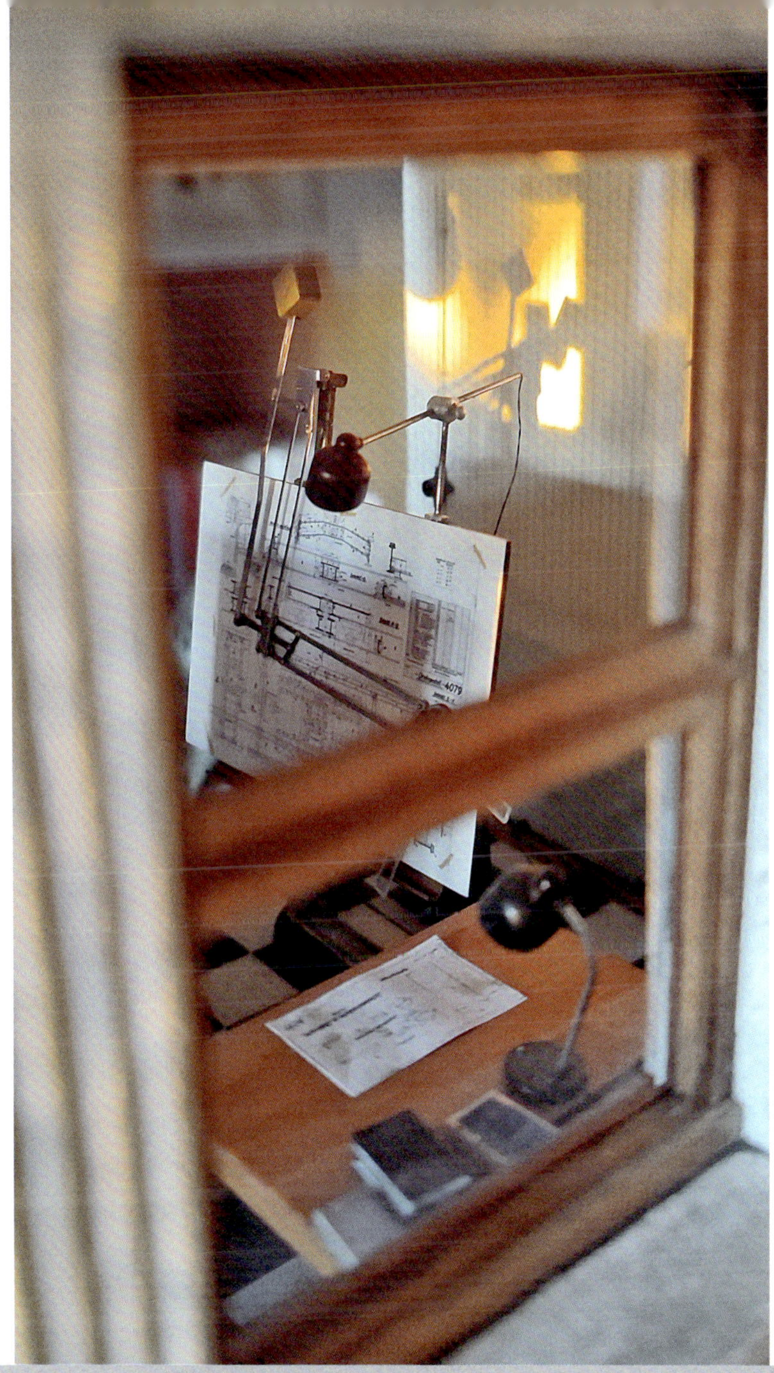

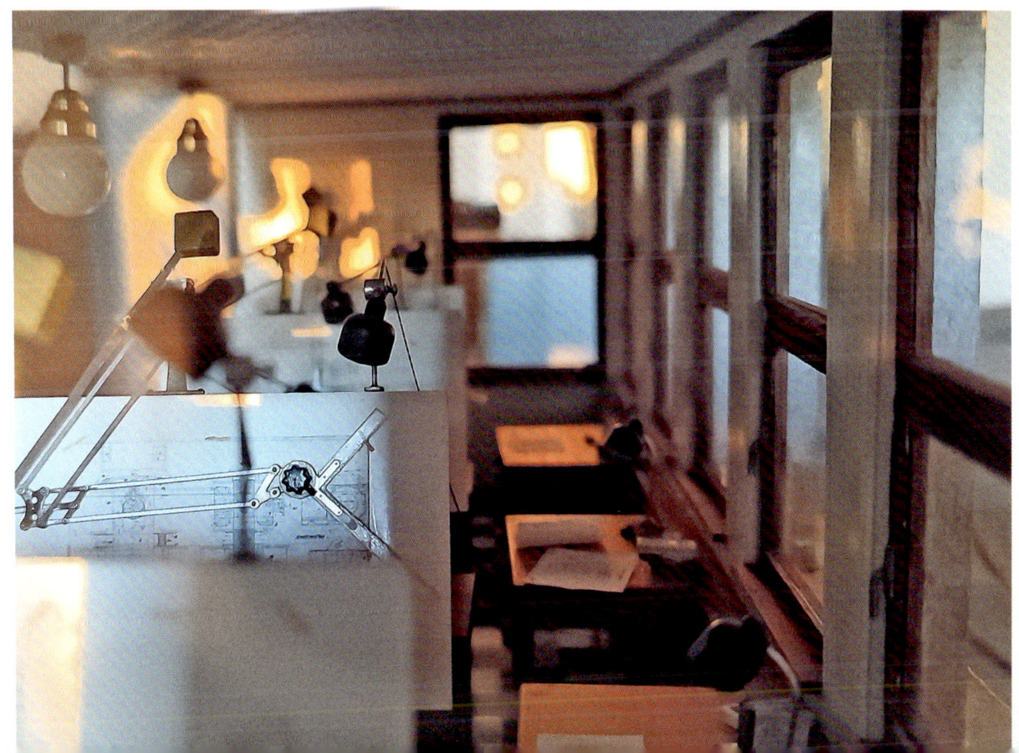

Das warme Licht erzeugt eine Stimmung, die sich deutlich von derjenigen der anderen Aufnahmen in diesem Buch unterscheidet.

| Echtes Kunstwerk

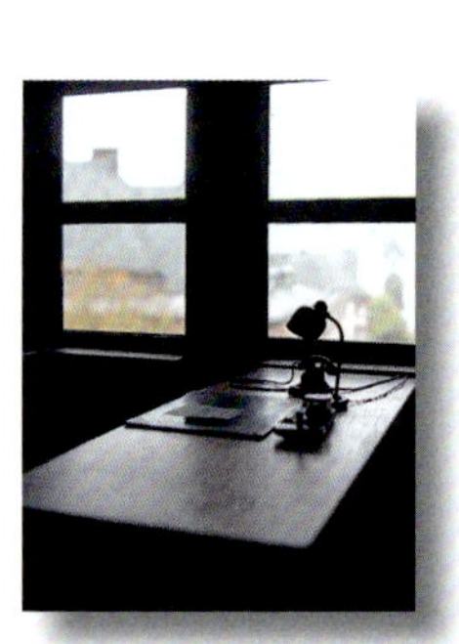
1

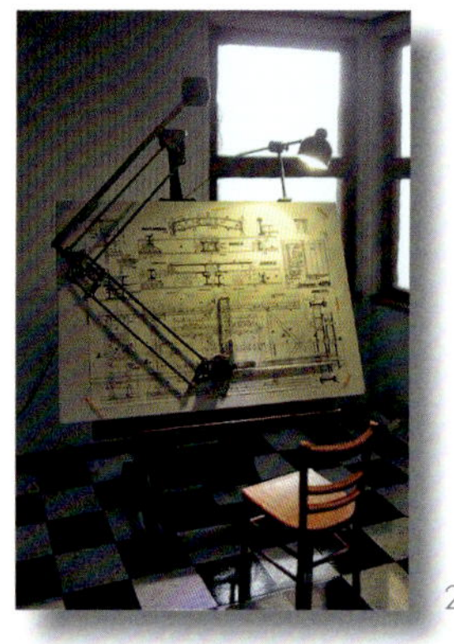
2

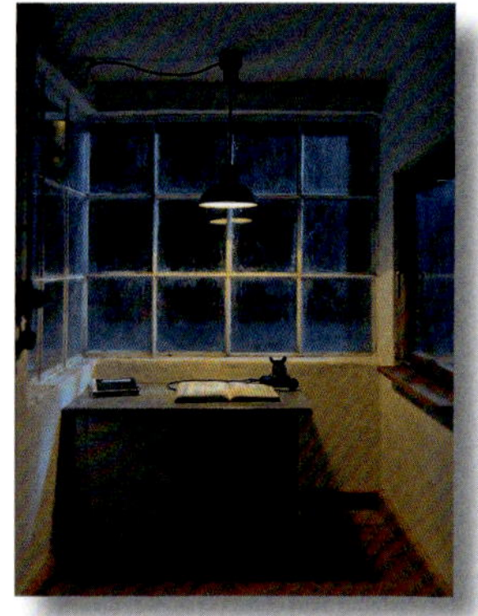
3

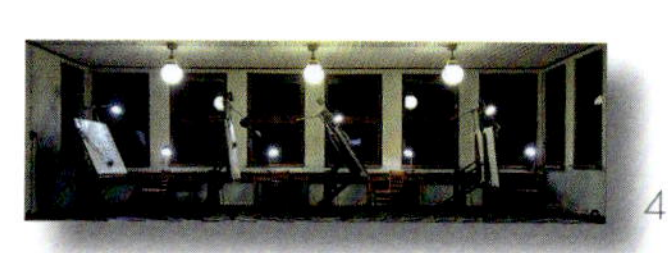
4

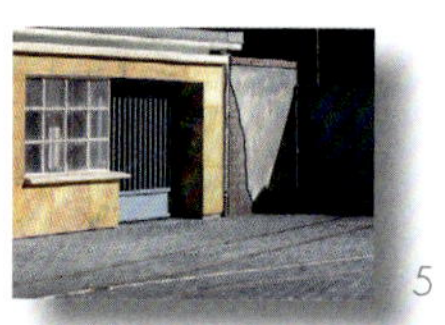
5

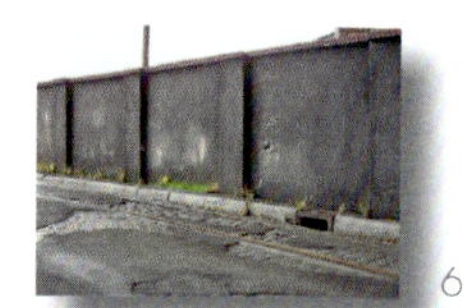
6

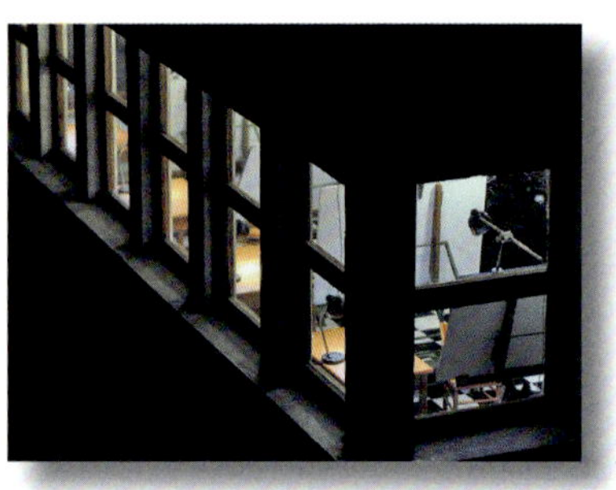
7

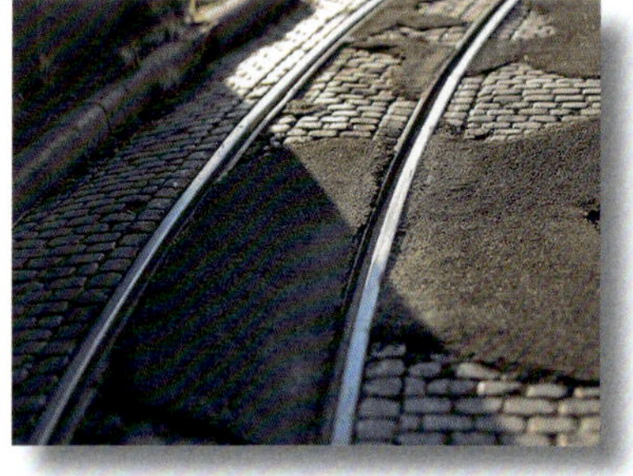
8

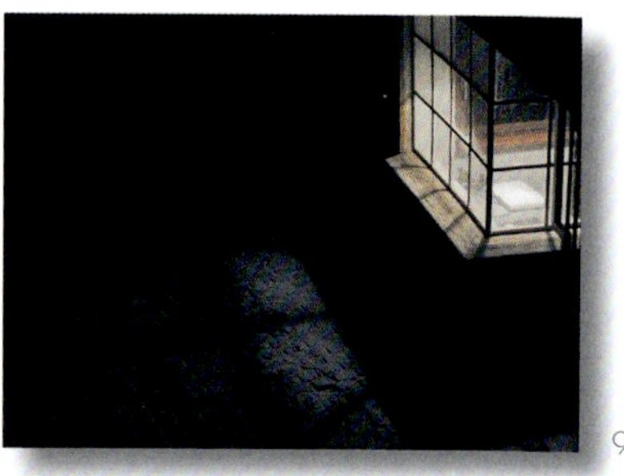
9

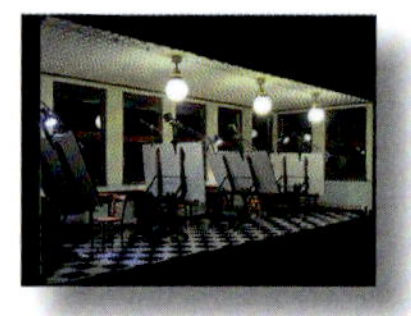
10

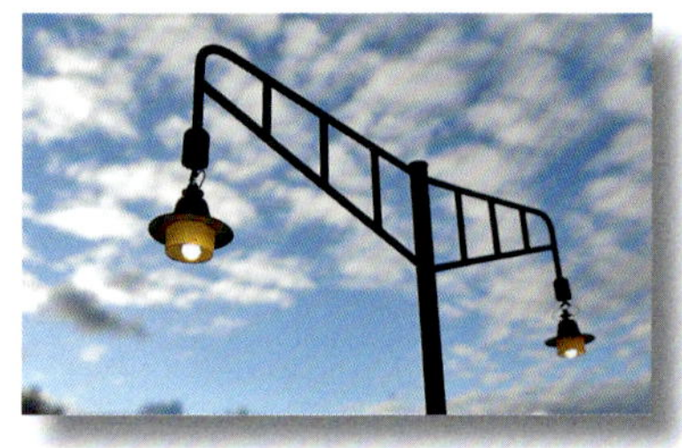
11

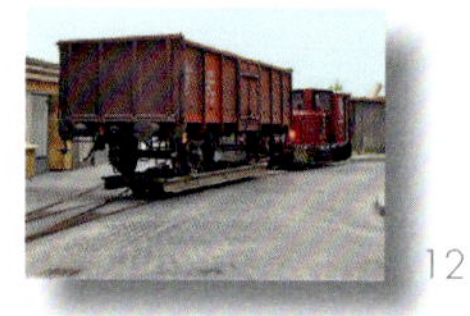
12

1 Office noir 2 [C] · 2 Labor's dawn [E] · 3 Night shift [F] · 4 Quiet earth 2 [B] · 5 Hard sun [A] · 6 Out in the street [A] · 7 Quiet Earth [F] · 8 Sunset [F] · 9 Night shift [F] · 10 Quiet Earth 4 [A] · 11 A street lamp at dawn [D] · 12 Street shunting [A]

Echter Foto-Abzug auf Alu-Dibond, handsigniert

Fuji Crystal Archive glänzend, Laminierung glänzend, Dibond 3 mm, rückseitig Aluminium-Schienen-Hängesystem

Limitierte Gesamtauflage: 10

[A]	Motivmaße:	40 x 30 cm	– 600,- €
[B]	Motivmaße:	64,3 x 20 cm	– 650,- €
[C]	Motivmaße:	45 x 60 cm	– 900,- €
[D]	Motivmaße:	80 x 50 cm	– 1100,- €
[E]	Motivmaße:	53,6 x 80 cm	– 1100,- €
[F]	Motivmaße:	60 x 80 cm	– 1200,- €

Bestellen Sie direkt:

Volker Gerisch
Tel. +49 611 5325968
E-Mail: mail@quiet-earth.net

Aktuelle Informationen auf:

www.quiet-earth.net